Kurt Müller-Veltin · Mittelrheinische Steinkreuze aus Basaltlava

Rheinischer Verein für Denkmalpflege und Landschaftsschutz e. V.

Jahrbuch 1976/77

Mittelrheinische Steinkreuze aus Basaltlava

Verlag Gesellschaft für Buchdruckerei AG · Neuss

Kurt Müller-Veltin

Mittelrheinische Steinkreuze aus Basaltlava

Verlag Gesellschaft für Buchdruckerei AG · Neuss

Herausgeber:	Rheinischer Verein für Denkmalpflege und Landschaftsschutz e. V., Köln
Druck und Verlag:	Gesellschaft für Buchdruckerei AG · Neuss 1980
ISSN:	0342-0116
ISBN:	3-88094-192-0
Klischees:	Klischeefabrik Peukert GmbH & Co. KG, Köln
Einband- und Umschlaggestaltung:	Norbert Radtke, Köln
Layout Bildteil:	Kurt Müller-Veltin, Mayen

INHALT

VORWORT DES HERAUSGEBERS

Die Sorge um unsere Kleindenkmäler in Stadt und Land erfüllt seit langer Zeit ihre Freunde und Hüter. Diese Mäler, soweit sie beweglich sind, sind zu begehrten Handelsobjekten auf dem internationalen Kunstmarkt geworden. Damit aber sind sie auch in einem hohen Maße gefährdet. Täglich berichten unsere Zeitungen von Kunstraub und Kunstdiebstahl. Unsere liebgewordenen rheinischen Landschaften werden hierbei leider nicht verschont. Vor allem sind es die zahlreichen Feld- und Wegekreuze, die kleinen Kapellen und Bildstöcke, denen ihre einsame Lage zum Verhängnis wird. Unter den gefährdeten Objekten stehen die Steinkreuze obenan, verspricht doch ihr Material dem späteren „Erwerber" einen dauerhaften „Besitz".

Bereits nach dem Ersten Weltkrieg erhoben sich im Gebiet des Rheinischen Vereins immer wieder Stimmen und Vorschläge, diese begehrten kleineren Objekte aufzulisten, durch Fotografie und Beschreibung festzuhalten und zu sichern. Mancherorts ist das getan worden, meist jedoch unterblieben. Das war ein schwerwiegendes Versäumnis, denn die wirtschaftliche Blüte der vergangenen 25 Jahre hat diesen Denkmälern mehr geschadet als genutzt. Wege- und Straßenbau, Unverstand und auch Unkenntnis gegenüber diesen Zeugen der Vergangenheit haben, wie Diebstahl und Raub, gleichermaßen Schuld an den neuerlichen großen Verlusten dieser Denkmäler.

Ein anderer Gesichtspunkt kommt noch hinzu: Gerade diese Denkmäler waren der lebendige und sichtbare Ausdruck einer religiösen Lebenshaltung unserer Vorfahren. Sie waren Zeugnis für Schuld und Drangsal, für Gebet und Anrufung Gottes. Im öffentlichen Leben ihrer Zeit spielten sie eine große Rolle, weil sie den Verlauf von Straßen und Prozessionswegen zeigten, Stationen für fromme Gebetsübungen und auch die Zuflucht der Bedrängten und Verängstigten waren. Diese Denkmäler sind also Zeugnisse geschichtlicher, volkskundlicher und religiöser Art.

Der Rheinische Verein für Denkmalpflege und Landschaftsschutz hat deshalb seit vielen Jahren an die Herausgabe eines Werkes über diese Denkmäler gedacht. Das Buch sollte nicht nur eine Bestandsaufnahme, sondern auch eine Mahnung zur Erhaltung und Nutzung dieser Denkmäler sein. Darum sagte der Rheinische Verein auch sofort zu, als sich vor mehreren Jahren Herr Kurt Müller-Veltin aus Mayen, in einer Landschaft der Kreuze, Bildstöcke und kleineren Kapellen wohnend, erbot, dieses beabsichtigte Werk zu schreiben. Durch einige sehr intensive Beschreibungen und Untersuchungen der Kreuze seiner Heimat hatte sich der Verfasser zur Genüge ausgewiesen. Die Denkmäler aus Basaltlava der Vordereifel waren und sind die dauerhaftesten Zeichen der Feldkreuze in Mitteleuropa. Sie geben einen Bestand wieder, der zum Teil in das hohe Mittelalter hineinreicht, also einen großen historischen Wert besitzt. Anderenorts, in anderem Material, sind diese frühen Zeugen der Frömmigkeit längst geschwunden.

Es ist nicht Absicht dieses Buches, eine lückenlose Übersicht des gesamten Bestandes dieser Denkmäler in der Osteifel zu geben. Das ist unmöglich. Dazu wären abermals Jahre vonnöten gewesen, eine fortwährende Kontrolle der vorhandenen Objekte, aber auch ein Einhalt der ständigen Veränderungen in der Erdoberfläche. Rodung und Aufforstung, Brachen und Flurbereinigungen mit der Anlage von Feld- und Wirtschaftswegen hätten sonst fortlaufend festgehalten werden müssen, um alle Standorte der mittelrheinischen Steinkreuze aus Basaltlava zu erfassen. Leider verzögerte sich die Herausgabe dieser Arbeit durch Krankheit des Verfassers, aber auch durch ganz neue Gesichtspunkte der Forschung, die eine mehrmalige Überarbeitung zur Folge hatten. Der Rheinische Verein für Denkmalpflege und Landschaftsschutz, dessen Mitglieder und Freunde seit einiger Zeit auf dieses Buch warten, bittet daher recht herzlich um Verständnis für die Verzögerung. So notwendig eine rasche und zeitlich wesentlich frühere Bearbeitung des Stoffes gewesen wäre, so ergebnisreich ist die Wartezeit geworden. Es hat sich gelohnt, geduldig zu sein, weil in dieser Zeit die Forschung und das Wissen um diesen Denkmälerbereich ein großes Stück weitergetrieben worden sind. Deshalb dankt der Rheinische Verein vor allem dem Verfasser, Herrn Kurt Müller-Veltin aus Mayen, für seine unermüdliche Arbeit, die er trotz großer Anstrengung in der Erstellung aller Abbildungen und des Textteils beharrlich zu Ende geführt hat. Der Rheinische Verein dankt weiterhin den Kultusministerien der Länder Nordrhein-Westfalen und Rheinland-Pfalz sowie dem Landschaftsverband Rheinland für gleichbleibendes Interesse an dieser Veröffentlichung und ihre finanzielle Unterstützung. Unser Dank gilt ebenso der Gesellschaft für Buchdruckerei AG in Neuss für eine sorgfältige Drucklegung und der Firma Peukert GmbH & Co. KG in Köln für die ebenso sorgfältige Bearbeitung der Bildvorlagen. Der Rheinische Verein ist sicher, mit diesem Jahrbuch wiederum einen bedeutenden Beitrag zur Erforschung profaner und kirchlicher Denkmäler in den Rheinlanden geleistet zu haben.

Köln, im Februar 1980

(Hermann Heusch)
Vorsitzender des Rheinischen Vereins für
Denkmalpflege und Landschaftsschutz

ZUM BUCH

Die Steinkreuze aus Basaltlava — ihr reicher Bestand am Mittelrhein, aber auch ihre Bestände rheinab, vor allem im Kölner Raum — stammen aus den Mühlsteinbrüchen von Mayen und Mendig in der Osteifel. Sie werden als Beispiel für diese Denkmalgattung in den Rheinlanden vorgestellt. In der Bearbeitung eines begrenzten Malbestandes ließen sich die wesentlichen Merkmale der Gattung besser zeigen als in einem Gesamtüberblick zu den Steinkreuzen überhaupt, an denen unsere Landschaft so reich ist.

Groß ist die Gefährdung dieser Denkmäler. Ihrer Pflege wurde daher ein eigenes Kapitel gewidmet. Schuld an den hohen Verlusten haben nicht zuletzt Unkenntnis, mangelnde Einsicht in den Denkmalwert und oft genug Geringschätzung dieser meist schlichten und mitunter derben Monumente.

Dabei handelt es sich um bedeutendes Kulturgut, das uneingeschränkten Schutz verdient. Die Steinkreuze sind Denkmäler einer eigenwilligen und charakteristischen Handwerks- und Volkskunst, aber auch gewichtige Zeugen für Glaube, christlichen Kult und Brauch der Landschaft in mehr als fünf Jahrhunderten.

Als der Autor den Auftrag für diese Darstellung in Wort und Bild erhielt, schien die Materie *Basaltlavakreuze* für eine fristgerechte Bearbeitung hinlänglich überschaubar. Unvermutet wuchs dann aber das Material bei der Arbeit, war die Verbreitung größer als erwartet, zeigten sich Kreuzmacherwerkstätten zahlreicher als angenommen und war ihr Werk umfänglicher. Auch andere überraschend wichtige Befunde zwangen zu weitergehenden Untersuchungen. Grundlegende Vorarbeiten fehlten. Was so übersichtlich schien, erwies sich weithin als terra incognita.

Viel Zeit wurde gebraucht zum Suchen und Erkunden, für die unumgänglichen Studien an einigen tausend Einzeldenkmälern. Bei der Abhängigkeit von Wetter und Licht forderten die fotografischen Aufnahmen vor allem ihre Zeit. Die geplante Frist war nicht einzuhalten.

Bei der Untersuchung und Abfassung war vornehmlich an die rheinischen Leser zu denken, auch an diejenigen, deren Interesse nur den Denkmälern ihres Heimatraumes gilt. Gerade sie werden oft für ihren Schutz eintreten oder sind sogar mit ihrer Pflege befaßt.

Die allgemeine Steinkreuz- und Bildstockforschung in Deutschland und darüber hinaus wartet seit langem auf einen Dokumentarbeitrag aus dem Rheinischen. Auch dafür war zu schreiben. Die Fragen und Ergebnisse dieser speziellen, doch weiträumigen Forschung waren für die hiesigen Befunde kritisch zu werten.

Das Bestreben, Lesern mit unterschiedlichen Erwartungen gerecht zu werden, hatte Einfluß auf die Form der Darstellung. Die Kapiteltexte geben jeweils einen Abriß und erlauben, sich im Überblick zu informieren. Die Marginalien am Textrand verweisen auf entsprechende Abbildungen. Ein umfangreicher Anmerkungsteil enthält aber Ausführungen für den näher Interessierten und für den Forscher. Er ist auch jenem Benutzer dienlich, der zu ganz bestimmten Fragen weitere Angaben sucht. Die Bilddokumentation ist gegliedert nach den Kapiteln des Textes.

Es erschien zweckmäßig und dem Gegenstand angemessen, grundsätzlich die alten Ortsnamen zu verwenden, auch wo sie aufgrund der Verwaltungsreformen amtlich erloschen sind. Wir schreiben beispielsweise „Berresheim" statt „Mayen, Ortsteil Alzheim, ehemaliger Ort Berresheim" („Alzheim" ist ein neu gebildeter Name für die alten Dörfer Allenz und Berresheim). Bewußt sind die Benennungen ein Beitrag zur Erhaltung der historischen Namen. Im Ortsnamenregister finden sich Angaben nach den jetzt amtlichen Bezeichnungen.

Der Rheinische Verein hat es mir ermöglicht, diese Darstellung in einem vorzüglich ausgestatteten Buch vorzulegen. Ich danke ihm und namentlich seinem Vorsitzenden, Herrn Oberbürgermeister a. D. Hermann Heusch, dafür herzlich. Dank sage ich auch denen, die den beträchtlichen Kostenaufwand durch finanzielle Zuschüsse mitgetragen haben. Es sind dies die Kultusministerien Nordrhein-Westfalen und Rheinland-Pfalz sowie der Landschaftsverband Rheinland.

Mein spezieller Dank gilt dem Geschäftsführer des Rheinischen Vereins, Herrn Dr. Josef Ruland, der, selbst ein Kenner der Materie, als Schriftleiter die Arbeit über Jahre hin betreut und gefördert hat. Die unumgängliche Verschiebung im Zeitplan hat vor allem ihn belastet.

Für ihre Bemühungen um diese Publikation und für gute Zusammenarbeit danke ich weiter Herrn Willi Strack vom Verlag Gesellschaft für Buchdruckerei in Neuss und Herrn Klaus Klein von der Klischeeanstalt Peukert in Köln sowie ihren Mitarbeitern, aber auch Herrn Josef Nowotny in Mayen, der mit Sorgfalt die fotografischen Vorlagen gefertigt hat.

Im Blick auf die Untersuchungen gilt ein dankbares Wort zuerst meinem verehrten Lehrer der Volkskunde an der Universität Bonn, Herrn Professor Dr. Karl Meisen †, der mich noch vor seinem Tod bei diesen Forschungen fachlich beraten hat.

Viele weitere Personen haben in dankenswerter Weise die Arbeit unterstützt, mich in Einzelfragen beraten, mir entscheidende Hinweise gegeben. Besonders und während der gesamten Untersuchungen taten dies die Herren Prof. Dr. Dr. Emil Donckel †, Junglinster/Luxemburg; Friedel Gebert, Pommern/Mosel; Fridolin Hörter, Mayen; Paul Krischer, Wassenach; Georg Jakob Meyer †, Trier; Ernst Quintes, Mayen; Dr. Josef Röder †, Koblenz; Peter Scherf, Mayen; Karl von Werner †, Bürresheim. Noch andere, denen ich speziell Dank schulde, sind im Anmerkungstext an entsprechender Stelle erwähnt.

In besonderer Weise gebührt Dank meiner Frau. Sie hat alle kritischen Fragen miterwogen, alle Korrekturtexte mitgelesen, alle Mühen der Arbeit mitgetragen.

MEINER FRAU

I. TYPOLOGISCHE ÜBERSICHT

2–107 In dem exemplarischen Überblick über den gesamten
Bestand erschien die typologische Anordnung der Bilder
von eigenem Aussagewert. Da sich die Typen auf vielfältige Weise zeitlich überschneiden, kann die Zusammenstellung nur in Teilen chronologisch sein.

2–12 Am längsten, und oft vornehmlich, hat sich die Steinkreuzforschung mit den frühen Malen beschäftigt, jenen „meist groben, undatierten und inschriftlosen", überhaupt „geheimnisvollen" Kreuzen[1], denen insbesondere das bekannte Wort vom „Rätsel der Steinkreuze" gilt.

In der Tat sind hier entscheidende Fragen noch nicht zufriedenstellend geklärt, Fragen des Alters (Kapitel III), der Zweckbestimmung, der brauchtümlichen Wurzeln und Zusammenhänge. Nach der geläufigsten Deutung, gewiß zu sehr verallgemeinert, sind die alten Mäler
188, 190 f. Mord- und Sühnekreuze (Kapitel VII). Im Basaltlavagebiet finden sich offensichtlich alte Stücke auch unter
11 f, 83 ff. den Grabkreuzen.[2]

Unsere Bildauswahl zeigt unterschiedliche Formen, aber auch verschiedene Grade in der Sorgfalt der Bearbei-
7 f. tung [3], bis hin zu der anscheinend durch Schliff geglätteten Oberfläche.[4] Beachtenswert ist die Vorliebe für gerundete Formen – an den Kanten (sonst häufig gefast [5]), aber auch an den Enden der Kreuzbalken, wie nicht allein [6] bei dem bekannten Mal von Thür, das irre-
3 f führend als „Frankenkreuz" [7] bezeichnet wird. Hier wie auf anderen Stücken finden wir eingetiefte Kreuze ver- 5, 9, 439
schiedener Form.[8]

Der Bestand der ältesten Steinkreuze ist im Basaltlavaraum noch am wenigsten erfaßt; so ist es bezeichnend, daß die Kenntnis mancher abgebildeter wie auch weiter gefundener alter Kreuze oft nur zufälligen Hinweisen zu danken war. Hier erscheinen baldige Inventarisation und Maßnahmen zur Erhaltung am dringlichsten, da die laufenden Verluste noch höher sind als sonst: Die kunstlosen Stücke gelten oft als wertlos und verschwinden unbemerkt [9]; aufmerksame Heimatfreunde haben schon manches Stück auf Müllkippen wieder ausgegraben.

Auffallend im Basaltlavabestand – und in diesem Aus- 13–52
maß weithin ohne Beispiel – ist die große Zahl der 142–160
Mäler mit einer relativ tiefen, doch leeren Nische. Die 174–177
Bilddokumentation trägt dieser Besonderheit auch im Umfang Rechnung.

Als Urtyp erscheint das Mal ohne Kreuzbekrönung, der 13–37
ausladende Nischenkopf auf dem meist sich nach unten 138 ff.
verjüngenden Schaft, abstrahiert und noch reine Zweck- 182 f., 187
form. Die anschauliche und durchaus treffende Bezeich- 206, 211
nung „Schöpflöffel" wird gern übernommen, um so eher, 252, 264
als sie sich einer Aussage über den Zweck der Nische 440, 445 f.
enthält. 449

Dagegen ist der Terminus „Bildstock" unzutreffend. Er sieht die Nische als Bildgehäuse, ohne Zweifel beeinflußt

durch den – indessen meist andersgearteten – Bestand
übriger Landschaften.[10] Der Schöpflöffel war ursprüng-
lich *kein* Bildstock (vgl. unten), so gern er später als
466 solcher Verwendung fand. Den Basaltlava-Bildstock zei-
72–74 gen wir an anderer Stelle.

Im Volksmund wird weiter die übergreifende Bezeich-
nung „Kreuz“ auch für den Schöpflöffel verwandt. Dem
liegt das durchaus richtige Bewußtsein zugrunde, daß
dieser, wenngleich oft ohne irgendein entsprechendes
Symbol, doch vom Ursprung her ein christliches Kultmal
ist.

Dennoch zeigt gerade der alte Bestand eindeutig, daß
Steinkreuz und Schöpflöffel ursprünglich unabhängig
nebeneinanderstehen, formal und zweifellos auch ihrem
Sinne nach.[11] Eine gegenseitige Beeinflussung der bei-
den zunächst grundverschiedenen Male erfolgt erst im
Verlauf einer weiteren Entwicklung.

Es muß angenommen werden, daß es neben, vielleicht
auch schon vor den steinernen Mälern, Kreuz oder
Schöpflöffel, im gleichen Sinne solche aus Holz gegeben
hat. Darauf weist schon die Bezeichnung „Stock“ auch
für das Steinmal. Auch von der Form her lassen Stücke
24 wie der Schöpflöffel von Maria Laach durchaus an das
Vorbild eines aus Holz gearbeiteten Nischenstocks den-
ken.[12]

Die Nische zeigt runden, spitzbogigen oder giebelförmi-
gen Abschluß, aber auch sonst verschiedene Form und
Größe; ein Bezug zur Zeitstellung kann daraus nicht
28 f., 36 abgeleitet werden. Oft war eine Gittertür vor der Nische
154 bereits ursprünglich vorgesehen, wie der eingehauene
Falz und andere Spuren zeigen.[13]

38–52 Der Nischenstock mit Kreuzbekrönung ist augenschein-
lich aus dem Schöpflöffel hervorgegangen, die Bildbei-
spiele zeigen gewisse Stufen einer solchen Entwicklung. 40 ff.
Die Urform bleibt im Grunde unverändert; das Mal ist,
wie der Schöpflöffel, dessen Funktion es selbstverständ-
lich behält, auf die Nische hin konzipiert; das Kreuz ist
lediglich Attribut.

In der Regel ist das ganze Mal aus einem Block gehauen,
Ausnahmen finden sich an einigen auch sonst unge- 39, 146 ff.
wöhnlichen Stücken.[14] Der Nischenstock wie auch das 153
hohe Steinkreuz stehen oft in einem Mühlstein als Sok-
kel, ein charakteristisches Merkmal unserer Kreuzland- 13, 21
schaft, die auch auf diese Weise von den Mühlsteinbrü- 59, 173
chen ihr Gepräge erhalten hat.[15]

Die Nische, zu der in der Tat ein eigener Kultmaltyp
geschaffen worden ist, kann nicht anders erklärt werden
als durch eine wichtige und bedeutungsvolle kultische
Funktion, tiefgreifender, als es etwa das Einstellen eines
Heiligenbildes gewesen wäre; sie muß gesehen werden
im Zusammenhang mit den verbreiteten Sakraments-
prozessionen in der Zeit ihres Auftretens. Wie *gleich-
zeitig* Sakramentsnische oder -häuschen im Kirchen-
raum, wurde der Nischenstock für das Sanktissimum
geschaffen – als Stationsmal bei den theophorischen
Umgängen im Ort und in der Flur.

Über diese Funktion des Nischenmals – und später
auch des Kreuzes – ist noch ausführlicher zu handeln
(Kapitel V), doch fordert sie auch schon Beachtung im
typologischen Zusammenhang.

Die Anfänge des Umtragens der Eucharistie außerhalb
der Kirche liegen vornehmlich im 14. Jahrhundert. An-
schließend fanden aber die Umgänge, an Fronleichnam
wie auch bald zu anderen Terminen und häufig als
Wetterprozessionen, schnell Verbreitung.[16] Nur von die-
sen historischen Fakten aus gewinnen wir sachliche

Datierungsanhalte für die frühen, nicht datierten Ni-
schenmale.[17] Darüber hinaus wird eine genauere Zeit-
bestimmung nur selten möglich sein.[18]

Der größere Teil der Schöpflöffel ist noch undatiert; bei
dem (wie gezeigt sekundären) Mal mit Kreuz ist dieser
Anteil geringer. Beide bleiben aber bis weit in die Zeit
der Datierungen hinein üblich, lange nebeneinander, der
45 Schöpflöffel bis zur ersten, der Nischenstock mit Kreuz
160 bis zur zweiten Hälfte des 17. Jahrhunderts.

Die Zeitstellung aller Male, die in den Zusammenhang
der Sakramentsprozessionen gehören, deckt sich auf-
fallend mit dem historischen Zeitraum dieser Um-
gänge [19]; an dem Bestand der Male sind sogar die Wel-
len der Kultbewegung erkennbar – die erste große Stei-
gerung des Kultes am Ende des Mittelalters (hier sind
die Beligen-Stücke entstanden), das völlige Erlöschen
aufgrund der reformatorischen Wirren, das fast schlag-
artige Wiederaufleben in der nachtridentinischen Zeit
und die anschließende große Blüte im Barock.[20]

Neben Schöpflöffel und Nischenstock mit Kreuz finden
sich noch weitere Kultmalformen im Dienst der euchari-
stischen Prozession. Zu ihnen gehört zunächst, wenig-
53–57 stens noch zum Teil, das Steinkreuz mit der Nische im
180 Schnittpunkt der Kreuzarme – die letzte Stufe einer
Synthese aus Kreuz und Nischenmal. Das Hagelkreuz
173 von Kottenheim, 1582, belegt noch durch seinen Namen
den Prozessionszusammenhang.[21] Sicher ebenfalls im
Sinn einer solchen Funktion wurden auch ältere Kreuze
131 oder manchmal gar ein ursprünglich vorchristliches Kult-
mal mit einer Nische versehen.[22]

Zum Teil mag indessen das Kreuz mit Nische im Brauch
der eucharistischen Umgänge nicht mehr de facto ver-
wendet worden sein [23]; die Nische wird flacher, ein Git-
ter ist nur noch selten. Dennoch bleibt die Nische – sie
ist leer wie eh und je – wenigstens noch g e d a n k-
l i c h Gehäuse für das Sanktissimum und wird so zum
Zeichen für dasselbe, ja im Grunde zum christologischen
Symbol im Mittelpunkt des Kreuzes.

Ein solcher Bezug wird besonders sinnfällig bei der
extrem flachen Nische; sie kann weder rein ornamental 170 ff.
verstanden, noch aus einem ursprünglichen Bildgehäuse
erklärt werden – zu verstehen ist sie nur aus dem
eucharistischen Symbolgehalt. Übrigens erscheint sie
schon zu einer Zeit, wo die sakramentalen Flurumgänge
noch in hoher Blüte stehen. Nicht aus irgendeinem funk-
tionellen, sondern nur aus dem symbolischen Sinn der
Nische wird weiter verständlich, daß diese auch an sehr
niedrigen Kreuzen erscheint, zuweilen grob eingehauen 53
und sichtlich nur als Andeutung.[24]

Daß neben der leeren Flachnische seit dem 17. Jahr-
hundert auch die Nische mit einem Reliefbild erscheint, 72 ff. 215
widerlegt nicht den beschriebenen Sinnzusammenhang, 232
ja bestätigt ihn eher; die Bildnische erscheint erst
sekundär, die (leere) Sakramentsnische ist um Jahrhun-
derte älter. Bei dem Kreuz von Niedermendig 1633 [25] 56
tritt das eingearbeitete Flachbild noch zurück und be-
einträchtigt nicht den Nischencharakter.

Von den ältesten groben Steinkreuzen her hat sich über
alle Jahrhunderte, bis in die Gegenwart, aber auch die
Tradition von Basaltlavakreuzen erhalten, die durch den 58 ff.
Nischenstock nicht beeinflußt worden sind. Seit dem
Ausgang des Mittelalters werden auch höhere Formen
beliebt [26]; die überwiegende Zahl hat nun, grob ge-
sagt [27], etwa Manneshöhe, doch erreichen seit dem 17.
Jahrhundert nicht wenige Stücke eine Höhe von 3 Metern 203
und mehr.

83–101 Das niedrige Kreuz ist daneben aber zu keiner Zeit ver-
190 f., 194 f. schwunden. Es ist in der Regel das Kreuz für Tote –
197–202 Grabkreuz, Mordkreuz, Kreuz für tödlich Verunglückte
oder sonst jäh Verstorbene.[28] Das 16. Jahrhundert ist
hier jedoch noch als Übergangszeit anzusehen, es über-
286 ff. liefert noch niedrige Kreuze, die im Vergleich mit dem
330 übrigen zeitgenössischen Bestand wahrscheinlich keine
Totenmäler gewesen sind.[29]

58–61 Das hohe Kreuz ist in der Regel Votivmal. Seine Inten-
63 ff. tion, seit dem Aufkommen der Inschriften ablesbar (Ka-
pitel IX), ist völlig verschieden von der des Totenkreuzes
jeder Art. Neben dem hohen Kreuz ist vielfach aber auch
34, 142 ff. der Nischenstock für die theophorische Prozession ein
von bestimmten Personen gestiftetes Votivmal. Das paßt
durchaus ins Bild der Zeit, wo Stiftungen für Kirche und
Kultgebrauch häufig sind und sogar mit der Gewährung
von Ablässen bedacht werden.[30] Dagegen ist das Mal
252 mit Nische generell kein Totenmal.[31]

Die Tradition der alten Kreuze ist am reinsten erhalten
58–62 in dem schlichten, schmucklosen Kreuz ohne eine bild-
liche Darstellung.[32] Es findet sich in der höheren Form
oft im 17. Jahrhundert, als niedriges Unfallkreuz auch
202 bis in die jüngste Zeit.

Am stärksten verbreitet und vornehmlich als Votivmal
63–66 beliebt ist aber das Kreuz mit dem Korpus des Ge-
kreuzigten. Die Beschränkung auf nur wenige Bildbei-
spiele an dieser Stelle wird ausgeglichen durch zahl-
337–436 reiche Bilder dieses Kreuztyps in anderen Zusammen-
hängen; zur Darstellung selbst wird auf die Ikonographie
287 ff. verwiesen (Kapitel XI).

Der Basaltlava-Korpus ist immer mit dem Kreuz (oder
dem oberen Teil desselben) aus einem Steinblock ge-
hauen, auch wenn er, wie nicht selten, plastisch stark
hervortritt und zuweilen nur noch an einigen Stellen mit 113 f.
dem Stein des Kreuzes verbunden ist. Hier ergeben sich
vom Material her (vgl. Kapitel II) Möglichkeiten, die bei
vielen anderen Gesteinen nicht realisierbar sind.

Daneben finden sich – nicht eben häufig, aber doch
beachtenswert – auch Basaltlavakreuze für einen ange- 67 f., 196
hefteten Korpus, und zwar sichtlich schon bei der Ferti-
gung des Kreuzes hierfür vorgesehen.[33] Man darf ver-
muten, daß dieser ursprünglich in der Regel aus Holz
und polychromiert war[34], doch ist vielleicht auch eine
alte Eisengußfigur nicht auszuschließen[35]; dagegen er-
scheint der heute vorgefundene Metallkorpus eher als
Fabrikware und spätere Ergänzung, original allenfalls
bei jüngeren Kreuzen.

Anstelle des Kruzifixus zeigt eine Reihe von Kreuzen 69–71
aber auch andere religiöse Darstellungen[36] – in der 231, 283 ff.
gleichen Art wie das Mal, das wir korrekterweise allein 301, 383
als Bildstock bezeichnen können. Man darf analog vom
Bildkreuz sprechen. Beide Typen unterscheiden sich
nicht im Prinzip (und auch nicht in der Funktion als Votiv-
mal), sondern lediglich in der äußeren Form, sozusagen
nur durch den Umriß des Mals, auf dem die Bilddarstel-
lung erscheint.

Dennoch sind beide Typen völlig verschiedenen Ur-
sprungs. Wie das Bildkreuz seine Herkunft aus dem ein-
fachen Steinkreuz ohne Korpus zeigt, so kann der Bild- 72–74
stock in der Basaltlavalandschaft (was zu betonen ist) 215, 232
nicht seine Herkunft aus dem alten Mal mit leerer Nische 282, 300
verleugnen, dem Schöpflöffel oder seiner Weiterbildung 302, 437
mit Kreuzbekrönung. Es waren – der Befund wurde
schon in anderem Zusammenhang gewonnen[37] – zwei
Male grundverschiedener Art, ein jedes aber christliches
Kultmal.

Inzwischen mag die Bildtypologie aber auch gezeigt haben, daß der wirkliche Bildstock in dieser Landschaft nicht ursprünglich, sondern Produkt einer späteren Entwicklung ist. Das sei auch darum hervorgehoben, weil für den Schöpflöffel oder überhaupt das Mal mit leerer Nische der Terminus *Bildstock* so verbreitet und zählebig, in der Tat aber unzutreffend ist. Erscheint in einer der frühen Nischen einmal ein Bild, wie der Kruzifixus
122 mit Assistenzfiguren an dem Hillscheider Schöpflöffel
von 1589, so ist es ganz flach gearbeitet [38] und beeinträchtigt nicht den eigentlichen Zweck der Nische, nämlich die Aussetzung des Allerheiligsten bei der Flurprozession. *Der vermeintliche Bildstock ist ein Sakramentsstock.*

82 Die allmählich aufkommende Verwendung der Monstranz
130, 158 bei der eucharistischen Prozession ließ – nach der
160–167 anfänglichen Verwendung des vor dem Kreuz oder
175, 347 Nischenmal gesondert aufgestellten steinernen Exposi-
431, 441 tionstisches oder auch einer Konsole am Kreuzschaft –
einen Steinkreuztypus entstehen, der durch eine große
75–77 Rundnische mit konsolartig vorkragendem Nischen-
402 boden gekennzeichnet ist, darüber immer das Kreuz
mit dem Kruzifixus.[39]

Das Expositorium für die Monstranz und überhaupt das ganze Mal sind beeinflußt durch den Altar mit Tabernakel und Kreuz (wie einst der Schöpflöffel durch den spätmittelalterlichen Sakramentsstock im Chor). In die-
168 f. sem Sinne erfährt das barocke Prozessionsmal auch
398, 434 gelegentlich eine Weiterbildung bis hin zum Prozes-
sionsaltar noch im 19. Jahrhundert.

Oft findet sich das Mal mit der großen Monstranznische noch in der Feldflur, zunehmend aber – gemäß der zeitgenössischen Entwicklung, weite Prozessionswege mit dem Sanktissimum einzuschränken – auch in Ortsnähe, am Ortsrand und im Ort selbst. Wie in Gesprächen mit Einheimischen immer wieder festgestellt wurde, ist die Verwendung als Segenstation bei der Fronleich-
namsprozession in früherer Zeit teils noch mündlich 169, 434
überliefert, manchmal noch in persönlicher Erinnerung,
zuweilen aber auch bis in jüngste Zeit (Liturgiereform) 168
noch in Übung gewesen oder gar noch bestehend.

In wenigen Beispielen zeigen wir Mäler der neueren und 78–80
jüngsten Zeit, verschieden nach Form und Intention. Nach der ungewöhnlichen Blütezeit der Basaltlavakreuze im 17. und 18. Jahrhundert ist seit Beginn des 19. Jahrhunderts eine abnehmende Tendenz erkennbar, doch
bleibt auch jetzt noch der Brauch der Steinkreuzsetzung 202, 207
lebendig.

In unserem Jahrhundert hat der Bezug des Menschen zum Kreuz am Wege einen bis dahin unbekannten Aspekt erhalten. Neben die unreflektiert-gläubige Einstellung auch heute noch vieler, die das Kreuz nur als Andachts- und Kultmal erleben, ist – für manche auch, für viele allein – die Einstellung zum Kreuz als Denkmal getreten (Kapitel XIII).

Das moderne Mal mit Kruzifix in Niedergondershausen 79
muß Carl Burger zugeschrieben werden.[40] Er hat seinerzeit – Leiter der Steinmetzfachschule [41] in Mayen – nicht nur der Basaltlava als Werkstoff für Bildwerke neue Geltung verschafft, sondern auch bewußt an die Tradition der Steinkreuze dieser Landschaft angeknüpft, ohne doch dieselben zu kopieren; Arbeiten von ihm tragen seine Handschrift so unverkennbar wie die Arbeiten der alten „Kreuzmacher“ (Kapitel XII), deren Namen wir nicht mehr kennen.

Auch im Kerngebiet der Basaltlavakreuze erscheint zu-
81 f. weilen noch das Holzkreuz, selten zwar, aber es darf
doch nicht übersehen werden. Bekannt für weite Regio-
nen mit vorwiegendem oder auch ausschließlichem Be-
stand an Flurkreuzen aus Holz, zum Teil auch mit klei-
nen Nischen [42], ist der Hunsrück. Trotz des geringen
Alters der Holzmale infolge schneller Verwitterung ist
doch meist eine alte Tradition mit ihnen verbunden, weil
es fester Brauch ist, das verwitterte Mal immer wieder
durch ein neues an der gleichen Stelle zu ersetzen.

Das Holzkreuz in der Flur ist mit Sicherheit so alt wie
das Steinkreuz, wahrscheinlich älter. Das Aufstellen von
Holzkreuzen auf den Feldern zum Schutz gegen die
durch Dämonen verursachten Unwetter war, nach einer
frühen Quelle, in der Gegend von Arles „schon am An-
fang des 6. Jahrhunderts gebräuchlich".[43] Seit dem 12.
Jahrhundert sind kirchliche Benediktionen belegt zur
feierlichen Weihe von Wetterkreuzen aus Holz, bevor sie
auf dem Felde aufgestellt wurden.[44]

81 Das sog. *Afelskreuz* [45] bei Hilgerath [46] steht an der
Stelle eines vermutlich alten Kultortes. Hier war eine
Station der früheren sehr weiten Hilgerather Fronleich-
namsprozession; im Schaft des alten Kreuzes aus
Eichenbalken befand sich eine Nische, in der dann das
Sanktissimum ausgesetzt wurde.[47] Auch eine Wetterpro-
zession am Markustag sowie eine andere am Oktavtag
von Fronleichnam führten zu diesem Ort [48], der zudem
das Ziel von Bittgängen zu der Viehpatronin St. Brigida
war [49]; regelmäßig passierten auch Pilgerzüge nach
St. Jost und nach Barweiler diesen Kultort.[50]

Kleinere schlichte Holzkreuze, oft roh gefertigt wie das
82 abgebildete, unten zugespitzte Steckkreuz, fanden sich
in einzelnen, meist bisher verkehrsarmen, Gebieten
manchmal auffallend häufig.[51] Die Brauchtumszusam-
menhänge sind noch nicht geklärt; gewiß ist manches
dieser kleinen Holzkreuze ein Unfallkreuz am Wege,
doch es scheint nicht ausgeschlossen, daß manches auch
noch heute, älteste Vorstellungen tradierend, zum Schutz
der Äcker aufgestellt wird.[52]

Eine wichtige Rolle in dem Bestand der Basaltlavamäler 83–101
spielt auch das Grabkreuz: Formidentisch mit den
anderen Totenkreuzen, in früher Zeit mit den Steinkreu-
zen schlechthin; austauschbar mit anderen Kreuzen, nicht
selten auch in der Funktion; Träger der Hausmarken
und der ikonographischen Gestaltung, nicht anders als
der übrige Kreuzbestand; endlich Erzeugnis der gleichen
Werkstätten und derselben Meister (wie nicht nur selbst- 385 f.
verständlich vermutet, sondern auch im Bild gezeigt 429 f., 436
wird) – das Grabkreuz ist in unserer Darstellung nicht
fortzudenken. Der Überblick an dieser Stelle wird er-
gänzt durch zahlreiche andere Beispiele im gesamten 403–416
Bildteil.

Das Friedhofsgrabmal im Basaltlavagebiet ist aus-
schließlich das Kreuz; ein anderes Mal ist bis in jüngere
Zeit nicht bekannt.[53] Für das einfache, rohe Steinkreuz 8, 11 f.
auf dem Grab sind die zeitlichen Anfänge so wenig zu 83 ff.
ermitteln wie für manches andere ihm ähnliche oder
sogar mit ihm identische Stück; denn, wie schon be-
merkt, ist keineswegs auszuschließen, daß auch kleinere
alte Kreuze in der Flur einmal auf einem Grab gestan-
den hatten.[54] Die Frage, seit wann das Kreuz auf dem
Friedhofsgrab überhaupt üblich war – in unserem Ge-
biet [55] und allgemein – ist kaum eindeutig zu klären.[56]

Auch schon auf relativ groben und undatierten Stücken 84–86
erscheint die Hausmarke (Kapitel X). Sie bleibt über 226

Jahrhunderte hinweg gebräuchlich, auch noch in Ver-
bindung mit Initialen, Namen und längeren Inschriften.
87 Eine Formgestaltung wie bei dem Obermendiger Grab-
kreuz ist unter den frühen Mälern aus Basaltlava sel-
ten [57]; auch das Grabkreuz mit der ältesten bekannten
88 f. Datierung [58], 1497, ist ja in der Form noch schlicht.
Dagegen sind später Bildungen wie bei dem Kreuz von
92 Münstermaifeld nicht ungewöhnlich, häufiger allerdings
erst im 18. Jahrhundert.

Ausgesprochen typisch für die Mehrzahl der Grabkreuze
aus Basaltlava ist dagegen die ganz schlichte kubische
Form, durch die das Mal aus den Werkstätten der Ost-
127 f. eifel auch in fremden Landschaften in der Regel sofort
auffällt. Häufig ist aber auch die vorkragende Umrah-
93 mung der Vorderseite wie bei dem Kreuz von Welling;
viele Kreuze dieser Art sind einander so ähnlich, daß
man gerade hier auf eine Serienproduktion auf Vorrat
schließen möchte.

94–100 Eine reiche Ausgestaltung [59] der Vorderseite mit religiö-
116 f. sem Bild oder Symbol erfährt das Grabkreuz erst – aber
272–279 nun mit großer Vorliebe – seit dem 18. Jahrhundert. Oft
403–416 findet man den Kruzifixus, ebenso häufig aber auch
andere Darstellungen, wie wir sie im ikonographischen
Zusammenhang (Kapitel XI) und etwa auch an den Grab-
kreuzen der Werkstatt A (Kapitel XII) zeigen.
88 f. Vielfach ist in diesem Fall die Beschriftung nur auf der
98–100 Rückseite [60] angebracht – sicher nicht zuletzt auch ein
Hinweis auf die Anlage des Friedhofs früherer Zeiten.[61]
Zuweilen findet sich auf der Rückseite aber auch die
Inschrift einer späteren Zweitverwendung des Grabkreu-
zes [62], die schon aufgrund der relativ hohen Kosten für
ein neues Steinkreuz verständlich wird. Was übrigens
den materiellen Wert des Steinmals betrifft, so muß
selbst im Basaltlavagebiet (mit seiner unwahrscheinlich
hohen Zahl erhaltener alter Grabkreuze) damit gerech-
net werden, daß neben dem Grabkreuz aus Stein zu
allen Zeiten auch das schlichte Holzkreuz der Ärmeren
stand.[63]

Auf dem Grabkreuz des Klerikers findet sich die Dar- 101
stellung von Kelch und Hostie als Symbol der Priester-
würde. Die Kreuze sind meist jüngeren Datums [64], in
größerer Zahl treten sie erst im 18. und 19. Jahrhundert
hervor. Auch solche Priestergrabkreuze sind später zu-
weilen als Mal in der Flur zu finden.

Aus Basaltlava sind im Untersuchungsgebiet auch die
zahlreichen erhaltenen jüdischen Grabmäler. Auf eine
alte Tradition ist schon aus einem Beleg von Koblenz
zu schließen, wo ein Basaltlava-Grabmal für einen Rab-
biner gefunden wurde, der im Jahre 1290 verstorben
ist.[65] Wir zeigen ein Mal des 18. Jahrhunderts mit über- 102
setzter Inschrift (Kapitel IX). Da das Einhauen hebräi-
scher Schriftzeichen, selbst nach Vorlagen oder Schablo-
nen, nicht einfach gewesen sein dürfte, wurde diese
Arbeit vielleicht von jüdischen Steinmetzen vorgenom-
men.

Die typologische Übersicht hat sich namentlich mit der F o r m der Mäler befaßt. Sie muß indessen noch einen weiteren, nicht unwichtigen Aspekt berücksichtigen: Zahlreiche Basaltlavakreuze nämlich – oder zumindest doch ihre plastischen Bildteile – waren einmal farbig gefaßt. Alte Polychromie auf diesem Stein und an diesen Mälern hat vielfach irritiert; man sah gern darüber hinweg [66], und auch in der Heimatliteratur sucht man Hinweise auf Farbe am Steinkreuz nahezu vergebens.[67] Wir bemühen uns um die sachliche Darstellung des Befundes.

103–107 Zunächst ist festzustellen, daß sich alte Farbspuren oder
114, 116 -reste oft noch auffällig zeigen; selbst in der Schwarz-
130, 217 weiß-Abbildung sind sie vielfach erkennbar. Einzelne
221, 332 Kreuze sind heute noch bemalt – und zuweilen ist es
344, 379 Brauch, die Farbe jährlich zu Fronleichnam, wo das
382 Kreuz eine Kultrolle spielt, zu erneuern.[68] Für die Frage
nach dem ursprünglichen Zustand sind indessen die
Mäler ohne neuzeitliche Farbe wichtiger.

Eine genauere Untersuchung zahlreicher Stücke hat
überraschend gezeigt, daß die Zahl ehemals farbiger
Kreuze viel größer ist, als zunächst vermutet. In den
meisten Fällen läßt nämlich erst eine gezielte Beobach-
tung Partikel von Farbe oder häufiger nur von dem
darunterliegenden Malgrund in den Steinporen erken-
nen.[69] So wird, um nur ein Beispiel zu nennen, der unbe-
417 fangene Betrachter des Kreuzes von Roes, 1697, nicht
auf den Gedanken kommen, daß der Korpus einmal ganz
in Farbe gefaßt war.[70]

Aussagen über Grundierung, Farben[71] und Technik der
Faßmalerei[72] am Basaltlavakreuz müssen einer fach-
wissenschaftlichen Untersuchung (die wünschenswert
wäre) vorbehalten bleiben. Man wird in der Regel
davon ausgehen müssen, daß die Farbfassung aus der
Entstehungszeit des Mals stammt.[73] Meist mag sie durch
92 jahrhundertelange Verwitterung fast oder gar völlig ver-
gangen sein; zuweilen hat man aber auch wohl unschöne
Reste einer halbverwitterten Fassung entfernt.[74]

Farbig war manchmal das ganze Kreuz, manchmal nur der obere Teil desselben; noch öfter waren wohl lediglich die plastischen Teile farbig gefaßt: Korpus und andere Figuren[75], Reliefbilder und Ornamente, das INRI-Schild; daneben, oder zuweilen allein, Jahreszahl und Inschrift. In Hatzenport befanden sich an dem Fried-
hofskreuz aus dem Jahre 1679 polychromierte Figuren
aus Holz (Kruzifixus) und aus Basaltlava (Assistenzfigu- 294
ren Maria und Johannes).[76]

Bei der Frage, wie man sich die farbigen Teile am Steinkreuz in der Entstehungszeit vorzustellen hat, liegt ein Vergleich mit anderen Stücken farbig gefaßter plastischer Volkskunst der Landschaft nahe. Ob auch anerkannte Fachleute, wie etwa im 18. Jahrhundert der als „Vergulder" bezeichnete Faßmaler Joseph Alken in Mayen[77], zuweilen Steinkreuze gefaßt haben, ist bisher nicht zu sagen.[78]

Eine Bemalung zeigen im Basaltlavagebiet nicht nur
barocke Kreuze mit Kruzifixus, sondern auch Nischen-
mäler für die sakramentale Prozession[79] und selbst
Grabkreuze.[80] Wie noch in keiner Beschreibung erwähnt, 104 f., 116
war auch die erhabene Minuskelinschrift des Beligen-
Mals von 1472 (sog. Golokreuz) auf dem Schaft durch 149–152
eine Farbe hervorgehoben; Spuren hiervon sind noch
eindeutig erkennbar.[81]

Der bislang in diesem Umfang nicht vermutete Befund von farbigen Fassungen an Basaltlavamälern widerspricht keineswegs den Erkenntnissen allgemeiner Forschung. An den plastischen Werken des Mittelalters und der folgenden Jahrhunderte war die Polychromie weithin selbstverständlich; ungewöhnlich war das Fehlen von Farbe.[82] Auch am Grabmal war diese schon früh gebräuchlich.[83] Die große Vorliebe für die Sichtbarkeit des Materials ist relativ jung.

Die Polychromie der alten Male bedarf weiterer Erforschung, zugleich aber auch präziser Beachtung bei der wissenschaftlichen Inventarisation. Erst hier wird das typologische Bild von den Basaltlavakreuzen in ihrer Zeit vollständig.

ANMERKUNGEN

I. TYPOLOGISCHE ÜBERSICHT

1 Die aus anderen Landschaften bekannten alten *Kreuzsteine* (vgl. z. B. Abbildungen bei Brockpähler) oder *Scheibenkreuze* (vgl. z. B. Azzola, Scheibenkreuz-Grabsteine) finden sich im Basaltlavagebiet nicht.

2 Die Kreuze Abb. 11 und 12 fanden sich an der Kirche und eingelassen in die Friedhofsmauer, waren also vermutlich Grabkreuze. Zumindest das zweitgenannte kann ursprünglich aber auch in der Flur gestanden haben. Umgekehrt ist nicht auszuschließen, daß auch sehr alte Kreuze in der Flur ursprünglich einmal Grabkreuze gewesen sind (was häufig nachgewiesen ist von dem Zeitpunkt an, wo Flurkreuze aufgrund der Inschrift als Grabkreuze zu identifizieren sind). Bei den alten Kreuzen ist, sofern es sich um kleinere Stücke handelt, eine Unterscheidung praktisch nicht möglich; vgl. auch Abb. 83 ff. und eine Reihe von Abbildungen bes. im Kapitel X. Auch im Aachener Grenzland hat Jeuckens festgestellt, daß „die weitaus meisten alten Steinkreuze auf Kirchhöfen stehen" (S. 7) und auch in der Flur aufgestellte oft ehemals Grabkreuze waren (S. 9 u. öfter). Dagegen unterscheiden sich nach Brockpähler (S. 147 f.) in Westfalen Grabkreuze auch vom Typ her von Flurkreuzen – belegt allerdings nur für eine spätere Zeit, während er als ältestbekannte Grabkreuze erst solche gegen 1600 nennt. Meine Feststellungen betreffen eine frühere Zeit.

3 Zu der (nicht unbedingt zuverlässigen) Relation von roher Bearbeitung und hohem Alter vgl. Kap. III.

4 So wohl an dem bemerkenswerten Kreuz Abb. 8, wahrscheinlich Oberteil eines Grabkreuzes. Es muß schon aufgrund der vertieft eingearbeiteten Symbole – Schere, Stundenglas, (Palm-?) Zweig und Stern (?) – der Spätzeit undatierter Kreuze zugeschrieben werden. Die zurücktretende Verbindung der Kreuzarme erscheint gelegentlich auch bei der Kreuzbekrönung an Nischenstöcken (Abb. 38, 41, 140). – Auch an dem sicher weit älteren Kreuz von Kruft (Abb. 7) sind vornehmlich die exponierten Flächen merkwürdig geglättet, fast wie abgescheuert. Das Kreuz ist nach Bruch auf beiden Seiten geklammert worden.

5 Man hat die Fasung der Kanten als eine Reminiszenz an die Bearbeitung von Holz (-kreuzen) bezeichnet. Sie ist an Basaltlavakreuzen nicht unbekannt (Abb. 9; 29, 39, 286 u. a.), jedoch auch nicht typisch. Als Anhaltspunkt für eine Datierung (wie in anderen Landschaften teils angenommen) kann sie in unserem Gebiet nicht gelten.

6 So auch an weiteren bekannten, nicht abgebildeten Kreuzen sowie an einem sehr alten verlorenen Stück (vgl. Anm. 9). Die Abrundung geht im wesentlichen auf die ursprüngliche Bearbeitung zurück, viel weniger auf Verwitterung oder etwa auf Abstoßungen im Lauf der Jahrhunderte; gegen letzteres spricht schon die oft kontinuierliche Fortsetzung der Rundungen in den Kreuzwinkeln, vor allem im Übergang zum Schaft (Abb. 3; vgl. auch hier Anm. 9). Während sich die Kreuzbalken oft zugleich nach außen hin verjüngen, findet sich auch die entgegengesetzte Form, selten allerdings so kraß wie in Abb. 12.

7 Die Bezeichnung dürfte zurückgehen auf die Euphorie in der ersten Zeit der Wiederentdeckung der alten Steinkreuze. Gewiß, das Kreuz stand (wie noch auf unseren Abbildungen 3 und 4) am Weg zur Fraukirch, die nach heutigem Wissensstand auf eine karolingische Gründung zurückgeht (Kyll u. Röder); vielleicht führte man auch ins Feld, daß das – auf *beiden* Seiten des Mals – eingetiefte Krückenkreuz erstmals auf fränkischen Münzen auftaucht. Selbstverständlich sind beide Fakten keine Datierungsbeweise; übrigens begegnet das Krückenkreuz auch sonst auf Basaltlavakreuzen, so etwa auf einem Grabkreuz des 16. Jahrhunderts in Polch. Das Mal von Thür ist, das sei ausdrücklich gesagt, ein sehr bemerkenswertes und offensichtlich auch ausgesprochen altes Steinkreuz. Darüber hinaus aber gibt es vorerst keine akzeptablen Forschungsergebnisse, und speziell ist auch die Frage einer genaueren Datierung absolut ungeklärt (und so natürlich die Zeitangabe „8.–9. Jahrhundert" auf einer Steinplatte am jetzigen Aufstellungsort bei der Kirche in Thür durch nichts begründet). Zur Altersfrage vgl. aber auch Kapitel III. Was die grobe Form betrifft, zeigt schon ein flüchtiger Blick in die Steinkreuzliteratur zahlreiche Parallelen; nur beispielsweise sei verwiesen auf das reiche Bildmaterial für Sachsen bei Kuhfahl oder – geographisch näher – auf die Basaltlavakreuze von Liebenscheid, südl. Siegen, die Brockpähler Abb. 132 bis 135 veröffentlicht hat.

8 Neben dem „Krückenkreuz" (die Form der Krücke an den Enden der vier Kreuzbalken) bei dem Mal von Thür (Abb. 3 f.; vgl. Anm. 7) zeigt das Kreuz von Kirchesch (Abb. 9) ein „Wiederkreuz" (Wiederkehr der Kreuzform an den vier Balkenenden). Auf dem Kreuz von Nachtsheim (Abb. 5) findet sich mehrfach ein Querbalken mit Kreuzen an beiden Enden (gleichsam ein halbes Wiederkreuz), zuweilen aber undeutlich und das Balkenende auch wie beim Krückenkreuz erscheinend. Weiterhin finden sich öfter einfache Kreuzritzungen wie in Abb. 439.

9 Ein offensichtlich altes Kreuz ist um 1930 zwischen Hausen und Fraukirch, im Distrikt *Pfaffengarten,* ausgegraben und nahe beim

Fundort aufgestellt worden; seit der Bimsausbeute in den fünfziger Jahren ist es verschwunden. Es war grob behauen, an den Balkenenden und in den Zwickeln abgerundet; es soll dem Kreuz von Thür ähnlich gewesen sein, jedoch schlanker und annähernd 1,50 m hoch, ohne eingeritztes Zeichen; ein Kreuzarm war abgebrochen (alle Angaben 1975 von Herren Alois und Franz Krechel, Hausen; vgl. auch die Heimatschrift von Karl Josef Krechel, verst. Bruder der Genannten, „Die Geschichte der Gemeinde Hausen", Mayen o. Jahr, S. 13).

10 Dort ist meist der Bildstock vorherrschend, zumindest viel häufiger als hier. Vielfach ist aber auch das Mal mit leerer Nische nicht ganz unbekannt – und wird dann ebenfalls als Bildstock bezeichnet (ob mit Recht, scheint mir allerdings eher zweifelhaft und dringend noch einer Untersuchung wert). Zu einem bei Bonn erhaltenen alten Schöpflöffel aus Trachyt, irrtümlich als Totenleuchte gedeutet, vgl. unten Anm. 39.

11 Dieser in unserem Gebiet gewonnene Befund muß auch deshalb hervorgehoben werden, weil man öfter die Interpretation einer Entwicklung „vom Steinkreuz zum Bildstock" findet (Max Walter; vgl. auch Schnetzer „Vom Steinkreuz zum Marterl").

12 Vgl. hier auch Anm. 5.

13 Manchmal wurde auch beim Einhauen der Inschrift Platz für die Verankerung eines Gitters gelassen (Abb. 144, 146; vgl. IX, Anm. 6 und 7). – Ein mit Sicherheit noch aus der Entstehungszeit des Mals stammendes Gitter konnte nicht ausgemacht werden; ein wenigstens relativ altes fand sich noch in Rommersdorf (Abb. 154), es stammt möglicherweise aus einer Zeit, wo das Mal noch als Sakramentsstock bei Umgängen (s. unten) Verwendung fand (vgl. zum Mal von Rommersdorf auch VIII, Anm. 18). Zum Nischengitter allgemein vgl. auch Kapitel V.

14 Bei dem auch in der Form sehr beachtenswerten Mal von Hannebach (Abb. 39) – das mit dem kastenartigen Nischengehäuse am ehesten dem Typ der zeitgenössischen Sakramentshäuschen im Chor der Kirchen entspricht – zeigt das aufgesetzte Kreuz Ähnlichkeit mit dem von Obermendig 1462 (Abb. 146 ff.); vgl. hier auch Anm. 57. Schaft und Nischenhaus sind in Hannebach wie in Obermendig aus einem Stein.

15 Bei diesen Mühlsteinen, teils noch Rohlingen, handelt es sich zweifellos um ausgemusterte, etwa um „verhauene" Stücke aus der Fertigung, nicht um gebrauchte Mühlsteine. Wie auch bei der Ausbeutung der alten Halden sichtbar wird, fielen solche Stücke in erheblicher Zahl an, denn der Qualitätsanspruch an den Mühlstein als Handelsware war hoch. — In späterer Zeit war der Mühlstein als Kreuzsockel offensichtlich nicht mehr gebräuchlich, er wurde nunmehr als unpassend, vielleicht gar als Zeichen der Ärmlichkeit empfunden.

16 Außer bei Versehgängen war das Hinaustragen der konsekrierten Hostie bis um 1300 nicht bekannt. Die früheste Bezeugung überhaupt findet sich für Köln (St. Gereon) um 1270 (Browe, Sakramentsprozessionen, S. 113). Im Rheingebiet finden sich weitere Belege des Fronleichnamsumganges für Worms 1325, Aachen 1333, Neuss 1336, „ohne daß man aber die Zeit der erstmaligen Feier kennt"; Browe schließt, daß die eucharistische Prozession wohl „in diesen Bistümern auch in vielen anderen Kirchen, vielleicht sogar ziemlich allgemein abgehalten wurde" (a. a. O. S. 113 f.). Für Trier (zu dessen Diözese das Kerngebiet der Basaltlava-Male gehört) nennt Kyll einen Beleg aus dem Jahre 1340 (Hagelfeier, S. 169). Aber in Frankfurt erfolgte die Einführung erst 1391 (Browe, a. a. O. S. 114). – In Deutschland erhielt die Prozession an Fronleichnam (anders als in Rom) „sofort nach ihrer Einführung den Charakter einer Flur- und Wetterprozession" mit der von da übernommenen Lesung der Evangelienanfänge an vier Stationen; andererseits aber „entliehen die Flurprozessionen von dieser das Tragen des Sakramentes" (A. Franz, II, S. 72 f.). Eine theophorische Prozession, die am Sonntag nach Johannestag (Mittsommer) um die ganze Stadt führte, ist in Koblenz seit dem Jahre 1428 bezeugt, sie fand erst um 1800 ihr Ende (Kyll a. a. O. S. 148).

17 Nach der Einführung an den Bischofssitzen gelangte der sakramentale Umgang wohl erst allmählich in die Landkirchen. Für die undatierten Sakramentsmale unseres Gebietes ergibt sich daher eine Zeitstellung von frühestens 1350 bis nach 1500.

18 Gefühlsmäßige, sozusagen „intuitive" Datierungen (wie sie öfter versucht wurden) kann ich nicht akzeptieren. Unsere Bilder zeigen, daß auch stilistische Erwägungen weitgehend ausscheiden, auch unter Berücksichtigung der bekannten Stilverschleppung bei Werken der Volkskunst. Selbst wenn man etwa dem Mal von Hannebach (Abb. 39) gotisches Formempfinden zuschreiben darf, so besagt dies wenig; gotische Formen und Ornamente finden sich an Kreuzen unserer Landschaft noch im hohen 17. Jahrhundert. Leider sind auch weder von den Sockel-Mühlsteinen noch von der Bearbeitungstechnik der Mäler selbst Hinweise zu gewinnen; sie blieben (nach heutigem Forschungsstand) über die in Frage kommenden Zeiten hinweg gleich. Ob es einmal gelingen wird, bei einzelnen Stücken stichhaltige Kriterien für eine präzisere Zeitbestimmung zu finden, muß abgewartet werden.

19 Vgl. A. Franz, II, 9. Abschnitt, bes. S. 72 ff. u. 119 ff.; Veit u. Lenhart, S. 176 ff. u. 212 ff.; Browe, Sakramentsprozessionen, S. 109 ff.;

ders., Eucharistische Flurprozessionen; für das Rhein-Mosel-Gebiet (kurtrierisches Unterstift) vgl. Wagner, Eucharistischer Kultus.

[20] Eine Zusammenstellung der datierten Basaltlava-Nischenmäler ergibt (ohne ganz vollständig zu sein) folgendes Bild (in Klammer Abb.-Nummer oder sonstige Angabe): **1461** (142 ff.), **1462** (146 ff.), **1472** (149 ff.), **1473** (153), **1504** (34), **1504** (163), **1518** (Weitersburg; KD Koblenz Landkreis, S. 389); in diese Zeit fallen mit Sicherheit auch noch zahlreiche undatierte Mäler. Danach erscheint eine sehr merkwürdige Lücke von über 60 Jahren ohne ein einziges Nischenmal, während diese anschließend wieder massiert vorkommen: **1582** (173, vgl. unten), **1585** (159), **1586** (154), **1589** (122), **1590** (206) **1590** (30), **1591** (210), **1594** (vgl. Is. 7), **1597** (156), **1599** (175), **1599** (Klotten b. Wegkapelle i. Ort), um **1600** (Detail 186), **1600** (466), **1600** (177), um **1600** (176), **1601** (44), **1602/8** (37)) und so weiter. Dazu muß bemerkt werden, daß die Datierungslücke nur beim Nischenmal erscheint; beim Steinkreuz finden sich, abgesehen von zahlreichen Grabkreuzen, in dieser Zeit etwa die Belege **1540** (330), **1548** (286), **1551** (287), **1552** (190), **1554** (58). Der auffällige Befund in der Datierung der Nischenmäler kann nicht zufällig sein. Erklärbar wird er nur durch die historisch belegten Tendenzen beim eucharistischen Umgang (und ist so zugleich ein nicht zu übersehender Beweis für die Funktion des Nischenmals in diesem Zusammenhang): „Hatte sich gegen Ende des Mittelalters in Deutschland die Freude an theophorischen Umgängen derart gesteigert, daß das heilige Sakrament bei den zahlreichen Dank- und Bußprozessionen wie bei Flurumgängen und Wettersegen unverhüllt mitgetragen wurde, so schien die Glaubensspaltung den Brauch der Prozessionen ganz verschüttet zu haben. In den Jahrzehnten des Umbruchs schliefen sie auch ganz ein, um dann aber mit um so größerem Eifer im Zeitalter des Barock von neuem aufgenommen zu werden." (Veit u. Lenhart, S. 177). — Auf die Geschichte der Reformation in unserem Gebiet kann hier nicht eingegangen werden. Der Kurfürst von Trier hat noch einmal 1529 aufgrund einer Seuche Bittgänge mit dem Allerheiligsten angeordnet (Wagner, Eucharistischer Kultus, S. 12), doch spiegelt sich diese einmalige Maßnahme nicht in unseren Mälern; in der Zeit von ca. 1520—1580 sind aufgrund der Stagnierung sakramentaler Prozessionen keine Nischenmäler entstanden. Erst das Tridentinum (Konzil von Trient, 1545—1563), „die Antwort der Kirche auf die Reformation und die Hauptgrundlage der sog. Gegenreformation" (LThK, X, S. 275), scheint in unserem Gebiet auch den Weg für die Wiederaufnahme der Prozession mit dem Sanktissimum geebnet und als Folge ab 1580 eine lebhafte Produktion neuer Mäler für diesen Zweck angeregt zu haben. In dieses Bild paßt dann auch die ganz im Sinne der gegenreformatorischen Bewegung abgefaßte Inschrift (132) auf dem Schöpflöffel von 1590 (Abb. 206). — Wie die Verhältnisse im Trierer Raum waren, wo es ebenfalls viele Nischenmäler gibt (aber stets mit Kreuzbekrönung, keine „Schöpflöffel"), kann nach G. J. Meyer, Wegkreuze, nicht ohne weiteres beurteilt werden. In seiner Aufstellung (a. a. O. S. 233 f.) gibt Meyer für eine Reihe von Nischenmälern als Zeitstellung „um 1550" an, was nur grobe Schätzung und für unsere Frage zu unsicher ist; nur in wenigen Fällen findet sich eine sichere Datierung in der Zeit der bei uns erkennbaren Datierungslücke. Aber auch nach Meyer häufen sich die eindeutig datierten Nischenmäler, ähnlich wie hier, in der nachtridentinischen Zeit, also vom späten 16. Jahrhundert an (a. a. O.).

[21] Gerade auch bei der Prozession an den sogenannten Hagelfeiertagen wurde mit Vorliebe das Sakrament mitgetragen (Kapitel V); an dem Kottenheimer Mal (Abb. 173) läßt dies auch schon die einst vergitterte Nische vermuten. Bereits vor diesem Kreuz wird in Kottenheimer Urkunden 1534 und 1535 ein Hagelkreuz (*Haelcrutz*) erwähnt (Lung, S. 110; die Urkunden als Regesten). Da die Wetterprozession in der Regel zu vier Stationen führte, muß es nicht unbedingt an der Stelle des jetzigen gestanden haben.

[22] An dem bekannten „Fraubillenkreuz" in der Südwesteifel, das aus einem vorgeschichtlichen Kultstein gearbeitet wurde, findet sich je eine Nische zu beiden Seiten, eine mit giebelförmigem Abschluß (Abb. 131), die andere in rechteckigem Schnitt (vgl. Zender, Sagen, Abb. 3). Beide Nischen sind umgeben von Löchern zur Verankerung eines Gitters, ein Befund, der die Annahme von Sakramentsnischen zu bekräftigen scheint. – Eine Spitzbogennische, etwa in Reichhöhe, zeigt auch der „Gollenstein" bei Blieskastel, ein 7 Meter hoher vorgeschichtlicher Menhir (vgl. z. B. Becker, Abb. 1); auch hier dürfte es sich um eine Nische handeln, die im Zusammenhang mit dem Kult sakramentaler Prozessionen eingehauen wurde. — Zu beiden Denkmälern vgl. III, bei Anm. 13—19.

[23] Daß die herkömmliche Nische nicht mehr tatsächlich zur Exposition des Allerheiligsten verwendet werden konnte, hängt sicher auch damit zusammen, daß dieses allmählich öfter in der Monstranz, statt wie ursprünglich in der kleinen Pyxis, umgetragen wurde. Zu der Aussetzung wurde jetzt meist der steinerne Expositionstisch verwendet, der sich auch oft vor Nischenmälern findet (vgl. unten und Kapitel V).

[24] Neben dem Laacher Kreuz (Abb. 53) sei nur beispielsweise noch das kleine Tuffkreuz genannt, das in Weibern, Ortsausgang nach Kempenich, am Straßenrand vor einem Haus steht. Häufiger jedoch

(vielleicht weil eher erhalten) sind niedrige Basaltlavakreuze mit exakt gearbeiteter Symbolnische anzutreffen (Abb. 171).

[25] Bei einer Renovierung wurde das Kreuz (Abb. 56) unter der Nische um einige Zentimeter verkürzt. Ehemals an einem der Wege zur Fraukirch, steht es heute im Gelände des Bundeswehrflugplatzes Niedermendig (gut geschützt, jedoch nicht ohne weiteres zugänglich).

[26] Die Zeitangabe betrifft das erhaltene typische Basaltlavakreuz. Darüber hinaus sind hohe Kreuze auch im Mittelalter nicht selten. Für das ritterliche Sühnekreuz von 1380 (Datum der Urkunde), das bei Bendorf gestanden hat (Karte Abb. 188, vgl. Kapitel VII), war eine Höhe von 10 Fuß gefordert.

[27] Genaue Maßangaben sind bei Inventarisationen am Platze. Sie haben gemeinhin aber nicht den Aussagewert, der ihnen oft beigemessen wird. Dagegen ist in unserem Gebiet, wie folgend gezeigt wird, die Unterscheidung zwischen *niedrigen* und *hohen* Mälern auch von der Sache her von Belang. Für diese Rubrizierung brauchen wir jedoch keine Zentimeterangaben, die Bilder sind hinreichend instruktiv.

[28] Einzelne Kreuze für tödlich Verunglückte haben, abweichend von der Regel, Form und Größe der unten genannten Votivkreuze (Abb. 196, 453; vgl. auch Is. 61, 63). Höher als gemeinhin üblich ist auch das Mordkreuz Abb. 62.

[29] Totenkreuze sowie auch Grabkreuze zeigen in früher Zeit keine figürlichen religiösen Darstellungen, sondern allenfalls die Haus- oder Berufsmarken der Toten (vgl. Grabkreuze Abb. 83 ff., Hausmarken Kap. X). Soweit der Bestand bisher erkennen läßt, erscheinen bei ihnen Korpus, Vesperbild und ähnliches erst vereinzelt im 17., vornehmlich aber im 18. Jahrhundert (vgl. Grabkreuze Abb. 94 ff., Ikonographie Kap. XI). Bei Kreuzen wie in Abb. 286—288, 330 und anderen kann zur ursprünglichen Bedeutung noch nichts Sicheres gesagt werden.

[30] Religiöse Stiftungen sind allgemein unter dem Gedanken zu sehen, das „Seelgerät" des Stifters im Blick auf das jenseitige Leben zu vermehren. Zweifellos zählt zu den frommen Stiftungen auch die eines Stationsmals für die Sakramentsprozession (vgl. VIII, Anm. 17).

[31] Auch das Galenberger Nischenmal (Abb. 252) ist zunächst ein Votivmal mit Stifterinschrift und Weiheformel. Zusätzlich erfolgte hier aber die Kreuzstiftung auch einem Toten „zum Gedächtnis", und so enthält die Inschrift (100) zugleich die Formel *DSGG.*

[32] Bei dem Mal von Miesenheim 1554 (Abb. 58), dem bisher frühesten Kreuz der hohen Form, ist das vertieft eingearbeitete liegende lateinische Kreuz beachtenswert. – Bei dem Fraukircher Kreuz (Abb. 59) zeigt der Sockelmühlstein eine zusätzliche Aussparung, wohl zum Einlassen eines Expositionstisches für die Monstranz gearbeitet (hier trafen oft mehrere sakramentale Prozessionen gleichzeitig zusammen).

[33] Bei den beiden Kreuzen Abb. 67 deutet schon das erhabene INRI-Schild auf einen vorgesehenen Kruzifixus aus anderem Material (für eine angeheftete Figur ist Basaltlava auszuschließen); ein zusätzlicher Hinweis ist bei dem rechten Kreuz von 1680 der Engel mit Kelch, der das Blut aus den Wunden des Gekreuzigten auffängt. Vgl. hier auch das Kreuz Abb. 196, wo drei Monogramme (Is. 64) im Kreuzfeld so angeordnet wurden, daß Platz für den anzuheftenden Korpus bleibt. Noch deutlicher zeigt Abb. 68 diesen Befund in der Anordnung der Jahreszahl, wenn auch die Anbringung des eindeutig vorgesehenen Kruzifixes dann unterblieb (zu den Hausmarken dieses Kreuzes vgl. J. Dünchem in Münstermaifelder Heimatbuch, S. 45 ff.; es sind die Stifterzeichen des seinerzeitigen Bürgermeisters Ordt und seiner Frau; der Ordtsche Eberkopf findet sich auch an Museumsstücken in Mayen.

[34] Für einen ursprünglichen Korpus aus Holz, der relativ schnell verwittert war, sprechen vielleicht schon die Ergänzungen durch eine neuere Metallfigur. Zur Farbe an Kreuzen vgl. am Ende dieses Kapitels. Erwähnenswert in diesem Zusammenhang ist das hohe Friedhofskreuz 1679 von Hatzenport, das dem von Barweiler 1680 (Detail Abb. 381) sehr ähnlich ist und aus der gleichen Werkstatt F stammt. Von den Assistenzfiguren, die auf den seitlich ausladenden Konsolen gestanden hatten, befindet sich die Johannesfigur im Museum Mayen (Abb. 294). An dem Kreuz fehlt aber ein Steinkorpus, doch stellte ich bei einer Untersuchung Ankerlöcher fest, die nicht für den jetzt angebrachten (zu kleinen) Eisenkorpus geschaffen worden sein können. Mit hoher Sicherheit ist an einen ursprünglichen farbig gefaßten Holzkorpus zu denken, auch schon deshalb, weil sich an der genannten Johannesfigur ebenfalls noch eindeutige Spuren einer Grundierung und Farbfassung finden. So ergibt sich bei dem Basaltlavakreuz von Hatzenport der Befund einer ursprünglich konzipierten Kombination von polychromen Figuren aus Holz und Stein.

[35] Theisen hat S. 90 (vgl. S. 13) gußeiserne Grabkreuze mit Kruzifixdarstellung abgebildet und S. 88–92 auch weitere freiplastische Gußerzeugnisse beschrieben, jedoch keine Produkte erwähnt, die als Korpus für Steinkreuze in Frage kommen; die Untersuchung betrifft das 15. und 16. Jahrhundert. Die Frage verdient weitere Beachtung, vor allem, ob vielleicht noch Stücke passender Größe und entsprechenden Alters auftauchen.

[36] Zu diesen vgl. die Ikonographie (Kapitel XI). Zuerst auf Votivmalen anzutreffen, wird die Bilddarstellung (noch häufiger als der Kruzifixus) im 18. Jahrhundert besonders auch auf Grabkreuzen beliebt, findet sich aber nicht auf anderen Totenmalen wie Mord- und Unglückskreuzen. Bilddarstellungen am hohen Votivkreuz mit Korpus stehen vornehmlich im Zusammenhang mit der Darstellung des Gekreuzigten (Schädel und Knochen Adams, Kelchengel, die Assistenzfiguren Maria und Johannes), doch finden sich auch weitere wie etwa der Dreisproß in der Vase.

[37] Vgl. Text bei Anm. 11.

[38] Aus der Gepflogenheit der flachen Darstellung an der Rückwand oder vielleicht aus dem Bedürfnis zu zeigen, welchen Zweck die Nische eigentlich hatte, mögen Beispiele des 17. Jahrhunderts zu erklären sein, wo auch bei der schon eindeutigen Bildnische das Relief flacher als notwendig gehalten ist und der Nischencharakter deutlich gewahrt bleibt; vgl. etwa Abb. 56 oder 300 (im Vergleich zu 302).

[39] Die häufigsten Kreuzmale in den Landschaften, die sich nördlich an den Basaltlavaraum anschließen, sind barocke Nischenkreuze dieser Funktion, im Prinzip mit gleichem Aufbau, aber doch unverkennbar unterschieden von unserem Typus (vgl. etwa J. Bücher für Beuel b. Bonn mit vielen Bildbeispielen). – Daß dort in früher Zeit aber auch das älteste Sakramentsmal, der Schöpflöffel, nicht unbekannt war, zeigt ein noch in Beuel-Limperich erhaltenes großes Mal aus Drachenfels-Trachyt (mit dem bei diesem Stein so typischen länglichen Vertiefungen, die durch Auswitterung von Einschlüssen entstanden sind; Bücher hat sie für eingeschlagene Löcher gehalten, a. a. O. S. 120), eine Abbildung a. a. O. S. 72. Für die Deutung dieses wohl spätmittelalterlichen Nischenmals als Station früher eucharistischer Flurprozessionen, nicht anders als bei dem Schöpflöffel der Osteifel, spricht zusätzlich die überlieferte volkstümliche Bezeichnung „Heiligenhäuschen", die auch sonst für Sakramentsmale nicht unbekannt und auch in unserer Inschrift 22 belegt ist. Gegen eine Deutung als Totenleuchte (a. a. O. S. 120) spricht schon der alte Standort weitab vom Kirchhof (zu der Theorie von Hula und G. J. Meyer, auf die sich Bücher beruft, vgl. Kapitel V).

[40] Über Professor Burger und sein Werk liegt keine größere Veröffentlichung vor (kleinere Aufsätze zerstreut und schwer auffindbar). Ein Beitrag in der frz. Kunstzeitschrift La Revue Moderne des Arts et de la Vie vom März 1932 über Werke von Carl Burger zeigt ein Bronzekreuz des Künstlers, dessen Kruzifixus nahezu identisch ist mit unserer Abb. 79. Das Basaltlavakreuz ist ein Teil eines Kriegerdenkmals für die Gefallenen des Ersten Weltkrieges.

[41] Die von 1923 bis 1966 in Mayen unterhaltene Steinmetzfachschule, unter der Leitung von Carl Burger und seinem Nachfolger Anton Woger, hat sich mit großem Engagement auch der Restaurierung alter Steinkreuze gewidmet und unter anderem Aufrufe erlassen, ihr schadhafte Stücke zu melden, mit ausdrücklichem Hinweis auf die kostenlose Instandsetzung sowie Hin- und Rücktransport (Eifelvereinsblatt, Jg. 26, 1925, S. 93). — Herrn Woger (Wasserburg a. Inn), der sich mit den Basaltlavakreuzen der Landschaft sehr eingehend befaßt hat, danke ich für manchen Hinweis.

[42] Über den Sinn dieser Nischen, die, wie ich beobachten konnte, oft klein und leer sind, kann ich keine konkreten Aussagen machen. Die Frage sollte bei einer Bearbeitung der Hunsrückkreuze Beachtung finden, nicht zuletzt in der Hinsicht, ob es sich in manchen Fällen um sog. Symbolnischen handeln könnte, wie sie oben für Basaltlavakreuze beschrieben wurden (denn mit Gewißheit fanden ja auch dort bei den theophorischen Flurprozessionen die vier Segnungen an Flurkreuzen statt).

[43] A. Franz, II, S. 12.

[44] A. a. O. S. 14.

[45] Für den Namen ist eine gesicherte Deutung bisher nicht bekannt; nach Schugs Vermutung (Bd. V, S. 100 u. 104) ursprüngl. *Ablaßkreuz* (Mundartformen etwa *Aflas-*, *Afles-*, *Af'ls-*Kreuz). Für die auf dem neuen Holzkreuz vermerkte Jahreszahl 1231 ist ein fundierter Hinweis nicht bekannt. Zwar nennt Kyll (Tod, S. 112, Anm. 545) ein „Steinkreuz von 1231 bei Katzwinkel/Daun", unter Berufung auf „Trier. Landeszeitung vom 16. 9. 1954, S. 3", doch wäre eine so außergewöhnlich frühe Datierung eines Steinkreuzes, falls einwandfrei, der Forschung nicht unbekannt geblieben. Auch in anderen mir bekannten Beiträgen über das Afelskreuz fand ich in dieser Hinsicht nur Behauptungen, doch nie einen handfesten Beleg. Schug nennt eine urkundliche Erwähnung von 1604 und eine mögliche von 1584 (a. a. O. S. 104). Merkwürdigerweise ist in der Tranchot-Karte (Nr. 156 Daun, von 1810/11) am Afelskreuz-Standort weder ein Kreuz eingetragen (obwohl bei Hilgerath öfter ein „Croix" erscheint) noch überhaupt irgendeine Bezeichnung dieses Ortes vermerkt (obwohl in diesem Kartenwerk sonst ein Eintrag zeitgenössisch geläufiger Flurnamen oder Wegkreuznamen nicht selten ist). Dagegen wird in der Karte das Gebiet zwischen Kirche Hilgerath und der Wegespinne am Afelskreuz als „Deuvels Berg" bezeichnet. Vgl. auch Anm. 47.

[46] Alleinstehende Pfarrkirche bei Kelberg, auch Name der Pfarrei, zu deren Sprengel eine Reihe umliegender Dörfer gehören (heute Pfarrei Beinhausen). „Die Lage dieser Kirche sowie Funde aus römischer Zeit weisen auf eine frühe kirchliche Anlage hin"; bis

zum Ende des 17. Jahrhunderts sind alte Prozessionsgänge aus Kelberg und Ueß nach Hilgerath bezeugt (Schug a. a. O. S. 100).

47 M. Wilhelmus in Paulinus-Kalender, Trier, 1932, S. 42 f. (nach Bericht eines älteren Mannes, der noch Augenzeuge war). Das alte Eichenkreuz von 2 Meter Höhe ist danach Mitte des 19. Jahrhunderts im Zusammenhang mit einer Viehseuche im benachbarten Ort Katzwinkel errichtet worden; Wilhelmus' Angaben erscheinen zuverlässig, auch der Kreuzstifter wird namentlich und sonst näher bezeichnet. Berücksichtigt man einerseits die von Schug a. a. O. angeführte frühe Erwähnung, andererseits das wohl kaum zufällige Fehlen in der Tranchot-Karte von 1810 (Anm. 45), so war vielleicht um diese Zeit die alte Bedeutung des Kultortes und auch sein Name nicht mehr sehr lebendig – bis durch die genannte Kreuzstiftung bald darauf eine Neubelebung erfolgte. Der alte Kult an diesem Ort muß aber noch in Erinnerung gewesen sein, und es liegt sogar nahe – solche Vorgänge sind in der Volkskunde vielfach bekannt –, daß von den Einwohnern die Viehseuche als Strafe für die Vernachlässigung verstanden worden war. Daß in der Folge der Kult schnell wieder aufblühte, bestätigt der baldige Bau einer Kapelle bei dem Kreuz (vgl. Anm. 49).

48 Schug, a. a. O. S. 100 u. 104. Die Pfarrprozession der Fronleichnamsoktav hängt nach ihrem Termin zweifellos zusammen mit den schon erwähnten alten Flurprozessionen noch im 17. Jahrhundert. Am Afelskreuz verhielt auch der Leichenzug von Katzwinkel nach Hilgerath zu einem Gebet für den Verstorbenen (Wilhelmus a. a. O.) – eine Sitte, die auch für viele andere Flurkreuze bezeugt ist.

49 Nach Wilhelmus a. a. O. fanden schon Bittgänge zur Anrufung der Viehpatronin zu dem alten Kreuz statt, noch bevor dort etwas später auch ein Heiligenhäuschen zu deren Ehren erbaut wurde (um 1930 wieder verfallen). Bezüglich des Namens der Heiligen mag bei Wilhelmus eine verständliche Verwechslung vorliegen: Die als „Hirtin" und „Viehpatronin" (bes. für Kühe) verehrte Heilige ist nicht *Brigitta* (Patronin von Schweden), sondern *Brigida* (vgl. Wrede, S. 178; Hay, S. 39 ff.).

50 Wilhelmus a. a. O.

51 In (volkskundlich so bezeichneten) Reliktgebieten halten sich bekanntlich alte Brauchformen oft wesentlich länger als in (zuweilen nicht weit entfernten) verkehrsoffenen Räumen. Relativ oft fand ich Holzkreuze der genannten Art in Gebieten etwa auf der Linie Mayen-Nachtsheim-Kelberg (ohne eine Begrenzung angeben oder auch andere Räume ausschließen zu können), wo aber auch Basaltlavakreuze keineswegs fehlen. Schug erwähnt drei einfache Holzkreuze in der Pfarrei Hilgerath (a. a. O. S. 104).

52 Bei Befragung Einheimischer war eine gewisse Zurückhaltung spürbar, als ob über die eigentliche Intention der Aufstellung der Holzkreuze nicht gern gesprochen werde. – In diesem Zusammenhang darf auf den Brauch verwiesen werden, am Palmsonntag geweihte Buchsbaumzweige in die Äcker zu stecken, zum Schutz gegen Unwetter und allgemein zum Gedeihen der Feldfrucht (Wrede, Eifeler Vkd., S. 301). Zur Funktion des Flurkreuzes im Zusammenhang von Schutz und Abwehr vgl. Kapitel VI.

53 Vgl. Anm. 1; das Fehlen von Kreuzsteinen und Scheibenkreuzen gilt auch für das Grabmal aus Basaltlava. Zwei Grab-Kreuzsteine aus Sandstein, spätes 18. Jahrhundert, hat Friedrich Karl Azzola, Trebur, in Brauneberg bei Bernkastel gesehen (briefl. Mitteilung 1975; Herrn Professor Azzola danke ich an dieser Stelle auch für zahlreiche andere wichtige Hinweise). Die fränkische Zeit muß hier unberücksichtigt bleiben; in ihr gibt es kleine liegende Grab-Kreuzsteine häufig (vgl. Bestände in fast allen Museen); Kyll deutet auch die fränkischen „einfachen Steinquader mit eingeritztem Kreuz, die aus Nittel/Saarburg und M a y e n kommen", als Grabsteine (Tod, S. 111).

54 Vgl. besonders Anm. 2. Alte Grabkreuze findet man auch oft am First von Wegkapellen (vgl. das Kreuz Abb. 178, das ich für ein solches halte). Man muß auch annehmen, daß manches Steinkreuz von dem meist engen alten Friedhof um die Kirche (vgl. Anm. 61) schon aus Platzmangel entfernt werden mußte, und was lag dann näher als seine Aufstellung am Haus oder in der Flur.

55 Als älteste ihm bekannte datierte Steingrabkreuze bezeichnet Derwein die Stücke an Rhein und Mosel (S. 135), also die Mäler aus Basaltlava. Beträchtlich ist darüber hinaus die Zahl unserer erhaltenen undatierten, meist noch älteren Grabkreuze.

56 Ein früher Schriftbeleg stammt bereits aus dem 9. Jahrhundert, wonach „jedes Grab eines Christen ein Kreuz tragen sollte. Doch ist anderwärts aus dieser Frühzeit noch nichts Ähnliches bezeugt" (Derwein, S. 132). Im 13. Jahrhundert wird gefordert, auf das Grab eines Christen a u ß e r h a l b des Kirchhofs zu Häupten ein Kreuz zu setzen, „denn vor diesem Zeichen habe der Teufel große Scheu" (a. a. O. S. 131 f.). Die angefügte Begründung zeigt die alte Vorstellung von der Abwehrkraft des Kreuzes (vgl. Kapitel VI) auch in seiner Funktion als Grabmal. Quellenzeugnisse über Mäler auf dem Friedhofsgrab sind sonst erst vom Ende des Mittelalters und aus der Reformationszeit erhalten (a. a. O. S. 131) – doch von diesen Zeiten haben wir im Basaltlavaraum ja auch schon zahlreiche Monumente. Kylls Angaben sind in dieser Frage widersprüchlich: „Seit dem 14. Jahrhundert tritt in den steinreichen Gebieten des Trierer Landes das steinerne Feldkreuz zuungunsten des Holz-

kreuzes in den Vordergrund" (Tod, S. 113; nach Gleichsetzung der Entwicklung von Feld- und Grabkreuz a. a. O. S. 112). – „Erhaltene Grabkreuze aus Stein und aus Gußeisen führen nicht über das 15. Jahrhundert hinaus" (a. a. O. S. 113).

57 Das Kreuz (Abb. 87) hat einen nach unten bogenförmig ausladenden Schaft, der am Fuß die Breite des Querbalkens erreicht (jetzt zugewachsen und in unserem Bild nicht zu sehen; vgl. dazu die Abbildung in KD Mayen I, S. 57). Einige ähnliche Kreuze finden sich in unserem Gebiet nur noch in Oberbreisig (davon zwei undatiert, eins mit Jz. 1666 – möglicherweise Nachdatierung eines älteren Kreuzes). Dagegen hat Fischer noch ein undatiertes Basaltlavakreuz dieser Form in Köln-Lövenich ausgemacht (S. 19), daneben aber im Kölner Raum nicht wenige der gleichen Art aus anderem Stein, teils undatiert, teils mit Datierungen von 1522 bis 1542 (S. 19–21) sowie spätere Übergangsformen und Weiterentwicklungen (S. 22 ff.). Fischer verweist auch auf das Stück von Obermendig (S. 19, mit der irrtümlichen Standortangabe *Kelberg*, die auf einer Vertauschung der Ortsnamen bei Abb. 55 und 56 in KD Mayen I, S. 57, beruht), und mit Recht hat er (S. 18) weiter auf eine Ähnlichkeit mit dem bekrönenden Kreuz des Obermendiger Beligen-Mals von 1462 (unsere Abb. 146 ff.) hingewiesen. Dazu erwähne ich dann noch das Abschlußkreuz auf dem Mal von Hannebach (Abb. 39; vgl. hier Anm. 14).

58 Ein weiteres Grabkreuz mit früher Datierung vgl. Abb. 246 (1502). Bis um die Jahrhundertmitte finden sich aber Datierungen noch selten (vgl. IX, Anm. 32), während sie von da an, wie es scheint, voll einsetzen.

59 Eine ornamentale Gestaltung wie bei dem Grabkreuz von Wehr (Abb. 96 f.) ist unter den Basaltlavakreuzen ganz ungewöhnlich und ohne Gegenbeispiel; als Bildwerk sind sonst nur religiöse Darstellungen bekannt.

60 So z. B. auch bei allen Grabkreuzen aus der Werkstatt A (Abb. 315; 403–416 u. a.). Auf dem Koberner Grabkreuz von 1763 (Abb. 312) finden sich sogar auf beiden Seiten Bilddarstellungen, neben den abgebildeten (Arma Christi) auf der Rückseite noch der Kruzifixus, dabei der Name ANDONIVS (wohl Ehemann der auf der Vorderseite mit Sterbedatum genannten ANNA MARIA). Das Kreuz ist eine Ausnahme, doch begegnet die Zweiseitigkeit mit Bildseite/Schriftseite häufig. Auch das frühdatierte Grabkreuz von 1497 (Abb. 88 f.) hat zwei Ansichtsseiten, was anscheinend besonders in früher Zeit (vielleicht sogar noch zusammenhängend mit dem schwer faßbaren Übergang vom liegenden zum stehenden Grabmal) die Regel war; so sind auch die von Azzola (Scheibenkreuz-Grabsteine) untersuchten mittelalterlichen Grabmäler in Hessen zweiseitig. Vgl. hier auch die zu beiden Seiten eingehauenen Kreuzformen bei den alten Basaltlavakreuzen von Thür und Nachtsheim (Abb. 3–5). – Zuweilen hat auch das hohe Friedhofskreuz einen Kruzifixus auf beiden Seiten (vgl. Abb. 290).

61 Anders als heute konnte man um die Gräber, die einfache Grabhügel waren, bis zum 19. Jahrhundert auch meist ohne besondere Bepflanzung (Kyll, Tod, S. 108 f.), herumgehen; es gab offensichtlich keine Wege an den Grabreihen entlang. Das Bild eines Friedhofs um die Mitte des 17. Jahrhunderts vermittelt eine Darstellung der Kölner Richmodis-Legende („1357" – „vor Dreyhundert Jahren in Collen am Newmarckt vff dem Kirchhoff Zu Sanct Apostolen"), abgebildet bei Vogts (Abb. 1) und bei Derwein (bei S. 160 f.). Ohne eine völlig getreue Abbildung zu erwarten, erkennt man an den Grabmälern außer einem Eisenkreuz im Vordergrund zahlreiche Holzkreuze (mit Dachbrettern), aber auch viele weitere Kreuze in schlichter kubischer Form (unter denen auch Basaltlavakreuze sein könnten, die aus Mayen/Mendig vielfach in den Kölner Raum geliefert wurden; vgl. Kapitel II). Noch anders mag jedoch der dörfliche Friedhof ausgesehen haben, der sich meist eng um die Kirche schloß; alte Anlagen dieser Art sind noch erhalten. Den permanenten Platzmangel bei steter Neubelegung der alten Gräber zeigen schon die üblichen Beinhäuser (ein solches findet sich noch in Alken/Mosel). Die Grabmäler werden, nach einem Bericht von 1834, „bei Öffnung eines älteren Grabes, wo ein neues gemacht wird, auf die Seite gestellt und nach Zuwerfung desselben wieder auf den Grabhügel gestellt, so daß öfter mehr als 3 Kreuzer, Steine usw. nebeneinander stehen" (Derwein, S. 128 f.). Möglich war aber auch das Aufstellen älterer Kreuze an der Kirchhofsmauer (a. a. O. S. 129 f.), ja oft wurden diese Mauern sogar zum großen Teil aus Bruchstücken alter Grabkreuze erbaut (vgl. Abb. 443).

62 Vgl. Inschrift 28. Auf einem Basaltlava-Grabkreuz in Duisburg, wohl 16. Jahrhundert und ursprünglich schriftlos, findet sich die Inschrift von einer Wiederverwendung im Jahre 1824 (DRhld Duisburg, S. 31, Nr. 11, und Abb. 69).

63 Die Frage, aus welchen sozialen Schichten in der Mehrzahl die Stifter der Steinkreuze kommen, ist zwar noch nicht systematisch erforscht, doch zeichnet sich schon jetzt aus zahllosen Beobachtungen ein ziemlich klares Bild ab. Wann auch immer Inschriften oder lokale Quellen Rückschlüsse in dieser Hinsicht zuließen, zeigte sich, daß die Personen aus einer relativ begüterten und zugleich sozial angesehenen und führenden Mittel- und Oberschicht stammen. Es gibt sicher Ausnahmen, aber das ist die Regel. Sie trifft auch auf eine große Zahl der Grabkreuze zu (wenn auch hier zu berücksichtigen ist, daß von dem ursprünglichen Gesamtbestand

die schöneren und aufwendigeren Stücke eher erhalten sind als schlichte Steinkreuze von Ärmeren). Doch auch das schlichteste Steinkreuz war für viele mit Sicherheit nicht erschwinglich, und die Annahme von zahlreichen Holzkreuzen neben den wertvolleren Mälern, gleich welchen Materials und in welcher Landschaft, findet sich in allen diesbezüglichen Darstellungen (vgl. etwa Derwein, S. 128–131; Vogts, Spalte 9).

[64] Das Kreuz von Ochtendung (Abb. 101) ist sicher eines der frühesten überhaupt. Es ist nicht datiert und beschriftet, jedoch wurde festgestellt, daß es unten abgebrochen ist; möglicherweise enthielt ein verlorener Teil des Schaftes die Jahreszahl. Das Kreuz dürfte dem 17. Jahrhundert angehören. – Kein Priesterzeichen, sondern Sinnbild für das aufgefangene Erlöserblut ist selbstverständlich der Kelch unter den Wundmalen des Kruzifixus (vgl. Abb. 64), es fehlt darum auch die Hostie. Ausnahmsweise kann diese aber auch bei der Darstellung des Priesterkelches fehlen, wie bei einem niedrigen Kreuz mit Korpus bei Mayen; auf dem altartischähnlichen Sockel finden sich, umrahmt von einem Kranz, übereinander Kelch und Hausmarke (Mühleisen, vgl. Abb. 257 f.), dabei die Initialen P. M. (Hausmarke und M. lassen auf den Namen Müller schließen). Das nicht datierte Mal muß als Grabkreuz angesehen werden (Kranzumrahmung als Totenkranz, vgl. Abb. 305—308).

[65] KD Koblenz profan, S. 373 (vgl. auch Udo Liessem in Landeskundl. Vierteljahrsblätter, Trier, 21, 1975, S. 85). Das Basaltlavamal für den Rabbiner Johuda, Sohn des Samuel, befand sich in der Sammlung des Schloßmuseums; es war 82 cm hoch und 61 cm breit, bei einer Tiefe von 10 cm (KD a. a. O.); über seine Erhaltung ist nichts bekannt.

[66] Wiederholt kam es vor, daß bei der Besichtigung eines Kreuzes mit einem interessierten Einheimischen meine Feststellung, das Mal müsse einmal farbig gewesen sein, schlicht überhört wurde; es war, als hätte ich eine abfällige Bemerkung gemacht. Diesbezügliche Emotionen, die selbst den objektiven Befund übersehen lassen, sind aus der heutigen Vorliebe für die farblose Skulptur und für den „urwüchsigen" Werkstoff Basaltlava erklärbar und sogar verständlich (Vf. gibt gern zu, daß er vor der „Entdeckung" zahlreicherer Farbspuren solche Befunde öfter übersehen hat; danach war ein gewisses Umdenken erforderlich).

[67] Eine bemerkenswerte Ausnahme findet sich bei Schmelzer, der zu den Mälern in der Gegend von Cochem feststellt: „Wahrscheinlich ist der größte Teil dieser Kreuze ursprünglich zumindest in seinem Zierrat farbig gehalten gewesen. Reste von farbiger Bemalung sind deutlich zu sehen an dem Kreuz an der Nothelferkapelle in Cond" (von 1599). Ein weiteres von Schmelzer genanntes Beispiel vgl. in Anm. 79.

[68] Von Einheimischen mehrfach erfahren; im gleichen Sinne erhielt ich Hinweise von Herrn Museumsdirektor Dr. Josef Röder †, Koblenz. – Eine Vorliebe für die (als vergangene Tradition empfundene) Farbigkeit von Weg- und Flurkreuzen findet sich zuweilen noch bei älteren Dorfbewohnern. In Bodenbach bei Kelberg vertraute ein Einheimischer mir an, er habe, als seine Frau schwer krank war, alle Kreuze der Gemarkung neu bemalt (es war zu entnehmen, daß es im Votivsinne für ihre Genesung geschah); er fügte an, daß heutzutage ja viele die Bemalung als kitschig ansähen. Er hatte auch das an der Kirche stehende Grabkreuz aus Basaltlava vom Jahre 1748, aus der Werkstatt A mit Darstellung der „Mater Dolorosa" (sehr ähnlich Abb. 408), in der Art alter heimischer Volkskunst und durchaus ansprechend farbig gefaßt.

[69] Dazu gehören auch weitere abgebildete Stücke sowie viele darüber hinaus. Hier kann nur auf einige Beispiele eingegangen werden. — Zu solchen Befunden verdanke ich besonders Herrn Friedel Gebert, Mayen (Museumsrestaurator Trier), wertvolle Beratung und zahlreiche wichtige Hinweise.

[70] Helle Grundierung noch an zahlreichen Stellen (vgl. in der Abb. den herabhängenden Teil des Lendentuches); an der Herzwunde und den Wundmalen der Hände ein verwaschenes Rot; an den tiefsten Stellen unter dem Haupthaar braune Farbe (des Haares); ein kleiner Rest von Blau (noch über Grundierung) am herabhängenden Lendentuch. Es finden sich noch weitere Farbspuren (z. B. zwischen den Lippen), die jedoch nicht mehr genauer bestimmbar sind.

[71] Am häufigsten fanden sich Reste von Inkarnat (Farbe der menschlichen Haut) sowie von Rot und (besonders oft) Blau. Die Grundierung erschien nicht immer weiß oder sehr hell, sondern zuweilen lehmfarben bis rötlich (evtl. Pigmente der aufgetragenen Farbe mit dem Malgrund vermischt?).

[72] Das farbige Fassen einer Skulptur (gegenüber der Tafelmalerei eine selbständige Kunstrichtung; vgl. bes. Willemsen). Für Faßmalerei im ländlichen Raum vgl. Anm. 77 und 78.

[73] Die farbige Fassung eines neuen Mals ist zweifellos wahrscheinlicher als die eines älteren. Auch die Tradition (vgl. unten) legt die Ursprünglichkeit der Fassungen nahe. Der Erhaltungsgrad der Farbe läßt wohl selten sichere Rückschlüsse auf ihr Alter zu, weil zu viele unbekannte Faktoren hier maßgebend sein können (verschiedenste klimatische Einflüsse am Standort, früherer Standortwechsel, Art und Dauerhaftigkeit von Farbe und Farbgrund, wiederholte Fassung oder Restaurierung). Vgl. auch die folg. Anm.

[74] Öfter wurde festgestellt, daß sich noch Farbreste an einer Stelle finden, wo sie beim „Reinigen“ der betreffenden Fläche nicht erhalten geblieben wären (so z. B. auch der kleine Rest von Blau am Lendentuch in Roes; vgl. Anm. 70). Die Annahme von Verwitterung drängt sich auch da auf, wo infolge eines früheren Einmauerns die Farbe besser erhalten geblieben ist. So stellte ich an dem Grabkreuz in Münstermaifeld (Abb. 92) auf der beschrifteten Rückseite und auf den Schmalseiten ringsum noch verhältnismäßig gut erhaltene Farbreste (bes. zwei verschiedene Blautöne) über einer Grundierung fest; dagegen waren auf der Vorderseite (wo viel eher Farbe zu erwarten gewesen wäre) keine eindeutigen Spuren mehr auszumachen. Zufällig erfuhr ich später vom Friedhofswärter, daß das Kreuz eingemauert war; eine längere Zeit war also nur die Vorderseite der Witterung ausgesetzt gewesen. Eine ähnliche Feststellung ergab sich in Pommern an einem Nischenkopf mit Kreuzbekrönung aus dem Jahre 1611, der noch ungewöhnlich starke Spuren einer vornehmlich ziegelroten Fassung über gelblicher Grundierung zeigte. Das Stück war beim Abbruch eines alten Hauses zum Vorschein gekommen, wo es als Baustein vermauert gewesen war (Angaben und Hinweis auf dieses Mal durch Herrn F. Gebert, vgl. Anm. 69). Der Nischenkopf ist jetzt in eine Weinbergsmauer eingelassen. Nach Azzola waren auch an dem mittelalterlichen Kreuzstein von Ziegenhain/Hessen kräftige rote Farbreste beim Entfernen von Mörtel zutage getreten (Scheibenkreuz-Grabsteine, S. 16).

[75] An einem Kreuz von 1654 aus der Werkstatt E, mit Kruzifixus und drei Kelchengeln (Polch, Straße n. Trimbs), konnte ich 1973/74 reiche Spuren verschiedener Farben feststellen, sehr deutlich auch an den Figuren der Engel. Bald danach ist das Mal grau überstrichen worden, um unschöne Ausbesserungsstellen zu verdecken.

[76] Vgl. Anm. 34.

[77] Nach erhaltenen Akten sollte der Genannte zum Beispiel an der neuen Innenausstattung der Kirche in St. Johann verschiedenerlei holzgeschnitzte „Zierathen vergulden, versilbern, grün über silber lasieren, alabastrieren“ oder bestimmte Stellen am Schnitzwerk „teils in weißen Marmor, teils in anderen, wie es sich am füglichsten schickt“, fassen (Friedrich Born, in: Mayen und das Maifeld, Düsseldorf 1922, S. 70 ff.). Joseph Alken hat je nach Auftrag zweifellos die verschiedensten Arbeiten ausgeführt, mit Sicherheit außer anderem Schnitzwerk aber auch Figuren farbig gefaßt; eine Zeitlang hat er mit seinem Bruder Heinrich zusammengearbeitet, der Bildhauer war (frdl. Auskunft durch Herrn F. Hörter, Mayen). Sein Beruf darf als Beispiel für den eines Faßmalers im ländlichen Raum gelten.

[78] Der Handwerker früherer Jahrhunderte war vielseitig und hat oft auch künstlerische Fertigkeiten entwickelt. Gewiß konnte zumindest jeder geschickte „Weißbinder“ ein Steinkreuz fachgerecht polychromieren. Da indessen nicht wenige Kreuzstifter durchaus wohlhabend waren (vgl. Anm. 63), dürfte man für einen solchen Auftrag vermutlich auch gelegentlich einen Fachmann herangezogen haben, der in der Gegend einen Namen hatte.

[79] Schmelzer (vgl. Anm. 67) erwähnt die – auch bei eigener Besichtigung festgestellten – Farbreste „in Clotten an einem Kreuz als Bemalung der Rosetten und Blumenranken auf dem Postament“ (Ranken am Schaft, Rosetten seitlich an Nischenkopf und Kreuzbekrönung); „dieses Kreuz ist vielleicht einmal ganz farbig gewesen.“ Es handelt sich um ein Nischenmal aus dem Jahre 1599 neben einer Wegkapelle im Ortskern von Klotten, das als typisches eucharistisches Prozessionsmal angesehen werden muß. In Pommern fand sich der polychromierte Rest eines 12 Jahre jüngeren Mals von ähnlicher Form (vgl. Anm. 74). Ein Nischenmal für theophorische Prozessionen (zur Fraukirch) war auch das sog. Golokreuz von 1472, dessen erhabene Gebetsinschrift auf dem Schaft farbig war (vgl. Anm. 81). – Bei diesen Mälern ist öfter, auch wenn sonstige Farbe fehlt, wenigstens in der Nische der Rest einer Fassung erkennbar; hier wurde der wichtigste Teil des Mals – das Gehäuse zur Aufnahme des Allerheiligsten – durch einen die rauhe Struktur des Steins glättenden Untergrund und durch die Farbe „veredelt“ (vgl. auch hier Anm. 81).

[80] Neben den Kelberger Stücken des 18. Jahrhunderts (Abb. 104 f.) dürfte auch das undatierte Kreuz auf einer Hofmauer in Mertloch (Abb. 103) ein ehemaliges Grabkreuz sein; vgl. weiter Abb. 116. Zur Polychromie des Grabkreuzes Münstermaifeld 1601/Rückseite 1635 (Abb. 92) vgl. Anm. 74. – Obwohl Farbe am Grabmal aus Basaltlava öfter nachweisbar ist, auch über die genannten Beispiele hinaus, findet sie sich am Stein-Grabkreuz in unserem Gebiet anscheinend aber nicht so häufig wie am Votivkreuz in Ort und Flur; auch hier müssen aber präzisere Angaben einer künftigen Inventar-Untersuchung vorbehalten bleiben.

[81] Die Spuren (und zum Teil noch gut sichtbare Partikel) einer ziegelroten Farbe finden sich nur an den erhabenen Schriftzeichen, nicht dagegen in den Vertiefungen dazwischen. Die Einfärbung der Gebetsinschrift wurde allerdings nur auf dem dreiviertelrunden Schaft ausgeführt, der auf diese Weise, konstruktiv als Mittelglied in dem dreiteiligen Aufbau, optisch hervorgehoben wurde. Das Ende der Gebetsinschrift auf den drei Feldern des Sockels sowie auch die um die Nische herumgeführte Datierungsinschrift sind

anscheinend ohne Farbe geblieben. Dagegen findet sich ein heller Farbgrund wieder in der (Sakraments-) Nische; vgl. hierzu auch Anm. 79. – Ob es sich bei den sichtbaren Resten auf den Minuskelbuchstaben des Schaftes um primär auf den Stein aufgetragene Farbe oder nur um den Malgrund für die eigentliche Fassung handelt, kann ich nicht entscheiden. Es drängte sich – gerade bei diesem einmaligen und noch mittelalterlichen Mal – die Frage auf, ob das Alter der erhaltenen Farbreste bestimmbar sei. Nach Auskunft des Doerner-Instituts, München (Laboratorium f. Konservierung u. naturwiss. Untersuchung von Kunstwerken, Bayerische Staatsgemäldesammlungen), ist aber ein Altersnachweis aufgrund einer Pigmentuntersuchung für den Zeitraum bis gegen 1800 praktisch ausgeschlossen (erst vereinzelt im 18. Jahrhundert, vornehmlich aber im 19. und 20. Jahrhundert kamen Pigmente in den Handel, die man bis dahin nicht kannte); ich danke Herrn Dr. Frank Preußer, München, für seine freundliche Beratung.

82 „Die mittelalterlichen Skulpturen *(*waren) fast mehr Werke der Malerei als der Schnitzerei" (Willemsen, S. 7); die unbemalte Figur wurde im allgemeinen nur als Rohling angesehen (a. a. O. S. 9), und daß zum Beispiel farblose Figuren wie die von Riemenschneider nur eine kleine „Minderheit bildeten, wird dem heutigen Betrachter deshalb nicht bewußt, weil so viele ehemals in Gold und Farben strahlende Bildwerke inzwischen abgewaschen worden sind und die in der Bemalung noch gut erhaltenen Figuren die Ausnahme bilden" (a. a. O. S. 8). Auch im Nachmittelalter blieb die Farbfassung weithin selbstverständlich, an Figuren wie an plastischen Gebilden überhaupt (vgl. Anm. 77), am längsten im ländlichen Bereich. Auch Bildwerke aus Stein waren bemalt und in Teilen vergoldet, versilbert usw.; vgl. als Werke echter Volkskunst z. B. die farbigen Steinaltäre in Fraukirch, St. Jost und Wanderath, 17. Jahrhundert; sie zeigten unter anderem noch „Reste alter farbiger Behandlung in Hellblau und Hellrot" (KD Mayen I, S. 439). Ein heimisches Beispiel für bemalte Steinplastik im Freien ist die große Nepomukfigur auf der Elzbrücke in Monreal.

83 „Mittelalterliche Grabsteine waren oft farbig gefaßt" (Azzola, Scheibenkreuz-Grabsteine, S. 16). Ebd. sind zwei alte polychromierte Stücke aus Hessen genauer beschrieben (a. a. O. S. 16 und 35 f., mit weiterer Lit. zur Farbe an Steingrabmälern) und eines davon in farbiger Rekonstruktion abgebildet, die nach den erhaltenen Resten gefertigt werden konnte (a. a. O. Abb. 1 und Text S. 35); hier finden sich Umrandung und erhabenes Wiederkreuz in Ziegelrot (vgl. oben Anm. 81) auf hellockergelbem Grund; Farbspuren zeigt aber auch die Rückseite mit Handwerkerzeichen auf einem Schild. Auch nach Derwein ist „anzunehmen, daß im Mittelalter weithin Brauch war, das Grabzeichen, gleichviel aus welchem Material, zu bemalen" (S. 77). Vogts erwähnt eine Kölner Rechnung aus dem Jahre 1379 für die Bemalung von Grabkreuzen (Spalte 9; es handelt sich wohl um Holzkreuze). Auch in nachmittelalterlicher Zeit ist die Farbe nicht vom Friedhof verschwunden. Mit Sicherheit waren die (auch im Basaltlavagebiet wohl immer neben dem Kreuz aus Stein gebräuchlichen) Holzkreuze (vgl. hierzu Anm. 63) bemalt und farbig beschriftet. Einen Eindruck von der Farbigkeit älterer Grabmäler vermitteln die schmiede- und gußeisernen Grabkreuze mit reichen Vergoldungen im Rheinischen Freilichtmuseum Kommern (die Goldfarbe ist nur dort erneuert, wo sich eindeutige Originalspuren gefunden hatten; Mitteilung von Museumsdirektor Dr. A. Zippelius). — Es ist noch anzumerken, daß auffällige Farbe am Mal in der Flur auch eine apotropäische Bedeutung haben konnte (vgl. VI, Anm. 41).

II. ZENTRUM UND VERBREITUNG

Das Zentrum, aus dem der ungewöhnlich große Bestand der Basaltlavamäler am Mittelrhein und darüber hinaus stammt, ist das Gebiet der alten Mühlsteinbrüche von Mayen mit den Dörfern Kottenheim und Ettringen sowie, nur wenige Kilometer entfernt, der Brüche von Niedermendig mit Obermendig. Wir sprechen von dem Basaltlava- und Steinkreuz-Zentrum *Mayen/Mendig*.[1]

Zwar gibt es im Gebiet der vulkanischen Eifel zahlreiche weitere Basaltlavabrüche.[2] Doch kann nach dem bisherigen Ergebnis dieser Untersuchung eine Produktion von Kreuzen dieses Steins außerhalb des Zentrums Mayen/Mendig, abgesehen von einer unbedeutenden lokalen Fertigung [3], nur in wenigen Fällen und in relativ geringem Umfang erfolgt sein. Dies läßt schon die ungewöhnliche Konzentration des Bestandes in diesem Raum vermuten. Aber auch die Erforschung der Kreuz-
337–436 werkstätten (Kapitel XII) hat dies bestätigt; ihre Produkte finden sich in der Regel im ganzen Verbreitungsgebiet, und zwar konzentrisch gestreut um den Raum Mayen/Mendig.[4]

Die wenigen Einzelbefunde, die hiervon abweichen, sind in ihren Ursachen noch nicht geklärt. Im oberen Brohltal
175–177 fällt bei einigen Nischenmälern aus der Zeit um 1600 eine sonst nicht bekannte Form des Kreuzabschlusses auf.[5] Ferner erscheint ein Typ von Kreuzen, der im übrigen Gebiet selten ist, merkwürdig häufig im weiteren Raum
um Kempenich [6]; ihr Merkmal ist ein vorkragender Rand 57, 171
um die rundbogig geschlossene Nische im Schnittpunkt der Kreuzarme. In beiden Fällen ist eine Produktion im Zusammenhang mit den Brüchen der Hannebacher Lei [7] vielleicht nicht auszuschließen.[8]

Auch die Kreuze aus der Werkstatt L und vor allem aus 400 ff.
der bemerkenswerten Grabkreuzwerkstatt A stehen nicht 403–416
im ganzen Verbreitungsgebiet, sondern vornehmlich um Adenau und im Ahrgebiet.[9] Für die Werkstatt A konnte allerdings die Herkunft des Steins aus den Brüchen von Mayen/Mendig durch eine mineralogische Untersuchung nachgewiesen werden.[10] Hier könnte es sich um exklusive Absatzmärkte einer bestimmten Werkstatt dieses Zentrums handeln [11], vielleicht aber auch um die Lieferung von Steinkreuz-Rohlingen [12] an eine auswärtige Werkstatt, die erst die bildhauerische Bearbeitung vorgenommen hat.[13]

Nur vereinzelt finden sich einmal Nischenmäler oder ein-
fache Kreuze aus Tuffstein. Trotz des reichen Vor- 181, 449
kommens dieses Materials und seiner sonst bekannten Beliebtheit für plastische Werke handelt es sich auch hier offensichtlich um eine nur gelegentliche Fertigung [14], nicht vergleichbar mit der Produktion der Basaltlavamäler. Für deren Bevorzugung war die Dauerhaftigkeit

des Materials ausschlaggebend – auch im Blick auf den
religiösen Sinn der Stiftung.[15]
108–112 Der systematische Abbau von Basaltlava[16] im Zentrum
Mayen/Mendig ist alt und hatte einen bedeutenden Um-
fang. Als hervorragendes Material für Reib- und Mühl-
steine wurde die hiesige Basaltlava schon früh in weiten
Teilen Mittel- und Nordeuropas bekannt.[17] Die Mayener
Produktion geht ins Neolithikum zurück, wo Abbau und
Fertigung noch mit Steinhämmern erfolgten.[18] Hier fin-
den sich noch heute die Spuren einer „vor- und früh-
geschichtlichen Industrie, die ihresgleichen nordwärts der
Alpen nicht hat".[19] In Niedermendig begann die große
Erschließung der Vorkommen vielleicht mit dem Beginn
des Kirchenbaues von Maria Laach.[20]

Trotz mannigfacher Verwendung des Steins auch für
andere Zwecke war der Bergbau wohl zu allen Zeiten
vornehmlich auf die Gewinnung von Mühlsteinen aus-
108 gerichtet. Jahrhundertelang erfolgte der Abbau unter
Tage.[21] Die Anlage offener Tiefgruben besonders auf
dem Mayener Feld blieb erst der neuesten Zeit mit ihren
technischen Mitteln vorbehalten; hierbei ist der alte
111 f. Untertagebau immer wieder angeschnitten worden.[22] Die
Arbeit „auf der Ley"[23] war schwer und gefährlich; von
den nicht seltenen tödlichen Unfällen berichten auch
109 manche Steinkreuze.[24]

Eigentümlich und bemerkenswert scheint, daß das Mate-
rial aus den Brüchen dieses Zentrums auswärts in der
Regel als „Mendiger Stein" bekannt war und noch heute
ist – obwohl das Volumen der Förderung in Mayen im-
mer erheblich größer gewesen sein soll.[25]

Der beträchtliche Umfang der Steinkreuzfertigung im
Raum Mayen/Mendig ist – ähnlich wie bei der Mühl-
steinproduktion – zu erklären durch die einzigartige
Eignung des Materials. Da die Basaltlava dieser Brüche
„sich gut behauen läßt, aber gegen Verwitterung sehr
widerstandsfähig ist, stellt sie einen idealen Werkstoff
dar", besonders für Mäler unter freiem Himmel; nach
Wilhelm Meyer ist in dieser Hinsicht „das Vorkommen
in Mitteleuropa ohne Parallele".[26] Der Kruzifixus ist an
Basaltlavakreuzen nicht selten fast vollplastisch heraus- 113 f.
gearbeitet – doch auch die freistehenden Teile der
Skulptur zeigen nach Jahrhunderten noch keine Spur
einer Verwitterung. Die Kreuze von Beligen sind ein hal- 142–153
bes Jahrtausend alt.

Viele frühe Mäler sind grob gehauen, zuweilen unsym-
metrisch; aber sie verraten nicht nur Fertigkeit in der
Technik der Steinbearbeitung, sondern bei aller urwüch-
sigen Derbheit oft auch ein beachtliches Formgefühl. 31
Solche Stücke stammen zweifellos nicht aus einer Spe-
zialfertigung, wie sie später üblich war, sondern sind bei
den Mühlsteinbrüchen nur nebenher gehauen worden,
zum Teil vielleicht von „Leyern".[27]

Daß diese tatsächlich auch zuweilen Steinhauerarbeiten
ausführten und es hierdurch zu Kompetenzstreitigkeiten
mit den berufsmäßigen „Steinhauern"[28] kam, zeigt ein 115
Vertrag aus dem Jahre 1500.[29] In diesem landesherr-
lichen Vergleich für die Brüche von Mayen und Mendig
wird, neben anderen Verfügungen, den Leyern die Her-
stellung bestimmter Werkstücke untersagt, die allein den
Steinhauern vorbehalten bleiben soll.[30]

Beim Nischenmal und Kreuz setzt sich bald jedoch zu-
nehmend die fachgerechte Bildhauerarbeit durch. Er-
kennbar verlegen sich jetzt mehr und mehr bestimmte
Spezialwerkstätten auf die Fertigung von Weg- und 337–436
Grabkreuzen. Zugleich werden neue Absatzgebiete in
einem erweiterten Raum um das Zentrum erschlossen[31],

116–126 und bald kennt man die „Kreuzemächer“ [32] von Mayen und Mendig auch beispielsweise auf dem Hunsrück und
127–129 im Ahrgebiet. Darüber hinaus wird schon früh ein nicht unbedeutender Absatzmarkt für Grabkreuze im Kölner Raum gewonnen (vgl. unten).

Für diesen Aufschwung ist auch die Zunftgeschichte aufschlußreich. Ab 1540 wird in Mayen durch eine erste Urkunde [33] die Sammelzunft der „Hämmerer“ faßbar, zu der selbstverständlich auch die Steinhauer gehören. Zwischen 1657 und 1677 lösen sich diese zusammen mit den Maurern und Schreinern aus dem Verband der Hämmerer und begründen eine eigene Zunft, die – wohl nach der am stärksten vertretenen Gruppe – in der Regel als die „Steinhauerzunft“ bezeichnet wird. Nach ihren Artikeln wird ein Meisterstück gefordert, und es ist bezeichnend, daß die Leyer von der Zunft ausdrücklich ausgeschlossen sind.[34]

Unmittelbar nachdem die Mayener Steinhauer sich selbständig gemacht hatten, wird auch von denen in Nieder- und Obermendig beim Trierer Kurfürsten in Ehrenbreitstein „underthenigst ahngesucht, daß sie gethaner Ordtnung mit einverleibt werden mögten“, und sie werden in die Mayener Zunft aufgenommen.[35]

Beide Ereignisse sind ein eindeutiges Zeichen für das Aufstreben des Steinhauerhandwerks im Gebiet Mayen/Mendig im 17. Jahrhundert. Zugleich erkennen wir im Bestand der Kreuzmäler seit dem Beginn dieses Jahrhunderts eine ungewöhnliche Steigerung der Produktion,
337–436 die Zugehörigkeit von Stücken zu bestimmten Werk-
116–130 stätten, die erwähnte Erschließung weiterer Absatz-
462 ff. märkte. Es gibt keinen Zweifel, daß die Zunftereignisse mit dem Aufblühen der Kreuzproduktion zusammenhängen – wahrscheinlich gehen sie vorwiegend hierauf zurück.[36]

Quellenzeugnisse über die heimischen Kreuzmacher, ihre Werkstätten [37] und ihre Arbeitsverhältnisse [38] sind bisher so gut wie nicht bekannt; doch sind zahlreiche potentielle Quellen noch nicht erschlossen.[39] Aus den
Zunftakten [40] kennen wir die Namen der Mitglieder und 233
der jährlichen Zunftmeister, oft aber nicht einmal das von ihnen ausgeübte Handwerk.[41] In Koblenz hat sich in der zweiten Hälfte des 17. Jahrhunderts der Mayener Steinmetzmeister Johann Döll mit barocken bauplastischen Arbeiten einen Namen gemacht. [42] Dagegen sind die Steinhauer in der heimischen Kreuzfertigung namenlos
geblieben.[43] Auch Steinmetzzeichen finden sich auf den 231–236
Basaltlavakreuzen in der Regel nicht.[44]

Ein jüngerer Beleg ist aus Wehr bekannt geworden. Danach hat der Steinhauermeister Peter Wolf aus Ober-
mendig [45] 1827 ein hohes Kreuz mit Korpus und In- 452 f.
schrift „um die sum von 10 Berlinerthaler“ geschaffen und am Wege Wehr–Rieden aufgestellt.[46] Mögen indessen die Dokumente dürftig sein – wichtiger und in ihren Aussagen noch nicht ausgeschöpft sind die Monumente.

Das Kerngebiet des Bestandes aus Mayen/Mendig umfaßt einen Bezirk um dieses Zentrum, dessen Radius sich zwischen 20 und 30 Kilometern bewegt; das Gebiet liegt – grob umrissen – zwischen Mosel, Rhein und Ahr sowie der Gegend Daun—Lutzerath in südwestlicher
Richtung.[47] Aber die Grenzen sind fließend, und auch 344–346
innerhalb des umschriebenen Kerngebietes ist der Bestand nicht überall gleichmäßig. Er ist aber im ganzen beträchtlich – eine Kreuzlandschaft mit vergleichbarer Bestandsdichte ist vorerst nicht bekannt.

In weiten Teilen des Kerngebietes sind Dorfgemarkungen mit fünfzehn bis fünfundzwanzig Wegmälern[48] die Regel, solche mit dreißig und mehr Stücken nicht selten. Dazu kommt der Bestand an Grabkreuzen, dessen Umfang von Ort zu Ort unterschiedlich ist. Selbst im Steinzentrum gibt es Gemeinden mit nur noch wenigen erhaltenen Mälern[49]; andererseits finden sich, auch am Rande oder schon außerhalb des eigentlichen Kerngebietes, Dörfer mit einem Bestand von dreißig bis siebzig alten Grabkreuzen.[50]

Sind schon die Denkmäler des Kerngebietes noch nicht
lückenlos erschlossen, so gilt dies erst recht für die Aus-
116–130 strahlungszonen der Verbreitung und den sporadischen
462 ff. Bestand in weiter entfernten Gebieten.[51] Die folgenden
Abbildungen und Erläuterungen vermitteln daher kein
vollständiges Bild. Sie geben einen Überblick über die
Verbreitung nach den bisher bekanntgewordenen Be-
funden.

283, 382 In der südwestlichen Zone des Eifelraumes berührt das
Gebiet der Basaltlavakreuze das der Sandsteinmäler
116, 118 aus dem Trierischen.[52] Bedeutend ist der Bestand des
190, 295 Mosellandes[53] – im Kerngebiet, aber auch weiter mosel-
aufwärts, wo er in den Bestand der Sandsteinkreuze
119, 344 hineinragt. Auch jenseits der Mosel, auf dem Hunsrück,
433 f. reichen die Kreuze aus Mayen/Mendig in beachtlicher
Zahl über das Kerngebiet hinaus.

12, 196 Einen guten Bestand zeigt ferner der Koblenzer Raum.[54]
Von dort rheinaufwärts finden sich die Basaltlavamäler
120 auffällig nur auf der linken Seite des Flusses[55], rechts-
rheinisch dagegen kaum über die Lahnmündung hinaus-
gehend.[56] Die Bestände des Westerwaldes sind vor-
121 f. nehmlich in den rheinnahen Gegenden zu suchen, ein-
zelne Stücke stehen auch weiter landein.[57]

Rheinabwärts dringen auf dem rechten Ufer, etwa ab
Linz, die Basaltlavakreuze der Osteifel in den (Trachyt- 123 f.
und Andesit-) Bestand ein, der aus dem Siebengebirge 311
stammt.[58] Linksrheinisch ist mit seinem reichen Vor-
kommen fast der gesamte alte Kreis Ahrweiler[59] noch 125 f.
zum Kerngebiet zu rechnen.[60]

Im Bonner und besonders im Kölner Raum erscheinen
sehr bemerkenswerte Bestände von Grabkreuzen aus 127–129
dem Mayen-Mendiger Zentrum[61] wieder in einem frem-
den Kreuzgebiet, hier aber offensichtlich isoliert und
ohne Verbindung mit der nördlichen Ausstrahlung vom
Zentrum her. Dieser Befund ist nur durch einen Fern-
und Zwischenhandel erklärbar[62], wobei Köln der Haupt-
umschlagplatz gewesen sein muß.[63] Einzelbelege finden 462 ff.
sich selbst noch im niederrheinischen Raum, so etwa
das hohe Kreuz an einer Straße nach Kevelaer – aus 130
der Werkstatt R in der Osteifel[64] – oder frühe Grab-
kreuze in Duisburg.[65]

Zu dem gesamten noch erhaltenen Bestand an Mälern[66] aus dem Basaltlava-Zentrum Mayen/Mendig sind genaue Zahlenangaben noch nicht möglich. Unter Berücksichtigung aller Beobachtungen dürfte ein Schätzwert von rund 4500 Wegmälern und 6000 Grabkreuzen realistisch sein.[67] Die wahrscheinlichen Verlustzahlen sollten bei den Wegmälern, abgesehen von den Verlusten der jüngsten Zeit, nicht allzu hoch veranschlagt werden.[68] Anders ist es bei den Grabkreuzen, wo zahlreiche Ortsbestände restlos verloren sind; hier ist der gegenwärtige Bestand wohl nur noch ein geringer Teil dessen, was in Jahrhunderten in den Kreuzmacherwerkstätten von Mayen/Mendig gefertigt worden ist.[69]

ANMERKUNGEN

II. ZENTRUM UND VERBREITUNG

1 „Makroskopisch ist die Niedermendiger Lava nur schwer oder gar nicht, mikroskopisch nicht immer mit genügender Sicherheit von der Mayener Lava zu unterscheiden" (Hörter/Michels/Röder, II S. 10).

2 An dieser Stelle sei hingewiesen auf die derzeitigen Untersuchungen von Fridolin Hörter, Mayen, der in vielen dieser Brüche Arbeitsspuren von bisher nicht vermutetem Alter feststellen konnte, in den meisten Fällen auch von einer alten Mühlsteinproduktion; eine spätere Publikation hierzu ist geplant.

3 Dabei ist hauptsächlich an eine Fertigung von einfachen Kreuzen für den örtlichen Bedarf (vgl. auch Anm. 60) zu denken, wie sie z. B. an den Basaltlavabrüchen von Hohenfels bei Gerolstein erfolgte. Die dortigen Kreuze, mehrere aus dem 18. Jahrhundert und wie im Mayener Raum in einem Mühlstein als Sockel stehend, bestehen aus sog. Schweißschlacke, dem oben anstehenden und ursprünglich ausgebeuteten Material des Basaltlavavorkommens. Einige der relativ rohen Kreuze konnte ich 1975 besichtigen. Herr F. Hörter, Mayen (dem ich auch eine detaillierte Aufstellung verdanke), erfuhr von einer Bewohnerin, daß früher sieben Kreuze in der Gemarkung gestanden hätten und daß an diesen noch um 1940 der Brauch des Sieben-Kreuz-Betens der Schulkinder für einen Kranken (Kapitel VIII) lebendig gewesen sei.

4 Selbstverständlich finden sich auch bei den Standorten der Produkte bestimmter Werkstätten Schwerpunkte sowie Gebiete ohne jegliches Vorkommen, doch nur selten derart, daß eine Herkunft aus Mayen/Mendig zweifelhaft sein könnte (wie bei den Werkstätten L und A; vgl. unten).

5 In Oberzissen und Hain (Abb. 175 f.) sind die nach vier Himmelsrichtungen stehenden Kreuze über dem Nischenkopf fast vollplastisch und ineinander verschachtelt. Bei dem Mal von Spessart (Abb. 177) ist die gleiche Idee erkennbar, wenn auch in anderer Gestaltung und ohne ein Kreuz auf der Rückseite. Übrigens sind Kreuze seitlich und rückwärts auch sonst nicht selten, allerdings plastisch nicht so stark hervortretend (vgl. Kapitel IV und VI). Die Annahme, daß die Sonderform im Zissener Land eine Herkunft aus derselben Werkstatt nahelege, wird aber schon zweifelhaft, wenn man die Stücke von Oberzissen und Hain besonders in der Gestaltung des Schaftes vergleicht. Hier zeigt der Nischenstock von Hain viel eher die gleiche Herkunft mit dem von Galenberg (Abb. 252), der dagegen die beschriebene Sonderform nicht aufweist. Diese erscheint damit nicht als das Merkmal einer bestimmten Produktionsstätte, sondern mag viel eher auf die Intention von Auftraggebern dieses Gebietes zurückgehen. Gestützt wird diese Annahme auch dadurch, daß Kreuze nach verschiedenen Seiten sich in derselben Gegend noch einmal ein Jahrhundert später, 1699, an dem Mal aus Tuffstein in Niederdürenbach zeigen (Detail Abb. 181; eine Gesamtansicht in Eifelkalender 1944, Kalendarium November). Entfällt aber das Indiz der gleichen Herkunft, so ist die Fertigung der Stücke aus Basaltlava im Zentrum Mayen/Mendig keineswegs ausgeschlossen. Von dem Material des Nischenstocks bei Hain hat Herr Professor Meyer (vgl. Anm. 10) einen Dünnschliff untersucht, wobei sich in der Tat eine Wahrscheinlichkeit für die Herkunft aus Mayen oder Mendig ergab (letzte Sicherheit mußte ausgeschlossen werden, da die Größe der Gesteinsprobe nicht ausreichend war).

6 Das Verbreitungsgebiet ist damit nicht genau umrissen. Dies muß einer Inventarisation vorbehalten bleiben, während hier nur auf das Problem aufmerksam gemacht werden soll. Kreuze dieses Typs finden sich auch zahlreich im Ahrgebiet. Neben der hohen (Abb. 57) ist auch die niedrige Kreuzform nicht selten (vgl. Abb. 171, mit Flachnische; die Regel ist aber die tiefe Nische). Zeitlich beschränkt sich das Vorkommen des Nischentyps, soweit ich sehe, auf das 18. Jahrhundert.

7 Bei Hannebach und Wollscheid (oberes Brohltal). Über diese Basaltlavabrüche und die Verwendung des Steins liegt eine eigene Untersuchung nicht vor. Herr Hubert Fuchs, Mayen, vertritt die Ansicht von einem ausgedehnten mittelalterlichen Abbau, aus dem auch Sockelsteine des Kölner Doms stammten. Das Gestein ist unterschiedlich, zwischen dichten Partien stehen grobporöse (Frechen/Hopmann/Knetsch, S. 48).

8 An der Wahrscheinlichkeit einer Herkunft aus diesen Brüchen ergeben sich aber auch für die Kreuze des „Kempenicher Typs" einige Zweifel. So ist z. B. ein dichterer Bestand im direkten örtlichen Zusammenhang mit dem Bruchgebiet nicht erkennbar. Auch in diesem Fall ist möglich, daß es sich bei dem Kreuztyp eher um die beliebte Form einer Landschaft als um das Merkmal einer bestimmten Produktionsstätte handelt. Eine endgültige Aussage ist noch nicht möglich. Nicht auszuschließen ist etwa auch, daß andere Einzelstücke dieser Gegend (z. B. Mäler wie Abb. 39, 187, 174/269 und 267) aus der Hannebacher Lei stammen könnten. Steinhauer dieser Brüche mögen ja wohl auch im Zentrum Mayen/Mendig gelernt haben (vgl. hier etwa die spätmittelalterlichen Kreuzbekrönungen von Obermendig und Hannebach: I, Anm. 14 und 57).

[9] Ein Kreuz der Werkstatt A findet sich aber auch in Langenfeld (Abb. 272), ein Kreuz der Werkstatt L in Oberlützingen (Abb. 402). Im übrigen vgl. zu beiden Werkstätten Kapitel XII.

[10] Von einer Partikel des Kreuzes Abb. 404 in Mayschoß hat Professor Wilhelm Meyer, Meckenheim (Geologisches Institut der Universität Bonn), freundlicherweise eine Dünnschliffuntersuchung vorgenommen, nach deren Ergebnis an einer Herkunft des Steinmaterials aus den Vorkommen von Mayen oder Mendig nicht zu zweifeln ist. Bei einer weiteren Besichtigung der aus derselben Werkstatt stammenden Kreuze in Dümpelfeld und Schuld war Meyer der Meinung, daß das äußere Bild des Steins den mikroskopischen Befund bestätige. — Aus der Werkstatt L wurde das Kreuz bei Kaltenborn 1720 besichtigt, das nach Meyer vermutlich ebenfalls aus dem Material von Mayen/Mendig gefertigt wurde. — Herrn Professor Meyer danke ich an dieser Stelle herzlich für seine vielfältigen Bemühungen in dieser Frage.

[11] Ein exklusiver Absatz wäre vor allem aufgrund eines Zwischenhandels denkbar. Aber auch dann scheint noch auffällig, daß sich nicht wenigstens vereinzelt auch ein anderes Vorkommen zeigt (gegenwärtiger Befund, vorbehaltlich einer — bes. auch fotografischen — Inventarisation, die möglicherweise den Befund korrigiert).

[12] Ein Transport von unbehauenen Steinblöcken zu einer entfernten Werkstatt scheidet offensichtlich aus — angesichts alter Verkehrsverhältnisse schon deshalb, weil der Rohblock das Mehrfache von dem Gewicht des fertigen Werkstückes aufweist (Mitteilung von Steinmetzen).

[13] Diese Interpretation scheint näherliegend. Neben dem nur begrenzten Gebiet des Vorkommens (vgl. hier Anm. 11) ist bei der Werkstatt A auch die Darstellung des Vesperbildes als Mater Dolorosa mit den 7 Schwertern zu berücksichtigen, deren Zusammenhang mit dem ehemaligen Gnadenbild der Weinfelder Kirche am Totenmaar wahrscheinlich ist (Kapitel VIII).

[14] Hier und da mag für eine lokale Fertigung geringen Umfanges auch jedes andere geeignete Steinmaterial in Frage gekommen sein. Nach Frechen/Hopmann/Knetsch fanden sich (wann?) in Niederzissen Grabkreuze aus Stein vom Perlerkopf (S. 52; selbergitische Lava, nördlich der Hannebacher Lei). An den heute dort eingemauerten Grabkreuzen (Abb. 461) konnte diese Feststellung allerdings nicht bestätigt werden; vielleicht sind die betreffenden Stücke inzwischen verloren.

[15] Vgl. IX, Anm. 55.

[16] „Die Basaltlaven des Laacher Gebietes sind im allgemeinen poröse, in grobe Pfeiler zerklüftete Gesteine.“ Das hier in Betracht kommende Material sind die „gleichmäßig feinporösen Lavagesteine, die nur an zwei Stellen ausgebrochen sind, bei Niedermendig und im Ettringer Bellerberg“ bei Mayen (a.a.O. S. 42). Zur Geologie vgl. a.a.O. S. 40—50; Wilhelm Meyer, Blockbild. — Abb. 110 zeigt am Horizont in der Mitte den Kraterrand des Ettringer Bellerberges. Das Kreuz von 1796 (Allenz—Siedlung „Cond“ b. Mayen) gehört als spätes Stück noch zur Gruppe aus der Werkstatt P.

[17] Die Produkte gelangten zunächst „bis in die Schweiz und nach Ostfrankreich, vor allem aber in die steinarmen Gebiete des Niederrheins. Schon in der frühen Bronzezeit finden wir unseren Stein in England. In der römischen Zeit dehnt sich der Export ins Donaugebiet und vor allem über die Küstengebiete Norddeutschlands aus. Zur Wikingerzeit gelangte der Mayener Stein bis in den Ostseeraum, in die Ukraine und bis nach Grönland“, alles „im Zuge eines ausgedehnten Tauschhandels“ (Röder, Steingewinnung, S. 45). — Herr Dr. Josef Röder, Direktor des Landesmuseums Koblenz, hat bis zu seinem Tod 1975 auch diese Forschungen zu den Basaltlavakreuzen mit Interesse verfolgt und durch wertvolle Hinweise gefördert. Ich gedenke hier seiner freundlichen Beratung voll Dankbarkeit.

[18] Hörter/Michels/Röder, I S. 17 ff. mit Abb. 12 f.; Röder, Mühlsteinbrüche, Abb. 19; ders., Steingewinnung, S. 47. Das Produkt der Frühzeit war die Handreibe mit einem meist bootförmigen Unterstein (sog. Napoleonshut; vgl. u. a. Hörter/Michels/Röder, I S. 4 ff.), eine Form, wie sie z. B. auch im alten Ägypten gebräuchlich war (Röder, Mühlsteinbrüche, Abb. 1—4). Schon in vorrömischer Zeit taucht in Mayen auch die Rundmühle auf.

[19] Röder, Mühlsteinbrüche, S. 35.

[20] „Die erste nachweisbare Verwendung Mendiger Lava begegnet uns am Sockel und den Lisenen des Gründungsbaues der Abteikirche von Maria Laach von 1093—1100“ (Hörter/Michels/Röder, II S. 10). Bei Niedermendig liegt das Vorkommen unter einer mächtigen Bimsbedeckung (vgl. Anm. 22). Es ist aber nicht auszuschließen, „daß im heute bebauten Ortsteil Niedermendig in römischer Zeit und im frühen Mittelalter in bescheidenem Ausmaße Stein zur Mühlsteinherstellung gewonnen wurde“ (a.a.O., I S. 1).

[21] „Der Beginn des unterirdischen Abbaus in Mayen und Niedermendig liegt völlig im Dunkeln. Die frühesten Funde, die in unterirdischen Gruben in Mayen gemacht wurden, sind Siegburger Trichterbecher des 16. Jahrhunderts“ (Hörter/Michels/Röder, II S. 15). 1389 stellt das Kloster Laach für eine Niedermendiger Grube das Holz für eine Winde, die, wenn auch nicht mit letzter Sicherheit, auf unterirdischen Abbau schließen läßt. Die Annahme,

daß Niedermendig den Untertagebau zuerst begonnen hat, liegt wegen der dortigen bis zu 20 m hohen Bimsdecke über dem Basaltlavavorkommen nahe, ist aber keineswegs sicher (a.a.O.). In Mayen wurde bis um die letzte Jahrhundertwende unterirdisch gebrochen, in Niedermendig noch um die Mitte dieses Jahrhunderts. — Wenigstens in Mayen gab es aber wohl immer daneben auch Gruben im Tagebau (a.a.O. S. 16).

[22] Abb. 111 zeigt (mit Blick auf die beiden Bellerberge, Mitte) einen Teil des Grubenfeldes, zerklüftet durch die Ausbeute verschiedener Epochen. Im Vordergrund der Rest eines angeschnittenen alten Schachtbaues. Durch die Schächte, eingefaßt mit einer kreisrunden Trockenmauer, wurde der Stein mittels einer sog. Winde (Göpelwerk) aus der unterirdischen Grube befördert. Vgl. hier bes. Hörter/Michels/Röder, II mit Abbildungen S. 17 u. 20 sowie Schaubild bei S. 32.

[23] „Eine Ley" ist der einzelne Steinbruch, „die Ley" aber auch das gesamte Grubenfeld; jeder dort auf irgendeine Weise Beschäftigte arbeitet „auf der Ley". Als „Leyer" wird aber nur der Steinbrecher bezeichnet (vgl. Anm. 27). — Zum Betrieb der Leyen Mayen/Mendig im frühen 19. Jahrhundert geben folgende statistische Angaben ein Bild; sie sind entnommen einem handschriftlichen Bericht des Landrats P. Hartung in Mayen vom 18. 11. 1833 (im Archiv des Geschichts- und Altertumsvereins Mayen) sowie der Publikation Der gewerbliche und industrielle Zustand der Rheinprovinz im Jahre 1836, Amtliche Übersichten, hgg. v. Gerhard Adelmann, Bonn 1967 (zum Begriff „Steinhauer" vgl. auch Anm. 28): 1816: 48 Brüche, 156 Steinbrecher und 70 Steinhauer; 1833: 63 Brüche, 207 Steinbrecher und 197 Steinhauer; 1836: 59 Brüche (37 in Mayen, 20 in Mendig, je 1 in Ettringen und Eich), 192 Steinbrecher (117 in Mayen, 75 in Mendig) und 200 Steinhauer (110 in Mayen, 90 in Mendig) sowie 29 Beschäftigte (Steinbrecher und -hauer zusammen) in Ettringen und Eich. Als Produkte der Steinhauer werden 1836 summarisch „Hausteine für Bauten" angegeben, doch dürften bei den Steinhauern die Kreuzmacher mitgezählt sein. Deren Werkstätten hatten allerdings gegenüber dem 17. und 18. Jahrhundert bereits an Bedeutung verloren.

[24] Vgl. Is. 58 (Abb. 109) und Is. 59.

[25] Hörter/Michels/Röder, I S. 1. Außer durch eigene Befragung wurde mir die auswärts fast allgemein übliche Bezeichnung „Mendiger Stein" auch von Herrn Heinrich Sauerborn, Mayen (geb. 1893), bestätigt, der als Steinhauer in jungen Jahren weit herumgekommen ist (Herrn Sauerborn danke ich auch für weitere fachkundige Angaben über die ältere Zeit im Bruchbetrieb Mayen/Mendig und im dortigen Steinhauerhandwerk). Auch nach Fischer stammen die Basaltlava-Grabkreuze des Kölner Raumes „aus der Niedermendiger Gegend" (S. 30, 40). Aber auch alte Belege sind bekannt. 1662 wird Basaltlava als „Mendiger Stein" an der Stiftskirche Münstermaifeld verwendet (Schug, VII S. 422). 1721 werden auf dem Westerwald Basaltlava-Grenzsteine aus der Osteifel als „männischer steine" bezeichnet (August Peter Winnen, nach einem Aktenstück aus dem Fürstl. Wiedischen Archiv, in Rhein-Zeitung, Koblenz, 21. 7. 1965). — Die Ansicht (Hörter/Michels/Röder, a.a.O.), der Name sei entstanden, weil ja auch die meisten Mayener Produkte in Andernach verschifft wurden und auf dem Wege dorthin über Niedermendig gelangt sind, erscheint mir nicht überzeugend. Mendig war kein Umschlagplatz für diesen Stein (nach den Umschlagplätzen werden z. B. hiesige Mühlsteine im Exportgebiet einleuchtend als „Andernacher" oder „Kölner Mühlsteine" bezeichnet). Die Ursache ist noch keineswegs geklärt. Der Name muß nicht unbedingt im Zusammenhang stehen mit der Mühlsteinproduktion oder dem Volumen der Steinförderung. Möglicherweise könnten Mendiger Steinmetzen, aus der Tradition des Laacher Kirchenbaues kommend (vgl. Anm. 20), ihn schon im Mittelalter in auswärtigen Dombauhütten verbreitet haben. Oder vielleicht war Mendig sonst in irgendeiner Weise einmal führend. Bemerkenswert ist ja auch, daß sich gerade dort die frühesten datierten Kreuzmäler finden, die eine bildhauerische Bearbeitung zeigen — und zwar nicht nur die Beligen-Stücke. Vgl. zu dieser Frage auch Kapitel IV.

[26] Meyer, Blockbild, S. 287.

[27] „Die Leyer waren die Fachleute auf den Steinbrüchen. Sie mußten die notwendigen bergbaulichen Fachkenntnisse besitzen, das Material und seine Eigenschaften durch und durch kennen und auch die handwerkliche Fertigkeit besitzen, die Mühlsteine zu bearbeiten. Doch rechneten sie nicht zu den Steinmetzen" (Hörter/Michels/Röder, II S. 30). In neuerer Zeit erfolgte die Bearbeitung der Mühlsteine, auch schon das rohe Aushauen im Bruch, durch Steinhauer. In der (noch mittelalterlichen) Zeit, in der die meisten der alten Mäler entstanden sein mögen, war die Unterscheidung zwischen Leyer und Steinhauer wahrscheinlich noch wenig ausgeprägt. Sie mag sich erst allmählich mehr herausgebildet haben, in einer Entwicklung, die um 1500 noch im Gange war (vgl. unten den Vertrag) und erst in der Abspaltung der Steinhauer aus der Sammelzunft der Hämmerer ihren Abschluß fand (vgl. unten und bes. Anm. 34).

[28] Der „Steinhauer" des Bruchgebietes war zuständig für die Bearbeitung des gebrochenen Steins, vom einfachen bis zum kunstvollen Werkstück. Die Bezeichnung „Steinmetz" war hier nie ge-

läufig (die Steinmetzen arbeiteten auswärts z. B. am Kirchenbau). Auch die zuständige Zunft hieß „Steinhauerzunft" (vgl. unten). — Auf einem Kreuz des 18. Jahrhunderts findet sich eine Darstellung der Steinhauerwerkzeuge als Berufs- und Stiftermarke zu Füßen des Kruzifixus (Abb. 115); der Steinhauer und Stifter P. L. hat wahrscheinlich auch das Kreuz gefertigt.

29 Landeshauptarchiv Koblenz, Abt. 627, Nr. 21.

30 Hörter/Michels/Röder, II S. 30, mit Angaben aus dem Inhalt. — Es heißt unter anderem, sie sollten keine „Kirchensteine (bessere Werksteine)" machen (a.a.O.; im Originaltext „keirghen steynger"). Mit Fridolin Hörter, Mayen, der mir freundlicherweise auch den ganzen Urkundentext im originalen Wortlaut zukommen ließ, bin ich geneigt anzunehmen, daß damit möglicherweise die ja immer wieder benötigten schlichten kleinen Grabkreuze für den Kirchhof gemeint sind (und nicht „bessere Werksteine" für den Kirchenbau, deren Herstellung doch Sache der Steinmetzen in den Bauhütten war). Für die allmählich entstehenden speziellen Werkstätten von „Kreuzmachern" war der Absatz von Grabkreuzen ein wichtiger, weil stabiler Existenzfaktor (vgl. XII, bei Anm. 13).

31 Es fällt auf, daß die älteren Stücke im allgemeinen nur in einem näheren Umkreis von wenigen Wegstunden stehen. Die Mäler im weiteren Bereich des Kerngebietes (vgl. unten) und darüber hinaus sind in der Regel sichtlich Produkte einer Steinhauerwerkstatt. Unter den Ausnahmen ist besonders das Kreuz Abb. 10 (noch jenseits des Ahrtales) zu nennen, dessen Herkunft aus Mayen/Mendig Herr Professor Meyer (Anm. 10) nach einer Besichtigung für wahrscheinlich hält.

32 Die mundartlich gängige Bezeichnung ist mündlich gesichert überliefert. Sie war noch Anfang dieses Jahrhunderts für die Grabsteinmacher des Gebietes Mayen/Mendig auch auswärts allgemein geläufig (freundliche Mitteilung durch Herrn Sauerborn, Mayen, vgl. Anm. 25). Herr Franz-Josef Heuwagen, Mayen, kennt nach dankenswerter Mitteilung die Bezeichnung noch aus der Zeit um 1935/40. Die zahlreichen modernen Grabstein- und Bildhauerwerkstätten des Basaltlavagebietes stehen ohne Zweifel in der Tradition der früheren „Kreuzemächer"-Werkstätten, die zugleich Weg- und Grabkreuze hergestellt haben. Vgl. hier auch die Bezeichnung „Grabsteinmächer" (Anm. 37), die aber offensichtlich jünger ist (der alte Grabstein war ja ausnahmslos ein Kreuz).

33 Brock, S. 1. Bei dem Dokument (verwahrt in Mayen, vgl. Anm. 40) handelt es sich nicht um die Gründungsurkunde (a.a.O. S. 3).

34 A.a.O. S. 4. — „Und damit auch ihres Handwerks recht Erfahrene Meister jedesmal in der Zunft seye, so soll Jeder neu Kommender schuldig seyn, das gewöhnlich Meister-stück zu machen, dabey aber mehr nicht als Neun gulden Unkosten auf das Höchst angewendet werden sollen" (aus Zunftordnung 1677; zu den Zunftakten vgl. Anm. 40). — Nach Brock kommt hier auch eine zunehmende „Arbeitsteilung und ständische Schichtung zwischen Leyern und Steinhauern" zum Ausdruck; „während erstere immer mehr zum einfachen Steinbrecher... wurden, steigen die Steinhauer zu Steinmetzen — kunstbeflissenen Steinbearbeitern — auf" (a.a.O.).

35 A.a.O. — Ein Jahrhundert später streben die Mendiger Steinhauer nach Unabhängigkeit von Mayen, was — nach gerichtlichen Auseinandersetzungen — nicht gelingt. In einem weiteren Konflikt werden die Mendiger sogar drei Jahre lang für „unzünftig" erklärt, bis sie sich 1784 unterordnen (a.a.O. S. 5).

36 Auch Werkstätten, die sich auf Kreuze spezialisiert hatten, haben je nach Auftragslage auch andere Arbeiten ausgeführt (vgl. Abb. 409), besonders wohl auch für Bauten (Abb. 420). Aber zu allen anderweitigen Aufträgen kam ja die ungewöhnliche Ausweitung der Kreuzproduktion in dieser Zeit noch hinzu. Zudem ging gerade diese, wie man nach den Datierungen schließen möchte, auch in Notzeiten nicht zurück — ein entscheidender Faktor für die Existenz des Handwerks.

37 Hörter/Michels/Röder stellen fest, „daß auf den Gruben auch Steinmetzen arbeiteten, wie wir an den verhauenen Werksteinen in den Schutthalden feststellen können. Nur besondere Spezialisten, wie die ‚Grabsteinmacher', werden, wie ja heute noch, in ihren Werkstätten im Ort gearbeitet haben" (II S. 30). Aber auch die „Kreuzemächer" standen in stetem Kontakt mit der Ley. Nach den Angaben von Herrn Sauerborn, Mayen (vgl. Anm. 25), suchten sie dort nicht nur ihr Material aus (vgl. auch folg. Anm.), sondern nahmen in der Regel auch an Ort und Stelle schon die Rohbearbeitung vor; erst dann kam das besser transportable Halbfertigprodukt in die örtliche Werkstatt, wo die bildhauerische Feinbearbeitung vorgenommen wurde. Man darf von den Gepflogenheiten zu Beginn unseres Jahrhunderts durchaus Rückschlüsse auf ältere Zeiten ziehen; grundlegende Änderungen im Zuge der technischen Entwicklung brachte erst die anschließende Zeit. Die Vorfertigung beim Bruch wird bestätigt durch den Fund eines Kreuzrohlings auf dem Mayener Feld („Am Lindenbaum") 1973 durch Herrn Ernst Quintes, dem ich für die Mitteilung danke; das Fundstück hat Größe und Form der üblichen alten Grabkreuze, jedoch war der untere Kreuzbalken abgebrochen, und es kam daher als „verhauenes" Werkstück in die Schutthalde.

38 Oft waren die Steinhauer schon durch Familien- und Sippentradition mit der „Ley" verbunden. Hier war „der Klein-, ja Kleinst-

betrieb früher die ausschließliche Betriebsform", es arbeiteten „etwa Vater und Sohn oder mehrere Brüder" in der eigenen Grube (Hörter/Michels/Röder, II S. 30 f.; vgl. hier auch die Statistik Anm. 23). Der Steinhauer stammte wohl oft aus einer Leyerfamilie. Manchmal war er sogar selbst Mit- oder alleiniger Besitzer einer Grube, wie es in Mayen aus der Überlieferung einer alteingesessenen Familie Dreiser bekannt ist (vgl. hier das Kreuz Abb. 352 von dem Stifter ANTONIVS DREISER VON MEIEN). Nach der Familiengeschichte waren 1820 ein Theodor Dreiser und 1851 dessen Sohn Johann „Grubenbesitzer und Steinbildhauer", andere Angehörige der Familie arbeiteten in eigenen Brüchen, und einer ist dort tödlich verunglückt. Ich danke Herrn Rolf Dreiser aus Mayen, 6920 Sinsheim, für seine freundlichen Mitteilungen (übrigens war ein ausgewanderter Bruder des genannten Steinbildhauers Theodor Dreiser der Vater des amerikanischen Schriftstellers Theodore Dreiser). — Der erfahrene Steinhauer kannte genau das Steinmaterial der verschiedenen Gruben und seine Eignung für das jeweilige Stück, das anzufertigen war, und hat danach seinen Rohblock ausgesucht. An den Mälern fällt auf, daß oft ein relativ grobporöses Material bevorzugt wurde. Es war weicher und leichter zu bearbeiten — aber doch kaum weniger witterungsbeständig (eine mechanische Beanspruchung wie etwa beim Mühlstein war hier nicht zu berücksichtigen). — Das hohe Kreuz mit Korpus wurde in der Regel aus zwei Steinen gearbeitet; die beiden Werkstücke wurden, oft wohl erst bei der Aufstellung des Kreuzes, mit geschmiedeten Eisenklammern — ohne ein anderes Bindemittel — fachgerecht zusammengefügt. An einer Reihe von alten Stücken ist die ursprüngliche Verklammerung noch gut erhalten (vgl. Abbildungen).

39 Vgl. zum Beispiel den Beleg aus Wehr (Anm. 46). So könnten besonders durch die örtliche Forschung, im Zentrum und in den Verbreitungsgebieten und jeweils unter Berücksichtigung des lokalen Bestandes, noch aufschlußreiche Quellen ans Licht kommen — zu diesem wie auch zu weiteren Problemen der Kreuzforschung.

40 In Mayen im Besitz der noch bestehenden Traditionszünfte, aufbewahrt im Museum in den alten Zunftladen (z. T. ausgestellt); in Mendig verwahrt bei der Verwaltung der Verbandsgemeinde. Für freundliches Entgegenkommen bei der Einsichtnahme danke ich in Mayen den betreffenden Zünften und Herrn Peter Scherf, Museumsverwalter, in Mendig den Herren Bürgermeister Syré und Ottmar Schneider.

41 Erst in späterer Zeit wird das Handwerk zuweilen und dann häufiger genannt. Aber auch die Zunftakten dürften im Zusammenhang mit anderen Quellen noch zu weiteren Erkenntnissen beitragen (vgl. auch Anm. 44).

42 KD Koblenz: Kirchen S. 11, 273, 279; profan S. 35, 165, 413; Landkreis S. 63, 156. Johann (Joh. Georg) Döll hat u.a. eine Reihe von Portalen in Basaltlava geschaffen. 1669/70 war er Meister der Hämmerer-Zunft in Mayen (Zunftakten; vgl. auch Brock, S. 59).

43 Einen der wenigen Belege für einen Kreuzmacher haben wir in der Inschrift auf dem Niedermendiger Friedhofskreuz vom Jahre 1735 (Is. 131), wonach der Steinhauer Antonius Schmitz dieses große und auch sonst bemerkenswerte Mal „vor das Bürgergeld" (als Entgelt für die Einbürgerung) seiner Ehefrau gemacht und errichtet hat (jetzt auf dem neuen Friedhof; ob es ursprünglich als Friedhofskreuz geschaffen wurde, ist mir nicht bekannt und scheint fraglich, da zu dieser Zeit noch das ältere Friedhofskreuz, Abb. 309 f., in Funktion gewesen sein dürfte; das Mal ist ein Prozessionskreuz mit Nische für das Sanktissimum). Herrn Edmund Ebert, Niedermendig, danke ich für den Hinweis auf dieses Kreuz und die Inschrift, zugleich aber auch für viele andere wichtige Angaben zu der Forschung im Raum Mendig—Fraukirch.

44 Vgl. hier auch Kapitel X. — Möglicherweise darf — als seltene Ausnahme — die Hausmarke eines Zunftmeisters (Abb. 233) in einigen Fällen (vgl. Abb. 231—236) als Steinmetzzeichen angesehen werden.

45 Gerade dieser Ort scheint schon seit früher Zeit in der Steinkreuzfertigung des Zentrums eine besondere Rolle gespielt zu haben; vgl. Kapitel IV, für Mendig überhaupt auch oben Anm. 25.

46 Philipp Lamby in Die Eifel (Zeitschrift des Eifelvereins, Düren), 1954, S. 59; nach Aufzeichnungen in der Pfarrchronik Wehr, wo auch über die Geschehnisse näher berichtet wird. Es handelt sich um ein Unfallkreuz (Abb. 452 f., Is. 62), das der Vater des am 16. 2. 1827 tödlich Verunglückten in Auftrag gegeben hatte. Die Aufstellung erfolgte im gleichen Jahr am 27. 12., und zwar an einem vielbegangenen Weg, während an der ziemlich unzugänglichen Unfallstelle ein kleines Kreuz nur mit der Jahreszahl aufgestellt wurde (vgl. Kapitel VII).

47 Als Kerngebiet wird die Zone mit relativ dichtem und ausschließlichem Bestand an Basaltlavamälern verstanden (abgesehen von einzelnen Tuff-Kreuzen und von eventuellen Erzeugnissen mit nur lokaler Bedeutung). Hervorzuheben ist, daß dieses Kerngebiet auch weitgehend identisch ist mit dem Verbreitungsgebiet der seit dem 17. Jahrhundert erkennbaren Werkstätten (Kapitel XII; für die Werkstatt M vgl. etwa Abb. 344—346 — Hunsrück, Eifel, Rhein). Einzelne Werkstattzeugnisse finden sich aber selbstverständlich auch im weiteren Verbreitungsgebiet.

[48] Zu den Wegmälern rechne ich die Kreuze und Nischenstöcke im Ort und in der Flur, Grabkreuze jedoch nur, soweit sie — wie es schon früher nicht selten der Fall war — eine Wiederverwendung als Flurkreuze gefunden haben.

[49] Ein Beispiel hierfür ist selbst der Herkunftsort Mayen, wo sich außer dem Museumsbestand kaum noch ein altes Grabkreuz findet. Bei den abgebildeten Stücken ist Mayen der derzeitige Standort (Privatbesitz), der ursprüngliche ist nicht mehr bekannt. So ist z. B. der kleine Bestand der Pfarrei St. Veit das Geschenk eines verst. Grabsteinbildhauers, der die alten Kreuze in früheren Jahren beim Setzen neuer Steine auf dem Lande erhalten und gesammelt hatte (freundliche Mitteilung von Herrn F. Schädler, ehem. Pfarrer von St. Veit); der Pfarrverwaltung danke ich für das Entgegenkommen, mit dem sie mir den Bestand zugänglich gemacht hat. — Auch in dem Herkunftsort Niedermendig findet sich kein Bestand mehr — außer dem der beachtlichen Sammlung Michels. Nach Gies (Einleitung) wurden 1852, als der Friedhof an der Cyriakuskirche wegen des Erweiterungsbaues verschwinden mußte, die alten Grabkreuze „Stück für Stück an die Bevölkerung zum Preis von 50 Pfennig verkauft", die sie zum Zwecke einer Zweitverwendung erwarb (ein Teil ist später in neuer Verwendung wieder aufgetaucht, aber heute nicht mehr vorhanden). Die genannte Steinkreuz-Sammlung (die zu dem mineralogischen Privatmuseum gehört) haben Herr Dr. Franz Xaver Michels und nach seinem Tod auch Frau Michels mir sehr entgegenkommend zugänglich gemacht (Abb. 86, 88 f., 340); darüber hinaus bin ich Herrn Dr. Michels † dankbar für seine Beratung und Hilfe in weiteren Fragen dieser Arbeit.

[50] Angaben, auch zur Zahl der Stücke, finden sich meist in den Ortsinventaren der „Kunstdenkmäler" (KD). Für den Kölner Raum vgl. die Inventarisation der „Denkmäler" (DRhld), wo jedes einzelne Stück beschrieben ist.

[51] Im Basaltlavagebiet selbst hat die weitere Verbreitung der Kreuze bisher keine Bearbeitung gefunden. Eine Reihe von Entdeckungen ermöglichten — über systematisches Suchen und entsprechende Literatur hinaus — nur die aufmerksamen Hinweise von vielen Seiten; ich danke hier besonders den Herren Dr. Klaus Freckmann, Bergisch Gladbach; Ignaz Görtz, Altenahr; Fridolin Hörter, Mayen; Hermann-Josef Hucke, Daubach/Ww.; Paul Krischer, Wassenach; Dr. E. Nellesen, Bad Honnef; Dietrich Schabow, Sayn; Dr. Alexander Stollenwerk, Boppard; Prof. Dr. Albert Verbeek, Bonn; Norbert Zerlett, Bornheim; Emil Zuppke, Bad Godesberg.

[52] Zu den (Sandstein-) Kreuzen des trierischen Raumes vgl. Meyer, Wegkreuze (unter den Kreuzen, die nach dem Vf. „vom Maifeld stammen" — S. 250 u. ö. —, sind die Stücke aus dem Zentrum Mayen/Mendig zu verstehen). — Zu den Basaltlavamälern in der südwestlichen Randzone gehört auch das bei Is. 138 (Kap. IX) besprochene Grabkreuz, das oft als Sühnekreuz angesehen wurde.

[53] Zu dem Grabkreuz von Mesenich a. d. Mosel (Abb. 116) zeigen wir das Mayener Kreuz im Vergleich (Abb. 117). Hier wird der Zusammenhang des Verbreitungsgebietes mit dem Zentrum besonders deutlich; zugleich zeigt sich eine Art Serienfertigung in den Kreuzwerkstätten auch zuweilen, wie hier, bei Stücken mit reicherer Bildgestaltung (jedoch entstand nie eine getreue Kopie — vgl. etwa den Abschluß des oberen Kreuzbalkens, die Rahmenprofilierung, das zusätzliche Stundenglas u. a.). Daß in diesem Falle wohl auf Vorrat gearbeitet wurde, läßt auch das Fehlen von Jahreszahl und Inschrift auf der Rückseite beider Kreuze vermuten (das Mesenicher Stück zeigt rückseitig eine offensichtlich spätere und nicht von geschulter Hand stammende Beschriftung). Vgl. hier die ebenso ähnlichen Kreuze von Kell und Hürth b. Köln, Anm. 63.

[54] Zu einigen Stücken im Stadtgebiet (Vororte) vgl. Erich Franke, Koblenzer Kostbarkeiten, Bd. 2, Koblenz 1973, S. 96/97. — Vgl. weiter Schüler zu den Mälern im Koblenzer Stadtwald. Das a.a.O. beschriebene, bekannte Basaltlavakreuz „Eiserne Hand" (zu dem Namen vgl. Kapitel IV) von 1677 hat eine vorkragende Sakramentsnische (nicht „Bildstock") im Schnittpunkt der Kreuzarme; eine Gesamtansicht findet sich in KD Koblenz profan, S. 367. Zu dem ebenfalls von Schüler beschriebenen ehemaligen Doppelkreuz aus Holz auf dem Kühkopf vgl. Kapitel VI.

[55] In Bad Salzig fand sich noch ein beachtlicher Bestand an alten Grabkreuzen aus Basaltlava (Abb. 120). In Boppard konnte ich auch Wegkreuze aus diesem Material beobachten. Ein Kreuzsockel mit Gebein und Totenschädeln, ähnlich den Stücken Abb. 310 f. und mit Sicherheit aus Mendig stammend, fand sich noch in Oberwesel.

[56] Niederlahnstein hat einen reichen Bestand an alten Basaltlava-Grabkreuzen (eingemauert bei der alten Kirche, Kloster). Auch mehrere Wegmäler wurden festgestellt (darunter ein Nischenstock von 1631 als ehemaliges Sakramentsmal, jetzt in einer Kapelle in der Bahnhofstraße). — Die Lahnmündung erscheint auffällig als Bestandsgrenze, auch wenn sich vereinzelte Basaltlavakreuze noch jenseits des Flusses finden (wie etwa eins an der Straße zum Kurzentrum von Lahnstein). Der Befund dürfte mit den alten Territorialgrenzen zusammenhängen, auf die jedoch hier nicht näher eingegangen werden kann (vgl. etwa Geschichtl. Handatlas

der dt. Länder am Rhein; Mittel- und Niederrhein; Neubearbeitung Köln 1950, Karte S. 38 f. für die Staatsgebiete im Jahre 1789).

[57] Noch in Rheinnähe steht in Weitersburg b. Vallendar ein Schöpflöffel aus dem Jahre 1518 (vgl. I, Anm. 20) mit einer Stifterinschrift in gotischer Minuskel (KD Koblenz Landkreis, Abb. S. 47 u. 389; die Lesung der Inschrift a.a.O. S. 390). — Der sog. Hillscheider Stock (Abb. 122), mit den sechs Stiftermarken in kleinen Schilden auf dem Nischenrand ohne Parallele, zeigt auf der Rückfläche der Nische, nur schwach erhaben, eine Kreuzigungsgruppe mit den beiden Assistenzfiguren; das Flachrelief in der relativ tiefen Nische wird als wichtiger Beleg angesehen für die Deutung des Schöpflöffels als Sakramentsmal statt als Bildstock (vgl. V, Anm. 27, Verweise). Zu diesem Mal vgl. auch Walter Kalb in Der Westerwald (Ztschr. des Westerwaldvereins), Hachenburg 1963, S. 85, mit dem Versuch einer Lesung und Deutung der Inschrift (die Lesung erscheint mir noch nicht gesichert). — Ein weiter vom Rhein entferntes Basaltlavakreuz von 1690 fand sich bei Horhausen (an der Strecke Neuwied—Altenkirchen); nach dem (beschädigten) Korpus stammt es aus der Werkstatt N. — Zu dem Bestand an Grabkreuzen aus Basaltlava in Westerwaldorten vgl. Rh. Friedhöfe 3; hier wird auch ein Flurkreuz von 1812 bei Asbach genannt (Spalte 22). — Die Basaltlava des Westerwaldes, der sog. Säulenbasalt, ist als Material für Steinkreuze kaum verwendet worden. Eine Ausnahme bilden etwa die alten groben Grenzkreuze von Liebenscheid (südlich von Siegen), die Brockpähler beschreibt und abbildet (S. 95 ff., Abb. 131—135); „das Material ist Basaltlava, die hier früher in zahlreichen kleinen Brüchen gewonnen wurde" (a.a.O. S. 96). Das Kreuz Nr. 3 konnte ich untersuchen, wobei sich ergab, daß es sich um ein schlackiges Oberschichtenmaterial (vergleichbar dem der Hohenfelser Kreuze, Anm. 3) handelt, das eine Grobbearbeitung noch zuläßt.

[58] Bei den Grabkreuzen ist deutlich zu beobachten, wie ab Linz (mit noch überwiegendem Basaltlavabestand, aber auch schon Mälern aus dem Siebengebirge, die sich auch im Typus abheben) die Basaltlavastücke sich rheinabwärts stetig verringern. Einzelne finden sich aber selbst noch in Rheinorten über Königswinter hinaus, wo ebenfalls ein namhaftes Kreuzmacherzentrum gewesen sein soll (freundliche Mitteilung der Herren vom Heimatverein und -museum Königswinter, denen ich auch für weitere wichtige Hinweise dankbar bin). Auf dem Friedhof Königswinter findet sich ein Sakramentstock aus Basaltlava mit tiefer Nische (wohl aus älterer Zeit, nicht datiert und beschriftet sowie ohne sonstige Darstellung). — Für einen Teil der hier in Frage kommenden Rheinuferstrecke vgl. wieder Rh. Friedhöfe 3; dem Mitverfasser, Herrn F. H. Kemp, Unkel, danke ich für freundliche Beratung und Ortsbesichtigungen. Das a.a.O., Spalte 48, beschriebene und gezeichnete grobe Kreuz in Erpel („Basaltkreuz" mit Jahreszahl „1388") konnte ich besichtigen; das Material ist keine Basaltlava, die Jahreszahl muß meines Erachtens (aus einer Reihe von Gründen) als 1588 gelesen werden. — In Bruchhausen findet sich aus Basaltlava ein bemerkenswerter Kreuzsockel mit Parallele in Niedermendig (vgl. Abb. 309—311), in Rheinbreitbach ein Kreuz von 1654 mit Korpus und drei Engeln aus der Werkstatt E (a.a.O., Spalte 124 und Abb. 45), das nach dem Namen „Schwarzes Kreuz" vielleicht als Pestkreuz gestiftet wurde. Es mag durch die Verbindung der Herren von Breidbach-Bürresheim dorthin gelangt sein, die in dieser Zeit zugleich Besitzer von Bürresheim bei Mayen wie auch der Burg von Rheinbreitbach waren (bei Schloß Bürresheim steht ein zwei Jahre jüngeres Kreuz aus derselben Werkstatt). Die Hinweise auf die Zusammenhänge und auf das letztgenannte Kreuz verdanke ich Herrn Karl von Werner †, Bürresheim.

[59] Einen aufschlußreichen Gesamtüberblick über den Kreuzbestand des Kreises Ahrweiler hat mir die fotografische Erfassung durch Herrn Ignaz Görtz, Altenahr, verschafft, der mir in entgegenkommender Weise das Bildmaterial zur Benutzung für diese Arbeit zur Verfügung gestellt und mir auch wichtige Hinweise hierzu gegeben hat; ich danke Herrn Görtz herzlich. — Im Ahrgebiet (und nur hier) erscheinen Belege für Werkstätten, deren Erzeugnisse, aus dem Material der Osteifel, nicht in den übrigen Verbreitungsräumen vorkommen (vgl. am Anfang dieses Kapitels). Daneben finden sich aber auch Kreuze aus anderen Werkstätten; besonders häufig ist die Werkstatt P vertreten (vgl. Abb. 426, 428). — Im Ahrraum finden sich auch Kreuze älterer Formen, wie sie in der Regel nur im näheren Bereich um das Zentrum festgestellt wurden (vgl. Abb. 10 f., 83, 125; zu 126 vgl. die folg. Anm.). Auch der Mühlstein als Sockel — bei einem undatierten Sakramentsmal mit Kreuzabschluß in Altenahr — ist in so weiter Entfernung ungewöhnlich. — Zu dem Grabkreuzbestand ist eine mündliche Überlieferung aus Adenau von Interesse. Hier berichtete mir ein Einheimischer, daß sein Vorfahr (im 19. Jahrhundert) oft mit dem Fuhrwerk nach Mayen gefahren war, um eine Lieferung von Grabkreuzen abzuholen; er war dann schon in der Nacht aufgebrochen und spätabends wieder zurück. Der Bericht läßt auf einen Zwischenhandel schließen.

[60] Die bemerkenswerte Form des Grabkreuzes von Gelsdorf (Abb. 126) hat im Basaltlavaraum keine Parallele. Daher, und weil in Gelsdorf sich Mäler ähnlicher Form auch aus anderem Stein finden, dürfte das Kreuz in dieser Gegend gefertigt worden sein. Das

Material ist aber mit großer Wahrscheinlichkeit das von Mayen/Mendig, so daß an die Zweitverwendung eines alten Steins gedacht werden muß, der ursprünglich einem anderen Zweck gedient hat. — Die groben und nur wenig zurücktretenden Zwickel erinnern an frühe Kreuzstein- oder Scheibenkreuz-Formen anderer Landschaften (vgl. I, Anm. 53); ob eine Beeinflussung von daher möglich ist, kann hier nicht entschieden werden. Eine mehr oder weniger ausgeprägte Verbindung der Kreuzarme findet sich gelegentlich auch sonst (vgl. I, Anm. 4 zu Abb. 8).

[61] In Bonn kamen 1975 Grabkreuze zutage, die in die Außenmauer des bekannten, 1715 angelegten Alten Friedhofes eingelassen waren. Sie sind von den damals übervollen und bald danach geschlossenen innerstädtischen Friedhöfen hierher versetzt worden (das Einmauern älterer Grabkreuze rings um den Friedhof war auch im Basaltlavagebiet vielfach gebräuchlich). Unter den Bonner Grabkreuzen fanden sich auch Stücke aus „porösem Basalt", und „ein schlichtes Basaltlavakreuz mit Hauswappen und der Jahreszahl 1601 ist das älteste" (Jürgens, S. 92). — Besichtigen konnte ich mehrere Stücke im Raum Bornheim (vgl. Is. 34), eine erhebliche Zahl im Kreise Bergheim (vgl. Is. 33), das Kreuz in Köln-Bocklemünd (Abb. 129) und den bemerkenswerten Bestand in Paffrath mit über 30 Grabkreuzen aus Basaltlava (Abb. 127 f., vgl. DRhld Rheinisch-Bergischer Kreis, Bd. 1, S. 89—91). In den Inventarisationen der DRhld findet sich auch Material aus zahlreichen weiteren Orten und Kreisen. Für den engeren Raum Köln vgl. besonders Fischer, nach dessen Erfassung die Grabkreuze „aus der Mendiger Gegend" einen beachtlichen Teil des Kölner Bestandes ausmachen. Die meisten stammen aus dem 17. und 18. Jahrhundert; ein undatiertes Kreuz dürfte aus der Zeit vor oder um 1500 sein (in der Form ähnlich dem Obermendiger Abb. 87; vgl. I, Anm. 57). Fischer verweist auch auf die formale „typische Eigenart der Eifeler Basaltlavakreuze" (S. 91) und bemerkt, aus dem Vergleich der Kölner Stücke mit denen der Osteifel „dürfte eindeutig hervorgehen, wo die Heimat dieses Basaltlavatyps zu suchen ist. Eine eingehende Untersuchung der dortigen Grabkreuze könnte die Gewißheit bringen, daß auch die Fertigung im eigentlichen Eifelgebiet erfolgt ist" (S. 97). Ich kann Fischers Ansicht bestätigen. — Die meist ganz schlichte Form dieser Mäler, besonders der älteren Zeit, glaubt man auch auf einer Darstellung des 17. Jahrhunderts von dem Kölner Apostelkirchhof (vgl. I, Anm. 61) an einer Reihe der Grabkreuze zu erkennen.

[62] Dies betrifft nur den Grabkreuzbestand, nicht jedoch vereinzelte Wegkreuze wie etwa das bei Bonn (Abb. 462 ff.) aus der Werkstatt D, dessen Stifter aus Andernach stammt (Is. 93).

[63] Auf Köln als wichtigstes Handelszentrum weist eindeutig die Massierung des Bestandes im engeren Raum um die Stadt und in den benachbarten Räumen (vgl. Anm. 61). Die Grabkreuze gelangten wohl wie die Mühlsteine, vielleicht auch mit diesen zusammen, von Andernach aus per Schiff nach Köln. Es läßt sich vorerst nicht entscheiden, ob auch z. B. in Bonn Eifeler Kreuze ausgeladen und verhandelt wurden oder ob die Stücke des Bonner Raumes aus dem Kölner Handel kamen. — Nach der Zeitstellung der Basaltlavakreuze im Raum um Köln wurde der Fernhandel aufgenommen, seitdem im Zentrum Mayen/Mendig die Werkstattfertigung (vgl. oben) eingesetzt hatte. Die durch einen solchen Absatz bedingte Serien- und Vorratsfertigung läßt sich an immer wieder gleichen Formelementen auch im Kerngebiet feststellen. Die nach Köln gelieferten Stücke, oft ganz schmucklos (Abb. 127 f.), später nicht selten mit dem auch im Kerngebiet so typischen Rahmenprofil (vgl. Abb. 93 u. öfter), waren selbstverständlich unbeschriftet. Meist läßt die Schrift auch eindeutig erkennen, daß sie erst im dortigen Absatzgebiet gehauen wurde (Abb. 128; vgl. IX, Is. 33 f. mit Anm. 37). Zuweilen unterblieb die nachträgliche Beschriftung (Abb. 127), oder es wurde — wie ja auch im Herstellungsgebiet oft — nur die Hausmarke eingehauen. — Basaltlava-Grabkreuze mit einer Bilddarstellung sind selten, fehlen aber nicht ganz (Abb. 129). Ein anderes Stück hat Fischer Tafel III, Nr. 1, abgebildet, es zeigt eine Madonna mit Kind. Dieses Kreuz in Hürth bei Köln, 1666, ist einem Grabkreuz in Kell vom Jahre 1688 so ähnlich (vgl. Anm. 53 zu den Abb. 116 f.), daß die Übereinstimmung nicht zufällig sein kann; beide Stücke kommen mit Sicherheit aus derselben Werkstatt: Maria stehend mit Krone und Lilienstab in der rechten Hand, das Kind mit der Weltkugel; in den Kreuzwinkeln Voluten; auf dem unten stark verbreiterten Schaft Kartusche für die Inschrift. Die Entstehung beider Stücke muß nicht so weit auseinanderliegen wie die Datierungen (Fertigung auf Vorrat).

[64] Das Kreuz von Leuth (Abb. 130) ist Station für Pilgergruppen auf dem Weg nach Kevelaer. Es ist jedoch fraglich, ob es als Pilgerkreuz gestiftet wurde; es kann ursprünglich auch Stationsmal für die örtliche Flurprozession gewesen sein. Die Konsole, zunächst wohl Expositionstisch für das Sakrament, wurde später zu einem Opferstock umgearbeitet (vgl. IX, Anm. 56). In der Inschrift ist der Herkunftsort der beiden Stifter nicht genannt; danach ist zu vermuten, daß diese aus der dortigen Gegend stammten. Für den Stiftungsakt ist die Kreuzinschrift aufschlußreich (Is. 85). Der Kruzifixus war einmal farbig gefaßt.

[65] Hier — nur als Beispiel für entfernte Einzelstücke — finden sich aus Osteifeler Basaltlava ein unbeschriftetes Kreuz wohl des 16. Jahrhunderts, mit später Wiederverwendung (DRhld Duisburg, S. 31 und Abb. 69; vgl. I, Anm. 62) und ein Stück aus dem Jahre 1616 mit Hausmarke auf Schild und Inschrift (a.a.O. S. 41 und Abb. 110). Es ergibt sich — wie bei den Grabkreuzen des Bonner Raumes (vgl. Anm. 63) — die Frage, ob die Kreuze aus dem Kölner Zwischenhandel kamen oder ob es unabhängig von Köln noch weitere Umschlagplätze gab.

[66] Eine Inventarisation liegt nicht vor. Systematische Unterlagen für einen Teil des rechtsrheinischen Raumes sowie für das Kölner und das niederrheinische Gebiet wurden bereits genannt, ebenfalls für den Trierer Bezirk (vgl. die vorigen Anmerkungen). Für das Kerngebiet sowie seine Übergangs- und Ausstrahlungszonen seien folgende Unterlagen mitgeteilt, welche Kreuzmäler aufführen. Obwohl in der Erfassung der jeweiligen Bestände und in den Einzelangaben nicht vollständig, bieten sie doch wichtiges und brauchbares Arbeitsmaterial.

Gedruckte Unterlagen:

1. Die Kunstdenkmäler der Rheinprovinz / des Landes Rheinland-Pfalz. Zit. KD, vgl. Literaturverzeichnis. Der Umfang der Angaben ist in den einzelnen Bänden unterschiedlich.

2. Schug, Geschichte der Pfarreien des Bistums Trier. Zit. Schug, vgl. Literaturverzeichnis. Aufstellungen jeweils unter „Weitere religiöse Denkmäler".

3. Topographische Karten 1 : 25 000 (Meßtischblätter), hgg. von den Landesvermessungsämtern (Rheinland-Pfalz, Nordrhein-Westfalen). Die Mäler in den Ortslagen sind nicht eingezeichnet.

4. Kartenaufnahme der Rheinlande durch Tranchot und v. Müffling 1803—1820, z. Zt. neu hgg. von den gen. Landesvermessungsämtern (Publ. der Gesellschaft f. Rheinische Geschichtskunde). Zit. Tranchot-Karte.

Ungedruckte Unterlagen:

5. Georg Jakob Meyer (Trier): a) Wegkreuze und Bildstöcke; zusammengestellt nach Kreisen; im Regierungsbezirk Trier m. W. alle Kreise erfaßt, im Bezirk Koblenz die Kreise Zell, Cochem (3 Bde.), Mayen (5 Bde.), Ahrweiler (1 Auswahlband, der nach Meyers Tod noch zusammengestellt wurde), (Zeichnungen der Mäler, Verzeichnisse, Kartenskizzen u. eine Auswahl eingeklebter Fotos). b) Alte Grabkreuze im Raum Trier-Koblenz (Zeichnungen), 3 Bde. bekannt. c) Hausmarken und verwandte Zeichen im Raum Trier-Koblenz (Zeichnungen), 5 Bde. bekannt. — Zit. Meyer u. ggf. Ortsangabe (weitere Angaben unzweckmäßig, weil eine Reihe von Bänden verschieden zusammengestellt wurde). Kopien der Bände (oder einer Auswahl davon) in mehreren rheinischen Bibliotheken (u. a. Trier, Stadtbibliothek, Bistumsarchiv).

6. Paul Gies (Andernach): Mittelrheinische Hausmarken, 1940/41 (ca. 70 Seiten Einleitung u. 2264 Marken nach Orten, Zeichnungen mit näheren Angaben). Zit. Gies (nicht paginiert). Kopie im Amt für rheinische Landeskunde, Bonn (Landschaftsverband Rheinland).

7. In den Regierungsbezirken Koblenz und Trier befinden sich bei den Kommunalverwaltungen Unterlagen einer ca. 1973/74 durchgeführten Erfassung der Wegkreuze und ähnlicher Mäler.

Für den Kreis Ahrweiler wird noch einmal auf die fotografische Erfassung durch Herrn Görtz verwiesen (vgl. Anm. 59). — Ein Aufsatz von Klaus Freckmann und Georg Jakob Meyer † über die Wegkreuze und Bildstöcke der Eifel und des Hunsrücks wird in der Rheinisch-westfälischen Zeitschrift für Volkskunde, Bonn und Münster, erwartet (freundliche Mitteilung von Herrn Dr. Freckmann, Bergisch Gladbach). — Herrn G. J. Meyer, Trier, verstorben 1974, gedenke ich voll Dankbarkeit für seine stets hilfsbereite Beratung und für wichtige Hinweise aus seiner umfassenden Kenntnis der Materie (auch dann, wenn wir in der Interpretation verschiedene Auffassungen vertraten). — Frau Cilly Gies, Andernach, danke ich für die freundliche Erlaubnis zur Benutzung des wissenschaftlichen Nachlasses ihres Gatten, Dr. Paul Gies, und zur Fertigung der Kopie in Bonn (vgl. oben Nr. 6).

[67] Die Schätzung beruht auf Hochrechnungen, in die zahlreiche Faktoren, nach beobachteten Befunden im Kerngebiet wie außerhalb desselben, einbezogen wurden. Die Zahlen sind eher als Mindestwerte zu verstehen; immer wieder wurde festgestellt, daß bei gründlichen Nachforschungen noch Stücke aufgetaucht sind, die bisher nicht bekannt waren. Zu den Wegmälern werden selbstverständlich auch die Schöpflöffel gerechnet. Die Steinkreuzstiftung erfolgt in der jahrhundertealten Art, wenn auch in geringerer Zahl, ohne Bruch bis zur Gegenwart (vgl. Abb. 80, 202, 207, Is. 57). Zu den Grabkreuzen werden die Mäler der alten Form (niedriges einteiliges Steinkreuz) gerechnet, die bis ins 19. Jahrhundert gebräuchlich waren.

[68] Bis in jüngste Zeit galt das religiöse Wegmal als unantastbar, seine Entfernung als Frevel (Kapitel VIII). Zusätzlich ist die Verwitterungsbeständigkeit des Materials zu berücksichtigen. Abgesehen von der gegenwärtigen Situation (Diebstähle) sind aber Verluste durch ungewollte Beschädigung entstanden. Vielleicht ist daher zu verstehen, daß etwa in Allenz ein Bruchstück von dem Nischenkopf eines Schöpflöffels als Auffangbecken für Regenwasser vor einem Haus liegt (Hinweis von Herrn F. Gebert, Mayen).

[69] Der alte Bestand dürfte in den Verbreitungsgebieten von Ort zu Ort relativ gleich groß gewesen sein, so daß von den Höchstzahlen erhaltener Bestände auszugehen ist. Von nicht wenigen Orten gibt es überlieferte Nachrichten, wonach vor Jahren die Restbestände alter Grabkreuze auf die Müllkippe gekommen sind (vgl. auch Anm. 49). Aber auch schon in alter Zeit war durch steten Platzmangel auf den Kirchhöfen (vgl. I, Anm. 61) die Entfernung älterer Grabkreuze erforderlich. Manche wurden als Bausteine, oft für die Friedhofsmauer (Abb. 443), verwendet, einzelne auch als Flurkreuz aufgestellt (vgl. Abb. 204).

III. VOR- UND FRÜHZEIT

131 ff. Die Vor- und Frühzeit der Kreuzmale liegt weithin noch im Dunkeln. Das „Rätsel der alten Steinkreuze" ist noch nicht gelöst. Eine oft von Außenseitern getragene Forschung [1] — deren Anfänge hundert Jahre und mehr zurückliegen und die in diesem Jahrhundert besonders durch die Anregungen Kuhfahls [2] ungewöhnliche Impulse erfuhr — hat eine Fülle wichtigen Materials erbracht [3], sich in ihren Deutungen aber auch zum Teil auf zu eingleisige Bahnen begeben und in Widersprüche verwickelt.

Zuweilen wurden die in einer Region gewonnenen Erkenntnisse zu sehr verallgemeinert und selbst auf den europäischen Raum [4] übertragen, ohne zu berücksichtigen, daß von Landschaft zu Landschaft der Bestand der Mäler so verschiedenartig ist, wie es ja auch die historischen Gegebenheiten und die des Volksbrauchs sind. Einflüsse verschiedenster Herkunft dürften schon in früher Zeit maßgebend gewesen sein — und sind es ja auch bis zuletzt geblieben.[5] Der Ansatz mancher For-
81–86 schungen, die Kreuzmale aus nur *einer* Wurzel herleiten zu wollen, ist nicht haltbar.[6]

Ein beachtlicher Teil des Malbestandes in Mitteleuropa ist inzwischen erfaßt und durch Publikation der Forschung zugänglich gemacht. Es gibt aber auch noch Räume, deren Bestände über ihre Grenzen hinaus nahezu unbekannt geblieben sind — wie nicht zuletzt die des Rheinlandes [7] und speziell der Osteifel.[8] Zu wenig unterrichtet sind wir auch über große Teile des außerdeutschen Malbestandes.[9]

Die Probleme der Herkunft und der frühen Zeit der Steinkreuze werden hier — und weiter in den folgenden Kapiteln – insoweit erörtert, als sie unser Gebiet und unseren Bestand betreffen oder aus dieser Sicht möglicherweise einen Beitrag zur Gesamtforschung leisten.

Die Frage, ob megalithische Kulte der Vorzeit den frühen Steinkreuzbrauch beeinflußt und mit geprägt haben, ist sicher zu bejahen, soweit nicht eine ausschließliche Herkunft und eine lückenlose Kontinuität behauptet wird.[10] Menhire, „heilige Steine", deren Bedeutung vor allem im Toten- und Ahnenkult gesehen wird [11], gab es in allen Frühkulturen. Es seien zwei westdeutsche Beispiele genannt, bei denen sich eine spätere christliche Kultverwendung vorchristlicher Mäler zeigt — Belege für das Fortleben heiliger Orte im religiösen Brauch, das auch sonst nicht unbekannt ist.[12]

Bei dem 3,50 Meter hohen „Fraubillenkreuz" bei Fersch- 131
weiler [13], unweit Echternach, ist aus einem vorchristlichen Kultstein, auf den auch der Name weist [14], in christlicher Zeit ein Kreuz gehauen worden (der Legende nach durch den hl. Willibrord von Echternach bei der Christianisierung des Landes).[15] Zwei Nischen auf beiden Seiten im Kreuzpunkt der Arme müssen als Sakra-

mentsnischen angesehen werden und zeigen, daß das Kreuz auch Station für eucharistische Prozessionen gewesen ist.[16] In der Nähe des Kreuzes finden sich noch weitere Monolithe und auf einem derselben tiefe Kreuzritzungen, die Steinhausen „mit der Umgestaltung des Fraubillen-Monoliths zur Kreuzform zusammenhalten möchte".[17]

Der sieben Meter hoch aufragende bekannte „Gollenstein" bei Blieskastel/Saar, zweifellos ebenfalls ein vorgeschichtliches Kultmal[18], zeigt in Reichhöhe eine spitzbogige Nische, auf deren Rückwand als Ritzungen ein Kreuz und das Jesusmonogramm IHS erscheinen. Diese kann nicht als Figurennische angesehen werden, sondern diente zweifellos ebenfalls zur Aussetzung des Sakramentes bei Flurprozessionen. Nach örtlicher Überlieferung sind in der Tat noch im 18. Jahrhundert Prozessionen zum Gollenstein gezogen.[19]

Neben den vorgeschichtlichen Einflüssen auf den Brauch der Steinkreuze und ähnlicher Mäler sind auch antike Wurzeln zu berücksichtigen. Daß religiöse und volksgläubige Vorstellungen antiker Herkunft[20] in christlicher Zeit übernommen wurden und mit entsprechender Sinnwandlung weiterlebten, ist in vielen Bereichen belegt.[21]

Als wichtiger Faktor erscheint im Zusammenhang der gestifteten christlichen Mäler der verbreitete römische Brauch der Votivstein-Setzung. Die bemerkenswerte Sinnverwandtschaft oder sogar weitgehende Bedeu-
132 tungsidentität des römischen Votivsteins mit dem späteren christlichen Votivmal zeigen die Inschriften.[22] Beachtliche Parallelen finden sich aber auch im römischen
133 Grabmal, Parallelen zum christlichen Grabmal und seiner Kultbedeutung wie auch allgemein zur Malsetzung und der inschriftlichen Erwähnung des Stiftungsaktes und des Stifternamens.[23]

Ein Einfluß scheint zweifelsfrei, wenn auch eine direkte Kontinuität nicht nachweisbar ist. Möglicherweise wurde der Brauch von Votivsteinen und später -kreuzen über Jahrhunderte hinweg inschriftlos tradiert, während jedoch Votivgaben an sich, in vielen anderen Formen, seit der Antike wohl zu keiner Zeit unbekannt waren.[24]

Ein besonderer Bezug zum späteren religiösen Wegmal scheint sich noch darin zu zeigen, daß viele römische Steine den „Gottheiten der Wegkreuzungen und -gabelungen, Straßen und Pfade" geweiht sind.[25] Es ist allerdings nicht sicher, vielleicht nicht einmal wahrscheinlich, daß diese Votivsteine auch an Flur- oder Kreuzwegen aufgestellt waren.[26] Von hohem Interesse sind solche Votivinschriften jedoch als Bezeugung eines alten und in vielen Kulturen verbreiteten Glaubens, der sich an Wegscheiden jeder Art knüpft. Er hat, besonders in früher Zeit, auch bei der Setzung von Kreuz- und Nischenmälern offensichtlich eine wichtige Rolle gespielt.[27]

Ein frühes und außergewöhnliches Denkmal im Mittelrheingebiet — dessen Material aus den Brüchen von Mayen stammen dürfte[28] — besitzen wir in dem mero-
wingischen Kreuzstein[29] von Moselkern, über dessen 134–137
ikonographische Zusammenhänge Viktor H. Elbern ausführlich geschrieben hat.[30] Nach ihm ist das untere Kreuzfeld „kosmologisch (als vier Weltrichtungen oder -enden) zu verstehen"[31] und korrespondiert mit der Darstellung darüber, die nicht realistisch den Kreuzigungsvorgang zeigt, sondern gleichsam den Christus, der „am Kreuze dem Tode die Macht nimmt".[32] Die „durchdachte Steigerung" läßt eine „einheitliche und

bedeutende künstlerische und religiöse Konzeption“ erkennen.[33]

Mit großer Wahrscheinlichkeit handelt es sich bei dem 1915 auf dem Friedhof an der Kirche gefundenen Kreuzstein nicht um ein individuelles Grabmal, sondern um ein Kultkreuz allgemeiner Bestimmung.[34] Das Mal ist auch keineswegs in die Reihe der sonst bekannten Steinkreuze einzuordnen, die – ob Grab- oder Wegmal – in älterer Zeit als grobe Stücke ohne Bilddarstellung erscheinen. Dennoch finden sich an dem Stein von Moselkern Merkmale, die bestimmte Bedeutungszusammenhänge mit den späteren Stücken unseres Bestandes erkennen lassen. Hier wird vor allem auf die große Zahl der Kreuze im ganzen aufmerksam gemacht, die sich – bemerkenswerterweise – auf allen Seiten des Mals finden, erhaben, vertieft oder nur als Ritzung.[35] Diese sind wohl weder nur ornamental, noch in dieser Vielzahl lediglich als christliche Symbole ohne weiteren Sinn zu erklären, sondern lassen auf einen apotropäischen Zusammenhang schließen, der vielleicht auch sogar dem ganzen Monument zukommt. Die Frage wird aber an anderer Stelle eingehender untersucht (Kapitel VI).

Während der Kreuzstein von Moselkern aufgrund ikonographischer Vergleiche annähernd datierbar ist, läßt sich
2–12 über die Zeitstellung der alten, groben und undatierten
83–86 Kreuze vom einzelnen Objekt her nichts Sicheres sagen[36] – wenigstens noch nicht zum gegenwärtigen Zeitpunkt.[37] Wir müssen uns auf die weitgefaßte Feststellung beschränken, daß die meisten von ihnen dem Mittelalter angehören. Im Basaltlavagebiet hat sich, wie es scheint, der Brauch der Steinkreuzsetzung gegen Ende des Mittelalters stark ausgeweitet, so daß die Mehrzahl der Stücke dieser Epoche angehören mag.[38] Erst aufgrund dieser Ausweitung entstand, in allmählichem Übergang, die bildhauerische Fertigung und schließlich die Werkstattproduktion (Kapitel II). Die Zahl der wesentlich älter erscheinenden Steinkreuze ist, gemessen an dem Bestand der späteren Zeit, relativ klein.

Für das Nischenmal (den Schöpflöffel) ergibt sich die 13–43
frühestmögliche Datierung aus seiner Bestimmung bei der sakramentalen Flurprozession, die seit dem 14. Jahrhundert gebräuchlich wird.[39] Es muß allerdings – da es sehr alt erscheinende Stücke und viele ohne ein christ- 138 f.
liches Symbol gibt – die Frage aufgeworfen werden, ob der Sakramentsstock wenigstens der Form nach auf ein älteres Kultmal mit Nische zurückgehen könnte, das anderen Zwecken gedient hat.[40] Sichere Hinweise gibt es dafür nicht.[41]

Zur Altersfrage von Kreuzen am Weg und in der Flur findet sich aber eine Reihe wichtiger Quellenzeugnisse – wobei es für den kultischen Sinn in der Regel unerheblich sein mag, ob es sich um Holz- oder Steinkreuze handelt. Einige Zeugnisse wurden bereits genannt[42]; in der Steinkreuzliteratur sind weitere mit großem Fleiß zusammengetragen worden.[43] Erwähnt sei – außer Zeugnissen unseres Raumes – nur die vielzitierte und tatsächlich auch bemerkenswerte Stelle aus dem Corrector[44] des Burchard von Worms[45], wo in einer Beichtfrage der als heidnisch-abergläubisch angesehene Brauch erwähnt ist, „Kopfbänder[46] zu *Kreuzen* zu tragen, die an Wegekreuzungen aufgestellt werden“.[47]

Im hiesigen Raum ist unter den zuverlässigen[48] Zeugnissen zunächst der Beleg eines Grabmals aus Basaltlava für einen 1290 in Koblenz verstorbenen Rabbiner[49] bemerkenswert; es dürfte aus dem Bruchgebiet von Mayen/Mendig stammen. Im Jahre 1323 wird ein „Kreuz

nahe beim Kloster" in Münstermaifeld erwähnt, und annähernd so alt war wahrscheinlich auch ein Marktkreuz, das einst in Königsfeld stand.[50] Weiter findet sich 1380
188 das einzige bisher bekannte mittelrheinische Sühnekreuz bei Sayn, ein hohes Mal, das bis zum 19. Jahrhundert erhalten blieb.[51] Eine Urkunde des Jahres 1403 erwähnt ein Wohnhaus auf dem Marktplatz von Mayen „gegenüber dem Kreuze".[52] 1412 erscheint in Münstermaifelder Akten ein „Creutz zu Hatzenportz zu", und eine Ortsangabe in einem Mayener Weistum von 1455 lautet „by dem cruze" unweit vom Geisbüschhof.[53]

Mittelalterliche Belege für ein Kreuz (auch Hagelkreuz, Wetterkreuz) finden sich weiter in Flurnamen, so etwa, im engeren Raum, aus der Zeit nach 1200 bei Ehrenbreitstein oder 1441 bei Moselweiß.[54] Das Basaltlavagebiet ist erwartungsgemäß reich an solchen Namen, und manche von ihnen dürften wesentlich älter sein als ihre frühestbekannte Erwähnung.[55] Belege aus dem Nachmittelalter interessieren in diesem Zusammenhang weniger, weil jetzt ein reicher Bestand schon aus den erhaltenen Monumenten nachweisbar ist.

Für einige Bedeutungen und Funktionen früher Kreuze, zumal als Rechtsmale[56], wie sie in der Steinkreuzliteratur behandelt werden[57], fehlen im Gebiet unseres Bestandes entweder die Anhaltspunkte oder vorerst noch spezielle Forschungen, die eine Aussage zuließen. Über einzelne damit verbundene Fragen wird aber noch in anderen Zusammenhängen gehandelt.[58]

Nicht selten werden auch in unserem Gebiet in alten Grenzbeschreibungen Flurkreuze als Markierungspunkte genannt.[59] Das besagt aber nicht – ist in der Regel sogar wenig wahrscheinlich –, daß diese auch als Grenzmäler
140, 160 gesetzt worden sind.[60] Manche mögen im Zusammenhang mit Flurprozessionen stehen, die zu Grenzpunkten 387, 440
der Gemarkung führten oder sogar die ganze Flur umschritten.[61] Bei dem Grenzkreuz von Maria Laach, als 141
solches eindeutig erkennbar durch Standort und Markierung[62], dürfte es sich um die Verwendung eines älteren Kreuzes als Grenzstein handeln[63].

Auch so bemerkenswerte Zeichen wie das alte Rechtssymbol der Hand[64] oder eine bestimmte Grenz- oder 147
Grundbesitzmarke[65] erscheinen an dem religiösen Wegmal unserer Landschaft sichtlich nur sekundär und erlauben nicht die Deutung als eigentliches Rechtsmal.[66]

ANMERKUNGEN

III. VOR- UND FRÜHZEIT

[1] Eine Reihe wichtiger Arbeiten findet sich im Literaturverzeichnis. Aus der inzwischen fast unübersehbar gewordenen Literatur ist es notwendigerweise nur eine schmale Auswahl. Für die Gesamtforschung sind auch kleine und kleinste Arbeiten (oft Inventarisationen für begrenzte Räume) bedeutsam. Besonders hingewiesen sei an dieser Stelle auch auf die Arbeit und die Publikationen der „Deutschen Steinkreuzforschung", mit Sitz in Nürnberg und unter langjähriger Leitung von Leonhard Wittmann (Periodikum „Das Steinkreuz" seit 1933), und der „Arbeitsgemeinschaft Denkmalforschung" (AGD) mit verschiedenen Zentralstellen; daneben gibt es zahlreiche weitere regionale Arbeitsgemeinschaften zur Erforschung der Steinkreuze (Bildstöcke, Kleindenkmale, Flurmale u. ä.).

[2] Kuhfahls Publikation der „alten Steinkreuze in Sachsen" ist wegweisend geworden, nicht zuletzt auch (was noch zu wenig gewürdigt worden ist) wegen der hervorragenden fotografischen Darbietung des erforschten Materials. Hier ist ihm zum Thema der alten Steinkreuze besonders Brockpähler in seiner Arbeit über Westfalen gefolgt. Zu dem ganz andersartigen Bestand an Bildstöcken sei das Werk von Dünninger/Schemmel über Franken mit einem instruktiven Bildteil genannt. Erwähnenswert wären noch andere Arbeiten, doch müssen wir uns auf diese wenigen Beispiele beschränken. — Die Erkenntnis, daß eine umfassende fotografische

Dokumentation gerade auf einem Gebiet wie diesem von höchstem Wert ist, wurde auch bei der Planung der vorliegenden Arbeit berücksichtigt.

3 Eine besonders beachtenswerte Zusammenstellung von Material über die Vor- und Frühzeit der Kreuzmale im deutschen und europäischen Raum legt Brockpähler in seinem Kapitel „Alter und Ursprung der Steinkreuze" (S. 155—161) vor. Ich verweise auf diesen Text wie überhaupt auf Brockpählers Publikation; dort sind zahlreiche Fragen grundlegend behandelt, deren Erörterung in dieser Arbeit über den Basaltlava-Bestand keinen Raum finden kann.

4 Hier sei die Theorie erwähnt, das alte Steinkreuz finde sich ausschließlich im Gebiet germanischer Besiedlung (etwa Winkelmann, Das Steinkreuz, 13. Jg. 1957, Heft 2, S. 1), und der Brauch der Kreuzsetzung müsse germanischer Herkunft sein. Eine Stellungnahme hierzu erübrigt sich.

5 Selbst in der gleichen Landschaft zeigt sich oft, wie auch in der unseren, eine Vielfalt in Form und Sinn; wie verschieden sind etwa Mordkreuz, Votivkreuz, Prozessionsmal. Von Landschaft zu Landschaft vergleiche man weiter das einfache Steinkreuz (Kreuzstein, Scheibenkreuz) mit dem Bildstock (Bildsäule, Totenleuchte u. ä.) oder, im außerdeutschen Raum die irischen Radkreuze mit den „Calvaires" in der Bretagne. Daß auch für die frühe Zeit eine gewisse Vielfalt von Form, Bedeutung und Herkunft angenommen werden muß, zeigen einzelne noch erhaltene Stücke wie der Kreuzstein aus Moselkern (Abb. 134 ff., vgl. unten) oder frühe Nachrichten über das Aufstellen von Kreuzen zum Schutz der Fluren (vgl. I, mit Anm. 43 f.); selbstverständlich ist das Mal aus Holz einzubeziehen (ebd.).

6 Ansätze dieser Art haben beispielsweise auch dazu geführt, das alte Grabkreuz zu übersehen, das eindeutig in den Zusammenhang der frühen Male gehört. Man hat zwar bemerkt, daß von den alten Steinkreuzen „verhältnismäßig viele an Friedhofseingängen aufgestellt und in Kirchen- oder Friedhofsmauern eingebaut sind", doch angeblich hatten sie hier „nicht ihren ursprünglichen Standort, sondern sind erst in späteren Zeiten dorthin gebracht worden" (Winkelmann a.a.O., S. 1 f.). Ich halte ihren ursprünglichen Standort hier für ausgesprochen wahrscheinlich. Allerdings — wenn die alten Steinkreuze Sühnekreuze waren (zum Beispiel), paßt das Mal auf dem Kirchhof nicht hinein. Wenn auch eindeutige Belege für alte Grabkreuze weithin fehlen, so ist hier zu berücksichtigen, daß das Mal auf dem Grab, anders als das in der Flur, immer wieder seinen Platz räumen mußte.

7 In einer von der AGD (Anm. 1) kürzlich erstellten Übersichtskarte zu den Bestandsaufnahmen in deutschen und benachbarten Gebieten (für die freundliche Zusendung danke ich Herrn Prof. Azzola, Trebur) erscheint das Gebiet etwa der ehemaligen Rheinprovinz noch als weiße Fläche.

8 Die auswärtige Literatur konnte sich hier nur auf Hörters über 50 Jahre alten Aufsatz (Wegekreuze) zur Umgebung von Mayen berufen (vgl. Brockpähler, S. 127 mit Anm. 27; Jeuckens, S. 114). Von den unveröffentlichten Bestandsaufnahmen durch Meyer, Trier, waren die fünf Bände Kreis Mayen erst Ende 1973 fertiggestellt (wenngleich früher datiert). Zahlreiche Bemerkungen auswärtiger Autoren über das Eifelgebiet lassen auf eine nur vage Kenntnis des hiesigen Bestandes schließen (vgl. z. B. Kuhfahl in: Die Eifel, hgg. v. Eifelverein, 35. Jg. 1934, bes. S. 139 über das Laacher Gebiet). — In der Tat wird eine, allerdings zwingend notwendige, Gesamtinventarisation hier schon wegen der großen Bestände besonders schwierig sein (zum Umfang des Bestandes siehe Kapitel II; dazu vgl. die Bestandszahlen anderer Landschaften, die Brockpähler S. 112 mitteilt).

9 Vgl. Brockpähler, S. 158 f.

10 Man ist hier so weit gegangen, die frühesten erhaltenen Steinkreuze selbst noch als vorchristliche Mäler anzusehen, mit dem Hinweis, daß das Kreuz als Kult- oder Symbolzeichen schon alt ist; es wird auch angeführt, daß mittelalterliche Bußbücher bestimmte heidnisch-abergläubische Praktiken „an Kreuzen, die an Weggabelungen aufgestellt werden", ebenso verbieten wie Praktiken an Quellen, Bäumen und Steinen — wonach es sich um alte heidnische Kreuze handeln müsse (vgl. Winkelmann a.a.O., S. 10 f.). Zu der hier angezogenen Stelle Burchards von Worms vgl. unten, bes. Anm. 47.

11 Vgl. etwa Röder, Pfahl und Menhir. Röder verweist auch an anderer Stelle (Rechtsdenkmäler) auf „Grabpfeiler, wie sie sich aus Holz oder Stein bei zahlreichen vor-, ja noch frühgeschichtlichen Gräbern im Rheinland bisher nachweisen ließen" (S. 164), und behandelt ausführlich zwei Beispiele aus dem Raum bei Ochtendung (S. 161 ff., 179 f.).

12 Hier wird auch an die bekannte Stelle in einem Brief Gregors I. um 600 erinnert, wonach man heidnische Heiligtümer nicht zerstören, sondern in christliche umwandeln solle (vgl. z. B. Mößinger, S. 89 f.). — Es sei aber bemerkt, daß für die folgend genannten Mäler (Fraubillenkreuz, Gollenstein) eine ununterbrochene Kontinuität nicht nachgewiesen ist. Es besteht die Möglichkeit, daß Kultstätten über lange Zeit hin offiziell in Vergessenheit geraten — aber inzwischen beim Volk als besondere Orte in Erinnerung bleiben (vgl. I, Anm. 47).

13 Auf dem „Ferschweiler Plateau", Gemarkungsgrenze Nusbaum — Bollendorf. An dieser Stelle treffen sich mehrere Wege.

14 Nach älteren Zeugnissen „Sybillen Creutz" und „Fraw Billen Creutz". „Der Sage nach hält sich am Tag eine Fee, die *Frau Sibylle,* im Kreuze verborgen", die nachts als wilde Jägerin Vorübergehenden Unheil bringt; man hört im Kreuz eine Frau spinnen; dort soll auch ein Schatz (oder ein goldenes Kreuz) vergraben liegen (Steinhausen, S. 231 f., mit Lit. zu weiteren Sagen von Sibyllen und von Feen in Verbindung mit alten Megalithen; vgl. auch Zender, Sagen, S. 121 f.).

15 Steinhausen a.a.O.; nach Grabungen ist es ein isolierter (Sandstein-) Block, „also von Menschenhand aufgerichtet".

16 Vgl. I, Anm. 22, mit der dort genannten Abbildung der anderen Seite des Kreuzes bei Zender.

17 S. 48. — Die Kreuze finden sich an einem ebenfalls „unabhängig vom gewachsenen Fels gerade aufgerichteten" (Lias-) Block. Weitere Kreuzritzungen in der Nähe auch an einem „gekippten Monolith" (a.a.O. S. 49). Auch das Fraubillenkreuz weist zahlreiche Ritzungen auf, deren Untersuchung noch von Interesse sein dürfte.

18 Becker (der sich auch allgemein zum Menhir und der auch sonst bezeugten Verwendung im christlichen Kult äußert). Eine Abbildung des „Gollensteins" auch bei Fox, Saarländ. Volkskunde.

19 Becker, S. 212. Nahe bei der Nische findet sich auch ein eingehauenes Relief mit einer (verwitterten) Figur, in der Becker eine gallische Gottheit sehen möchte, aber auch die Darstellung eines christlichen Heiligen nicht ausschließen kann (a.a.O. S. 212 f.).

20 Dies ist im weitesten Sinne zu verstehen und betrifft nicht nur solche provinzialrömischer Herkunft. Über viele Jahrhunderte und auf den verschiedensten Wegen sind antike und hellenistische Einflüsse ins Abendland gelangt.

21 Vgl. etwa Meisen, Probleme, S. 203 ff. Nach ihm ist zum Beispiel das antike Erbe des Zauber- und Abwehrglaubens „in die christliche Epoche des gesamten Abendlandes übernommen worden". Aufgrund dieser Einflüsse ist dann natürlich „auch eine große Anzahl christlicher Symbole und Schutzzeichen, die auf gleichen oder ähnlichen Glaubensmeinungen beruhen, wie sie in spätantiker Zeit verbreitet waren, hinzugekommen" (a.a.O. S. 203); vgl. auch Kapitel VI. Demgegenüber sind, nicht zuletzt auch in der Steinkreuzforschung, die germanischen Wurzeln oft überbewertet worden.

22 Vgl. IX, Inschrift 1 und Text.

23 Vgl. ebd. Inschrift 2 und Text. — Umriß (und Rückseite) des heimischen römischen Grabsteins aus Basaltlava (Abb. 133) erinnern an den späteren Schöpflöffel; ob hier aber an eine Formtradition gedacht werden darf, muß völlig offenbleiben.

24 Für den Votivbrauch ist eine ähnliche Entwicklung anzunehmen, wie Meisen sie für einen anderen Bereich religiöser Volkskultur aufgezeigt hat (vgl. Anm. 21). Zu Belegen, auch z. T. schon für frühe Zeit, vgl. Kriss-Rettenbeck, Ex Voto, bes. Kapitel 2,3 (S. 87 bis 113); vgl. auch Anm. 40.

25 Z. B. Römerillustrierte, S. 199, Nr. 1 (QVADRIVIS, TRIVIS, VIIS, SEMITIS EX VOTO . . .). Kürzer, aber im selben Sinne, wurde der Stein auch nur den „Gottheiten der Kreuzwege" (QVADRVBIS) geweiht, so a.a.O. und f., Nr. 3, 7 und 8.

26 Da die Steinstiftung laut Inschrift als Einlösung eines Versprechens (Gelübde) erfolgte, ist sie etwa nach dem Überstehen einer gefahrvollen Reise vorgenommen worden (bei einem Stifter, der sich als Veteran bezeichnet — wie in der erstgenannten Inschrift Anm. 25 —, vielleicht nach seinem Soldatenleben, in dem er viele Straßen passiert hat). Die Aufstellung des Votivsteins an einer Straßenkreuzung auf freiem Felde ist zwar nicht ausgeschlossen, aber auch nicht notwendig mit dem Votivgedanken verbunden. Über entsprechende Fundorte habe ich bisher keine Hinweise. Gut denkbar wäre auch die Aufstellung bei einem Tempel. — Nach Hörter sind die Wege mit dem reichsten Kreuzbestand außer Pilgerwegen ehemalige Römerstraßen (Wegekreuze, S. 53). Ein Zusammenhang kann aber wohl nur insofern gesehen werden, als alte römische Straßenführungen noch zur Zeit der Kreuzstiftungen vielbegangene Wege waren.

27 Auch Hörter hat mit Recht betont, daß Wegekreuzungen in unserem Gebiet ein bevorzugter Standort für Kreuze und Nischenmäler sind (letztere aber nach seiner Meinung als Gehäuse für Muttergottesbilder, die den Zweck hatten, „den Spuk und die heidnischen Gebräuche an Kreuzwegen zu bannen", a.a.O.). Es ist kein Zweifel, daß bei der christlichen Malsetzung an diesen Standorten auch apotropäische Vorstellungen maßgebend waren, allerdings sind die Zusammenhänge wahrscheinlich vielschichtiger. — Zu dem Glauben und Brauch im Bezug auf Wegscheiden vgl. bes. HDA, V, Spalte 516—529 (s. v. Kreuzweg). Älteste Wurzeln werden vornehmlich im Totenglauben gesehen. Bemerkenswerterweise werden auch bei Burchard (vgl. unten) unter den Orten, wo kirchlicherseits tadelnswerte abergläubische Handlungen vorgenommen wurden, auffallend häufig die „bivia" genannt.

28 Nur hier herrschte nach bisherigen Erkenntnissen zur Zeit der Entstehung des Denkmals ein ausgedehnter, durch viele Funde belegbarer Bruchbetrieb (Kapitel II), in dem es nicht schwer war, einen geeigneten Rohblock zu finden. — Ursprünglich befand sich

unter dem Kreuz eine nur grob behauene Basis, die später abgeschlagen wurde (annähernd so groß wie der obere Teil des Kreuzsteins; den Zustand beim Fund zeigt Elbern in Stele Moselkern, Tafel 30, Abb. 1).

[29] Die Bezeichnung *Kreuzstein* findet sich sonst für Steine mit erhabener oder vertiefter Kreuzdarstellung (vgl. I, Anm. 1), nicht für eine durchbrochene Arbeit dieser Art. Ich halte aber die von Elbern im Katalogtext (Abendland) verwendete Bezeichnung für treffend (vgl. Anm. 34).

[30] Bes. Stele Moselkern; vgl. auch Abendland. Weitere Literatur in KD Cochem II, S. 603. — Ikonographisch liegt nach Elbern „im Bereich des — auf dem Wege über Gallien — mediterran beeinflußten Rhein- und Mosellandes eine ausreichende christliche und bildnerische Tradition vor, um die Stele aus Moselkern weitgehend zu erklären" (Stele Moselkern, S. 212). Auch (britisch-) „insulare Vorstellungen und Formelemente" sind einzubeziehen (ders., Abendland).

[31] Elbern, Abendland. — Das liegende Kreuz findet sich (in diesem Sinne?) auch auf einem fränkischen „Grabsteinchen" im Museum Mayen.

[32] Ders., Stele Moselkern, S. 213; das Zitat nach einer Formulierung des Venantius Fortunatus.

[33] A.a.O. S. 212. Danach nimmt das Monument aus Moselkern „unter den wenigen Bildern Christi am Kreuz, die uns aus der Frühzeit christlicher Kunst der germanischen Länder erhalten sind, einen hervorragenden Platz ein" (a.a.O. S. 213).

[34] Dies wird auch von Elbern hervorgehoben (a.a.O.; Abendland). Die Bezeichnung *Stele* möchte ich daher nicht verwenden (vgl. Anm. 29). — An dieser Stelle sei noch der Hinweis auf ein weiteres frühes erhaltenes Kreuzmonument des Mosellandes gestattet, nämlich auf das Säulenkreuz (Marktkreuz) aus dem 10. Jahrhundert in Trier (vgl. Eichler/Laufner, Hauptmarkt und Marktkreuz zu Trier, Trier 1958; Elbern, Zum Säulenkreuz des Trierer Hauptmarktes, in: Trierisches Jahrbuch 1960).

[35] Die Form dieser Kreuze (auch des durchbrochenen Kreuzes oben, das auf der Vorderseite die Figur Christi zeigt) ist gekennzeichnet durch die sich zur Mitte verjüngenden Kreuzbalken. Diese Form erscheint in alten Kreuzdarstellungen in aller Regel, so auch auf vielen frühchristlichen Denkmälern des Rheinlandes. Zur noch später erhaltenen Tradition dieser alten Kreuzform im Basaltlavagebiet vgl. etwa die Abbildungen 11, 142, 146, 153, 174, 178 f., 264 ff., 445 f.

[36] Eine plumpe, unsymmetrische oder roh zugehauene Form des Kreuzes läßt zwar in der Regel auf ein höheres Alter schließen, erlaubt aber keine weitere annähernd genaue Zeitbestimmung; dies ist auch in anderen Landschaften festgestellt worden (vgl. etwa Mößinger, S. 94). Es ist zu berücksichtigen, daß die Flurkreuze über Jahrhunderte hin nicht von Bildhauern oder Steinmetzen geschaffen wurden (vgl. hier für den Basaltlavabestand II, bei Anm. 27). — Ein berechenbarer Anhalt ist auch nicht dadurch gegeben, daß manche Mäler tief in der Erde sitzend aufgefunden wurden (vgl. Abb. 3 f.; 27 f.), was sehr verschiedene Ursachen haben kann; man liest nicht selten, diese Stücke seien im Laufe vieler Jahrhunderte durch ihr Eigengewicht in die Erde gesunken. Tief in der Erde saßen auch der Schöpflöffel von 1616 und der beistehende Expositionstisch (beide Stücke mit derselben Hausmarke, Abb. 162); sie sind für die Aufnahme freigelegt worden. — Zur Datierung von Einzelstücken vgl. auch I, Anm. 7, für das sog. Frankenkreuz von Thür (Abb. 3 f.) und I, Anm. 18, für alte Nischenmäler; zur frühen Zeitstellung auch unten, bes. Anm. 55.

[37] Man kann nicht ausschließen, daß auch hier einmal technische Methoden zur Altersbestimmung entwickelt werden könnten, wie sie zur Zeit erfolgreich zur Bestimmung von Hölzern angewendet werden.

[38] Die Datierungen beginnen im 15. Jahrhundert mit den Beligen-Mälern. Von vereinzelten frühen datierten Steinkreuzen aus einem anderen Material in unserem Gebiet sei das Kreuz in Brodenbach, wohl 1443, genannt (mit Kruzifixus und unten einer Ritterfigur in Gebetsstellung; das Kreuz wird volkstümlich als „Schwarzer Ritter" bezeichnet). Etwa ab 1550 wurden Basaltlavamäler (und auch Grabkreuze) durchweg datiert. Von den undatierten Stücken mag eine Reihe noch in der Übergangszeit bis 1550 entstanden sein; der größere Teil ist aber wohl älter und stammt aus der Zeit vor der üblich werdenden Datierung.

[39] Vgl. I, Anm. 16—21, und Kapitel V.

[40] So erwähnt Burchard von Worms an bestimmten Orten stattfindende Opfer- und Votivbräuche sowie das Anzünden von Kerzen „zur Verehrung des Ortes" — und zwar an Gräbern, Bäumen und Quellen, aber auch an Kreuzwegen (vgl. Anm. 27) und an S t e i n e n (zum Megalithkult vgl. oben). Die Erwähnungen finden sich in Buch 10, Kapitel 32, sowie Buch 19, Kapitel 66 und 94 (Texte: Boudriot, S. 27; vgl. Kriss-Rettenbeck, Ex Voto, S. 39, 106 f.; Hörter, Wegekreuze, S. 53, mit dt. Übersetzung der Stellen aus Buch 19). Zu Burchard, seinen Schriften und deren Quellenwert vgl. Anm. 44 f.

[41] Nischenmäler der genannten Art können ohne weiteres der meist rohen Fertigung zugeschrieben werden, wie sie im hiesigen Gebiet ja auch bei alten Kreuzen hinreichend belegt ist. Das Fehlen eines

christlichen Symbols ist zwar bemerkenswert, doch kann es damit erklärt werden, daß dem Zeitgenossen der christlich-kultische Zweck des Nischensteins bekannt war — besonders wenn dieser an einem Ort aufgestellt wurde, der seit „Menschengedenken" Stationspunkt einer Wetterprozession war, die als solche ja viel älter ist als der Brauch des Mitführens der Eucharistie. — Auch die Nischen von vormals heidnischen Kultsteinen sind allen erkennbaren Merkmalen zufolge erst in christlicher Zeit entstanden (vgl. oben bei Anm. 13—19). — Die Ansicht Meyers, die alten Nischenmäler im Rhein-Mosel-Gebiet seien vom Ursprung her, auf vorchristlichen Kult zurückgehend, *Totenleuchten* gewesen (Wegkreuze, bes. S. 228 f.) — eine Deutung, die Hula gern aufgegriffen hat (Kultmale, S. 34 f.) —, hat schon Kyll mit gewichtigen Argumenten widerlegt (Kreuze, bes. 164). Dabei kann durchaus eingeräumt werden, daß einzelne Nischenmäler auf dem Kirchhof auch einmal zum Abbrennen eines Totenlichtes gedient haben mögen. — Bei den genannten und auch sonst in mittelalterlichen Quellen erwähnten kultischen Riten „an Steinen" ist, soweit ich sehe, nirgends ein Stein mit Nische erwähnt. Monumente, die in dieser Art gedeutet werden könnten, sind mir übrigens auch aus anderen Landschaften nicht bekannt.

[42] Vgl. etwa I, bei Anm. 43 f. sowie die Anm. 56.

[43] Vgl. oben, Anm. 1 und 3. — Es muß aber betont werden, daß selbstverständlich von den Zeugnissen aus anderen Landschaften und Ländern nicht ohne weiteres auf gleiche Verhältnisse am Mittelrhein geschlossen werden darf.

[44] In den Decreta, dem literarischen Sammelwerk Burchards in 20 Büchern, ist der sog. Corrector das 19. Buch, ein ausführliches Pönitentiale, „das für den religiösen Volksglauben viel Stoff bietet" (LThK, II, Spalte 639). Vgl. dazu auch Anm. 45.

[45] Um 960/65 bis 1025, seit 1000 Bischof von Worms. Burchard hat aus zahlreichen, örtlich und zeitlich sehr verschiedenartigen Quellen geschöpft, die er (wenngleich nicht in jedem Fall richtig) auch nennt. Daher haben „seine Angaben über den Aberglauben für deutsche Verhältnisse nur bedingten Wert". Dagegen hat Burchard im Corrector, einer Erweiterung der Canones des Konzils von 743, „in kleinen Änderungen des Wortlauts und größeren Zusätzen offenbar auf den heimischen Brauch Rücksicht genommen" (HDA, I, Spalte 1710 f.).

[46] Die „capitis ligaturas" (nach Hörter irrtümlich „Armbänder", vgl. Anm. 40) sind im Zusammenhang des Heilzaubers zu sehen, bei dem Körpermaße und besonders auch das Maß des Kopfes eine wichtige Rolle spielen. Im Sinnzusammenhang mit der bei Burchard genannten Praktik stehen eiserne Kopfreifen im späteren christlichen Wallfahrts- und Votivbrauch (HDA, V, Spalte 1853 f.; Kriss-Rettenbeck, a.a.O. S. 353 ff.; Mogk, Mittelalt. Sühnekreuze, S. 18 — 21).

[47] „Aut (portasti) capitis ligaturas ad cruces, quae in biviis ponuntur" (Corrector, 94). Hier spielt nicht nur die Wegkreuzung als Kultort eine Rolle, sondern vor allem wird das dort aufgestellte christliche Kreuz als ein Kultobjekt angesehen, von dem zauberische Heilwirkung ausgeht (vgl. bes. Kapitel VI und VIII).

[48] Im Zusammenhang mit dem „Afelskreuz" (Abb. 81) wird zum Beispiel die Jahreszahl 1231 genannt. Solche bisher nicht sicher belegbaren Angaben (vgl. I, Anm. 45) müssen hier unberücksichtigt bleiben. — In manchen Gemeinden erfuhr ich von Kreuzen mit unglaublich frühen Datierungen. Wollte ich der Sache nachgehen, waren oft entweder die betreffenden Stücke nicht mehr auffindbar, oder es stellte sich ein Lesefehler (besonders bei der Hunderter-Ziffer) heraus.

[49] Vgl. I, Anm. 65.

[50] 1323 in Münstermaifeld die Ortsangabe „juxta Crucem prope Monasterium" (Fabricius, S. 105). — Zum Marktkreuz in Königsfeld, das 1336 Stadtrechte erhielt, vgl. IV, Anm. 32.

[51] Vgl. Abb. 188 und Text in Kapitel VII.

[52] Brink/Hilger, S. 132. Fridolin Hörter (sen.) ist der Meinung, es könne sich um ein *Marktkreuz* (als Marktfriedenszeichen) handeln (Nationalblatt, 4. 9. 1943). Das ist nicht ausgeschlossen, denn die Wendung „gegenüber dem Kreuze" läßt an ein freistehendes großes Mal denken. Mayen erhielt 1291 Stadtrechte, und seine Märkte hatten schon früh Bedeutung (vgl. hier das Marktkreuz von Königsfeld; Anm. 50 mit Verweisung).

[53] Fabricius, S. 139 (Anm. 257) u. 140 für Münstermaifeld; S. 7 für Mayen.

[54] Dittmaier, S. 166 (s. v. Kreuz); vgl. a.a.O. S. 97, s. v. Hagelkreuz, wonach ein entsprechender Flurname schon um 1200 bei Mainz belegt ist. — Zu Hagel- und Wetterkreuzen vgl. Kapitel VI. — Eine Reihe von älteren Kreuz-Flurnamen im Mayengau findet sich auch bei Fabricius. Zu Flurnamen als Quelle in der Steinkreuzforschung vgl. etwa Walter, S. 18 f.

[55] Da der Flurname eine unverwechselbare Ortsbezeichnung sein soll, dürften Kreuz-Flurnamen in unserem Kerngebiet vornehmlich in den Zeiten entstanden sein, wo der Bestand noch nicht so groß war, wie etwa seit dem Ende des 16. Jahrhunderts. Die wachsende Zahl mußte aber nicht dazu führen, einen altüberlieferten Kreuz-Flurnamen aufzugeben. — Übrigens kann aus dem Fehlen früher Zeugnisse natürlich nicht geschlossen werden, daß es keine sehr alten Kreuze — sagen wir vor 1200 — gab. Andererseits ist es aber

auch ganz unberechtigt, eine frühe Zeitstellung nur aufgrund einer vagen Vermutung anzunehmen, ohne einen konkreten Anhalt oder wenigstens eine begründete Wahrscheinlichkeit (vgl. I, Anm. 7).

[56] Gemeint sind z. B. Freiheits-, Asyl- und Friedekreuze, Marktkreuze, Muntat- und Gerichtskreuze, städtische Weichbildkreuze sowie weitere Grenzkreuze in verschiedener Funktion; als kleinere Sondergruppen gelten etwa noch Kreuze an der Stelle eingegangener Gotteshäuser, Predigtkreuze, die sogenannten Bonifatiuskreuze.

[57] Vgl. Brockpähler, bes. S. 133—155; Mößinger, S. 90; Walter, S. 20 — 24; Nägele, II, S. 375—381; Funk (mit bemerkenswertem Material auch zu Kreuzen und verwandten Malen in ihrer Rechtsfunktion).

[58] Vgl. unten und die folgenden Kapitel IV—VIII.

[59] Für den alten Mayengau vgl. Fabricius, S. 7, 18 f, 23, 26—28, 50, 131, 229 (vgl. jeweils auch die Anmerkungen).

[60] Nach älteren Meinungen wurde sogar der eigentliche Ursprung des Steinkreuzes in der Bedeutung als Grenzmarke gesehen. Nach inzwischen vorherrschender Meinung sind meist Kreuze anderer Bedeutung später als Grenzmarken verwandt worden. Eindeutige Grenzkreuze für eine Ortsgemarkung sind aber wohl die von Brockpähler beschriebenen Stücke von Liebenscheid (vgl. I, Anm. 7; II, Anm. 57); doch kann auch bei solchen Kreuzen eine alte Kultbedeutung maßgeblich gewesen sein, so z. B. eine apotropäische (Kapitel VI). Bemerkenswert ist in diesem Falle auch die Siebenzahl, die mit den bekannten Kultgängen zu sieben Kreuzen der Gemeindeflur zusammenhängen könnte (Zender, Fußfälle; vgl. II, Anm. 3, und Kapitel VIII).

[61] Nicht selten erscheinen tatsächlich Mäler, die an einer Markgrenze stehen oder einst standen, als Nischenstöcke für alte Flurprozessionen (auch mit dem Sakrament). So muß m. E. das alte Nischenmal Abb. 140 das in einer Grenzbeschreibung von 1562 erwähnte „Engeler creuz" sein (Fabricius, S. 18), von dem fünf Wege ausgehen (a.a.O., Anm. 14), was sich besonders deutlich noch in der Tranchot-Karte Wehr von 1809 zeigt. — Auf einer Gemarkungsgrenze steht gemäß Meßtischblatt Münstermaifeld auch der kürzlich zerstörte alte Sakramentsstock Abb. 440, nach Fabricius im 17. Jahrhundert als „Händtges creutz" bezeichnet (S. 224; vgl. S. 228, Anm. 102, und Tranchot-Karte Münstermaifeld mit dem Flurnamen „am Hendes Kreutz"). Eine früher wohl am Mal angebrachte Hand hängt als Rechtssymbol mit dem Standort auf der Grenze zusammen (vgl. IV, Anm. 39). — Das Prozessionsmal Abb. 160 steht auf der Grenze Rieden — Thürer Wald; davor der entsprechende Grenzstein, der nach Rieden hin den Basilisk von Bürresheim zeigt, zu dessen Herrschaft das Dorf gehörte. Die Nische mit dem erhabenen Kreuz auf der Rückwand zeigt sich als typische Sakramentsnische, und der davorstehende Expositionstisch läßt erkennen, daß auch später noch Prozessionen mit der Monstranz zu diesem Mal gingen. — Ein in einer Grenzbeschreibung von Löf genanntes Kreuz zeigt Abb. 387 (Fabricius, S. 131; es stand zur Zeit dieser Aufzeichnung — der Gerichtsgrenzen — erst vier Jahre). — Zu der Frage von Kreuzmälern an der Flurgrenze und der überlieferten oder chronistisch bezeugten Kultgänge dorthin könnte die örtliche Forschung sicher noch Wesentliches beitragen; es wäre wünschenswert, daß sich lokale Publikationen nicht nur darauf beschränken, die Wegmäler relativ nichtssagend als „Zeugnisse für die Frömmigkeit unserer Vorfahren" und als Denkmäler, „die viel erzählen könnten", hinzustellen.

[62] In Verlängerung der Grenzlinie, die durch die Rille am Kopf des Kreuzes bezeichnet wird, stehen nach beiden Seiten Grenzsteine mit gleicher Rillung; bei einem davon bildet die Einkerbung einen Winkel, bezeichnet also einen Eckpunkt der Grenzlinie (den Hinweis auf diese Befunde und das Grenzkreuz selbst verdanke ich Herrn Fridolin Hörter, Mayen).

[63] Einen zweifelsfreien Beleg für einen derartigen Befund haben wir in dem Unglückskreuz von 1501 (Abb. 194), das ebenfalls am Kopf eine Grenzrille zeigt, jedoch in der Richtung von vorn nach hinten. Das Mal stand bis vor wenigen Jahren am Weg Obermendig — Maria Laach, und zwar mit der Vorderseite zum Weg auf der Grenze zwischen zwei Feldern. Vermutlich wurde das Unglückskreuz, in der Nähe stehend, erst später auf die Feldgrenze gesetzt; um seine zusätzliche Funktion als Grenzstein kenntlich zu machen, wurde zugleich die Kerbe in Richtung des Grenzverlaufs eingeritzt.

[64] Abb. 147 (an einem Sakramentsmal von 1462); weiter Beispiele für *Eiserne Hand* an Kreuzen. Vgl. im ganzen IV, bei Anm. 30—43.

[65] An einem groben Schöpflöffel bei Glees findet sich auf der rechten Seite des Schaftes eine geglättete Fläche mit Krummstab und den Buchstaben *A L* (Abtei Laach). Nach dem Gesamteindruck wurde diese Marke erst später an dem dort stehenden Nischenmal angebracht. Auf der Vorderseite findet sich unter der Nische, viel grober eingehauen, die Datierung *AO 94* (vielleicht 1494).

[66] Ausnahmen sind Monumente wie das Marktkreuz (Anm. 34, 50, 52) oder das ritterliche Sühnekreuz (bei Anm. 51) — christliche Male und Rechtsmale zugleich.

IV. DIE BELIGEN-MÄLER

142–153 Als die frühesten datierten Basaltlavamäler unseres Ge-
bietes finden wir vier Nischenstöcke in und bei Ober-
mendig, die offensichtlich zusammengehören.[1] Die
Kenntnis dieser Stücke, die in vieler Hinsicht exempla-
risch sind, ist in den weiteren Erörterungen vorauszu-
setzen. Aber auch davon abgesehen, erscheinen die vier
Monumente von Obermendig einer eigenen Abhandlung
wert.

Ihre Zusammengehörigkeit, die sich schon aus den
Standorten und aus der Entstehung innerhalb eines kur-
zen Zeitraumes, 1461–1473, ergibt, zeigt sich auch sonst
in nicht wenigen Merkmalen. Hier ist zunächst der ge-
meinsame Stifter[2] Clais Beligen (auch Beilgen, Be-
142, 146 lien)[3] zu erwähnen, dessen Name auf den drei ersten
266 Mälern verhältnismäßig auffällig erscheint, vermutlich
aber auch auf dem letzten steht, von dem jetzt nur die
153 Vorderseite des Nischenkopfes sichtbar ist. Man darf
daher die vier Stücke zusammenfassend als die Beligen-
Mäler bezeichnen. Über die Person dieses Stifters ist
bisher nichts Bestimmtes bekannt.[4]

146, 153 Bei zwei Mälern erscheinen auf der Vorderseite in der
Art von Haus- oder Berufsmarken ein Rad und ein Mühl-
stein, einmal jeweils mit dem dazu passenden Werk-
zeug.[5] Die Zeichen dürfen in einem Bezug auf den Stif-
ter verstanden werden, bei dessen Namen sie sich im
ersten Falle auch finden. Obwohl scheinbar vordergrün-
dig, sind die Darstellungen noch nicht erklärbar.[6]
Bemerkenswert sind weiter die Kreuze, die auf verschie-
denen Seiten der Mäler in zwei gleichen Formen stets
wiederkehren – als Stabkreuz[7] sowie als lateinisches
Kreuz mit knospenartigen Rauten an den Enden der
Kreuzbalken.[8] Zur betonten Wiederholung des Kreuz-
symbols paßt weiter das bekrönende vollplastische 146 ff.
Kreuz an dem Mal von 1462, dessen Balken auch im
Querschnitt die Kreuzform zeigen.[9]

Den Kreuzen muß ein apotropäischer Sinn zugeschrie-
ben werden, über den im Kapitel VI noch näher zu han-
deln ist. Aber auch die heiligen Namen, die hier ähnlich
wie auf Amulettzetteln erscheinen, sind sicher in diesem
Sinne zu deuten, die Namen Jesu *(ihesus)*[10] und Ma-
riens, der Obermendiger Patrone Genovefa und Lauren- 146 ff.
tius[11], des Schutzheiligen Antonius des Einsiedlers.[12] 153
Ergänzend zu dem Namen des letzteren findet sich 1473
als Bekrönung das Antoniuskreuz, das nicht weniger ein
volkstümliches Schutzzeichen war.[13] Übrigens erscheint 187
es ebenfalls als Stabkreuz.[14]

Es soll nicht übersehen werden, daß die Beligen-Mäler in
der Form durchaus verschieden sind. Die beschriebenen
Gemeinsamkeiten im Detail lassen aber keinen Zweifel
an ihrer Zusammengehörigkeit. Dieser Befund wird noch
klarer im Blick auf die liturgisch-kultische Funktion, für

die die Mäler vor allem geschaffen wurden – die sakra-
mentale Prozession, die seit ihren Anfängen auch, und
beim Volk vornehmlich, eine Schutzprozession war.[15]

Bei ihr wurde an vier verschiedenen Stationen der sakra-
mentale Segen gegeben, verbunden mit der alten apo-
tropäischen Lesung je eines der Evangelienanfänge.
Schon die Vierzahl der von Beligen gestifteten Nischen-
stöcke ist so zu erklären, und es ist kein Zweifel, daß
man in den Nischen der Stationsmäler das Sanktis-
simum ausgesetzt hat. Der Brauch der eucharistischen
Prozessionen hatte im ausgehenden Mittelalter, am Vor-
abend der Reformation, seinen ersten großen Höhepunkt
erreicht[16]; genau in dieser Zeit sind bemerkenswerter-
weise die Beligen-Mäler entstanden.

Zudem erscheinen sie unmittelbar nach der Gründung
einer Fraukirch-Bruderschaft 1459, die Papst Pius II. mit
142 ff. Ablässen versehen hat[17], das erste Stück 1461, schon
213 zwei Jahre danach. Da gerade die nahegelegene Frau-
149 ff. kirch[18], an deren Weg ja auch das Mal von 1472 bis in
diese Tage gestanden hat, das Ziel zahlreicher sakra-
mentaler Prozessionen aus Orten der nahen und weite-
ren Umgebung war[19], kann das zeitliche Zusammentref-
fen kaum zufällig sein: Ohne Zweifel hat auch die neue
Bruderschaft und die mit ihr verbundene Belebung des
religiösen Lebens[20] die Entstehung der Sakraments-
mäler[21] von Obermendig angeregt.

Zu der Gesamtinterpretation – im Sinne der Prozession
wie auch, damit zusammenhängend, im Sinne der Ab-
wehr aller Fährnisse für das Dorf und die Gemarkung –
passen endlich auch die mutmaßlichen ursprünglichen
Standorte: nach verschiedenen Richtungen um den Ort,
der befestigt und mit Pforten versehen war, und zwar an
bedeutsamen Ausgängen oder Wegen.[22]

Die beiden ersten, kurz nacheinander geschaffenen Mä- 142–148
ler standen in entgegengesetzter Richtung an den We-
gen nach Mayen und nach Andernach, den beiden Städ-
ten, zwischen denen Obermendig liegt und mit denen
der Ort nicht zuletzt auch durch die Mühlsteinproduktion
verbunden war. Beide Wegstrecken waren wichtig für
das Dorf und vielbegangen – aber aus diesen beiden
Richtungen waren in Kriegs- oder Pestzeiten auch am
ehesten Gefahren zu erwarten.

Die beiden anderen Mäler, zehn Jahre später, aber wie- 149–153
der unmittelbar nacheinander entstanden, waren am
Weg zur Fraukirch aufgestellt, eines etwa auf halber
Strecke, das andere am Ortsausgang in dieser Richtung.
Sie sind Zeugnisse dafür, daß die Kultstätte und die Pro-
zessionen dorthin für das Dorf von Bedeutung waren.[23]

Am Wege nach Mayen[24] stand das Mal von 1461, dessen 142–145
erhaltene Teile sich jetzt im Ort befinden. Der Nischen-
kopf soll nach dem Ersten Weltkrieg „zerschlagen" wor-
den sein.[25] Aber auch der unterste Teil des Schaftes
fehlt. Nach der Untersuchung erscheint Hörters graphi-
sche Rekonstruktion als zutreffend. Selbstverständlich 143
ist nicht zu sagen, wie der Nischenkopf im einzelnen ge-
staltet und ob vielleicht noch ein Kreuzabschluß vorhan-
den war. Auf der Rückseite ist die Ausladung des Schaf-
tes unter dem Ansatz des Nischenteils zu beachten. Das 145
typische Rautenkreuz links ist im oberen Teil durch die
Beschädigung verloren. Auf dem konischen Sockel findet 142 f.
sich das Stabkreuz vorne und zu beiden Seiten.

Zu der Inschrift – die zur Betrachtung der Wundmale 144
Christi mahnt und diese als die Pforten zum Himmel be-
zeichnet – ist zu bemerken, daß die Verehrung der Fünf
Wunden gerade „im Rheinland eine besonders große
und sonst nirgends erreichte Bedeutung im Volksleben

gewonnen" hatte.[26] Nach volksgläubiger Vorstellung be-
wahrte das Gebet zu den Fünf Wunden vor der Ewigen
Verdammnis.[27] Die spätmittelalterliche Monumentalin-
schrift ist ein beachtliches und relativ frühes Zeugnis für
diesen Volksglauben der Landschaft.

146–148 Das Mal von 1462, im Volksmund als *Genovefakreuz* be-
zeichnet, zeigt eine frühe Aufnahme noch am alten
146 Standort, und zwar an der Wegspinne, wo von der An-
dernacher Straße[28] auch Wege nach Niedermendig und
nach Bell abgehen. Einige Jahrzehnte stand das Ni-
schenmal anschließend im Dorf bei der Pfarrkirche, bis
es jüngst eine sakrale Neuverwendung im Innern der-
selben als Reliquienschrein gefunden hat.[29]

Gewiß in einem Zusammenhang mit dem alten Standort
findet sich auf der rechten Seite des Sakramentsstocks
147 das bemerkenswerte Symbol der H a n d . Das Zei-
chen[30] ist bisher in keiner Beschreibung näher beachtet
worden. Die Hand kann nicht in einem religiösen
Sinne[31], sondern nur als Rechtssymbol gedeutet wer-
den, und zwar als *Muntat*-Zeichen, das den Gerichtsfrie-
den in einem bestimmten Bezirk markiert.[32] Die Dar-
stellung der Hand, die sich auch oft zusammen mit einem
Beil findet, „geht auf die Strafe des Handabhauens bei
Friedensbruch zurück".[33] Das in Stein gehauene Zei-
chen von Obermendig gehört zu den frühen datierten
Zeugnissen dieser Art.[34]

Die vorgelegte Deutung entspricht den alten Rechtsver-
hältnissen in Obermendig, das in dieser Hinsicht eine
Sonderstellung einnahm. Das Dorf hatte ein eigenes
Hochgericht mit vierzehn Schöffen, und zwar aufgrund
der Rechte des dortigen Immunitätshofes St. Florin.[35]
Das Gericht tagte im Beisein der Gemeinde auf dem
Fronhof „in atrio capelle s. Florini" (1427).[36]
Das Mal mit dem Muntatzeichen stand, durchaus seinem
Sinn entsprechend, an den Wegen, auf denen man aus 146
dem Hochgericht von Niedermendig, mit vierzehn Pel-
lenzdörfern, nach Obermendig kam. Ganz in der Nähe
lag aber auch die Gerichtsstätte des Floriner Hofes, be-
nachbart der ehemaligen Dorfpforte „Vor Wasem", zu
der das Prozessionsmal gehörte.[37]

Das Anbringen des Symbols für den abgesonderten
Rechtsbezirk von Obermendig dürfte durch den Floriner
Grund- und Gerichtsherrn veranlaßt worden sein. Doch
auch dieses Rechtszeichen fügt sich zwanglos dem all-
gemeinen Schutzgedanken der Beligen-Mäler ein, der
aus den religiösen Symbolen und Inschriften so markant
und einheitlich hervorgeht.

In einem ähnlichen Sinne als altes Rechtsmal ist außer-
halb von Siedlungen in der Regel die „Eiserne Hand"[38]
zu verstehen, ein Begriff, der in Flurnamen noch vielfach 440
erhalten ist.[39] Das Symbol dieser Hand diente häufig zur
Kennzeichnung des Bannwaldes und als Warnung für
den Forstfrevler, dem noch im 17. Jahrhundert das Ab-
schlagen der Hand drohte.[40] Daß es mit Vorliebe auch
an religiösen Wegmälern angebracht wurde, ist in mehr-
facher Hinsicht verständlich, nicht zuletzt auch, weil diese
oft an markanten Punkten und an Wegkreuzungen stan-
den.[41] An einem solchen Ort findet sich auch das aus
Basaltlava gearbeitete hohe Kreuz im Koblenzer Stadt-
wald, das unter dem Namen „Eiserne Hand" bekannt
ist.[42] Hier drängt sich die Deutung des Namens im
Sinne des alten Bannwald-Rechtes geradezu auf.[43]

Zu dem Obermendiger Mal mit dem Muntatzeichen sei 147
noch bemerkt, daß sich bei ihm einerseits noch auffällig
die formale Herkunft von dem alten Typ des Schöpf-
löffels, andererseits aber auch die Weiterentwicklung

desselben durch ein bekrönendes Kreuz zeigt. Ein solches ist hier erstmalig datierbar.[44]

Der nicht zuletzt als Schutzzeichen zu verstehende Je-
146 susname findet sich auf dem Nischenrand gewiß auch in
einem Bezug zu dem bei Prozessionen hier ausgesetzten Sanktissimum.[45] Ein ähnlich sinnvoller Zusammenhang zeigt sich zwischen der Hand Gottes und der mahnenden Inschrift auf dem Schaft.[46] Diese bezieht sich, ähnlich wie auf dem ältesten Mal, wieder auf die Passion Christi [47], aber zudem auch auf die Schmerzen der Gottesmutter.[48]

Der volkstümliche Marienkult muß weithin im Sinne der Zuflucht zu der Fürsprecherin gesehen werden. Dies
149–152 kommt auch bei dem dritten dieser Denkmäler, 1472,
zum Ausdruck, das bei Thür [49] auf dem Wege von Obermendig zum Marienkultort der Fraukirch gestanden hat. Das aus dem Stein gehauene Gebet des *Salve Regina* in der Volkssprache, der flehende Ruf zur „Königin der Barmherzigkeit", ist ein ergreifendes Zeugnis für das Schutzbedürfnis des „im Tal der Tränen" den irdischen Nöten unentrinnbar preisgegebenen Menschen.[50]

152 Dieses bekannteste und im Blick auf die Inschrift in der
Tat auch einmalige und eindrucksvollste der Beligen-Mäler, zugleich „das wichtigste Denkmal volkstümlicher Steinmetzkunst" [51] im hiesigen Gebiet, darf aber auch in einem größeren räumlichen Zusammenhang als eines der bedeutendsten religiösen Wegmäler des Spätmittelalters bezeichnet werden.

Das Kulturdenkmal ist vor kurzem, noch während der letzten Arbeiten an diesem Buch, von Antiquitätendieben
266 heimgesucht worden. Der Kopf mit der Sakraments-
nische ist nunmehr verloren.[52] Schaft und Sockel, von den Tätern bereits umgelegt, konnten aber gerettet werden.

Nach der Zerstörung zeigte sich die Konstruktion des Mals, die bisher nicht bekannt war. Die vier Einzelteile – Nischenkopf, Säulenschaft, Sockel und Mühlsteinfuß – waren exakt miteinander verzapft.[53] Auf diese Weise ergab sich ohne Bindemittel oder Eisenklammerung eine optimale und dauerhafte Standfestigkeit. Der Mühlsteinrohling als Fuß war ursprünglich vorgesehen [54], sollte aber – ebenso wie der unterste, abgewinkelte und nur
grob bearbeitete Teil des konischen Sockels – ohne 150
Zweifel in der Erde sitzen; dementsprechend muß man sich auch die ursprüngliche Aufstellung denken.[55] Der letztbekannte Befund muß auf eine Versetzung des Denkmals zurückgehen, bei der es nicht mehr mit dem Fuß in die Erde eingelassen wurde.[56]

Die erhabenen Lettern der Inschrift waren auf dem drei- 151
viertelrunden Schaft einmal farbig gefaßt; Spuren einer Grundierung und Fassung zeigten sich aber auch in der Sakramentsnische.[57] Der Befund einer Polychromie an alten steinernen Weg- und Grabmälern, häufig auch nur an den plastischen Bildteilen, ist indessen nicht ungewöhnlich.[58]

Das Mal wurde im 19. Jahrhundert – ältere Erwähnungen sind bisher nicht bekannt – „Höhtges-Kreuz" und „Hütgeskreuz" genannt [59]; bei der heimischen Bevölkerung war selbst noch in den ersten Jahrzehnten dieses Jahrhunderts die Bezeichnung „Höttcheskreuz" allgemein gebräuchlich.[60] Inzwischen hat sich der Name „Golokreuz" durchgesetzt – in Verbindung mit der Erzählung, an dieser Stelle [61] sei das Urteil der Vierteilung an dem bösen Golo aus der Genovefasage vollstreckt worden. Die neue Benennung, die erstmals im 19. Jahr-

hundert auftaucht[62], ist offensichtlich „gelehrten“ Ur-
sprungs und im Zusammenhang mit den romantischen
und historistischen Tendenzen der Zeit zu sehen[63];
auch die Burg in Mayen und deren Bergfried erhielten
damals ihre Namen im Bezug auf die Genovefasage.[64]
Die hier wichtigere alte Bezeichnung des Mals ist nicht
eindeutig erklärbar.[65]

149 f. Auf eine Kreuzbekrönung wurde bei diesem – im Volks-
mund dennoch als „Kreuz“ bezeichneten[66] – Nischen-
mal wieder verzichtet; in gleicher Sinnbedeutung sind
149, 266 aber die drei erhabenen Schutzkreuze seitlich und rück-
wärts auf dem Nischenkopf zu verstehen. Das Fehlen der
sonst üblichen Namen Jesu oder bestimmter Heiliger auf
dem Rand um die Nische mag mit dem Vorkommen der
Namen *Ihesus* und *Maria* in dem Gebetstext zu erklären
sein. Wie auch bei den anderen Beligen-Mälern, zeigen
150 sich Spuren von der Verankerung eines ehemaligen Git-
ters.[67] In der Datierungsinschrift findet sich zum ersten
Mal ein Monatsname.

153 Ein solcher erscheint aber dann auch 1473, kein volles
Jahr später, bei dem letzten dieser Mäler in der zur
Pfarrkirche Obermendig führenden Fallerstraße, ehe-
mals wohl bei der Pforte, an welcher der Weg von der
Fraukirch her mündete.[68]

Sichtbar ist nur die Vorderseite eines eingemauerten
Nischenkopfes, doch ist vielleicht das ganze Mal noch er-
halten.[69] Auf dem Schaft, vermutlich in der Hausmauer,
soll sich nach älteren Aussagen „noch eine Schrift be-
funden haben“[70], was auch im Blick auf die anderen
Mäler wahrscheinlich ist.

Eigenartig erscheint die Konstruktion des aus zwei Tei-
len bestehenden – übrigens vergleichsweise „barocken“
– Nischengehäuses. Der untere Teil mit der Datierungs-
inschrift ist wohl mit dem Schaft aus einem Stein ge-
arbeitet, und der obere Teil dürfte exakt und haltbar,
wie auch an dem Mal von 1472 beobachtet, eingefügt 149 ff.
sein. Der Jesusname ist gegenüber den beiden weiteren
Namen durch Anordnung und Größe deutlich hervor- 153
gehoben; er steht auch hier – wie 1462 – in eindeutigem
Bezug zu dem bei Prozessionen in der Nische ausge-
setzten Sanktissimum.[71]

Bei den eucharistischen Prozessionen zur Fraukirch sind 213
die sakramentalen Segnungen, viermal an verschiedenen
Stationen, immer auf dem Rückweg erfolgt. Es ist anzu-
nehmen, daß die Obermendiger Prozession dabei auch
das ganze Dorf umschritten hat.[72] So ist ein Prozessions-
weg denkbar, der von der ersten Station, dem „Höttches- 149 ff.
kreuz“, zunächst rings um den Ort zu den beiden Mälern
an den Wegen nach Mayen und nach Andernach geführt 142–148
hat.[73] Der Umgang um das Dorf war geschlossen, wenn
die Prozession das Mal in der Fallerstraße als vermutlich 153
letzte Station erreicht hatte, wo man unmittelbar in den
umwallten Ort hinein und dann auf kurzem Weg zur
Pfarrkirche gelangte.

Jedes der vier Beligen-Mäler ist eine durchaus originelle
Schöpfung. Im ganzen hat sich aber nicht nur ihre Zu-
sammengehörigkeit in zahlreichen Merkmalen und im
Bezug auf denselben Kultgebrauch gezeigt, sondern
vielmehr auch eine überzeugend sinnvolle einheitliche
Gesamtkonzeption. In dieser Hinsicht erscheint die Be-
deutung der Denkmalgruppe als Ganzes – das wird 142–153
nachdrücklich bemerkt – noch wesentlicher als die der
Einzelstücke.

Die Mäler dürften in derselben Werkstatt entstanden
sein.[74] Die bildhauerische Ausführung ist bemerkens-
wert. Von größerem Interesse ist aber die gedankliche

Urheberschaft. Echte Zeugnisse heimischer Volkskultur, zeigen die Stücke aber auch Merkmale gelehrten und kirchlichen Einflusses, wahrscheinlich seitens der geistlichen Grundherren des Ortes. Übrigens müssen Stiftung – durch Clais Beligen – und religiös-künstlerische Konzeption nicht unbedingt in einem Zusammenhang stehen, doch kann dies andererseits auch nicht ausgeschlossen werden.

Die Beligen-Mäler stehen – neben den groben und zum
2–43 Teil älteren Kreuzen und Schöpflöffeln – am Beginn
einer bildhauerischen Fertigung von religiösen Malen
aus Basaltlava. Im Blick auf das Steinzentrum mit den
beiden Bruchgebieten Mayen und Mendig sei nicht
außer acht gelassen, daß diese bemerkenswerten Zeugnisse sich gerade im Raum *Mendig* finden. Zwar kann
die Frage, ob es vielleicht auch im Gebiet von Mayen
vergleichbare, aber nicht mehr erhaltene Stücke gegeben hatte, nicht mit Sicherheit verneint werden. Da sich
34, 223 f. aber auch anschließend die frühesten Zeugnisse von
87–89 sorgfältiger Bildhauerarbeit, meist mit Datierung und
194, 330 Beschriftung, im Raum von Mendig finden[75], ergibt sich
der Eindruck, als sei in der Tat das dortige Bruchgebiet,
zumindest am Anfang, führend gewesen in der Fertigung
religiöser Male durch Bildhauer.[76]

ANMERKUNGEN

IV. DIE BELIGEN-MÄLER

[1] Die Zusammengehörigkeit dieser vier Stücke hat Fridolin Hörter sen. erstmalig und bisher allein herausgestellt (vier Bildstöcke). Über die Mäler von 1462 und 1472 hat Hörter auch 1922 gehandelt (Wegekreuze). Eine Untersuchung derselben Stücke hat schon Freudenberg 1878 veröffentlicht, zwar ohne eigene Kenntnis der Originale, doch mit Nennung seiner Gewährsleute und Quellen. — Bis heute ist vor allem das älteste, nur noch in Teilen erhaltene Mal ungerechterweise kaum beachtet worden.

[2] In Clais Beligen den Bildhauer zu sehen, wie es öfter erwogen wurde, erscheint nahezu ausgeschlossen — es sei denn, er wäre der Bildhauer und Stifter zugleich. Im Basaltlavagebiet war eine Nennung des Meisters an den religiösen Mälern nie üblich, nicht einmal in Form einer Marke an unauffälliger Stelle (vgl. Kapitel X, auch zu einigen, allerdings viel späteren Ausnahmen). Dagegen erscheinen die Namen eines oder mehrerer Stifter immer unübersehbar, und zwar durchaus sinnvoll zusammenhängend mit dem religiösen Stiftungsakt (vgl. Kapitel VIII; ferner IX bei Anm. 55). Ein Beispiel für den Namen eines (der Person nach bekannten) Stifters auf einem Sakramentsmal aus dem Jahre 1504 zeigt Abb. 224.

[3] Zu dem Namen wie auch überhaupt zu den Schriftzeugnissen auf diesen Mälern vgl. Kapitel IX, Is. 3—6. Die Herkunft der Namensform (vgl. Freudenberg S. 182) ist hier nicht von Interesse.

[4] Anfang des 16. Jahrhunderts taucht der Familienname, wie auch auf unseren Mälern in verschiedener Schreibung, mehrfach in Urkunden der Niedermendiger St.-Anna-Bruderschaft auf (nach einem Manuskript von A. Christ, das mir Herr Ottmar Schneider, Verbandsgemeindeverwaltung Niedermendig, freundlichst zugänglich gemacht hat). Eine spezielle Forschung zu der Stifterperson liegt noch nicht vor, wäre aber im Blick auf die Bedeutung dieser Mäler wünschenswert (vgl. auch Anm. 6).

[5] In der älteren Abb. 146, die retuschiert ist (vgl. IX, Anm. 7), sind die Werkzeuge nicht deutlich erkennbar. Am Original erkennt man einwandfrei bei dem Mühlstein einen auf einer Seite spitzen Hammer, wohl den in der Basaltlavabearbeitung bekannten „Wetzkopf" (vgl. Hörter/Michels/Röder, II, S. 25 f., in den Abb. 11 und 12 jeweils links) sowie bei dem Rad eine Axt oder ein Beil, Symbole, die auch sonst in Verbindung mit dem Rad als Berufszeichen des Rad- oder Stellmachers bzw. Wagners bekannt sind (vgl. Grenser, S. 78, 110 f. und Tafel XIX, oben). Danach müssen die Symbole als Zeichen des Mühlsteinhauers und des Wagners angesehen werden, das erstere vielleicht auch als Zeichen der Mühlsteinproduktion überhaupt.

[6] Es scheint zunächst naheliegend und problemlos, die Zeichen etwa als „Symbole für die hier schaffende Bevölkerung" anzusehen (Schug, VI, S. 368 f.). Doch ist das eine Deutung aus der Sicht unserer Zeit, die der Zeichensymbolik auf den alten Mälern nicht gerecht wird; ein so allgemeiner Sinn ist noch nirgends festgestellt

worden. Da die vier Nischenstöcke von Obermendig sich auffällig als Stiftungen einer bestimmten Person zeigen, dürften sich auch die genannten Zeichen mit hoher Wahrscheinlichkeit auf diese Stifterperson beziehen. Im Vergleich mit den Befunden in dieser Landschaft können es keinesfalls mehr oder weniger unverbindliche Attribute sein, sondern nur Identitätszeichen, die, ebenso wie die Stifternamen in allen Inschriften, in einer Verbindung stehen mit dem kultischen Stiftungsakt und mit der Intention, aus der dieser erfolgte (vgl. Anm. 3 mit den betreffenden Verweisen). Es sind daher im Grunde ebenfalls Kultzeichen, und dieser Bedeutung entspricht es auch, wenn sie auf dem Mal von 1473 inmitten der religiösen Schutzsymbole (vgl. unten) erscheinen. Nicht gedeutet sind allerdings vorerst die beiden Darstellungen für so verschiedenartige Berufe wie Wagner und Mühlsteinmacher bei nur einem inschriftlich genannten Stifter. Zwar gibt es auch dafür eine Reihe von m ö g l i c h e n Erklärungen, doch bleiben diese zunächst reine Spekulation. Nur eines ist sicher: Clais Beligen muß aufgrund dieser Stiftungen ein beachtlicher Wohlstand zugeschrieben werden. Es ist undenkbar, daß er einfacher Mühlsteinhauer war, eher „Unternehmer", Grubenbesitzer, Mühlsteinhändler oder was auch immer. Es ist abzuwarten, ob es gelingt, zur Person des Stifters noch Fakten zu ermitteln, die diese Frage erhellen können.

7 Abb. 142 f., 146, 266 (Detail Rückseite 1472). Zum Stabkreuz und ikonogaphischen Zusammenhängen in unserem Raum vgl. Kapitel XI.

8 Abb. 145, 147—149. Am unteren Ende des Längsbalkens statt Raute eine Spitze wie beim sog. Steckkreuz, einmal auch ein sokkelartiger Fuß statt Spitze und Rauten (Abb. 148). Das in Abb. 149 sichtbare Kreuz findet sich auch auf der gegenüberliegenden Seite in gleicher Größe und Form. Im Bezug auf die Gestaltung der Kreuzbalkenenden ist ikonographisch das „Lilienkreuz", das „Kleeblattkreuz", aber auch das „Wiederkreuz" (I, Anm. 8) zu vergleichen.

9 Vgl. I, Anm. 57, mit Parallelen zu diesem Kreuz. Die Wiederholung der Kreuzform noch weiter betonend, finden sich Kreuzritzungen auf den Abschlußflächen des Querbalkens, ein Befund, der sich auch an dem bekrönenden Kreuz des undatierten Sakramentsstocks von Hannebach (Abb. 39) zeigt.

10 Abb. 146, 153. Zu der Schriftform *ihesus* vgl. IX, bei Anm. 82 und 83.

11 Abb. 147 f. (der Name des hl. Laurentius in Abb. 148, unter dem Überstand des Nischenkopfes, nur zum Teil erkennbar). — St. Genovefa (oft auch Genofeva oder Genoveva) von Paris ist Hauptpatronin der Pfarrkirche (sie ist nicht identisch mit der in der Fraukirch vom Volk verehrten, doch nicht kanonisierten Pfalzgräfin Genovefa, doch hat der Name der Obermendiger Patronin wohl die Namengebung der Legendenheiligen beeinflußt oder hängt mit der Lokalisierung der Legende in diesen Raum zusammen). St. Laurentius ist der Patron der Kapelle des ehemaligen Fronhofes, wo die Einwohner des Dorfes sich früher zur Tagung des Hochgerichtes eingefunden haben (vgl. unten), aber auch Nebenpatron in der Pfarrkirche. Bemerkenswert erscheint, daß der Laurentiustag der Kirmestermin des Ortes ist. — Da nach dem Volksglauben besonders die Ortspatrone zuständig und bereit waren, Gefahren von der Ortschaft fernzuhalten — sie waren geradezu die „pflichtmäßigen Beschützer der Gemeinden" (A. Franz, II, S. 58) —, wird es kein Zufall sein, daß sich die Namen der Obermendiger Patrone gerade auf dem Mal finden, das einst „an der am wenigsten geschützten Stelle" (Rudolf Müller, S. 60) aufgestellt war, nämlich an der Dorfpforte „Vor Wasem" (vgl. zu diesem Standort auch unten). Hier kommt der apotropäische Sinn, den man den in Stein gehauenen Heiligennamen zumessen muß, sinnfällig zum Ausdruck. — Zu Pfarr- und Kirchenpatronen auf Steinkreuzen vgl. auch Abb. 332 f.

12 Antonius Eremit hatte im Volksglauben ein bedeutendes Ansehen vor allem als Schutzheiliger für die Haustiere (bes. Schweine), gegen Pest und Seuchen sowie gegen Feuersnot; vgl. u. a. HDA I, Spalte 503 ff. Nach einer Kölner Quelle von 1479 zählt Antonius Eremit zu den „auserlesenen" Heiligen (Hay, S. 27), und sein Kult soll gerade in dem dortigen Raum, zu dessen Ausstrahlungsgebiet auch die Eifel gehört, eine entsprechende Bedeutung gehabt haben.

13 Das Antoniuskreuz oder Antoniterkreuz (hier, wie auch sonst oft, mit zwei Glöckchen) galt vor allem als Abwehrzeichen „gegen Pest und ähnliche Krankheiten" (HDA I, Spalte 503). Auch hier scheint bezeichnend, daß das Mal mit diesem Schutzsymbol an einem der vier Dorfausgänge stand, nämlich bei der (aus dieser Ortsbezeichnung noch bekannten) ehemaligen „Fallerport"; vgl. unten. — Im Zusammenhang mit dieser Kreuzform vgl. auch Abb. 187, ferner überhaupt das Kapitel VI.

14 In der alten Antoniusdarstellung findet man nicht selten ein Kreuz dieser Form, mit drei konischen Kreuzbalken, auf den Stab des Heiligen aufgesteckt. So ist die Obermendiger Darstellung auch erklärbar ohne einen Anklang an die Stabkreuze auf den drei übrigen Mälern. Ob aber überhaupt die Darstellung des Antoniterkreuzes als dreibalkiges Kreuz auf dem Stab ikonographisch be-

einflußt ist durch das sehr ähnliche mittelalterliche Stabkreuz mit vier Balken, kann hier nicht entschieden werden.

[15] „In kurzer Zeit wurde die Fronleichnamsprozession, eben weil sie zur Flurprozession umgestaltet worden war, im Volk beliebt" (A. Franz, II, S. 73; vgl. oben Kapitel I, Anm. 16, 2. Teil). Zur Prozession mit dem Sakrament und zur Flurprozession im apotropäischen Sinne, jeweils mit vier Stationen, vgl. im ganzen I, bei Anm. 16—24, sowie Kapitel V und VI. — Daß sich auch bei den Beligen-Mälern später Heiligenfiguren in den Nischen fanden, ist für die Deutung ihrer ursprünglichen Funktion als Sakramentsmäler ohne Belang (vgl. hier bes. Kapitel V).

[16] Vgl. I, bei Anm. 20; ferner die folgende Anm. 20.

[17] Die Urkunden von 1459 zur Begründung der Fraukirch-Bruderschaft und der päpstlichen Ablaßprivilegien für dieselbe hat Sauerborn im Wortlaut mitgeteilt (S. 115—123, Nr. 4, 5 und 7). Unabhängig von einer Bruderschaft finden sich aber bereits 1325 ein Ablaßbrief von zwölf Bischöfen, gegeben zu Avignon, für die Fraukirch (a. a. O. S. 109 ff., Nr. 1 und 2) sowie 1449, zehn Jahre vor der Bruderschaft, ein Ablaßprivileg von einem päpstlichen Legaten (a. a. O. S. 114 f., Nr. 3). — Zu der Bruderschaft von 1459 vgl. auch Anm. 20.

[18] Zu der bei Thür, am Wege nach Ochtendung, gelegenen *Fraukirch* sowie der mit ihr zusammenhängenden Genovefalegende vgl., jeweils mit weiterer Literatur, bes. Sauerborn (der die Legende historisch erklären möchte) und Kyll/Röder; ferner auch Kyll, Volkskanonisation, S. 21—23; Schug, VI, S. 444—446. — Älteste Fundamentreste der an einem Römerweg (Hagen, S. 292 f.) gelegenen Kapelle fanden sich aus karolingischer Zeit. Wahrscheinlich war „Vrouwenkirghin" (1279) schon früh Eigenkirche des Bischofs von Trier und spielte eine Rolle bei der frühkirchlichen Organisation des Pellenzgebietes. Später wurden hier wichtige Urkunden gefertigt (wie 1319 ein Vertrag zwischen der Stadt Köln und dem dortigen Erzbischof, vermittelt durch den Erzbischof von Trier). Zur Bedeutung der alten Marienkirche vgl. auch das in Avignon 1325 von zwölf Bischöfen gefertigte Ablaßprivileg (vorige Anm.), wonach sie schon damals, längst vor dem Kult der legendären Pfalzgräfin Genovefa, das Ziel von Prozessionen war. — Die Legende der hier verehrten Volksheiligen — später besonders durch die Deutschen Volksbücher verbreitet und heute weltweit bekannt und in viele Sprachen (u. a. ins Japanische) übersetzt — ist nach ihren alten Fassungen im Grunde eine Marienlegende (Genovefa wird aufgrund ihres Vertrauens zu Maria schließlich errettet) und gibt sich weiter betont als Gründungslegende der Fraukirch als einem Gnadenort Mariens. Nach Kyll ist „mit dem Ausgang des 14. Jahrhunderts Genovefas Name und ihre Legende in der Fraukirch beheimatet" (Kyll/Röder, S. 96; vgl. Kyll, Volkskanonisation, S. 22). Zweifellos ist aber der Beginn eines eigentlichen Kultes mit Bittgängen zur Fraukirchheiligen Genovefa als Helferin in Nöten, wie er einmal volkstümlich war, erst später anzusetzen. An den Beligen-Mälern findet sich noch kein Hinweis — trotz der engen Verbindung Obermendigs zu diesem Kultort. Vor allem sehe ich bei dem nahe der Fraukirch stehenden Mal das Fehlen auch des geringsten Hinweises — etwa des Namens der Volksheiligen an irgendeiner Stelle des Mals — als Beleg dafür an, daß der Kult im Sinne eines Helferpatronats zu dieser Zeit noch keine wesentliche Bedeutung hatte. Das Mal zeigt, eindeutig auf die Fraukirch bezogen, nur das Mariengebet. — Erst aus dem Jahre 1664 finden wir dort den prachtvollen Altaraufsatz mit Szenen aus der Genovefalegende, der zweifellos eine Blüte des Kultes bezeichnet. Aus diesem Jahrhundert stammt auch die Stiftung eines Bildstocks aus Basaltlava „in Sant Genoveven Ehr" am Weg zur Fraukirch (Is. 117; vgl. Anm. dazu). — Seitens der Kirche wurde die Verehrung der Fraukirchheiligen Genovefa anscheinend jahrhundertelang geduldet, vielleicht sogar begrüßt. Offiziell hat allerdings immer die Marienverehrung im Vordergrund gestanden. Seit Beginn unseres Jahrhunderts ist man dem volkstümlichen Kult mit dem Hinweis entgegengetreten, daß die Pfalzgräfin Genovefa keine kirchliche Heilige sei. Im stillen beten aber noch heute Einzelpilger in der Fraukirch zu der Legendenheiligen (wie ich im persönlichen Gespräch mit solchen erfahren konnte).

[19] Die Fraukirch-Prozessionen mit dem Sanktissimum werden in Kapitel V ausführlicher behandelt.

[20] Schug berichtet, daß „die Marienbruderschaft in Fraukirch so viele von weit und breit anzog; . . . bald sollten sich Hunderte und Tausende aus allen Ständen . . . in Fraukirch einschreiben lassen" (VI, S. 452). Die Zeugnisse finden sich zwar erst „nach dem 1663 renovierten Liebfrauenbruderschaftsbuch" (a. a. O.), doch wird ihre Gültigkeit auch schon für die Frühzeit der Bruderschaft durch die folgenden Angaben unterstrichen. Wagner erwähnt die Gründung von 1459 in der Fraukirch unter den „Sakramentsbruderschaften" (Eucharistischer Kultus, S. 106) und nennt — wie auch Marx (S. 438) — als weitere solche im Fraukirchgebiet die von 1491 in Kruft, 1492 in Monreal, 1520 in Andernach, „ein Beweis, daß gerade im 15. Jahrhundert der eucharistische Kult sich reich zu entfalten begonnen hatte" (Wagner a.a.O.). Dazu paßt die urkundliche Erwähnung einer Mayener Prozession zur Fraukirch im Jahre 1497 (Brink/Hilger, S. 197; angeblich Beweis für das hohe Alter der

Genovevalegende). Wahrscheinlich wurde, und zwar schon seit langem, das Sanktissimum mitgeführt, denn es heißt, „daß die Geistlichen, welche dieselbe begleiteten, nach altem Herkommen entweder 2 Viertel Wein oder 4 Albus erhielten" (a.a.O.). 1617 wird ein mitgeführter „Himmel" für das Sanktissium erwähnt (Caspar, S. 102, mit Anm. 446; zur barocken Ausgestaltung dieser eucharistischen Prozession, jährlich am Ostermontag, vgl. die Hinweise VIII, Anm. 64).

21 Eine Entstehung von gleichartigen Sakramentsmälern innerhalb weniger Jahre kann auch in Klotten/Mosel festgestellt werden; sie erfolgte in der Zeit, als nach der Unterbrechung im 16. Jahrhundert (vgl. I, Anm. 20) der eucharistische Prozessionskult neu und verstärkt aufblühte. Von den wahrscheinlich ursprünglich ebenfalls vier Nischenstöcken mit Kreuzabschluß sind noch drei erhalten (und einander noch ähnlicher als die Beligen-Mäler); zwei stammen aus den Jahren 1597 (Abb. 156) und 1599 (vgl. I, Anm. 79), an dem dritten ist die Jahreszahl nicht mehr eindeutig lesbar (Abb. 186; Detail eines Schutzsymbols an diesem Mal, wie sich solche im gleichen Sinne auch an den vier Mälern von Obermendig zeigen). — Übrigens gehörte die Bevölkerung von Klotten zu den eifrigsten Mitgliedern der Fraukirch-Bruderschaft (Schug a. a. O.); eine Anregung für die Klottener Mäler von daher liegt nahe.

22 Nach dem Gesamtzusammenhang und den Erkenntnissen, die an den einzelnen Mälern zu gewinnen sind (vgl. Anm. 11 und 13 sowie unten), scheinen die frühestbekannten Standorte — die bei der Besprechung der einzelnen Stücke noch näher bezeichnet werden — die ursprünglichen zu sein. Dies ist auch deshalb relativ wahrscheinlich, weil bis in neuere Zeit nach der Auffassung des Volkes die Entfernung eines religiösen Wegmals von seinem angestammten Platz gewissermaßen als Sakrileg galt.

23 Vgl. oben, Anm. 17—20.

24 „Früher beim Elisabethbrunnen am alten Weg nach Mayen" (Hörter, Vier Bildstöcke); „früher an Hofacker" (Georg Mittler, Obermendig, handschriftl. Verzeichnis der Wegkreuze um 1940, Blatt 38). Mittlers Flurbezeichnung deckt sich mit der Ortsangabe Hörters und wird von Einheimischen bestätigt. Der Standort ist im Gegensatz zu dem des folgenden Mals etwas weiter vom Dorf entfernt, jedoch wie bei diesem an einer Wegspinne. Das Verzeichnis Mittlers hat mir die Verbandsgemeinde Mendig freundlich zugänglich gemacht.

25 „Nach dem Kriege wurde die Nische zerschlagen" (Mittler a. a. O., 1940).

26 Zender, Fußfälle, S. 248.

27 Exempel berichten, daß einer solchen Andacht sogar „der Charakter eines Zwangsgebetes für Gewinnung der ewgen Seligkeit zukam" (a. a. O.).

28 Die hier abgehende Wegführung findet sich in der Tranchot-Karte von 1809 (134, Niedermendig) als „chemin d' Obermendig à Andernach", sie umgeht das nördlich von Niedermendig gelegene Feld der Mühlsteinbrüche. Auch die genannte Wegspinne ist in dieser Karte markant; sie ist aber auch an den heutigen Wegen und Straßen noch erkennbar, die hier aus sechs verschiedenen Richtungen münden. — Die Mauer hinter dem Mal in der alten Abb. 146 ist Teil einer relativ jungen, inzwischen wieder abgerissenen Kapelle (nach Freudenberg stand 1878 der Nischenstock „an dem Ausgang von Obermendig nach Andernach an der neuerbauten Kapelle"; S. 181). — Als Flurname des Standortes wird „Vor Wasem" angegeben, wonach auch die ehemalige Dorfpforte benannt wird, wo die Andernacher „Straße" mündete. Die Pforte dürfte etwa 150 Meter von der Wegspinne entfernt gewesen sein (vgl. Anm. 37).

29 Ein großer und etwa 35 Zentimeter starker Mühlsteinrohling, gebrochen und wieder verklammert, in dem der Nischenstock saß, ist bei der Aufstellung in der Kirche nicht wiederverwendet worden. Er darf wohl als ursprünglich angesehen werden.

30 Es ist möglicherweise erst während der Bildhauerarbeit an dem schon teils fertigen Mal eingeplant worden, weil zu seiner Unterbringung ein Teil des Traufüberstandes wegfallen mußte.

31 Eine religiöse Darstellung dieser Art ist nicht bekannt. Dort findet sich nur die nach unten zeigende Hand Gott Vaters, die oft aus einer Wolke hervorragt. Als Symbol dieser Art ist aber zweifellos die Hand auf der Vorderseite desselben Mals, auf dem Nischenrand unten rechts (Abb. 143), anzusehen. Hörter schreibt hierzu: „Eine Hand zeigt auf den Schriftanfang" (vier Bildstöcke). Wenn er auch nicht die Hand Gottes meint, so kommt seine Angabe dem Sinngehalt doch insofern nahe, als in der christlichen Symbolik mit der nach unten weisenden Hand „die Stimme Gottes angedeutet wird" (Künstle, Christl. Kunst, S. 222); danach kann bei dem Mal ein beabsichtigter Sinnzusammenhang zwischen der Hand und der Mahninschrift ohne weiteres angenommen werden.

32 Alt- und mittelhochdeutsch *munt* für „Hand, Schutz, Vormundschaft" (Kluge, S. 492 f.). „Muntat, ahd. *mundate,* bedeutete allgemein den Sonderfrieden und den damit ausgestatteten Bezirk" (Funk, S. 145). In einer Nürnberger Quelle heißt es: „Item in dem jar (1461) da slug man di gemalten hend überall um den mark an, als (so) weit geet die munta und die freiheit" (a. a. O. S. 144).

— Ein bemerkenswertes Zeugnis für diese Bedeutung der Hand, und zwar zur Kennzeichnung eines Marktfriedens, findet sich in unserem Untersuchungsgebiet nicht weit von Obermendig entfernt in Königsfeld. Hier ist im Jahre 1593 die Rede von „dem ‚ewiglich' da" — auf dem Marktplatz neben dem Pranger — „aufgerichteten hohen Kreuz, an dem eine *eiserne Hand* und ein Schwert hängt" (E. Schaus, Stadt Königsfeld, in Rheinische Vierteljahrsblätter, Bonn, 1934, S. 83—85). Der kleine Ort, einst königlicher Besitz, wie auch sein Name zeigt, hatte im Jahre 1336 Mauer- und Marktrecht erhalten (a.a.O.). Das Marktkreuz wurde wahrscheinlich bald danach errichtet, jedenfalls stand es 1593 schon „ewiglich". Das Schwert gehört in den Sinnzusammenhang von Marktkreuz und Hand; es ist als Symbol dieser Art auch sonst reich bezeugt (vgl. die Rolandsbilder mancher Städte).

[33] A. a. O. S. 145. Vgl. auch im ganzen die ausführliche Darstellung Funks mit Quellen- und Denkmalbelegen, bes. S. 143—150, 164—167, Abbildungen 78—89. Häufig findet sich die Darstellung der Hand, mit oder ohne Beil und manchmal mit entsprechender Inschrift, auf eigenen Muntattafeln. Das Zeichen der Hand war oft an Burgtoren oder Rathäusern angebracht, auf freiem Feld aber auch — als Weichbild- oder Bannmarke — an Steinen und nicht selten an Kreuzen (vgl. auch unten bei „Eiserne Hand"; auf die Angaben in der Steinkreuzliteratur kann hier nur generell verwiesen werden). — Im benachbarten Trierer Raum findet sich die Hand an zwei Nischenmälern mit Kreuzabschluß in Oberweis (Meyer, Wegkreuze, Abb. 12 a und b), 1499 auf dem Galgenberg als Schwurhand (vgl. Funk, S. 148; wohl in einem ähnlichen Sinne als Symbol eines Rechtsbezirkes) und an einem Mal etwa derselben Zeit (Jahreszahl nach eigener Besichtigung aber unklar) an der Außenseite der Kirchhofsmauer, wo die Hand seitlich an dem Nischenkopf sowie außerdem, in schräger Stellung wie in Obermendig, auf dem Schaft unter der Nische erscheint. Eine Untersuchung zu diesen Darstellungen in Oberweis ist mir nicht bekannt, doch halte ich für wahrscheinlich, daß dieselben ebenfalls als Muntatzeichen gedeutet werden müssen; sie finden sich an Mälern, die ich wie die von Obermendig als Stationen der eucharistischen Prozession ansehe.

[34] Ich schließe dies nach dem von Funk vorgelegten Material. Die Muntattafeln „scheinen erst mit dem 15. Jahrhundert aufzukommen" (S. 145) und finden sich bis ins 18. Jahrhundert; an sich ist aber die Hand (und der Handschuh) als Rechtssymbol älter. Vgl. auch die unten erwähnten vier Kreuze mit Händen aus dem 14. Jahrhundert (Anm. 41).

[35] Vgl. im ganzen Rudolf Müller und Laufs, S. 26—31. „Das Stift St. Florin, Koblenz, entwickelte seine starke, wahrscheinlich aus pfalzgräflichem Besitz stammende Grundherrschaft (Immunität) zur Bannherrschaft über den ganzen Ort" (Laufs, S. 26). „Es muß angenommen werden, daß Obermendig ... durch besonderes Privileg von der Hochgerichtsbarkeit des Pellenzgerichtes befreit wurde" (a. a. O. S. 27). Das Hochgericht mit vierzehn Schöffen war Blutgericht und konnte die Todesstrafe verhängen. Zu der „Florinischen Herrlichkeit Obermendig" (1708) gehörte übrigens auch das Dorf Volkesfeld, das nicht unmittelbar benachbart liegt. In Obermendig bestand noch eine Niedergerichtsbarkeit mit sieben Schöffen bei dem Dünnwalder Bruderhof.

[36] Rudolf Müller, S. 43. Der Patron dieser Hofkapelle (alter Bau vor 1400; Laufs, S. 29) war St. Laurentius (vgl. auch Anm. 11), dessen Name neben der Pfarrpatronin St. Genovefa auf dem Mal mit dem Muntatzeichen erscheint.

[37] Zur Ortstopographie vgl. Rudolf Müller, S. 60; Laufs, S. 26; ferner oben Anm. 28. Fronhof St. Florin war der heutige Hirschbrunnshof. „Der Ort war gesichert durch Graben (vielleicht Mauer) und Tore" (Laufs a. a. O.), worauf noch bestimmte Namen verweisen. Bei den „Toren", vermutlich vier, kann es sich nicht um stadttorähnliche Anlagen gehandelt haben, weshalb ich von „Pforten" sprechen möchte (wie auch im Volksmund z. B. „Fallerport").

[38] In derselben Bedeutung auch manchmal „Hölzerne Hand" (wie z. B. noch in einem Flurnamen bei Niederlützingen; KD Mayen I, S. 374).

[39] Vgl. Dittmaier, S. 61 s. v. Eisenhand; S. 100 f. s. v. Hand. Hier wird S. 101 auch „am Händtges creutz" erwähnt. Dieser Name sowie der gleichbedeutende in der alten Tranchot-Karte (vgl. III, Anm. 61) weisen nicht nur auf das Symbol einer Hand in diesem Distrikt, sondern auch darauf, daß sich dieselbe an einem „Kreuz" befand. Nun zeigt sich an dem (inzwischen gestohlenen) Nischenkopf des dortigen spätmittelalterlichen Mals (auch ein solches im Volksmund stets „Kreuz") links ein merkwürdiges Eisenstück, das in den Stein eingelassen ist (Abb. 440). Dieser Befund in Verbindung mit dem Namen läßt mit ziemlicher Sicherheit darauf schließen, daß die Hand an diesem Eisen angebracht war. Sie muß zudem ein Muntatzeichen gewesen sein, denn darauf weist der Standort des „Händtges-Kreuzes" auf der Flurgrenze. — Für unser Gebiet sei noch die bekannte „Eiserne Hand" an der Straße Koblenz-Polch in der Nähe von Wolken genannt, wo der Name auch aus alten rechtlichen Zusammenhängen erklärbar sein dürfte (Rö-

der, Rechtsdenkmäler, S. 174). Weiter findet sich der Distriktname „Eiserne Hand" etwa bei Kobern (KD Koblenz Land, S. 203).

40 Funk, S. 149. — In einigen Fällen mag die „Eiserne" oder „Hölzerne Hand" auch als Wegweiser zu verstehen sein (a. a. O.; vgl. weiter Adolf Bach, Deutsche Namenkunde, II, 1, Heidelberg 1953, S. 442). Oft wird die Deutung als Wegweiser als die einzig mögliche angesehen, wogegen aber eine Fülle von historischen Belegen spricht. Die Annahme einer Funktion als Wegweiser lag nahe, sobald die Hand in ihrer alten Bedeutung als Rechtsmal nicht mehr verstanden wurde.

41 Auch die religiöse Funktion des Wegmals und seine darin begründete „Heiligkeit" und Unverletzlichkeit ist hier zu berücksichtigen. „Als Bannwaldzeichen werden auch die schon 1361 erwähnten vier Steinkreuze mit Händen gedeutet", die (in der Oberpfalz) in der Nähe eines Felsens stehen, in den auch zweimal das Kreuzzeichen eingehauen ist (Funk, S. 150).

42 Vgl. II, Anm. 54; die Literatur auch in der folgenden Anm.

43 Das Kreuz steht an einem Römerweg (vgl. Meßtischblatt) zwischen Koblenz und Waldesch/Hunsrück, und zwar an einer alten Wegkreuzung (KD Koblenz Landkr., S. 367; Schüler, S. 282 f.). Es ist „wahrscheinlich von städtischen Waldförstern" gestiftet worden (KD a. a. O.), über welche Schüler historisches Material vorlegt, das in Bezug auf die Hut des Koblenzer Bannwaldes hier von Interesse ist. Schon aus diesen Zusammenhängen ergibt sich eine hohe Wahrscheinlichkeit dafür, daß gerade an oder bei diesem Kreuz eine ehemalige eiserne Hand als Bannwaldzeichen gedeutet werden muß. Man darf auch anmerken, daß das Zeichen an einem Prozessionskreuz, um das es sich aufgrund der Nische eindeutig handelt, immer wieder vielen Menschen vor Augen geführt wurde, was ja dem warnenden und abschreckenden Sinn des Bannzeichens der Hand entsprach. Aber selbstverständlich kann auch schon vor der Errichtung des Kreuzes an diesem Ort ein Bannwaldzeichen angebracht gewesen sein. Heute befinden sich am Kopfbalken des Steinkreuzes z w e i Hände aus Eisenblech, die beiderseits in Richtung des alten Weges zeigen. Hier ist ein Mißverständnis des historischen Namens schon deshalb offenkundig, weil bei diesem ja die Hand in der Singularform erscheint; es ist das Mißverständnis der Deutung als Wegweiser. Schüler, der dieselbe Deutung vertritt, hat dankenswerterweise dennoch volkstümliche Überlieferungen aus dem nahegelegenen Waldesch/Hunsrück mitgeteilt, nach denen gewisse Erinnerungen an die ursprüngliche Rechtsfunktion der „Eisernen Hand" noch lebendig zu sein scheinen: Im Zusammenhang mit einem jahrhundertelangen Rechtsstreit um den Waldbesitz heißt es, daß ehemals an der „Eisernen Hand" die Markgrenze des Koblenzer Waldes gewesen sei. Weiter ist die ursprüngliche Bedeutung des eisernen Zeichens als abgeschlagene Hand wohl noch in vager Erinnerung, wenn es in der Volkserzählung heißt, an dieser Stelle habe ein Zweikampf stattgefunden, „und dabei schlug er ihr eine Hand ab".

44 Aufgrund der Konsole, die auf der Rückseite des Mals (Abb. 147) zu dem eingelassenen Kreuz überleitet, ist anzunehmen, daß es sich nicht um eine spätere Zutat handelt. Vgl. zu dem Kreuz auch Anm. 9. — Am Ende des rechten Kreuzbalkens war, wie die Abb. noch erkennen läßt, einmal ein Gegenstand aus Metall angebracht (möglicherweise eine „Eiserne Hand" zusätzlich zu der bereits in den Stein gehauenen Hand; vgl. Anm. 39 zur Eisenhand am Sakramentsmal von Sevenich).

45 Huizinga schildert (S. 285 f.), welche Faszination der Name Jesu und sein Schriftbild auf den Menschen des Spätmittelalters ausgeübt hat; zugleich bemerkt er, wie das hier zum Ausdruck kommende Bedürfnis, ein sichtbares Zeichen Christi zu verehren, bald auch befriedigt wurde durch das Anschauen der geweihten Hostie, deren Aussetzung in dieser Zeit immer beliebter wurde. Genau dieser Zusammenhang findet in dem Mal seinen überzeugenden Ausdruck (vgl. Anm. 71).

46 Vgl. Anm. 31.

47 Besonders durch die Mystik ist „das Miterleben des bitteren Leidens des Herrn" beeinflußt worden und nimmt dann „in den spätmittelalterlichen Gebet- und Stundenbüchern einen breiten Raum ein" (Zender, Sieben Fußfälle, S. 247). Eine ausführliche Darstellung der Ergriffenheit des Menschen dieser Zeit von der Passion Christi findet sich auch bei Huizinga, S. 268 ff. Beim Volk war aber das Erlebnis des Leidens nicht im mystischen Sinne vollständig vergeistigt; vielmehr ergriff vor allem ganz realistisch „die Marter des menschlichen Körpers" den „zur Konkretisierung neigenden einfachen Menschen" (Zender a. a. O., S. 257). — Bei unseren Kreuzmälern spielt die Passion auch in den späteren Jahrhunderten eine beachtliche Rolle, in den Inschriften wie auch in der Ikonographie (vgl. Is. 9—14, 16—20, 117, 124; Abb. 282—305, 312—315 und andere im gesamten Bildteil, auch mit den Darstellungen der Ölbergszene, der Kreuzesnägel, der Dornenkrone usw.).

48 Die Leiden Marias, in gewissem Sinne Bestandteil der Passion überhaupt, finden in Liturgie und Kunst vielfachen Ausdruck. Unter den besonders volkstümlich gewordenen Darstellungen, die sich später auch auf unseren Mälern finden, seien neben der Mutter unter dem Kreuz besonders hervorgehoben die Pieta, volkstümlich

„Schmerzensmutter", und die „Mater Dolorosa" mit den sieben Schwertern (Sieben Schmerzen), die sich auch allein finden (Abb. 412); vgl. Abb. 218 f, 321—329, 407—411.

49 An der Bundesstraße Mayen — Andernach, wo ein Weg in der Flucht Obermendig — Fraukirch dieselbe kreuzt. Gut erkennbar ist die Wegführung noch in der Tranchot-Karte von 1809 (134, Niedermendig).

50 Wie die Quellen auch unseres Raumes auffällig zeigen, hatte am Ende des Mittelalters wohl kein anderer religiöser Text eine solche Bedeutung als Schutzgebet wie das Salve Regina. So erfolgten z. B. nicht selten Stiftungen für das tägliche „Absingen" desselben während der Fastenzeit (vgl. etwa Jakob Marx, Geschichte der Pfarreien der Diözese Trier, II, Trier 1932, S. 375; für Heimbach 1497 und 1502). — Allgemein ist der starke „Glaube des Volkes an eine jederzeitige Hilfsbereitschaft und allfällige Hilfsmächtigkeit Marias" zu berücksichtigen (HDA, V, S. 1655 ff.). Auch in den mittelalterlichen Wettersegen nahm unter allen Heiligen „die Mutter Gottes die erste Stelle ein" (A. Franz, II, S. 58); ähnliches gilt für Amulette und Schutzblätter.

51 Druckfahne zu KD Mayen II. — Lehfeldt hat 1886 das „Hütgeskreuz" („Säule auf breitem Sockel") als „kunstlos" bezeichnet, worin das Urteil einer Zeit zum Ausdruck kommt, in der nur der Maßstab der hohen Kunst angelegt wurde, Denkmäler der Volkskultur aber noch geringgeschätzt und wenig beachtet wurden (vgl. auch XIII, Anm. 2).

52 Es wird nicht ausgeschlossen, daß der Nischenkopf einmal wiederentdeckt wird — vielleicht auch aufgrund der hier publizierten Fotos; man beachte daher auch die Abb. 266 an anderer Stelle des Bildteils.

53 Alle Teile waren durch den Säulenschaft miteinander verbunden. An diesen ist oben ein sieben Zentimeter hoher Zapfen von rechteckigem Querschnitt angearbeitet, wonach sich am Nischenkopf eine entsprechende Aussparung befindet. Ein viel längerer Zapfen ist aber am unteren Ende des Schaftes angearbeitet. Dieser geht durch den sechsseitigen Pyramidenstumpf als Sockel ganz hindurch und saß vor der Zerstörung mit seinem untersten Teil, ebenfalls viereckig gearbeitet, fest in dem Mühlsteinrohling als Fuß. Keines der Teile ließ sich bewegen, wie ich bei den Untersuchungen am Mal, als es noch stand, bemerken konnte.

54 Da es nicht problemlos ist, einen Stein von der Höhe des Sockels ganz zu durchbohren (Funde im Mayener Grubenfeld zeigen, daß Mühlsteine gerade beim Hauen der Bohrung häufig zerbrochen sind), hätte man sich dieser Mühe nicht unterzogen ohne den Wunsch, eine direkte Verbindung des Säulenschaftes mit dem großen Mühlstein zu schaffen, der schon durch sein Gewicht dem ganzen Mal einen vortrefflichen Halt gab.

55 Die Abbildungen 149/150 zeigen dies sehr deutlich. Der Mühlsteinrohling ist unten teilweise ausgeschlagen, der Sockel mit Steinen unterlegt; vor allem wird der Befund aber durch die Unregelmäßigkeit und nur rohe Bearbeitung des unteren Teiles des Sockels bestätigt. — So befanden sich die letzten Zeilen der Inschrift (auf dem Sockel) unmittelbar über der Erdoberfläche — und dies mag auch der Grund dafür sein, daß man gerade bei diesen Zeilen, im Gegensatz zu der Inschrift auf dem Säulenschaft, auf die farbige Fassung (vgl. unten) verzichtet hat.

56 Wenn man sich den ursprünglichen Zustand dieser Wegkreuzung vorstellt (vgl. Anm. 49) und mit dem heutigen Ortsbefund vergleicht, erscheint die einst notwendige Versetzung des Mals einleuchtend. Wahrscheinlich wurde sie bei dem Ausbau der sogenannten „Aktienstraße" Mayen — Andernach im 19. Jahrhundert vorgenommen.

57 Vgl. I, Anm. 81; ferner oben Anm. 55, am Ende. — An den drei anderen Mälern konnte bisher eine ehemalige farbige Behandlung einzelner Teile, abgesehen von den Nischen, nicht festgestellt, allerdings auch nicht ausgeschlossen werden. Farbreste zeigten sich, soweit das verschlossene Gitter dies erkennen ließ, in der Nische des Mals von 1462 (sie wurden vor der Aufstellung in der Kirche — vgl. oben — entfernt). Die Nische des Mals von 1473 erhielt vor Jahren regelmäßig einen frischen Kalkanstrich (Hörter, Vier Bildstöcke).

58 Vgl. I, bei Anm. 66—83.

59 1878 „das sog. Höhtges-Kreuz" (Freudenberg, S. 179), 1886 „Hütgeskreuz" (Lehfeldt, S. 432), in beiden Fällen ohne zusätzliche Erwähnung eines neuen Namens.

60 Nach Auskunft älterer Einwohner in dem nahegelegenen Ort Thür. Dort war mindestens bis um 1920 im Volksmund keine andere Bezeichnung als „Höttcheskreuz" üblich. Für einen Flurbezirk zwischen dem Mal und der Straßenkreuzung am Flugplatz Mendig gilt sogar heute noch die Bezeichnung „an Höttcheskreuz". Für freundliche Auskünfte danke ich Herrn Josef Köllner (geb. 1881) und seiner Tochter, Frau Hermes (geb. 1907), Thür. — Dagegen vgl. Hörter, Wegekreuze, S. 60 f.

61 In örtlichen Sagen des Fraukirchgebietes erscheinen noch zwei andere, und zwar schon eher genannte Stätten, wo die Hinrichtung gewesen sein soll. Es ist einmal der sogenannte „Goloring" (ein vorgeschichtlicher Kultort) bei Ochtendung — Wolken (Röder, Rechtsdenkmäler, S. 180); dieselbe Stelle meint wohl auch Sauer-

born 1856 mit dem „Golobüsch" (S. 90). Der andere Ort ist die alte Wegkreuzung „Burgerhaus" auf der Anhöhe zwischen Kruft und Andernach, am sogenannten „Schinkenkreuz" (freundliche Mitteilung von Herrn Johann Hauröder, Miesenheim), und auch hier wird das Kreuz im gleichen Zusammenhang schon von Sauerborn erwähnt (a. a. O.); übrigens soll das „Schinkenkreuz" (auch der Name beziehe sich hierauf!) anläßlich der Vierteilung an diesem Platz gesetzt worden sein — das gleiche Sagenmotiv, das sich später auch beim „Golokreuz" findet.

62 „Diese Hinrichtung soll etwas unter Thür . . . , wo die Stelle mit einem Stein (Golokreuz genannt) bezeichnet ist, geschehen sein." Golo „trieb noch bis in neuester Zeit Spuck (sic) in einer Wiese . . . ; es scheint aber doch, als sei er endlich des Spasses müde geworden, indem man lange nichts mehr von ihm gehört und gesehen hat." (Statistische Darstellung des Kreises Mayen pro 1864, Mayen, S. 120). — Daß die Szene der Hinrichtung Golos mehr als jedes andere Detail aus der Genovefasage die naive Volksphantasie bewegt hat, zeigt nicht zuletzt auch die Darstellung auf dem Altar in der Fraukirch.

63 Der Befund ergibt sich schon daraus, daß die Benennung „Golokreuz" (und die Sage der Vierteilung an dem Standort) zuerst in literarischen Zeugnissen auftaucht — und zwar lange bevor der Name bei der einheimischen Bevölkerung Eingang gefunden hat (vgl. Anm. 60). Auch kann die Sage allein nicht ursprünglich volkstümlich sein; der genannte Bericht vom Spuk Golos in einer Wiese betrifft eine von dem Mal weit entfernte Stelle („am Bierling"; Stat. Darstellung a. a. O.), während sonst im Volksglauben Hingerichtete am Ort ihres Todes umgehen. Auch Sauerborn, der Pfarrer in Miesenheim war, wußte 1856 noch nichts von einem „Golokreuz", er hätte es mit Sicherheit erwähnt (vgl. Anm. 61). Um 1890/95 galt die Wegkreuzung am „Höttcheskreuz" den Kindern von Thür zwar ganz allgemein als etwas unheimlich, doch nicht anders als etwa auch die Wegkreuzung bei dem Mal Abb. 15 („man ging nicht gern allein dahin": Herr Köllner, vgl. Anm. 61) — von „Golo" war noch keine Rede. Nur nebenbei sei erwähnt, daß um diese Zeit das Mal von Gestrüpp umgeben und die Stelle dort ein bevorzugter Lagerplatz von Zigeunern war. Der Name „Golokreuz" und die Sage, das Mal sei aus Anlaß der an diesem Ort geschehenen Hinrichtung aufgestellt worden, erweisen sich nach alldem als „eingeführt".

64 Nach der Legende war der Aufenthaltsort Genovefas ein Schloß im Mayengau, so daß die Burg in Mayen (ein kurfürstlicher Amtssitz) gern in Verbindung mit der Sage gebracht wurde. Ein diesbezüglicher Name findet sich urkundlich nicht. Nachdem aber ein solcher — wie auch immer — aufgekommen war, galt er bezeichnenderweise schon bald als ursprünglich: „Ein Thurm des Schlosses heißt n o c h der Genofeva-Thurm" (J. A. J. Hansen, Beiträge zur Geschichte und Beschreibung der Stadt Mayen, Trier 1828, S. 46). Erst allmählich ging im 19. Jahrhundert der Name vom Turm auf die ganze Burg über (vgl. Stat. Darstellung a. a. O., Anm. S. 119), während sich dann erst spät der heutige Name „Goloturm" eingebürgert hat, vermutlich aufgrund des folgenden Anlasses, der ebenfalls für die genannte Zeittendenz bezeichnend ist: „Vor kurzer Zeit hat der jetzige Besitzer der Genofevaburg . . . in den unterirdischen Räumen des Thurmes die Kette gefunden, woran nach seiner Ansicht Golo angeschmiedet sein müsse (also die Golokette), und wird auf Verlangen gerne gezeigt" (a. a. O. S. 120).

65 Freudenberg glaubte bei dem Bestimmungswort an die Bedeutung von Hütchen als „eine naive Bezeichnung der Nische" (S. 181), das heißt des Nischenkopfes. Da aber, selbst wenn der Name so alt wäre wie das Mal, der Schöpflöffel bereits allgemein bekannt war, konnte man zu keiner Zeit den Nischenkopf als Besonderheit ansehen (es sei denn, weil er hier nicht aus einem Stein mit dem Schaft gehauen war). An Hütchen ist aber auch deshalb wohl nicht zu denken, weil (nach dem heutigen Befund) der Vokal ö kurz gesprochen wird und danach das Bestimmungswort „Höttche" die Bedeutung von Hüttchen haben dürfte (vgl. „Hütgeskreuz" bei Lehfeldt; oben Anm. 59). Möglicherweise ist an eine kleine Hütte (Schutzhütte?) zu denken, die zu irgendeiner Zeit einmal bei dem Mal gestanden hat. Hier ist anzumerken, daß sich alte Rastplätze häufig gerade in Verbindung mit religiösen Wegmälern finden, worüber Röder ausführlich gehandelt hat (Rechtsdenkmäler, S. 184—188). Eine alte Bezeichnung in Koblenz-Neuendorf wäre dann als Parallele anzusehen; dort wurden zwei hohe Bäume außerhalb des Dorfes „Hüttchesbäume" genannt, weil sich bei ihnen „früher eine kleine Schutzhütte" befand (Röder a. a. O., S. 179). Gesichert ist diese Erklärung für den alten Namen „Höttcheskreuz" selbstverständlich nicht. Dem Bestimmungswort kann möglicherweise auch ein Personenname oder vielleicht die Bedeutung „die Hut, Hute" (vgl. Dittmaier, S. 119 f.) zugrundeliegen.

66 Es wurde schon darauf hingewiesen, daß in dieser Landschaft — wie auch in manchen anderen — die volkstümliche Bezeichnung „Kreuz" für das religiöse Wegmal jeder Art gilt und schon früher galt, auch für das Nischenmal ohne Kreuzabschluß.

67 Vgl. I, Anm. 13 und zugehörigen Text; IX, Anm. 6 und 7, für die Beligen-Mäler von 1461 und 1462. — Die Spuren an diesem Mal von 1472 könnten (müssen aber nicht) aus verschiedenen Zeiten

stammen. Bemerkenswert sind hier die zahlreichen kleinen Vertiefungen an der Kante rings um die Nische (Abb. 150), vielleicht für einen exakt eingepaßten Rahmen, an dem sich die Gittertür befand.

68 Das Haus, an dem sich das Mal findet, war nach Hörter „früher das erste des Ortes" (Vier Bildstöcke). Die genaue Lage der ehemaligen „Fallerport" (vgl. Anm. 13 und 37) ist heute nicht mehr bekannt, doch dürfte sie hier zu suchen sein; dafür spricht neben Hörters Hinweis auch gerade der vermutlich alte Standort dieses Mals.

69 Der untere Teil des Nischenmals „soll mit vermauert sein" (Hörter a. a. O.). Auch bei der eigenen Befragung erhielt ich von den Eigentümern die Auskunft, das Haus sei nach der Familienüberlieferung „um das Kreuz herumgebaut" worden, ohne daß dessen Standpunkt verändert wurde. Beim Beklopfen des Verputzes wurde dort, wo der Schaft zu vermuten ist, in der Tat ein anderer Klang festgestellt als an der übrigen Mauerfläche; die Vorderseite des Schaftes ist danach wohl nur vom Putz überdeckt.

70 Hörter a. a. O., „wie die alte Hauseigentümerin und alte Nachbarn bezeugen".

71 Dieser Bezug widerspricht nicht der apotropäischen Bedeutung des Schriftzeichens *Ihesus,* ja diese Bedeutung wird durch den hier exponierten wirklichen *Leib des Herrn* noch verstärkt (vgl. Anm. 45).

72 Zu dieser Annahme nötigt zunächst der ehemalige Standort der Mäler von 1461 und 1462, weiter aber auch der Schutzcharakter dieser Prozession in Übereinstimmung mit den entsprechenden Merkmalen an den vier Stationsmälern. Auf die bekannte Schutzbedeutung des Umschreitens brauche ich hier nur generell zu verweisen. Zweifellos erfolgte die alte Flurprozession — auch schon bevor das Mittragen des Sakramentes Brauch wurde — häufig oder sogar in der Regel als Umgang um den Ort. In Koblenz ist seit 1428 (und bis um 1800) eine theophorische Prozession belegt, die um die ganze Stadt führte (Kyll, Hagelfeier, S. 148; vgl. oben I, Anm. 16).

73 Für die Richtung des Umganges um den Ort — d. h. in welcher Reihenfolge die beiden genannten Stationen von der Prozession aufgesucht wurden — ergibt sich kein sicherer Hinweis.

74 Eine vergleichende Untersuchung zur Bildhauerarbeit an den vier Mälern liegt noch nicht vor. Es erscheint nicht ausgeschlossen, daß auch an den einzelnen Stücken jeweils mehrere Personen gearbeitet haben. Vgl. hier auch Anm. 76.

75 Vgl. Abb. 88 f.; 194; 34 und 223; evtl. auch 246 (Oberbreisig). Einen Hinweis verdient hier auch das zwar undatierte, doch in etwa einzuordnende Grabkreuz in Obermendig Abb. 87, mit Parallelen in Oberbreisig und im Kölner Raum (vgl. I, Anm. 57).

76 Zu einer derartigen, bisher nicht bekannten Fertigung dürften zwei Faktoren maßgeblich gewesen sein — die schon ältere heimische Tradition der Wegmäler in einer groberen Form (vgl. Kapitel II) und der Einfluß auswärts, vielleicht beim Kirchenbau, beschäftigter Steinmetzen aus dem Bruchgebiet. In Obermendig wäre etwa eine Verbindung nach Koblenz durch den Grundherrn des Ortes, auf dem Hof von St. Florin, durchaus denkbar. — Beachtenswert in diesem Zusammenhang, wenn auch in der Ursache noch nicht geklärt, ist der Umstand, daß der Werkstoff Basaltlava aus dem Raum Mayen/Mendig auch schon früher weithin vorwiegend als „Mendiger Stein" bezeichnet wurde (vgl. II, Anm. 25).

V. KREUZ UND SANKTISSIMUM

142 ff. Wie bei den besprochenen Stücken aus Obermendig, ist
auch bei vielen anderen Mälern unserer Landschaft der
Zusammenhang mit dem Sanktissimum entscheidend für
ihr Verständnis. Dies zeigt sich nicht nur am alten Denk-
13–52 mal mit Nische, sondern in einer jahrhundertelangen,
154–172 durchaus sinngemäßen Entwicklung vom „Schöpflöffel“
des Mittelalters bis zum jüngeren Stationskreuz für die
75–77 Monstranz und dem steinernen Kreuzaltar, wie er noch
398, 434 im 19. Jahrhundert entstanden ist.

Während aus der jüngeren Zeit die Funktion mancher Steinkreuze im Zusammenhang der sakramentalen Prozession noch bekannt oder mündlich überliefert ist, fehlen für die alte Zeit direkte Zeugnisse, und wir sind auf Schlußfolgerungen angewiesen. Daher ist vor allem die ursprüngliche Bedeutung der tiefen leeren Nische auf verschiedene Weise interpretiert worden.

Sie ist zum Beispiel für eine Lichtnische und der Schöpf-
löffel entsprechend für eine Totenleuchte gehalten wor-
den.[1] Häufiger hat man das Mal als Bildstock und die
Nische als Gehäuse für eine Heiligenfigur angesehen.
18, 24, 51 Ein solches Verständnis war naheliegend; denn abge-
154, 177 sehen von dieser noch heute beliebten Verwendung
183, 466 sind, wenn auch nur vereinzelt, in den Nischen noch
ältere, inzwischen verschwundene Figuren bekannt ge-
wesen.[2] Manchmal schien sich sogar ein Bezug der
Inschrift auf eine in der Nische als ursprünglich ver- 146
mutete Bilddarstellung zu zeigen.[3]

Gegen die alte Verwendung des Nischenmals dieser Landschaft als Totenleuchte, wie sie in der Regel auf dem Kirchhof stand, spricht nicht nur der ungewöhnliche Umfang des Bestandes, sondern auch die Aufstellung an allen Wegen in der Flur wie im Ort, nicht aber vorwiegend bei der Kirche.[4]

Zur Deutung des Mals als Gehäuse für ein Heiligenbild
ist zunächst zu bemerken, daß der Bildstock, wie andere 72–74
Landschaften ihn schon früh kennen, hier bis zum 17.
Jahrhundert völlig unbekannt war[5]; zweifellos wären im
Falle eines Brauches, Heiligenbilder in so erheblicher
Zahl in der Flur aufzustellen[6], auch Bildstöcke eigener
Art entstanden.[7]

Es sei zwar ausdrücklich bemerkt, daß eine gelegent-
liche Verwendung des Nischenmals zu dem einen oder
anderen Zweck, auch schon in früher Zeit, nicht unbe-
dingt auszuschließen ist.[8] Wenn man aber davon aus-
geht, daß das Mal mit leerer Nische als eigener, und
zwar ganz auf die Nische hin konzipierter Typus ent- 13–52
standen ist, so muß dieser Nische vom Ursprung her
eine tiefgreifende kultische oder gar sakrale Funktion
beigemessen werden. Eine solche war aber — zur Zeit
der aufkommenden eucharistischen Prozessionen mit

vier Segenstationen in der Flur — vor allem denkbar im
Zusammenhang mit dem Sanktissimum.

Das Verständnis der Nische im Sinne einer wichtigen
sakralen Bedeutung zeigt sich auch in dem später ver-
170–172 breiteten Befund einer sehr flachen Nische, die eine ein-
leuchtende Erklärung nur noch als Sinnbild findet. Sie
ist in der Regel ebenfalls leer, und ihr Symbolgehalt
kann sich weder auf eine ehemalige Lichtnische noch auf
ein altes Figurengehäuse beziehen. Verständlich wird
die flache „Symbolnische“ indessen als christologische
333 Metapher — in Erinnerung an den eigentlichen Zweck
der alten tiefen Nische, bei theophorischen Prozessionen
den Leib Christi aufzunehmen.[9]

In der Pfarrei Niederzissen wird in der Tat auch über-
liefert, daß früher eine sakramentale Prozession zu vier
176, 181 Nischenmälern führte, wo der Segen gegeben und das
Sanktissimum abgestellt wurde. Diese Mäler sind als
175 „Segensteine“ bezeichnet worden [10], und bei einem von
ihnen — aus dem Jahre 1599 und mit späterem Exposi-
tionstisch für die Monstranz — war der Name um 1927
im Volksmund noch geläufig.[11]

Im übrigen sind sakramentale Prozessionen mit Segnun-
gen an vier bestimmten Stationen seit dem Mittelalter
sowohl ganz allgemein wie auch im Verbreitungsgebiet
der Basaltlavakreuze in großem Umfang bezeugt.[12] Viel-
fach erfolgten sie in Fortsetzung älterer Flurprozes-
156 sionen ohne Sakrament. Als sogenannte Tagesprozes-
sionen fanden sie mehrfach im Jahr zu traditionellen
Terminen statt [13] und führten oft über weite Strecken [14],
im Gang um die Gemarkungs- oder Pfarrgrenzen, aber
auch oft zu einem Kultort wie zum Beispiel der schon
213 öfter genannten Fraukirch, über deren eucharistische
Prozessionen wir relativ gut unterrichtet sind.

Das wichtigste Zeugnis beschreibt — als „antiqua observantia“ — den Hergang der Fraukirch-Prozessionen, wie er vor der Einschränkung aufgrund der erzbischöflichen Verordnung von 1770 gewesen ist. Daraus sei nur entnommen, was hier von besonderem Interesse ist. Nach einem im alten Pfarrbuch von Nickenich zitierten noch älteren Kirchenbüchlein „werden aber auf dem Rückweg vier Stationen an bestimmten Stellen obserwiret, und es werden die vier Evangelien gesungen wie auch vier Segnungen mit dem Venerabile gegeben“.[15]

Das Lesen der Evangelienanfänge an vier Stellen, oft nach den vier Himmelsrichtungen [16], ein alter Flursegen zur Abwehr von „Gefahren und Dämonen“, stammt noch aus den vorsakramentalen Feldumgängen mit dem Kreuz und manchmal mit Reliquien.[17] Das Mitführen der konsekrierten Hostie wurde erst im Spätmittelalter gebräuchlich, aber zweifellos ging nun die Vierzahl der sakramentalen Segnungen auf die damit verbundenen alten Evangelienlesungen zurück. Beides war bis vor wenigen Jahren noch in der Fronleichnamsprozession erhalten.[18]

In der Beschreibung der Fraukirch-Prozessionen — die nach einem Verzeichnis des 18. Jahrhunderts jährlich in der Zeit von Ostern bis Pfingsten aus zahlreichen Pfarreien mit dem Allerheiligsten kamen, an manchen Tagen auch mehrere zugleich [19] — zeigt sich offensichtlich noch die aus dem Mittelalter überkommene Form. Quellenzeugnisse für Kultgänge zur Fraukirch finden sich, wenn auch ohne Angabe der Brauchformen, seit 1325.[20]

Als die vier Segenstationen für eine dieser Prozessionen 142–153
— von Obermendig am dritten Mai — konnten die Beli- 266
gen-Mäler interpretiert werden (Kapitel IV). Der dort ge-
wonnene Befund, aber auch allgemein die Verbreitung

der eucharistischen Prozessionen in der Zeit, in der die
entsprechenden Male entstanden sind, nicht zuletzt end-
lich der Umstand, daß sich selbst noch in dem erhaltenen
Malbestand die zeitlichen Höhepunkte des Prozessions-
kultes zeigen [21]: Alle Zusammenhänge legen den Schluß
nahe, daß der Nischenstock ein Sakramentsmal war und
auch zu diesem Zweck entstanden ist.

154–159 Dies läßt häufig auch schon das Erscheinungsbild der
Male vermuten. Ihre Funktion in diesem Sinne ist mehr-
146, 160 fach erkannt oder sogar als fraglos angesehen worden.[22]
Der zeitgenössischen Bedeutung der Sakramentsnische
entspricht weiter, daß diese — offensichtlich ebenfalls in
Verbindung mit eucharistischen Flurprozessionen —
selbst in vorgeschichtliche, aber dann in christlichen
131 Kultgebrauch genommene Steinmale eingehauen wur-
de.[23]

Neben dem Nischenstock aus Basaltlava findet sich
155, 358 nicht selten ein gemauertes Sakramentsmal, manchmal
mit mehreren Nischen nach verschiedenen Seiten.[24] Im
Bestand der Steinmale aber erscheint neben dem
Schöpflöffel und seinen Entwicklungsformen seit dem
173 Ende des 16. Jahrhunderts [25] das Kreuz mit der Sakra-
53–57 mentsnische im Schnittpunkt der Kreuzarme.[26] Dieser
180 Typus überdauert das Mal der älteren Form, und so wird
später bei ihm — zusammenhängend auch mit dem auf-
kommenden Gebrauch der Monstranz — die tiefe Nische
170 am häufigsten zur flachen Symbolnische.

Auf den ursprünglichen Zweck der Exposition der Hostie
48, 50, 52 läßt das öfter auf der Rückwand der Nische befindliche
122, 160 Kreuz schließen. Es ist oft vertieft eingehauen, nicht sel-
172, 206 ten aber auch flach erhaben gearbeitet.[27] Beim Einstel-
len eines Heiligenbildes wäre das Kreuz verdeckt und
kaum sinnvoll gewesen; dagegen darf man im Blick auf
das hier ausgesetzte Allerheiligste an einen Sinnbezug
zu dem Altarkreuz denken. Wo aber das Mal der alten
Form in einer späteren Entwicklung zum Bildstock ge- 72–74
worden ist, erscheint in der Nische — auch dies ihrem 300, 437
ursprünglichen Sinn entsprechend — eine christologi-
sche Darstellung, nicht aber das Bild eines Heiligen. [28]

Als weiterer Hinweis auf seine alte Bedeutung ist für das
Nischenmal am Weg auch das formale Vorbild des spät- 39
mittelalterlichen Sakramentshäuschens in der Kirche
nicht zu verkennen. Dieses ist freilich reicher ausgestal-
tet. Außer dem Gehäuse auf einem Säulenschaft findet
sich oft auch eine eingemauerte Sakramentsnische. Ein
ganz schlichtes Stück dieser Art in der Filialkirche 157
Glees [29] zeigt eine überraschende Formverwandtschaft
mit dem Kopf des alten Schöpflöffels in der Flur.

Auch das verbreitete ehemalige Gitter vor der Nische 154 ff.
des älteren Wegmals, oft in einem dafür ausgehauenen 28, 36
Falz [30], ist als bezeichnende Parallele zu dem Vorbild
in der Kirche anzusehen. Bei der Flurprozession befand
sich das Sakrament wohl bei der Evangelienlesung und
während weiterer Gebete hinter der geschlossenen Git-
tertür, selbstverständlich aber vor allem dann, wenn bei
weiten Umgängen nach dem Segen gerastet wurde.

In älterer Zeit wurde die konsekrierte Hostie, auch nach-
dem es Brauch geworden war, sie in Prozessionen mit-
zuführen, zunächst noch nicht dem Anblick der Gläubi-
gen ausgesetzt.[31] Der Priester trug sie verschlossen,
etwa in einer Pyxis oder in einer Burse.[32] Aber selbst
nach dem Aufkommen von Monstranzen besaßen viele
Pfarreien lange Zeit eine solche noch nicht.[33] So ent-
spricht die geringe Größe der meisten Sakraments-
nischen bei den Mälern am Weg exakt den historischen

Gegebenheiten.[34] Vereinzelt gab es auch kleine und leichte Monstranzen.[35]

Die Monstranz — entstanden angesichts des zunehmenden Bedürfnisses der Gläubigen, den Leib Christi anzuschauen [36] — war in der Regel aber größer, und ihre allmählich aufkommende Verwendung auch bei den Flurprozessionen [37] zeigt sich nun auffällig in neuen Elementen bei der Gestaltung der Segenstation am Wege:
1, 82 in der Aufstellung eines eigenen steinernen Expositions-
130, 158 tisches vor dem Mal [38] oder der, zuweilen auch noch
160–167 nachträglichen [39], Anbringung einer Konsole [40]. Vor allem
175, 347 der Tisch findet sich teils noch vor dem älteren Nischen-
431, 441 mal, dessen Gehäuse jetzt zu klein war [41], teils aber
auch vor einem hohen Kreuz mit Kruzifixus, das seit dem Mitführen der Monstranz ebenfalls zum Stationsmal geworden war.

In folgerichtiger Weiterentwicklung des Steinkreuzes im sakramentalen Brauch entstanden dann — wiederum
75–77 nach Vorbildern im Kirchenraum — das barocke Prozes-
402 sionskreuz mit Konsole und großer, tabernakelähnlicher
168 f. Nische darüber [42] sowie endlich das Kreuz mit Altartisch
398, 434 oder der Steinaltar [43] als späteste Formen einer Bezie-
hung von Wegmal und Sanktissimum.

Abgesehen von der formalen Gestaltung der betreffen-
75, 167 den Mäler findet sich hier und da auch einmal ein weite-
rer Hinweis auf diese Beziehung, in einem Symbol [44]
168 f. oder in einer Inschrift.[45] Doch ist, wie schon dargelegt,
ja auch die Nische selbst zum sakramentalen Symbol
170 geworden, weil sie im Ursprung für das Sanktissimum
geschaffen worden war.[46]

Allerdings geht die ungewöhnliche Bedeutung des Allerheiligsten im Zusammenhang mit der Flurprozession und dem Wegmal als Segenstation gewiß weniger auf den übernatürlichen Heilscharakter des Sakramentes zurück.[47] Maßgeblich war hier vielmehr, beim Volk wie weithin auch beim Klerus, die dem Corpus Domini dar-
über hinaus zugeschriebene, alles übertreffende Schutz- 206
kraft auch in irdischen Nöten.[48]

ANMERKUNGEN

V. KREUZ UND SANKTISSIMUM

1 Meyer, Wegkreuze, bes. S. 228—231; Hula, Kultmale, S. 34 f. — Vgl. auch Anm. 4.

2 Ältere Angaben gibt es besonders zu den Beligen-Mälern. Das Mal von 1462 fand sich um 1878 mit „jetzt leerer Nische" (Freudenberg, S. 181, in der Annahme, es müsse sich um eine Bildnische handeln); auch um 1920 war die Nische noch leer (vgl. Abb. 146), doch um 1940 zeigte sie sich „mit modernem Vesperbild" (Druckfahne zu KD Mayen II). Beim sogenannten Golokreuz von 1472 befand sich um 1878 in der Nische „ein kunstloses Holzbildchen" (Freudenberg, S. 180), nach Lehfeldt war es „eine Pieta von Holz aus späterer schlechter Zeit" (S. 432); um 1920 war die Nische leer (Hörter, Wegekreuze, Abb. 37). In dem Mal von 1473 mit dem Antoniterkreuz stand um 1940 eine „spätgotische Figur des hl. Antonius" (Druckfahne a. a. O.). Weiter befand sich um 1920 ein Vesperbild in dem Nischenmal unserer Abb. 211 (Hörter a. a. O., Abb. 35; hier das Mal noch mit hohem Schaft und Mühlsteinsokkel). — Vgl. hier auch Abb. 466 (Bild um 1933 angebracht), Abb. 177 (Bild um 1975 eingesetzt) und Abb. 18 (mit neuer Figur). — Zur Interpretation der alten Nischenmale als Bildstöcke vgl. bes. Hörter (a.a.O. und Vier Bildstöcke).

3 Der Hinweis zu dem Beligen-Mal von 1462, „hier deutet die Inschrift auf eine Pieta, die in der Nische gestanden hat" (Hörter, Vier Bildstöcke), scheint zunächst ausgesprochen einleuchtend (vgl. Is. 4). Indessen zeigt sich bei den Kreuzinschriften allgemein ein Zusammenhang mit der zeitgenössischen Andachts- und Gebetstradition, in der die Passion Christi und auch die Schmerzen Mariens eine vornehmliche Rolle spielen; vgl. dazu IV, bei Anm. 26, 27 (zu der Fünf-Wunden-Inschrift von 1461) und Anm. 47, 48 (zu der genannten Inschrift von 1462 und mit Hinweis auf die Passionsinschriften in Kapitel IX). Auch die Inschrift des Salve Regina, 1472, steht ganz

in der Zeittradition (vgl. IV, Anm. 50). Nach alldem ergibt sich für das von Hörter genannte Beispiel kein zwingender Hinweis von der Inschrift auf ein Vesperbild.

4 G. J. Meyer stützt seine Annahme, bei den Malen mit leerer Nische handele es sich um alte Totenleuchten, mit dem Hinweis, sie ständen auch in der Flur oft („etwa 30 Beispiele") mit der Nische zu einem Friedhof hin (Wegkreuze, S. 230). Mir ist im Basaltlavagebiet ein eindeutiges Beispiel hierfür nicht bekannt. Auch Kyll kann dem „verdienstvollen Erforscher der Wegkreuze des Trierer Landes" in dieser Deutung nicht folgen (Kreuze, S. 164; vgl. auch oben III, Anm. 41).

5 Auch nicht danach und zu keiner Zeit findet sich im Basaltlava-Bestand das in anderen Landschaften (zuweilen auch schon im angrenzenden trierischen Gebiet der Sandsteinkreuze) bekannte, in der Gesamtform auf das Bild hin konzipierte Mal, vom Ursprung her also ein „Bildstock" (ein typisches Stück dieser Art bei Sayn ist bezeichnenderweise aus anderem Material). Das seit dem 17. Jahrhundert als Bildstock erscheinende Basaltlava-Mal zeigt sehr klar seine Herkunft aus dem älteren Typ mit leerer Nische (vgl. Abb. 72—74, 215, 232, 282, 300, 302, 437). Daneben zeigt sich hier oft das Kreuz mit einer Bilddarstellung statt Kruzifixus (vgl. Abb. 69—71, 231, 301, 355, 383 u. andere). Zu beiden Typen vgl. auch I, bei Anm. 36, 37.

6 Hörter nimmt an, man habe in den „jetzt meist leeren Bildstöcken" überall an Wegscheiden Muttergottesbilder aufgestellt (Wegekreuze, S. 53 f.); vgl. dazu auch unten Anm. 28.

7 Man darf weiter annehmen, daß sich bei einer ursprünglichen Funktion der Nische als Bildgehäuse eine solche Tradition häufiger erhalten hätte. Aber auch nach Kyll sind „mit wenigen Ausnahmen die Nischen stets leer gewesen", und „die leeren Nischen waren von Anfang an auf einen anderen Zweck ausgerichtet" (Kreuze, S. 164). Ein Gegenbeweis ist auch nicht die spätgotische Figur in Obermendig (vgl. Anm. 2), bei der keineswegs sicher ist, ob sie von Anfang an in der Nische gestanden hat; aber auch wenn dies der Fall war, muß nicht an eine ausschließliche Bildnische gedacht werden (vgl. folg. Anm.), und die vorrangige Bedeutung dieser Nische als Gehäuse für das Sakrament ist schon mit hinreichender Sicherheit dargelegt worden (Kapitel IV). — Hier ist noch anzumerken, daß viele Nischen der alten Zeit nicht tiefer als etwa zehn bis zwölf Zentimeter sind. Das war voll ausreichend zum Abstellen einer kleinen Pyxis (vgl. unten), doch wenig für ein geschnitztes Bild oder nur dann genug, wenn dieses flach gearbeitet war. In diesem Fall war allerdings die Standfestigkeit zu gering, und es mußte verankert werden. Spuren einer alten Verankerung haben sich nicht gefunden. An einem Schöpflöffel von 1606 in Welling, am Aufgang zur alten Kirche (auf dem Schaft Schild mit Schere), ist dagegen am Nischenboden eine Vertiefung in die Rückwand gehauen (vgl. Abb. 167), sichtlich um ein Gefäß mit leicht ausladendem Fuß einstellen zu können.

8 In einem Falle (Pommern, 1611; vgl. I, Anm. 74) fanden sich in der Nische Fettspuren, die an ein ehemaliges Wachs- oder Öllicht denken lassen; es kann sich jedoch auch um eine Zweitverwendung handeln. Weiter ist nicht ausgeschlossen, daß ein Bild in der Nische stand, das bei der Ankunft der Sakramentsprozession (vgl. unten) für kurze Zeit herausgenommen wurde. Endlich ist bei der großen Zahl der in Frage kommenden Mäler nicht einmal sicher, ob jedes einzelne auch praktisch die Kultverwendung gefunden hat, für die es an sich geschaffen worden war. — Indessen widerspricht keine dieser Möglichkeiten der eigentlichen Bestimmung des alten Mals mit leerer Nische zum Kultgebrauch bei der sakramentalen Prozession. Es ist auch nicht denkbar, daß dieses Mal von Anfang an für verschiedene Zwecke gedacht war; dafür ist es im Typus zu einheitlich.

9 Zu dem gesamten Zusammenhang von Nische, Nischenmal und Bildstock, der Verwendung des Mals im Prozessionsbrauch sowie der eucharistischen Prozession selbst vgl. bereits Kapitel I, bes. bei Anm. 10—25 und 37, 38. — Im Zusammenhang der Symbolnische ist noch das Kreuz Abb. 333 bemerkenswert, wo sich auf dem Schaft eine Darstellung St. Georgs, im Schnittpunkt der Kreuzarme aber die leere Nische findet.

10 Volk (Pfarrer in Niederzissen 1888—1896), S. 117; Leiß (Lehrer in Oberzissen). — Die Prozession hat nach Volk bis um 1830 stattgefunden, so daß dieser aus der Zeit seiner Amtsführung noch Augenzeugenberichte gekannt haben wird. Er beschreibt die sakramentale Prozession als Umgang durch die ganze, damals sehr große Pfarrei, und zwar mit zugleich rechtlichem Charakter in der Art der alten, in Weistümern oft bekundeten Begehungen. Ausdrücklich erwähnt wird die Vierzahl der sakramentalen Segnung („wie bei der Fronleichnamsprozession") und der Umstand, daß dieselbe an den — im einzelnen aufgeführten — Mälern stattfand, wo nach dem Segen während einer Rast das Sanktissimum abgestellt wurde. Nach Leiß wurde dieses, präziser formuliert, „auf den tischartigen Vorbau" und „in die Sakramentsnische" gestellt. — Zu den genannten „Segensteinen" gehören die Mäler Abb. 175 und 176 sowie, hundert Jahre jünger und wohl Ersatz eines schlichteren älteren, ein Mal aus Tuffstein mit tiefer vergitterter Nische (Detail Abb. 181, vgl. Is. 20; die Gesamtansicht vgl. in Eifel-

kalender 1944, Kalendarium November). Das weiter genannte Nischenmal „an der Trasskaule" ist relativ niedrig und paßt trotz des Mühlsteinsockels nicht so recht in den alten Befund, doch wurde hier wahrscheinlich später, seit deren Verwendung in der Prozession, „die Monstranz auf einen großen Basaltstein in Mühlsteinform gestellt", wie Volk sich ausdrückt. Vorher, als die geweihte Hostie noch nicht in der Monstranz umgetragen wurde (vgl. unten), ist vielleicht das typische Sakramentsmal von 1619 (Abb. 49) verwendet worden, das in der Nähe und an der Abzweigung zur „Trasskaule" steht. — Ein weiteres älteres, nicht datiertes und ursprünglich mit Gitter versehenes Sakramentsmal in Niederzissen zeigt auch Abb. 36.

11 Leiß; für das Mal „am Ahrwege" (Abb. 175). Die aufgesetzte Platte des Expositionstisches ist jetzt zerbrochen. Zu der Verbindung von Nischenmal und Aussetzungstisch vgl. bei Anm. 41. — Ein ähnlicher Befund wie in Niederzissen ergibt sich aus einer Nachricht von Münstermaifeld, wo ein J. Orth (1543—1614) „vier Kreuze", vermutlich Nischenmäler, „als Landsegnungen" gestiftet hat (Münstermaifelder Heimatbuch, S. 45, Anm. des Herausgebers H. Gappenach); es waren ohne Zweifel die vier Segensmäler für die sakramentale Prozession. Im gleichen Bedeutungszusammenhang findet sich gelegentlich die Bezeichnung „Im Landsegen" als Flurname, so etwa in der Gemarkung Kruft bei dem Kreuz Abb. 328, wo noch heute eine hier traditionelle Flurprozession am Dreifaltigkeitssonntag vorüberkommt; am Prozessionsweg ist einige hundert Meter entfernt auch noch ein Sakramentstisch aus Basaltlava erhalten (für die Hinweise danke ich Herrn Peter Josef Kill, Flurhüter in Kruft, der auch sonst bei den Forschungen im dortigen Gebiet sehr hilfreich war). — Ein örtliches Zeugnis für den Zusammenhang von Wegmal und Sanktissimum fand sich auch beim „Afelskreuz", wo bei der Fronleichnamsprozession der Pfarrei Hilgerath der Segen gegeben und das Allerheiligste in eine Nische gestellt wurde, die sich im Schaft des alten Holzkreuzes befand (vgl. I, bei Anm. 47). Wohl als Hinweis hierauf zeigt das neue Kreuz noch das Emblem von Kelch und Hostie (Abb. 81). — Die aus Münstermaifeld bezeugte Errichtung von „Kreuzen" als „Landsegnungen" wird bestätigt in einer Angabe für das ganze Maifeld (vermutlich nach älterer Volksüberlieferung): „Einige Male im Jahre ging die Prozession mit dem Allerheiligsten durchs Feld . . ., und wurde dabei das Feld gesegnet, zu welchem Zwecke sog. Feldsegen errichtet waren" (Anton Hürter, Geschichte des Maifelds und seiner Umgebung, Trier 1902, S. 180). — Übrigens erfährt man auch 1576 bei Ingelheim von einem „steinern stock, do man das heilig sakrament . . . hinzustellen pflegt", wenn die Aachen-Pilger aus Ungarn vorbeizogen (VI, Anm. 144). — Vgl. hier auch die zusammenfassenden Bemerkungen zum Nischenstock als Sakramentsmal in VI, Anm. 37.

12 Zur Literatur vgl. I, Anm. 19. — Das Mitführen des Sakramentes im Flurumgang und seine Verwendung beim Wettersegen war aber seitens der Theologen jahrhundertelang umstritten (vgl. bes. Franz, II, S. 105—123; Browe, Eucharistische Flurprozessionen; ferner unten, Anm. 47).

13 Es gab auch Gänge mit dem Sakrament in besonderen Notsituationen. „Up den 16. dach des meies droich men dat hl. sacrament ind sent Severin umb ein goiden vreden ind goit wedder zo der vrucht, want it ein sere kalt wedder was ind die vruchte waren sere dure" (in einer Kölner Chronik 1491; Browe a. a. O., S. 743). Doch „diese Bußprozessionen bei Überschwemmung, Pest und Krieg waren verhältnismäßig selten, jedenfalls lange nicht so häufig wie die regelmäßigen Umgänge durch Fluren und Felder, bei denen man von Gott Segen für Haus und Hof und Vieh und Abwendung von Hagel und Wetter erbat" (a. a. O.), außer an Fronleichnam etwa am Markustag, um Christi Himmelfahrt (Bittwoche), bei der besonderen „Hagelfeier" (vgl. Kapitel VI) und an zahlreichen anderen örtlich verschiedenen Terminen (vgl. hier auch das Verzeichnis der eucharistischen Fraukirch-Prozessionen, Anm. 19). „In den größeren Moselorten fanden in der nachtridentinischen Zeit jährlich etwa zwanzig örtliche Bittgänge, meist in theophorischer Weise statt" (Veit/Lenhart, S. 177). — Eine in Klotten/Mosel noch heute bestehende jährliche Sakramentsprozession, 1592 aufgrund kriegerischer Ereignisse gelobt und als „Schanzenbittgang" bezeichnet (Alfons Friderichs in Heimat zwischen Hunsrück und Eifel, Beilage der Rhein-Zeitung, Koblenz, Nr. 5/1977), dürfte in Verbindung stehen mit den bald darauf entstandenen sakramentalen Nischenmälern dieses Ortes (vgl. IV, Anm. 21).

14 Vgl. z. B. Wagner, Eucharistischer Kultus, S. 102 f. — Auch die dörflichen Umgänge an Fronleichnam waren „Flurprozessionen, die mehrere Stunden dauerten und den ganzen Vormittag in Anspruch nahmen" (Kyll, Kreuze, S. 163). Bei diesen und anderen sakramentalen Prozessionen „auf schlechten Wegen über Berg und Tal" sind die Nischenmäler, wo das Allerheiligste abgestellt wurde (oft hinter einem Gitter, vgl. unten), nach Kyll auch unter einem „sehr verständlichen menschlichen" Aspekt zu sehen: „Eine Ruhepause an den Stationen tat den Teilnehmern gut und not; nicht zuletzt dem Geistlichen, der durch das Tragen der Pyxis oder Monstranz körperlich sehr beansprucht war." (a. a. O.).

15 Sauerborn, S. 144 (aus dem Pfarrbuch): Quae fuerit antiqua hujus processionis observantia, refert Kirchenbüchlein fol. 7. his verbis:

„Primo die Maji quotannis tenetur pastor cum Venerabili mit Processionen nacher Fraukirchen zu gehen; dabei müssen auch die Wassenacher sein und die von Eich. ... Sumta honesta refectione geht man modeste cum Venerabili wiederum hierher; es werden aber in regressu quatuor stationes certis in locis obserwiret; et cantantur quatuor Evangelia et dantur quatuor benedictiones cum Venerabili." — Nach der bekannten Verordnung von 1770 soll nunmehr „das hochwürdigste Gut aber nit mitgetragen werden, so oft ein dazwischen gehender Fluß in Schiffen zu passiren, oder aber der Weg über eine Stund lang sich erstrecket" (a. a. O. S. 145). Von da an ging die Prozession ohne Sanktissimum zur Fraukirch, doch auf den viermaligen sakramentalen Segen wollte man nicht verzichten; er wurde nun in Nickenich vor dem Abgang der Prozession und bei ihrer Rückkehr sowie in der Fraukirch vor und nach der hl. Messe gegeben (a. a.O. S. 144).

16 „An vielen Orten liest man die vier Evangelien in die vier Windrichtungen hinaus mit den Zeremonien gegen Blitz und Donner" (Browe, Eucharistische Flurprozessionen, S. 749; vgl. Franz, II, S. 58).

17 Browe a. a. O., S. 742—755; Franz a. a. O., S. 57 f. und öfter. — Aufgrund ihrer apotropäischen Kraft wurden die Initien der vier Evangelien — neben zahlreichen anderen entsprechenden Verwendungen — auch auf Zetteln in Wetterkreuze eingelassen (Franz a. a. O., S. 14; 57). — In Verbindung mit den vier Lesungen und im Zusammenhang mit dem Abwehrgedanken dürfte auch zu verstehen sein, daß sich auf manchen Vortragekreuzen (die ja gerade bei der Flurprozession immer mitgeführt wurden) die Evangelistensymbole finden — so auch auf zwei Stücken des frühen 12. Jahrhunderts in Karden (KD Cochem II, S. 477 und Abb. 348).

18 Vgl. I, Anm. 16; Browe a. a. O.; Franz a. a. O., S. 1—223.

19 Das von Sauerborn (S. 149 f.) mitgeteilte handschriftliche Verzeichnis des Thomas Kupp, Mönch zu Maria Laach und 1775—79 in der Pfarrei Kruft tätig, ist hier von Interesse. Danach kamen Prozessionen „majori cum solemnitate", das heißt mit dem Sanktissimum, „von Mayen am Oster-Montage; von Ochtendung am 2ten Sonntage nach Ostern; von Krufft am Sonntage nach dem Feste des heiligen Georg; von Plaidt, Nickenich, Polch, Ettering am 1. Mai; von Ober-Mendig am 3. Mai; von Thür am 6. Mai; von Zissen am Freitage nach Christi Himmelfahrt; von Ochtendung, Welling am Pfingst-Montage; von Nieder-Mendig, Kottenheim, Trimbs am Pfingst-Dienstage". Umfangreicher ist dann noch die Liste der Prozessionen „minori cum solemnitate" (ohne Sakrament), die zum Teil auch von weiterher kamen, so von Boppard, Rhens, Leutesdorf, Klotten, früher auch von Ahrweiler und aus der Gegend von Bonn. Möglicherweise ist Kupps Verzeichnis aber nicht vollständig, denn „sieben Pfarrprozessionen trafen sich früher nach der Nickenicher Chronik dann (am 1. Mai) in Fraukirch, jede mit dem Allerheiligsten" (Volk, S. 114). — Der Glaube an die Schutzkraft der Pilgergänge zur Fraukirch war bei der Landbevölkerung noch im 19. Jahrhundert voll lebendig. So wird berichtet, 1858 sei die Zissener Prozession „zum ersten und einzigen Male unterblieben, weil sie im vorhergehenden Jahre in Niedermendig großen Chikanen ausgesetzt gewesen sei. Gott habe die Mendiger noch im selben Jahre mit Hagelwetter schwer gestraft und die Zissener 1859 mit einem furchtbaren Wolkenbruch. Daraufhin hätten die Mendiger die Zissener gebeten, wieder zu kommen." (a. a. O. S. 115; aufgezeichnet 1893).

20 Wenn bereits 1325 unter anderem denen ein Ablaß zugesagt wird, die die Kapelle „peregrinacionis accesserint" (Sauerborn, S. 110), so wird wohl eine schon bestehende und vielleicht schon damals alte Tradition von Pilgergängen erstmalig faßbar. Vgl. auch IV, Anm. 17 f., 20.

21 Vgl. I, Anm. 20, im Zusammenhang. — Auch in anderen Landschaften sind ältere Mäler mit leerer Nische nicht unbekannt; die Frage einer Verwendung bei theophorischen Prozessionen ist aber, abgesehen von den späteren Stücken zum Gebrauch der Monstranz, allgemein noch wenig beachtet worden. Zu einem alten Mal in Schöpflöffelform bei Beuel/Rhein vgl. I, Anm. 39.

22 Schug spricht etwa bei dem Mal von 1462 (Abb. 146 ff.) ohne weitere Erläuterung von einer „Sakramentsnische" (VI, S. 368), bei dem Mal Abb. 160 — unter Berufung auf Caspar, S. 120 — von einem „Wegkreuz mit Sakramentsnische von 1624, wo bei theophorischen Prozessionen das Sanctissimum niedergestellt wurde" (a. a. O. S. 118). Vgl. weiter Caspar selbst, a. a. O.; Schippers (Anm. 24, 35); Wagner, Hagelprozessionen, S. 30; Kyll (Anm. 7, 32—34, 42).

23 Vgl. III, bei Anm. 13—19.

24 Ein Mal bei Lonnig — Rüber ist dem hier gezeigten (Abb. 155) ähnlich, hat aber einen Schaftteil mit quadratischem Querschnitt und Nischen nach drei Seiten, wovon die mittlere, etwas breiter, als Hauptnische erscheint. Schippers, der dieses Denkmal beschreibt (1932), hatte die Auskunft erhalten, daß sich früher in der Nähe ein weiteres mit Nischen nach allen vier Seiten befunden habe. Die Mäler lassen an „Prozessionen mit dem Altarsakrament denken" (a. a. O.). — Gemauerte Mäler mit tiefer Nische finden sich aber auch in schlichten hausartigen Formen (Abb. 214, 358), und es ergibt sich die Frage, ob auch bei diesen an eine ursprüngliche Kultfunktion bei theophorischen Prozessionen zu denken ist. Bei

dem Mal Abb. 358, das am alten Weg von Polch nach Ruitsch steht, zeigt sich wohl ein Hinweis auf diese Funktion in Verbindung mit einem gleichen Nischenhäuschen (auch hier mit tief sitzendem Reliefbild und großer Abstellfläche davor), das bis um 1970 an demselben Weg am Ortsrand von Ruitsch gestanden hat, und zwar neben dem mittelalterlichen Basaltlava-Schöpflöffel Abb. 31 (vgl. Wrede, Abb. 44, die noch die beiden Mäler nebeneinander zeigt). Hier ist anzunehmen, daß beim Übergang von der Pyxis zur Monstranz — vgl. unten — die Funktion von dem alten Schöpflöffel auf das gemauerte Mal mit größerer Nische übertragen wurde.

25 Das älteste ist nach meiner Kenntnis das „Hagelkreuz" bei Kottenheim von 1582 (Abb. 173; vgl. I, Anm. 21).

26 Nur selten — allerdings häufig außerhalb des Verbreitungsgebietes — findet sich eine leere, wohl ursprüngliche Sakraments-Nische im Kreuzschaft; als Beispiel sei nur das „Ablaßkreuz" um 1500 am Weg Oberbettingen — Auel erwähnt (vgl. Wagner, Hillesheim in der Eifel, Rh. Kunststätten Neuss, Heft 4/1976, Abb. 18; ders., Hagelprozessionen, S. 30).

27 Ein Kreuz in Umrißritzung findet sich auch in der Nische des Mals Abb. 162, ein flach erhabenes von 1594 bei Virneburg (vgl. IX Is. 7 und Anm. 16, 72). In der Nische des „Gollensteins" ist außer einem Kreuz auch das Jesusmonogramm IHS eingeritzt (vgl. III, bei Anm. 18, 19). Bei dem „Hillscheider Stock" (Abb. 122) findet sich auf der Nischenrückwand ein flaches Relief der Kreuzigungsgruppe (auf die Funktion als Mal der alten Sakramentsprozession mit den vier Segnungen weist auch eine Nachricht von drei weiteren zu ihm gehörigen Denkmälern; vgl. im ganzen I, bei Anm. 38; II, Anm. 57; VIII, Anm. 18; XI, Anm. 14). — Selbst bei der Nische mit ausschließlicher, und zwar christologischer Bildfunktion zeigt sich gelegentlich noch die Tendenz des flachen Reliefs in einer Nische, die tiefer als notwendig ist (vgl. I, Anm. 38).

28 Nach den vorliegenden Abbildungen werden im „Nischenbildmal" dargestellt: der Kruzifixus (72, 228 auf der Vorderseite), Christus am Ölberg (73, 74), Christus, das Kreuz schleppend (215, 282), das „Herrgottshaupt" aus der Schweißtuch-Darstellung (300, 302), Christus, die Wundmale zeigend (437); die genannten Darstellungen sind alle der Passion entnommen. Eine bemerkenswerte Ausnahme ist das Bild eines Engels mit weisendem Gestus (Abb. 232), wahrscheinlich eine Schutzengel-Darstellung (vgl. Is. 129 mit Anm.). Zusätzlich erwähnt sei noch ein Mal in Schöpflöffelform von 1629 in Wassenach, das in der flachen Nische das Herz Jesu mit den drei Kreuznägeln zeigt, sowie ein undatiertes Nischenmal wohl des 17. Jahrhunderts aus Polch (jetzt Landesmuseum Koblenz-Ehrenbreitstein) mit einer hockenden bärtigen Gestalt, die einen Umhang trägt und wohl nur als sitzender Schmerzensmann erklärt werden kann (sog. Erbärmdebild; vgl. LThK, III, Spalte 737 f.); in beiden Fällen handelt es sich wieder um christologische Darstellungen im Zusammenhang der Passion. Trotz der sonst auffälligen Beliebtheit marianischer Darstellungen und besonders des Vesperbildes, erscheinen solche noch nicht im Nischenmal der alten Form — mir ist jedenfalls kein Beispiel bekanntgeworden —, sondern erst in den jüngeren Kreuznischen (Abb. 321 f. und andere). Dieser Befund schließt zugleich die Annahme aus, der Schöpflöffel habe ursprünglich zur Aufnahme von Marienbildern gedient (vgl. Anm. 6). — Zur Darstellung anderer Heiliger und der Hl. Familie vgl. Abb. 331—336, 426.

29 Abb. 157, aufgenommen während der Restaurierung der Kirche (um 1975), wobei das jetzt wieder vergitterte Mal auch gut untersucht werden konnte. Es ist aus Basaltlava gehauen und war, gewiß schon ursprünglich, farbig gefaßt. Falz und andere Merkmale zeigen, daß eine alte Gittertür vorhanden war.

30 Vgl. Beispiele im gesamten Bildteil. Nach allen Anzeichen, die sich fanden, war das Gitter in der Regel ursprünglich eingeplant, so auch bei den Beligen-Mälern (vgl. IV, Anm. 67, mit Verweisen). Ein mit Sicherheit noch aus der Entstehungszeit des Mals stammendes Gitter konnte ich nicht finden (vgl. I, Anm. 13). Die Merkmale für ein ehemaliges Gitter (Gittertür) finden sich meist erst an dem bildhauerisch bearbeiteten Nischenmal, seltener noch — und manchmal vielleicht als spätere Zutat — an dem groben der älteren Zeit (vgl. Abb. 25, 26, 40).

31 Vgl. z. B. Veit/Lenhart, S. 176. — Der bekannte „Hexenhammer" (erste Auflage 1487) „erlaubte das Heraustragen des Sanktissimum in geschlossener Pyxis, aber es sollte nicht unverhüllt den Blicken ausgesetzt werden" (Browe, Eucharistische Flurprozessionen, S. 753).

32 Die Pyxis (Büchse; vgl. LThK, VIII, S. 570 f. mit Abbildungen) wird bei den älteren Prozessionen am häufigsten als Hostienbehälter genannt. Sie hatte manchmal zwei Ösen und konnte dann bei längeren Wegen auch umgehängt werden. Es sind sehr kostbare Stücke erhalten, doch dürften in den Landpfarreien bei weiten Umgängen vorwiegend schlichte Pyxiden verwandt worden sein; es gab auch solche aus Holz, und Kyll nennt für einen Ort in Luxemburg „eine armselige Pyxis aus Blei" (Kreuze, S. 165). 1679 findet sich in einem Inventar der Pfarrei St. Clemens, Mayen, „eine Silberkapsel, worin das Sanctissimum getragen wird" (Schug, VI, S. 231). — Zum Mitführen des Allerheiligsten benutzte man nach Kyll wohl auch „einfach ein Leinentüchlein, das der Geistliche in einer Burse trug" (a. a. O.). Die Burse (vgl. Börse), eine durch

Einlagen versteifte Tasche, die ebenfalls umgehängt werden konnte, fand auch in relativ flachen Nischen noch gut Platz. Ihr Gebrauch wird in einer Augsburger Schrift „über die Papisten" erwähnt: An Fronleichnam „reitet man an vill Orten umb den Fluer, das ist umb das Korn, mit vill Kerzenstangen. Der Pfaff reit auch mit, trägt unseren Herrgott leibhaftig am Hals in einem Seckel. An bestimpten Orten sitzt er ab, singt ein Evangelium über das Korn und singt der vier an vier Orten" (HDA, IV, Spalte 413).

33 Kyll hat nach Visitationsberichten des Jahres 1570 den Bestand an Monstranzen für einen Teil des Trierer Bistums untersucht; danach fanden sich zum Beispiel im Landkapitel Bitburg „in 89 Pfarreien nur 27 Monstranzen" (a. a. O. S. 164 f.). Auch nach Alois Thomas, Trier, werden „noch im 17. und 18. Jahrhundert in Visitationsprotokollen vielfach Monstranzen nicht genannt" (briefliche Mitteilung; für die freundlichen Auskünfte in diesem Zusammenhang — vgl. auch Anm. 35 — danke ich Herrn Professor Thomas herzlich).

34 Auch nach Kyll dienten die leeren Nischen der Flurmale „allgemein zur Aufnahme des Gefäßes mit der hl. Hostie bei den theophorischen Flurumgängen; . . . diese Annahme kann man nicht abschwächen durch einen Hinweis auf die geringen Ausmaße der Nischen, die einer Monstranz keinen Platz boten" (a.a.O. S. 164).

35 „Das leichte Gewicht der Barockmonstranzen hängt wohl auch mit dieser Entwicklung der eucharistischen Frömmigkeit zusammen" (Schippers), nämlich dem Mitführen des Sakramentes bei Flurumgängen. Eine schlichte und leichte, 35,5 Zentimeter hohe Hostienmonstranz konnte ich (neben zwei ähnlichen Reliquienmonstranzen) im Schloß Bürresheim bei Mayen untersuchen. Professor Thomas, Trier (vgl. Anm. 33), nannte mir ein Exemplar des 16. Jahrhunderts von 29,5 Zentimeter Höhe (Urspringen/Unterfranken). Daß nicht mehr viele Stücke dieser Art erhalten sind, mag zum Teil auch mit ihrem geringeren Wert und damit zusammenhängen, daß es nach der Einstellung weiter theophorischer Umgänge keine Verwendung mehr für sie gab.

36 Vereinzelt begann man schon früh, „das Sakrament wenigstens nach der Auferstehungsfeier den Gläubigen, die es ja leidenschaftlich gerne anschauten, unverhüllt zu zeigen" (Browe, Sakramentsprozessionen, S. 106). Das Gefäß für die Hostie wurde allmählich durchsichtig (und damit monstrans, zeigend) gestaltet, aber zunächst war dessen Gebrauch noch eingeschränkt und nur an Fronleichnam gestattet (vgl. Huizinga, S. 286). Doch „sehen, immer wieder sehen, wollte das gläubige Volk die Hostie" (Veit/Lenhart, S. 211), und Elevation sowie Aussetzung in der Monstranz waren Folge und Ausdruck dieses Bedürfnisses.

37 Erst relativ spät wurde außer an Fronleichnam dann auch in den anderen eucharistischen Prozessionen das sichtbare Sakrament umgetragen: „Die ängstliche Scheu der früheren Zeit, die konsekrierte Hostie den Blicken auszusetzen, war vorbei; eine ganz andere Auffassung war zur Herrschaft gekommen." (Browe a. a. O., S. 117).

38 In Waldesch wurde ein Expositionstisch dieser Art vor einem Wegkreuz noch bis 1912 bei der Fronleichnamsprozession zum Abstellen der Monstranz verwendet; über die Tischplatte ist ein weißes Tuch gedeckt worden (freundliche Auskunft von Herrn Gottfried Rausch, Waldesch, dem ich auch viele weitere sachkundige Hinweise für das dortige Gebiet verdanke). — Der Aussetzungstisch ist teils aus einem Stein, teils auch mit eingezapfter Platte (vgl. Abb. 175) gearbeitet. — Vgl. hier auch die Abb. 1 (wie Abb. 165).

39 Gelegentlich findet sich im Schaft von Nischenmälern vorn eine waagerechte Nut, die zum Einfügen einer Holz- oder Steinplatte gedient haben dürfte, so etwa an dem schon erwähnten Sakramentsmal mit Mühlsteinsockel in Altenahr (vgl. II, Anm. 59) und an einem Nischenstock von 1630 bei Düngenheim.

40 Die Konsole am Kreuz wird heute meist als Stellfläche für Blumen verstanden und auch gelegentlich in dieser Art noch verwendet. An ältere Vorbilder anknüpfend, findet sie sich auch an einem Kreuz von 1945 (Abb. 207).

41 Bei dem Nischenmal von 1616 mit einem runden Tisch, Abb. 162 (vgl. auch III, Anm. 36, und oben Anm. 27), findet sich an beiden Stücken dieselbe Hausmarke. Aus dem Befund des gleichen Stifters (oder derselben Stifterfamilie) kann man nicht unbedingt auf die gleichzeitige Entstehung schließen, doch ist diese durchaus möglich — etwa zur wahlweisen Verwendung von Pyxis oder Monstranz. Die Hausmarke erscheint noch einmal an dem schon genannten Mal von 1629 in Wassenach (Anm. 28), das laut Inschrift von Gertrut Hilten und ihrem Sohn Thoneis gestiftet wurde. Der Stifter des Nischenmals von 1616 (mit zweiter Initiale H; die erste ist verhauen, anscheinend wurde ein C zu T umgearbeitet) war vermutlich der offenbar angesehene und wohlhabende Theobald Hild, der 1618 auch „hundert gulden Andernacher werung" für wohltätige Zwecke gestiftet hat (freundliche Hinweise und Angaben verdanke ich Herrn Paul Krischer, Wassenach). — Zu den Mälern Abb. 160, die im Zusammenhang einer sakramentalen Grenzbegehung stehen, vgl. III, Anm. 61, und oben Anm. 22.

42 Vgl. I, bei Anm. 39. — Kyll stellt die gleiche Entwicklung im Trierer Land fest, wo „seit der Mitte des 17. Jahrhunderts" anstelle der kleineren Nischen, „da sie eine Monstranz nicht aufnehmen konnten" (der eigene Aussetzungstisch ist dort anscheinend nicht be-

kannt), „größere Muschelnischen, Podeste, vorspringende Sockelplatten und sogar regelrechte Feldaltäre" erscheinen. „In ihrer Form können sie eine Herleitung von den barocken Tabernakelnischen der Hochaltäre, die 1678 durch den Trierer Erzbischof angeordnet und zur Aussetzung der Monstranz beim Gottesdienst in den Kirchen dienten, nicht verleugnen; ihr Zweck ist auch derselbe" (Kreuze, S. 165). — Im Gebiet der Basaltlavakreuze findet sich das Prozessionsmal mit großer Aussetzungsnische für die Monstranz bemerkenswert häufig im alten Kreise Ahrweiler, was auch im Zusammenhang zu sehen ist mit der starken Verbreitung eines Maltyps gleicher Funktion und Zeit in dem nördlich anschließenden Bonner Raum (vgl. I, Anm. 39).

43 An dem Steinkreuz mit Altartisch Abb. 434 ist „bis 1884 der Fronleichnamssegen erteilt" worden (Schug, IX, S. 269); die alte Funktion ist bei der Bevölkerung noch bekannt.

44 Das Symbol des Kelches mit Hostie, über einer kleinen Konsole und Aussparung für den Fuß der Monstranz (Abb. 167), findet sich am Schaft eines hohen Kreuzes unweit der Kirche an einem Feldweg. Anstelle des Gekreuzigten ist die Dreisproß-Blume in der Vase (vgl. Kapitel XI) dargestellt. — Das Mal Abb. 75 zeigt eine „Konsole mit schönem Traubenschmuck" (KD Mayen I, S. 238), doch ist die Traube hier wohl auch als eucharistisches Symbol anzusehen und ursprünglich gedacht.

45 Der Psalmvers (Is. 21) an dem Kreuzaltar in St. Johann, Abb. 169, bezieht sich eindeutig auf das hier ausgesetzte Allerheiligste, worauf auch Schippers und, diesem folgend, Caspar (S. 120) schon hingewiesen haben (allerdings haben beide die Nummer des Psalms „16,17" irrtümlich als Jahreszahl 1617 angesehen). Das Mal war noch vor etlichen Jahren Segenstation der Fronleichnamsprozession. Von der Stifterin, der Jungfer Sachels, findet sich auch noch ein zwei Jahre älteres Kreuz mit Altartisch in der Flur, das nach seiner Form ebenfalls Station einer sakramentalen Prozession gewesen sein dürfte (vgl. Is. 115 mit Anm. 61; Abbildungen bei Looz-Corswarem, S. 93 und Detail S. 92). — In Kottenheim findet, wie Abb. 168 zeigt, die Eucharistiefeier an Fronleichnam noch jetzt nahe bei dem Mal statt, nach dessen Inschrift (22) „dieser Platz" für die sakramentale Segenstation vorbehalten bleiben soll; die Bezeichnung „HEILIGEN HAVS" kann nur als „das heilige Haus" mit Bezug auf die Tabernakelnische für das Allerheiligste verstanden werden (die übrigens an diesem Tag mit Blumen geschmückt war, vgl. Abb.). Bei Beuel findet sich als bemerkenswerte Parallele die Bezeichnung „Am Heiligenhäuschen" für den ehemaligen Standort eines alten Sakramentsmals in Schöpflöffelform (Bücher, S. 120 f.; vgl. I, Anm. 39).

46 Vgl. oben, bei Anm. 9.

47 Gerade hieran hatte sich ja auch der dogmatische Streit um die Zulässigkeit des sakramentalen Wettersegens in der Flurprozession und die Verwendung der Hostie zu anderen apotropäischen Zwecken entzündet (vgl. Anm. 12). Die Gegner meinten, „das Sakrament sei nicht zum Schutze der Felder vor Unwettern eingesetzt und gewähre ihn auch nicht" (Franz, II, S. 111). Dagegen zum Beispiel Geiler von Kaisersberg († 1510): „Wan es dunret und man besorgt den hagel u. s. w., so mag man daz Wetter segnen? Da sprich ich ya; wan warumb? der teuffel macht sein gefert da obnen herab uff daz erdtrich, darumb so mögen wir es vertreiben mit götlicher gewalt und götlichen dingen" (Browe, Eucharistische Flurprozessionen, S. 745). — Nach seinem endlichen Erlöschen konnte allerdings „in Deutschland" der beliebte Brauch des sakramentalen Flursegens „um so leichter entbehrt werden, als hier die Fronleichnamsprozession ihren Charakter als Wetterprozession bewahrte" (Franz a. a. O., S. 122 f.); sie hat ihn erst in neuester Zeit mit der Liturgiereform verloren. Indessen halten einzelne Landpfarreien auch heute noch an der traditionellen Form der Fronleichnamsprozession mit vier Segenstationen fest.

48 Die dem Sanktissimum zugeschriebene Kraft wurde im Volksglauben weitgehend substantiell verstanden. Sie war durch Berührung übertragbar und ging sogar auf Gegenstände über, die des sakramentalen Segens teilhaft geworden waren (so sollten — nur beispielsweise — Pflanzen vom Schmuck des Fronleichnamsaltars über der Tür hängend böse Geister fernhalten; vgl. im ganzen HDA, III, Spalte 121 ff.; IV, Spalte 412 ff.). Solche Glaubensvorstellungen sind zahlreich belegt, und es zeigt sich, daß in ihnen auch das Sakramentsmal eine Rolle gespielt hat (vgl. VI, bes. Anm. 137).

VI. SCHUTZ UND ABWEHR

Mittel zum Schutz *(Phylakteria)* und solche zur Abwehr *(Apotropaia)* sind im Grunde nur theoretisch zu unterscheiden. Was schädliche Mächte abwehrt, schützt auch vor ihnen. Ähnlich sind sogenannte Glückszeichen vor allem insofern glückbringend, als sie vor Unheil bewahren. Zu verstehen sind solche Mittel und ihre einstige Bedeutung im Volksleben insbesondere aus dem alten Glauben an die Macht böser Dämonen und Teufel [1], irdischen Schaden zu verursachen, und aus dem verwandten Glauben an Schadenzauber durch Hexerei.[2] Nach allgemeiner Vorstellung war es möglich, Unheil dieser Art durch Zeichen und Riten zu bannen.[3]

Daneben darf nicht übersehen werden, daß Unwetter, Seuchen und ähnliches oft als Strafe Gottes und als Ausdruck seines Zorns empfunden wurden, den es zu beschwichtigen galt.[4] Dazu wurden auch die Heiligen um Fürbitte angerufen. Doch galten die Heiligen zugleich als mächtige Beschützer vor Dämonen- und Hexenwerk. So sind die Vorstellungen von Schutz und Abwehr und die von der Beschwichtigung göttlichen Unwillens vielfach miteinander verknüpft.

Bekanntlich liegen gerade dem Abwehrglauben vornehmlich antike Vorstellungen zugrunde. Sie gingen ein in die christliche Vorstellungswelt und wurden mit analogen Inhalten erfüllt. Darüber hinaus lebt Vor- und Außerchristliches im Volksglauben weiter und verbindet sich, zuweilen fast unmerklich, mit Christlichem.[5] Die Frage nach den Grenzen zwischen Glauben und Aberglauben ist in dieser Untersuchung nicht zu stellen; ihr Anliegen kann nur sein, die Befunde aufzuzeigen, die am religiösen Wegmal und im Zusammenhang mit ihm sichtbar werden.

Zunächst sind hier noch einmal die sakramentalen Pro-
zessionen zu erwähnen, in deren Dienst zahlreiche Weg-
mäler gestanden haben (Kapitel V).[6] Die Umgänge wa- 154–172
ren, faktisch wie auch im Verständnis des Volkes, apo-
tropäische Riten, und es ist ja einleuchtend, daß das
Allerheiligste das wirksamste Apotropaion war, das es
gab; besonderen Schutz erwartete man von ihm vor den
Wetterdämonen.[7] Bezeichnend dafür ist, daß auch die
schon ältere Flurprozession am Tag der „Hagelfeier“ [8]
allgemein als theophorische Prozession erfolgte, seit-
dem das Umtragen des Sakramentes Brauch geworden
war. Das danach benannte „Hagelkreuz“ von Kotten- 173
heim [9] zeigt entsprechend eine Sakramentsnische.

Das Brauchtum des genannten Tages, der schon 1296 als „hagelvire“ genannt wird [10] und in fast allen deutschen Landschaften bezeugt ist, geht auf alte Wurzeln des Wetterzaubers zurück.[11] Die Hagelfeier war bis zum 19. Jahrhundert auch in unserem Raum einer der wichtigsten Termine im Ablauf des Jahres für den Ort und für die Pfarrei. Sie war ein Festtag mit strengem Arbeitsverbot, und im Mittelpunkt stand – auch schon vor der eucharistischen Form – der kultische Umzug durch die Felder.[12]

Bereits ohne jeden Anhalt müßte man erwarten, daß bei Umgängen dieser Art seit christlicher Zeit auch das Flurkreuz eine Rolle gespielt hat. Dies wird in der Tat bestätigt durch überlieferte Namen wie „Hagelkreuz", „Wetterkreuz", „Donnerkreuz", „Schauerkreuz".[13] Solche Bezeichnungen sind aber weiter ein nicht zu übersehender Hinweis darauf, daß auch dem Kreuzmal selbst, das heißt abgesehen von seiner Funktion im Kult der Hagelprozession, ein apotropäischer Charakter im Wetterglauben zukam.[14]

Belege dafür finden sich schon im frühen und hohen Mittelalter. Man schrieb den Flurkreuzen, zunächst meist aus Holz, „die Kraft zu, die Saaten gegen alle Schäden, insbesondere gegen Wettergefahren, zu schützen".[15] Die größeren wurden zu diesem Zweck durch Priester mit bestimmten, noch überlieferten Benediktionsformeln feierlich geweiht.[16] „Soweit dann das Hagelkreuz in der Feldflur geschaut werden kann", meinte das Volk in typisch dinglicher Deutung, „soweit dürfen die bösen Geister keinen Schaden tun." [17]

Ende des 17. Jahrhunderts hat ein Pfarrer, so heißt es, nach einer Reihe verheerender Unwetter „an den vier Enden der Gemarkung Kreuze errichtet"; dies geschah aber „unter ungeheurem Donner und Blitzen, was als Zeichen der ohnmächtigen Wut der zurückgeschlagenen Teufelsgeister gedeutet wurde".[18] Der Trierer Jesuit Nikolaus Cusanus [19] gibt im frühen 17. Jahrhundert auf seine Katechismusfrage „Warumb stellet man die Creutzer hin und wider auff die Weg und andere Oerter?" auch die Antwort: „Damit dadurch des Teuffels und böser Leuth Gewalt geschwächt werde." [20]

Diese den Kreuzen und anderen religiösen Malen zugeschriebene apotropäische Kraft war mitbestimmend dafür, daß sie bevorzugt an Wegekreuzungen aufgestellt wurden, wo nach altem Volksglauben die bösen Geister besonders ihr Unwesen trieben.[21] Um die Abwehrkraft noch zu erhöhen, hat man zuweilen in den Kreuzschaft Phylakterien eingelassen – Caravaca-Kreuze, Reliquien, Schutzzettel mit den Evangelienanfängen.[22]

Die Bedeutung von Weg- und Flurkreuzen bei der Abwehr schädlicher Wetter zeigen auch einzelne Kreuzinschriften, am Mittelrhein etwa 1674 mit der Anrufung an den Herrn, vor Blitz und Sturm zu bewahren [23], oder 1686 mit einer alten und verbreiteten Schutzformel – dem direkt an die feindlichen Mächte gerichteten Zwingwort, vor dem Kreuz des Herrn zu fliehen.[24] Auf einem Bildstock im östlichen Odenwald heißt es: „Weiget von uns, ihr verfluchte Geister" [25], auf einem unterfränkischen ist zu lesen: „Durch die Ans(ch)aung werte die Deufel verdriben." [26]

Neben der besonderen Funktion, Feld und Flur zu schützen, war im Volksglauben aber auch der Gedanke an einen allgemeinen Schutz lebendig, auch den des Ortes, der Menschen, der Haustiere, einen Schutz vor jeder Art von Übel. Selten wird dies inschriftlich ausgedrückt, doch auf einem Kreuz in Niederösterreich wird Gottes Schutz gegen „Khefer (Käfer), Schaver und Gefriehr, Pestilenz und Feindesgefahr" erfleht.[27] Im Moselgebiet zeigt sich die alles umfassende Schutzfunktion ausführlicher in der Stiftungsurkunde von 1488 für ein auf dem Ediger Berg zu errichtendes Kreuz.[28] Ein Ablaß wird allen gewährt, die – so heißt es 1580 in freier Anlehnung an die lateinische Urkunde – „daselbst vor Menschen, Vieh und Fruchten der Erden Gott den Allmächtigen andechtig bitten werden, damit sie vor allem arglistigen Ahnlauf des Teufels, vor allem Gespens, Zauberey, Hagel, Donner und aller Widerwertigkeit unverletzt und unbeschedigt pleiben mögen".[29]

146 Oft ist die Absicht eines umhegenden Schutzes für Dorf
153 und Gemarkung erkennbar; Nischenmäler, Bildstöcke oder Wegkapellen erscheinen dabei in gleicher Bedeutung wie das Kreuz. Da gibt es „Gemeinden, die in der Flur von einem Kranz von Denkmälern dieser Art umgeben sind", oder solche, „die alle Straßenausgänge mit Bildstöcken oder Altären besetzt haben".[30] Um Unheil nach beiden Seiten hin abzuwehren, hat man in Dottendorf (Bonn) an der einen Zufahrt des Ortes ein Häuschen mit der Figur des Pestheiligen Rochus errichtet, an der anderen eine kleine Marienkapelle, die als Bekrönung das Schutzkreuz von Caravaca zeigt.[31] Im gleichen apotropäischen Sinne sind die Bilder von Schutzheiligen zu verstehen, die sich an den meisten Stadttoren fanden; an dieser Stelle sind aus älterer Zeit aber auch Kreuze belegt.[32]

Vorstellungen vom umgehenden Schutz durch das religiöse Mal zeigen sich bereits in ältester Zeit. „Von den frühen irischen Klostersiedlungen wird berichtet, daß die Mönche rings im Umkreis der weitläufigen Klosteranlagen Kreuze errichteten zum Schutze der Eingesessenen und zur Abwehr der Dämonen." [33] Im Blick auf solchen Brauch und Glauben ist zu vermuten, daß man hier den ursprünglichen und wohl auch lange Zeit wichtigsten Aspekt für Grenzkreuze zu suchen hat. Zu Markzeichen sind sie, wenn überhaupt, wohl erst sekundär geworden. Im Bestandsgebiet ist ein eigentlicher Rechtscharakter von Kreuzen, die an Grenzen stehen, bisher nicht erkennbar geworden.[34]

Dagegen haben viele, und zwar wieder verbunden mit
dem Gedanken des umhegenden Schutzes, eine Rolle 140
gespielt bei kultischen Umgängen und Prozessionen. 160, 440
Zum Teil zeigt sich dies ja noch im gegenwärtigen oder erst jüngst vergangenen Brauch. Dabei ist nicht entscheidend, ob die einzelnen Mäler direkt an den Grenzen standen oder an anderen Stellen des Dorf- oder Pfarrbezirks rings um die Siedlung. Man muß annehmen, daß dieselben in älterer Zeit „schon bei ihrer Stiftung viel stärker in den Bereich kirchlicher Handlungen einbezogen wurden als später".[35]

Der Zusammenhang zahlreicher Mäler mit der Sakra- 175 f.
mentsprozession wurde schon erwähnt. Im Fränkischen beschreiben etwa „vier Altäre ein genaues Quadrat um den Ort" – Stationen für den eucharistischen Umgang und für die apotropäischen Lesungen der vier Evangelien. An einem Mal von 1610 wird auch inschriftlich vermerkt, daß „dabei sol gelesen wert tas Evangelium Gesang". Entsprechend finden sich am Bildstock manchmal Darstellungen der Evangelisten; es sind Hinweise auf die Lesungen und zugleich Schutzsymbole aus eigener Kraft.[36]

Im Flehen um Gottes und der Heiligen Schutz und in der Abwehr böser Mächte zeigt sich also eine enge und sinnvolle Verbindung von *Mal* und *Ritus.* Dies konnte
bereits am Beispiel der vier Beligen-Mäler aus dem 15. 142–153
Jahrhundert dargelegt werden – ja der Sinn dieser Denkmalgruppe hat sich erst von daher voll erschlossen (Kapitel IV). Die Untersuchungen zum Komplex „Kreuz und Sanktissimum" haben den Befund bestätigt (Kapitel V).[37]

Der wichtige Zusammenhang mit Schutzriten schmälert aber keineswegs die apotropäische Bedeutung, die das Flurkreuz im Volksglauben auch selbst und von sich aus hatte. Hier ist noch eine besondere Form zu erwähnen, das Kreuz mit zwei Querbalken. Ihm ist über Jahrhunderte hinweg eine außergewöhnliche Abwehrkraft zugeschrieben worden; auch das schon als Schutzzeichen erwähnte Caravaca-Kreuz gehört dazu.[38]

Steinkreuze dieser Form waren freilich selten [39]; ein kleines aus Basaltlava findet sich noch in Ediger.[40] Doch stand ein hohes Holzkreuz mit doppelten Balken früher auf dem Kühkopf bei Koblenz im Gebiet des städtischen Waldes. „Der Standpunkt bei dem Kreuze", heißt es 1821, „beherrscht meilenweit die Umgebung von Rhein und Mosel." [41] Es ist kein Zweifel, daß das Doppelkreuz ursprünglich, und zwar mit Bedacht an dieser Stelle, als Schutzmal für den ganzen Flurbann der Stadt errichtet worden ist.

Allgemein wird die Schutzkraft des Flurkreuzes erst voll verständlich aus der dem Kreuz an sich zugeschriebenen Kraft.[42] Seine Abwehrbedeutung ist seit alter Zeit auch im kirchlichen Gebrauch vorgezeichnet, in Segnung, Beschwörung und Exorzismus, aber auch etwa beim Umtragen des Kreuzes durch die Flur.[43] „Im Zusammenhang mit der dämonistischen Erklärung zahlreicher Lebenserscheinungen" geriet es dann „in den Bannkreis magischer Vorstellungen und entwickelte sich so zum wirksamen und weit verbreiteten Schutzzeichen und Amulett".[44] Der alte Glaube an seine Dämonen, Teufel und Drachen, aber auch Feuer, Wasser und was immer abwehrende Kraft ist aus vielen Sagen und Legenden bekannt. In der Gegenwart ist die Schutzvorstellung etwa noch in dem Brauch lebendig, angesichts einer Gefahr, so auch beim Blitzschlag, das Kreuzzeichen zu machen.[45]

Bei einem so bedeutenden und schon früh bezeugten Vorstellungskreis scheint es unerläßlich, diesen auch in der Frage nach den Ursprüngen und den ältesten Intentionen für den Brauch, Kreuze und verwandte Male in der Flur aufzustellen, mehr zu berücksichtigen. Das
Totenkreuz im weitesten Sinne sollte in solche Erwägun- 83 ff.
gen einbezogen werden.[46] Keinesfalls darf dann aber 188–202
das Mal aus Stein isoliert im Blickfeld stehen. Es gibt
keinen Grund, die Holzkreuze, von denen frühe Quellen 81 f.
berichten, in einer anderen Bedeutung zu sehen als solche aus Stein; gerade bei ihnen tritt aber ein apotropäischer Zusammenhang öfter hervor.[47]

Angesichts der im Volksglauben so geläufigen Schutzfunktion des Kreuzes, allgemein wie in der Flur, muß folgerichtig auch das bekrönende Kreuz des Nischenmals in diesem Sinne verstanden werden. Auffällig zeigt
sich der Abwehrgedanke, wo sich Kreuze nach mehreren 38–52
Seiten oder sogar nach vier Richtungen finden und daran 175–177
erinnern, daß bei der Flurprozession auch die dämonenbannende Lesung der Evangelien nicht selten nach den vier Winden hin erfolgte.

Weiter erscheinen Kreuzdarstellungen, vertieft, umrissen 3, 27,33
oder erhaben, merkwürdig oft auf den Flächen des Ni- 174,178
schenmals, gelegentlich auch zusätzlich am Kreuz.[48] Der 264, 267 ff.
Befund ist nicht minder beachtenswert; eine Erklärung 445 ff.
als Ornament dürfte nicht ausreichen, zumal wieder die 156, 160
Tendenz erkennbar ist, nicht nur die Schauseite, sondern 440
auch die rückwärtige und die seitlichen Flächen mit 142–153
Kreuzen zu versehen.[49] Als wichtige Beispiele seien 266
noch einmal die Beligen-Mäler genannt.

Hier ist zugleich auf ein Merkmal allgemeiner Art zu ver-
weisen. „Die Wirksamkeit der Amulettzettel und Haus-
segen" beispielsweise „erhöht sich nach dem Volksglau-
ben mit der Zahl der apotropäischen Bilder und Sprü-
che." [50] Das Phänomen zeigt sich in allen Bereichen, und
zwar schon seit ältester Zeit. So drückt sich wohl auch
148 beim Flurmal in der zusätzlichen Anbringung von Kreu-
316 ff. zen [51] sowie in der Kombination derselben mit anderen
181 f. christlichen oder selbst magischen Schutzzeichen oft die
Absicht aus, die apotropäische Kraft zu verstärken. Den-
selben Sinn hatte das schon genannte Einschließen von
Phylakterien im Schaft von Wetterkreuzen.[52]

Eine merkwürdige Häufung von Kreuzzeichen nach allen
Seiten, in Verbindung mit zwei Kreuzen in Durchbruch-
arbeit und dem Bild Christi, zeigt sich an dem frühchrist-
134–137 lichen Monument von Moselkern. Das Basaltlavamal ist
vor allem von Elbern vergleichend untersucht, eingeord-
net und gedeutet worden.[53] Die ursprüngliche Funktion
im Kult und Glauben der Zeitgenossen ist indessen nicht
bekannt.[54] Nach seinen Merkmalen drängt sich die Frage
auf, ob auch bei ihm eine apotropäische Intention, der
Gedanke an die Abwehr dämonischer Mächte, anzuneh-
men ist.[55] Maßgeblich ist bei dieser Frage der Volks-
glaube der Spätantike und des frühen Christentums, aus
deren Tradition der Kreuzstein hervorgegangen ist.

Dort findet sich in der Tat eine reiche Entfaltung des
Abwehrglaubens [56], und dabei „ist natürlich das Kreuz
. . . wohl eines der stärksten Schutzsymbole, weil es das
an das Erlösungswerk und den Sieg über Tod und Teu-
fel erinnernde Wahrzeichen ist. Die kirchlichen Schrift-
steller der frühen Zeit betonen immer wieder seine be-
sondere Macht gegenüber den Dämonen, Zauberkünsten
und Geheimmitteln. Die monumentalen Zeugnisse stehen
nicht zurück." [57] Auch die Kombination von Schutzzei-
chen ist geläufig; so wurde „zur Verstärkung der Ab-
wehr" etwa ein „Buchstabenkreuz noch von zwei grie-
chischen Kreuzen flankiert".[58]

Die zeitgenössischen Befunde entsprechen den charak-
teristischen Merkmalen an dem Kreuzstein von Mosel-
kern. Seine Interpretation in einem apotropäischen Sinne
scheint deshalb erlaubt und sogar notwendig.[59] Das zen-
trale und mächtigste Schutzbild ist danach die Darstel-
lung Christi über den vier Weltrichtungen. Als Herrscher 134
über den Erdkreis ist er zugleich Herr über Teufel und
Dämonen, am Kreuz hat er sie besiegt. In Siegerhaltung
auch steht er vor dem oberen Kreuz und ist eins mit ihm,
Ursprung der geheimnisvollen Kraft dieses Zeichens. Die
liegenden Kreuze zwischen seinen Händen erscheinen
wie Schwerter, nach denen er greift.[60] In der durchbro-
chenen Gestaltung, die die beiden Hauptkreuze auch
von rückwärts sichtbar macht, mag ausgedrückt sein, 136
daß die von hier ausgehende Schutzkraft nach allen
Seiten hin wirksam ist. Diesem Gedanken fügen sich
endlich die weiteren Kreuzzeichen, nicht zuletzt die flan-
kierenden auf den Schmalseiten, genau ein, ja werden 135, 137
hierdurch erst sinnvoll.

Über viele Jahrhunderte hinweg scheint sich wenigstens
in der apotropäischen Darstellung von Kreuzen eine
Verbindung zu zeigen zwischen diesem ältesten Mal aus
Basaltlava und dem späteren reichen Bestand in dieser
Landschaft. Dem entsprechen Kreuzformen aus früher 11, 178 f.
Tradition. Die Gestalt des Kreuzes mit den konischen, 445 f.
sich nach innen verjüngenden Balken [61], auf altchrist-
lichen Grabplatten wohl vor allem als Schutzzeichen zu 265
verstehen [62], „ist keine zufällige", sondern geht auf
einen historischen Typ, vermutlich auf das „jerusalemi-

tische Votivkreuz ... mit der großen Kreuzreliquie zurück". Diese Form hatte auch schon ein frühchristliches Amulett auf der Brust eines Toten, und man „hat die dämonenschreckende Bedeutung dieses Umhängekreuzchens betont".[63]

In symbolischen Darstellungen des Mittelalters wird das Erlösungszeichen des Kreuzes oft dem paradiesischen Lebensbaum gleichgesetzt.[64] Wahrscheinlich sind in diesem Zusammenhang im Basaltlavabestand die Kreuze
174, 268 über einer Scheibe zu verstehen, besonders wo dieselbe vom Fuß des Kreuzschaftes gleichsam umfangen wird.
267 In Hannebach erscheint es als Stabkreuz — ein Typus, der ebenfalls auf die Lebensbaum-Symbolik zurückgeht
265 und schon auf frühen Grabsteinen als Bild des Schutzes
142 f., 146 und der Dämonenabwehr anzusehen ist.[65] Das Stab-
179, 264 kreuz findet sich noch öfter in diesem Gebiet, charakte-
266 ristisch besonders an den Beligen-Mälern. Aber auch in anderen Landschaften sind das Stabkreuz sowie das Lebensbaumkreuz in anderer Gestalt am Flurmal nicht unbekannt.[66]

Ein weiter als Apotropaion bekanntes und bedeutendes Zeichen ist das „stumpfe Kreuz"[67] in T-Form, das am Basaltlavamal teils als das Seuchen abwehrende und
153 das Vieh schützende Antoniuskreuz[68] erscheint, teils
187, 235 aber auch als das alte Thau-Zeichen zu deuten ist, dessen magisch-apotropäische Kraft auch Amulette und Schutzblätter oft bezeugen.[69]

3 f. Als das vierfache Thaukreuz erscheint das Krückenkreuz,
5, 9 während das Wiederkreuz viermal das lateinische Kreuz enthält; durch die Kombination entsteht in der Mitte ein weiteres Kreuz.[70] Vielleicht stand auch bei diesen Formen der Gedanke am Anfang, die Heils- oder Schutzkraft durch Vervielfachen wirksamer zu machen. „Wie sehr die Zuerkennung von ‚Heiligkeit' durch Gestalttradition bestimmt sein kann, läßt sich an dem schier unübersehbaren Brauchtum ablesen, das sich um die Kreuzgestalt rankt."[71]

An den Beligen-Mälern ist wahrscheinlich auch die Form der Kreuze, welche am Ende der Balken drei Rauten- 145
blätter und unten die Spitze des Steckkreuzes zeigen[72], 147–149
nicht lediglich ornamental, sondern als Ausdruck einer bestimmten Bedeutung zu verstehen. Man mag an eine Art Wiederkreuz denken, vielleicht auch an ein „Dreiblatt" am Abschluß der Balken, ein Symbol, das Koeniger – der den romanischen Bildzyklus von Remagen überzeugend enträtselt hat – als ein dem Mittelalter sehr geläufiges Abwehrzeichen ansieht.[73] Ausdrücklich als Apotropaion wird von ihm das Dreiblattzeichen gedeutet, das sich an den Balkenenden eines Vortragekreuzes im Aachener Domschatz findet.[74]

Neben dem Kreuz sind auch andere christologische Symbole schon seit ältester Zeit als Schutzzeichen angesehen und verwendet worden; im Laufe der Jahrhunderte kamen noch viele hinzu. Ihre apotropäische Bedeutung im Volksglauben zeigt nicht zuletzt wieder das Vorkommen auf Amuletten und Schutzblättern[75], und zweifellos ist ihnen auch auf dem Wegmal oft ein solcher Sinn zuzuschreiben, sei es ausschließlich, vorwiegend oder zusätzlich zum Verständnis als Andachtszeichen. Ganz eindeutig zeigt sich die Schutzvorstellung, wo Sym-
bole dieser Art am Mal zusammenstehen mit bekannten 181 f.
magischen Zeichen zur Hexenabwehr[76], ein Befund, der aber auch sonst nicht selten ist.[77]

An erster Stelle sind der Name JESUS und das gleich- 146, 153
bedeutende Monogramm IHS zu nennen[78]; das letzte 160, 177
erscheint auch in Kurzform, nur als H mit dem üblichen 58, 316 ff.

172, 275 Kreuz auf dem Querbalken.[79] Nach ältestem Volksglau-
ben besteht ja ein geheimer Zusammenhang zwischen
dem Namen und dem Wesen des Benannten, nicht
anders als zwischen dem Bild und dem Wesen des
Abgebildeten.[80]

156, 282 Als magisches Schutzzeichen erscheint weiter der Kreuz-
303–305 titel INRI.[81] Ebenso sind hier die *Fünf Wunden* des Herrn
223 zu nennen.[82] Bei den *Arma,* den *Waffen Christi* [83], bei
312–315 denen wieder das verstärkende Motiv der Vielfalt zum
415 Ausdruck kommt [84], klingt der Abwehrcharakter bereits
70 in der Bezeichnung an. Wichtige Symbole aus diesem
272–275 Darstellungskreis oder aus dem Wundenbild finden sich
316–318 in diesem Sinne auch allein oder in anderer Kombina-
412–416 tion, so das Herz Jesu, die drei Kreuzesnägel und die
69, 300 ff. Dornenkrone [85], ferner das Haupt Christi.[86] Endlich muß
437 die Darstellung Christi selbst [87], nicht zuletzt als Kruzi-
290 fixus, oft in apotropäischer Bedeutung verstanden wer-
den.[88]

147, 153 In den Schutzvorstellungen des Volkes spielen weiter die
217, 219 Heiligen eine bedeutende Rolle, vornehmlich Maria [89],
319–336 aber dann auch viele andere Schutzheilige für bestimmte
407–411 Anliegen. Ihre Namen, Monogramme, Symbole oder Bil-
426 der finden wir wieder auf den Wegmälern wie auf Amu-
lettzetteln.[90]

So steht auf einem schwach erhabenen Kreuz am Schaft
eines Sakramentsmals in Klotten der Heiligenname
MARGARET. Darüber wird seine Abwehrbedeutung zu-
sätzlich zum Ausdruck gebracht durch die Darstellung
186 eines Attributes der Heiligen, des Drachens mit dem in
den Rachen gestoßenen Kreuzstab. St. Margareta war
unter anderem Wetterheilige, „denn alle verheerenden
Gewitterstürme sah das Volk als Einfluß des höllischen
Drachens an".[91] Aufgrund ihres legendären Sieges über
das Untier war die Heilige, die den Vierzehn Nothelfern angehört, auch in einem weiteren Sinne Schutzpatronin „gegen Dämonen".[92]

Nur noch schwer sind heute die alten apotropäischen Vorstellungen und ihre einstige Bedeutung verständlich. Von ihnen war aber das Denken der Menschen geprägt, als noch „die vier apokalyptischen Reiter aus Dürers Holzschnitt durch die Lüfte jagten, als Hunger und Elend, Krankheit und Tod leibhaftig durch die Dörfer und Städte gingen und Hexen und Teufel nicht nur geglaubt, sondern auch gewußt und gesehen wurden".[93]

Beim religiösen Wegmal können selbstverständlich – und werden oft – weitere Intentionen mit der apotropäischen verbunden gewesen sein. Es sind weithin komplexe Vorstellungen anzunehmen, und sie gehörten einem intimen Glaubensbereich an [94] – einem anderen allerdings als dem heute geläufigen, nach welchem das alte Wegmal oft lediglich als Devotions- oder sogar als bloßes „Gedenkzeichen" angesehen wird. Derartige Deutungen sind aus historischer und volkskundlicher Sicht so unrichtig wie nichtssagend; es ist von dem Volksglauben der Stifterzeit auszugehen, nicht aber von den Frömmigkeitsformen der Gegenwart.

Im Einzelfalle ist vielfach schwer zu sagen, wo beim Kreuz oder einer bestimmten Darstellung auf ihm der apotropäische Gedanke im Vordergrund gestanden hat oder wo das ursprüngliche Schutzzeichen, formal unverändert tradiert, dann eher ein Bild der Andacht und der Anrufung im Votivsinne war. Doch schließlich gehörte im volkstümlichen Denken das alles ja auch zusammen.[95] Überzeugend zeigt sich aber und ist zu belegen, daß sich alte magische Vorstellungen, allgemein wie auch gerade im Schutzglauben, viel länger erhalten haben, als man anzunehmen geneigt ist.[96]

Relativ selten findet sich am Wegmal eine Abwehrsymbolik, die nicht dem religiösen Bilderkreis angehört.[97] Um so bemerkenswerter ist ein undatierter Nischenstock
183 am Ortsrand von Kollig – ein Mal für die theophorische Prozession – mit zwei Darstellungen dieser Art zwischen Schaft und Nischenkopf an den beiden vorderen Kanten. Der Männerkopf rechts ist ohne Zweifel in Verbindung mit den öfter belegten plastischen Bildern zu sehen, die sich am mittelalterlichen Bau sowie an Taufbecken und Glocken finden und die dämonisch-teuflische Mächte bannen sollten.[98]

Eine ungewöhnliche Darstellung zeigt sich dagegen in
184 der hockenden Gestalt auf der linken Seite, doch ist auch diese einzuordnen. Schon als sinnvolles Gegenstück zu dem Kopf verlangt sie eine apotropäische Erklärung. Das Verständnis der Figur erleichtert ein Vergleich mit dem sinnverwandten Detail aus einem Holz-
185 schnitt, der Beispiele des Wetterzaubers zeigt.[99] Ein Junge streckt, zur Abwehr eines drohenden bösen Wetters, mit gebeugten Knien und etwas gelüftetem Hosenboden sein Gesäß nach hinten und schaut auch in diese Richtung.[100]

Die magische Geste steht in dem volkskundlich bekannten Zusammenhang von Abwehrriten und -darstellungen durch obszöne Gebärden, zu denen auch, und nicht zuletzt, das Zeigen des nackten Gesäßes gehört.[101] Die Gebärde wird oft nur angedeutet – wie ja auch die Frau auf dem Holzschnitt als Ersatz einer kultischen Entblößung, in der gleichen magischen Absicht, mit der Linken nur ihren Rock ein wenig anhebt.[102] Der apotropäische Ritus des Gesäßzeigens, noch heute übrigens als Hohngeste bekannt [103], ist im Brauch reich bezeugt.[104] Eine hier beachtenswerte Skulptur aus dem Jahre 1626 in Goslar stellt eine Frau dar, die beim Buttermachen, das stets durch Hexenzauber bedroht war, ihr Gesäß entblößt.[105]

Die kleine Figur von Kollig zeigt in den wesentlichen
Punkten eine auffallende Ähnlichkeit mit der Darstellung 184 f.
des Jungen auf dem Holzschnitt, in der Körperhaltung wie in dem nach rückwärts gewandten Blick. Bei dem Kolliger Bild sind weiter die Gewandfalten auf dem Oberschenkel der hockenden Gestalt zu beachten, die auf das herabgezogene Beinkleid hinweisen. Auch sitzt der Dargestellte nicht, wie nach der Haltung zu erwarten wäre, auf seinen Fersen, sondern hat unverkennbar das Gesäß angehoben; die obere Bekleidung hängt etwas über. Nach allem erscheint hinreichend sicher, daß die Figur den genannten Abwehrritus andeuten soll, in der Aussage passend zu dem Abwehrkopf rechts.

Dabei kann zunächst die Frage offenbleiben, ob den beiden Eckbildern im Verständnis der Zeit – wohl um 1500 [106] – ein realer apotropäischer Sinn zukam oder ob es sich nur um die allegorische Darstellung dieses Gedankens handelte. Auch im letzten Falle sind die Figuren von hohem Interesse, weil sie eindrucksvoll die Verbindung des Kultmals am Wege mit dem volkstümlichen Abwehrglauben zeigen; mit Sicherheit war der Sinn den Zeitgenossen geläufig.[107]

Als weiteres Abwehrzeichen aus dem magischen Bereich
erscheint der sogenannte Drudenfuß, das Pentagramm, 181 f.
gelegentlich am religiösen Mal unserer Landschaft. Das Bannzeichen steht neben christlichen Symbolen, und die Kombination verstärkt die Schutzkraft.[108] Die Bedeutung des Hexensterns ist allgemein bekannt, nicht zuletzt

etwa aus Mephistos Worten an Faust: „Daß ich hinausspaziere, verbietet mir ein kleines Hindernis, der Drudenfuß auf Eurer Schwelle." [109] Auch zahlreiche landschaftliche Belege zeigen die magische Verwendung des Pentagramms.[110]

Freilich findet sich das Zeichen nicht selten auch als Hausmarke [111], und in dieser Bedeutung ist es gewiß auf
248 f. einer Reihe von Grabkreuzen aufzufassen.[112] Zuvor dürfte es Berufsmarke gewesen sein, und zwar am Mittelrhein vermutlich ein Zeichen des Bäckers [113] – erklärbar wahrscheinlich aus dem alten Brauch, über den Brotteig gegen Verhexen ein Handzeichen in Form des Fünfsterns zu machen.[114]

Anscheinend sind weiter bestimmte Winkelzeichen als Kürzel für das Pentagramm und damit ebenfalls als Abwehrsymbole am Mal anzusehen, so vor allem das A mit dem nach unten geknickten Querbalken, das im Pentagramm fünfmal enthalten ist; der Name „Pentalpha" zeigt, wie bewußt dieser Zusammenhang war.[115] An dem
181 Mal von Niederdürenbach kann man die A-Ritzungen, neben dem Drudenfuß und zwischen Kreuzen, wohl nur
180 in dieser Bedeutung verstehen. Aber auch sonst erscheint am Wegmal das A-Zeichen auffällig oft und in
19, 176 einer Weise, daß es nicht immer bloße Initiale oder
179, 312 Hausmarke sein kann[116] – vielleicht ein bewußt unver-
350, 466 fänglicher Ersatz für das unchristliche Pentagramm am christlichen Mal.

Der Sechsstern im Kreis ist in der Volkskunst als beliebtes und ungemein häufiges Ornament bekannt. Darüber hinaus hat er zweilen aber auch die Bedeutung eines Glücks- oder Abwehrzeichens.[117] In Niederdürenbach
181 findet man ihn, in Verbindung mit anderen magischen und christlichen Symbolen, auf allen Seiten des Segenmals für die Sakramentsprozession, möglicherweise nicht zufällig zwölfmal.[118] An einem älteren Mal dersel-
ben Art ist er auf der Rückseite grob eingeritzt, darüber 449 f.
das Schutzzeichen der drei Kreuznägel.[119] Endlich erscheint er als erhabene Steinmetzarbeit auf zwei frühen Grabkreuzen aus Basaltlava in Welling groß in der Kreuzmitte [120]; hier wirkt der Sechsstern zwar wie ein Dekor, doch ist im alten Bestand eine Darstellung ohne besonderen Sinn an einer solchen Stelle des Mals ausgeschlossen.[121] Eine Ritzung darüber ist vielleicht als
Pentalpha-Symbol zu verstehen.[122] 179

Ist somit der Sechsstern am religiösen Mal unseres Raumes eher Sinnzeichen als Ornament, so gilt dasselbe für ein ebenso beliebtes Schmuckmotiv der Volkskunst –
den Dreiblütensproß. Zu seiner möglichen Bedeutung ist 413 f.
viel geschrieben, aber vielen Interpretationen auch widersprochen worden.[123] Die Bildzeugnisse an mittelrheinischen Steinkreuzen, bislang nicht berücksichtigt und wohl auch nicht bekannt, sind in dieser Frage ohne Zweifel von allgemeinem Interesse.

Hier zeigt sich der „Lebensbaum" – wie die Darstellung
vornehmlich genannt worden ist [124] – eindeutig in christ- 272–279
licher Symbolik, zusammen mit dem Herzen Jesu, aus 387, 389 f.
dem er oft herauswächst, mit der Dornenkrone, den 413 f., 423
Kreuznägeln, dem Jesusmonogramm IHS.[125] Gleich diesen Zeichen, deren volkstümliche Schutzbedeutung schon erörtert wurde, ist hier der Dreisproß zweifellos auch selbst als christliches Heilszeichen verstanden worden.[126]

Als Blütensproß in exakter Kreuzform, im Mittelpunkt das Herz Jesu, findet sich die Darstellung im 18. Jahr-
hundert an einem Grabmal mit Vesperbild, aber auch 327
schon um 1600 an dem Sakramentsmal von Hain, das

176 durch seine verschachtelten Kreuze nach vier Seiten den
Abwehrgedanken so sinnfällig zum Ausdruck bringt.[127]
Die Kreuzgestalt läßt an das Lebensbaumkreuz der alten
Zeit denken. Dazu passen einige – wenngleich relativ
270 f. junge – trierische Varianten in Idesheim, wo sich ein aus
dem Herzen wachsender Sproß manchmal als Blüten-
142 f., 146 kreuz, manchmal aber auch als Stabkreuz zeigt [128], das
179 ein verbreitetes Schutzzeichen des Mittelalters war und
264–267 im 15. Jahrhundert am Basaltlavamal erscheint.[129]

Ein auffallender und, wie sich zeigen wird, im Schutz-
sinne bemerkenswerter Befund ist die spätere Einritzung
von Hausmarken und Namensinitialen an Mälern der
alten theophorischen Prozession. Die Zeichen sind, wie
etwa die regellose Anbringung von Hausmarken an dem
206 Nischenstock von 1590 bei Nickenich-Eich zeigt, gewiß
nicht ursprünglich und darum nicht als Stiftermarken
449 f. anzusehen. Das undatierte Sakramentsmal von Wasse-
nach, aus dem weicheren Tuffstein, ist geradezu übersät
181 von Ritzungen dieser Art.[130] In Niederdürenbach finden
sich Hausmarken neben der Sakramentsnische [131], auf
einem Prozessionskreuz bei Rodder Initialen mit dem
Symbol der Kreuznägel dazwischen.[132] Möglicherweise
zusammen mit magischen Zeichen, erscheinen eingeritz-
te Initialen an alten Nischenmälern der Prozession in
19, 176 Kreuznick, bei Hain und bei Koblenz, aber auch auf der
166 Platte eines Sakramentstisches in Polch.[133]

In diesem Zusammenhang kann nicht unbeachtet bleiben, daß sich solche Gravierungen – Marken, Namen und Initialen von Pilgern – in großer Zahl an der Rückseite des Fraukircher Altars gefunden haben, bei einem Sepulcrum, das als Reliquiengrab der verehrten Volksheiligen galt, der „Genovefahöhle“, wo man, wie es hieß, noch deren Quelle rauschen hörte. Das Sepulcrum war für das Volk früher das Zentrum des Genovefakultes.[134] Die dort erfolgten Eintragungen können nur aus der Intention verstanden werden, sich zu diesem Ort und der von ihm ausgehenden Schutzkraft in dauerhafte Beziehung zu setzen.

Im gleichen gedanklichen Zusammenhang dürften die nachträglich angebrachten Hausmarken und Namen am Sakramentsmal stehen.[135] Dessen geheime Kraft war im Glauben des Volkes einmal schon die des christlichen Mals an sich [136], zum anderen aber – und wahrscheinlich noch mehr – die Kraft des Allerheiligsten, die durch Berührung und Segen an dem Mal haftete.[137] Sie war übertragbar, und wer hier seine Marke oder die Initialen seines Namens anbrachte, war gewiß, derselben teilhaft zu werden. Zu berücksichtigen ist wieder die alte Vorstellung einer magischen Verbindung von Name und Person, wobei die Hausmarke dem Namen gleichzusetzen ist.[138]

Auch aus anderen Landschaften ist die volksgläubige Vorstellung einer vom christlichen Wegmal ausgehenden magischen Kraft bekannt. Nach einem Zeugnis von 1608 wurde das kranke Vieh um einen Bildstock herumgeführt, und anschließend hat man ihm Steinpulver von demselben zur Heilung unters Futter gemischt.[139] So eindeutige Quellenzeugnisse sind freilich selten; doch hat man häufig auffällige Schabstellen und Wetzrillen am Wegmal aus Stein beobachtet [140], und sie werden wohl mit Recht in der Regel durch volkstümliche Praktiken dieser Art erklärt. Vermutlich in derselben Bedeutung erscheinen Schabspuren an Kirchenportalen und Burgtoren.[141]

Auch im Kreuzbestand unserer Landschaft – und zwar 25
wieder gerade am Sakramentsmal – sind ausgekratzte 206

449 f. Rillen zu finden [142], unverkennbar besonders dort, wo jeweils drei nebeneinanderstehen.[143] Es gibt keinen Grund, die Wetzspuren hier anders zu erklären. Sie sind auch offensichtlich Zeichen desselben magischen Glaubens, der schon hinter den eingekratzten apotropäischen Zeichen sowie den Hausmarken und persönlichen Initialen vermutet worden ist – des Glaubens an orendistische Kräfte, die dem Mal innewohnen.[144]

Den Glauben an geheime Kräfte zeigen weiter auch Berichte, nach denen Steinkreuze oder Bildstöcke das Ziel von Bittgängen in bestimmten Anliegen waren [145] – bei den „Schwärenkreuzen" der Südwesteifel zum Teil auch mit Opfergaben verbunden [146] — oder wonach andere magische Bräuche an solchen Mälern hafteten.[147]

Man erinnert sich hier einer bestimmten Gruppe von Inschriften. „Nicht bet an diesen Stein . . ." liest man
206 etwa auf dem Mal von 1590 mit leerer Nische, das am Schaft nachträglich eingeritzte Hausmarken und drei Wetzrillen zeigt. Gewiß gehört die Inschrift in eine auch sonst verbreitete Tradition von Formeln für Wegmäler, entstanden aus dem Geist der Gegenreformation.[148] Doch ist nach allem Gesagten kaum ein Zweifel, daß solche Texte nicht ohne Grund „vor einer allzu gegenständlichen Verehrung" [149] der Mäler gewarnt haben.[150]

Rückblickend auf dieses Kapitel zeigen sich die Vorstellungen von Schutz und Abwehr [151] am religiösen Wegmal in ihrer typischen Mischung von christlichen und magischen Elementen. Oft unauffällig, erscheinen sie doch in vielfältiger und zuweilen überraschender Weise. Für das volle Verständnis der Denkmäler aus dem Glauben und Brauch ihrer Zeit ist es erforderlich, sie als wichtige Komponente zu berücksichtigen.[152]

ANMERKUNGEN

VI. SCHUTZ UND ABWEHR

1 Dämonistischer Glaube aus verschiedenen Kulturen, nicht zuletzt aus den antiken, „floß wie in einem Sammelbecken im mittelalterlichen Dämonenglauben zusammen" (HDA, II, Spalte 156; vgl. i. g. Spalte 140—168). In christlicher Sicht existierten die Teufel teils neben den Dämonen, teils traten sie an deren Stelle, und zwar oft unter Beibehaltung der alten Bezeichnung. So ist, wie auch zahlreiche Quellen zeigen, in der volkstümlichen Vorstellung eine Unterscheidung vielfach nicht relevant. Gewitter zum Beispiel wurden nach Kyll „von den Dämonen, volkstümlich gesprochen von den Teufeln, unter göttlicher Zulassung hervorgerufen" (Glocke, S. 136). Vgl. auch Geiler von Kaisersberg in V, Anm. 47.

2 Im vielschichtigen Hexenglauben, der zum Teil auf altem Zauber- und Gespensterglauben beruht (vgl. HDA, III, Spalte 1827—1920), ist hier vor allem die Vorstellung von Interesse, daß Menschen — Hexer oder Hexen — durch einen Pakt mit dem Teufel die Macht zum Schadenzauber erhalten. Die Akten kurtrierischer Hexenprozesse (vgl. Krämer im ganzen) zeigen, wie lebendig dieser Glaube auch in unserer Landschaft war, wo die Opfer etwa ihre Absicht gestehen mußten, „das Gewachstumb der Erden zu verderben" oder „teufliche Salb" auszuwerfen, „dardurch Nebel, Kälte, Reif und Frost erweckt wurden" (a. a. O. S. 15). Daß „die Zauberer durch die Verbindung mit bösen Geistern Krankheiten hervorrufen oder Gewitter und Hagel verursachen", lehrt 1589 auch der Trierer Weihbischof Peter Binsfeld (Kyll a. a. O., S. 135), in einer lateinischen Schrift, die dann auch deutsch unter dem Titel „Tractat Von Bekanntnuß der Zauberer und Hexen" erschien (vgl. Kyll, Zuchtschul, S. 225, Anm. 20).

3 Vgl. HDA, I, Spalte 129—150, s. v. Abwehrzauber; LThK, IX, Spalte 360 f., s. v. Schutzmittel (christliche). Für den rheinischen Raum vgl. bes. Kyll, Glocke, mit reichen Quellen und Belegen vor allem zum Wetterzauber.

4 „Um Gottes Zorn zu versöhnen und seine drohende Strafe abzuwenden, waren seit dem Frühmittelalter Bitt- und Bußprozessionen ein häufig angewandtes Mittel" (Browe, Eucharistische Flurprozessionen, S. 742). „Der Volksglaube des Mittelalters war auch überzeugt, daß Gott sich des Gewitters bediene, um die Menschen zu bestrafen" (Kyll a. a. O., S. 137). Dasselbe gilt für andere gefürchtete Wettererscheinungen, und mancher Brauch dient etwa „zur Besänftigung seines im Hagelschlag geäußerten Zorns" (HDA, III, Spalte 1311).

[5] Vgl. oben III, Anm. 21; ferner Meisen, Blick alte Völker, bes. S. 176 f.; ders., Blick Mittelalter; Franz, II, S. 37 u. öfter; Kriss-Rettenbeck, Bilder und Zeichen, S. 34.

[6] Der ehemalige Brauchzusammenhang religiöser Mäler mit alten sakramentalen wie auch anderen kirchlichen Prozessionen und Umgängen im Sinne des Schutzes ist bislang in der Kreuz- und Bildstockforschung nicht immer genügend beachtet worden. Bemerkenswert erscheinen dagegen etwa die Feststellungen von Mehl, der im Fränkischen ähnliche Befunde aufgezeigt hat (S. 54 ff.; 162 ff.), wie sie auch am Mittelrhein gültig waren und hier beschrieben werden.

[7] Um 1400 wird festgestellt, daß „vom Fronleichnamsfeste ab bis zum Ende der Ernte täglich nach der Messe das Sakrament vor die Kirchtür getragen werde, um damit die Luft zu segnen, d. h. einen Wettersegen zu vollziehen" (Franz, II, S. 106 f.). Auch hundert Jahre später wurde in Ritualien gestattet, bei Gewittern „den Leib des Herrn in einem passenden Gefäße aus der Kirche hinauszutragen und damit das Zeichen des Kreuzes über die Wolken zu machen" (Browe a. a. O., S. 754). — Zu der Kraft, die vom Sakrament ausgeht und nach dem Volksglauben übertragbar ist, vgl. auch unten Anm. 137.

[8] Vgl. Anm. 10 ff.

[9] Schon vor dem genannten (Abb. 173) wird in Kottenheim 1534 und 1535 urkundlich ein „Haell Crutz" bzw. „Haelcrutz" genannt (vgl. I, Anm. 21). — Auch das jüngere „Hagelkreuz" von Remagen hat eine Sakramentsnische (für die Monstranz); vgl. Anm. 13.

[10] Kyll, Hagelfeier, S. 116.

[11] Vgl. HDA, III, Spalte 1304—1320 s.v. Hagel, Hagelzauber; IX, Spalte 508—512 s.v. Wetterbeschwörung, -bann. — „Flurfeier und -prozession zur Reinigung (Lustration) und Entsühnung der Felder und zur Erflehung des Segens der Götter sind im mitteleuropäischen Raum allgemein üblich und beliebt gewesen" (Kyll, Bittprozessionen, S. 61). „Diese Flurumgänge sakralen Charakters ... wurden im Zuge der christlichen Missionierung in einer praktischen *interpretatio christiana* übernommen und in den Bittprozessionen ... als Ausdruck christlichen Gedankengutes weitergeführt" (a. a. O. S. 64). Auch die Hagelfeier und ihr Flurumgang sind im Ursprung zweifellos so zu erklären.

[12] Eine umfassende Untersuchung für das Erzbistum Trier und seine Randgebiete hat Nikolaus Kyll vorgelegt (Hagelfeier). Der Tag wurde als „Pfarrliches Hochfest" begangen, „mit feierlichem Hochamt und anschließender Prozession". Während der ganzen Prozession „läuteten die Glocken", deren Schall ja dämonenabwehrend war (vgl. Kyll, Glocke). „Seit dem 14. bis 15. Jahrhundert führte man außer Kreuz und Reliquien ... die konsekrierte Hostie mit. Während des ganzen Hageltages bestand ein Verbot der körperlichen Arbeit." „Bei der Prozession machte man viermal Station unter Absingen der Evangelienanfänge und Orationen zum Schutz der Felder. Seit der theophorischen Form wurde der sakramentale Segen hinzugefügt." (alle Zitate: Hagelfeier, S. 114). In einer Aufstellung aller bisher bekannten Belegorte teilt Kyll auch die örtlichen Termine mit (S. 142—152, mit Karte); eine Reihe von Orten hatte zwei oder mehr (bis zu fünf) verschiedene Hagelfeiertage im Jahr. — Zur Hagelfeier im Trierer Land vgl. auch Kyll, Kreuze. Für das Dekanat Hillesheim/Eifel vgl. Wagner, Hagelprozessionen — wonach vermutlich auch das schon genannte „Ablaßkreuz" um 1500 (vgl. V, Anm. 26) Station einer Hagelprozession war; es hat eine Nische zum Einstellen der Pyxis mit der konsekrierten Hostie. — In manchen Orten, wie in Thür, erinnert noch eine „Hagelstraße" an den Brauch und wahrscheinlich an den alten Prozessionsweg. Weiter sei nur als Beispiel eine „Hagelkreuzstraße" in Mönchengladbach genannt.

[13] Vgl. allgemein: HDA, III, Spalte 1317 („Hagelkreuze seit dem 13. Jahrhundert erwähnt"); LThK, X, Spalte 849 f. (s.v. Wetterkreuze; „halcruce" um 1300); Naegele, II, S. 381 („hagelcruce" 1291, „wetercruce" 1292); Kuhfahl, S. 189 f. („Wetterkreuze" 1451 und 1609 sowie Belege in älteren Karten); Kyll, Kreuze, S. 167, Anm. 10 (urkundliche Erwähnungen im Mittelalter). Zeugnisse für rheinische „Hagelkreuze" (vgl. III, Anm. 54): um 1200 bei Mainz, 1407 bei Mörs, 1570 bei Grevenbroich (Dittmaier, S. 97); vgl. hier auch 1582 Kottenheim (oben Anm. 9). Kyll nennt Beispiele für Wetter- oder Hagelkreuze im Eifelraum (Kreuze S. 161), darunter das „Hagelkreuz" von Remagen aus dem Jahre 1693, zu dem an Christi Himmelfahrt eine Wetterprozession ging, die man „Hagelfeier" nannte (Schug, V, S. 399, Anm. 55); es handelt sich um ein über drei Meter hohes Mal im Stil und Material der Prozessionskreuze des Bonner Landes, mit weit ausladender Konsole und Tabernakelnische zum Abstellen der Monstranz; auf dem bekrönenden Kreuz die Fünf-Wunden-Darstellung mit Dornenkrone; der Name „Hagelkreuz" ist noch volkstümlich und — ebenso wie bei Kottenheim — auch im Meßtischblatt eingetragen. Ein „Hagelkreuz" im Kreis Schleiden ist erwähnt in Eifelkalender, Bonn 1927, S. 108. Ein als „Donnerkreuz" bezeichnetes altes Steinkreuz steht bei Isenburg (Bestandsaufnahmen, vgl. III, Anm. 66, Nr. 7; für den dortigen Landkreis hat mir Frau Schütz, Leiterin des Kreismuseums Neuwied, freundlicherweise die Benutzung der Unterlagen ermöglicht). Das in der Mundart noch heute so bezeichnete „Wäädekreuz" (Wetterkreuz) bei Polch, Distrikt Kuckucksweide, von 1809

— aus der Basaltlava-Werkstatt T —, dürfte an der Stelle einer älteren Station der örtlichen Hagelprozession stehen. — Die Zeugnisse ließen sich vermehren, doch sind potentielle Quellen verschiedener Art noch nicht erschlossen.

[14] „Wetterkreuze, Hagelkreuze, Schauerkreuze, Donnerkreuze sind Bezeichnungen, in denen die abwehrende Kraft des Kreuzes zum Ausdruck kommt" (Wagner, Kreuzverehrung, S. 148). Zur Weihe und Aufstellung solcher Kreuze in feierlicher Prozession als Ritus der genannten Hagelfeier vgl. Anm. 16.

[15] Franz, II, S. 13.

[16] A. a. O.; vgl. den ganzen Zusammenhang und die betreffenden Benediktionen. — Der Kodex Clm 100 der Bayerischen Staatsbibliothek bietet für das 12. Jahrhundert die vollständige Formel einer „benedictio crucis in via vel supra segetes ponendi", und zwar mit beigegebenen Anweisungen; danach gibt Kyll eine genaue Beschreibung des Vorganges bei der Benediktion von Wetterkreuzen (Kreuze, S. 160). — Der Brauch ist auch später vielfach bezeugt und erfolgt in derselben Weise. In feierlicher Prozession werden die Schutzkreuze an bestimmten Terminen hinausgetragen und nach kirchlicher Weihe aufgestellt (HDA, III, Spalte 1317). Dies war zweifellos Bestandteil der alten „Hagelfeier" und wahrscheinlich deren wichtigster Ritus. — Zuweilen findet eine kirchliche Segnung von neu oder wieder aufgestellten Feldkreuzen auch heute noch statt, wie ich z. B. für das Gebiet bei der Hohen Acht in der Eifel erfahren konnte.

[17] HDA a. a. O. — Wegen der dinglich verstandenen Schutzwirkung wird z. B. das Kreuz auf einer weit sichtbaren Höhe errichtet (vgl. bei Anm. 41). Weitere Bemerkungen zu diesem Aspekt vgl. auch in Anm. 88.

[18] Mehl, S. 196, nach einer Quelle von 1744.

[19] Nikolaus Leyen, 1574—1636, aus Kues a. d. Mosel stammend, nennt sich als Autor wie der bekannte dort gebürtige Kardinal „Cusanus". Seine gute Kenntnis des Volkslebens findet ihren Niederschlag in der über 700 Seiten umfassenden „Christlichen Zuchtschul" — ein volkstümlicher Katechismus mit Fragen und Antworten —, die 1626 erstmals erschien und in zahlreichen Auflagen weite Verbreitung fand (vgl. Müller, Cusanus). Als bemerkenswerte volkskundliche Quelle ist dieses Werk von Kyll untersucht worden (Zuchtschul).

[20] Christliche Zuchtschul (vgl. vor. Anm.), 2. Teil, 4. Kapitel, Frage II (aus einer mir z. Zt. vorliegenden frühen Ausgabe ohne Titelblatt, vermutlich 2. Auflage, Luxemburg 1627). Unter „böser Leuth Gewalt" ist der Schadenzauber durch Hexen zu verstehen. — Überall stellt das Volk „Bildstöcke und Kreuze . . . in die Fluren, die gleichsam wie Schutzgottheiten über sie Wache halten" (Veit/Lenhart, S. 130).

[21] Vgl. hier III, bei Anm. 27.

[22] Zu Evangelienworten in Wetterkreuzen vgl. V, Anm. 17. Übrigens hat Kyll zur apotropäischen Bedeutung der Evangelien allgemein wie auch der Evangelistennamen auf Wetterglocken im Trierer Bistum wertvolles Material zusammengetragen (Glocke, S. 152—161). — In einer kleinen Nische auf der Rückseite eines steinernen Bildstocks von 1673 in einem Weinberg fand man Reliquien und ein Caravaca-Kreuzchen; dabei lag eine Pergamenturkunde aus dem Stiftungsjahr, wonach diese Gegenstände den Weinberg „vor Ungewitter schützen sollen" (Heimberger, S. 295). Zum Wetterschutz wurden „spanische creutzlin" 1629 in eichene Feldkreuze eingeschlossen (unten Anm. 52). Zum Caravaca- oder Spanischen Kreuz vgl. Anm. 38.

[23] Vgl. IX, Is. 23. *Tempestas* wird auch mit „Unwetter" („Ungewitter") übersetzt. Die Anrufung stammt aus der Allerheiligenlitanei, wo sie zusammensteht mit der Bitte um Verschonung von Erdbeben, Pest, Hunger und Krieg. Nach einem Augsburger Rituale von 1764 soll bei einem Gewitter die Allerheiligenlitanei bis zu dem Vers „A fulgure et tempestate . . ." gebetet werden; dann soll der Priester mit dem „Wetterkreuz" (Vortragekreuz?) zur Kirchentüre gehen und den Segen in Richtung gegen die Gewitterwolken geben (Veit/Lenhart, S. 212 f.).

[24] „ECCE CRVCEM DOMINI, FVGITE PARTES ADVERS[AE]", auf einem Kreuz in Remagen (KD Ahrweiler, S. 565; dort mit Lesung „ADVERS[ARII]", doch findet sich in den Segentexten immer ADVERSAE). Das Kreuz, wohl über zwei Meter hoch, stand vor dem Rathaus und ist 1944 bei einem Bombenangriff zerstört worden (freundliche Auskunft von den Herren Peter Kürten, Bürgermeister, und Schmickler, Remagen). — Der Text war mit den anschließenden Worten „vicit leo de tribu Juda radix David" aus Offenbarung 5,5 eine Kreuzesantiphon und wurde „im alten kirchlichen Wettersegen, frühzeitig aber auch schon zu magischen Zwecken" gebraucht und 1892 verboten (LThK, III, Spalte 520; vgl. HDA, II, Spalte 533 f.). Als mittelalterliche Wetterbenediktion erscheint die Formel bei Franz, II, S. 80. Man schrieb den Vers dem hl. Antonius von Padua zu und kannte ihn allgemein als „Antoniussegen" (Kyll, Glocke, S. 161 ff.; ders., Hauß Creutz, S. 48 f.; vgl. HDA, I, Spalte 508 f.). Der Segenvers findet sich zum Beispiel auf einem alten apotropäischen Hauskreuz (Lewald, S. 424, mit Abb. aus Stampas „Fuga Satanae") und auf Amulettzetteln (Abbildungen: Spamer, II, S. 11, Nr. 2; LThK, I, Spalte 519 f.; das dort wiedergegebene Blatt auch bei Gaerte, Thau-Amulette, Abb. 7), weiter

1721 auf zwei Wetterglocken in der Eifel, von dem Gießer Engelbert Cremel aus Mayen (Kyll, Glocke, S. 161). Bemerkenswert ist auch die mehrfache Verwendung der Formel im „Geistlichen Schild“ (vgl. dazu Anm. 75): „Siehe das Creutz † des HErrn: Fliehet, ihr Gegentheil. Der Löw vom Geschlecht Juda hat überwunden die Wurtzel Davids, Alleluja“ (18. Seite, als Antoniusbrief) und „Seht das Creutz † des Herrn, fliehet, ihr Widersacher ...“ (26. Seite). — Mit Recht hat Kyll bei diesem Vers auf „die angriffsfrohe Kraft seiner siegverheißenden Worte“ hingewiesen (Hauß Creutz, S. 49), womit zweifellos die Beliebtheit und Verbreitung als Abwehrformel zusammenhängt.

25 Heimberger, S. 291. Der Bannspruch erfolgt „in Kraft“ der Erlösung Christi („des Bluts diesem gefleischt Worts“) und Gott Vaters. Zu den apotropäischen Worten paßt das Reliefbild eines zweibalkigen Kreuzes (vgl. bei Anm. 38) mit den „Waffen Christi“ (bei Anm. 83). Weiter werden auf dem Bildstock Gott, St. Agatha und der Wetterheilige Donatus angerufen zum Schutz „von Feuersbrant“ und „for Blitz, Doner und Kiselschlag“. — Heimbergers Aufsatz ist im ganzen beachtenswert; schon der Titel „Das gefeite Dorf“ weist auf die oft apotropäische Bedeutung der religiösen Flur- und Wegmale. Diese ist bis jetzt in der Forschung, wenn überhaupt, allzu beiläufig behandelt worden. Neben Heimberger haben Brockpähler, Mehl (vgl. auch Anm. 6), Schemmel und wenige andere dem Aspekt Beachtung geschenkt.

26 Mehl, S. 200. — Mehl hat „bei einer großen Anzahl von Bildstöcken und Kreuzen als Grund ihrer Errichtung die ihnen zugeschriebenen Abwehrkräfte“ herausgestellt (S. 195; vgl. i. g. S. 162 bis 165, 168, 195—203).

27 A.a.O. S. 195. — In der Inschrift wird unter anderem die Abwehr der Pest durch das Kreuz aufgrund göttlicher Kraft zum Ausdruck gebracht. Das erinnert an die allgemein geläufige Vorstellung von „Pestkreuzen“. Fast von Dorf zu Dorf wird in der hiesigen Gegend eines der Kreuze in der Gemarkung — heute — so genannt. Über die historischen Zusammenhänge gibt es für unseren Raum noch keine Untersuchung, doch dürfte in vielen, ja den meisten Fällen die Bezeichnung legendär sein (oft stehen Inschrift und Stiftungsjahr dazu im Widerspruch; umgekehrt hat aber nicht selten gerade eine bestimmte Jahreszahl, im Blick auf eine Seuche in dieser Zeit, die Bildung einer Sage vom „Pestkreuz“ veranlaßt). Vgl. auch unten bei Anm. 146; weiter Zender, Sagen, S. 53 f., Nr. 118—124. Abgesehen vom historischen Befund ist aber schon die Geläufigkeit der Bezeichnung „Pestkreuz“ bemerkenswert; denn zweifellos ist bei dieser nicht nur an die volkstümliche Vorstellung eines Votivmals zu denken, sondern auch, und vor allem, an die eines Schutzmals — dies zeigt schon der Vergleich mit den historisch gesicherten Bezeichnungen „Wetterkreuz“, „Hagelkreuz“ und ähnlichen.

28 An der Stelle der späteren „Kreuzkapelle“ von Ediger, mit der bekannten Darstellung des Christus in der Kelter.

29 Kyll, Kreuze, S. 161 f. — Das Kreuz bei Ediger wurde auf Veranlassung des Inquisitors Heinrich Institoris, Mitverfasser des „Hexenhammers“, aufgestellt, und zwar nach einem auf sein Ersuchen ihm von Papst Sixtus IV. gewährten Ablaß für alle Katholiken, die 1064 Schritte vom Ort entfernt — der angeblichen Wegstrecke der Kreuztragung Christi vom Hause des Pilatus ausgehend — ein Kreuz errichten und dort beten (a. a. O.). — „Viele Kreuze sind errichtet worden in dem Glauben, daß die bösen Geister ... den Umkreis des Erlösungszeichens fliehen müssen. Noch heute herrscht in der Gegend von Werl der Volksglaube, daß ein Hof zugrunde geht, wenn das Hofkreuz entfernt und nicht erneuert wurde“ (Wagner, Kreuzverehrung, S. 148).

30 Mehl, S. 164.

31 Freundliche Mitteilung von Herrn Professor Matthias Zender, Bonn, dem ich auch für Hinweise und Ratschläge zu verschiedenen anderen Fragen sehr herzlich danke.

32 Vom Heiligen an der Feldseite des Burgtores erhoffte man „Schutz vor dem Feind“ (Udo Mainzer, Stadttore im Rheinland, Neuss 1975, S. 40), aber auch vor allen anderen Gefahren von außen, wie z. B. der Pest. — In Freiburg i. Br. sind im Zeitraum von 1343 bis 1412 vier Kreuze vor Stadttoren genannt, „allein durch ihren Standort ... als Hüter der Stadt vor übersinnlichen Gefahren gekennzeichnet“ (Heimberger, S. 271).

33 Brockpähler, S. 140. „Diese Anhäufung der Kreuze im Bereich der Klöster ist in Irland allgemein. Bestimmend war dabei der Gedanke des Schutzes durch die Heiligen“ (denen sie geweiht waren, darunter die vier Evangelisten) „und zur Abwehr der Dämonen“ (a.a.O. S. 143, Anm. 57).

34 Vgl. III, bei Anm. 59—61. Auch nach Heimberger können bestimmte, von ihm genannte Grenzkreuze des 17. Jahrhunderts „füglicherweise nur als Schutz- und Abwehrzeichen gedient haben“ (S. 271). Vgl. weiter Brockpähler, nach dem das Grenzkreuz in der älteren Zeit „den Schutz der Einwohner des umhegten Bezirks im Auge hatte“; die „Friedekreuze“ an den vier Zufahrtsstraßen zu einer Stadt scheinen ihm „besonders eindringlich diesen Gedanken auszusprechen“ (S. 140).

35 Mehl, S. 165.

36 A.a.O. S. 164.

[37] Außer den genannten Kapiteln vgl. viele Hinweise im gesamten Text, nicht zuletzt auch die typologische Erörterung zu dem Mal mit leerer Nische, zur Nische im Kreuz und zur sakramentalen Symbolnische (Kapitel I). Ein paar ergänzende Bemerkungen erscheinen an dieser Stelle angebracht. Noch immer ist die Ansicht verbreitet, das alte Nischenmal sei von Anfang an als Bildstock konzipiert gewesen. Es wird eingeräumt, daß diese Annahme aus unbefangener heutiger Sicht am nächsten liegt. Zwangsläufig ändert sich aber die Perspektive im Rückblick auf die Jahrhunderte, aus denen diese Kultmale stammen, zumal im Blick auf die Geschichte der Sakramentsprozessionen und deren wichtige, ja zentrale Bedeutung im religiös-volkstümlichen Leben. Der „Schöpflöffel" aus Basaltlava zeigt sich eindrucksvoll als ein Mal *sui generis*. Sein Merkmal ist die leere Nische. Sein Aufkommen entspricht zeitlich dem Aufkommen der genannten Prozessionen durch die Flur mit viermaliger Station. Weiter entsprechen in unserem Raum sogar die Kultwellen der Prozessionen der jeweiligen Häufigkeit von Malsetzungen. Endlich ist auch der Übergang von der Pyxis zur Monstranz als Behälter für die Hostie bei der Flurprozession in der formalen Entwicklung der Mäler abzulesen. Wenn man annimmt, der Schöpfer des alten Nischenmals habe einen Bildstock machen wollen, so ist die Frage erlaubt: Warum hat er das nicht getan? Es ist evident, daß man in der Basaltlavaproduktion der älteren Zeit den Bildstock nicht kennt. Mangelte es vielleicht am Geschick der Steinhauer? Am Mal von Kollig sind reizvolle figürliche Darstellungen zu sehen — unter einem Gehäuse mit leerer Nische (Abb. 183 f.). Und hätte nicht wenigstens der Schöpfer der Beligen-Mäler Bildstöcke hauen können? Eindeutig wollte und sollte er das nicht. Wieder ist die leere Nische kennzeichnend, und auch die Vierzahl zeigt, daß beabsichtigt war, Stationsmäler für die sakramentalen Prozessionen zu schaffen — zeitlich auf einem Höhepunkt dieses Kultes, örtlich gerade da, wo seine besonders reiche Entfaltung bezeugt ist, nämlich im Gebiet der Fraukirch. Es werden, so heißt es hier, mit dem Sakrament „quatuor stationes certis in locis obserwiret", wo die Evangeliengesänge erfolgen sowie die „benedictiones cum Venerabili". In jedem Falle mußte das Venerabile während der Gesänge abgestellt werden (ein Laie durfte es nicht halten). Sollte der Priester das Sakrament auf die Erde stellen? Was lag näher, als an jenen immer gleichen Orten (certis in locis) ein hierfür geeignetes und würdiges Mal zu schaffen; seine Gestalt gewann es im Prinzip — das Gehäuse auf einem Schaft — nach dem Sakramentsstock des Spätmittelalters in der Kirche, nur war es eben viel schlichter. Nach alldem ist, um mit einem Beispiel zu schließen, doch wohl undenkbar, daß etwa die Obermendiger Prozession, wenn sie mit dem Allerheiligsten von der Fraukirch kam, nicht am „Golokreuz" gehalten hätte zum Zeremoniell der Gesänge und der Segnung — wo denn sonst? Und darf man noch bezweifeln, daß das Sakrament dabei in die Nische gestellt wurde? — Übrigens ist zu dieser Interpretation der Nischenmäler auch ein so guter Kenner des heimischen religiösen Volkstums und so zuverlässiger Forscher wie Nikolaus Kyll gekommen.

[38] Die Kreuze mit zwei Querbalken (deren oberer auf die Betonung der Tafel mit dem Kreuztitel zurückgeht) waren „mit mancherlei Gnadenkräften ausgestattet" (Heimberger, S. 267) und beim Volk Schutzsymbole von besonderem Rang (vgl. a. a. O. bis S. 270; Dombart über das „Kreuz mit zwei und drei Querbalken"). Bestimmend für die allgemein verbreitete Vorstellung waren vor allem das „Caravaca-Kreuz" (auch „Spanisches Kreuz"; vgl. HDA. II, Spalte 7 f.) und in Süddeutschland das „Scheyerer Kreuz" (vgl. LThK, VI, Spalte 247), benannt nach Caravaca in Spanien und Scheyern in Oberbayern (auf noch andere Zusammenhänge weisen Namen wie Patriarchen-, Jerusalem-, Lothringer Kreuz). In den genannten Orten finden sich Originale dieser Kreuzform, denen wunderbare apotropäische Kräfte nachgesagt werden, aufgrund legendärer Geschehnisse (Caravaca) oder der Eigenschaft als Reliquiar für eine Partikel vom Kreuzesholz (Scheyern). Nach dem Volksglauben kann sich die Wunderkraft auf Zeichen gleicher Form übertragen (vgl. Kriss-Rettenbeck, Bilder und Zeichen, S. 47 f.).

[39] Ein Doppelkreuz aus Stein in Niederösterreich wird von Lewald erwähnt; es enthält zusätzlich die Schutzformel des Zachariassegens (S. 427). Ihre Seltenheit ist zweifellos durch das Material bedingt, denn doppelbalkige Flurkreuze aus Holz finden sich im süddeutschen Raum in reicher Zahl; sie sind vorwiegend als Schutzkreuze anzusehen, oft zeigen sie die Darstellung der Waffen Christi (vgl. bes. Heimberger für den Raum zwischen Main und Neckar). In Franken wurden vier Doppelkreuze errichtet, die ein „Hochplateau und sein Kirchlein nach allen vier Himmelsrichtungen abschirmen" (Mehl, S. 196, Anm. 1). Auch als Bekrönung von Bildstöcken finden sich kleine doppelbalkige Kreuze (a. a. O. S. 198), zweifellos ebenso im apotropäischen Sinne zu verstehen wie das oben genannte auf dem First einer Kapelle am Dorfeingang (bei Anm. 31). Kleine Caravaca-Kreuze wurden als Schutzmittel auch in den Schaft von Flurkreuzen eingeschlossen (Anm. 22); weiter zeigt sich das apotropäische Doppelkreuz als Relief auf dem Bildstock (Anm. 25) oder auf Holzkreuzen, nicht selten nach mehreren Seiten (Heimberger, Abbildungen).

[40] Beim Umbau nach dem letzten Kriege eingemauert in die Außenwand der Pfarrkirche. Das Kreuz ist etwa 75 Zentimeter hoch; die sichtbare Seite zeigt keine Darstellung oder Inschrift. Über die Herkunft des Kreuzes war nichts Bestimmtes zu erfahren.

[41] Schüler, S. 280 f., mit Abb. auf einer Karte von 1791. Das Doppelkreuz findet sich auch auf einer Karte von 1720; 1717 wurde es „mit guten Farben angestrichen"; nach Stramberg stand noch 1851 ein Zweibalkenkreuz an dieser Stelle. Es wurde später, und zwar bis zur Gegenwart, mehrfach durch ein einfaches Kreuz von fünf oder sechs Meter Höhe ersetzt (alle Angaben a. a. O.). — Zur Farbe am Flurmal hat Mehl mit Recht darauf verwiesen, daß derselben auch eine apotropäische Bedeutung zukommen könne. Grelle und weithin sichtbare Farben, wie sie sich häufig zeigen, am Relief manchmal gar nicht zu diesem passend, dürften die Absicht kundtun, das Mal oder bestimmte Schutzbilder an ihm auffällig hervorzuheben (S. 199 f.). Die Vorstellung des auf diese Weise verstärkten Schutzes ist auch bezeugt; nicht nur Kreuze überhaupt, sondern „besonders weiß angestrichene wehren nach der Meinung des Volkes Vögel und Wild, Blitz und Hagel ab" (Wagner, Kreuzverehrung, S. 148). Auch das Mal aus Basaltlava war nicht selten farbig (vgl. I, bei Anm. 66—83).

[42] Bekannt ist die Stelle aus dem Rationale divinorum officiorum, 1286—1291, des Durandus (vgl. Jeuckens, S. 13), wonach „der Teufel dieses Zeichen sehr scheut und sich fürchtet, sich einem Ort zu nähern, der mit dem Kreuz bezeichnet ist" (HDA, III, Spalte 1106; Derwein, S. 131 f. und Anm. 156 mit dem lat. Originaltext); die Worte beziehen sich auf die Forderung, auf das Grab eines Christen ein Kreuz zu setzen (vgl. I, Anm. 56). — Auch im „Geistlichen Schild" (vgl. Anm. 75) zeigt sich immer wieder die Bedeutung des Kreuzes als des ersten und wichtigsten christlichen Schutzzeichens: „Dein H. Creutz sei mein Schild, auf daß kein sichtbarer noch unsichtbarer Feind hinterwärts mir könne zukommen" (37. Seite). „Christi Creutz † überwindet mir alle Waffen ... Christi Creutz sey bey mir, vor † mir, hinter mir †, ob mein †, unter mein †, neben mein †, und allenthalben umb mich † von allen meinen Feinden, sichtig oder unsichtig, die fliehen alle vor mir . . ." (59.—61. Seite; „in welchem Haus dieser Brief andächtiglich aufbehalten wird, schlägt kein wildes Feuer ein und wird auch demselben kein großes Unglück widerfahren" usw.).

[43] Die Schutzbedeutung betrifft gleicherweise das gegenständliche Kreuz, die Handgebärde des Zeichens sowie auch die Nennung des Wortes. Der kirchlich-liturgische Gebrauch im Schutzsinne ist so umfassend, daß auf eine Übersicht verzichtet werden kann und muß. Beim Gewitter macht der Priester mit dem Sakrament das Zeichen des Kreuzes gegen die Wolken (Anm. 7), oder er geht ihnen mit dem Wetterkreuz entgegen (Anm. 23). Bei der schon oft erwähnten Flurprozession mit ihrem eindeutigen Abwehrcharakter wurde das Kreuz als Bannzeichen vorangetragen (Vortragekreuz).

[44] HDA, V, Spalte 478; vgl. im ganzen s.v. Kreuz. Es ist „nicht leicht, die kultisch-liturgische und symbolisch-spirituelle Bedeutung des Kreuzes überall deutlich von der magisch-realistischen zu unterscheiden" (a. a. O., 478 f.), was ja auch für andere Bilder, Zeichen und Riten gilt. Zu Kreuzamuletten und ihrer volkstümlich-magischen Verwendung vgl. z. B. Münsterer; sie gehen schon auf altchristlichen Glauben und Brauch zurück.

[45] Vgl. LThK, VI, Spalte 266. „Im Volksaberglauben spielt das Kreuzzeichen eine große Rolle bei Beschwörungen und Zauberübungen" (a. a. O.). Im 16. Jahrhundert meint auch Cusanus S.J.: „Das Creutzzeichen aber würckt wunderbarliche Ding . . ., welches auch des Teuffels und Schwartzkünstler Werck zertrent" (Christliche Zuchtschul, 6. Teil, 7. Kapitel, Frage XIX; vgl. oben Anm. 19 f.). Vgl. im ganzen auch HDA, V, Spalte 535—562.

[46] Vgl. etwa die genannte Bemerkung des Durandus im 13. Jahrhundert (Anm. 42) oder das verbreitete Vorkommen von Abwehrsymbolen auf den frühen Grabmälern. Freilich ist hier ein Komplex von Aspekten zu berücksichtigen, in der älteren Zeit zum Beispiel die Furcht vor dem Wiedergänger, später die Sorge für das Seelgerät. Zum Kreuz für den Toten vgl. Kapitel VII im ganzen.

[47] Es ist selbstverständlich berechtigt, wenn die Kreuzforschung zunächst von den ältesten erhaltenen Malen, den Steinkreuzen, ausgeht (das geschieht auch in diesem Buch). Man darf aber nicht so tun, als habe es von Anfang an nur solche gegeben. Die nicht geringe Bedeutung auch des Holzkreuzes wurde schon herausgestellt (I, bei Anm. 42—52); als bemerkenswerte Beispiele im Basaltlavagebiet wurden das „Afelskreuz" (ebd.) und das zweibalkige Schutzkreuz bei Koblenz genannt (oben bei Anm. 41). Dämonenabwehrende hölzerne Kreuze auf den Feldern sind schon aus frühester Zeit belegt (I, bei Anm. 43), und auch das oft herangezogene Zeugnis Burchards, daß man Votivgaben zu Kreuzen an Wegscheiden trage (III, bei Anm. 44—47), zeigt eindeutig, daß Kreuze in der Flur nach dem Volksglauben von magischer Kraft erfüllt waren (das Material der Kreuze wird nicht genannt und ist ohne Belang). Die ausdrückliche Erwähnung eines „steinern" Kreuzes findet sich oft in Sühneverträgen, aber auch in alten Flurnamen; gerade dies ist aber ein Hinweis darauf, daß es in gleicher Bedeutung auch Holzkreuze gab — sonst wäre das Attribut überflüssig. Zu Recht sieht auch Mehl eine konkrete Verbindung von dem alten Dämonenglauben, „dem die Errichtung der frühesten

Holzkreuze entsprang", bis hin zu dem Schutzgedanken bei Mälern der neueren Zeit (S. 196).

[48] Zur Kreuzdarstellung auf alten Steinkreuzen vgl. I, Anm. 8, zu dieser allgemein unten bei Anm. 53—74. Als auffallendes Merkmal hat auch Brockpähler „das Kreuz auf dem Kreuz" für Westfalen und für andere Landschaften erwähnt (S. 111).

[49] Vgl. z. B. das Mal Abb. 156 als Ganzes; auf dem bekrönenden Kreuz über der Nische noch ein Kreuz als Relief mit dem Titulus INRI, auf dem Schaft ein kleines Kreuz und ein weiteres mit Kruzifixus auf dem Kreuzhügel (vgl. Abb. 291), endlich auf den Seiten des großen Nischenkopfes je ein griechisches Kreuz, wie das erstgenannte mit Dreipaßenden. Ein gleiches findet sich bei dem Mal Abb. 211 auf der Rückseite des Nischenkopfes. In Abb. 160 ist ein Kreuz seitlich auf dem Schaft zu erkennen, ein gleiches zeigt sich auf der gegenüberliegenden Seite. Damit ist nur auf wenige Beispiele aus einer großen Zahl verwiesen.

[50] Spamer, II, S. 10, vgl. Abbildungen bes. S. 9—16. Aus der reichen Literatur zu Amuletten, Schutzblättern u. dgl. seien weiter nur genannt, allgemein: Gaerte, Thau-Amulette; Kriss-Rettenbeck, Bilder und Zeichen; Münsterer; für unseren Raum: Hamper; Kyll, Hauß Creutz; Lewald (alle mit Abbildungen). Zur „Häufung von Abwehrsymbolen zur Verstärkung der Wirkung" (Meisen, Blick alte Völker, S. 170) in älterer Zeit vgl. auch unten bei Anm. 58.

[51] An diesen Sinn ist auch zu denken, wenn sich die Kreuzform noch einmal im Querschnitt der Kreuzbalken wiederholt oder noch als Ritzung auf den Flächen der Balkenenden erscheint (vgl. IV, bei Anm. 9, mit Beispielen).

[52] Vgl. Anm. 22. — Heimberger führt die Nischen im Schaft von Holzkreuzen allgemein auf den ursprünglichen Zweck zurück, Schutzmittel einzuschließen, zum Beispiel nach einem Zeugnis von 1629 über „spanische Creutzlin, welche sy fir Wetter im Veldt in aichen Creutz einzuschließen vorhaben" (S. 292). In der Urform sei die Nische mit einem Brett fest verschließbar gewesen (S. 286—288; 295 f.). Allerdings scheinen mir die Nischen an den abgebildeten (späteren) Kreuzen wie auch an den von Heimberger erwähnten siegerländischen Holzkreuzen diese ausschließliche Deutung nicht zuzulassen. Letztere sind z. B. vorwiegend Prozessionskreuze mit tabernakelförmigen Nischen (vgl. das Kreuz aus Broscheid im Rheinischen Freilichtmuseum Kommern/Eifel; dazu Adelhart Zippelius in „Führer" bzw. „Kurzführer" des Museums, zahlreiche Ausgaben). Die kleinen Nischen an den Holzkreuzen auf dem Hunsrück, wie fast überall vorn im unteren Teil des Schaftes, wurden schon erwähnt (I, Anm. 42). Ein Hunsrückkreuz von 1824 mit Nische und den Arma Christi zeigt KD Simmern, I, S. 422, Abb. 364. Ein weiteres, mit noch reicheren Darstellungen, ist a.a.O. S. 681 beschrieben; „die Nische diente vermutlich zum Absetzen des Altarsakraments bei Fronleichnamsprozessionen", wozu auch die Darstellung der „Monstranz mit dem Herzen Jesu" paßt (a. a. O.).

[53] Vgl. III, bei Anm. 28—33 mit Abbildungen. — Zu der Häufung von Kreuzen an diesem Mal vgl. Elbern, Stele Moselkern, S. 186. Es gibt auch „eine nicht geringe Zahl von Sarkophagen, Grabsteinen und Platten, an denen man eine erstaunliche Häufung von Kreuzzeichen bemerkt" (a. a. O.).

[54] Aufgrund seiner Ausdeutung gelangt Elbern zu der „Einsicht, daß die Stele von Moselkern wohl nicht als Grabstein privater Bestimmung angesehen werden darf" (vgl. III, bei Anm. 34), wenn sie auch auf dem Friedhof gefunden worden sei; auch die insularen Hochkreuze seien oft auf Friedhöfen aufgestellt gewesen (a. a. O. S. 213). Dazu ist weiter zu bemerken, daß der Fund auf dem Friedhof ja nicht einmal besagt, daß das Mal auch ursprünglich hier gestanden hat. Übrigens war beim Fund ein bossenartiger, sich nach unten verjüngender Fuß vorhanden (a. a. O., Tafel 30, Abb. 1), der dann abgeschlagen wurde.

[55] Vgl. hier III, bei Anm. 35.

[56] Vgl. etwa Meisen, Blick alte Völker, bes. Teil II, S. 157—177, für die frühchristliche Zeit.

[57] A.a.O. S. 164; anschließend zahlreiche Beispiele. „Wo das Kreuz ist, hat der Neid keine Macht" und ähnliches fand sich etwa als Inschrift an Häusern (a. a. O. S. 175).

[58] A.a.O. S. 165, ebenfalls mit weiteren Belegen.

[59] Es entspricht dem vermuteten apotropäischen Sinn, wenn Elbern in den Darstellungen abstrahierte „Heilsbilder" aus übernommenen sakralen Figurenbildern sieht, „in denen man geheimnisvolle Kräfte wirksam wußte"; durch die Reduktion auf das Wesentliche erhielten sie „einen weit allgemeineren Charakter und gleichzeitig ausgedehntere Gültigkeit und umfassendere ‚Wirkkraft' " (a.a.O. S. 209f.). An eine magische Kraft, die von den Heilszeichen des Mals ausgeht, hat auch K. Böhner gedacht, wenn er in der menschlichen Gestalt die Darstellung des Toten (eines Grabmals) sah, der das Kreuz umspannt und sich in der Haltung mit ihm identifiziert; „der Stein würde damit", so Elbern, „einen magischen Heilswert erhalten; indem der Tote sich des Heilszeichens bemächtigt, begibt er sich in seinen Schutz"; später habe Böhner sich geäußert, daß die Gestalt wahrscheinlich als Darstellung Christi aufzufassen sei (a.a.O. S. 185 f.), doch widerspricht ja auch dies nicht der An-

nahme einer Schutzkraft, die von dem Mal und seinen Symbolen ausgeht.

60 Diese Kreuze sind von K. Wessel auch als „Kurzschwerter bzw. Dolche" angesehen worden (a.a.O. S. 193, Anm. 37). Der Antike war die apotropäische Darstellung in Form eines Kämpfers mit Schwert oder Dolch nicht unbekannt (Meisen a. a. O., S. 150). Ist die Annahme berechtigt, so erscheint in Moselkern nicht nur die abwehrende Waffe, sondern in christlicher Interpretation noch sinnvoller das Kreuz als Waffe. — Auch ganz allgemein ist für den Abwehrglauben aller Epochen festzustellen: „Schreckhafte Bilder wirken ganz besonders apotropäisch" (HDA, I, Spalte 1291). Dabei sei nur etwa an den Löwen als Abwehrsymbol der frühen Zeit oder später an die Beliebtheit drachentötender Heiliger als Schutzbilder erinnert (vgl. bei Anm. 91). Aber auch abschreckende Worte verheißen besondere Kraft, wie der als Schutzformel so verbreitete Antoniussegen mit dem Vers „Vicit leo . . ." zeigt (vgl. Anm. 24).

61 Vgl. III, Anm. 35, mit Angabe von Beispielen im Bildteil. Diese Kreuzform, anklingend an das alte Tatzenkreuz und später im „Eisernen Kreuz" nachgebildet, findet sich auch beim Stabkreuz (vgl. unten) sowie häufig bei dem dreibalkigen Antoniterkreuz.

62 Vgl. Brockpähler, S. 110.

63 Bauerreiß, S. 93. Das Umhängekreuzchen, mit Höhlung zur Aufnahme einer Kreuzpartikel, stammt wahrscheinlich aus dem 6. Jahrhundert und beweist „den Gebrauch von Abwehrkreuzen im christlichen Altertum" (Münsterer, S. 92). Es ist bezeichnend, daß auch die Kreuzamulette späterer Zeiten vielfach die Form mit den konischen Schenkeln hatten (vgl. etwa a. a. O., Abb. 38 f.).

64 Vgl. Bauerreiß im ganzen, besonders aber A,I, „Der Lebensbaum als Kreuz"; B,III, „Der Lebensbaum als Schutzzeichen". — „Der Topos ‚Lebensbaum' " gelangte aus der Genesis „durch die symbolisierende Übertragung auf das Kreuz Christi in die religiöse Bilderwelt des Abendlandes" (Kriss-Rettenbeck, Bilder und Zeichen, S. 91).

65 Zunächst sei festgestellt, daß die Vertiefungen in den Kreisscheiben von Schelborn (Abb. 174, 269) und dem benachbarten Hannebach (Abb. 267) nicht als ursprünglich erscheinen. Die spätere Zutat mag darauf zurückgehen, daß das Symbol der Scheibe nicht mehr verstanden und diese als Mühlsteindarstellung angesehen wurde; eine solche erscheint gelegentlich am Basaltlavamal, allerdings nicht unter einem Kreuz (Abb. 29; 146, vgl. dazu IV, Anm. 5; 264, mit der Marke des Mühleisens darüber), und im Gegensatz zu Schelborn und Hannebach ist dann das Loch im Zentrum schon vom Steinmetzen exakt eingehauen worden. — Im Gedanken an die Darstellung des „Reichsapfels", an den das Bild in Wassenach erinnert (Abb. 268; vgl. dieses Zeichen auch in der Hand des Jesuskindes), möchte man bei der Scheibe an ein Symbol des Erdkreises denken — analog etwa den vier Weltrichtungen unter dem Hauptkreuz an dem frühen Stein von Moselkern (vgl. oben und III, bei Anm. 31). Eine Scheibe bzw. Kugel am Fuß des Kreuzes zeigt auch ein altes Rosenkranzbild (Künstle, Christliche Kunst, Abb. 376). Bauerreiß hat die „Kugel oder Scheibe" unter dem Kreuz in einer frühchristlichen Darstellung als „Himmelsball (Firmament)" angesehen (S. 53). Jedenfalls steht eine kosmologische Bedeutung dieses Zeichens wohl außer Frage. — Das Stabkreuz erinnert zunächst an ein Vortragekreuz und ist auch oft für ein solches gehalten worden. Gegen eine solche Deutung sprechen aber bereits die Darstellungen Abb. 265 und 267 sowie die späten Zeichen Abb. 270 f. Was sollen auch, fragt Bauerreiß, „Vortragekreuze" auf romanischen Tympana, auf Taufbecken und auf Grabsteinen, wo sie sich überall häufig finden? (S. 10 f., 77 ff.). Ein Stabkreuz, von dem Lamm gehalten, zeigt auch das romanische Tympanon am Südportal der Pfarrkirche Liebfrauen in Andernach (vgl. KD Mayen I, Abb. 79, Text S. 114; es ist eine Arbeit vom Meister des Laacher Samson). Das Stabkreuz ist nach Bauerreiß ein „Lebensbaum-Kreuz". Auf frühen Grabsteinen (vgl. Abb. 265) sei es allerdings „mehr als Schutzzeichen denn als Paradiessymbol zu betrachten, als Abwehrmittel der Dämonen, ähnlich dem Phylakterium auf der Brust der Toten" (S. 84 f.). Fast ausnahmslos zeigt sich das Stabkreuz nämlich mit den schon erklärten konischen Balken; seine apotropäische Bedeutung habe es vor allem „von der Kreuzreliquie erhalten", und „diese dämonenschreckende Kraft ist dem Kreuzstab auch im Mittelalter verblieben" (a. a. O. S. 92—95). — Darüber hinaus zeigt sich auf der fränkischen Grabplatte in Bonn (Abb. 265) sowie auch an den Nischenmälern von Schelborn und Hannebach (Abb. 174 u. 269; 267) das Kreuz jeweils als Baum, man muß annehmen als Lebensbaum; die Gestaltung des Stammes am unteren Ende kann kaum anders verstanden werden. Fraglos ist wohl auch, daß die Idee des (Paradies-)Baumes bei den beiden Nischenmälern mit dem Symbol der Kreisscheibe korrespondiert. In allen drei Bildern zeigt der Stamm unten eine Verdickung und anscheinend den Wurzelansatz; möglicherweise ist von alten Vorbildern her aber auch an den Paradiesstromberg zu denken — den Hügel unter dem Lebensbaum, von dem die vier Paradiesströme ausgehen —, denn der Stromberg erscheint in vielfacher Weise stilisiert und mitunter auch als ausladender Kreuzfuß (vgl. Bauerreiß, S. 79 ff. u. Abbildungen im ganzen). An der fränkischen Grabplatte ist noch zu beachten, daß die hügelförmige Ritzung am Fuß in den drei oberen Kreuzbalken wiederkehrt.

[66] Für Westfalen vgl. Brockpähler, Abb. 61, 94 (Stabkreuze auf Kreuzsteinen) und Text S. 110. Am Bildstock finden sich „als Lebensbaum gestaltete Kreuze" auch im nördlichen Unterfranken, so ein Stabkreuz mit Trieben am Stamm und der Paradiesschlange (1607), ein Kreuz mit gespaltenem Fuß (vgl. dazu vorige Anm.) über einer Blüte (1673), ein Kreuz, das aus einem Baum hervorwächst, ebenfalls mit Schlange (1726); manchmal zeige sich die Symbolik des Lebensbaums auch im Aufbau des ganzen Denkmals (Mehl, S. 222 ff.). Ein „Kreuz als Lebensbaum in Form einer Rebe" am Bildstock erwähnen Dünninger/Schemmel (S. 176, Nr. 39 b). Jeuckens zeigt zwei alte Kreuze, deren Rankenrelief er als Lebensbaumsymbolik ansieht (Tafel I, Abb. 1 f.); ein weiteres Kreuz (Abb. 3) läßt das Symbol der „Lilie" erkennen, das ebenfalls in den Zusammenhang der Lebensbaumdarstellungen gehört (vgl. Bauerreiß i. g.; ferner unten bei Anm. 73 f.). — Zum Lebensbaum vgl. auch die jüngere Darstellung des „Dreisprosses" (unten bei Anm. 123—129).

[67] Die Bezeichnung findet sich gelegentlich für Wegmäler und auch als Flurname. Sie wird volkstümlich in der Regel mit dem Hinweis auf ein abgebrochenes Kreuz erklärt, doch dürfte sie ursprünglich oft auf die Darstellung eines T-Kreuzes zurückgehen, dessen alte Bedeutung man nicht mehr kannte. Als „Stumpisch Kreuz" wird noch heute eine Wegspinne zwischen Rieden und Wehr bezeichnet. Dort steht ein Basaltlavakreuz aus dem Jahre 1702 von dem Stifter CIRVAS THOLL; auf dem Schaft ist groß ein T-Kreuz in Umrißzeichnung eingehauen. Daß es sich um ein Monogramm für den Stifternamen handelt, ist unwahrscheinlich (vgl. Abb. 235, wo keiner der Stifternamen mit T beginnt). Bemerkenswert ist aber vor allem, daß die Ortsbezeichnung schon viel älter ist als das heutige Steinkreuz; als „stumpfig oder Weerer creuz" erscheint sie 1562 in einer Grenzbeschreibung (Fabricius, S. 18). Mit Sicherheit stand also an dieser Stelle bereits ein älteres Mal, und wahrscheinlich hat ein auffälliges und dem Volk in seiner Schutzbedeutung bekanntes T-Kreuz daran (vgl. Abb. 187) ihm seinen Namen gegeben. Als um 1700 ein neues Kreuz an der Stelle errichtet wurde, war es dann nur folgerichtig, gemäß der Tradition des Ortes wieder dieses Zeichen einzuhauen. Es handelt sich übrigens um einen früher wichtigen Punkt, von dem nach Fabricius Wege „in sechs Richtungen" abgingen (a. a. O., Anm. 19).

[68] Vgl. IV, Anm. 13. — Neben dem Obermendiger Mal von 1473, wo sich das Antoniuskreuz als freistehende Bekrönung zeigt, sei ein Kreuz mit Korpus von 1686 in Miesenheim (am Alten Turm) genannt, wo das Kreuz mit den Glöckchen in erhabener Arbeit in einem Wappenschild am Schaft steht. — Im Spätmittelalter wurden in großer Zahl sogenannte Pestblätter mit dem Bild des Heiligen vertrieben, die auch als Amulettzettel getragen wurden. Zwei eindrucksvolle Einblattholzschnitte aus der Zeit um 1500 hat Kriss-Rettenbeck abgebildet (Ex Voto, S. 25, 32; der Einsiedler von um Hilfe Flehenden umringt, im Hintergrund aufgehängte Votivgaben, das Dreibalkenkreuz ist auffällig hervorgehoben). „Schon der T-Stab, den der hl. Antonius als Signum seines Charismas trägt, vermochte als ein hinreichendes Segenszeichen betrachtet werden" (a.a.O. S. 26). Die Schutzbedeutung des Antoniuskreuzes ist vom Ursprung her auch in Verbindung mit der des Thau-Zeichens zu sehen (vgl. folg. Anm.).

[69] Das Thau-Zeichen (auch Tau) war schon ein vorchristliches Symbol („Lebens-Thau") und wurde seit frühchristlicher Zeit im Zusammenhang mit Stellen des Alten Testamentes als „mystisches Kreuzeszeichen" angesehen. „Der mittelalterliche Volksglaube sah . . . im T ein Symbol des Lebens und ein besonderes Heilszeichen, vor allem ein Schutzmittel gegen Pest und feindliche Gewalten" (LThK, IX, Spalte 1002 f.; vgl. HDA, VIII, Spalte 749—754; Spamer, II, S. 46; Gaerte, Thau-Amulette). In den Hauskreuz-Blättern vereint sich „die gesammelte Schutzkraft" aller enthaltenen Segen, Zeichen und Bilder „noch einmal in dem Heilszeichen Thau", und die Schutzbitte IN VIRTUTE HUIUS SIGNI TAU zeigt sich „wie eine programmatische Überschrift" (Kyll, Hauß Creutz, S. 52). Dieselbe Thau-Überschrift findet sich auch auf einem Fünf-Wunden-Schutzblatt (Hamper, S. 65). — Auf einem Bild „Teilung der Apostel", 1514 von Jörg Bräu d. Ä. (Kriss-Rettenbeck, Ex Voto, Abb. 13), steht ein hohes T-förmiges Balkenkreuz in der Landschaft — als „Heils- und Bannzeichen, das die Wege und Grenzen schützen sollte" (a.a.O. S. 36); an seinem Fuß sind zahlreiche kleine Holzkreuzchen abgelegt, wie es noch heute an einem Basaltlavabildstock von 1645 bei den jährlichen Pilgerzügen nach St. Jost geschieht (Abb. 215; vgl. VIII, bei Anm. 71—77). Zur Pestabwehr vgl. auch in VIII, Anm. 56, die Angaben nach HDA VI.

[70] Vgl. Heinz-Mohr, S. 166—168. Das Krückenkreuz erscheint „bereits auf Münzen der Merowingerzeit" (a.a.O. S. 166); es ist aber auch später noch häufig anzutreffen, weshalb die Altersspekulationen um das angebliche „Frankenkreuz" von Thür als überzogen erscheinen (Abb. 3 f., vgl. I, Anm. 7). Nachträglich eingeritzt findet sich ein kleines Krückenkreuz auf der linken Seite des Nischenkopfes an dem Wassenacher Sakramentsmal aus Tuff (Abb. 449). Das Wiederkreuz (Abb. 9, vgl. I, Anm. 8) erwähnt auch Mehl auf Bildstöcken in Franken (S. 199).

[71] Kriss-Rettenbeck, Bilder und Zeichen, S. 47. Die materielle Gestalt eines bestimmten, nach dem Glauben mit besonderer Heils-, Schutz- oder Wunderkraft ausgestatteten Kreuzes wird so intensiv erlebt, daß beim Volk auch „schon die Nachbildung auf Grund der Gestaltreproduktion die übernatürliche Beschaffenheit besitzt" (a. a. O.). Das zeigt sich u. a. deutlich beim Kreuz mit zwei Querbalken (Anm. 38) oder bei dem alten Kreuz mit konischen Schenkeln (bei Anm. 61 ff., bes. Anm. 65 zur Herkunft der Form vom alten Kreuzholz-Reliquiar). Der Zusammenhang von Gestalt und innewohnender Kraft wird aber auch bei Nachbildungen von Gnadenbildern klar (vgl. Anm. 90).

[72] Vgl. IV, Anm. 8.

[73] Albert M. Koeniger, Die Rätsel des romanischen Pfarrhoftores in Remagen, München-Pasing 1947, S. 131 f. (Anm. 225). Koeniger hält die geläufige Bezeichnung „Lilie" für unzutreffend und schlägt den Terminus „Dreiblatt" vor. Zur angenommenen Herkunft des Symbols aus der Lebensbaumdarstellung vgl. Bauerreiß.

[74] Koeniger, Ein geheimnisvolles Vortragekreuz im Aachener Domschatz, Westheim b. Augsburg 1947 (das Kreuz vgl. z. B. in Ausstellungskatalog „Die Zeit der Staufer", Stuttgart 1977, Nr. 679, Abb. 480). Gewiß zeigen die genannten Kreuzbalkenenden an den Mälern nicht die typische Form der „Lilie" oder des „Dreiblatts", doch erscheint ein Einfluß von daher möglich. Eine weitere verbreitete Form der Kreuzbalkenenden, der Dreipaß, verdient noch Erwähnung. Über Jahrhunderte hin findet man ihn bemerkenswert häufig an Vortragekreuzen (deren Bedeutung als Schutzzeichen nicht zuletzt die alten Flurprozessionen gezeigt haben). Es ist kaum denkbar, daß es sich dabei vom Ursprung her nur um eine ornamentale Gestaltung handelt.

[75] Vgl. die bereits genannte Literatur mit Abbildungen (Anm. 50). Weiter sei hier auf ein auch in unserem Raum verbreitetes Segenbüchlein hingewiesen, das als Quelle noch mehrfach zu nennen sein wird (vgl. auch oben Anm. 24, 42): *„Geistlicher Schild* / Gegen Geist- und leibliche Gefährlichkeiten allzeit bey sich zu tragen. Darinn sehr kräfftige Segen und Gebet / Theils von GOtt offenbaret / von der Kirchen und HH. Vättern gemacht / und von Urbano VIII. Röm. Papst approbiret worden. Zum Trost aller Christglaubigen / sonderlich denen / so zu Wasser oder Land reisen / damit sie / durch Krafft dieses bey sich tragenden Schilds / vor vielen Gefahren erhalten werden. Cum Licentia Ord. Cens. Trevir. ibidem An. 1647 impressum. Gedruckt zu Mäyntz". Lizenz und wohl auch Impressum 1647 sind fingiert; vermutlich stammen die frühesten Drucke aus dem Anfang des 18. Jahrhunderts (Lewald, S. 422, bes. Anm. 14 mit wichtigen Angaben). Wie schon der Titel zeigt, dient Christliches zu magisch-apotropäischer Verwendung; das Büchlein selbst, nur zehn zu fünf Zentimeter groß, ist als Amulett zu tragen. Das von mir benutzte Exemplar befindet sich in der Landesbibliothek Fulda. Das Büchlein ist nicht paginiert; Seitenangabe nach Zählung mit Titelblatt als erster Seite (es sei angemerkt, daß Nikolaus Kyll, der den „Schild" oft zitiert, einen anderen Druck benutzt hat, daher dort abweichende Seitenangaben). — Das Vorkommen christologischer und anderer christlicher Schutzsymbole ist selbstverständlich noch an vielen anderen Stellen zu berücksichtigen, etwa an Haus-, Stall- oder Scheunentüren, auf Kinderwiegen oder Getreidekästen. Dagegen kann das ursprüngliche Schutzsymbol in mancher Verwendung, etwa an Möbeln, schließlich auch und manchmal nur noch schmückenden Charakter haben, doch ist dies wohl grundsätzlich als sekundäre Form der Verwendung anzusehen. Die Grenzen zwischen Sinn- oder Schmuckform sind fließend und oft nicht zu bestimmen.

[76] Auf dem Mal Abb. 182 findet sich ein Drudenfuß (vgl. bei Anm. 108 ff.) über einem umrissenen Kreuz, in dessen Mitte sich ein weiteres kleines Kreuz zeigt. — Nach Abb. 181 (Detail, mit vermutlich nachträglichen Ritzungen) steht ein Kreuz sozusagen als Bekrönung über dem Hexenzeichen, sichtlich eine zusammengehörige Darstellung; darüber ein Sechsstern (vgl. bei Anm. 117 ff.), das Herz Jesu mit den drei Kreuzesnägeln und, im Bild nicht mehr sichtbar, das Monogramm IHS — diese Gravierungen alle auf einem erhabenen Kreuz auf der rechten Seite des turmartigen Aufbaues über dem Nischengehäuse (zu dem Mal, einem der Zissener „Segensteine", vgl. V, Anm. 10, mit Angabe einer Gesamtansicht). Auf der linken Seite des Aufbaues befindet sich ebenfalls ein erhabenes Kreuz mit eingraviertem IHS und den Kreuznägeln darunter; vorn über der Nische ein Kreuz mit Kruzifixus. Kombinationen von Kreuzen und magischen Zeichen in A-Form (vgl. bei Anm. 115 f.) zeigt Abb. 181 weiter auf der Fläche neben dem Kreuzbalken. Endlich ist an diesem Mal noch die merkwürdig behandelte rechte Fläche des Nischengehäuses zu erwähnen. Sie zeigt als Steinmetzarbeit ein Geflecht von wulstartig hervortretenden Bändern, nicht exakt und regelmäßig angeordnet wie sonst geometrische Ornamente der Volkskunst (wenn auch nicht ganz ohne System). Die Darstellung erscheint nicht zufällig und ohne Sinn, dafür ist sie zu auffallend und zu aufwendig gearbeitet. So drängt sich ein Vergleich mit den „Hexenknoten" auf, die man — als verschlungene Linien auf ein Brett gemalt — als Abwehrzeichen über einem Scheunentor im Kreis Mayen gefunden hat (im Museum

Mayen; vgl. Wrede, Abb. 47). Wenngleich letzte Sicherheit nicht gegeben ist, muß eine derartige Bedeutung doch erwogen werden. Man darf dabei berücksichtigen, daß das Mal von Niederdürenbach auch sonst in vieler Hinsicht ohne Parallele ist. Bemerkenswert ist weiter, daß das Hexenzeichen des Drudenfußes (Abb. 181) später gerade über dieser Fläche eingeritzt wurde, während dieselbe Stelle auf der gegenüberliegenden Seite des Mals völlig frei blieb. — Der schon genannte und wahrscheinlich hier als magisches Zeichen zu deutende Sechsstern erscheint an diesem Nischenstock zwölfmal. Aber auch an dem Sakramentsmal bei Wassenach (Abb. 449) zeigt er sich kombiniert mit einem christlichen Schutzzeichen, den drei Kreuznägeln, beides in grober Ritzung auf der Rückseite des Schaftes in geringer Höhe über dem Boden.

[77] Häufig hat man vor allem den Drudenfuß in Verbindung mit christlichen Zeichen gefunden und von daher auf den eindeutigen apotropäischen Sinn der letzteren geschlossen (vgl. HDA, I, Spalte 136). Burgstaller etwa erwähnt „Fünfstern" (Drudenfuß) und IHS nebeneinander „als segenbringende Sinnbilder" (S. 5). Dombart fand das „IHS zusammen mit sog. Drudenfüßen" auf einer Wiege wie auch auf einem „Drudenstein . . ., mittels dessen man die Druden zu bannen glaubte" (Name Jesus, S. 267). „In gleicher Weise zu Zauberei verwendet, begegnen wir dem IHS noch in Zauberzeichen und Zauberbüchern Islands", z. B. in einem magischen Zeichen, das „Glück, Heil und Wohlergehen" bringen soll, und in einem anderen, das "wehrt allen Zauber" (a.a.O. S. 267 f.). Eine Abbildung bei Richter zeigt eine alpenländische Blocktruhe von 1779, wo sich auf der Vorderseite die Monogramme IHS und MRA (Maria; vgl. unten), auf den Seitenflächen aber der Drudenfuß und der Sechsstern finden (S. 120 f.). 1666 verurteilt ein Magister aus Leipzig den abergläubisch-heidnischen Drudenfuß an Kinderwiegen „wieder die Hexerei und die Nacht-Gespänster zu vertreiben" und fährt fort: „Die aber für halbe Christen wollen geachtet seyn, die machen zu Häupten I. H. S., unten aber einen Stern von fünff Zacken" (a.a.O.). — Außer auf den genannten Denkmälern (vor. Anm.) zeigt sich in der Eifel die Kombination christlicher und magischer Symbole auf einem Model für Neujahrsgebäck (Anm. 110, am Ende); der Termin zeigt, daß es sich um Schutz- und Glückszeichen handelt.

[78] Vgl. zunächst „IHESUS" 1462 und 1473 (bes. IV, bei Anm. 45 und 71; IX, bei Anm. 82—84). Der Name „IESVS" findet sich weiter 1600 auf dem Querbalken des bekrönenden Kreuzes (Abb. 177; das letzte S auf der Seitenfläche) und 1624 auf dem erhabenen Kreuz in der Nische (Abb. 160), als Ritzung auch auf einem undatierten Tuffkreuz (Anm. 79). Das Monogramm IHS erscheint auf einem Basaltlavakreuz schon 1554 (Abb. 58). Dombart erwähnt noch ältere Mäler mit diesem Zeichen, ein Steinkreuz des 15. Jahrhunderts (a.a.O. S. 261) und einen Bildstock von 1513 (S. 262). Später findet sich das Monogramm im mittelrheinischen Kreuzbestand sehr häufig (vgl. Marginalien und etwa Abb. 78, 104, 250, 271, 300; 170 auf beiden Seiten der christologischen Symbolnische). Als Ritzung erscheint es mehrfach an dem „Segenstein" von Niederdürenbach (Anm. 76), auch klein eingefügt im Inschriftenfeld (IX, Anm. 26). An dem Tuffkreuz mit tiefer Nische bei Rodder ist „SHI" für IHS eingeritzt (vgl. folg. Anm.). — Der Beitrag zur Verbreitung des Jesusmonogramms durch Ignatius von Loyola und seinen Orden sei hier nur erwähnt. — „Gestützt auf Stellen der Schrift über die Macht des Gottesnamens im Kampfe mit feindlichen Mächten", findet sich dieser, aber auch speziell der Name Jesu, bereits in frühchristlicher Zeit in Zauberformeln (Meisen, Blick alte Völker, S. 160 f.). Teufel und Dämonen „fugiant per invocationem nominis domini nostri Iesu Christi . . ." (in einem alten Wettersegen; Franz, II, S. 47), und selbstverständlich findet sich die Anrufung des Namens Jesu auch im Exorzismus (LThK, III, Spalte 915). „Christus Jesus vertreibt all Ungewitter, Zauberei und Teuffels-Kunst" unter anderem „durch die Kraft seines H. Namens" (Geistlicher Schild, a. a. O. s. Anm. 75, 9. Seite f.), so ist der „süsse Name unsers HErrn JEsu IHS. Christi" (a. a. O., 15. Seite) überhaupt in vielen Abwehrsegen ein wichtiger Bestandteil. In gleichem Sinne zeigt sich das Zeichen IHS immer wieder auf Amuletten und Schutzblättern, oft an hervortretender Stelle und von einem Strahlenkranz umgeben (vgl. Lit. in Anm. 50); auf einem Hauskreuz-Blatt trägt Ignatius es „wie ein mächtiges Abwehrzeichen auf der Brust" (Kyll, Hauß Creutz, S. 56). Es ist „an Haustüren und Gebrauchsgeräten Abwehrmittel gegen Blitz, Ungemach und Pest, oft auch abergläubisch verwendet" (LThK, V, Spalte 364). Ausführlich schildert Dombart die Verwendung des IHS als Apotropaion, „weil man glaubte, dieses Zeichen biete Segen, Schutz und Kraft. Schließlich wurde es direkt zu einer abergläubischen Zauberformel", angebracht auf Glocken und als Turmbekrönung, auf kleinen Wetterkreuzen (sic), Wettersegen, Schutzbriefen, Pestblättern, Sebastianspfeilen, Benediktusmedaillen, an Haustüren und als Buttermarken „gegen die Hexen, welche die Butter mit Hilfe ihrer Zauberkünste beziehen können" (Name Jesus, S. 266 f.). Vgl. hier auch Anm. 76 und 77.

[79] Vgl. das Zeichen Abb. 47 f., 50, 52, 172 (verschieden gut erkennbar); Abb. 275 ist es erhaben gearbeitet, ebenfalls Abb. 316, jedoch

sind hier I und S noch vertieft angedeutet. Die Kurzform des H mit dem Kreuz war offensichtlich sehr geläufig, wahrscheinlich durch häufiges Aufmalen oder Einritzen in Haus, Stall und Scheune, an Geräten und so fort. — An einem undatierten hohen Tuffsteinkreuz zwischen Rodder und Oberdürenbach, mit großer, tief ausgehauener Nische zum Abstellen des Sakramentes, findet sich das Zeichen auch in der geritzten Namensinschrift JOHANNES SCHNEIDER unter der Nische. Während sich im Vornamen nur die übliche Form, ein geritztes Kreuz über dem Querbalken des H, zeigt, ist im H des Familiennamens zusätzlich ein Winkel eingeritzt, der aus dem H zugleich ein M macht; das Kreuz steht in diesem Winkel. Hier ist das Jesus-Zeichen kombiniert mit der Initiale für Maria (so auch auf Kreuzen im Odenwald; vgl. Heimberger, Abb. 15, 18, 20). Deutlich erscheint ein Bezug zu den auf den Querbalken des Kreuzes beiderseits der Nische eingeritzten Namen JESUS und MARIA. Die mit dem Namen verbundenen Symbole zeigen darüber hinaus die Absicht einer personalen Schutzbeziehung, über die noch zu sprechen sein wird (vgl. bei Anm. 130 ff.). Derselbe Sinn ist in einer weiteren kleinen Ritzung am Schaft dieses Kreuzes zu erkennen, wo zwischen den Initialen eines Namens, A und S, das Schutzsymbol der drei Kreuznägel angebracht wurde. An dem Mal finden sich außerdem noch das Jesusmonogramm als „SHI" (die Vertauschung der Buchstaben zeigt die schematisch-zeichenhafte Verwendung des Monogramms) und nahe über dem Boden ein kleines, aber tief ausgekratztes griechisches Kreuz (vgl. dazu Anm. 142). Weitere Ritzungen sind nicht sicher zu deuten. — Die Kurzform für das Jesusmonogramm hat Burgstaller an einer Getreidespeichertür auch als H mit einem doppelbalkigen Kreuz gefunden (S. 3 und Abb. 7), was den Schutzcharakter des Zeichens auf besondere Weise betont (vgl. zum Doppelkreuz bei Anm. 38 ff.).

80 Vgl. HDA, VI, Spalte 950 ff. s.v. Name. Der Name JESUS wird aus theologischer Sicht „infolge des engen Wechselverhältnisses zwischen Person und Name als Offenbarung bzw. Kennzeichnung seines Wesens gefaßt; er repräsentiert als kürzester Ausdruck für die uns kundgewordene Person des Erlösers diesen selbst" (LThK, VII, Spalte 433); dabei sei „nicht Magie und Namenzauber" im Spiel (a. a. O.), doch müssen im Volksglauben auch solche Vorstellungen in bezug auf Jesusnamen und -monogramm berücksichtigt werden. Ein gleicher Befund zeigt sich oft bei den Namen und Monogrammen — MRA, JPH, CMB — von Heiligen (vgl. unten). Zum Bild vgl. bes. Anm. 86 und 90. — Der Glaube an eine geheimnisvolle Verbindung zwischen Name und Person spielt zweifellos auch eine wichtige Rolle beim Anbringen des Stifternamens am christlichen Wegmal (vgl. Kapitel IX) oder wenn an diesem nachträglich Namenszeichen oder Hausmarken eingeritzt werden (vgl. unten bei Anm. 130 ff.).

81 Außer am Steinkreuz mit Kruzifixus, wo der Titulus ja zur Bilddarstellung gehört, erscheint das Zeichen INRI im Basaltlavagebiet am einfachen Kreuz (Abb. 61), am Kreuz mit leerer (57), Symbol- (170 f.) oder Bildnische (322), oft am Kreuz mit anderen Darstellungen (70 f., 286, 301, 303 f., 316) und hier auch gelegentlich am Grabkreuz (412, 416), weiter am Bildstock (73) und am alten Sakramentsmal (156) — nicht aber nach bisheriger Kenntnis am Mord- oder Unfallkreuz (abgesehen von den wenigen mit Kruzifix). Die angegebenen Abbildungen sind Beispiele und ergänzbar. — Die seit dem Ende des 4. Jahrhunderts nachweisbare „Buchstabenfolge INRI ist nach volkstümlicher Auffassung ein Phylakterium" und hat apotropäische Wirkung (Kriss-Rettenbeck, Bilder und Zeichen, S. 74; vgl. S. 48, 83 f.). Nach dem „Geistlichen Schild" soll man „diese vier Buchstaben I.N.R.I." auf die Stirn schreiben, denn „dieser siegreiche Titul JESU Christi" ist „gewaltig kräftig gegen alle Gespenst, Zauberey und Gefährlichkeit" (a. a. O. s. Anm. 75, 5. Seite f.; vgl. Kyll, Glocke, S. 162 f.; ders., Hauß Creutz, S. 48). Der „Titulus triumphalis" erscheint in mittelalterlichen Wettersegen (Franz, II, S. 87, 91) und auch sonst immer wieder zum Schutz und zur Abwehr (HDA, IV, Spalte 696; Münsterer, S. 103; Kyll, Hauß Creutz, S. 43; Meisen, Blick Mittelalter, S. 224; Mehl, S. 226; Wuttke, S. 179). Endlich sei noch auf Rembrandts Radierung „Faust in der Studierstube" hingewiesen, wo in dem magischen Strahlenkranz, umgeben von Zauberwörtern, in der Mitte die Buchstaben INRI erscheinen (Gaerte, Thau-Amulette, S. 233, Anm. 50).

82 Vgl. Marginalien und weiter Abb. 416 (mit Dornenkrone und Antlitz Christi). Eng verbunden mit der Verehrung der Fünf Wunden ist die des Erlöserblutes (vgl. Abb. 301, wo das Blut aus den Wunden in ein Gefäß fließt; mit Antlitz Christi auf dem Veronikatuch und Titulus). So gehört in diesen Zusammenhang auch die am Basaltlavakreuz bemerkenswert häufige Darstellung der Engel, die das Blut aus den Wunden in einem Kelch auffangen (Abb. 297 ff., 357—367 u. öfter; vgl. Müller-Veltin, Kreuze). Bezeichnend ist die Fünf-Wunden-Darstellung für die Prozessionkreuze eines weiten Raumes um Bonn. Der Glaube an ihre Schutzkraft, die im Zusammenhang mit den Prozessionen zu sehen ist, wird an einem Mal des gleichen Typs, dem „Hagelkreuz" von Remagen, besonders deutlich (vgl. Anm. 13). Auch auf dem Remagener Kreuz mit dem Abwehrsegen (Anm. 24) fand sich wahrscheinlich das Fünf-Wunden-

Bild (nach KD Ahrweiler, S. 565 f., auf beiden Kreuzen die „Leidenssymbole"; auf dem noch erhaltenen Hagelkreuz sind dagegen die Fünf Wunden dargestellt — vermutlich fanden sich diese also auch auf dem verlorenen Kreuz). — Auf die im Rheinland besonders lebendige Verehrung und volkstümliche Schutzbedeutung der Fünf Wunden, die 1461 auf einem Mal in Obermendig als „die Pforten des Himmels" bezeichnet werden, ist schon hingewiesen worden (IV, bei Anm. 26 f.). „Man rief die Wunden Christi hauptsächlich in Hungers- und Pestzeiten, um Bewahrung vor einem schlimmen, unvorhergesehenen Tod an" (LThK, X, Blatt bei Spalte 708 f.). Wie selbstverständlich, finden wir sie daher auch auf den meisten Schutzblättern. Ein verbreitetes Blatt zeigt sie als Hauptdarstellung (vgl. Hamper, mit Abb.; dasselbe Blatt: Kriss-Rettenbeck, Bilder und Zeichen, Abb. 135; ein Original auch im Museum Mayen, vgl. Lewald, Anm. 7). Zum Schutz des Getreides findet sich eine Benedictio des Bildes der hl. Fünf Wunden und zugleich der Namen und Herzen Jesu und Mariä, wieder tritt auch der Kreuztitel hervor (Münsterer, S. 103 und Anm. 181). In einem „beim Volke beliebten Segen, ‚Wehdag zu besprechen' ", heißt es: „Fünf Wunden Gottes helfen mir / und sind Arzenei für und für" (Richter, S. 124). Auch im „Geistlichen Schild" zeigt sich die Schutzkraft der Wunden gegen Feinde (a. a. O. s. Anm. 75, 63. Seite); in einem handschriftlichen Schutzsegen werden sie bereits um 1200 genannt (Heimberger, S. 289).

83 „Die Waffen Christi (arma Christi) sind die Leidenswerkzeuge, womit Christus den Bösen überwunden hat; in der ritterlichen Sprache des Mittelalters heißen sie Wappen Christi, weil Hoheits- und Siegeszeichen des Herrn" (LThK a. a. O.). Dieser Gedanke scheint sich auszudrücken in dem Wappenschild, das sich an dem Mal von Eich aus dem Jahre 1504 sinnvoll unter der Sakramentsnische findet. Auf dem Schild ist neben einem Kreuz nur die Geißel dargestellt (Abb. 223) — ein besonders sinnfälliges „Leidenswerkzeug" für die Gesamtheit der Arma (pars pro toto). Stifter des Prozessionsmals (Abb. 34) ist der in dem Vertrag der Leyer von 1500 (vgl. II, bei Anm. 29) genannte „Joncker Adam kolve von Wassenach, walpode in der pellenz", sein Name ist auf der Rückseite des Nischenkopfes ausgehauen (Abb. 224). Im späteren Basaltlavabestand finden sich die Arma auf Grabkreuzen des 18. Jahrhunderts (Abb. 312 ff., 415); bemerkenswert ist das Kreuz in Mayschoß aus der Werkstatt A, wo sie den Gekreuzigten umgeben (315); auf einem Relief derselben Herkunft zeigen sie sich bei der Darstellung eines Gnadenbildes (Abb. 409; vgl. Anm. 90). — Charakteristisch sind die Waffen Christi auf hohen Holzkreuzen, die z. T. auch doppelbalkig waren (vgl. Heimberger, S. 264 und i. g.); die Darstellung tritt hier klar als Schutzbild hervor. Auch das Rheinland kannte und kennt Holzkreuze mit den „Waffen", und zwar vor allem als Prozessionsmale. Die oben, Anm. 52, genannten Stücke aus dem Siegerland und vom Hunsrück zeigen alle die Arma Christi (und zugleich die Wundmale); Holzkreuze dieses Typs waren außerdem in der Nordeifel (z. B. Katzvey b. Kommern) wie im Vorgebirge zwischen Bonn und Brühl verbreitet (Zippelius in Museumsführer a.a.O.). Nicht selten finden sich die Waffen Christi auch am Bildstock (vgl. Mehl, S. 225 ff.), und man darf dabei „auf eine schützende Wirkung hinweisen, eine magische Heilkraft, die den Gegenständen zugeschrieben wurde" (a. a. O. S. 226). Überhaupt zeigt sich, daß nach dem Volksglauben alle Dinge, die mit dem Leiden Cristi in Verbindung standen, „nicht nur heiligende, sondern auch heilende und schützende Wirkung ausstrahlten" (Kriss-Rettenbeck, Bilder und Zeichen, S. 73 f.; vgl. S. 57—76). Selbstverständlich erscheinen sie daher auch in Segensformeln (Geistlicher Schild, a.a.O. s. Anm. 75; 38., 62. Seite und öfter) und auf Schutzblättern (Spamer, II, S. 8, Abb. 3).

84 Insofern ist das Arma-Bild durchaus den Schutzblättern mit ihrer charakteristischen Häufung von Schutzbildern, Symbolen und apotropäischen Worten vergleichbar, um so mehr, als ja auch bei den Arma einzelnen Teilen eine eigene Kraft zugeschrieben wird. Der Kult mancher Insignien geht von der Verehrung der (wirklichen oder vermeintlichen) Originale aus. Als Beispiel mögen einige Angaben zu den Kreuzesnägeln folgen (Anm. 85; Heinz-Mohr nennt S. 184 zwanzig Städte, wo sich solche im Kirchenschatz finden und verehrt werden, darunter Köln und Trier).

85 Die Darstellung des Herzens Jesu soll auf das Fünf-Wunden-Bild mit den abgetrennten Händen und Füßen zurückgehen (LThK, a. a. O. s. Anm. 82). Zur Verehrung im 14. und 15. Jahrhundert vgl. Richstätter (mit alten Herz-Jesu-Darstellungen). — Auf dem Basaltlavakreuz zeigt sich das Herz durchweg mit der Lanzenwunde und oft, wie auch sonst üblich, mit den drei Kreuznägeln darüber. Letztere werden auch allein mit der Dornenkrone (Abb. 70) oder dem IHS (104, 318) verbunden. Das Herz Jesu, selbstverständlicher Bestandteil des Fünf-Wunden-Bildes (303 f.), findet sich auch unter den Arma (212 ff., 415), zusammen mit der Dornenkrone (272), dem IHS (316 f.; 398, mit der Spitze nach oben), den Sieben Schwertern Mariens (273, 412). Öfter wächst ein Dreiblütensproß (274 ff., 413 f.) aus dem Herzen Jesu, auf einem Sandsteinkreuz auch ein Kreuzbaum mit Wurzeln (270). Das Herz mit den Kreuznägeln erscheint als beherrschende Darstellung an einem Bildstock

des 17. Jahrhunderts (V, Anm. 28). Mehrfach sind die drei Nägel oder das Herz mit den Nägeln an Sakramentsmälern aus Tuffstein eingeritzt worden (Abb. 181; Anm. 76, 79). Die auf Schutzblättern und auch sonst nicht seltene Darstellung der Herzen Jesu und Mariä nebeneinander ist am Basaltlavamal kaum bekannt; beide galten „als abwehrende Zeichen" (Kriss-Rettenbeck a. a. O., S. 75), Münsterer erwähnt ihr Vorkommen in einem Schutzsegen für das Getreide (vgl. Anm. 82). — Der Kult der Kreuznägel geht in frühe Zeit zurück und hängt in besonderer Weise mit der Verehrung originaler Stücke zusammen (vgl. vor. Anm.). Es wird berichtet, Helena habe Nägel vom Kreuz „als wunderkräftig" in Gegenstände einarbeiten lassen; außerdem sei „ein weiterer Nagel zur Besänftigung der Stürme ins Meer versenkt worden" (LThK, VII, Spalte 429). „Im 6. Jahrhundert finden wir die Kreuznägel schon als richtige Amulette" und seit dem frühen Mittelalter „als heilkräftig" gegen Pest und Fieber; „auf einem Pestblatt um 1500 sehen wir eine Abbildung des in Rom verehrten Kreuznagels in seiner wahren Größe, und späterhin folgen zahlreiche Ab- und Nachbildungen" (Spamer, II, S. 33). Die Bedeutung beim Volk hängt nach Kriss-Rettenbeck wohl auch zusammen mit der „Wirkung auf das sensitive Nervensystem", die sich „mit der Vorstellung von der Handdurchbohrung durch Nägel einstellt" (a.a.O. S. 74, mit Verweis auf das Phänomen der Stigmatisation). An ähnliche Empfindungen ist zu denken bei der „H. dörnen Cron, die JEsu Christo durch sein H. Haupt ist gangen" (Geistlicher Schild, a. a. O. s. Anm. 75, 62. Seite). Auch mit ihr verband sich der Glaube an eine heilende und schützende Wirkung (vgl. Kriss-Rettenbeck a. a. O., S. 73 f.).

86 Im Bestand zeigt sich oft das Antlitz (Abb. 69, 300), und zwar im Gedanken an das Schweißtuch Veronikas, das manchmal auch angedeutet wird (301, 355); nicht selten ist aber auch die Darstellung des Hauptes im Profil (302). Beide Bilder werden volkstümlich als „Herrjottshaaft" (Herrgottshaupt) bezeichnet. Beliebt ist die Kombination mit den Fünf Wunden (301, 304, 416). — Die Legende vom Tuch der Veronika mit dem Abdruck des Antlitzes Christi erscheint erst relativ spät, wurde dann aber allgemein in die Passionsgeschichte eingefügt. Ausgangs- und Angelpunkt der Darstellung ist „das wahre Bild" des Hauptes Christi (durch das, noch zu Lebzeiten gemalt, nach einer Erzählung schon Kaiser Tiberius von einer schweren Krankheit geheilt wurde; LThK, X, Spalte 574 ff.). Zur Bedeutung des Antlitzes oder Hauptes im volkstümlichen Kult und als Heils- und Schutzbild vgl. Kriss-Rettenbeck a. a. O., S. 71—73. Wieder zeigt sich seine Segenskraft auch im „Geistlichen Schild": „Gegrüsset seyst du heiliges Haupt unsers Seligmachers Jesu Christi, so unter allen Häuptern schön herrlich und ehrwürdig . . ." (a. a. O. s. Anm. 75, 83. Seite; „diese Grüssung hat 800 Jahr Ablaß").

87 Außer als Kruzifixus und im Vesperbild wird Christus am Basaltlavamal am häufigsten als Kreuzschlepper (Abb. 231, 282 ff., 383), öfter auch in der Ölbergszene dargestellt (73 f., 395 f.). Wieder handelt es sich um die Passion; als Erlösungsgeschehen garantiert sie Heils-, aber auch Schutzkraft. In diesem Sinne sind auch Formen der Christusdarstellung zu verstehen, die nur vereinzelt erscheinen. An einem Polcher Wegmal sieht man Christus als Schmerzensmann (vgl. V, Anm. 28). An dem inzwischen verlorenen Mal von Kehrig (Abb. 437) ist der unbeholfen gearbeitete Christus an den Wundmalen der Hände zu erkennen, die er betont zeigt. Ihren ganzen Sinn erhält die Darstellung aber erst zusammen mit den Symbolen unter dem Nischenbild. Bekanntlich werden die Wunden stets in der Fünfzahl dargestellt, in der Mitte das Herz. Auch hier zeigt sich das Herz Jesu, und zwar mit einem Winkel als persönliche Marke, rechts und links davon sind die Fußwunden angedeutet. Danach ist die Figur als „Fünf-Wunden-Christus" anzusehen, dessen Darstellung auch als Gnadenbild bekannt ist (vgl. Kriss-Rettenbeck, Bilder und Zeichen, Abb. 254 u. a.; Richter, S. 117, Abb. 1). Das Mal von Kehrig stand am Pilgerweg nach Trier, zum Grab des hl. Matthias, und wurde „IN S. MATHIS EHR" gestiftet (vgl. IX, Anm. 62).

88 Wenn schon dem Kreuz allein — als dem Symbol der Erlösung durch den Gekreuzigten — diese Bedeutung zukommt, weiter den Fünf Wunden, den Kreuznägeln, dem Arma-Bild und dem Herrgottshaupt, so vereinigt sich doch die Symbolkraft all dieser Zeichen in der Darstellung Christi am Kreuz. Eindringlich zeigt sich wohl der Glaube an die Schutzkraft dieses Bildes, wenn der *Corpus crucifixus* auf beiden Seiten eines Kreuzes angebracht ist; hier mögen bestimmte Traditionen vorliegen, vielleicht vor allem für das alte Friedhofskreuz, doch dürfte der apotropäische Gedanke am Ursprung einer solchen Darstellung stehen. Ein Basaltlavakreuz mit doppeltem Korpus findet sich in Sabershausen/Hunsrück (Abb. 290; nach der örtlichen Überlieferung früher Friedhofskreuz). Ein „Kirchhofskreuz in der Form eines Doppelkreuzes, v. J. 1678, Basalt", mit Kruzifixen aus Sandstein, stand auf dem Friedhof an der Kirche von Müden/Mosel (KD Cochem, II, S. 631 und Abb. 472). Wenn sich in solchen Darstellungen der substantielle Charakter des Abwehrgedankens zeigt, so entspricht dies den schon gezeigten Befunden; man wird erinnert an die abwehrenden Evangelienlesungen nach den vier Winden, die Kreuze am Flurmal nach ver-

schiedenen Seiten, die Abschirmung von Siedlungen nach mehreren Richtungen durch Kreuze und Heiligenbilder; auch die Durchbruch-Arbeit sowie seitliche Kreuze an dem fränkischen Basalt-lava-Kreuzstein von Moselkern müssen wohl in diesem Sinne verstanden werden; vielleicht war das Mal ein Friedhofskreuz der Frühzeit (vgl. oben bei Anm. 53 ff.).

[89] Vgl. etwa IV, Anm. 50.

[90] „Das Bild sichert Schutz und Hilfe" (Kriss-Rettenbeck a. a. O., S. 10 mit Anm. 7) und hat apotropäische Kraft (HDA, I, Spalte 1288 ff.). Die sogenannten Schluckbildchen (mit Darstellung eines Heiligen) wurden wie Medizin eingenommen (ebda.). Auch am Flurmal wird das Heiligenbild „zum beschwörenden und bannenden ... Zeichen" (Mehl, S. 200 f.). Nach Kyll übernimmt die Abbildung eines Heiligen auf Schutzblättern „die Wirkkraft eines geschriebenen oder gedruckten Abwehrsegens" (Hauß Creutz, S. 53); dieselbe Kraft hatten Symbole, Namen und Namenszeichen der Heiligen. — Auf einzelne Phänomene und Zusammenhänge im Kreuzbestand sei im folgenden hingewiesen (vgl. auch die Inschriften 116—124, Kapitel IX). An den Obermendiger Mälern von 1462 und 1473 (Abb. 146 ff.; 153) erscheinen im Schutzsinne die Namen der Ortspatrone St. Genovefa und St. Laurentius, ferner der Heiligen Maria und Antonius (Eremit), zu letzterem auch das Antoniuskreuz (dazu Anm. 67—69). Die gleiche Intention zeigt sich im *Salve Regina* an dem Mal von 1472 (Abb. 149 ff.). Die örtlichen Patrone galten zu allen Zeiten als besondere Garanten des Schutzes (vgl. IV, Anm. 11). In Hambuch findet sich an einem Kreuzschaft als Symbol des Pfarrpatrons Johannes des Täufers das abgeschlagene Haupt auf der Schale (332), bei Polch auf einem Kreuz unweit der alten Georgskapelle St. Georg als Drachentöter (333). — Eine mehr als gewöhnliche Kraft ist auch von einem Gnadenbild zu erwarten (vgl. Kyll zu dem Landshuter Gnadenbild auf dem Hauskreuz-Blatt; a. a. O. S. 43 f.). Auf einem Kreuz in Polch sieht man das an vielen Orten Deutschlands und Österreichs und auch im nahen Koblenz verehrte Mariahilf-Bild, dabei die Inschrift MARIA HVELF (216 f.). Auf mehreren Kreuzen im Norden des Verbreitungsgebietes, alle aus der Werkstatt A, erscheint die Darstellung eines früher in der Weinfelder Kirche am Totenmaar verehrten Bildes, einer Pieta mit den Sieben Schwertern (218 f., 408); das Bild findet sich auch noch auf einem jüngeren Grabstein (Sandstein) auf dem dortigen Kirchhof. Auf einer Reliefplatte aus der Werkstatt A sind bei diesem Gnadenbild, die Schutzkraft verstärkend, außerdem das Kreuz und Waffen Christi dargestellt (Abb. 409). — Aufgrund des dämonenschreckenden Antoniussegens (vgl. Anm. 24) ist „S. ANTHONEVS D. P." (de Padua; Abb. 394) einer der beliebtesten Schutzheiligen auf Amulettzetteln. Auf Kreuzen findet man sein Bild (331, 393 f.) und seine inschriftliche Anrufung (301, Is. 121). — Auf einem imposanten Schöpflöffel des Jahres 1604 hoch über der Mosel (Lay — Koblenz-Karthause, am Ankerpfad; vgl. Schüler, S. 283 f. mit Abb.) liest man das Schutzgebet „HEILGER S. NICKLAS, BIT GOTT FVR VNS ON VNDERLAS". Nikolaus war einer der bedeutendsten Schutzheiligen der älteren Zeit (vgl. bes. Karl Meisen, Nikolauskult und Nikolausbrauch im Abendlande, Düsseldorf 1931); unter den zahlreichen besonderen Patronaten (a.a.O. S. 548) ragte an Rhein und Mosel das über die Schiffer hervor. Vermutlich ist das Mal auch von Schiffern gestiftet worden — es zeigt zwei Hausmarken auf Schild —, doch war es mit seiner tiefen leeren Nische ursprünglich ohne Frage Station einer theophorischen Prozession, wogegen auch die Inschrift nicht spricht (vgl. V, Anm. 3). Die Angabe Schülers, in der Nische habe sich früher eine Nikolausstatue befunden, ist bloße Annahme aufgrund der Inschrift (für spätere Zeit nicht auszuschließen); wie schon bei den Beligen-Mälern erkennbar, verbindet sich in volkstümlicher Vorstellung der Schutz des umgetragenen Sakraments mit dem, der von Heiligen erfleht und erwartet wird. — Ungewöhnliche Schutzkräfte wurden schon früh auch den drei „Magiern" aus dem Morgenland zugeschrieben (Spamer, II, S. 11, 86; Karl Meisen, Die hl. drei Könige und ihr Festtag im volkstümlichen Glauben und Brauch, Köln 1949). Im Mittelalter kamen ihre Reliquien nach Köln. Das Schutzzeichen des Monogramms „CMB" schreibt man noch heute auf Haustüren (neuerdings oft umgedeutet). Die Namen der Drei Könige stehen auf den Schmalseiten eines Kreuzes von 1677 in Kell, zusammen mit „S. IACOBVS" und „S. IOHANNES BAPTISTA"; am Anfang der langen Inschrift, Dokument einer Seelgerät-Stiftung, erscheinen die Namen „MAR(ia), IHS, I(ose)PH" (220, Is. 130). Was hier durch die Heiligennamen ausgedrückt werden soll, zeigt etwa die süddeutsche Bildstockinschrift „JESUS MARIA JOSEPH, CMB, UNTER EUREN SCHUTZ FLIEHEN WIER" (1731; Dünninger/Schemmel, S. 51). Die Monogramme der drei Personen der Hl. Familie stehen auch auf einem Unglückskreuz am Rhein (196, Is. 64), und „Jesus Maria Joseph" ist ein noch heute bekannter „Stoßseufzer" im Augenblick der Not und hat Schutzcharakter — nach älterem Volksglauben gegen Anfechtungen des Teufels, aber auch gegen Hexerei und böse Geister, weiter verhilft er zu einer guten Sterbestunde (Kriss-Rettenbeck, Bilder und Zeichen, S. 24 f., 36). Die Darstellung der Hl. Familie (336) hängt mit dieser Schutzvorstellung zusammen (vgl. a. a. O., S. 56). Ein Kreuz bei Rodder mit Sakramentsnische

zeigt als Ritzung sowohl die Namen Jesu und Mariä wie auch deren Monogramme als Kürzel in einem Personennamen (Anm. 79). Zur Mariendarstellung am Basaltlavakreuz vgl. die Abbildungen (319—329 u. a.). Das Vesperbild zeigt sich gelegentlich kombiniert mit anderen Darstellungen (166, 396). Als Zeichen für die „Mater Dolorosa" (407 ff.) finden sich die Sieben Schwerter, Sinnbild der Sieben Schmerzen, auch allein (412). — Als schützendes und gefahrabwehrendes Bild muß schließlich auch die Darstellung eines Engels angesehen werden, die an einem Mal von 1617 erscheint (Abb. 232) und — im Gegensatz zu den barocken, eher ornamentalen geflügelten Engelsköpfen — als Schutzengelbild zu verstehen ist (vgl. V, Anm. 28). 1608 war das Schutzengelfest in Deutschland eingeführt worden (LThK, IX, Spalte 360). 1650 ist am Rheinufer bei Urmitz ein Votivmal mit Engeldarstellung und mit einer „angelo meo" gewidmeten Dankinschrift für Errettung aus Lebensgefahr errichtet worden (vgl. IX, Is. 129 mit Anm. 67).

91 Künstle, Heilige, S. 422; vgl. S. 423 zum Attribut des Drachens mit dem Kreuzstab im Rachen. — Abb. 186 zeigt die Figur des Drachens, die am Schaft aufrecht steht, liegend; das Bild ist sonst schwer zu identifizieren — so KD Cochem, II, S. 546: „zerstörte Relieffigur (hl. Helena?)".

92 Kriss-Rettenbeck, Bilder und Zeichen, S. 36. — Der Drache ist schlechthin Symbol des Bösen und Dämonisch-Gefährlichen. Drachentötende Heilige (auch Michael, Georg u. a.) sind beliebte Schutzbilder (vgl. Anm. 60). In älterer Zeit ist auch Christus als Drachentöter dargestellt worden (Heinz-Mohr, S. 73).

93 Heimberger, S. 263. — „Das Leben der mittelalterlichen Christenheit" — aber auch der in den folgenden Jahrhunderten — „ist in all seinen Beziehungen durchdrungen, ja völlig gesättigt von religiösen Vorstellungen." Doch da ist auch die andere Seite. „Die Zeichen der immer bereiten göttlichen Gnade hatten sich stets vermehrt; rings um die Sakramente blühten die Benediktionen; von den Reliquien kam man zu den Amuletten ... Welches Mittel gab es, das Volk davon abzuhalten, auf all das Magische und Bunte seinen Glauben und seine Hoffnung zu setzen?" (Huizinga, S. 210 f.). Dabei stellt sich „die grenzenlose Hilfsbedürftigkeit derart sinnfällig und heftig dar, daß mancher Beobachter geneigt ist, der sensitiven Volksfrömmigkeit zu bescheinigen, sie sei egozentrisch, auf Zweckhaftigkeit ausgerichtet, im gegenständlichen Denken befangen und einem mystizistisch-magischen Denken ausgeliefert. Daß diese Merkmale mitunter bezeichnend sind für die *religio carnalis ...*, ist nicht zu bezweifeln." (Kriss-Rettenbeck a. a. O., S. 49).

94 Die persönlichen Stiftungsintentionen etwa waren wohl nicht einmal immer den Zeitgenossen in vollem Umfang bekannt. In einem Maifelddorf fand ich ein Basaltlavakreuz mit Korpus aus dem Anfang dieses Jahrhunderts. Auf meine Erkundigungen erfuhr ich, man kenne den eigentlichen Stiftungsgrund nicht, obwohl der Sohn des Stifters noch lebe; der Vater habe ihm zwar anvertraut, was es mit dem Kreuz auf sich habe, jedoch unter dem Siegel der Verschwiegenheit. Die Inschriften drücken kaum alles aus, was hinter der Errichtung steht, zumal nicht die kargen unseres Raumes (vgl. IX, bes. bei Is. 128 f.). Oft finden sich nur die Stifternamen. Wie Schemmel richtig feststellt, muß auch die Formel „Gott zu Ehren" oder ähnlich nicht schon den Stiftungsgrund angeben (S. 317).

95 „Die Grenzen zwischen Glauben und Aberglauben sind zu allen Zeiten fließend gewesen und auch von der Kirche nicht immer streng abgemarkt worden. Zwischen beiden Extremen erstreckt sich ein breites Niemandsland, in dem vieles möglich ist." (Lewald, S. 434). Was als erlaubt oder als mißbräuchlich anzusehen war, darüber stritten ja auch die Theologen (vgl. z. B. V, Anm. 47, zur apotropäischen Verwendung des Sakramentes).

96 So sind etwa Schutz- und Hauskreuz-Blätter oder auch das „bey sich zu tragende" Segenbüchlein „Geistlicher Schild" (Anm. 75) noch am Anfang des 19. Jahrhunderts in nicht geringer Zahl nachgedruckt und abgesetzt worden; im praktischen Gebrauch waren sie, wie viele andere Schutzmittel, noch weit länger (vgl. Kyll, Hauß Creutz, S. 60; Lewald a. a. O.). Für den engeren Raum ist belegt, daß man um 1860 noch fest an die Schutzkraft der Flurprozessionen glaubte und schlimme Wetter als Folge ihrer Unterlassung ansah (V, Anm. 19) — noch zu einer Zeit übrigens, als die Zahl der Kreuzsetzungen schon längst abgenommen hatte.

97 Mehl hat an fränkischen Bildstöcken das vierfache Kleeblatt beobachtet (S. 200, 225), ein altes Glückssymbol, bei dem wohl auch „die alles Böse abwehrende Kreuzesform" eine Rolle spielt (HDA, IV, Spalte 1447 ff.).

98 Das Reliefbild eines Kopfes zeigt sich etwa an dem Anfang des 13. Jahrhunderts erbauten Westturm der Pfarrkirche in Pommern (KD Cochem, II, Abb. 496). „Der Kopf gehört zu den Abwehrsymbolen, die noch in christlicher Zeit beibehalten sind, wie an romanischen Taufsteinen und z. B. an der Glocke zu Ediger v. J. 1411" (a.a.O. S. 655, mit Verweisung auf J. H. F. Kohlbrügge, Tier- und Menschenantlitz als Abwehrzauber, Bonn 1926; Meisen, Der böse Blick, Rh. Jahrb. 1950). An der Glocke von Ediger befinden sich vier kleine Menschenköpfe; zu denken wäre an Unheil abwehrende Sym-

bole älterer Zeit" (a.a.O. S. 273); es ist eine typische Wetterglocke, mit den Inschriften „AL UNGEVEDER SCHEIDN ICH" und „UT FRUCTUS TERRE NOBIS DARE ET CONSERFARE DIGNERIS" (aus der Allerheiligenlitanei; der Vers steht auch auf einem Prozessionsmal in Speicher b. Trier, vgl. Meyer, Wegkreuze, S. 245). Apotropäische Köpfe zeigte auch eine Glocke in Mayen (Caspar, S. 33, Abb. 18). An einem Burgtor in Vianden wird „ein abwehrender Kopf des 13. Jahrhunderts" von Bornheim gen. Schilling erwähnt (Textband, S. 191). — Die Darstellung von Köpfen als Abwehrzeichen ist auch am religiösen Wegmal nicht unbekannt, sie findet sich etwa in Unterfranken an einem Bildstock von 1620 „an den vier Ecken des Kapitells eingemeißelt" (Mehl, S. 200; die Eckstellung ist apotropäisch bedeutsam, sie zeigt sich ja auch in Kollig). — An dem Kopf des Kolliger Mals sind alte Farbreste zu erkennen; eine ehemalige Bemalung kann mit der Abwehrfunktion zusammenhängen (vgl. Anm. 41).

[99] Augsburger Holzschnitt von 1532; Gaerte, Wetterzauber, Abb. 1 und Ausschnitte Abb. 2 und 3 (unsere Abb. 185 zeigt ein Detail aus Abb. 3).

[100] A.a.O. S. 263 f., Beschreibung und Deutung des Gesäßgestus in der Darstellung. Mit ihm verbindet der Junge die gleichfalls apotropäische Gebärde des Fingerzeigens (a. a. O. S. 265 ff. und Abb. 11). Wichtig ist auch der nach hinten gewandte Kopf. Möglicherweise ist ein abwehrendes Spucken angedeutet, doch ist zweifellos schon das Hinsehen ein wesentlicher Bestandteil des magischen Ritus. Auch an dem Steinbild von Kollig ist das Rückwärtsschauen durch eine deutliche Wendung des Kopfes ausgedrückt. Es scheint schon in der Antike zur Darstellung des Gesäßzeigens zu gehören; in zwei von Meisen angeführten Bildern erscheint als Apotropaion gegen den Bösen Blick ein Mann „in Hockerstellung", „mit hochgezogener Tunika" und „den Blick rückwärts gewandt" (Blick alte Völker, S. 155).

[101] Vgl. HDA s. v. Hinterer (Bd. IV, bes. Absatz 2), ferner s. v. Entblößung (Bd. II), s. v. Nacktheit (Bd. VI, bes. Absatz 9). In der antiken Welt waren das entblößte Gesäß, die Vulva (durch verschiedene Symbole dargestellt) und besonders der Phallus — von den Römern darum auch als „fascinum" bezeichnet — geläufige Apotropaia (vgl. Meisen a. a. O., S. 150 f. u. öfter). Für den späteren Abwehrglauben sei nur auf die ungewöhnliche Verbreitung der „Feige", eines obszönen Fingergestus, als eines wirkungsvollen Abwehrzeichens verwiesen; kleine Amulette dieser Form (auch als Arma-Symbol in bezug auf die Verhöhnung Christi in der Passion durch das Zeigen der Feige) wurden gegen Hexen und Teufel bei sich getragen und selbst an Rosenkränze gehängt (HDA, II, Spalte 1305; Beitl, S. 197 f.; Kriss-Rettenbeck, Bilder und Zeichen, S. 66 und Abb. 204 f., 402).

[102] Gaerte a. a. O., S. 260 f. — Wie überall im Volksglauben, gilt auch hier das Prinzip des „pars pro toto". Damit der Flachs gedeiht, hebt die Frau, während der Mann sät, ihren Rock auf; in einem anderen Fall genügt schon das Lüpfen eines Schürzenzipfels; zur Abwehr des Wirbelwindes macht man eine „Feige" und greift sich an die Schamhaare (a. a. O.). Überhaupt zeigt ja der Feigen-Gestus, daß schon eine Andeutung genügt, um die zauberische Wirkung hervorzurufen.

[103] Die Gebärde war schon in der Antike, neben ihrer Abwehrbedeutung und verbunden mit dieser, auch „Ausdruck der äußersten Geringschätzung und der gröbsten Beleidigung", sie sollte den Akt der Bedürfnisverrichtung darstellen (Meisen a. a. O., S. 151); Entsprechungen finden sich noch heute in der Vulgärsprache („auf etwas" oder „jemandem etwas scheißen" u. ä.). Ein bekanntes Gegenstück zu solchen Wendungen, der Ausspruch Götzens von Berlichingen in Goethes Drama, wird aber 1669 von Prätorius und auch sonst häufig als magisch-apotropäische Formel angeführt; zur optimalen Wirkung soll man die Worte dreimal schnell hintereinander sagen (HDA IV, Spalte 62 f.).

[104] Vgl. die bereits genannte Literatur mit zahlreichen Belegen, ferner etwa Wuttke, Nr. 49, 411, 671, 704. Weiter nur einige Hinweise: Nach einer bekannten Erzählung hat Luther durch Zeigen des Gesäßes den Bösen verjagt (HDA, VI, Spalte 844). Nicht gering sind die Zeugnisse für den Wetterzauber. So mußte der Wirbelwind einen verschonen, wenn man ihm den Hinteren zeigt; auch Hagel und Regen wurden auf diese Weise gebannt; vom Sturm überrascht, konnten italienische Fischer die Gefahr bannen, indem sie St. Barbara und St. Franziskus anriefen und ein erstgeborener Sohn unter ihnen zugleich das Gesäß entblößte (a. a. O., IV, Spalte 63). Endlich sei noch an die ungemein zahlreichen Stadtbelagerungssagen erinnert, in denen dem Feind das nackte Gesäß gezeigt wird (a. a. O.). In dem Sagenmotiv tritt der ursprüngliche Abwehrcharakter dieser Gebärde noch hervor; spätere Umdeutungen ins Scherzhafte zeigen aber dann, daß der apotropäische Ritus im Sinn nicht mehr verstanden wurde.

[105] Die „Butterhanne" in Goslar; Gaerte a. a. O., Abb. 9 mit Text S. 261.

[106] Es handelt sich um ein bildhauerisch exakt gearbeitetes Mal ohne Datierung und Beschriftung. Die Datierung setzt im Bestand vor 1500 sporadisch und etwa ab 1550 generell ein, zuerst an den Stücken sorgfältiger Bearbeitung. Ein Gesimsprofil im Übergang

vom Schaft zum Nischenkopf zeigt sich 1504 (Abb. 34, 223), ein Traufüberstand der Dachflächen 1462 (Abb. 147 f.). Man darf berücksichtigen, daß der optische Eindruck beim Nischenmal von Kollig durch eine unpassende Gittertür aus Holz gestört wird (Abb. 183).

[107] Es mag zunächst überraschen, eine solche Darstellung am religiösen Mal und sogar, wie nicht zweifelhaft ist, am Stationsmal der theophorischen Prozession zu finden. Aber wieder darf heutiges Empfinden nicht der Maßstab für eine Beurteilung sein. Nicht selten hat sich im Mittelalter Derb-Weltliches unbefangen zum Religiös-Erhabenen gesellt. Man kann hier an bestimmte Darstellungen und Szenen bei Prozessionen, auch den theophorischen, denken und an ebensolche bei Mysterienspielen im Kirchenraum. Auch ein Blick auf die Ausgestaltung manches Chorgestühls mit Drolerien ist erlaubt. Man mag weiter beachten, wie selbstverständlich einst der Abwehrritus des Gesäßzeigens mit der Anrufung von Heiligen verbunden (Anm. 104) oder etwa das Feigen-Amulett am Rosenkranz getragen wurde (Anm. 101). Da auch der sakramentale Segen und die Evangelienlesung an diesem Mal der Abwehr böser Wetter galten, erschien die Darstellung nicht unpassend.

[108] Vgl. Anm. 76, mit Beschreibung; der Drudenfuß erscheint eingehauen über einem Kreuz (Abb. 182) und als Ritzung sogar als Fuß eines Kreuzes (181) — an diesem Mal viele weitere Symbole und vielleicht auch ein „Hexenknoten". — Vgl. hier auch Anm. 110.

[109] Goethes Faust, Szene Studierzimmer 1. Trotz des Bannzeichens war Mephisto aber hereingekommen: „Es ist nicht gut gezogen; der eine Winkel, der nach außen zu, ist, wie du siehst, ein wenig offen" (a. a. O.). „Das gegen jegliche Hexerei mächtige Zeichen" wird nämlich „durch einen einzigen ‚ewigen' Strich gezeichnet" (Kriss-Rettenbeck a.a.O. S. 99). „Der Drudenfuß oder das Pentagramm, das heute noch als orendistisches Zeichen, meist übelabwehrend, gebraucht wird, stammt in letzter Linie aus dem Orient, von wo es schon früh zu den Griechen und Römern, dann auch ins deutsche Mittelalter eindrang" (Friedrich Pfister in: Spamer, I, S. 106). — Als Bezeichnung begegnet auch „Mahrfuß"; Drud (Trud) und Mahr sind Namen für Hexe, Plagegeist, Gespenst (vgl. Beitl, S. 490, 771 f.). Auf einem österreichischen Votivbild sieht man den Fünfstern als Krankheitssymbol eines von der „thrut" Geplagten; er hält die Tafel mit diesem Zeichen dem Fünf-Wunden-Christus entgegen (Richter, Abb. 1 und Text).

[110] Zum Vorkommen in Verbindung mit christlichen Schutzsymbolen vgl. Anm. 77. In der Eifel findet sich der Drudenfuß auf zwei Steinkreuzen des Kreises Bitburg; das eine, 1590, wird als „Wetterkreuz" bezeichnet (Kyll, Glocke, S. 151). Am Schaft eines Bildstocks erscheint das Zeichen auch im Odenwald (Mehl, S. 201, Anm.). Das Pentagramm zeigt sich weiter auf mehreren frühgotischen Glocken des Mosellandes, und zwar an den Balkenenden von Kreuzen sowie zwischen den Namen der Evangelisten, wieder also in Verbindung mit christlichen Symbolen der Abwehr (Kyll a. a. O., S. 151 f.). Noch um 1900 zeichnete man in Neuerburg/Eifel den Mahrfuß gegen Kinderkrankheiten mit Kreide an das Kopfende von Wiegen (a. a. O.; dort auch Angaben für den Hunsrück). Erst vor einigen Jahren wurde ein eingeschnitzter Drudenfuß am Stützbalken eines alten Speicherhauses in Spessart gefunden (Herrn Pfarrer Zieroff, Kempenich, der das Zeichen in seinem Filialdorf entdeckt hat, danke ich herzlich für die Mitteilung und das Aufzeigen des Befundes, der fotografiert wurde; inzwischen ist die Scheune vom Rheinischen Freilichtmuseum Kommern erworben und abgebaut worden). Unter dem Hexenzeichen war ein gleichschenkliger Winkel mit der Spitze nach oben eingeschnitzt (vgl. bei Anm. 115 f.). Aufgemalt fand sich der Drudenfuß auch mehrfach auf der Tür des zugehörigen kleinen Wohnhauses. In Ahrweiler ist noch ein Rundbogentor des Jahres 1639 erhalten, dessen Sturz in der Mitte das Pentagramm in einem Kreis zeigt. — Seltener, jedoch in gleicher Bedeutung, erscheint der Davidstern, als „Hexagramm" bezeichnet (Beitl, S. 130; auch von Paracelsus als Abwehrzeichen beschrieben, vgl. Richter, S. 122). Ein bemerkenswertes Exemplar, das Zeichen tief eingekerbt in eine grobe Holzscheibe, zeigt das Museum Mayen (von einem Scheunentor im Kreis Mayen; vgl. Wrede, Abb. 48, als „Mahrfuß" bezeichnet). Das genannte Museum besitzt weiter einen rautenförmigen Holzmodel aus Virneburg für Neujahrsgebäck, auf dem der Davidstern als Hexagramm eingeschnitzt ist, und zwar neben zahlreichen christlichen Zeichen (Kreuz, IHS, Kreuznägeln, Kelch mit Hostie). Eine Spirale über dem Stern ist vielleicht als abwehrendes Wirbelrad zu verstehen (vgl. Anm. 116 zu einer Ritzung am Mal von Kreuznick bei Virneburg). In der oberen Spitze des Rautenmodels ist bemerkenswerterweise das A mit dem nach unten gewinkelten Querbalken eingeschnitzt (vgl. bei Anm. 115 f.). Abbildungen des Models bei Caspar, S. 41, rechts (dabei Positivabdruck) und bei Wrede, Rheinische Volkskunde, Tafel 21, links (als Zeichnung; nicht in allen Details richtig).

[111] Vgl. Gies, Nr. 233, 247, 431, 1357 f. und öfter, manchmal mit Beifügung von Initialen und anderen Zeichen; Meyer, Hausmarken, S. 25, Abb. 7.

[112] In der Stiftskirche Karden findet sich das Pentagramm auch auf der Basaltlava-Grabplatte eines Kanonikers. Weiter zeigt es sich in Gewölbeschlußsteinen von Kirchen (in Arzfeld, Bernkastel, Bitburg, Graach, Lambertsberg; nach Meyer, Trier, Tafel in den Bänden „Hausmarken"), vielleicht weil es auch Zeichen mittelalterlicher Bauhütten war.

[113] Mit guten Gründen hat Georg Jakob Meyer †, Trier, diese Vermutung geäußert (persönliche Mitteilung); Anlaß war vor allem die Beobachtung, daß sich das Hauszeichen bemerkenswert häufig zusammen mit dem Familiennamen Bäcker findet (vgl. Tafel „Die Bäcker-Marke" in mehreren Bänden von Meyers „Hausmarken"), so wie die Schere häufig beim Namen Schneider, das Mühleisen bei Müller, das Brötchen bei Weckbecker, die Zange bei Schmied, Schmitt usw. vorkommen (vgl. Kapitel X).

[114] Freundliche Mitteilung von Herrn Meyer, Trier, und zwar nach Angabe eines Augenzeugen für die Zeit um 1910 im Hunsrückdorf Sensweiler bei Simmern. Gerade Tätigkeiten wie Buttermachen und Brotbacken schienen einst besonders von Hexerei bedroht. Auf die alte Hexenfurcht geht zweifellos auch der noch gegenwärtig bekannte Abwehrbrauch zurück, vor dem Anschneiden des Brotes das Kreuzzeichen darüber zu machen.

[115] Das Pentagramm wird „wegen der fünf darin enthaltenen A-Figuren Pentalpha genannt" (Richter, S. 123; vgl. Lexika s. v. Pentalpha). — Bemerkenswerterweise hat Burgstaller ebenfalls den „wiederholt angebrachten Buchstaben A mit nach unten abgewinkeltem Querbalken" an einer Tennwand in Oberösterreich festgestellt. Dabei befanden sich „die aus zwei nebeneinandergestellten oder ineinandergreifenden Winkeln bestehenden Zeichen M und W". Er bemerkt, daß den Zeichen „kaum ein Buchstabenwert, sondern die Qualität eines Sinnzeichens zukommt". Gleiche Zeichen hätten sich auch in Felsinschriften bei Traunkirchen sowie unter Ritzzeichnungen in Schwarzwälder Tennen mehrfach gefunden (S. 1 f.). Endlich sah er die Zeichen A, M und W wie beschrieben an Tennwänden in Kärnten, hier „mit Fünfstern und IHS, also mit bekannten christlichen und außerchristlichen Heilszeichen, die über die Bedeutung der Eintragung als segenbringende Sinnbilder keinen Zweifel lassen" (S. 5). — Eine Erklärung hat Burgstaller nicht versucht; eine solche ist mir auch sonst nicht bekannt. Dagegen scheint mir das A-Zeichen sicher genug Kürzel für Pentalpha (Pentagramm, Drudenfuß) zu sein — der nach unten gewinkelte Querbalken ist zu auffällig (das A dieser Form erscheint zwar auch als Hausmarke, doch ist dies ja ebenso beim Drudenfuß der Fall; auch in Inschriften findet sich der Winkelbalken des A — Abb. 54, 96, 345 u. ö. —, was auf die Geläufigkeit des Symbols zurückgehen kann). Vielleicht sind aber auch die weiteren Winkelzeichen von daher zu erklären, zumindest sei der Versuch gewagt (zum Vorkommen im mittelrheinischen Bestand vgl. folg. Anm.). Auffällig ist zunächst der häufige stark betonte Querbalken über dem A (Abb. 180); er kann als das allgemein übliche Auslassungs- bzw. Wiederholungszeichen in Form des Überstrichs angesehen werden (A vervielfacht ergibt Pent-A). Der Plural für ein Zeichen wird aber auch durch Verdoppelung dargestellt (vgl. „ff."), so daß zwei Winkel einfach die Mehrzahl, hier die fünffache Zahl, ausdrücken können; dabei ist belanglos, ob die Winkelspitzen nach unten (W) oder nach oben (M) zeigen. Nach diesen Varianten für den vermutlich gleichen Sinngehalt ist dann wohl auch der einfache Winkel, ohne Querbalken, Überstrich oder Verdoppelung, wie er sich in der Scheune von Spessart unter dem Drudenfuß zeigt (Anm. 110), als Symbol dieser Art zu verstehen. Übrigens kommt auch der einfache Winkel mit einem Querstrich über der Spitze vor (Welling, Thür). — Wenn auch nicht ausgeschlossen werden kann, daß es sich im Einzelfall um Marken oder Initialen handelt, so ist doch zu beachten, daß A und W unter allen Buchstaben am häufigsten als alleinstehende Zeichen auftauchen. Zugleich ist bei diesen die Übereinstimmung des hiesigen Befundes mit den oben genannten Befunden in anderen Landschaften nicht zu übersehen.

[116] Identisch mit der Darstellung in Burgen (Abb. 180) ist die an einem Sakramentsstock des Jahres 1606 im Elztal unterhalb Burg Eltz, das Zeichen am Schaft unter der Nische auf einem Wappenschild, jedoch hier erhaben gearbeitet. Auffällig ist wieder der betonte Überbalken. Die rückwärtige Fläche des unbeschrifteten Mals zeigt als Schutzsymbol ein großes Steckkreuz in Umrißritzung. Zum Vorkommen auf dem Wappenschild ist zu bemerken, daß sich auch sonst auf einem Schild nicht nur Hausmarken finden, sondern gelegentlich Sinn- bzw. Schutzzeichen (Abb. 223, 235). — Das A mit dem Winkelbalken findet sich weiter auf beiden Seiten eines Grabkreuzes, auf der einen, mit den Arma Christi, in der Dornenkrone (Abb. 312), auf der anderen, mit Kruzifixdarstellung, über dem Titulus INRI; jeweils ist in einem Abstand ein leicht geschwungener Überstrich angebracht (in der Abb. noch erkennbar, deutlicher aber auf der Rückseite). — Dreimal ist das A mit Winkelbalken auf der Oberseite eines Sakramentstisches in Polch (Abb. 166) grob eingeritzt. Dabei befinden sich weitere Ritzungen, die wohl als personale Zeichen, Hausmarken oder Initialen, anzusehen sind. Eine gedankliche Verbindung mit den A-Zeichen ist

wahrscheinlich (man vergleiche hier die Kombination von Namensinitialen mit dem Schutzzeichen der Kreuznägel an dem Mal bei Rodder, Anm. 79). Zugleich ist mit Sicherheit anzunehmen, daß die Ritzungen zusammenhängen mit dem Abstellen des Sakramentes auf der Tischplatte (vgl. bei Anm. 130 ff.). — Ein A-förmiger Winkel ohne Querbalken — wie in der Scheune von Spessart bei einem Drudenfuß (vgl. vor Anm.) — ist auf zwei alten, undatierten Grabkreuzen in Welling über einem zentral angebrachten Sechsstern (Anm. 120) eingehauen bzw. erhaben angebracht, darüber jeweils vertieft ein waagerechter Überstrich. Ein gleiches Zeichen sieht man auf einem Grabkreuz von 1567 in Thür (Abb. 179), wo der obere Balken so auffällig ist wie in Burgen (Abb. 180). — Das W-Zeichen, gebildet aus zwei ineinandergreifenden V (so übrigens in der Regel eingehauen), erscheint an dem Kreuz von Gering beiderseits einer Hausmarke (Abb. 350). Es kann sich um die Initialen des Kreuzstifters und Inhabers der Marke handeln. Nicht auszuschließen ist aber auch die Bedeutung des Schutzzeichens in Doppelstellung, denn ein erster Blick auf die Komposition vermittelt keineswegs den Eindruck von Initialbuchstaben. — Auf der Rückseite des „Segensteins" von Hain (Abb. 176) sind in zwei Zeilen übereinander PWA und AWD nachträglich eingeritzt, das A jeweils mit gebrochenem Balken und mit Überstrich, das W jeweils aus zwei verschachtelten V bestehend. Die wiederholte Kombination von A und W erinnert an die Feststellungen Burgstallers in anderen Landschaften (vor. Anm.). Daß alle Buchstaben Initialen darstellen, ist unwahrscheinlich, weil es je drei sind und weil die Wiederholung des AW wohl kein Zufall ist. Möglicherweise handelt es sich um die Eintragung eines P. D., der jede Initiale seines Namens mit den beiden Sinnzeichen kombiniert hat (wie A. S. mit den Kreuznägeln dazwischen bei Rodder). — Wieder als grobe Ritzung erscheint das Zeichen zweier verschachtelter Winkel an dem alten Schöpflöffel von Kreuznick (Abb. 19), sicher nicht zufällig neben einer Figur, die einem Hakenkreuz mit gebogenen Schenkeln gleicht und wohl die apotropäisch verstandene „Wirbelrosette" darstellt (vgl. Spamer, Zitat in folg. Anm.). Weitere Ritzungen sind wahrscheinlich wieder personale Zeichen (unter der Nische „1662" ungeschlacht eingeritzt, das Mal ist aber zweifellos älter). — Endlich sei noch das Sakramentsmal von 1604 bei Koblenz-Karthause mit der Nikolaus-Fürbitte genannt (Anm. 90); auf dem Wappenschild mit zwei Hausmarken in Steinmetzarbeit sind, außer drei anderen Buchstaben und nicht mit diesen verbunden, zwei V-Zeichen nebeneinander nachträglich eingeritzt worden. Man vermutet kaum ein Sinnzeichen; nach dem Gesagten ist ein solches aber auch hier nicht auszuschließen. — Besonders bemerkenswert sind schließlich die Ritzungen an dem Nischenmal bei Kottenheim aus dem Jahre 1600 (Abb. 466). Zweimal zeigt sich das gleiche Zeichen, zwei verschachtelte Winkel, doch in verschiedener Stellung (es ist kein Zweifel, daß es sich nicht um M und W in der Bedeutung von Buchstaben handelt). — Die Befunde an den Steindenkmälern und etwa in der Scheune von Spessart werden bestätigt durch das A mit dem nach unten gewinkelten Querbalken auf einem Eifeler Model für Brauchgebäck an Neujahr, wo dieses Zeichen neben zahlreichen anderen christlichen und magischen Schutzzeichen eingeschnitzt ist (vgl. Anm. 110 am Ende).

117 Mit noch anderen Symbolen in Kreisform erscheint der Sechsstern bereits auf antiken Totenmälern und dann auch auf fränkischen Grabsteinen (vgl. auch Abb. 265). Dem Zeichen wurde „wohl seit ältesten Zeiten eine gleichermaßen glückbringende wie unheilabwehrende Kraft zugeschrieben". „Wie und wann sich die Aufnahme dieser Motive in die Schmuckformen des bäuerlichen Hauses und Hausrates vollzog, liegt noch im Dunkeln. Aber Sechszackenstern und Wirbelrosette blieben hier nicht nur in enger Bildgemeinschaft, sondern gewannen im bäuerlichen Glauben über die dekorative Zierform hinweg erneut apotropäische Kräfte" (Spamer, II, S. 329). Der Sechsstern erscheint 1463 in einem Kodex als „Kalenderzeichen" und später als „Glücksstern auf das Jahr 1698" (Beitl, S. 690). Als Segenzeichen ist er auch anzusehen, wenn er etwa auf einer Truhe zusammen mit dem Drudenfuß und den Monogrammen IHS und MRA vorkommt (vgl. Anm. 77). Mit der Glücksbedeutung für das Jahr hängt möglicherweise zusammen, wenn man in der Eifel den Sechsstern auf einem rautenförmigen Model für Neujahrsgebäck findet (im Museum Mayen, aus Virneburg; Model kleiner und schlichter als das in Anm. 110 genannte Stück; der Sechsstern füllt, ohne weitere Zeichen, die Rautenfläche aus).

118 Das Tuffstein-Mal war einer der vier sogenannten Segensteine bei der eucharistischen Prozession der Pfarrei Niederzissen (zwei weitere Abb. 175 f.; vgl. V). Zu den zahlreichen Symbolen daran vgl. zunächst Anm. 76. Der Sechsstern, jeweils in Ritzarbeit und mit ziegelroter Farbe ornamentiert, erscheint rechts auf allen vier Balken des erhabenen Kreuzes (Abb. 181, auch Bildecke oben links) sowie größer im Giebel über dem Kreuz; links auf den drei oberen Kreuzbalken und im Giebel; vorne auf den beiden Querbalken des Kreuzes mit Kruzifixus (auf einer Seite verwittert); rückwärts besonders groß, fast die ganze Breite des Aufbaues einnehmend.

Es fällt auf, daß das Zeichen links auf dem unteren Kreuzbalken fehlt, obwohl sich hier auch keine anderen Zeichen finden und durch das Fehlen die Komposition gestört ist. Das kann kaum ein Zufall sein, und so scheint sich die Absicht zu zeigen, den Sechsstern genau zwölfmal abzubilden. Im Blick auf die zwölf Monde des Jahres erinnert man sich der Bedeutung des Symbols als Kalenderzeichen und als Glückszeichen für 1698; dies ist übrigens das Jahr, in dem das Mal, errichtet am 24. Mai 1699, wahrscheinlich geschaffen wurde.

[119] Vgl. Anm. 76, am Ende. Die Ritzungen sind halb verwittert, doch eindeutig zu identifizieren. Das nicht datierte Mal (Abb. 449) ist das älteste unter den wenigen aus Tuffstein, ein Sakramentsstock wohl aus der Zeit vor 1520. An ihm finden sich zahlreiche weitere Gravierungen (vgl. Anm. 130).

[120] Die sechs „Blätter" des Sterns treten aus der Fläche hervor, während der umgebende Kreis eingerillt ist. Der Kreis berührt die vier Ecken zwischen den relativ breiten und kurzen Kreuzbalken.

[121] Bei den alten Grabkreuzen findet sich an dieser Stelle nicht selten ein Kreuz als Heilszeichen (so noch mehrfach in Welling), häufig aber auch Hausmarke oder Jahreszahl, denen beiden — abweichend von heutigen Vorstellungen — eine Kultbedeutung zukam. Der Sechsstern ist als Hausmarke nicht bekannt, die Figur ist für diese Verwendung auch ungeeignet. — Im Odenwald zeigt sich das Zeichen auch an hohen hölzernen, manchmal doppelbalkigen Schutzkreuzen mit den Wunden und den Waffen Christi (Heimberger, Abb. 14, 19). — Nur erwähnt sei an dieser Stelle das sonst in unserem Raum nicht bekannte Zeichen des Radkreuzes, das sich in Kobern auf einem Grabkreuz findet; es ist vertieft gearbeitet und nimmt, wie der Sechsstern in Welling, die größtmögliche Mittelfläche des Kreuzes ein (auf der anderen Seite des Mals Inschrift des 17. Jahrhunderts, möglicherweise in Zweitverwendung).

[122] Vgl. Anm. 116 (das Zeichen in beiden Fällen wie in Thür 1567, Abb. 179).

[123] Vgl. besonders: Otto Lauffer, Schicksalsbaum und Lebensbaum im deutschen Glauben und Brauch, in: Zeitschrift für Volkskunde, 45, 1935, S. 215—230; Karl von Spieß, Der Lebensbaum in der Bauernkunst, in: Bausteine, 1939, 2. Halbband; ders., Zum Lebensbaum, in: Deutsche Volkskunde, 1939; ders. in: Neue Marksteine, 1955; Arthur Haberlandt, Zur Darstellung des Lebensbaumes in der deutschen Volkskunst, in: Wiener Zeitschrift für Volkskunde, 43, 1938, S. 32—44; Lenz Kriss-Rettenbeck, Lebensbaum und Ährenkleid, Probleme der volkskundlichen Ikonographie, in: Bayerisches Jahrbuch für Volkskunde, Regensburg, 1956, S. 42—56.

[124] Neben dem Lebensbaum der Genesis, dessen stilisierte Darstellung in der kirchlichen Kunst des Mittelalters verbreitet war und oft apotropäische Bedeutung hatte (vgl. bei Anm. 64 ff.), ist auch der vornehmlich seit dem 18. Jahrhundert in der Volkskunst ungemein beliebte Blumensproß, vielfach mit drei Blüten und oft aus einem Gefäß oder einem Herzen aufsteigend, so bezeichnet worden — dies jedoch nicht in bezug auf den erstgenannten, sondern im allgemeinen Sinne als Symbol des Lebens, des Wachstums und der Fruchtbarkeit. Dieser Sinn sei, so hieß es nicht selten, völkisches oder arteigenes Erbe und beruhe auf einer durch Blut und Rasse bedingten Überlieferung. Ja der Sinn der Darstellung soll — so Karl Rumpf zur Deutung durch von Spieß — „bis zur Gemeinsamkeit der arischen Völker zurückreichen: Bei der Bauernkunst handele es sich eben um arische Frühkunst" (Eine deutsche Bauernkunst, Marburg 1943, S. 32). Haberlandt meint: „Ist nun der Baum als Sinnbild stetigen Lebens der Geschlechter nordisch-germanischen und indogermanischen Volkstums nicht eher würdig, den Namen Lebensbaum zu führen, als der ‚Paradiesbaum'?" (a.a.O. S. 43). Dazu Kriss-Rettenbeck: „Otto Lauffers Feststellung, daß es im deutschen Volkstum keine Gestalt gibt, die das sinnhaft erlebte Zeichen für die Idee des Lebensbaumes . . . ist, sondern nur die *arbor vitae* der Genesis, ist weder durch Spießens Arbeit noch die eines anderen überholt" (a.a.O. S. 46); der Blumensproß sei ein Dekor, das „der Verzierung von Flächen dient", und die Bedeutung als ursprüngliches Sinnzeichen sei vorerst nur „Arbeitshypothese" (S. 43). Auch nach Beitl ist die Herkunft dieses Bildes der Volkskunst noch umstritten (S. 582).

[125] Während sich in der dekorativen Volkskunst nur ein Herz als solches zeigt, erscheint hier immer das Herz Jesu mit der deutlich sichtbaren Wunde. Ich halte dieses auch allgemein für den Ursprung der Darstellung des Herzens, aus dem der Blütensproß wächst.

[126] Wenn die Dreiblume aus dem Herzen Jesu hervorsprießt (Abb. 274 f., 413 f.) oder wenn Herz und Dornenkrone gleichsam als Blüte eines lebenden Sprosses erscheinen (272), ist kein Zweifel, daß es sich um christologische Symbole handelt. Bemerkenswert ist weiter, daß die drei Blütenzweige in der Regel die Kreuzform andeuten oder sich auffällig den drei oberen Armen des Steinkreuzes einfügen (274 ff. u. a.). Man wird hier — was bei der dreisprossigen Blume meines Wissens noch kaum geschehen ist — an die Übertragung der Idee des christlichen Lebensbaumes auf dieses Bildmotiv denken müssen. Wenn dieser, „bezogen auf die Person des Erlösers" wie auch „auf das Kreuz Christi", im Kreis der Sinnbilder „zur schlechthinigen Repräsentation des

Heilsgeschehens" wurde (Kriss-Rettenbeck a.a.O., S. 47), dürfte es schwerfallen, die genannten Darstellungen anders zu verstehen. Aufgrund der auffälligen Entsprechungen in unserem Bestand — der ja aus den gleichen Zentren und Werkstätten kommt — ist dann aber auch dort die gleiche Bildidee anzunehmen, wo die Dreiblume aus dem Winkelfuß über dem Schädel Adams hervorwächst (273; es ist der Kreuzfuß, vgl. 390 u. ö.), oder wo drei Blütenzweige aus einer Vase aufsteigen (276 ff.; jeder entspricht einem Kreuzbalken). Am Schaft erscheint die Dreiblume in der Vase, zweifellos in symbolischem Bezug, unter dem Kruzifixus (387, 389 f.). An einem hohen Mal, wo das Allerheiligste abgestellt wurde (167, Konsole mit Hostienkelch), vertritt die Darstellung im bekrönenden Kreuz sogar die Stelle des Kruzifixus, und die drei Blumen gehen vom Jesusmonogramm IHS über der Vase aus (der mittlere Blumenstiel in Kreuzform). Die Darstellung ist am Basaltlavakreuz kein leeres Ornament, auch dann nicht, wenn in der Vase einmal ein „Bouquet" mit mehr Blüten erscheint (423; darüber das IHS). Die Symbolik muß den Zeitgenossen geläufig gewesen sein; sonst wäre nicht denkbar, daß ein Blütenzweig selbst unter den Arma Christi erscheint (415). — Die Herkunft des Motivs, mögliche Einflüsse (Blumenvase in Verkündigungsbildern, vegetabiles Kreuz, Jessebaum) und gegebenenfalls weitere Symbolbedeutungen in der Volkskunst können nicht Gegenstand dieser Untersuchung sein. Für freundliche Beratung zu diesem Komplex danke ich herzlich Herrn Dr. Gottfried Korff, Rheinisches Freilichtmuseum — Landesmuseum für Volkskunde, Kommern.

[127] Das Mal bei Hain (Abb. 176) war „Segenstein" der sakramentalen Prozession (V, bei Anm. 10 f.) und ist bemerkenswert wegen seiner vier verschachtelten Schutzkreuze (vgl. oben bei Anm. 48). Die Darstellung, auf dem rückseitigen Kreuz, entspricht auffällig der jüngeren in Gondorf (Abb. 327). In Hain sind die Blüten, von denen jede anders gestaltet ist, so groß, daß sie fast die Breite der Kreuzbalken einnehmen. Das Bild ist erhaben gearbeitet, ebenso ein unter dem Herzen befindliches Wappen der Waldbott von Bassenheim (s. Zt. auf der nahe gelegenen Burg Olbrück), mit dem die seitlichen Blüten durch jeweils einen Balken verbunden sind. Es handelt sich um eines der frühesten Symbolbilder des Herzens (Jesu) mit drei Blütenzweigen. — Auf dem Kreuzbalken darunter spätere Einritzungen (vgl. Anm. 116).

[128] Von den Sandstein-Grabkreuzen in Idesheim, seitlich der Straße Bitburg-Trier, bilden wir zwei ab. Einmal wächst aus dem Herzen das Stabkreuz als Baum mit Wurzel (Abb. 270; auf der Rückseite „1814" und „INRI", in Kreuzform sich überschneidend). Das andere Stabkreuz zeigt Triebe am Stamm und bildet mit dem Jesusmonogramm als Querbalken ein weiteres Kreuz (271; auf der Rückseite wächst aus einer Kreisscheibe ein kreuzförmiger Sproß mit Trieben am Quer- und Längsbalken). Weitere Grabkreuze, wohl alle aus derselben Werkstatt, zeigen gleiche und ähnliche Darstellungen, auch solche mit drei Blüten am kreuzförmigen Sproß. An den Grabkreuzen in Idesheim erscheinen Stabkreuz und Dreisproß sehr klar als gleichbedeutende Symbole.

[129] Vgl. bei Anm. 64 ff. — Abb. 265 und 270 f. zeigen die Zeitspanne, über die hinweg die Symbolgestalt lebendig geblieben ist. Im Spätmittelalter zeigt sie sich, durchaus sinnvoll, vornehmlich am sakramentalen Nischenmal, doch ist in Thür auch das Vorkommen am Grabkreuz belegt (Abb. 179; bemerkenswert der ausladende Fuß, vgl. Abb. 267 u. ö.; über diesem sind anscheinend zwei Blätter angedeutet).

[130] Vgl. zu dem Mal und Ritzungen daran (Krückenkreuz, Sechsstern mit Kreuznägeln) auch Anm. 70, 119. — Der Nischenstock ist stellenweise verwittert, Teile der Oberfläche sind abgeblättert, besonders an dem sechskantigen Schaft. Die noch erhaltenen Flächen sind größtenteils von Einritzungen bedeckt, die als personale Zeichen, zumeist als Hausmarken anzusehen sind.

[131] Je eine rechts und links in gleicher Höhe, beide identisch, jedoch rechts mit Zusatz (Marken verwandter Personen, z. B. Vater und Sohn).

[132] Vgl. Anm. 79 und Hinweise Anm. 116. — Zusätzlich zu der Einritzung des personalen Zeichens am Mal ist hier die Integration der Namensmarke mit einem nach dem Volksglauben besonders wirksamen Schutzzeichen (vgl. Anm. 85) beachtenswert. Eine Kombination gleicher Bedeutung findet sich an diesem Mal auch in dem ausgeschriebenen Namen (Anm. 79).

[133] Vgl. für alle genannten Beispiele Anm. 116. Wie beim christlichen Schutzzeichen ist die erwartete Wirkung eine doppelte, die des Zeichens selbst und die vom Mal ausgehende (zu diesem vgl. die weitere Erörterung). — Es ist anzumerken, daß hier nur Beispiele für den Befund von Ritzungen genannt sind. Ihre Bedeutung liegt auf der Hand und erfordert eine weitere systematische Erforschung. Auf die reichen Ritzzeichen an dem im Ursprung vorchristlichen „Fraubillenkreuz" (Abb. 131) ist schon hingewiesen worden (III, Anm. 17).

[134] Vgl. Josef Röder in: Kyll/Röder, S. 88—90 (zur Fraukirch als Kultort und zu der dort verehrten Volksheiligen Genovefa vgl. auch IV, Anm. 18). Es wird berichtet, daß — um 1885 — „die Prozessionen oft bereits nachts um 12 oder 2 Uhr angekommen und

gleich hinter den Altar gegangen seien". „Dieser Kult hinter dem Altar hat Genovefa gegolten" (a.a.O. S. 88). Es „stellte sich heraus, daß die Rückwand über und neben der Sepulcrumstür mit Initialen und vollen Namenseintragungen von Besuchern, desgleichen mit kleinen Kreuzchen von wohl des Schreibens Unkundigen und (seltener) mit Hauszeichen bedeckt war ... Die ältesten davon dürften aus dem 16. Jahrhundert stammen ... Alle Pilger hätten sich früher unter Gebeten eingetragen" (a.a.O. S. 89 f.).

135 Auch Mehl mißt nachträglich angebrachten personalen Zeichen am Bildstock eine Bedeutung dieser Art bei; „vor allem mit älteren Jahreszahlen verknüpfte Initialen werden als Glückszeichen betrachtet worden sein" (S. 202). — Daß sich in unserem Raum solche Zeichen, aber auch Wetzrillen (vgl. unten), gerade am Sakramentsmal zeigen, ist der bisherige Befund — jedenfalls kann ich die Funktion der alten Nischenmäler als Stationen der (zu dieser Zeit so bedeutenden) sakramentalen Prozessionen nicht in Zweifel ziehen und habe dies in vieler Hinsicht erläutert und begründet (vgl. zuletzt noch Anm. 37). Ob sich Ritzungen der genannten Art auch noch an anderen Mälern finden werden, bleibt abzuwarten (doch sind ja auch Kreuze und Bildstöcke Segenstationen gewesen).

136 Vgl. unten bei Anm. 139—150. Die dem Mal beigemessene Kraft zeigt sich weiter in seiner anfangs beschriebenen apotropäischen Funktion, etwa als Wetterkreuz, als Schutzmal am Dorfeingang oder auf beherrschender Höhe (vgl. bei Anm. 10—41).

137 Die Vorstellung von der Übertragung geheimer Kräfte durch Berührung ist im Volksglauben tief verankert. „Die magische Kraft (das Orenda) ist nach primitiver Vorstellung etwas Körperliches, eine Art Stoff (Fluidum), der ausstrahlt und sich dem Berührten mitteilt." Orenda wird übertragen „durch die Gottheit bzw. das von göttlicher Kraft erfüllt gedachte Objekt", aber „auch durch Objekte, die mit jenem in Berührung gebracht wurden" (vgl. das Anrühren von Gegenständen an Reliquien). „Aus der sakramentalen Bedeutung hat sich die ... apotropäische entwickelt" (HDA, I, Spalte 1104). — „Das Abendmahl ist eins der klarsten Beispiele für die Umwandlung und Verdinglichung, die die theologische Lehre im Volksglauben erfährt; das Heilige wird als übertragbare Kraft (Orenda) verstanden" (Beitl, S. 1). Man glaubt, „alles, was mit dem Leibe des Herrn in Berührung komme oder in dessen Nähe liege, erhalte eine geheimnisvolle Kraft" (Krömler, S. 80, mit zahlreichen Belegen). Zu den ungemein reichen Zeugnissen für diesen Glauben, auf den schon hingewiesen wurde (V, Anm. 48), siehe weiter etwa: Franz, Messe, bes. S. 87 ff. (vgl. Benediktionen, II, S. 71 f.); HDA, s. v. Abendmahl, Fronleichnam, Hostie. Hier müssen wenige Beispiele genügen. Auch noch in jüngerer Zeit „gelten Zweige, Kräuter, Kränze und Blumenschmuck der Fronleichnamsaltäre als segenskräftig und werden mit nach Hause genommen"; Kinder „werden zu den Altären getragen", auf denen vorher das Sakrament stand und wo der sakramentale Segen gegeben worden war; geweihte Pflanzen von diesem Altar „kommen ins Kinderbett und verscheuchen alles Böse (Beitl, S. 223 f.). Ein beim Abendmahl getragenes Kleidungsstück „ist wunderkräftig" und wird Kindern „als Heil- und Schutzmittel gegen Krämpfe" untergelegt (HDA, I, Spalte 51). Bei Feuersbrünsten ist der Brauch bezeugt, „ein Korporale, das mit der Hostie in Berührung gekommen war, in die Brandglut zu werfen", damit sie verlösche (Veit, S. 109); einen Brand kann man aber auch schon fernhalten, indem man nur „einen Tisch, auf dem das Hochwürdigste gestanden hat, auf die Straße gegen das Feuer stellt" (Wuttke, Nr. 443). — Bei einem derartigen und so reich bezeugten Glauben ist undenkbar, daß nicht auch dem Sakramentsmal in der Flur, wo regelmäßig der Segen erfolgte und die Hostienpyxis in der Nische abgestellt wurde, orendistisch-apotropäische Kräfte zugeschrieben wurden.

138 Vgl. bei Anm. 80. Wie dort schon bemerkt, ist das Glaubensphänomen auch bedeutungsvoll für die Stifternamen oder -marken am religiösen Mal (vgl. auch IX, bes. bei Anm. 84 f.). Sie sind das Medium für eine geheimnisvolle Verbindung zwischen dem Mal und der Person des Benannten (und haben insofern eine kultische Funktion). An diese Verbindung denkt auch der, der sein Namenszeichen nachträglich einritzt. Wahrscheinlich nicht zufällig erfolgte an dem Sakramentsstock bei Koblenz die Ritzung auf dem Schild mit den Stiftermarken (Anm. 116) — im Gedanken an die den Stiftern zukommende Segenskraft und in der Absicht, an dieser teilzuhaben.

139 „Was unsere Unterthanen zu Künich" (König i. Odenwald) „vor hochsträffliche Abgötterey und schandlichen misbrauch des allerheiligsten Namens Gottes mit und bey dem steinern Bildstock ... treiben, in deme sie in der opinion und persuasion stehen, wann ihnen die Pferde oder Viehe krank werden und sie dieselbige im Namen der heiligen Dreifaltigkeit umb berührten Bildstock herumb füren und dann ein stücklein von demselben herabschlagen, klein zerstoßen und es dem kranken Viehe eingeben, das es demselben wird zur gesundheit helffe." Man „solle solcher misbrauch und Teuffeliche persuasion schon lang gewehret haben", äußerte die (protestantische) Obrigkeit, und dann wurde der Bild-

stock zwecks Abstellung dieser Bräuche im Wasser versenkt (Schemmel, S. 317 f. mit Anm. 48). — Auch ein Zeugnis vom Mittelrhein zeigt den Glauben an die magische Heilkraft, wenn in Hammerstein das Hemd eines Todkranken im Blick auf seine Besserung an das Mal gehalten wurde (vgl. VIII, Anm. 29).

140 Vgl. etwa die Bildzeugnisse bei Brockpähler, Abb. 2 (romanischer Kreuzstumpf von Wüllen), 22, 30 (alte Steinkreuze), 141 (sogenanntes Bonifatiuskreuz).

141 In der Forschung wird auch das Wetzen von Waffen am geweihten Stein in Betracht gezogen; „Wetz- und Schabespuren rühren aber in erster Linie von einer anderen Sitte her, die ‚auf deutschem und schweizerischem Boden noch bis vor kurzem in der Volksmedizin Verwendung gefunden' hat. Man schabte von Kirchenportalen, Grabkreuzen und ähnlichen Malen Steinstaub ab, um ihn Kranken, besonders Kindern, als Heilmittel in das Essen zu rühren" (Brockpähler, S. 117 f.); noch 1884 soll der Heilbrauch nachweislich geübt worden sein (S. 120, Anm. 14; dort noch weitere wichtige Angaben). Vgl. hier bereits (1912) Naegele, II, S. 393, zum Berliner Sühnekreuz von 1325. „Vom Steinkreuz abgekratztes Steinmehl" wurde auch nach Losch „als Heilsmittel verwendet"; noch „viele Kreuze tragen sichtbare Spuren der ihnen beigemessenen Heilkraft" oder überhaupt der zugeschriebenen „übernatürlichen Kräfte" (S. 109 f.; in Anm. 320 die wichtigste Literatur). — An Burgtoren und an Kirchenportalen dürften „Wetzrillen die Sucht nach Steinpulver von der geweihten Stelle zeigen oder auf eine entsühnende und weihende Berührung der Waffen hindeuten" (Bornheim gen. Schilling, Textband, S. 190, mit Belegen). Aus dem Bestandsgebiet seien das Portal der Kirche St. Johannes in Niederlahnstein/Rhein und das spätgotische Tor der Burg Bürresheim bei Mayen genannt (letzteres mit drei senkrechten Rillen und einem ausgekratzten liegenden Kreuz, beides an einem großen Steinblock aus Tuff), weiter das Portal des alten Kirchturmes in Lehmen/Mosel (für den Hinweis hierauf und für weitere zweckdienliche Angaben zu dieser Frage danke ich herzlich Herrn Udo Liessem, Koblenz).

142 Vgl. Abb. 25, 206 (im Foto erkennbar, Nischenmäler aus Basaltlava). An dem Mal aus Tuff bei Wassenach (Abb. 449; vgl. Anm. 130 u. ö.) finden sich drei senkrechte Wetzrillen, die mittlere am größten, auf dem linken Rand neben der Sakramentsnische, eine einzelne gleichartige Rille auf dem Rand gegenüber; hier ist bemerkenswert, daß die Rillen keilförmig sind, oben breit und unten spitz auslaufend, sichtlich entstanden durch Herausschaben von Partikeln. An dem Tuffkreuz mit Sakramentsnische bei Rodder (vgl. bes. Anm. 79) finden sich flache Rillen, die möglicherweise in diesen Zusammenhang gehören; mit großer Wahrscheinlichkeit ist dort aber vor allem ein kleines, auffallend tief ausgekratztes gleicharmiges Kreuz in Bodennähe so zu deuten; es ist dem am Burgtor von Bürresheim (Anm. 141) sehr ähnlich.

143 Im Bestandsgebiet nach bisherigen Erkenntnissen der häufigste Befund: Nischenmäler Nickenich (Abb. 25), Nickenich—Eich (Abb. 206; mit Einzelrille darüber), Wassenach (Anm. 142), Burgtor Bürresheim (Anm. 141); auch in Lehmen (ebd.) erscheinen drei waagerechte Wetzrillen und getrennt davon noch drei Rillen in anderer Anordnung. In Westfalen zeigen sich drei auffällige, 60 Zentimeter lange Wetzrillen an dem alten Kreuz von Lippramsdorf (Brockpähler, Abb. 22). — Das Vorkommen in der Dreizahl ist sicher kein Zufall. Wenn im Odenwald das Vieh heilzauberisch „im Namen der heiligen Dreifaltigkeit" um einen Bildstock geführt wurde (Anm. 139), so hat man bei drei Rillen möglicherweise das Steinmehl unter Anrufung der drei göttlichen Personen herausgekratzt, vielleicht auch indem man die verbreitete Schutzformel „Jesus Maria Joseph" (Anm. 90) sprach. Jedenfalls ist anzunehmen, daß das Herausschaben rituell und unter Sprechen einer bestimmten Formel erfolgte; auch die Fraukirchpilger haben sich ja an dem mit orendistischer Kraft erfüllten Ort „früher unter Gebeten eingetragen" (Anm. 134). Eine Parallele zu den drei Wetzrillen scheint das Wetzzeichen in Kreuzform zu sein (vgl. vor. Anm.).

144 Die besondere Rolle des Sakramentsmals in diesem Glauben ist zunächst eine im hiesigen Raum gewonnene Erkenntnis. Zusammenhänge dieser Art werden aber auch allgemein zu prüfen sein, weil die vier Segnungen der theophorischen Flurprozession doch wohl in der Regel an religiösen Mälern erfolgten, wenn es solche gab. Das waren nicht immer Nischenmäler, doch gibt es in vielen Landschaften, und zwar auch in typischen Bildstockgebieten, einen Bestand an alten Stücken, die dem mittelrheinischen „Schöpflöffel" mit der leeren Nische bemerkenswert gleichen (z. B. Dünninger/Schemmel, Abb. 18c; Weinmann, Abb. 18—22; Bücher, S. 72 — vgl. dazu I, Anm. 39). Hier ist auch ein wichtiges Zeugnis aus dem Jahre 1576 zu erwähnen; auf einem so datierten Gemarkungsplan von Gau-Algesheim bei Ingelheim findet sich bei einem Brunnen die zusätzliche Angabe „daby ein steinern stock, do man das heilig sakrament . . . hinzustellen pflegt" (Veit, S. 51 f.). Man wird nicht daran zweifeln, daß es sich um ein Nischenmal gehandelt hat.

145 So war z. B. das sogenannte Bischofskreuz von Betzenhausen bei Freiburg i. Br. „zum regelrechten Wallfahrtsziel" geworden; man nahm an, „hier sei ein Heiliger beerdigt, der in Kindesnöthen und Kinderkrankheiten Beistand leiste", und die Kapelle, wo man das Kreuz eingemauert hatte, zeigte (1862) „eine Menge von Kinderkäppchen" als Votivgaben (Losch, S. 110). Aber auch im näheren Raum finden sich Belege. Ein Bildstock von 1748 mit Kreuzbekrönung, den hl. Georg als Drachentöter zeigend (Abb. Müller-Veltin, Eifelheilige, S. 43), war bei Irrel, Südwesteifel, als „Graulkreuz" bekannt, weil man zu ihm Bittgänge beim nächtlichen „Graulen" der Kinder machte (Kyll, Volkskanonisation, S. 57; gemeint ist die als „pavor nocturnus" bezeichnete Erscheinung, mundartlich *graulen* ‚sich fürchten', der Drachentöter wurde auch „hl. Graulert" genannt). Entsprechend unternahmen Mütter, deren Kinder fortwährend heulten, Bittgänge zu einem nicht mehr bekannten Wegmal bei Saffig, das aus diesem Grund in der Gegend als „Saffdejer (Saffiger) Heules" bekannt war (Müller-Veltin a. a. O., S. 47; nach freundlichen Angaben von Herrn Dr. Karl Hausmann, Mayen). — Wahrscheinlich könnte (und wird vielleicht noch) die lokale Forschung weitere Beispiele für Bittgänge zu Wegmälern beibringen.

146 Einige Wegkreuze in der Südwesteifel werden oder wurden im Volksmund als „Schwärenkreuze" bezeichnet, man machte zu ihnen Bittgänge um Heilung von Geschwüren (mundartlich „Schwären"). Meyer spricht von sieben Kreuzen dieser Art, nennt aber nur das von Pickließem 1570 (Wegkreuze, S. 245 f. und Tafel 17; das Kreuz mit leerer Nische war vermutlich ein Sakramentsmal). Kyll nennt weitere, darunter eins mit beulenartigen Erhöhungen am Schaft, die der Steinmetz als Darstellung von Pestbeulen herausgearbeitet haben soll (?), und ein anderes, das — wie manche Pestpatrone, die später für Geschwüre zuständig waren — volkstümlich als „Schwärenmännchen" bezeichnet wird (Volkskanonisation, S. 44—46). Nach der Volkserzählung wurden beim Schwärenkreuz Geld und Eier geopfert (Zender, Sagen, S. 176, Nr. 514). Ein solches Opfer erfolgte auch bei dem genannten Kreuz von Pickließem, und zwar wurden die Gaben in die Nische gelegt (Meyer und Kyll, a.a.O.). Die Anzahl der Gaben dürfte ursprünglich der Zahl der Geschwüre entsprochen haben (so auch Anfang 17. Jahrhundert an der Lahn belegt; Kyll a.a.O., S. 44 f. mit Anm. 117). — In den „Schwärenkreuzen" sieht Meyer ursprüngliche „Pestkreuze" (vgl. dazu Anm. 27), Kyll dagegen Kreuze, die für verstorbene Aussätzige aufgestellt worden sind. Die ursprüngliche Funktion dürfte aber ungeachtet der späteren Kultverwendung eine verschiedene gewesen sein; so ist das Kreuz von Pickließem doch wohl wegen seiner Eigenschaft als Sakramentsstock zum Heilsmal geworden, und es war nicht nur praktisch, sondern auch von tieferer Bedeutung, daß man die Votivgaben in die leere Nische legte.

147 Bei einem Bildstock aus der zweiten Hälfte des 15. Jahrhunderts ist „der auch an Wallfahrtsstätten zu findende Brauch des Durchkriechens bezeugt"; weiter kennt man „das Hineinstecken eines kranken Körperteils in ein künstlich gebohrtes Loch im Bildstock"; solche „Beispiele für ‚abergläubische' Praktiken lassen auf den Glauben an die dem Bildstock innewohnende Kraft schließen" (Schemmel, S. 318 mit Anm. 49). Kyll nennt — im Ursprung wohl fruchtbarkeitsmagische — Beispiele für den weiteren Raum um Trier: „In Arlon (Belgien) dreimaliger Umgang der heiratsfähigen Jugend um das Steinkreuz auf dem Kartoffelmarkt und ein ähnlicher Umgang in Vianden (Luxemburg) um das ‚Bildchen'; . . . in Ehrang, Ldkr. Trier, umarmten in verschwiegener Nachtstunde die heiratslustigen Mädchen das Milokreuz" (a. a.O. S. 50, Anm. 135).

148 Vgl. außer der genannten Inschrift 132 auch die folgenden bis Is. 135 (Kapitel IX). Die Inschrift „EFFIGIEM CHRISTI . . ." (133) hat Christoph Bernhard von Galen, seit 1650 Fürstbischof von Münster, auf Kreuzen anbringen lassen, die nach den Reformationswirren neu errichtet wurden (Veit/Lenhart, S. 40; im ersten Satz abweichend, aber sinngemäß „. . . DUM CERNIS SEMPER HONORA"). Im gleichen Sinne findet sich auf einem fränkischen Mal „NON ISTVM SED PER ISTVM ADORAMVS CHRISTVM" (Schemmel, S. 320, Anm 63). In hochbarocker Zeit war die Formel beliebt: „Nit das Kreuzholz bete an, sondern den, der gehangen dran" (Veit/Lenhart a.a.O.). Schemmel teilt noch vier weitere Texte dieser Art mit; einer davon erschien sogar noch 1857: „. . . Wenn du gehst vorüber hier, so verehre mit Gebühr, nicht aber den bloßen Stein, sondern des bedeutet allein" (a.a.O.)

149 Schemmel a.a.O.

150 Es ist zu bemerken, daß sich die Inschriften in der Regel nicht auf eine Darstellung, etwa den Kruzifixus, sondern auf das Wegmal als solches beziehen. Die Texte erscheinen auch am (Sakraments-) Mal mit leerer Nische (Is. 132—134) und nicht selten am Kreuz ohne Korpus (Veit/Lenhart a.a.O.); weiter müssen die Wendungen „diesen Stein", „den bloßen Stein", „das Kreuzesholz" so verstanden werden, und selbst mit der Wendung „effigiem Christi"

ist, wenn vielleicht auch ursprünglich das Bild des Gekreuzigten, schließlich das Kreuzesmal am Wege gemeint. Da nun die Gruppe dieser Inschriften sich eindeutig als Reaktion auf die Kritik der Reformer darstellt, müssen sich deren Einwendungen gegen das Wegmal an sich gerichtet haben, und zwar nicht gegen das Mal als bloßes Andachtszeichen — wogegen ja nichts einzuwenden war —, sondern eben als Kultmal, das es beim Volk in der Tat auch war.

151 An dieser Stelle, und nicht ohne Absicht hier, erwähne ich dankbar meinen Lehrer der Volkskunde, Herrn Professor Dr. Karl Meisen †, Bonn. Zahlreiche hier behandelte Einzelfragen, zum religiösen Brauch, zum Volksglauben und zu apotropäischen Zusammenhängen, durfte ich auch nach dem Studium über Jahre hinweg mit ihm besprechen. Ein ebenso hilfsbereiter Berater und Förderer war mir sein Nachfolger auf dem Lehrstuhl, Herr Professor Dr. Matthias Zender, Bonn.

152 Die Dringlichkeit dieser Forderung für die Kreuz- und Bildstockforschung, aber auch die diesbezüglichen Versäumnisse in manchen einschlägigen Arbeiten, mögen den Umfang der Ausführungen in diesem Kapitel erklären und vielleicht rechtfertigen.

VII. TOD UND SEELGERÄT

Über alle Jahrhunderte hin, in denen Kreuze in der Flur
62, 109 errichtet wurden, war das *Totenkreuz* von eigener und
188, 190 f. geheimnisvoller Bedeutung. In unserer Landschaft zeigt
194–202 sich beim unbefangenen Bewohner noch heute die Vor-
295, 452 f. stellung, wo ein Kreuz stehe, müsse wohl einer ums Leben gekommen sein.[1]

Der gleichen Meinung entsprach um 1830 eine Eingabe des Landrats von Daun an die königlich-preußische Regierung zu Trier, dem überhandnehmenden Aufstellen von Kreuzen „Einhalt zu thun": Da die Kreuze nämlich „gesetzt würden und früher gesetzt worden seien, wo ein Mensch gewaltsamer weise das Leben verlohren habe", werfe die große Zahl derselben „ein übles Licht auf die Polizei, und der Reisende müßte befürchten, sich in einer von Straßenräubern unsichereren Gegend zu befinden".[2]

Seit fast hundert Jahren hat sich die Steinkreuzforschung besonders eingehend mit den „Sühnekreuzen" beschäftigt, jenen Kreuzmalen, deren Errichtung nach einem Totschlag – aufgrund eines Vertrages zwischen der Sippe des Erschlagenen und dem Täter – von dem letzteren neben zahlreichen anderen Leistungen gefordert wurde. Solche Sühneverträge, in beachtlicher Zahl erhalten und auch veröffentlicht, stammen aus dem 14. bis 16. Jahrhundert und sind als „Fortsetzung der germanischen Blutsühne" anzusehen, „die an die Stelle der Blutrache trat; sie sind die letzten Ausläufer des germanischen Sippschaftsrechtes".[3]

In manchen Heimatbeiträgen wird schlicht kundgetan, daß der Rechtsbrauch der Sühnekreuze – zum Beispiel – „auch in der Eifel verbreitet war".[4] Den Beweis hat noch niemand erbracht. „Im Rheinland sind Sühneverträge, abgesehen vom Herzogtum Berg, bisher nicht veröffentlicht worden." [5]

Zwar kann hier ein Koblenzer Vertrag aus dem Jahre 1380 vorgelegt werden; auch das zu ihm gehörige
Sühnekreuz ist – wie sonst nur in wenigen Fällen [6] – 188
bekannt. Es handelt sich indessen um eine ritterliche Sühne und deshalb, angesichts der weiten Verbindungen des Adels, nicht um ein sicheres Zeugnis dafür, daß der Sühnebrauch in diesem Raum auch beim Volk gültig war. Nach Brockpähler „müssen für Gebiete, die früh Anteil an der römischen Kultur hatten, andere Voraussetzungen angenommen werden" [7], und man kann hinzufügen, daß im Moselgebiet auch schon bei der römischen Landnahme keine rein germanische Bevölkerung ansässig war.[8]

Nach allem ist fraglich, ob es am Mittelrhein bei Bauern und Bürgern den Brauch vertraglicher Sühne gab. Zwar ist vorerst nicht ganz auszuschließen, daß Totschlag-Sühnekreuze auch ohne Vertrag oder Urkunde gesetzt wurden[9] und daß einige unserer alten Mäler solche sein könnten. Wahrscheinlich ist dies aber nicht.[10]

Die genannte ritterliche Sühne, beurkundet zu Koblenz am 6. Juni 1380[11], betrifft den erschlagenen Dietrich von Staffel. Im Jahre 1371[12], auf dem Weg zu einer Hochzeit in Isenburg[13], traf er „uff dem feldt zwischen Heimbach vnndt Bendorff"[14] auf seinen Feind Bretten von Hersbach, Stadthauptmann zu Limburg an der Lahn, der ebenfalls nach Isenburg ritt. Sie „kamen beide bei Engers auf dem Felde zu Hauff, und Dietherich von Staffel ward des andern inne und erritt ihn draußen bei der Capellen, und da Herr Bretten sah, daß erritten er war, da zuckte er sein Schwert und stach hinter sich, und stach dem vorgenannten Dietherich boben (über) ein Aug . . ., und der starb davon."[15]

Es folgte eine jahrelange Fehde, mit Brandschatzung der Stadt Limburg, bis zur endlichen Aussöhnung und Sühne vor dem Trierer Erzbischof Kuno von Falkenstein. „. . . Zum ersten[16] sollen wir den ehegenandten todten besseren[17] mit bidefahrten vnd barfüss zu gehen und Kertzen, alss man mit solchen sachen Todten pfleget zu besseren; *forth sollen wir ein steineren Creutz thuen machen, und mit drey greden (Stufen), und darauff das Creutz von zehen füessen, und auff beyden seithen mit Diederichs ehegemeltem wapen darahn gehawen, und sollen das Creutz setzen uff die Statt, wo Diederichs seelige wund verbliebe;* auch sollen wir zum Arnnstein im Closter, da der Ehegenandt Diederich begraben ligth, eine Ewige misse und eine Ewige ampell schaffen und bestellen, und auch zwölff hundert pfund wachs geben vor diesen Diederichs seel. Seel, und sollen wir die süne thuen in aller maassen, als Todten zu besseren recht und gewonheit ist . . ."[18]

Das bemerkenswert hohe[19] Sühnekreuz bei Sayn war einst als „Staffeler Kreuz" in der ganzen Gegend bekannt. Auch eine Kartenskizze des Jahres 1684 zeigt es.[20] 188
Es stand mehr als vier Jahrhunderte[21] an der Kreuzung der von Engers gegen Isenburg und von Bendorf nach Heimbach-Weis führenden Wege[22], vielleicht exakt an der Stelle, wo Dietrich getötet worden war.[23] Der Bericht von einer Renovierung im 17. Jahrhundert enthält Hinweise zur Basis, dem zweiteiligen Aufbau und den Wappen am oberen Teil des Kreuzes.[24] 190 f.

Allgemein ist das Sühnekreuz, ebenso wie das Mord- und das Unfallkreuz, ein Mal für solche Tote, die plötz- 194–202
lich und unvorhergesehen aus dem Leben gerissen wurden. Offensichtlich verbindet im Spätmittelalter und danach e i n hervortretender Sinn alle Kreuze dieser Art, die man zusammenfassend „Totenkreuze" nennen darf – die Fürsorge für das Seelenheil der Personen, denen sie gesetzt wurden.[25] Das besagt allerdings noch nichts über die Glaubensmotive, aus denen diese Male vermutlich hervorgegangen sind (vgl. unten).

Nach der Lehre der mittelalterlichen Kirche „sollte der Mensch sich, solange es noch an der Zeit war, gewissermaßen einen Fonds von guten Werken schaffen, der dereinst seiner Seele in der Not und Pein des Fegfeuers ‚zu Hilf vnd Trost' gereichen werde . . . Wurde einer durch jähen Tod der Möglichkeit beraubt, in dieser Weise vorzusorgen, so erwuchs den Angehörigen die Pflicht, der . . . ‚armen Seele' durch nachträgliche Stiftung . . . frommer Werke beizuspringen." Sie wandten sich dazu „auch an die weiteste Öffentlichkeit, indem sie an der Stelle, wo das Unheil geschah, ein Denkmal errichteten, das um Gebetsfürbitte werben sollte. Der Aufforderung des stummen Mahnzeichens nachzukommen,

war für jeden Vorübergehenden ein verdienstliches Werk
und allgemeine Christenpflicht, und ist es bis auf den
heutigen Tag." [26]

Für die der Seele des Verstorbenen zugute kommenden
Werke hatte man den Begriff „Seelgerät". Im engeren
Sinne war das „Seelgeraid" eine beim Tod gebräuch-
liche Zuwendung (Donatio) an die Kirche, und zwar im
gedanklichen Zusammenhang mit dem Seelenheil des
Verstorbenen, für das zu sorgen Anliegen der Kirche
war.[27] Es lag nahe, schließlich alle Leistungen, die der
Seele im Jenseits zugute kommen – neben Stiftungen
an die Kirche also auch etwa Wallfahrten, Almosen und
Gebete, endlich das Kreuz zur Fürbitte der Vorüber-
gehenden –, als Seelgerät zu bezeichnen.[28]

Bei der vertraglichen Sühne wurden die Seelgerät-
leistungen selbstverständlich dem Täter aufgebürdet;
dadurch übrigens sind wir über sie gut unterrichtet. Im
Koblenzer Vertrag und in anderen verbindet der erklärte
Zweck, „den Toten zu bessern", die kirchliche Donatio
mit den weiteren Aufwendungen für das Seelenheil.[29]

Kam es bei einem Totschlag nicht zum Sühnevergleich,
oder war jemand auf andere Weise gewaltsam ums
Leben gekommen, oblag die Sorge für das Seelgerät,
also auch für das Kreuz, den Angehörigen. Das von
ihnen erstellte Mal war Totenkreuz und Seelgerätstiftung
genau wie das Sühnekreuz. Daß es, abgesehen von die-
sem, allgemeiner Brauch war, beim plötzlichen Tod ein
189 Mal aufzustellen, zeigen gerade im Gebiet [30] der Basalt-
lavakreuze die zahlreichen Monumente und deren in-
schriftliches Zeugnis.[31]

194 Die ältesten von ihnen stammen aus einer Zeit, in der
noch Totschlagsühnen geschlossen wurden und der Tä-
ter für das Kreuz aufzukommen hatte.[32] So könnte theo-
retisch etwa das Mordkreuz von Bernkastel ein Sühne- 190
kreuz sein, doch wurde schon dargelegt, daß dies im
Rhein-Mosel-Gebiet nicht wahrscheinlich ist.

Beim Aufkommen der Inschriften war das Setzen von
Totenkreuzen zweifellos schon ein länger geübter
Brauch. So dürfte manches alte schriftlose Kreuz aus 2–12
Basaltlava ein Mal dieser Bedeutung sein. Auf ihm sind
gegebenenfalls Marken und abgebildete Gegenstände 190, 194
Identitätszeichen des Toten [33], nicht anders als die Zei- 198, 295
chen auf Grabkreuzen oder die Wappen auf Toten-
kreuzen des Adels.[34]

Im Basaltlavabestand ist das Mal für den Getöteten aus-
schließlich ein Kreuz. Sonst sind auch Bildstöcke, Mar-
tern und Kapellen bekannt [35], doch ist das Kreuz im
ganzen das häufigste Totenmal, wahrscheinlich auch das
älteste. Der Tradition entspricht noch heute das all-
gemein übliche Kreuz für Gefallene [36] – auch sie wur- 79
den plötzlich aus dem Leben gerissen, wie Ermordete
und Verunglückte.

Daß es in älterer Zeit Totenkreuze, auch Sühnekreuze,
aus Holz gab, ist nicht nur zu vermuten, sondern ein-
deutig bezeugt.[37] Mitunter, vielleicht ursprünglich, mag
die größere Zahl der Mäler von Holz gewesen sein.
Wieder ist zu bemerken, daß die Forschung nicht nur
von dem erhaltenen Bestand aus Stein ausgehen darf,
zumal in der Beurteilung früherer Zeiten.[38]

Außer bei Mord oder Totschlag [39] wurde sinngemäß – 62, 190 f.
und nicht als Fortsetzung des Brauchs der Sühnekreuze,
wie man angenommen hat [40] – dem tödlich Verunglück- 109
ten ein Kreuz errichtet, in unserem Raum in allen Jahr- 194–198
hunderten bis zur Gegenwart.[41] Der Charakter des 202, 295
Totenkreuzes als Mal für den unerwartet und unvorbe- 452 f.
reitet Verstorbenen wird besonders deutlich, wo es sich

selbst für den findet, der irgendwo unterwegs, „allhier",
199–201 „hic" oder gar „in dieser Kirch", auf welche Weise auch
immer plötzlich „tot geblieben".[42]

Schon ganz allgemein war das Kreuz am Weg eine stete
107 Mahnung, für die „Armen Seelen im Fegfeuer" zu beten;
192 f. das war jedem bewußt, und es kommt in Inschriften
zum Ausdruck.[43] Viel eindringlicher noch mußte die Verpflichtung zum Totengebet empfunden werden am Kreuz für einen Menschen, der plötzlich und daher ja auch ohne Sakrament [44] hatte sterben müssen.[45] Dabei ist zu
79, 202 berücksichtigen, welche Bedeutung für das Heil der Seele
gerade dem Gebet zukam und zukommt.[46]

Wahrscheinlich auf ältere Vorstellungen zurückgehend,
188, 196 war das Kreuz am Ort des Todes zu errichten.[47] Lag
dieser nicht an einem Weg, so war der Zweck gefährdet, Vorübergehende zu einem Seelengebet aufzufordern. Zweifellos aus dem Bestreben, das eine wie das andere zu berücksichtigen, ist zu verstehen, daß in einem solchen Fall ein unscheinbares Kreuz am Todesort, ein
452 f. auffälliges mit Inschrift aber an einem nahegelegenen
Weg aufgestellt wurde.[48]

Man fragt sich, warum das Kreuz überhaupt am Todesort stehen sollte. Mit der Seelenfürbitte ist dies ja nicht zu begründen. Hier mag eine ältere Glaubensschicht durchscheinen. Man hat schon der Theorie, das Seelgerät-Kreuz der Sühnen stehe am Beginn des Brauches, Totenkreuze wie überhaupt Flurkreuze zu errichten [49], entgegengehalten, daß die Sühnen auf drei Jahrhunderte beschränkt waren; nicht nur nach, sondern auch vor dieser Zeit wurden solche Zeichen gesetzt. „Die Kreuze müssen", so folgert Mogk, „also ursprünglich eine andere Bedeutung gehabt haben, die auch jederzeit im Volksbwußtsein fortgelebt hat." [50]

Beispiele für das Totenkreuz, das n i c h t auf eine 62, 109
Vertragsklausel zurückgeht (und deshalb auch nicht zu- 188, 190 f.
sätzlich [51] ein Rechtsdenkmal war), finden sich nicht nur 194–202
am Mittelrhein, sondern sind fast überall bezeugt, und 295, 452 f.
zwar auch in den Jahrhunderten der Sühneverträge.[52]

Wenn sie, wie dargelegt, vornehmlich als Seelgeräthilfe durch die Angehörigen verstanden werden können, so berichtet Mogk darüber hinaus von Totenkreuzen, die auf diese Weise nicht mehr erklärbar sind: Kreuzen, die für fremde Tote aufgestellt wurden; für Selbstmörder und Gehängte; für feindliche Soldaten; für gewaltsam Getötete, die am Sterbeort „umgehen" – setzt man ein Kreuz, so verschwindet der Spuk.[53]

Hier zeigt sich naheliegend als ursprüngliche Motivation [54] für das Totenkreuz die alte Furcht vor dem „Wiedergänger", dem Toten, der keine Ruhe findet und zurückkehrt, oft um den Lebenden zu schaden.[55] Der Glaube daran gilt ja besonders solchen Toten, die vorzeitig und durch Gewalt gestorben sind.[56] Genau diesen wurde auch das Totenkreuz gestellt.

Mogk will den Brauch aus altgermanischem Toten- und Steinkult erklären, wonach „Steinblöcke Sitze der Abgeschiedenen" waren und Steinsetzungen an Totenplätzen erfolgt sind. Im Fortleben des Kultes sei dann im Steinkreuz „dem irrenden Toten ein Ruheplatz geschaffen" worden. Das bestätige vor allem der Standort vieler Steinkreuze an Kreuzwegen, dem „Versammlungsort der Geister der Verstorbenen".[57] Auf diese Weise sieht Mogk übrigens generell den Brauch der Flurkreuze entstanden.[58]

Es ist nicht ausgeschlossen, daß Vorstellungen aus älterem Totenkult im Kreuz fortleben [59], doch ist die nur vom Steinkreuz ausgehende Herleitung der Male aus

megalithischen Kulten, zumal in der meist angenomme-
131 nen Kontinuität[60], nicht haltbar.[61] Neben anderem muß
man an das frühe Setzen von Holzkreuzen zum Schutz
der Felder erinnern. Auch bei den ältesten Totenkreuzen
ist nicht erwiesen oder sogar unwahrscheinlich, daß sie
nur aus Stein waren.[62] Burchard von Worms hat um
1000 nach Christus nicht etwa Steinkreuze erwähnt, sondern schlicht „cruces", die an Scheidewegen aufgestellt werden und zu denen man Votive trägt.[63]

Wenn das Totenkreuz ursprünglich zum Schutz gegen
das gefürchtete Wiederkommen von plötzlich Getöteten
aufgestellt wurde, so ist sicher vor allem an die dem
Volk bekannte und seit ältester christlicher Zeit[64] bezeugte apotropäische Kraft des Kreuzes zu denken, das
alle Geister machtvoll bannt.[65] Auch die Vorliebe, Kreuze
140, 192 und andere religiöse Mäler an Wegzweigen aufzustellen,
dürfte weitgehend mit dieser „magischen" Kraft zusammenhängen.[66]

Daß das Totenkreuz zum Sühnekreuz und zum Seelgerät werden konnte, ist viel eher aus dem Gedanken der Schutzkraft, die von dem christlichen Zeichen ausgeht, zu verstehen, als aus der Vorstellung vom „Stein" als Ruhestätte irrender Seelen. Schließlich konnte die Kirche in den Sühnen das „Seelenkreuz" doch nur dann anerkennen, wenn es ein Mal mit eindeutig christlichem Gehalt war.[67]

Im Basaltlavabestand unterscheidet sich das alte Toten-
83 ff. kreuz in der Landschaft formal nicht vom Grabkreuz
auf dem Friedhof.[68] Mit Inschriften finden sich von bei-
88 f., 194 den schon Beispiele um 1500.[69] Die Übereinstimmung
läßt auf Zusammenhänge in der Kultbedeutung schließen, die beim Grabmal selbstverständlich in der dem Kreuz eigenen Heils- und Schutzkraft zu suchen ist.[70]

Übrigens stand auf dem Friedhof schon immer das all- 134–137
gemeine Schutzkreuz, auch als Kreuze auf Einzelgräbern 309, 311
noch nicht üblich waren.[71]

Grabkreuz und Totenkreuz, aber auch das Votivmal in
der Flur und das Prozessionmal am Weg, sind Medien
der Begegnung mit dem Numinosen – nicht anders als
der archaische Kultstein, der Totenpfahl[72], das römische
Grabmal mit dem Anruf der Totengötter[73], der Weihe- 131–133
stein für die Gottheiten der Kreuzwege.[74] Sie sind daher schlechthin Kultmale. Hinter ihnen stehen volksreligiöser und oft magischer Glaube und Brauch, Gebet und Seelenhilfe, Votivmeinung, Heiligenkult, auch Abwehrzauber und die Annahme geheimer orendistischer Kräfte.

Es ist darum nicht recht verständlich, daß oft von bloßen „Gedächtnis"- oder „Erinnerungsmalen"[75] gesprochen und dieses Etikett aus der älteren Forschung auch im neuesten Schrifttum noch immer übernommen wird. Bezeichnungen dieser Art gehen am Wesen der Denkmäler vorbei.

ANMERKUNGEN

VII. TOD UND SEELGERÄT

1 Im Gespräch mit Einheimischen über Kreuze kam immer wieder darauf die Rede; meist wurde gefragt, ob es sich tatsächlich so verhalte, wie man doch gemeinhin glaube. Die Vorstellung ist offensichtlich tief verwurzelt und geht, da sie die zahlreichen Votiv- und Prozessionskreuze ganz unberücksichtigt läßt, wahrscheinlich auf älteste Zeit zurück.

2 Bistumsarchiv Trier, Abt. 70, Nr. 1068; die Zitate aus einem Schreiben des Generalvikariats Trier 1831 an den Dechanten in Daun. Der gesamte diesbezügliche Schriftverkehr ist beachtenswert. Weitere Akten dürften sich noch unter den Archivalien der Bezirksregierung Trier und des Landratsamtes Daun finden.

[3] Brockpähler, S. 123. Nach ursprünglicher Auffassung fordert der Tote selbst die Vollstreckung der Sühne (anstelle der Rache) durch die Angehörigen; ungesühnt kann er ihnen drohend als „Wiedergänger" erscheinen (vgl. unten). Schon 1891/92 sind allein aus dem Hochstift Eichstätt (vgl. Rieder, Totschlagsühnen) 76 Sühneverträge ans Licht gekommen; in 63 von ihnen wird das Setzen eines Kreuzes gefordert. Für Naegele ist das „ein schlagender Beweis für die Richtigkeit der Deutung der weitaus meisten Steinkreuze" als Sühnekreuze (II, S. 388); gelegentlich will man sogar „alle sogenannten Franzosen-, Schweden-, Pestkreuze" und so fort hierfür in Anspruch nehmen (a. a. O. S. 389). — Auf eine ausführliche Behandlung der Sühnen kann hier verzichtet werden; vgl. bes. die zusammenfassende Darstellung Brockpählers (S. 122—133, Steinkreuze und Sühnebrauchtum). Aus der älteren Literatur seien genannt (in der Reihenfolge des Erscheinens): Rieder a. a. O.; Frauenstädt; Rieder, Nachträge; Naegele, II, S. 387 bis 395; Kuhfahl; Mogk.

[4] „Sühne- und Mordkreuze in der Eifel", in Heimat zwischen Hunsrück und Eifel, Beilage der Rhein-Zeitung, Koblenz, 8/1965 (dabei ein Foto des Obermendiger Grabkreuzes Abb. 87 mit der Unterschrift „Das Kelberger Mordkreuz"; die auf Kreuzen abgebildeten Geräte seien Mordwaffen, „wie beim Kelberger Sühnekreuz"). — In KD Daun ein „Sühnekreuz von Stein, am Wege nach Wiesbaum" S. 31, unter Berndorf; vergleicht man die dort angegebene Literatur, stellt sich heraus, daß es sich um unsichere Kombinationen über den Ursprung des Kreuzes handelt. Dort ist übrigens keine Rede von „Sühne", sondern lediglich von einer Mordtat und dem Brauch, „jene Stätte, auf der ein Mensch eines jähen Todes gestorben, durch Aufstellung eines Kreuzes zu bezeichnen". — Daß zum Rechtsbegriff der Sühne keine klaren Vorstellungen herrschen, zeigt sich auch sonst. Eine Westerwaldsage ist überschrieben „Das Sühnekreuz im Saugitterich" (Runkel, S. 208), und dann heißt es: Die „Tat zu sühnen, errichtete seine Familie" (sic) „das Sühnekreuz"; dem Erzähler war gar nicht klar, was ein Sühnekreuz ist. — Ein bei Gevenich in der Flur aufgestelltes Grabkreuz, der Erzählung nach ein Mordkreuz, hat man ebenfalls als „Sühnekreuz" bezeichnet, ohne daß von einer Sühnevereinbarung die Rede ist (vgl. IX, Is. 138 mit Begleittext).

[5] Brockpfähler, S. 127. „Die rheinischen Forscher vertreten darum wegen des Fehlens von schriftlichen Belegen die Meinung, daß es Sühnekreuze dort nicht gebe" (a. a. O., mit Hinweis auf Hörter, Jeuckens und G. J. Meyer). — Einen Sühnevertrag des Jahres 1501 aus dem Regierungsbezirk Aachen (Hillensberg bei Heinsberg, im Grenzland nördlich von Aachen) hat Jeuckens allerdings erwähnt (S. 13). Räumlich paßt dieser Beleg zu einer Maastrichter Sühne von 1487 und sechs veröffentlichten Verträgen aus dem Limburgischen (Brockpähler, S. 127).

[6] Trotz der großen Zahl bekanntgewordener Sühneverträge mit der Auflage, ein Kreuz zu setzen, ist es nur selten einmal gelungen, ein Dokument einem bestimmten Kreuz der Gegend eindeutig zuzuordnen (vgl. a. a. O., S. 128; Azzola / Bormuth / Schäfer, S. 55).

[7] S. 127. — Es zeigen sich „aber auch im Rheinland zahlreiche schlichte Steinkreuze der Form, wie sie in Westfalen, im Maingebiet, in Sachsen und Schlesien stehen, so daß das letzte Wort hier wohl noch nicht gesprochen sein dürfte" (a. a. O.).

[8] Vgl. z. B. Geschichtlicher Handatlas Rhein, a. a. O. in II, Anm. 56, S. 8; „Treveri" bzw. „keltisch-germanische Mischbevölkerung" nördlich bis zum Vinxtbach. Dieser schied die römischen Provinzen *Germania superior* und *inferior,* und wahrscheinlich geht die römische Grenzziehung auf die ältere Volkstumsgrenze zurück, die sich in Dialekt und Brauchtum noch abzeichnet (vgl. Karl Meisen, Niederland und Oberland, in: Rheinische Vierteljahrsblätter, Bonn, Jg. 15/16, 1950/51, S. 417—464). Zur Eigenart und auch Eigenstellung des Moselgebietes bzw. des mittelrheinischen Raumes, nicht zuletzt auch des Maifeldes, vgl. weiter Hermann Aubin / Theodor Frings / Josef Müller, Kulturströmungen und Kulturprovinzen in den Rheinlanden, Bonn 1926; Matthias Zender, Das Brauchtum als Zeugnis für Wesensart und innere Gliederung des Mosellandes, in: Zeitschrift für Volkskunde, 54, 1958, S. 12—43 (auch in: Matth. Zender, Gestalt und Wandel, Bonn 1977, S. 187—211).

[9] „Weder die Mithilfe der Behörden gehöre unbedingt zum Sühnevertrag, noch die schriftliche Fixierung" (Brockpähler, S. 132, Anm. 28, nach W. J. Sonnen). Ich weiß nicht, ob es für diese Feststellung Zeugnisse gibt.

[10] Im Blick auf Sagen und Volkserzählungen ist etwa anzumerken, daß das gotische „Hochkreuz" zwischen Bad Godesberg und Bonn von dem Ritter Heinrich von Drachenfels als Sühnekreuz für einen Brudermord errichtet worden sein soll (nach älteren Quellen ist davon nichts bekannt; Naegele, II, S. 394 f); es dürfte sich um einen ätiologischen Bericht handeln. — In ländlichen Volkssagen zeigt ein Kreuz zwar in der Regel die Stelle, wo einer unerwartet ums Leben kam — „dafür steht das Kreuz da", heißt es häufig —, doch findet sich kein Hinweis auf ein nach Sippenvertrag errichtetes Sühnekreuz (z. B. Zender, Sagen, S. 154 ff.; J. H. Schmitz, Sitten und Sagen, Lieder, Sprüchwörter und Rätsel des Eifeler Volkes . . ., Trier, 2. Bd. 1858, S. 124 ff.).

[11] Den ersten Hinweis auf die Sühneurkunde verdanke ich den Herren Archivdirektor Dr. Franz-Josef Heyen und Dr. Peter Brommer, Landeshauptarchiv Koblenz. Zur Auffindung weiterer Nachrichten und Unterlagen sowie des Kartenbildes mit dem Sühnekreuz verhalfen mir freundlich die Herren Stadtarchivar Meinhardt, Neuwied; Hermann Müller, Koblenz-Arenberg; Dietrich Schabow, Bendorf-Sayn; Dr. Gabriel Simons, Amt für rheinische Landeskunde, Bonn; August Peter Winnen, Wiesbaden-Bierstadt. — Die in der hiesigen Kreuzforschung bisher nicht genannte Urkunde ist schon 1912 von Nägele erwähnt worden („eine der ältesten"; II, S. 392). „In den ältesten Urkunden treten hauptsächlich Adelige als Täter und Verfolgte auf, im 15. Jahrhundert auch Bürgerliche" (a. a. O. S. 391) — was dem in der Volkskunde bekannten Brauchtumsgefälle entspricht. — Zu der Koblenzer Urkunde, den damit zusammenhängenden historischen Ereignissen und zu dem Sühnekreuz bei Sayn vgl. Reiffenberg, S. 23—33; Stramberg II. Abt., 3. Bd., S. 405 f., und III. Abt., 1. Bd., S. 419; Runkel, S. 72 f.; Hermann Müller, Das Staffeler Kreuz in Sayn, in: Hallo Nachbar (Raum Bendorf), 26. 6. 1974; das Kreuz ist auch erwähnt in KD Koblenz Landkreis, S. 330. Zur Limburger Chronik und zu Hontheim vgl. unten Anm. 12, 16.

[12] Reiffenberg, S. 24; auch Nägele gibt „1371" an (S. 392, nach „Fasti Limburgenses p. 130; Hontheim, Historia Trevirensis, Augsburg 1750, 2, 290"). Fälschlich und wohl in Verwechslung mit dem Jahr der Urkunde findet man öfter 1380 (so auch Stramberg, II, 3, S. 405).

[13] „Da war eine große Brautlauff und Herrschaft zu Isenburg" (Stramberg a. a. O.); nach der Volkserzählung im Blick auf den Tod des Ritters, der das Ereignis überschattet hat, die „Isenburger Bluthochzeit" (Runkel a. a. O.).

[14] So im Urkundentext nach Reiffenberg (S. 25).

[15] Stramberg a. a. O., als Zitat (nach der Limburger Chronik? —vgl. folg. Anm.).

[16] Der hier wichtige Auszug aus dem Text der Urkunde von 1380 ist wiedergegeben nach Reiffenberg, S. 25 f. (mit Lesefehlern, doch im ganzen sinngemäß). Reiffenbergs Text von 1684 nennt als Quelle eine Handschrift, die „in monasterio Rommersdorff olim repertum" (S. 24). Der Herausgeber merkt 1830 an: „Dietrichs von Staffel Tod und die dadurch veranlaßten Streitigkeiten erzählt die Limburger Chronik, herausg. v. Vogel, Marb. 1828, 8, S. 91—93, u. bei Honth. Prodr. hist. Trev. t. II, p. 1102" (S. 30; vgl. dazu Naegele, oben Anm. 12).

[17] Das „Bessern" oder die „Besserung" des Toten (vgl. Brockpähler, S. 122) erfolgt durch die seinem Seelenheil zugute kommenden Leistungen, die jeweils im einzelnen genannt werden (vgl. Anm. 29); man bezeichnete sie als „Seelgerät" (vgl. unten). Mit dem alten Begriff „bessern" hängt auch „büßen" zusammen (vgl. Kluge s. v. Buße und büßen, S. 114).

[18] Der das Kreuz betreffende Teil des Textes sei hier nach der Originalurkunde mitgeteilt, bei deren Lesung mich Herr Dr. Brommer freundlich beriet (u mit überschriebenem e wird als ue wiedergegeben): *„vort sullen wir ein steinen Cruce duen machen, unden mit drin greden, vnd daruff daz Cruce von zehen vuessen, und uff beide siten mit Diederiche egen(annt) wapen darin gehauwen, vnd sullen daz Cruce setzen uff die Stad, da Diederiche selige wuent verleib".* — Die Urkunde — Pergament, ca. 20 zu 20 Zentimeter groß, mit vier (beschädigten) Siegeln — befindet sich im Familienarchiv der Freiherren von und zum Stein, Gräfl. von Kanitz'sche Verwaltung, Nassau a. d. Lahn (im Text sind Johann und Friedrich vom Stein, Ritter, auf der Seite Dietrichs von Staffel genannt). Ich danke Herrn Grafen Kanitz für die freundliche Erlaubnis zur Publikation.

[19] Nach dem Urkundentext war das Maß von zehn Fuß (rh. Fuß 31,4 Zentimeter) ohne den dreistufigen Unterbau zu rechnen; danach ist eine Gesamthöhe von mehr als dreieinhalb Metern anzunehmen. Die Skizze von 1684 (Abb. 188) zeigt das „Staffeler Creutz" auch besonders groß und markant, nicht zuletzt im Vergleich zu dem bei Weis eingezeichneten Kreuz.

[20] Vom 9. November des genannten Jahres. Detail Abb. 188, der untere und rechte Rand entspricht dem Original; dieses im Landeshauptarchiv Koblenz, Abt. 162 (Rommersdorf), Nr. 1179 „Acta contra Heimbach, als Romersdorf den Forstwald wieder als Eigenthum zurückforderte", Fol. 96. — Das Blatt als Ganzes hat A. P. Winnen in dem schon genannten Aufsatz von 1965 (vgl. II, Anm. 25) veröffentlicht, mit auch allgemein interessierenden Anmerkungen zu der Karte (Limes als „Heydengraben", angebliche Reste der Cäsarbrücke unten rechts); der Beitrag wird verwahrt im Stadtarchiv Neuwied, Nr. 2765.

[21] „Ganz und gar ist in der neuesten Zeit das Monument verschwunden" (Stramberg, III, 1, S. 419; 1853). Obwohl nach dieser Notiz die Erinnerung an das Denkmal um die Mitte des 19. Jahrhunderts noch lebendig gewesen sein muß, ist es in der Tranchot-Karte (1803—1820; vgl. II, Anm. 66, Nr. 4) nicht mehr eingezeichnet (nach Weis hin aber eine Reihe kleiner Kreuze). Die betreffende Karte, „Bendorf", konnte ich 1975 beim Landesvermessungsamt Koblenz im Original einsehen (Nachdruck noch in Vorbereitung).

[22] In der Gemarkung Sayn. Die Wegführung Bendorf — Heimbach bezeichnet die heutige Landstraße; die von dort in Richtung Isenburg abgehende Straße heißt „Ritterweg" (Neubaugebiet); die Wegführung von der Kreuzung in Richtung Engers besteht infolge neuerer Bimsschürfung nicht mehr. Das Kreuz stand, „in quadrivio" (Reiffenberg, S. 23), etwa 200 Schritt entfernt von der alten Georgskapelle (a. a. O.; Stramberg a. a. O.; vgl. Abb. 188).

[23] Dies war im Sühnevertrag ausdrücklich gefordert worden. Zudem war es Brauch, das Sühnemal, wie das Totenkreuz überhaupt, am Ort des Todes aufzustellen (vgl. bei Anm. 47 f.), und nach Reiffenbergs Bemerkung beim Auffinden der Kreuzbasis war es anscheinend üblich, es damit sehr genau zu nehmen (vgl. folg. Anm.). Trotzdem bleibt ein Zweifel, weil allgemein auch die Wegkreuzung ein bevorzugter Platz für Kreuzmäler war und das Staffeler Kreuz an einer solchen stand. Es ist nicht auszuschließen, daß Dietrich nicht genau hier, sondern in der Nähe dieser Wegkreuzung gefallen ist.

[24] Reiffenberg, S. 32 f. — Die Renovierung erfolgte „hoc anno 1684", in dem Jahr also, in dem er darüber berichtet und überhaupt die „Antiquitates Saynenses" verfaßt hat, in dem zugleich aber auch die Rommersdorfer Kartenskizze entstand. Johann Philipp von Reiffenberg, in Sayn kurtrierischer Amtmann und selbst begütert, hat offensichtlich die Arbeiten angeordnet und persönlich geleitet (er mag dazu gekommen sein, als er über Dietrich von Staffel und die Limburger Fehde schrieb). Nach seinem Bericht sollten der herabgestürzte obere Teil des Kreuzes, an dem sich die Wappen (insignia) befanden, wieder auf den Schaft gesetzt (stipiti addere) und dieser selbst, der sich geneigt hatte, aufgerichtet werden („superior pars crucis" war demnach ein eigenes Werkstück, was der Kreuzhöhe und auch der Konstruktion der späteren hohen Steinkreuze entspricht). Überraschend fand man beim Freilegen des Schaftes, um ihn aufzurichten, keine Spur der Basis, obwohl doch — so Reiffenberg — die Urkunde drei Stufen erwähnte und auch die Reste einer Eisenklammer zur Genüge zeigten, daß das Kreuz einmal auf einer Basis gestanden hatte. Es wurde deshalb befohlen, im Umkreis nachzuforschen; man trug das Erdreich ab und fand tatsächlich ein „quadratum coementitium" — etwa drei Fuß vom Kreuzstamm entfernt (übrigens zeigt auch die Kartenskizze vom November 1684 eindeutig einen kubischen Kreuzsockel). Nach dem Befund der „Grabung" vermutet Reiffenberg, man sei ehedem — da es nicht anging, daß das „quadratum" in einen öffentlichen Weg hineinrage — eher bereit gewesen, auf den richtigen Aufbau zu verzichten (architectonicae regulas negligere), als nicht genau die Stelle zu bezeichnen, wo Dietrich gestorben ist. — Herrn Gerhard Bieber, Mayen, danke ich an dieser Stelle für seine freundliche Beratung bei der Übersetzung und Interpretation zahlreicher lateinischer Texte.

[25] Die Bezeichnung „Totenkreuz" findet sich in diesem übergreifenden Sinne auch sonst gelegentlich im Schrifttum (vgl. Mogk, S. 28; Brockpfähler, S. 128). Nicht selten ist das Unglückskreuz nur als Gedächtnismal angesehen worden (vgl. bei Anm. 75); dagegen hat aber schon Walter betont: „Das Sühnekreuz ist in seinem innersten Wesen dasselbe wie das Unglückskreuz" (S. 28), nämlich ein Totenkreuz für das Seelenheil.

[26] Schnetzer, S. 28 f. — Ein jäh Verstorbener bedurfte nach mittelalterlicher Auffassung mehr als andere Tote der Hilfe durch die Hinterbliebenen; „sein Lebensfaden war vor der Zeit, die ihm Gott zum Leben bestimmt hatte, abgeschnitten worden und damit die Vorbereitung zu seinem Seelenheil" (Mogk, S. 7). Eindeutig erfährt man aus einer mitteldeutschen Sühneurkunde, daß der Totschläger das Kreuz für „des bemelten Gilgen Seele zu Hülfe und Trost" setzen lassen mußte (Hellmich, S. 143). Zum Seelengebet am Totenkreuz vgl. auch Anm. 45.

[27] Vgl. LThK, VII, Spalte 333 („Seelgeraid", auch „Seelrecht"); ebd. IX, Spalte 242; ebd. X, Spalte 222. Das Seelgerät ist als christliche Form des sogenannten Totenteils gedeutet worden: „Nach Einführung des Christentums übernahm die Kirche die Sorge für das Heil des Verstorbenen im Jenseits, und dieser erhielt seinen Anteil dadurch, daß er zu kirchlichen und wohltätigen Zwecken verwandt wurde, der Totenteil wurde zum Seelgerät"; diese Deutung ist aber nicht unbestritten geblieben (HDA, III, Spalte 1084).

[28] „Für das Seelenheil des Erschlagenen setzen auch die schlesischen Sühnen" (Frauenstädt, S. 144) „manchfache Veranstaltungen fest; die Gesamtheit derselben bezeichnete man mit dem vielsagenden Worte Seelengeräthe (‚selegereth' etc.)" (Rieder, Nachträge, S. 7). Vgl. weiter etwa Naegele, II, S. 389; Schnetzer a. a. O.; HDA, VII, Spalte 1566, zur Stiftung sogenannter Seelenbäder als einer beliebten Form des „zelgerethe". Nach Mogk führte die Kirche in Mord- und Totschlagfällen und bei der aus germanischem Recht kommenden Sühne „das Seelengeräte ein (Messen, Vigilien, Pilgerfahrt usw.); . . . zu diesem gesellte sich um 1300 auch das volkstümliche steinerne Kreuz — so wurde dieses zum Sühnekreuz" (S. 27 f.; vgl. S. 7 f.). Das Totenkreuz war „eines der guten Werke für die Seelenruhe des Toten (‚Seelgeräte')" (Brockpähler, S. 123). — Es ist noch zu bemerken, daß es sich um einen Sammelbegriff handelt (das Seelgerät); der Plural „die Seelengeräte" ist ein Mißverständnis.

[29] In dem Teil des Urkundentextes, der die Leistungen für das Seelenheil des Erschlagenen enthält (mitgeteilter Auszug), wird die „Besserung des Toten" als Zweck derselben einleitend und abschließend erwähnt. Hierbei entsprechen die Leistungen an das Kloster Arnstein der alten kirchlichen Donatio; nicht nur die Ewige Messe und das Ewige Licht sind „vor Diederichs Seel" bestimmt, sondern auch die ungewöhnlich hohe Gabe an Wachs. Die weiter geforderten „bidefahrten" (Betfahrten), barfuß und mit Kerzen, sowie das Kreuz, alle demselben Zweck dienend, gehen über die an eine bestimmte Kirche zu leistende Donatio hinaus.

[30] Das Totenkreuz und auch im engeren Sinn das Mordkreuz sind in diesem Gebiet so geläufig, daß man ein Mal von 1603 mit dem gut lesbaren Wort „Moerder" in der sonst rätselhaft erscheinenden Inschrift (Abb. 189) ohne Frage als Mordkreuz angesehen hat. Erst die entschlüsselte Inschrift zeigt, daß es ein Votivkreuz ist, auf dem — wie sonst selten — der Anlaß der Errichtung angegeben ist; „unter die Mörder gefallen", wurde der Kreuzstifter an dieser Stelle „Gott Lob" errettet (vgl. IX, Is. 54 mit Anm. 43).

[31] Die in Bild oder Inschrift vorgestellten Belege (vgl. im einzelnen bei Anm. 39—42) sind nur Beispiele aus dem Bestand. Aufgrund der eingehauenen Inschriften handelt es sich um absolut sichere Zeugnisse — während in Gebieten mit bekannt gewordenen Sühneverträgen sich unter den unbeschrifteten Kreuzen auch durchaus solche befinden können, die nicht als Sühnemäler gesetzt wurden, sondern als von Hinterbliebenen stammende Totenkreuze.

[32] Durch die 1532 ergangene Halsgerichtsordnung Kaiser Karls V., die sogenannte *Carolina,* hatten die Sühnen ihre Rechtsgrundlage verloren, doch wurden solche noch bis um 1600 geschlossen (vgl. Brockpähler, S. 128; Mogk, S. 7). Naegele erwähnt einen Vertrag noch aus dem Jahre 1595 und bemerkt, daß es in Schleswig und in der Schweiz sogar bis zur Mitte des 17. Jahrhunderts Sühneverträge gegeben habe (II, S. 391).

[33] Für Mordinstrumente, für die man solche Darstellungen oft gehalten hat, findet sich im hiesigen Bestand nicht der geringste Hinweis, auch nicht auf Mordkreuzen (vgl. Anm. 4; ferner IX, Anm. 80). Übrigens entsprechen die Marken auf Toten- und Grabkreuzen völlig den Stifterzeichen auf Votivmälern. — Inzwischen gilt die Mordwaffen-Theorie aber auch sonst als überholt (vgl. Azzola / Bormuth / Schäfer, S. 55).

[34] Laut Urkunde war am Sühnekreuz für Dietrich von Staffel sein Wappen zu beiden Seiten auszuhauen (vgl. oben). Auch „zufolge der 1531 zwischen Adeligen abgeschlossenen Sühne sollte des Ermordeten Wappen an der steinernen Kapelle", dem Sühnemal, „angebracht werden" (Rieder, Nachträge, S. 12).

[35] Vgl. Rieder a. a. O., S. 11 f. (Sühnemäler). In entsprechenden Landschaften sind Unglücksmartern nicht selten oder die Regel.

[36] Dies gilt für Einzelgräber Gefallener wie auch für Kriegerfriedhöfe mit vielen unbeschrifteten Steinkreuzen. Die Allgemeingültigkeit dieser Malform zeigt auch die Redensart „ein Holzkreuz bekommen" für „fallen."

[37] Das Holzkreuz oder auch eine „houltzen marttir" als Sühnemale nennt z. B. Rieder (a. a. O. S. 11). Nach Brockpähler erscheinen hölzerne Kreuze mehrfach in niederländischen Verträgen; es „können also auch Holzkreuze Sühnekreuze sein"; im Hochsauerland werden große Unglückskreuze aus Eichenholz errichtet (S. 127 f.).

[38] Das Nebeneinander von Stein und Holz, zweifellos schon ursprünglich, und zwar bei Mälern gleicher Bedeutung, muß deshalb betont werden, weil dieses Faktum in der Forschung mitunter „verdrängt" wird (vgl. auch VI, bei Anm. 47), so etwa in Theorien zur Entstehung der Flurkreuzsitte überhaupt (vgl. unten bei Anm. 57). Bei der Annahme auch alter hölzerner Mäler verlieren solche Erklärungen ihre Grundlage. Ich bin der Meinung, daß das Steinkreuz als Flurmal, auch als „abergläubisches", von Anfang an weniger ein Stein als ein K r e u z war.

[39] Vgl. IX, Inschriften 47—53. An dem Mordkreuz von Valwig 1612 (Abb. 191) findet sich der seltene Fall — mir ist kein weiteres Beispiel bekannt —, daß der Name des Mörders genannt wird (vgl. Is. 48 mit Anm.).

[40] Diese Annahme ergab sich zwangsläufig aus der Meinung, das alte Kreuz sei schlechthin ein Sühnekreuz und hier sei der Ursprung der Flurkreuzsitte zu suchen (vgl. Anm. 3 und 49).

[41] Vgl. Inschriften 55—71. Unter den Kreuzen für tödlich Verunglückte haben die für Ertrunkene einen großen Anteil (Is. 63—67; ferner Abb. 197), sie stehen vor allem am Ufer von Rhein und Mosel.

[42] Vgl. Inschriften 72—76; ferner Abb. 200.

[43] Vgl. Inschriften 77—84. Manchmal werden dabei bestimmte Verstorbene oder die Kreuzstifter in die allgemeine Bitte um ein Seelengebet eingeschlossen, oder die Kreuzstifter bekunden sogar ausschließlich, daß das Mal „zum Trost ihrer Seelen" bestimmt ist (Is. 83) — ein Hinweis auf einen wesentlichen Zweck auch der Votivkreuze (vgl. Kapitel VIII). — Bemerkenswert ist auch die Aufforderung zum Totengebet an dem Nischenmal von 1699 in Niederdürenbach, das Station einer Sakramentsprozession war; die Mahnung richtet sich an jeden, der vorübergeht, hier niederkniet oder vor das Mal tritt (Is. 20), und darf nach ihrer Art als allgemeingültige Aussage dafür angesehen werden, daß es sich gebührt, am Wegmal für die Verstorbenen zu beten. — Es ist anzunehmen, daß diese Vorstellung vom Totengebet am Wegmal auf das alte Toten-

kreuz für jäh Verstorbene zurückgeht. Wie dessen Ursprung wohl mit altem Toten- und Wiedergängerglauben zusammenhängt (vgl. unten), so im gewissen Sinne auch das volkstümliche Gebet für Arme Seelen, denn „nach dem Volksglauben muß die Seele nach dem Tod umgehen, ... bis die Schuld abgebüßt ist oder ihre Angehörigen durch Gebet und gute Werke für sie die Gnade Gottes erlangt haben" (HDA, I, Spalte 585). Zur Erlösung eines ruhelosen Wiedergängers durch das Totengebet vgl. eine Volkserzählung aus dem Trierischen (Anm. 59; schließlich sollte ein Kreuz „der Seele Ruhe geben").

[44] Das Sterben ohne die kirchlichen Gnadenmittel galt und gilt als großes Unglück. Unter diesen (vgl. LThK, VI, Spalte 231 f.) kam dem Empfang der Eucharistie besondere Bedeutung zu; schon bevor im Mittelalter sakramentale Umgänge gebräuchlich wurden, war das Hinaustragen des Sakramentes aus der Kirche beim Versehgang, und nur hier, gestattet. Noch heute wird in Todesanzeigen eigens mitgeteilt, daß jemand „versehen mit den hl. Sterbesakramenten" verschieden ist.

[45] Nach allgemeiner Annahme waren Sühnemale (wie Totenkreuze überhaupt) Ausdruck der „Sorge um das ewige Heil des plötzlich Ermordeten, für den zu beten das Kreuz auffordern sollte" (Jeuckens, S. 13). Das war noch in jüngerer Zeit bewußt; so hieß es etwa von einem Kreuz bei Neroth, Eifel (Originaltext in Mundart): „Der ist hier tot geblieben; da haben sie ihm hier das Kreuz gestellt, damit die Leute schon mal ein Vater Unser für seine arme Seele beten sollten" (Matthias Zender in Rheinisch-westfälische Zeitschrift für Volkskunde, Bonn und Münster, 1. Jg. 1954, S. 178). „Bete ein Vater Unser" zeigt sich auch inschriftlich auf Unglückskreuzen von 1782 und 1944 (Is. 66 und 71), weiter auf einem Mal für Gefallene des Ersten Weltkrieges (Abb. 79, Is. 84). Jahrhunderte früher findet sich die Aufforderung „Bid Got vor die Sele" auf zwei Mordkreuzen in Holländisch-Limburg von 1447 und 1483 (Jeuckens a. a. O.). Auch ein mittelalterliches Mordkreuz auf Gotland, Schweden, mit Darstellung der Mordszene auf der Rückseite, enthält „in Runen die Bitte, für das Seelenheil des Toten zu beten" (Mogk, S. 4, Anmerkungen).

[46] Die unermüdliche Fürbitte für die Abgestorbenen in der kirchlichen Gebetspraxis ist bekannt. Auch in Todesanzeigen und auf Totenzetteln wird um ein Seelengebet ersucht. Im Mittelalter zeigt sich die reale Bedeutung dieses Gebets, auch in quantitativer Hinsicht, etwa in folgendem Bericht. Bei einer Sühne im Jahre 1435 für Hans Lotter mußte dessen Name zu Lasten des Mörders in die Totenbücher aller drei Kirchen des Ortes eingetragen werden, und zwar damit jeweils, wenn „man vor andir glewbigen selen bittet, man auch ewiglichen vor hans lotters sele bitten sal" (Rieder, Nachträge, S. 7 f.).

[47] In den Inschriften auf mittelrheinischen Mord-, Unfall- und anderen Totenkreuzen (Is. 47—53, 55—76) finden sich immer wieder die Angaben „hier", „hoc in loco" und ähnlich. Bisweilen werden in Sühneverträgen auch andere Standorte für das Kreuz festgelegt, vor der Kirche, an Brücken, an einem Weg oder Scheideweg (meist wohl im Blick auf mehr Passanten und deren Gebet), doch „die meisten Urkunden ... bestimmen den Tatort" (Rieder a. a. O., S. 13). Auch nach der Koblenzer Urkunde von 1380 war das Kreuz „uff die Stad" zu setzen, wo Dietrich sein Leben verloren hatte (vgl. oben). Noch heute findet man am Straßenrand gelegentlich ein Holzkreuz für einen verunglückten Verkehrstoten.

[48] So in zwei Fällen bei Kreuzen für Personen, die auf der Jagd durch Unfall erschossen wurden. Das hohe Kreuz Abb. 452 f. stand bis 1973, weit sichtbar auf einer Höhe, am Verbindungsweg Wehr—Rieden (vgl. II, Anm. 46). „Die eigentliche Unfallstelle liegt etwa 400 m nordwestlich inmitten eines schwer zugänglichen Dickichts, durch ein kleines, schmuckloses Kreuz mit der (gleichen) Jahreszahl 1827 gekennzeichnet" (Philipp Lamby a. a. O.). Nach einem von Herrn Paul Krischer, Wassenach, erhaltenen Hinweis findet sich auch zu dem Burgbrohler Kreuz für den bei der Jagd getöteten Kanoniker von Bourscheid (Is. 61, mit Anm. 46) ein kleines Kreuz am Unfallort.

[49] Die ausschließliche Sühnekreuz-Deutung vertritt noch Bernhard Losch in seinem — übrigens umfassenden und im Material fundierten — Überblick über die bisherige Steinkreuzforschung und ihre Tendenzen (S. 65—85; zum Sühnekreuz als Rechtsmal S. 86—93). Nach der angeblich „einzig richtigen Deutung der meisten Steinkreuze aus den mittelalterlichen Sühneverträgen" (S. 78) ist das Kreuz vornehmlich ein Rechtsmal. Die „vereinzelt nachweisbaren, nicht aus einem Rechtsvertrag hervorgegangenen Unglücks- und Gedächtniskreuze" (S. 71) erscheinen als „Ablösungsform der Sühnekreuze" (S. 72) und sollen auf deren „spätere teilweise Beibehaltung als Gedenkkreuze" (S. 79) zurückgehen, es seien „den Rechtsbrauch fortsetzende Erinnerungskreuze" (S. 84).

[50] S. 8. — Mogk hat sozusagen das Sühnekreuz-Dogma durchbrochen. Selbst Verfechter desselben räumen ein, daß Mogks „Betrachtungsweise und die in seinem Geist bis heute fortgeführten Eröterungen eine großartige Blickerweiterung ermöglicht" haben (Losch, S. 85). Vgl. hier auch Anm. 54. — Mogks Interpretationen kann ich allerdings nicht in allem folgen (vgl. bei Anm. 57—67).

[51] Zur Auffassung des Sühnekreuzes als Rechtsmal und des betreffenden Brauchs a priori als Rechtsbrauch vgl. Anm. 49. Dagegen

muß die Kultfunktion des Sühnekreuzes hervorgehoben werden, die ja die Voraussetzung war für die Aufnahme unter das Seelgerät. Die aus dem Vertrag erwachsene rechtliche Funktion ist eine zusätzliche; niemand wird ja auch Wallfahrten oder das Lesen von Totenmessen als ausschließlichen Rechtsbrauch ansehen, nur weil sie in den Sühnen Vertragsgegenstand waren. Auch für Walter ist das Sühnekreuz im Grunde „kein rechtliches Denkmal" (S. 28; vgl. oben Anm. 25).

[52] Mittelalterliche Mordkreuze auf Gotland sowie im Limburgischen wurden schon Anm. 45 genannt. Brockpähler erwähnt frühe Mordkreuze in Irland, das älteste aus dem Jahre 651 (S. 158). Um 1300 ist in Norwegen einem Mann „ein Steinkreuz dort gesetzt worden, wo er ertrunken war", und „an dem Kreuz sollen Seelenmessen stattgefunden haben" (Mogk, S. 9) — ein bemerkenswerter Beleg deshalb, weil sich das Unglückskreuz schon zusammen mit einer anderen Art des Seelgeräts zeigt, genau wie später das Sühnekreuz. Ein stattliches Kreuz wurde 1416 in Erbach, Schwaben, an einer Brücke ebenfalls für einen errichtet, der „vergangen in wassernot" (Walter, S. 4 f., mit Abb.; in der Kreuzmitte eine 40 Zentimeter hohe leere Nische, wonach das Kreuz möglicherweise auch Station einer theophorischen Prozession war). Im süddeutschen Memmingen berichtet eine Chronik 1466, daß „ein Karren Heu" den Bäcker „zu Tod geschlagen" habe; „man machet ihm einen Creutzstein" (Naegele, II, S. 385 f.). Auch das früheste erhaltene Unglückskreuz aus Basaltlava wurde 1501 (vgl. Anm. 69) für einen gesetzt, der unter einem Wagen tot blieb (Abb. 194, Is. 55). — In einer Publikation des Jahres 1735, über einen Friedhof zu Nürnberg, wird zu einem Steinkreuz angemerkt, daß „dergleichen an diejenige Oerter, wo Erschlagene oder sonst durch Mörder entleibte Personen gefunden werden, noch heut zu Tag pflegen gesetzet zu werden" (Losch, S. 65). Schon 1612 bemerkt ein Chronist in Selb, Oberfranken, zu den Steinkreuzen, die man überall finde: Man müsse annehmen, „daß vor alters nicht allein viel tod schlag mechten geschehen sein, sondern daß auch die Freund ihre treu an den Toden haben beweisen wollen, weil sie ihnen solche stein, wie es im Pabstthumb gebreuchlich war, vffgerichtet haben" (Das Steinkreuz, hgg. v. Leo Wittmann, Nürnberg, Jg. 17, 1961, Heft 1, S. 5; vgl. Losch, Anm. 188).

[53] Mogk, S. 3—12. — Ich muß hier darauf verzichten, auf mittelrheinische Parallelen, etwa in der Frage von Kreuzen an Richtstätten, einzugehen. Erwähnt seien nur die Volkserzählungen vom Kreuz am Hinrichtungsplatz Golos (Anm. 56) und einem andern für eine umherirrende Totenseele, damit sie Ruhe finde (Anm. 59; aus dem Trierischen). — Notwendig ist jedoch eine allgemeine Bemerkung zu den Kreuzsagen, die sich, wie überall, auch in unserem Raum in großer Zahl finden. Mogk hat solche Sagen mit Recht herangezogen. Sie haben zwar für den historischen Ursprung einzelner Kreuze, über die sie berichten, meistens so gut wie keinen Aussagewert; für die Forschung sind sie aber in ganz anderer Weise wichtig, denn in ihnen tritt volkstümliches Glaubens- und Vorstellungsgut von zuweilen hohem Alter zutage. In dieser Arbeit wird keine Sammlung von Kreuzsagen vorgelegt; eine Reihe davon findet jedoch in bestimmten Zusammenhängen Berücksichtigung. Eine kleine Zusammenstellung zu Publikationen von Kreuzsagen unseres Raumes vgl. in VIII, Anm. 37.

[54] Es ist Mogks Verdienst, erstmalig Zusammenhänge zwischen dem Totenkreuz und dem Wiedergängerglauben gesehen und dargestellt zu haben. Wir nennen seinen wichtigsten Aufsatz von 1929 (Literaturverzeichnis); zuvor hat Mogk schon über den „Ursprung der sog. Sühnekreuze" in den Mitteilungen des Vereins für sächsische Volkskunde, Leipzig, VI, 1912/13, gehandelt. Hervorzuheben ist, daß die Frage nach dem Kreuzbrauch und seinen Ursprüngen als volkskundliches Problem gesehen wird, während in der Sühnekreuzforschung oft zu einseitig die rechtsgeschichtlichen Aspekte dominierten.

[55] Vgl. zum Wiedergänger HDA, IX, Spalte 570—578. Oft „ist der Grund des Umgehens ein vorzeitiger Tod; so gehen Verunglückte, Ermordete, im Kampf Gefallene um" (Spalte 572).

[56] Bezeichnend für diesen Glauben ist, daß im Fraukirchgebiet zwischen Mayen und Andernach auch der zur Strafe gevierteilte Golo aus der (beim Volk als historisch geltenden) Genovefa-Sage umgeht, und zwar am Ort seiner Hinrichtung (vgl. IV, Anm. 61 ff.). Als Motiv für das Umgehen ist neben der Todesart auch die Schwere seiner Schuld maßgeblich; diese läßt ihn kaum jemals Ruhe finden. Nach der Volksüberlieferung ist am Hinrichtungsplatz beim „Burgerhaus", einem markanten Kreuzweg, im Bezug darauf ein Steinkreuz gesetzt worden (zweifellos im ursprünglichen Gedanken, den Spuk des bösen Hingerichteten zu bannen). Später hat man dann auch das Nischenmal von 1472 nahe der Fraukirch mit dem Richtplatz Golos in Verbindung gebracht und es „Golokreuz" genannt.

[57] HDA, V, Spalte 518. Der Kreuzweg (auch die Wegspinne, -scheide, -gabelung usw.) ist nach dem Volksglauben einerseits ein unheimlicher und gefährlicher Ort, wo Geister oder auch das „Wütende Heer" erscheinen, andererseits eine beliebte Stelle für magische Handlungen, Heil- und Schadenzauber, Zukunftsdeutung und ähnliches. Der Kreuzwegaberglaube soll sich „aus dem Seelenglauben und Totenkult überhaupt" entwickelt haben (a. a. O. Spalte 519).

Auch im Glauben anderer Völker sowie in der antiken Welt ist eine magische Bedeutung der Scheidewege bekannt; Römer im Rheinland stifteten zahlreiche Votivsteine für Gottheiten der Kreuzwege (vgl. III, bei Anm. 25—27). Noch heute gelten bestimmte Kreuzwege im Feld als Plätze von Erscheinungen und Spuk oder einfach als Orte, wo es „nicht geheuer" ist, auch wenn dort — wie im hiesigen Raum nicht selten — ein Kreuz oder ein Nischenmal steht (überall wissen besonders ältere Dorfbewohner davon zu erzählen; vgl. hier IV, Anm. 63). Weiter vgl. unten Anm. 66.

58 Vgl. Mogk im ganzen, bes. aber S. 12—28.

59 Das Bannen bestimmter Spukerscheinungen durch ein Kreuz ist allein noch kein überzeugender Beweis für die Vorstellung, unerlöste Seelen hätten oder fänden in ihm einen Ruheplatz; man kann dabei ebensogut an das Motiv der Abwehr denken (vgl. bei Anm. 65). Dagegen sind einige Befunde durch dieses Motiv nicht mehr zu erklären und hier durchaus bemerkenswert. Gelegentlich zeigt sich eine Scheu oder gar Furcht vor dem Kreuz selbst als Sitz von Geisterspuk; es wird deshalb etwa vergraben oder an eine andere Stelle gesetzt (Kuhfahl, S. 186). An Kreuzwegen kann es spuken, obwohl ein Kreuz dort steht (oben Anm. 57). Wo man ein Kreuz von seinem Platz entfernt hat, glaubt man ein Wimmern zu hören oder auf allerlei Weise die Rache von Totengeistern zu spüren (Mogk, S. 12). Einmal hat es „gespukt und geklirrt, bis das zerbrochene Kreuz mit einer Klammer zusammengehalten und am alten Platz... aufgestellt war" (Kuhfahl a. a. O.). Manchmal verschwindet eine Erscheinung, die den nächtlichen Wanderer begleitet, wenn er bei einem Kreuz ankommt (Mogk, S. 13). „Da hat ihn der geist" (seines verstorbenen Bruders) „wieder verlassen und hat sich an das Kreutz gezogen", heißt es in einer Handschrift des 19. Jahrhunderts aus dem Siegerland; es handelte sich, in Altenbödingen, um „das steinen Kreutz vor dem Köhe Tohr, wo auf Christi himmell fahrt jahrlichs der segen gegeben wird" (Helmut Fischer in Rheinisch-westfälische Zeitschrift für Volkskunde, Bonn und Münster, Jg. 18/19, 1971/72, S. 27). Nach einer Erzählung im Trierischen stieg „ein stummer Gast", der Geist eines Toten, auf ein Fuhrwerk, wurde aber durch einen Peitschenhieb vertrieben. Man „hörte noch den Ruf: ‚Noch ein Ave, und ich wäre erlöst gewesen'. Ein Kreuz, das der Fuhrmann an dieser Stelle errichten ließ, sollte der Seele Ruhe geben" (Meyer, Wegekreuze, S. 255). Die Erzählung ist auch aufschlußreich für die Vorstellung, daß der Verstorbene, der umgeht, durch das Totengebet erlöst werden kann und daß es dabei auf die Zahl der Gebete ankommt (vgl. bei Anm. 43—46). — Im ganzen scheint es eher, daß die Phänomene das Kreuz als solches betreffen, nicht aber, oder vielleicht nur dann und wann, das Mal aus Stein, wie Mogk ausschließlich annimmt. Den Befund einer Steinsetzung über einem vorgeschichtlichen Grabplatz, bei Lonnig im Kreis Mayen, hat Josef Röder untersucht und beschrieben (Rechtsdenkmäler, S. 161—167). Hier war im Mittelalter, wo Gerichtsstätten über alten Gräbern auch sonst bekannt sind, „daz Gerichte off der Tunnen" und wahrscheinlich auch der Richtplatz, denn „heute noch erzählt man, daß dort die Geister der Hingerichteten umgingen". Der etwa zwei Meter hohe pfeilerförmige Menhir aus Basaltlava ist noch erhalten, er steht unmittelbar an der Straße Koblenz—Polch, die hier nach römischer und vielleicht noch älterer Wegführung verläuft. Über ein ehemaliges Kreuz an dieser Stelle ist nichts bekannt. — Beachtung verdient in diesem Zusammenhang noch eine Ortssage, die Fridolin Hörter 1921/22 mitteilt: „Im Mayener Vorderwald heißt ein Distrikt ‚Am Pinterkreuz'; das Kreuz, das dort stand, ist leider verschwunden, ich fand nur noch einen Arm davon. Als es in Mayen in einem Hause einmal gar zu arg spukte, kam die Nachbarschaft zusammen, und unter Beten und Beschwören wurde der Geist gebannt und hinausgeführt an das Pinterkreuz und konnte nun dort sein Unwesen treiben" (Bildstöcke und Wegekreuze, S. 62; an dem genannten Ort treffen sich mehrere Wege).

60 Nach Mogk errichtete man in vorchristlicher Zeit dem Toten an Kreuzwegen, auf Gräbern oder am Ort des Todes „Steine, damit er in diesen wohnen, auf ihnen ausruhen könne"; dann „kommt mit dem Christentum die Sitte auf, anstelle des einfachen Steines ein Steinkreuz zu setzen" (S. 27). Der Kreuzstein, ein behauener Block mit Kreuz, erscheint dabei als „das Bindeglied zwischen Stein und Steinkreuz" (S. 12).

61 Nach dem Material im Aberglaubenlexikon (HDA, zehn Bände) gibt es in der volkstümlichen Vorstellungswelt, abgesehen von der Mogk'schen Deutung (Bd. VIII, Spalte 1082), keinen weiteren Hinweis auf einen Zusammenhang zwischen Stein- und Totenglauben (vgl. bes. s. v. Arme Seelen, Kreuzweg, Stein I und II, Tote, Totenkult, Wiedergänger). Dagegen findet sich bei Monolithen zum Beispiel ein einwandfrei belegter Fruchbarkeitszauber (VIII, Spalte 398 ff.), der dann auch gelegentlich am steinernen Kreuz erkennbar wird (vgl. oben VI, Anm. 147). Im Stein wohnen andere Geister oder Verwünschte, deren Winseln man dort hört (HDA, VIII, Spalte 395). Auch im „Fraubillenkreuz" (Abb. 131), das aus einem vorchristlichen Kultstein gehauen wurde, wohnt nach dem Volksglauben kein Totengeist, sondern wie in manchen anderen Megalithen eine Fee, „Frau Sibylle" (vgl. oben III, Anm. 14).

62 Vgl. bei Anm. 37 f.; ferner VI, bei Anm. 15 und bei Anm. 47.

[63] Vgl. III, bei Anm. 44—47. Der Wendung „ponuntur" bei Burchard kann man entnehmen, daß schon damals das Aufstellen von Kreuzen an Wegscheiden gebräuchlich war (vgl. Mogk, S. 18). Aus der Burchard-Stelle geht weiter hervor, daß dem Kreuz magische Kräfte beigemessen wurden, und zwar im Sinne des Heilzaubers. Wie Mogk meint, „erhoffte man die Heilung nicht von einem Heiligen, sondern von den Toten" (S. 21), doch widerspricht eine solche Deutung allen sonstigen, wenngleich jüngeren Befunden. Ein orendistischer Glaube zeigt sich an religiösen Flurmalen nicht selten (vgl. VI, bes. bei Anm. 130—150) — allerdings ohne den geringsten Hinweis auf einen Zusammenhang mit dem Totenglauben; vielmehr entspringen die magischen Wirkungen der Macht christlicher Zeichen, Segnungen usw. (sog. *sacra*) über die Werke der Geister und Dämonen. — Nicht übersehen sollte man hier das weitere von Burchard genannte Brauchtum verwandter Art (vgl. III, Anm. 40). Dabei zeigen sich vorchristliche Kulte (ob germanische, ist keineswegs sicher; vgl. Kriss-Rettenbeck a. a. O., S. 109). Es zeigt sich aber auch eine Vermischung derselben mit christlichen Vorstellungen, und als solche erscheinen eindeutig die magischen Praktiken an Kreuzen, die an Scheidewegen stehen (vgl. auch Anm. 66).

[64] Die der älteren Kreuzforschung eigentümliche Tendenz, die Wurzeln, ja selbst die Anfänge des Brauchs — statt nur gewisse Voraussetzungen — unbedingt im Vorchristlichen, Heidnischen und Germanischen zu suchen, ist nicht zuletzt im Zusammenhang mit der Germanischen Altertumswissenschaft jener Zeit zu sehen. Deren Bedeutung für die Volkskunde ist unbestritten, doch hat es — beispielsweise in der sogenannten Mythologischen Schule — Interpretationsversuche gegeben, die mehr der Phantasie als exakter Forschung entsprangen (freilich war dann auch die Reaktion hierauf manchmal zu einseitig und hat Zusammenhänge mit vorchristlich-germanischen Vorstellungen auch dort rundweg bestritten, wo solche möglich oder sogar wahrscheinlich sind). Hilmar Kalliefe hat versucht, den Brauch der Steinkreuzsetzung aus germanischem Götterkult abzuleiten (Das Rätsel der Steinkreuze, 1918, u. a.; vgl. Literaturangabe Mogk, S. 15, Anm. 2).

[65] Zum Glauben an die geheimnisvolle Kraft des Kreuzes, allgemein wie auch besonders des Flurkreuzes, vgl. VI, bei Anm. 5—74. — Die Bedeutung von Wegmalen im Totenbrauchtum zeigt ein Reliktbrauch in einem Schwarzwaldtal, den Heimberger mit Recht herausgestellt hat. Dort hielt der Leichenzug jedesmal an einem bestimmten Steinkreuz, mit Bitten um Verzeihung für den Verstorbenen und Werbung um Totengebete durch die Lebenden. Bemerkenswert ist nun, daß es dabei hieß, die Leiche werde „abgeschirmt"; das betreffende Mal war allgemein als „Abschirmbildstöckle" bekannt. Die eigenartige Bezeichnung dürfte auf das ursprüngliche Motiv des Brauchs zurückgehen. „Vor wem sonst schützen sich die Lebenden durch diese Abschirmung", meint Heimberger, „als vor der Wiederkehr der Toten? Bilden doch christliche Symbole, wie Kreuz und Bildstock, in unzähligen Sagen eine Bannmeile um die menschlichen Siedlungen, die von unirdischen und bösen Mächten nicht überschritten werden kann." Im Brauch zeigt sich „das Bestreben, dem Toten die Ruhe im Grab zu erwirken, die gleichzeitig die Lebenden vor seiner Wiederkehr bewahrte" (S. 275 f.). Das Anhalten des Leichenzuges an einem bestimmten Mal war früher weithin Brauch und ist auch im Gebiet der Basaltlavakreuze belegt. Im Ursprung mag das Motiv dasselbe gewesen sein wie dort, wo es in der Bezeichnung „abschirmen" noch faßbar wird.

[66] Nach dem allgemeinen Glauben, daß angesichts eines Kreuzes die Geister keine Macht mehr haben, war von Anfang an der Kreuzweg (vgl. Anm. 57) nicht nur ein besonders geeigneter Standort, sondern ein Platz, der das Aufstellen von Kreuzen geradezu verlangte. Wahrscheinlich wurden auch Schutzkreuze für die Felder mit Vorliebe hier aufgestellt. Daß es an Scheidewegen manchmal trotz des dort stehenden Mals „nicht ganz geheuer" ist, widerspricht allerdings scheinbar der alten Schutzfunktion desselben. Es versteht sich von selbst, daß das Kreuz dann auch eine Rolle spielte bei magischen Praktiken, die seit frühester Zeit (vgl. Burchard von Worms, oben Anm. 63) und durch die Jahrhunderte fort an Kreuzwegen bezeugt sind; zum magischen Charakter des Ortes kam der des Mals noch hinzu. Kultpraktiken können ursprünglich sogar mitbestimmend gewesen sein bei der Errichtung an diesem Ort, doch ist auch dann vornehmlich an die orendistische Kraft zu denken, die aus dem Zeichen des Kreuzes resultiert. Die Ortstradition ist freilich älter und vorchristlich; auch das genannte „Fraubillenkreuz", einst heidnischer Kultstein (vgl. Anm. 61), steht an der Kreuzung mehrerer alter Wege.

[67] Der Schritt vom Kreuz als Schutz v o r dem Toten zum Kreuz als Seelgerät f ü r den Toten mag sich in der Vorstellung schon vorher allmählich angebahnt haben. Wahrscheinlich bestanden beide Gedanken lange — ja möglicherweise von Anfang an — nebeneinander, und nur ihr Gewicht hat sich mehr und mehr zugunsten des Seelenkreuzes verschoben. Es zeigen sich bemerkenswerte Parallelen zum Totengebet. In beiden Fällen handelt es sich einerseits um eindeutig christliche Phänomene (das ist jedenfalls meine Auffassung vom Totenkreuz auch in seinen Anfängen); andererseits ist hier wie dort das Wiedergängermotiv erkennbar, beim Totengebet wenigens in Spuren, die auf alte Vorstellungen

schließen lassen (vgl. Anm. 43, 59; weiter die Rolle des Gebetes bei dem in Anm. 65 beschriebenen Brauch). Endlich zeigt überhaupt der auffällige Zusammenhang von Kreuz und Totengebet offensichtlich frühe Traditionen, vermutlich aus Zeiten, in denen die Wiedergängerfurcht noch vorherrschend war.

68 Zu Grabkreuz und Friedhof vgl. I, bei Anm. 53--63.

69 Ein Grabkreuz mit erhabener Beschriftung ist aus dem Jahre 1497 erhalten (Abb. 88 f.), ein nur datiertes mit Schuh als Zeichen für den Toten aus dem Jahre 1502 (Abb. 246). — Zu dem Kreuz für den tödlich verunglückten Johann Dorfer (Abb. 194) ist zu bemerken, daß die Datierung nicht unbestritten ist (ich danke hier auch Herrn Pfarrer Franz Retterath, Trier, für seinen diesbezüglichen Hinweis). Die Zehnerziffer 0 steht ein wenig höher und hat einen dünnen schrägen Unterstrich, der auch an eine 9 denken läßt (1591). Nach eingehender Prüfung neige ich aber aus folgenden Erwägungen zu der Lesung „1501": In der zweiten Hälfte des 16. Jahrhunderts ist die Frakturschrift, die sich auf dem Kreuz findet, in der Basaltlavaproduktion nicht mehr gebräuchlich (Abb. 58, 154, 206, 227, 229, 240, 259, 261); es gibt natürlich Ausnahmen, (vgl. Abb. 122 und, noch 1638, Abb. 359). Die sonstige Gestaltung der Ziffer 9 um 1590 (Abb. 122, 206) läßt hier auf eine 0 schließen; diese ist unten spitz gearbeitet (wie auch öfter in anderen Fällen), wodurch ein Fehlschlag des Steinmetzen möglich war. Die untere Zeilenflucht ist im Schriftbild dieses Kreuzes auch sonst nicht immer exakt eingehalten (vgl. bes. zweite und dritte Zeile). Auch der stark konische Schaftbalken des Kreuzes läßt eher die Datierung 1501 zu. — Dieses Totenkreuz ist später einmal als Grenzmarke verwendet worden (vgl. III, Anm. 63).

70 Schon auf fränkischen Grabplatten findet sich das Kreuz als abwehrendes oder schützendes Zeichen, manchmal in einer Form, die eine zusätzliche apotropäische Wirkung verspricht (Abb. 265; vgl. VI, bei Anm. 61 ff.). Durandus fordert im 13. Jahrhundert ein Kreuz auf dem christlichen Grab außerhalb des Friedhofes (dort steht ohnehin das Friedhofskreuz; vgl. unten), weil der Teufel dieses Zeichen scheue (vgl. I, Anm. 56; VI, Anm. 42).

71 Das Bodengrab auf dem eingefriedigten Raum (Friedhof) an der Kirche (Kirchhof) blieb anfangs wahrscheinlich oft „ohne Kennzeichnung außer dem allgemeinen Friedhofskreuz" (LThK, IV, Spalte 631). Die Schutzfunktion des letzteren steht außer Zweifel. Manchmal fand sich an ihm auf beiden Kreuzseiten ein Kruzifixus (vgl. VI, Anm. 88). Möglicherweise war schon der fränkische Kreuzstein von Moselkern (Abb. 134 ff.), dessen apotropäische Gestaltung hervortritt, ein Schutzzeichen über Gräbern (vgl. VI, bei Anm. 53 bis 60). Das Bedürfnis, dann auch das Einzelgrab mit einem Kreuz zu versehen, kann nur aus dem Wunsch eines noch größeren und ganz speziellen Schutzes verstanden werden. Ohne Frage sind gedankliche Verbindungen zwischen dem Grabkreuz und dem Totenkreuz am Weg anzunehmen.

72 Vgl. Josef Röder, Pfahl und Menhir (Studien zur westeuropäischen Altertumskunde, 1), Neuwied, 1949.

73 Vgl. IX, bei Is. 2.

74 Vgl. III, bei Anm. 22—27.

75 Vgl. z. B. Anm. 49. — Erinnerungs- oder Denkmäler sind in früheren Jahrhunderten zwar nicht ganz unbekannt, doch keineswegs volkstümlich. Sie wurden es seit dem 19. Jahrhundert, und erst aus der Sicht dieser jüngsten Zeit war es dann möglich, etwa im Totenkreuz ein Mal zu sehen, das nur an das Ereignis des plötzlichen Todes und an den Getöteten „erinnern" soll, ein Mal also ohne eigentliche Kultbedeutung. Es ist eine typisch zeitbedingte Sicht, die nicht der historischen Wirklichkeit entspricht. Auch das Grabkreuz unseres Bestandes wurde erst im 19. Jahrhundert zum „Denkmal". Das Totenkreuz und das Votivmal sind fast bis zur Gegenwart im wesentlichen Kultmal geblieben (Abb. 202, 207). Auch bei dem Kreuz von Mimbach vom Jahre 1889 (Abb. 78) wäre es allzu oberflächlich, den Inschriftentext „Zum Andenken an die Eheleute . . ." nur wörtlich zu nehmen; schon das Mal selbst deutet einen darüber hinausgehenden Sinngehalt an, der sich dann auch etwa in dem Jesusmonogramm als Kultzeichen über der Inschrift zeigt.

VIII. EX VOTO

Votum ist Gelöbnis, aber auch Begehren und Bitte, Äußerung und Meinung. Im weitesten Sinne kann das religiöse Mal überhaupt, auch das Totenkreuz und das Grabkreuz, als Votivmal gelten. Im engeren Sinne bezeichnen wir so das von einem Stifter im Blick auf sein eigenes Heil gesetzte Mal, sei es ein diesseitiges oder das Seelenheil, möglicherweise beides zugleich.

„Ex voto", das steht auf gemalten Votivtafeln, die Bitte um Erhörung oder Dank für empfundene Hilfe, Einlösung eines Versprechens, aber auch ganz allgemein Anheimstellung an die göttliche Macht oder die eines Heiligen zum Ausdruck bringen.[1] Wir schreiben die Formel auch über dieses Kapitel — obwohl sie am Mittelrhein nicht
eigentlich volkstümlich ist [2]; sie bezeichnet den wesent-
203–219 lichen Sinn jener Mäler, von denen hier zu sprechen ist.
Zu ihnen gehört in unserer Kreuzlandschaft der überwiegende Teil der religiösen Denkmäler am Weg.

Nicht immer, ja wohl nur im geringeren Teil der Fälle, steht hinter der Kreuzstiftung ein bestimmter, einmaliger
Anlaß – die Errettung aus Wassernot [3] oder aus Mörder-
189 hand [4], die Auffindung geraubter Kirchengeräte im Wald[5],
eine Auswanderung nach Amerika [6], gewiß auch öfter ein
207, 221 ungenanntes Ereignis.[7]

Bewahrung vor Pest oder Kriegsnot, Wetterschaden oder Hunger können konkret veranlaßte, aber auch ganz allgemeine Anliegen sein. Sie sind diesseitig bestimmt, und zweifellos spielen sie bei der Malstiftung nicht selten eine Rolle. Sie hängen auch zusammen mit der bedeu-
tenden apotropäischen Funktion des Flurkreuzes oder 173 ff.
mit dem Gedanken, Gottes Zorn zu beschwichtigen (Kapitel VI).[8]

In der Regel dürfte aber beim Votivmal, gestiftet „in
Gottes Ehr", wie es häufig heißt, der Gedanke an das 222
Seelenheil der Stifter im Vordergrund stehen; diesseitige Anliegen mögen oft hinzugekommen sein. Die Stifter setzen das Kreuz, manchmal expressis verbis, „zum
Trost ihrer Seelen"; zuweilen schließen sie Angehörige, 70, 161
lebende und verstorbene, in das Votum der Malstiftung 252
ein.[9]

In seiner Bedeutung für das Jenseits ist das Votivkreuz
dieser Art dann „Seelgerät" wie das Totenkreuz, das 190 f.
möglicherweise Vorbild war. Es bereichert den Fonds 194–202
verdienstlicher Werke, den der Lebende sich vorsorglich schafft[10], und man ist – so eine Inschrift im Taubertal – überzeugt: „Dieses Zeichen des Kreuzes wird im Him-
mel sein, wenn der Herr kommen wird zu richten."[11] 203, 205

Ohne Frage hat auch reales Nützlichkeitsdenken dabei
eine Rolle gespielt.[12] Die Inschriften sind in der Regel 130
zurückhaltend, viele sind formelhaft, manche scheinbar nichtssagend.[13] Genauer gesehen zeigt sich aber eine
bemerkenswerte Bedeutung der Stifternamen. Unaus- 142, 146
löschlich sind sie eingemeißelt in den Stein, Medium 224, 359

zwischen der Person des Stifters und dem Mal, das sei-
nerseits Medium zu der numinosen Macht ist, an die er
sich mit dem Akt der Setzung wendet.[14] Auch der aus-
221, 365 drückliche Hinweis auf den Stiftungsakt ist darum kul-
tisch zu verstehen.[15] Die Stiftung soll den Tod über-
220 dauern, sie weist in die Ewigkeit.[16]

Die Votivstiftung ist nicht gebunden an eine bestimmte
Form oder Funktion des Mals. Neben Kreuzen oder Bild-
34, 154 stöcken sind auch Nischenmäler für die sakramentale
156, 160 Prozession einer Gemeinde von einzelnen Personen ge-
182 stiftet worden [17]; eingehauene Namen oder Hausmarken
lassen dies erkennen, so schon 1461–1473 bei den vier
142–153 eucharistischen Segensmälern, die Clais Beligen für
266 Obermendig gestiftet hat (Kapitel IV).[18]

Mitunter werden Votivgaben selbst zu Objekten der Ver-
ehrung und scheinen mit magischer Kraft erfüllt. Beim
religiösen Mal zeigt sich dies häufig.[19] Von der Kultgabe
144, 146 des Stifters wird es zum Kultmal für alle – zum Mahn-
149 ff., 176 zeichen für Besinnung, Gebet, Memento mori [20], zum
Ziel offizieller, aber auch privater Kultgänge, nicht selten
zum Gegenstand der „Anbetung", zum Träger geheim-
nisvoller Kräfte, zum Ort für Heilzauber; *nicht diesen*
206 *Stein anzubeten,* mahnten, aus dem Geist der Zeit nach
der Reformation, auch Inschriften auf den Mälern selbst.[21]

Beim Gang zum Flurmal sind, wie ja auch sonst, nicht
immer eindeutig die Grenzen zu ziehen zwischen dem,
was kirchlich legal, geduldet oder Mißbrauch war, zwi-
schen „gläubigem" und „abergläubischem" Kult. Die
154–169 eine Seite zeigen etwa die Sakraments- und die Hagel-
173 prozessionen früherer Jahrhunderte (Kapitel V, VI), das
Halten des Leichenzuges am Wegkreuz, die Bittprozes-
sionen vor Christi Himmelfahrt, die, oft vom Priester be-
gleitet, zu den Kreuzen der Dorfflur führten.

Mit der bemerkenswerteste Kultgang unseres Raumes
zu Feldkreuzen entsprang der Volksandacht der Sieben
Fußfälle, die in einem weiten Raum um Köln seit dem
späten Mittelalter eine sonst wohl nirgends gekannte
Bedeutung erlangt hatte. Bestimmend dafür war vor al-
lem die Rolle, die diese Andacht im Sterbebrauch spiel-
te.[22] Zu ihrem Wesen gehörte außer dem Gebet der
Gang zu sieben Stationen im Freien, Bildstöcken mit 73 f., 231
bestimmten Darstellungen aus der Passion an einem 282–286
Kreuzweg [23] oder aber – und dies war zuletzt weithin 300 ff., 383
die Regel – zu sieben Wegkreuzen [24] in der Gemar-
kung.[25]

Lag einer im Sterben, so taten diesen Gang im Rheini-
schen, zwischen Mosel und Niederrhein [26], sieben Per-
sonen, meistens Mädchen, in ritueller Form [27] – mit der
ursprünglichen Intention, im Todeskampf eine Wende
herbeizuführen, sei es zum Ende oder zur Besserung.[28]
In manchen Zügen zeigen sich noch Elemente alten To-
tenglaubens und magischer Vorstellungen.[29] Unverkenn-
bar ist weiter der gedankliche Zusammenhang des
Brauchs mit der auch sonst geläufigen Funktion des 192 f.
Wegkreuzes als Mal der Totenfürbitte (Kapitel VII).

Beim Gang zu den sieben Kreuzen hat sich zum Teil die
Bezeichnung „Fußfälle" erhalten, oft hieß es aber auch
„Die sieben Kreuze gehen" oder „Sieben Kreuze be-
ten".[30] Dorfbewohner und Heimatautoren machen häufig
darauf aufmerksam, daß dieses oder jenes Wegmal frü-
her „eines der Sieben Kreuze" war. Noch um 1930 rela-
tiv reich bezeugt, ist dieser Sterbebrauch nach dem letz-
ten Kriege wohl endgültig erloschen.[31]

Die ausgeprägte Vorstellung vom Kreuz als *Sacrum*[32]
zeigt sich noch in weiteren Äußerungen des volkstüm-
lichen Glaubens und Brauchs. Dabei ist „Kreuz" das
christliche Flurmal schlechthin. Auch der alte Schöpflöffel
13 ff. gehört dazu; er zeigt oft nicht einmal ein Symbol, aber er
war schon geheiligt durch die sakramentale Funktion.[33]

Das Mal galt als unantastbar. Es zu entfernen, war ein
Sakrileg und brachte nach altem Glauben Unglück. Man
scheute sich auch, es nur zu versetzen; selbst unvoll-
208, 394 ständig erhielt man es und ließ es meist an seinem
Platz.[34] Noch aus jüngster Zeit wird berichtet, daß man
eine Kette von Mißgeschick in einer Familie als Folge
davon angesehen hat, daß man ein Kreuz vom eigenen
Acker genommen hatte; es wurde schnell wieder dort
aufgestellt.[35] Nach allem ist zu vermuten, daß der gegen-
146, 153 wärtige oder der noch jetzt bekannte frühere Standort
in der Regel der ursprüngliche war.[36]

Bei den Kreuzsagen[37] ist eines der häufigsten Motive
das von der harten, aber als gerecht empfundenen Be-
strafung des Kreuzschänders. Oft heißt es, daß die Ku-
gel dessen, der auf das Kreuz schoß, zurückprallte und
den Frevler selbst getroffen und getötet hat.[38] Oder wer
beispielsweise am Korpus die Beine abschlug, verlor
später seine eigenen.[39]

209, 211 Anlaß zu solchen Sagen geben tatsächliche Beschädi-
365 gungen, in einigen Fällen auch durch Geschosse.[40] Als
Täter werden, in legendärer Erinnerung an frühere
Kriegszeiten, oft „Schweden" oder „Franzosen" ge-
nannt.[41] Eine Zerstörung oder Beschädigung durch kon-
fessionelle Eiferer im Verfolg des Bilderstreits tritt nach
dem bisher bekannten Material im hiesigen Sagen-
bestand nicht hervor.[42]

In Zeugnissen des Hexenglaubens[43] zeigt sich die Vor-
stellung von der „Heiligkeit" des Flurkreuzes in der oft
an ihm provozierten Gotteslästerung beim Teufelsbund,
zum Beispiel wenn einer – so nach dem Protokoll eines
Hexenprozesses von 1652 im Raum Münstermaifeld –
„bei der Absagung Gottes mit dem Hinteren wider das
Kreuz gestoßen" wurde.[44]

Immer ist im alten Volksglauben zu erkennen, daß das
Mal am Weg mehr war als ein hinweisendes Symbol; es
war ganz real ein „Heiltum", gehörte zu den *Sacra* der
volksreligiösen Vorstellungswelt. In neuerer Zeit ist dies
verblaßt. Alte Einwohner wissen noch, daß man im Vor-
übergehen am Kreuz die Mütze zog und eine fromme
Formel sprach. In der Gegenwart ist noch etwas davon
spürbar, wenn hier und da Kreuze oder Schöpflöffel
sorgsam betreut und immer wieder mit Blumen ge- 26, 168
schmückt werden, durch Anwohner oder bestimmte Fa- 173, 210
milien, gelegentlich aber auch spontan durch Besucher[45]
und sicher zuweilen noch in einem Votivgedanken.[46] 333

Durch das Kreuz wurde auch der Ort geheiligt, auf dem
es steht. Wahrscheinlich ist von daher zu verstehen, daß
ein jüngeres Mal gern bei einem schon vorhandenen auf- 161, 201
gestellt wurde.[47] Beliebte Standorte waren überhaupt 304, 358
gesegnete Plätze, Kirchen und Kapellen, Eingang und
Umfassungsmauern von Friedhöfen.[48] Nach alter Auffas-
sung soll auch der Ort eines eingegangenen Gotteshau-
ses durch ein Kreuz bezeichnet[49] und so die Heiligkeit
des betreffenden Ortes erhalten werden.

Das schon mehrfach erwähnte Aufstellen ehemaliger 204, 212
Grabkreuze in der Flur, zuweilen am eigenen Hof[50], 305
möchte man nach heutigem Verständnis schlicht aus dem
Wunsch erklären, das Andenken des betreffenden Ver-
storbenen wachzuhalten. Das kann ein beiläufiges Motiv

gewesen sein, doch ist schon genügend dargetan worden, daß solche Erklärungen dem zeitgenössischen Denken nicht gerecht werden. Naheliegend ist die Intention der Seelenfürbitte, um die das Kreuz auch dann noch werben sollte, nachdem es wegen Neubelegung vom Grab genommen werden mußte.[51] Aber auch der Gedanke an die Weihe oder den Schutz der Flur durch das Kreuz kann im Spiel gewesen sein, endlich sogar die Neusetzung ex voto, aus einem konkreten Anlaß oder im Sinne der Anheimstellung.

In der Volksüberlieferung werden nicht wenige Mäler als
46 „Pestkreuze" bezeichnet. Das Pestkreuz ist kein besonderer Maltyp, weder von der Form her, noch, wie sich zeigen wird, nach seiner Intention. Es ist aber auch kein Kreuz „mit abweichender Bedeutung" [52], sondern ausgesprochen typisch für den Kreuzkult in all seinen Formen – selbst dann, wenn ein Mal erst in der Vorstellung der Nachfahren zum „Pestkreuz" geworden ist, denn diese Vorstellungen sind aus älterer Zeit tradiert. Es wird vermutet, daß die in vielen Landschaften und auch am Mittelrhein für einzelne Denkmäler bekannte Bezeichnung „Schwarzes Kreuz" in einem Bezug zu den Schrekken des „Schwarzen Todes" steht.[53]

Die mögliche – aber nur in wenigen Fällen historisch belegbare – Intention eines Pestkreuzes entstammt der weiten Skala, die für alle Kreuze gilt. Nicht selten war das Pestkreuz wohl Schutz- und Bannzeichen, ein Apotropaion an der Grenze des Ortes oder der Gemarkung (Kapitel VI).[54] Weiter, mitunter damit verbunden, kann es ein Votivkreuz gewesen sein; Bitte um Verschonung und Dank für Errettung sind gleicherweise möglich (Kapitel VIII, am Anfang). Manchmal haben Kreuze durch Votivgänge zu ihnen die Bezeichnung Pestkreuz erhalten.[55] Ex voto gegen die Pest wurden – im Blick auf die 186
schadenabwehrende Macht der Umgänge – gewiß auch Mäler für die Sakramentsprozession gestiftet (Kapitel V).[56] Endlich kann das Totenkreuz für einen an der Seu- 153, 187
che Verstorbenen zum sogenannten Pestkreuz geworden sein (Kapitel VII).[57]

Oft gelten Mäler beim Volk als Pestkreuze, nur weil die Datierung ungefähr mit einer solchen Zeit überein- 46
stimmt [58]; ein Zusammenhang kann nicht bewiesen, aber auch nicht ausgeschlossen werden. Wie sehr Flurkreuz und Pest im volkstümlichen Denken verbunden sind und die Phantasie beschäftigt haben, zeigt das Beispiel, wonach stilisierte Aststümpfe an runden Kreuzbalken – zurückgehend auf spätmittelalterliche Darstellungen des 87, 212
aus unbearbeiteten Stämmen gebildeten Kreuzes [59] – 280 f.
beim Volk als vom Steinmetzen herausgearbeitete Pestbeulen angesehen wurden.[60] Zu solchen „Pestkreuzen" unternahm man bis in jüngste Zeit Votivgänge zur Heilung von Geschwüren.[61]

War das Flurkreuz häufig selbst das Ziel volksgläubiger Kultgänge, so spielte es weiterhin aber auch eine beachtliche Rolle bei den Pilgergängen zu nahen oder entfernten Gnadenstätten. Die Pestumzüge und -wallfahrten waren nur ein Abschnitt in jenem großen Wallen, das das Mittelalter und die folgenden Jahrhunderte kennzeichnet, aber auch in unseren Tagen noch durchaus lebendig 214
ist.

Die Bedeutung des Wegkreuzes im Wallfahrtskult erschließt sich erst voll, wenn man berücksichtigt, daß das Gehen zum Gnadenort ein wesentlicher Teil der ganzen Kultübung war.[62] Zweifellos erhielt der Pilgergang durch bestimmtes Brauchtum beim Kreuz eine zusätzliche Weihe, umgekehrt aber auch das Kreuz durch den Kult der Pilger.

Aus welchem Anlaß auch immer errichtet, war das Mal
am Pilgerweg – und ist es zum Teil noch in unseren
81, 130 Tagen — traditionelle Station der Wallfahrer, Stätte des
Gebetes und zugleich Ort der Rast.[63] Beim alten eucha-
15, 17, 20 ristischen Gang kamen diese Funktionen auch dem Sa-
23, 29, 40 kramentsstock zu, und es ist bezeichnend, in welcher
149, 163 Fülle man Nischenmäler im weiteren Raum um die Frau-
211 kirch findet, wo oft das Allerheiligste mitgeführt wurde [64],
während diese etwa im Umkreis von St. Jost im Nitztal,
214 f., 231 f. wohin man ohne Sakrament pilgerte, ganz fehlen.[65] An
alten Wallfahrtsstraßen erinnert gelegentlich ein Toten-
kreuz an einen auf dem Pilgerweg Verstorbenen.[66]

59, 70 In bemerkenswerter Zahl stehen am Weg zu den nähe-
212 f., 215 ren Gnadenstätten Votivkreuze; offensichtlich haben
231 f., 234 viele Stifter diesen Standort bevorzugt.[67] Die tiefere Be-
300, 360 ziehung des Stiftungsaktes zum Kultgang, zum Gnaden-
ort und zu dem dort angerufenen Heiligen liegt auf der
Hand, wenn sie auch in der Regel am Kreuz nicht sicht-
426, 437 bar zum Ausdruck gebracht ist. Nur an wenigen Mälern
geben Inschrift, Symbol oder Bild einen Hinweis.[68]

324 Manchmal, freilich im Basaltlavabestand selten, zeigt
sich auf dem Steinkreuz sogar die Darstellung eines be-
216–219 stimmten Gnadenbildes der Landschaft [69] – eindrucks-
408 f. volles Zeichen für die Vorstellungen von Segens-, Heils-
und Schutzkraft durch das Kultbild und zugleich, ver-
bunden mit dessen Kraft, durch das Kreuz.[70]

Welche Bedeutung dem Wegmal bei der Wallfahrt zukommen kann – und in den vergangenen Jahrhunderten wahrscheinlich viel öfter zukam, als sich heute noch ermessen läßt –, zeigt sich in einem bemerkenswerten Brauch, der noch jetzt mit einem Bildstock des 17. Jahr-
hunderts [71] am einsamen Pilgerweg nach St. Jost ver-
bunden ist. An diesem Mal werden, im Votivgedanken 215
der Anheimstellung und im Blick auf die persönlichen Anliegen des Pilgers bei seinem Gang, unterwegs angefertigte schlichte Holzkreuzchen rituell und verbunden mit Gebeten niedergelegt.[72]

Der Kultbrauch des „Kreuzchenlegens" ist nach neuer Forschung [73] schon im Mittelalter bezeugt [74], und Belege fanden sich von Südtirol und der oberen Donau bis zur Nord- und Ostsee.[75] Daß der Ritus [76] an diesem Mal in der Osteifel noch geübt wird, und zwar nicht nur gelegentlich, sondern regelmäßig und von der gesamten Brauchgemeinschaft der Pilgergruppen, ist ungewöhnlich und weithin ohne Parallele.[77]

ANMERKUNGEN

VIII. EX VOTO

[1] Vgl. Kriss-Rettenbeck, Ex Voto, bes. 5, S. 271—359; zur „Anheimstellung" (in der Bedeutung hinausgehend über das nur diesseitige Hilfe-, Schutz- oder Zufluchtsuchen) vgl. etwa auch S. 206 ff. Die Formel „Ex voto" war bereits „in der heidnischen und christlichen Antike" gebräuchlich (S. 273). Gelegentlich findet sie sich auch auf der Bildsäule (a. a. O.), und überhaupt kann die Stiftung eines Bildstocks als Votationsakt verstanden werden (S. 274), desgleichen selbstverständlich die Stiftung eines Kreuzes. — Pfister schreibt: „In letzter Linie sind alle diese Bildzeichen Opfer" (HDA, I, Spalte 1305), vgl. hier aber Kriss-Rettenbeck, a. a. O. S. 297 ff., zum Problem „Opfer" (Opfertheorie) und „Votiv".

[2] Zu den schlichten Votivtafeln unseres Raumes vgl. auch IX, Anm. 69. — Die Figur eines knienden Betenden, wie sie auf den volkstümlich gemalten Votivbildern üblich ist, aber auch auf Epitaphien, gestifteten Kirchenfenstern usw. vorkommt, findet sich auf einem hohen Steinkreuz des 15. Jahrhunderts in Brodenbach an der Mosel (vgl. III, Anm. 38). Es ist die Gestalt eines Ritters mit Sporen, dabei ein Wappen (weitere Wappen an anderen Stellen des Kreuzes;

über dem Kruzifixus Pelikan als Christussymbol; die Kreuzbalken mit Dreipaßenden). Die Ritterfigur stellt möglicherweise einen Votanten dar (Dehio: „Stifterfigur"), das Mal wäre dann als adeliges Votivkreuz anzusehen. Es könnte sich aber auch um ein Totenkreuz handeln. Eine das Kreuz betreffende örtliche Sage bietet wahrscheinlich keinen historischen Anhaltspunkt. Spezielle Literatur ist mir nicht bekannt. Auch die Herkunft des volkstümlichen Namens „Schwarzer Ritter" ist, soviel ich weiß, wissenschaftlich noch ungeklärt. Meine Lesung der Jahreszahl, 1443, ist nur ein Versuch; Dehio gibt 1456 an (Handbuch der Deutschen Kunstdenkmäler, Band Rheinland-Pfalz und Saarland, 1972, S. 149).

[3] Vgl. Is. 129.

[4] Vgl. Is. 54.

[5] Vgl. Is. 127.

[6] Vgl. Is. 128.

[7] Wahrscheinlich auf ein bestimmtes Ereignis im Zusammenhang mit der Votivstiftung weist eine als Chronogramm verschlüsselte Zeitangabe (1656) in der Weiheinschrift eines Kreuzes in Urmitz; über der Inschrift steht die Jahreszahl 1658, wohl als Datum der Errichtung zwei Jahre nach dem nicht genannten Votivanlaß (Abb. 221, Is. 142). — Zweifellos gibt es bis in jüngste Zeit Votivstiftungen von Kreuzen aus bestimmtem Anlaß, zum Beispiel — so wird öfter berichtet — nach glücklicher Heimkehr aus dem Kriege; das von Eheleuten gestiftete Kreuz Abb. 207, mit der Jahreszahl 1945, könnte in einen solchen Zusammenhang gehören. Vgl. hier auch VI, Anm. 94, zu einem Votivkreuz dieses Jahrhunderts (und zu der oft typischen Zurückhaltung im Bezug auf das persönliche Votum der Stiftung). Auf eine gezielte Recherche wurde in solchen Fällen bewußt verzichtet, da es sich um eine intim-persönliche Angelegenheit handelt und auch bei einer Befragung nicht unbedingt die tieferen Beweggründe erfahrbar wären. Eine Votivstiftung für glückliche Heimkehr aus dem Zweiten Weltkrieg wurde mir in Nickenich bekannt; der Einwohner Nikolaus Auer hat als Soldat den Bau einer Kapelle gelobt und ihn dann in jahrelanger Arbeit ausgeführt (persönliche Mitteilung, Kapelle „auf der Tuchschell"). — Das Votivmal wird, wie das Totenkreuz, nicht selten „am Ort des Geschehens errichtet" (Mehl, S. 167), zum Beispiel an der Stelle der Errettung aus Lebensgefahr. Das Kreuz Abb. 189, nach überstandenem Mordüberfall errichtet (Is. 54), steht wahrscheinlich deshalb weit ab von einem Weg mitten im Wald. Ein Bildstock von 1650, gestiftet von einer wohl ortsfremden Reisenden für Errettung bei einem Schiffbruch, stand bei Urmitz auf einem kleinen Damm am Ufer des Rheines (Reif, S. 36 f.), nach der Inschrift ebendort, wo die Stifterin „e medio Rheno . . . salvarer" (Is. 129). Auch die Inschrift von 1726 besagt, daß man das Kreuz an dem Platz errichtet hat, wo man „den gestohlenen Mayener Kirchenschatz" fand (Is. 127).

[8] Eine exakte „Klassifizierung" ist bei vielen Mälern nicht möglich, da wir zu der Intention ihrer Setzung meist auf Rückschlüsse angewiesen sind. Oft ist nicht einmal erkennbar, ob es sich um Stiftungen einzelner Personen oder etwa einer Dorf- oder Pfarrgemeinschaft handelt (vgl. IX, bei Anm. 27; auch Gemeinschaftsstiftungen können selbstverständlich ex voto erfolgen). Es gab auch Stiftungen von mehreren Einzelpersonen oder Familien (vgl. Abb. 231 f., 347 u. a.). Eine exakte Scheidung ist vielfach auch deshalb fragwürdig, weil Male jeder Funktion, Schutz- oder Wetterkreuz, Mal der Hagel- oder der Sakramentsprozession oder was immer, oft zugleich gestiftete Votivmale waren (vgl. auch bei Anm. 17), nicht selten wohl auch dann, wenn dies nicht aus Stifterzeichen am Mal hervorgeht. Was im Votivsinne möglich war, aber nicht mehr greifbar ist — ja manchmal nie gewesen wäre —, sei an einem Beispiel erläutert. Auf beherrschender Höhe zwischen Rhein und Mosel stand im Stadtwald bei Koblenz ein großes doppelbalkiges Holzkreuz; seine Bedeutung als Schutzmal für den Flurbann der Stadt steht außer Zweifel (vgl. VI, bei Anm. 41). Nun ist nicht auszuschließen, daß es sich um die Stiftung eines Bürgers handelt, bei der Ersterrichtung, deren Datum wir nicht kennen, oder auch bei einer Erneuerung. Was aber, gesetzt den Fall, bewog ihn zu der Stiftung, und was verband er im stillen mit ihr? Welche Abwendung bestimmter Nöte, Verschonung von welcher Gefahr? Vielleicht verbunden mit einem Gelübde, das Mal als Zeichen der Bitte, als Dank für Gewährung? Vielleicht aber auch ohne konkreten Anlaß: Zuflucht, Anheimstellung, Stiftung als Seelgerät? Leistungen zum Gemeinwohl dienten durchaus dem Seelenheil (vgl. Anm. 17), und ohne Frage konnte ein Schutzkreuz dieser Art hierzu zählen. Das alles ist freilich hypothetisch; es läßt aber erkennen, was als Votum hinter Malen stehen kann, deren Bedeutung sich zunächst nur auf andere Weise zeigt.

[9] Vgl. IX, Is. 78—124 und die erläuternden Zwischentexte. — Auch beim schlichten Votiv- und Weihebild ist nach Kriss-Rettenbeck festzustellen, „daß der Akt der Anheimstellung und Zufluchtsuche . . . nicht nur auf das irdische Leben, auf physische und materielle Anliegen bezogen ist, sondern auch *sub specie aeternitatis* vollzogen wird" (Ex Voto, S. 206).

[10] Vgl. VII, bei Anm. 26; im gleichen Kapitel weiteres zum „Seelgerät" und zum Kreuz als Zeichen der Seelenhilfe. — „Ein allgemeines ‚Erbarm dich unser' steht über all diesen Stiftungen, aber auch direktere Bitten werden genannt, um ‚Seligkeit' und ‚Wohlfahrt', um Verschonung vor dem Fegefeuer oder um ewiges Leben"

(Mehl, S. 167). — Auf einem oft genannten Kreuzmal in Norddeutschland aus der Mitte des 15. Jahrhunderts steht die Inschrift: „Biddet got vor den ghewer des Wisers na der Wilsnakke" (für den Geber d. h. Stifter des Weisers nach Wilsnack; ehem. weitbekannter Heiligblut-Kultort); ein Lübecker Bürger habe das Mal nach Testament von 1456 „als Wegweiser für die Pilger nach Wilsnack" setzen lassen (Hellmich, S. 143). Es erscheint eindeutig als Votivmal im Sinne des Seelgeräts, und „man sieht, daß der Zweck, Fürbitte, diesmal für den Stifter, zu erlangen, der gleiche ist wie bei Sühnekreuzen" (a. a. O. S. 144). Nur am Rande sei erwähnt, daß dieses spätmittelalterliche Stiftermal oft als „Beweis" für die relativ belanglose Theorie herhalten mußte, es habe auch „Wegweiserkreuze" gegeben, als sei das eine eigene Gattung. — Im Blick auf den Brauch, beim Leichenzug an Kreuzen zu halten und für den Verstorbenen zu beten (vgl. VII, Anm. 65), wurden manchmal Stifterkreuze dort aufgestellt, wo dereinst der Trauerzug vorbeikommen würde, damit dem Stifter des Mals „auf seinem letzten Weg reichlich Fürbitte zugewandt wird" (Mehl, S. 166). — Daß eine Kreuzstiftung hier und da als Buß- oder Sühneleistung für persönliche Schuld erfolgt ist (wie etwa Volkserzählungen gelegentlich berichten), erscheint durchaus möglich und sogar wahrscheinlich. Man muß auch ein Votum dieser Art im Zusammenhang mit dem Seelen-„Fonds" des Stifters sehen — ein grundsätzlich anderer Befund also als beim Sühnekreuz, das vom Täter aufgrund eines Vertrages gesetzt wurde und ein Totenkreuz für den Erschlagenen war (Kapitel VII). Damit sich die Begriffe nicht verwirren, sollte man das Bußkreuz für das eigene Seelenheil nicht ebenfalls als „Sühnekreuz" bezeichnen, jedenfalls nicht ohne weitere Erklärung.

[11] Schemmel, S. 317, Anm. 47; auf einem Votivmal von 1721. — Die mittelrheinischen Inschriften sind meist kurz und stereotyp, etwa „1654, ZV EHREN GOTTES (ge)GEBEN, FRANS ADAMS VON NVNHEIM" (dazu Hausmarke; Abb. 205, mit Münstermaifeld, Teleaufnahme); es ist aber kein Zweifel, daß die Intention durchweg dieselbe ist wie bei dem genannten Mal im Taubertal, auch dann, wenn nur die Namen der Stifter oder deren Hausmarken erscheinen. — Ein über drei Meter hohes Kreuz aus Basaltlava, das nur die Wappen des Stifterehepaares zeigt, ist im 18. Jahrhundert von dem Herrn zu Bürresheim, Ferdinand Damian von Breidbach (1670—1747), und seiner Frau, Anna Helena von Warsberg († 1772), gestiftet und so auf einem Felsen aufgestellt worden, daß es im Blick der Wohn- und Schlafräume des Schlosses lag (Abb. 203; die Stifterwappen, erhaben gearbeitet, auf den beiden Querbalken dem Schloß zugekehrt, rechts der Breidbachsche Basilisk, links der Warsbergsche Löwe). Die Kreuzstifter sind übrigens die Eltern des Mainzer Kurfürsten Emmerich Joseph von Breidbach-Bürresheim. Die Hinweise auf das Kreuz und seine Stifter verdanke ich Herrn Karl von Werner †, Bürresheim.

[12] „Gebt, so wird euch gegeben" (Lukas, 6) steht auf einem Basaltlavakreuz im Niederrheinischen, das aus einer osteifeler Werkstatt (R) stammt; davor der Vermerk, daß die Stifter NN „geben dieses Kreuz" (Abb. 130, S. 85; vgl. II, Anm. 64). Man denkt an die Formel *Do ut des*, ‚ich gebe, damit du gibst'. Zweifellos ist Volksfrömmigkeit nicht selten „auf Zweckhaftigkeit ausgerichtet" und „im gegenständlichen Denken befangen" (VI, Anm. 93), und „sicher ist im christlichen Weihe- und Votivbrauchtum der ‚händlerische Charakter' mitunter feststellbar"; „das Handelsmoment ist . . . klar ausgedrückt im Gelübde, wenn das Opfer erst nach der Erhörung geleistet werden soll" (Kriss-Rettenbeck a. a. O., S. 298). Doch zeigt sich hier nur eine Seite des Phänomens — und nicht unbedingt die wesentliche. *Geben* beinhaltet beim Votiv viel mehr. *„Dare* ist: sich in Beziehung setzen zu, dann: teilhaben an einer zweiten Person mittels eines Gegenstandes; . . . *geben* ist: etwas von sich selbst in das fremde Dasein bringen, so daß ein festes Band geknüpft wird" (a. a. O., nach G. van der Leeuw, Phänomenologie der Religion).

[13] Vgl. VI, Anm. 94; IX, bei Is. 128 f.

[14] Vgl. IX, bei Is. 84 f.; weiter VI, Anm. 138. — Insofern haben Stifternamen und -marken eindeutig kultische Bedeutung (eine solche kann auch der Jahreszahl zukommen). Mit Recht werden Votivmale gleichbedeutend auch „Stiftermale" genannt. Zum Wesen der Stiftung als Kultgabe vgl. van der Leeuw (oben Anm. 12) und allgemein Kriss-Rettenbeck a. a. O. — Hier ist sachlich festzustellen, daß die Stiftung eines Steinkreuzes — zumal eines größeren und mit bildhauerischer Darstellung — eine finanzielle Leistung erforderte, die von Ärmeren zweifellos nicht erbracht werden konnte. Unsere Denkmäler sind daher nur bedingt fromme Zeugnisse des „einfachen Volkes" — wohl aber Zeugnisse einer „Gemeinschaftskultur" (Naumann), zu der jene Volksschichten, aus denen die Kreuzstifter vorwiegend kommen (vgl. I, Anm. 63), nicht minder gehörten als die ärmeren Schichten. Es war eine weithin durch Glauben und Brauch verbundene Gemeinschaft, und die Stiftung des Wohlhabenderen war zugleich eine Leistung für alle Angehörigen dieser Gemeinschaft (vgl. Anm. 17) und wurde so verstanden.

[15] „NN haben dies Kreuz lassen machen", „ — aufgerichtet", „ — hier hingestellt" oder „ — gegeben". Inschriftformeln gleicher Bedeutung finden sich schon auf römischen Steinmalen (vgl. IX, Is. 2). Weiter ist hier auf die römischen Votivsteine des Rheinlandes hinzuweisen, die inschriftlich die Einlösung eines Gelübdes be-

kunden (votum solvit; a. a. O., bei Is. 1) und öfter den Gottheiten der Kreuzwege geweiht sind (III, bei Anm. 25).

16 „1677 den 8. Januar, bis an das Ent der Welt" steht auf dem Votivkreuz von Kell (Abb. 220, Is. 130), mit inschriftlicher „Beurkundung" der Realstiftung eines Grundstücks, dessen Ertrag für Messen, Kirchenwachs und zur Armenfürsorge bestimmt wurde. Es handelt sich um eine typische Stiftung im Blick auf das Seelenheil (Seelgerät), für den Stifter selbst und für seine namentlich genannten Eltern, mit der jeweiligen Bitte um Gnade. Die Stiftung für das Gemeinwohl (vgl. folg. Anm.) wurde sinnvoll mit einer Kreuzstiftung verbunden und auf dem Kreuz in der dauerhaften Basaltlava „verewigt". — Auch allgemein darf man davon ausgehen, daß die Unverwüstlichkeit dieses Materials im kultischen Sinne wichtig und erwünscht war; Basaltlava wurde für Kreuze auch dort bevorzugt, wo zum Beispiel Tuffstein reichlich verfügbar war (vgl. IX, Anm. 55).

17 Vgl. Anm. 8; weiter I, bei Anm. 30. — Die Stiftung eines Prozessionsmals ist durchaus den üblichen Stiftungen zugunsten einer Kirche (Ausstattung, Kultgerät usw.) vergleichbar. Wichtig ist dabei auch die Leistung für das Gemeinwohl. Wahrscheinlich spielte dieser Aspekt auch sonst bei der Kreuzsetzung eine Rolle, beim Mal für die Prozession liegt er besonders auf der Hand. Daß gemeinnützige Leistungen bedeutsam für das Seelenheil waren, zeigt sich etwa bei den im Mittelalter beliebten Stiftungen von Badestuben für Arme als Seelgerät für die Stifter („Seelenbäder"; vgl. VII, Anm. 28). Im alten Brauchtum des Nordens kannte man entsprechend „Seelenbrücken" als materielle Leistungen für das Gemeinwohl, „die das Seelenheil des Errichters sicherstellen" (Röder, Pfahl und Menhir, S. 79). Derselbe Gedanke ist dann auch in der Eifel erkennbar, wenn, wie Röder erfahren hat, „an öffentlichen Wegen steinerne Ruhebänke errichtet wurden, um sich einen Platz im Himmel zu verschaffen" (a.a.O.; vgl. ders., Rechtsdenkmäler, S. 188). Von solchen Bänken (neben einer Sitzbank oft eine höhere für Traglasten) sind einige erhalten, man nannte sie „Rast" (mundartlich „Räst") oder „Sitz" (bei Mayen noch „Hausener Sitz" als Ortsbezeichnung). Im Zusammenhang mit der von Röder genannten Seelenheil-Bedeutung ist bemerkenswert, daß die Rasten nicht selten mit Kreuzsetzungen verbunden waren; eine alte Aufnahme (Looz-Corswarem, S. 92) zeigt neben einer typischen alten „Räst" mit Sitz- und Lastbank das von der Jungfer Sachels aus St. Johann gestiftete Kreuz (vgl. Is. 115). Eine Parallele aus älterer Zeit darf man darin sehen, daß auch die genannten Seelenbrücken des Nordens oft „mit Menhirstellungen verbunden sind" (Röder a. a. O.). — Bei der Stiftung von Mälern für die theophorische Prozession spielte ohne Zweifel auch der Gedanke an die von dem Sakrament ausgehende, oft magisch verstandene Kraft eine Rolle, an der der Stifter, dessen Name am Mal eingemeißelt ist, in erster Linie teilhat (vgl. VI, bei Anm. 130—138, bes. auch Anm. 138 am Ende).

18 Vgl. weitere Beispiele im gesamten Bildteil und bei den Inschriften. Zum älteren Nischenmal kommen später weitere Malformen als Segenstation für die sakramentale Prozession (Kreuz mit eigenem Expositiontisch oder mit angearbeiteter Konsole, im Barock mit Tabernakelnische, schließlich ein steinerner Feldaltar; vgl. Kapitel I, V). Die frühen Nischenmäler und besonders die alten Schöpflöffel zeigen in der Regel noch keine Stifterzeichen, ebensowenig wie die ältesten Kreuze. Um so bemerkenswerter sind daher die Beligen-Mäler des 15. Jahrhunderts (deren Vierzahl nicht zufällig ist, sondern den allgemeinen vier Stationen mit Segen und Evangelienlesung entspricht). In Klotten sind von vermutlich vier eucharistischen Mälern aus gleicher Zeit noch drei erhalten (Abb. 156, Mal von 1597 mit Hausmarke und Stifterinitialen; vgl. IV, Anm. 21; V, Anm. 13). Erwähnenswert ist weiter das Sakramentsmal von 1504, das der Junker Adam Kolf aus Wassenach, „walpode" in der Pellenz, gestiftet hat (Abb. 34, 223 f.; vgl. VI, Anm. 83). Ein Mal derselben Art im ehemaligen Prämonstratenserkloster Rommersdorf (Abb. 154) ist nach August Peter Winnen eine Stiftung des Abtes Johann Urbach aus Koblenz (Heimatkalender des Landkreises Neuwied, 1968, S. 60); Stifterzeichen, jeweils mit Wolfsangel, zeigen sich oben und unten auf dem Nischenkopf aus Basaltlava, der von einer Säule aus anderem Material (wohl ursprünglich Teil eines Baues) getragen wird; die Jahreszahl 1580 im Bildteil ist zu berichtigen, sie muß 1586 lauten. Die Inschrift „S. TRINITAS" über der Nische erscheint auf den ersten Blick als Hinweis auf ein Dreifaltigkeitsbild (Mal als Bildstock); das ist nicht auszuschließen, aber auch nicht zwingend anzunehmen. Im Vergleich mit anderen Inschriftbefunden ist meines Erachtens eher an die Bedeutung einer Anrufung beziehungsweise einer besonderen Widmung bei der Malstiftung zu denken (wie sonst „In Gottes Ehr" u. ä., vgl. Kapitel IX; ein Sakramentsmal von 1666 ist ebenfalls „in Namen der heiligen Dreieinigkeit" gestiftet worden, Is. 118, Abb. 45). Möglicherweise steht die Anrufung oder Widmung im Bezug zum Termin der sakramentalen Flurprozession, denn die Zeit an oder um St. Trinitas, den Sonntag nach Pfingsten, war hierfür beliebt und gebräuchlich (Kyll, Hagelfeier, S. 144—152; vgl. auch den Flurumgang an diesem Sonntag in Kruft, V, Anm. 11). Sechs Personen gemeinsam haben das Nischenmal bei Hillscheid im Westerwald gestiftet; ihre Hausmarken finden sich auf kleinen Schilden, die erhaben auf dem Nischenrand herausgearbeitet sind (Abb.

122); daß es sich um ein Sakramentsmal handelt, zeigt das Flachrelief an der Rückwand der Nische und der Umstand, daß das Mal nach der Überlieferung eines unter vier im Umkreis gewesen ist (I, bei Anm. 38; II, Anm. 57; XI, Anm. 14).

[19] Da die Mäler „in der Regel mit einem Bilde Christi oder eines Heiligen geschmückt sind" — und aus anderen Gründen (vgl. Anm. 21) —, „so werden sie vielfach selbst aus Opfern zu Heiltümern, an denen gebetet wird und Gelübde abgelegt werden" (HDA, I, Spalte 1305).

[20] Vgl. etwa die Inschriften mit mahnendem Inhalt (Is. 3 f., 8—20), mit Aufforderung zum Totengebet (Is. 20, 77—84; Kapitel VII) und zum Gedenken an den eigenen Tod (Is. 8, mit Anm. 17). — Die Vorstellung vom Flurmal als Mahnzeichen wird heute am ehesten noch verstanden (und in gewissen Abhandlungen überstrapaziert); es ist freilich kein unwichtiger Aspekt, aber doch nur einer unter anderen.

[21] Vgl. VI, bei Anm. 130—152. — Die nach dem Volksglauben dem Mal innewohnende Kraft, die es ja auch zum Apotropaion in der Flur werden ließ, kann auf mehrfache Weise bedingt sein, und die Vorstellungen sind miteinander verknüpft. Eine Rolle spielen die eucharistische Funktion des Mals und wohl auch überhaupt die Funktion beim kirchlichen Umgang; das zeremonielle Setzen als Wetterkreuz; dabei, und häufig auch sonst, die kirchliche Weihe; religiöse Darstellungen und Symbole auf dem Mal, oft als Schutzzeichen verstanden; nicht zuletzt, und neben alldem, aber auch das Zeichen des Kreuzes selbst. — Zu den schon genannten Phänomenen zur Bedeutung des Flurmals im magisch bestimmten Volksglauben hier noch ein paar Beispiele; bei Fieber wirft man zur Besserung drei Geldstücke mit aufgeprägtem Kreuz an drei verschiedene Feldkreuze; vor Zahnschmerzen ist man sicher, solange ein ausgefallener Zahn in der Spalte eines Wegkreuzes steckt; wie von Wegkreuzen, so sind auch Partikel von Grabkreuzen hochgeschätzt und haben geheime Kräfte (HDA, V, Spalte 546). Vgl. hier auch die bemerkenswerte Angabe aus Hammerstein a. Rh., unten Anm. 29.

[22] Vgl. Zender, Fußfälle, bes. S. 249. Auch der weiteren Darstellung dieses rheinischen Brauchtums liegt die genannte Arbeit Zenders zugrunde, die sich zum Brauch selbst auf handschriftliche Materialsammlungen des Instituts für geschichtliche Landeskunde der Rheinlande an der Universität Bonn aus den Jahren um 1930 stützt. — Zu „Fußfall" ‚Knien' ist schon eine althochdeutsche Form bekannt, mittelhochdeutsch z. B. „vuozvallen" bei Wolfram (vgl. Kluge, S. 226). — Im Passionskult steht neben den Fußfällen, die „dem Sterbenden die Verdienste der Todesangst Christi übermitteln" (LThK, IV, Spalte 247), ein anderes Motiv, das im Rheinischen eine besondere Ausprägung erfuhr, und zwar ebenfalls in bezug auf Tod und Ewiges Leben, nämlich die Verehrung der Fünf Wunden; dazu schon 1461 eine Inschrift auf einem Sakramentsmal in Obermendig (vgl. IV, bei Anm. 26 f.). Hier ist bemerkenswert, daß auch beim Besuch der sieben Fußfallstationen in der Sterbestunde eines Nachbarn oft ein Gebet zu den Fünf Wunden gesprochen wurde.

[23] Das Abschreiten des Kreuzweges, manchmal einer Wegstrecke von bestimmter Länge analog zum Leidensweg Christi (vgl. VI, Anm. 29), war ursprünglich wichtigster oder sogar alleiniger Bestandteil der Andacht. — Sieben Fußfallstationen an einem solchen Weg kennt man seit ungefähr 1500 von der Schweiz und Süddeutschland bis zu den Niederlanden. Es zeigt sich aber, „daß das Rheinland im 17. und 18. Jahrhundert zu einem wirklichen Kultzentrum der Sieben Fußfälle wurde" (als sich anderwärts schon vierzehn Stationen durchzusetzen begannen); hier wurden „noch Ende des 18. und im 19. Jahrhundert . . . Sieben Fußfälle neu errichtet oder wenigstens die verfallenen wiederhergestellt" (Zender a. a. O., S. 249). In unserem Raum führt der Stationsweg meist vom Ort aus bergan, zu einer (häufig offenen) Kreuzkapelle oder dem sogenannten Hochkreuz (oft als Kalvarienberg, Kreuzigungsgruppe mit Schächerkreuzen, manchmal als „die drei Kreuze" bezeichnet, wie bei Burg Pyrmont — Pillig). „Einzelne dieser Hochkreuze standen auf den Gemarkungsgrenzen benachbarter Orte, und es führte von jedem Ort ein Kreuzweg dorthin. So kennen wir das ‚Hochkreuz' auf der Thürer Höhe, auf der Grenze zwischen Thür, Ober- und Niedermendig" (Fridolin Hörter sen., in Rhein-Zeitung, Koblenz, 19. 4. 1962). Solche Kapellen und Hochkreuze sind noch in beträchtlicher Zahl, die Stationen dazu manchmal, aber nur selten vollzählig erhalten. Abb. 285 zeigt den Überrest einer kreuzförmigen Station von Sieben Fußfällen (angelehnt an den Schaft eines neuen Stationsbildes), an dem Weg zu einer Kapelle, die „auf der Grenze zwischen Mertloch, Naunheim und Gappenach" steht (Hörter a. a. O.). Vielleicht stammen auch die Oberteile der Mäler Abb. 283 f. von solchen Stationen. — Erst in jüngerer Zeit ist im hiesigen Raum der Kreuzweg, mit vierzehn Stationen, in die Kirche verlegt worden — wobei es aber noch um 1930 vorkam, daß für den Sterbenden nur an den ersten sieben Stationen gebetet wurde, an den übrigen nicht (Zender a. a. O., S. 253).

[24] Man beachte hier die Ikonographie der Mäler (Kapitel XI). Sie ist fast ausschließlich der Passion entnommen, bei der Mariendarstellung herrscht das Vesperbild vor. Im besonderen Zusammen-

hang mit dem Wegkreuz als Station von Fußfallgängen sind Darstellungen zu sehen wie Christus am Ölberg („Todesangst Jesu", „Not Gottes"; Abb. 71, 73 f., 395 f.), als Kreuzschlepper (Fallen unter dem Kreuz, Hilfe durch Simon von Cyrene; Abb. 215, 231, 282--286, 353, 356, 383) oder das Veronikatuch (Abb. 301, 355 u. a.).

25 Hier seien noch einmal die sieben Grenzkreuze von Liebenscheid erwähnt (vgl. III, Anm. 60), die schon in einem Weistum von 1559 genannt werden (Brockpähler, S. 96). Die Kreuzform ist für Grenzsteine ungewöhnlich. Um so eher fällt die Siebenzahl dieser Mäler auf, die vielleicht nicht zufällig ist. Nach beidem besteht die Möglichkeit eines Zusammenhanges mit frühen Fußfallgängen — mehr kann allerdings nicht gesagt werden. Immerhin war die Zahl von sieben Stationen um 1500 bekannt und verbreitet (vgl. Anm. 23). Die grobe Form beweist keineswegs, daß die Mäler wesentlich älter sein müßten. Als Stationsmarke für Fußfälle genügte ein Kreuz ohne Darstellung (LThK VI, Spalte 261 f.). Man darf auch nicht den Maßstab von noch erhaltenen frühen Zeugnissen künstlerischer Qualität oder von Abbildungen derselben setzen, sondern muß die viel schlichteren Verhältnisse auf dem Lande berücksichtigen.

26 Vgl. Karte „Brauchtümliche Gebete und Bittgänge für den Sterbenden" (Zender a.a.O., S. 252). Das Gebiet des Brauches reicht im Süden fast bis Trier, im Norden über Düsseldorf hinaus, von den westlichen Ländergrenzen bis zum Rhein und rechts des Flusses bis an die Begrenzungen durch überwiegend evangelische Gebiete; auch rechts der Mosel, auf dem Hunsrück, bezeichnen solche Gebiete den Rand der Verbreitung. — Im Südosten des Brauchraumes liegt das Kerngebiet der Basaltlavakreuze mit seinen Ausstrahlungen (vgl. Kapitel II), von dem an dieser Stelle angemerkt wird, daß es eine bis zum 19. Jahrhundert nahezu rein katholische Bevölkerung hatte; auch seit der preußischen Zeit blieb der evangelische Anteil der Einwohner relativ gering. Dieser Umstand ist wichtig für das Verständnis unserer gesamten Darstellung, für den Bestand der Kreuze und Nischenmäler, für Kult und Brauchtum. Allerdings kann nicht immer wieder auf die Konfession im Bestandsgebiet hingewiesen werden; die Anmerkung an dieser Stelle muß genügen. Vorwiegend evangelische Gebiete tangieren den Raum der Basaltlavakreuze auf dem Hunsrück, rechtsrheinisch an der Lahn und südlich davon sowie weiter auf dem Westerwald, wo auch eine Zone aus nordöstlicher Richtung bei Neuwied den Rhein erreicht; vgl. die Verbreitung der Bekenntnisse um 1610 und um 1925 auf den Karten im Geschichtlichen Handatlas Rhein (a. a. O., II, Anm. 56), S. 20/21.

27 „Im Rheinland wallen sieben unbescholtene Mädchen zum Fußfall, in der Eifel zu sieben Kreuzen in der Ortsflur, um hier für Todkranke zu beten" (LThK, VI, Spalte 247). Zu den rituellen Formen des Ganges vgl. auch Anm. 29. In Varianten sind die Ausführenden 7 Schulkinder, eine Frau mit sieben Kindern, manchmal 7 Jungen und 7 Mädchen, bei männlichen Sterbenden 7 Knaben (auch 4 Knaben und 3 Mädchen), bei weiblichen 7 Mädchen (auch 4 Mädchen und 3 Knaben). Oft wurden die Kinder aus der Schulstunde abberufen. In Köln machten nach einem Zeugnis des Jahres 1623 Findlingskinder den Fußfallgang für einen Sterbenden (Adam Wrede, Rheinische Volkskunde, 2. Aufl. Leipzig 1922, S. 326, Anm. 111). — Bemerkenswert ist nach Zender (a. a. O., S. 251) „die ausgesprochene Zahlensymbolik" (7 Kreuze, 7 Teilnehmer, oft auch 7 bestimmte Gebete an jeder Station; ging man nur zur Kirche, wurde in 7 verschiedenen Bänken gebetet, oder man sprach einfach 7 mal 7 Vaterunser, oder von 14 Stationen des Kreuzweges wurden nur 7 besucht, vgl. Anm. 23). Überhaupt ist ja der Kult der Passion Christi erfüllt mit „einer uns kaum noch verständlichen Zahlensymbolik" (a. a. O. S. 247); so wurde beispielsweise die volkstümliche, als besonders wirksam geltende Messe zu den Fünf Wunden bei fünf brennenden Kerzen an fünf aufeinanderfolgenden Tagen gelesen — zur Befreiung einer Seele aus dem Fegefeuer (LThK, X, Anlage bei Spalte 709; vgl. auch a. a. O., Spalte 1025 ff., s. v. Zahlensymbolik).

28 Man sei früher zu den sieben Kreuzen gegangen, damit ein Todkranker endlich zum Sterben kam, sagte man mir zum Beispiel in einem Dorf bei Bitburg. „Ein Mädchen von hier", heißt es in einer Eifeler Erzählung, „lag drei Tage im Todeskampf, am vierten ging man dahin (zum Kreuz) beten, und sofort starb das Mädchen" (Zender, Sagen, Nr. 436). „In der Gegenwart ist solch urtümlicher Glaube abgeschwächt oder überhaupt gewandelt; man betet für das Wohl des Kranken, für eine glückselige Sterbestunde oder ... für Besserung und Gesundung" (Zender, Fußfälle, S. 251). Manchmal wird der Gang erst nach eingetretenem Tod für das Seelenheil des Verschiedenen unternommen. — Nach dem Gang zu den Kreuzen meinte man etwa: „Hen as ewell ruhiger jen" (er ist jetzt ruhiger geworden; Wrede, S. 243). — Neben den reichen Unterlagen aus dem Rheinland von 1930, die Zender in seinem Aufsatz im Überblick erschlossen hat (vgl. Anm. 22), sei hier auf weiteres wertvolles Belegmaterial aus dem Raum Mittelrhein und Eifel hingewiesen; es stammt aus einer Erhebung durch den Volkskundler Paul Wiertz, Sinzig, in den Jahren 1966—1968 (angeregt und beraten durch Dr. Josef Ruland, Bonn); Kopie der Unterlagen

im Archiv des Amts für rheinische Landeskunde (des Landschaftsverbandes Rheinland), Bonn, wo ich sie mit freundlichem Entgegenkommen von Herrn Dr. Gabriel Simons benutzt habe. Diesem sowie Herrn Wierts danke ich an dieser Stelle auch für weitere Hilfen, Hinweise und Beratung zu der vorliegenden Arbeit.

29 Hervortretende Züge des Brauchs (Kinder, meistens Mädchen, manchmal „unbescholtene" als Ausführende) weisen z. B. auf Zusammenhänge mit einem ganz bestimmten Totenbrauch, der sog. Totenhochzeit beim Begräbnis von Ledigen (Zender a. a. O., S. 253). Außerdem stehen neben dem Passionserlebnis im Brauch auch „Teile eines viel älteren Glaubens, nach dem es möglich ist, von der Gottheit eine rasche Entscheidung zu erzwingen, und nach dem Tod und Toter gefährlich sind" (a. a. O., S. 251; vgl. hier auch Kapitel VII). Im Kreis Schleiden reichten die Beterinnen vor ihrem Gang dem Sterbenden die Hand und sagten einen Spruch, nach dem sie gewissermaßen sein Leid auf sich nehmen und durch die Fußfälle auf den leidenden Christus übertragen; darauf gehen sie ihren Weg in strenger Ordnung, ohne sich umzusehen und ohne sich stören zu lassen; Entgegenkommende machen ihnen den Weg frei, Fuhrwerke halten am Straßenrand, Herden werden zur Seite getrieben (a. a. O. S. 250). Der Glaube an eine Übertragung heilender Kräfte, die vom Mal ausgehen, zeigt sich, wenn aus Hammerstein berichtet wird: „Es wurde oft ein Hemd des Sterbenden an die Kreuze bzw. Bildstöcke gehalten, wovon man Besserung des Sterbenden erwartete"; später nahm man dazu ein Kreuz aus dem Haus des Todkranken (Anna Freifrau von Hammerstein in der Erhebung Wiertz).

30 Neben „de sibbe Foßfall dohn" steht etwa „Gang üm de siwe Kreuzer" oder als Aufforderung: „Laaft (lauft) de sieve Kreuzer jon!" (Wrede, Eifeler Volkskunde, S. 243). Im Kreis Erkelenz hießen die Ausführenden die „Foßfallmädches" (ders., Rheinische Volkskunde a. a. O., S. 185). Die Verbreitung der häufigsten Bezeichnungen zeigt die Karte bei Zender (vgl. Anm. 26).

31 In dem Belegmaterial aus der Zeit um 1930 (vgl. Anm. 20) war bei dem Brauch schon „an manchen Anzeichen der eingeleitete Abbau zu erkennen", andererseits lebt er um 1960 z. B. noch in den Orten des Vorgebirges im linksrheinischen Raum Köln—Bonn (Zender a. a. O., S. 256). Ende des 19. Jahrhunderts war der Brauch noch in der Stadt Köln zu beobachten (Wrede, Rheinische Volkskunde a. a. O.). In Unkel bestand er bis zum Ersten Weltkrieg, in Hammerstein ist er „im Zweiten Weltkrieg eingegangen, danach nicht wieder aufgenommen" (Erhebung Wiertz). Im letzten Krieg ging man auch in Hohenfels noch zu den Kreuzen; genau sieben standen in der Gemarkung, offensichtlich für diesen Zweck (II, Anm. 3). In Kell beteten „noch nach dem letzten Krieg" Kinder für einen Sterbenden die Sieben Fußfälle an Kreuzen in der Ortsflur (Ruland, S. 73, Anm. 72). Selbst habe ich den Gang von Schulkindern zum „Sieben-Kreuz-Beten" in den fünfziger Jahren noch in Brenk erlebt. Ein Zeugnis, daß der Brauch noch gegenwärtig irgendwo geübt würde, ist mir nicht bekannt.

32 Teile ehemaliger, zerbrochener Mäler werden — so berichtet auch Mehl für Unterfranken — als Schutzmittel in Mauern eingebaut, und dabei ist vielleicht „die fromme Inschrift oder die abgebildete Szene weniger wichtig als das Bewußtsein, daß dieser Stein einmal Teil eines religiösen Denkmals, eines Heiligenstocks war" (S. 197).

33 Die Bezeichnung „Kreuz" auch für das Nischenmal — belegt schon in älteren Inschriften sowie auch für andere Landschaften — scheint zu zeigen, daß im Volksbewußtsein die Form des Mals nicht entscheidend ist, vielmehr aber die christliche Kultbedeutung und „das Heilige" an ihm schlechthin. Nach einer Volkserzählung verwendet ein Bauer den Nischenteil eines Mals „als Futtertrog in seinem Viehstall; da trifft ihn im Viehstall durch Krankheit ein großes Unglück" (Meyer, Wegkreuze, S. 252). Eine Erzählung aus dem Moseltal mit gleichem Motiv hat mir Herr Friedel Gebert, Mayen, mitgeteilt; die Nische eines Schöpflöffels wurde als Schweinetrog verwendet, das Mal aber schleunigst wieder aufgestellt, nachdem sich unheimliche Dinge im Stall ereignet hatten. Das Ausmaß des Frevels, der sich rächen mußte, wird erst klar im Blick auf die sakramentale Funktion der Nische und die indirekte Berührung durch das Allerheiligste.

34 „Das Versetzen des Kreuzes oder das Fortholen des morschgewordenen Holzkreuzes kann schon als ein Frevel angesehen werden, und der Frevler spürt Gottes Hand" (Meyer a.a.O., S. 253, nach Kreuzsagen des Trierer Landes). Berichte von bösen Folgen bei der Wegnahme eines Kreuzes — die aber aufhören, sobald man es wieder am alten Platz aufgestellt hat —, sind überall verbreitet (HDA, I, Spalte 1305, mit Lit. in Anm. 14). Nach einer Ortserzählung in der Westeifel war in der Gemarkung ein Kreuz umgestoßen worden; ein merkwürdig aussehender Hund legte sich an die Stelle und wich nicht, bis es wieder aufgerichtet wurde (Zender, Sagen, Nr. 445). Von einem Bildstock des Jahres 1673 heißt es im Fränkischen, das Unglück im Stall sei nicht abgerissen, seitdem man Teile von ihm in die Stallmauer eingebaut hatte; man habe sie dann zusammengefügt und den Bildstock neu errichtet — „das Glück sei daraufhin wieder in den Stall eingezogen" (Mehl, S. 198). Vgl. auch die vor. Anm. — Viele Kreuze stehen als Torsos in der Landschaft, mit beschädigtem Kruzifixus (Abb. 394), abgeschlage-

nem Oberbalken (Ruitsch — Polch) und so fort, meist aber unangetastet und als Mal so „ehrwürdig" wie jedes andere. Das Kreuz Abb. 208, in einem Neubaugebiet am Ortsrand, schien bemerkenswert genug, hier gezeigt zu werden; vom Korpus sind nur noch die Arme vorhanden, doch die erhaltenen Kreuzteile wurden zusammengefügt und das Mal wieder aufgestellt. Zur Bilddokumentation im ganzen mußten hier selbstverständlich die guterhaltenen Denkmäler bevorzugt werden.

[35] In einem Eifeldorf, das ich aus Gründen der Diskretion ebensowenig nenne wie den (zuverlässigen) Gewährsmann.

[36] Es ist möglich, daß auch der eigenartige Befund bei dem Beligen-Mal von 1473 (Abb. 153), das nach der Überlieferung in ein im 19. Jahrhundert gebautes kleines Haus „vermauert" wurde (vgl. IV, Anm. 69), auf die volksgläubige Scheu zurückgeht, ein Mal, hier eine der vier alten Stationen der Sakramensprozession, zu versetzen.

[37] Vgl. Grundsätzliches in VII, Anm. 53. Kreuzsagen unseres Raumes z. B. bei Hörter, Wegekreuze, S. 61 f.; Meyer, Wegkreuze, S. 252—255; Schmitz, Sitten und Sagen (vgl. VII, Anm. 10); Zender, Sagen, Nr. 118—124 (Pestkreuze), 414—445 (Wegekreuze), 514 (Schwärenkreuz), 1375—1378 (Schießen auf Kreuz). Zur Interpretation der Sagen vgl. Zender, Volkserzählungen als Quelle.

[38] „Da schoß der Jäger zuletzt aufs Kreuz; da ist die Kugel zurückgeprallt, und der Jäger war tot" (Zender, Sagen, Nr. 1375). „Die Kugel traf", so eine andere Sage, „das Kreuz und flog zurück auf ihn selbst und hat ihn totgeschossen; seit der Zeit geht der Mann da um als Jäger" (Nr. 1377). — Von dem Kreuz Abb. 209 mit Einschüssen (vgl. Anm. 40) liest man in einem Heimatbeitrag, ein später hingerichteter Anführer einer Räuberbande habe im November 1798 mit dem Revolver auf das Kreuz geschossen; die Kugel „prallte an dem harten Basaltgestein des Kreuzes jedoch ab und traf Esuk, wenn auch nicht tödlich, in die Brust. Schwer verwundet wurde er . . . festgenommen" (Otto von Fisenne in Heimat zwischen Hunsrück und Eifel, Beilage der Rhein-Zeitung, Koblenz, 1/1965; angeblich historisch, ohne Quellenangabe). Die Volksüberlieferung weiß es anders. In Wassenach und anderen benachbarten Orten erfuhr ich von alten Einwohnern: „Das ist das Franzosenkreuz. Da hat mal ein französischer Soldat darauf geschossen, die Löcher sind ja noch zu sehen. Aber die letzte Kugel ist zurückgeprallt, und er war tot" (vgl. auch Hörter, Wegekreuze, S. 62). Daneben gibt es die Version vom „Schwedenkreuz" mit gleicher Handlung; „das war im Dreißigjährigen Krieg", heißt es (freundlicher Hinweis von Herrn Nikolaus Auer, Nickenich).

[39] Vgl. Eifel-Kalender 1955, S. 68 (Ramersbach). Meyer teilt mehrere Sagen dieser Art mit, drei von abgeschlagenen Füßen am Kruzifixus, eine vom abgeschlagenen Arm eines Muttergottesbildes, jeweils mit Bestrafung durch Verlust oder Verletzung der betreffenden Körperteile; unter den Frevlern finden sich in diesen Beispielen ein „schwedischer Soldat", ein „französischer Offizier", ein „französischer Revolutionssoldat" (Wegkreuze, S. 252).

[40] Das Kreuz Abb. 209 von 1647, ein typisches Produkt aus der Werkstatt E, zeigt — wie mir scheint eindeutig — Einschüsse von „Kugeln" älterer Art, und zwar vorn im Kreuztitelschild, beim Kruzifixus am unteren Kopf, am rechten Arm und an der rechten Brust (das Loch neben dem linken Bein und ein weiteres darunter sind für eine Verklammerung geschlagen worden); mehrere gleichartige Schußspuren finden sich auf der Rückseite. Vgl. zu den Einschüssen die Volkserzählungen (Anm. 38). Weiter zeigt das Kreuz Abb. 365, nur wenige Kilometer entfernt von dem letzten und aus derselben Werkstatt, solche Schußspuren; sie dürften aus gleicher Zeit stammen. — Der Nischenkopf eines Sakramentsmals nahe der Fraukirch, mit Falz und Ankerlöchern von einem ehemaligen Gitter (Abb. 211), ist vermutlich in neuerer Zeit beschossen worden; Geschoßteile stecken noch in der Rückwand. Diese ist durchbrochen (vgl. Abb.), das Nischengehäuse im ganzen gerissen. Es wird erzählt, im Zweiten Weltkrieg hätten SS-Soldaten auf dem Rückmarsch 1945 das Mal beschossen (vielleicht eine ebenso typische volkstümliche Deutung wie die vom Kreuzfrevel durch gottlose Franzosen oder Schweden). Hörter zeigt in einer Aufnahme um 1920 noch den ganzen „Schöpflöffel" im Mühlsteinsockel und mit einer Holzfigur in der Nische (vgl. V, Anm. 2).

[41] Vgl. die Sagen Anm. 38 (zum Kreuz bei Wassenach) und Anm. 39; zu „Franzosen" auch Zender, Volkserzählungen als Quelle. Bei dieser Bezeichnung spielen vornehmlich Überlieferungen vom Einmarsch der Revolutionsheere in das Rheingebiet 1793 und von der anschließenden Zeit der französischen Verwaltung eine Rolle, vielleicht hier und da auch noch sagenhafte Erinnerungen an die Notzeiten der französischen Kriegszüge gegen Ende des 17. Jahrhunderts. Bei der häufigen Bezeichnung „Franzosenkreuz" in unserem Raum sind Kreuzfrevel allerdings nicht die einzigen Motive; öfter handelt es sich um Kreuze für einen von den Franzosen Erschossenen, und manchmal ist dies auch inschriftlich bezeugt (vgl. Is. 52, 1678; in Altenahr ein Kreuz mit einer solchen Inschrift vom Jahre 1690). — Sagenmotive verschiedener Art knüpfen sich auch an „Schwedenkreuze", die ebenfalls häufig vertreten sind. Bekannt ist das am Nürburgring, zwischen Quiddelbach und Wimbach, Renn-

strecke „Am Schwedenkreuz"; es ist ein schlankes, etwa drei Meter hohes Kreuz mit Korpus (mit Bruchstellen und vielfach verklammert) vom Jahre 1638, und zwar aus der frühen Periode der Werkstatt M; nach der nicht mehr vollständig lesbaren Inschrift ist es ein Totenkreuz (IST ALHE ... VERPLEPEN, DSGG), jedoch ohne Hinweis auf den volkstümlichen Namen des Kreuzes, und möglicherweise war nur die Datierung Anlaß zu einer Sagenbildung vom „Schwedenkreuz". — Es darf nicht überraschen, daß die Angaben der Volkserzählungen durch die Befunde am Kreuz selbst nicht nur in der Regel nicht bestätigt werden, sondern oft sogar im Widerspruch dazu stehen. Es ist bekannt, daß der Erzählung durchweg kein geschichtlicher Quellenwert beigemessen werden kann (vgl. HDA, I, Spalte 1305). Zender hat am Raum der Westeifel gezeigt, daß historisch Greifbares im Sagenbericht nur selten über ein bis zwei Jahrhunderte zurückreicht (a. a. O.); das ist beim „Fransosen-" und beim „Schwedenkreuz", aber auch beim „Pestkreuz" (vgl. unten) zu berücksichtigen.

[42] „Die Bildstöcke mußten etwas von diesem Bildersturm erleben, der Bestand in protestantisch gewordenen Gebieten ging bis auf wenige Einzelstücke zurück, Neustiftungen erfolgten nicht mehr." Auch „Beschädigungen ... zeigen solche weltanschauliche Protesthaltung an" (Mehl, S. 101 f.). Man kann nicht ausschließen, daß Frakturen, etwa am Kruzifixus einzelner Mäler, vielleicht auch in unserem Gebiet hierauf zurückgehen, doch fehlt bisher ein Anhalt dafür.

[43] In einem ungewöhnlichen Ausmaß wütete am Ende des 16. und im 17. Jahrhundert auch in unserem Raum der Hexenwahn mit seinen erschütternden Prozessen, bei denen Tausende von Menschen denunziert, gefoltert und hingerichtet wurden (vgl. bes. die Quellenpublikation von Krämer, mit weiterer Literatur; darin z. B. siebzehn Prozesse in Winningen/Mosel allein in der Zeit von 1631 bis 1661). Umfangreiches Aktenmaterial ist später wahrscheinlich auch bewußt vernichtet worden. — Man kann nicht übersehen, daß die Ära der Verfolgungen ziemlich genau übereinstimmt mit der Blütezeit der Kreuzstiftungen — frommer Eifer und abergläubischer Wahn sind, vielleicht nicht zufällig, Merkmale desselben Zeitalters. Übrigens ist nicht ganz auszuschließen, daß beim Entschluß zur Stiftung eines Kreuzes hier und da im Geheimen auch der Gedanke mitgesprochen hat, vorbeugend dem möglichen Verdacht einer Teufelsbuhlschaft zu begegnen; es gehört zu den vielen potentiellen Intentionen der Ex-Voto-Stiftung, die für immer verborgen bleiben werden. Erkennbar sind aber zahlreiche Zusammenhänge zwischen der allgemeinen Hexenfurcht der Zeit und dem Kreuzmal als Schutzzeichen (vgl. Kapitel VI).

[44] Krämer, S. 25. Der Beklagte habe, so derselbe Zeuge aus Metternich bei Münstermaifeld, „obwendig Hatzenporter Berg an dem Kreuzgen Gott abgesagt" (a. a. O.). Ein Wegmal, vielleicht das gleiche, wird auch in den „Inditionales Articuli" dieses Prozesses unter Ziffer 12 genannt; „bei deme auf Metericher (Metternicher) Wegscheiden stehenden Kreuz" habe der Angeklagte verdächtige Äußerungen getan (S. 20). — Ebenso aufschlußreich ist das Protokoll von einem peinlichen Zaubereiprozeß gegen einen Einwohner von St. Johann in der Herrschaft Bürresheim, wohl vom Jahre 1604 (Lesung der 4 nicht völlig sicher); Krämer kannte das Dokument nicht, und dasselbe ist meines Wissens bisher auch sonst nicht veröffentlicht worden. Der Beklagte gibt dort an, ein „fraumensch" sei ihm mehrfach erschienen, habe ihn einmal aus der Scheune gelockt, und er sei der Person „gevolgt biß an das Creutz obig dem Dorff", sie habe ihn „daselbst darwider gestoßen", daß er „Gott absagen" soll (Landeshauptarchiv Koblenz, Abt. 54 B, Nr. 3520, Fol. 17, Rückseite; für den Hinweis auf die Prozeßakten danke ich herzlich den Herren Heinrich Ackermann, St. Johann, und Gottfried Rausch, Waldesch). — Auch aus weiteren Hexenprozessen in der Eifel geht hervor: „Das Abschwören von Gott erfolgt an einem Kreuz in der Dorfflur. In Stadtkyll ist es das Kreuz, das im ‚dellgen Pesch' steht; das Kreuz steht noch heute" (Adolf Kettel in Die Eifel, Ztschr. Eifelverein, 1954, S. 39).

[45] Freilich ist das geschmückte Kreuz in der Dorfflur seltener geworden. Früher war der Ginsterzweig, der Blumen- oder Kräuterstrauß, hinter die Beine des Kruzifixus gesteckt, ein gewohnter Anblick. Der Steintisch vor dem Kreuz oder die Konsole am Schaft seien „für Blumen", glaubt man heute, da die sakramentale Funktion nicht mehr bekannt ist. Häufig findet man zum Beispiel einen frischen Strauß Feldblumen oder solche aus dem Garten auf dem Aussetzungstisch vor dem „Schäferkreuz" (Abb. 1/165). Alter Brauch — das weiß man auch sonst — lebt oft im Spiel der Kinder fort (vgl. Abb. 210; Sakramentsmal vom Jahre 1591 — nicht 1597, wie bei Abb. angegeben; an der Nische Falz und Ankerlöcher von ursprünglichem Gitter, auf dem Schaft Schild mit Hausmarke und die weitere Jahreszahl 1646). Nie sieht man das alte Nischenmal Abb. 26 ohne einen Schmuck, der oft erneuert wird; das Mal wird von einer bestimmten Familie in Mayen betreut. Auch ein Kreuz bei Nickenich (das sog. Schlangenkreuz; vgl. XI, Anm. 41) fand ich immer geschmückt; es hieß, das besorge ein Mann aus Andernach. An Kreuzen im Ortsbereich wird oft eine kleine gärtnerische Anlage mit Blumen von einer Familie in der Nachbarschaft gepflegt.

[46] Zweifellos sind die Ähren an dem Flurmal bei Polch, Abb. 333, im Votivsinne für das Gedeihen der Frucht hier befestigt worden.

Die Halme wurden in einen Draht gesteckt, der um das Kreuz geschlungen ist; einen solchen Draht hatte ich dort schon in früheren Jahren gesehen, wahrscheinlich wird diese schlichte Votivgabe jedes Jahr angebracht.

[47] In allen Landschaften ist beobachtet worden, daß oft ein älteres Kreuz „das neue an sich zog" (Mößinger, S. 91). Regelrechte „Kreuznester", wie sie sonst hier und da bekannt sind, finden sich in unserem Raum nicht.

[48] Hier ist aber auch zu berücksichtigen, daß oft der Kultgebrauch diese Aufstellung bedingt hat, zum Beispiel wenn beim Prozessionsmal an einer Kapelle beide als Station für Umgänge dienten, sei es zugleich oder zu verschiedenen Zeiten (vgl. etwa V, Anm. 24, zu Abb. 31, 385). An Kirchen oder Filialkapellen aufgestellt sind die Mäler Abb. 113 f., 323, 351, 362, 379—383, 390, 397 f., 432, 435 und andere abgebildete.

[49] Dies wird, wahrscheinlich nach älterem Brauch, 1562 auch in einer Bestimmung des Tridentinums gefordert (vgl. Naegele, II, S. 381; weiter Brockpähler, S. 144; Wagner, Kreuzverehrung, S. 148).

[50] Das Mal Abb. 204, mit der Inschrift „1812, IOHAN ADOLF BEL VON HEIDERHOF B(ei) K(empenich)", ist zweifellos ein Grabkreuz vom Pfarrkirchhof (wo noch Kreuze desselben Typs mit den ungewöhnlich großen gekreuzten Knochen eingemauert sind); es wurde später bei dem Gehöft aufgestellt, von dem der Verstorbene stammte (vgl. Abb., Dächer im Hintergrund). Charakteristisch ist die spätere Bildung einer Ortssage, hier sei ein Schäfer vom Blitz erschlagen worden (freundliche Mitteilung von Frau Hilger, Heidnerhof); nicht historisch, wie die Inschrift zeigt. Auch bei einem anderen in der Flur aufgestellten Grabkreuz entstand eine Sage, nach der das Mal ein Sühnekreuz sein soll (vgl. IX, bei Anm. 77—80). Das Grabkreuz des Peter Welling, wahrscheinlich des Zunftmeisters der Hämmerer in Mayen (Abb. 212; vgl. IX, Anm. 36), ist am Pilgerweg zur Fraukirch aufgestellt worden. Weiter seien hier nur genannt das Mal Abb. 103, auf einer Hofmauer eingelassen, und das Mal Abb. 305, das im Dorf an einer Straßenkreuzung steht. — Der Befund einer Zweitaufstellung von Grabkreuzen zeigt sich auch in anderen Landschaften. „Wie noch heute mancher Landbewohner, wenn die Grabstätte seiner Vorfahren verfällt, das Kreuz auf seinen Hof nimmt und dort auf der Wiese am Wege oder an einer Straßenecke wiederaufbaut und am Allerseelentage mit einem Kranze schmückt, so hat man in mehreren Orten Ostlimburgs auch schon im 17. Jahrhundert getan: auf solche Weise läßt sich erklären, daß Kreuze, in Form und Inschrift den auf dem Friedhof stehenden vollständig gleich, heute an Straßen vor einer Hecke stehen" (Jeuckens, S. 9). Aus der älteren inschriftlosen Zeit ist in unserem Bestand das Grabkreuz nicht vom niedrigen Flurkreuz zu unterscheiden, so daß bei Kreuzen dieser Art an irgendeinem Standort die ursprüngliche Funktion als Grabkreuz nicht ausgeschlossen werden kann (vgl. I, Anm. 2).

[51] Vgl. hier I, Anm. 61; zur Seelenbitte am Kreuz Kapitel VII.

[52] So Brockpählers Bezeichnung von Absatz III im Teil „Bedeutung der Steinkreuze"; in diesem Absatz werden unter anderem die „Pestkreuze" behandelt — übrigens mit beachtenswerten Angaben (S. 144 f.).

[53] Kreuze dieser Bezeichnung werden „mit der Pest in Verbindung gebracht" (a. a. O.). Einen bestimmten Fall nennt Naegele; nach einem Bericht von 1862 soll ein als Schwarzes Kreuz bezeichnetes Mal „zur Erinnerung an die Bewahrung vor der Pest" gesetzt worden sein (II, S. 382). — Ein Basaltlavakreuz mit diesem Namen wurde schon genannt (II, Anm. 58). Vielleicht steht es nicht zufällig am alten Weg nach Bruchhausen, einem vielbesuchten Marienkultort. Es ist möglich, daß einst auch Bittgänge für die Abwendung von Pestgefahren zur Muttergottes von Bruchhausen unternommen wurden, und ein Totentanz-Bild in der Kirche, ehemaliges Antependium und vielleicht die einzige rheinische Darstellung dieser Art (KD Neuwied, S. 77), macht solche Gänge sogar wahrscheinlich — das zeitgenössische Motiv des „Danse macabre" ist kaum zu trennen von den Vorstellungen des unerbittlichen Todes durch die Pest. Möglicherweise hat also das „Schwarze Kreuz" am Weg nach Bruchhausen in diesem Zusammenhang seinen Namen erhalten. — Ein sicheres historisches Zeugnis für die Bedeutung so bezeichneter Kreuze ist mir nicht bekannt. Wie jung dagegen ein derartiger Name mitunter sein kann, zeigt das Beispiel eines barocken Prozessionskreuzes aus Basaltlava mit „Kruzifixus, Segensnische und Konsole" von 1734 bei Ahrbrück (KD Ahrweiler, S. 219; ehem. Ort Denn). Ich erfuhr, daß man es „das schwarze Kreuz" nennt. Eine genauere Nachforschung ergab dann aber, daß dies erst durch die Neusiedler aus ostdeutschen Landschaften geschieht (seit 1945; das Gebiet war im Krieg als Übungsplatz geräumt), während die alten Einwohner das Kreuz nie anders als nach dem kleinen Bach an seinem Standort benannt hatten (freundliche Mitteilung von Herrn Bürgermeister Thomi, Ahrbrück).

[54] Eine Gemeinde im Badischen, auf einer Jurahöhe gelegen, hat „an den Grenzen ihrer Gemarkung vier Gruppen von Holzkreuzen errichtet . . ., um nach den vier Himmelsrichtungen hin die Pest von Menschen und Tieren abzuhalten"; einige dieser Mäler waren doppelbalkige Schutzkreuze (HDA, VI, Spalte 1513; Heimberger, S. 273). Auch ein anderes Dorf wurde einst „durch ein solches Pestkreuz von der Seuche freigehalten" (HDA a. a. O.). Während

einer Pestzeit (1634) wurde in einem anderen Ort eine diesbezügliche Bittprozession aus der Nachbarschaft aus Angst vor Anstekkung „bei dem alten Feldkreuz an der Grenze" der Gemarkung abgewiesen und zurückgetrieben (Heimberger, S. 274 f.). Viele Schutzkreuze sollten allerdings nicht nur die Pest, sondern Gefahren jeder Art abhalten (vgl. etwa die Kreuzinschrift VI, bei Anm. 27). Der Name „Pestkreuz" zeigt den abwehrenden Sinn des Mals auch im Vergleich zu den Bezeichnungen „Wetterkreuz" oder „Hagelkreuz" (VI, Anm. 27; vgl. diese Anm. auch zu den weiteren Ausführungen über Pestkreuze).

[55] Im Westfälischen gelobte eine Gemeinde 1637 nach dem Erlöschen der Pest jährliche Dankprozessionen „zu ihren Kreuzen", die demnach, so Brockpähler, „erst damals den Charakter von ‚Pestkreuzen' angenommen haben" (S. 145). Nach einer Eifeler Ortssage sollen zwei Kreuze „noch aus der Pestzeit herstammen"; als die Seuche im Dorf war, hat der Pastor „die Messe an einem Kreuz gelesen" (Zender, Sagen, Nr. 113). — Bei den zahlreich bezeugten „Pestprozessionen", oft aufgrund eines Gelübdes (auch manche noch heute gehaltene jährliche Ortsprozessionen sollen darauf zurückgehen), haben Kreuze als Stationen sicher oft eine Rolle gespielt. Ziel solcher Gänge waren auch besondere „Pestkapellen" zu Ehren der Heiligen Sebastian, Rochus und anderer (die vielleicht bekannteste auf dem Rochusberg bei Bingen; vgl. zum religiösen Brauch der Pestzeiten LThK, VIII, Spalte 108 f.). Eine Rochuskapelle in Dottendorf wurde schon genannt (VI, bei Anm. 31). Ein Heiligenhäuschen bei Klotten „wurde im 17. Jahrhundert als Pestkapelle erbaut" (KD Cochem, II, S. 546); davor steht eines der drei erhaltenen Sakramentsmäler des Ortes aus dem letzten Jahrzehnt des 16. Jahrhunderts (vgl. V, Anm. 13; ein Detail dieses Mals Abb. 186).

[56] Das Votum der Bewahrung vor der Pest war, wenn es bei der Stiftung des Sakramentsmals nicht sogar im Vordergrund stand, in den entsprechenden Zeiten zumindest ein bedeutender Teil der Votivmeinung. Vermutlich ist das T-Zeichen am Nischenmal, sei es Thau- oder Antoniuskreuz (vgl. VI, bei Anm. 67—69), ein Hinweis auf den Gedanken der Pestabwehr. Überall, so heißt es, brachte man das T an, um die Pest abzuwehren, über der Haustür, beim Vieh auf den Hörnern, beim Menschen auf der Stirn und an den Gewändern, man sah es als Anhänger, auf Pestblättern usw. (HDA, VI, Spalte 1512 f.). Am Stationsmal finden wir es in unserem Raum auf einem undatierten Schöpflöffel (Abb. 187) und als Bekrönung eines Mals von 1473, einst an einer der Pforten des befestigten Ortes Obermendig (Abb. 153); vgl. weiter das Zeichen an anderen Mälern (z. B. Abb. 235). Der schon 1562 erwähnte Name „stumpig creuz" bei Rieden bezieht sich wahrscheinlich ebenfalls auf ein T-Zeichen am Flurmal (VI, Anm. 67) — möglicherweise am Sakramentsmal, denn am Weg zu der noch heute so benannten Stelle, wo jetzt ein Steinkreuz von 1702 mit dem Thau-Zeichen steht, ist ein frühes Nischenmal erhalten (Abb. 264; mit dem Stabkreuz als Schutzzeichen).

[57] Kyll sieht in den „Schwärenkreuzen", die gemeinhin als Pestkreuze gelten (vgl. unten), Kreuze für verstorbene Leprosekranke, die schon zu Lebzeiten abgesondert waren und auch kein Grab auf dem Friedhof erhielten (Volkskanonisation, S. 45 f.); dies kann im Einzelfall zutreffen, allerdings keinesfalls da, wo es sich um Nischenmäler handelt (vgl. VI, Anm. 146). — Pesttotenkreuze erscheinen in Eifeler Volkserzählungen. „Auf Niederprüm zu steht ein Pestkreuz, da starb der letzte aus Prüm an der Pest" (Zender, Sagen, Nr. 120). Oder eine Frau „lief in der Pestzeit vom Dorf fort; da wo das Kreuz gestanden hat, fiel sie um und war tot" (Nr. 123; im gleichen Sinne Nr. 121 f., 124).

[58] „Die unheimlich wirkende Seuche forderte auf dem Maifelde ihre Opfer bis über die Mitte des 17. Jahrhunderts. Heute noch vorhandene *Pestkreuze* bei Kalt, Mörz, Metternich und Keldung *tragen die Jahreszahlen jener Zeit*" (J. Dünchem in Die Eifel, Ztschr. Eifelverein, 1953, S. 7 f.; dabei Foto von dem Mal unserer Abb. 46 mit der Unterschrift „Pestkreuz bei Mörz"; das Bild mit derselben Unterschrift dann auch in Münstermaifelder Heimatbuch, S. 63). In Nickenich wird ein von einem Pfarrer 1648 gestiftetes Votivkreuz neuerdings als Pestkreuz bezeichnet. Exakte örtliche Forschungen zum Problem sogenannter Pestkreuze fehlen noch.

[59] „Von dem Gedanken ausgehend, daß das Kreuz ein Baum sei, der uns in der Erlösung kostbare Früchte reifte, schuf man im 14. Jahrhundert . . . Kreuze, deren Längs- und Querbalken aus unbehauenen Baumstämmen bestanden" (Künstle, Christliche Kunst, S. 472). Freilich zeigt sich am Steinkreuz nicht die weitere Ausgestaltung dieses Gedankens (vgl. etwa ein Bild in Karden; KD Cochem, II, Abb. 346). Formen wie an dem undatierten Grabkreuz von Obermendig (Abb. 87) oder sogar noch die dornenartigen „Ornamente" an eckigen Kreuzbalken im Jahre 1629 (Abb. 212), die an gotische Formelemente erinnern, sind hier einzuordnen. Eine Renaissance der Darstellung der Kreuzbalken als unbearbeitete Stämme zeigt sich noch einmal an Steinkreuzen seit dem späten 19. Jahrhundert (Abb. 280 f.; Denkmäler dieser Art stehen noch auf manchen Friedhöfen).

[60] Vgl. zunächst VI, Anm. 146. Man erzählt: „In Pickließem steht ein Kreuz, die Beulen von der Pest sind daran abgebildet" (Zender,

Sagen, Nr. 119). „Unterm Dorf steht ein Kreuz, das voller Geschwüre ist; es ist ein Pestkreuz aus dem dreizehnten Jahrhundert, das wurde da aufgerichtet, wie die Pest und die schwarzen Pokken hier waren" (a. a. O., Nr. 514). Die Meinung ist noch heute volkstümlich; in Pickließem fragte ich Vorübergehende scheinbar beiläufig nach den Erhöhungen auf den Kreuzbalken; „das sind Geschwüre", hieß es sofort. Kyll hat, ebenso wie Meyer, die volkstümliche Deutung als bare Münze genommen: „Am Kreuz meißelte der Steinmetz als äußeres Kennzeichen oft beulenartige Erhöhungen heraus, z. B. am Schwärenkreuz bei Lorich vierzehn an der Vorderseite und je drei an den beiden Breitseiten" (Volkskanonisation, S. 46). — Bei der Besichtigung des oft genannten „Schwärenkreuzes" von Pickließem, 1570, mit Sakramentsnische, fand ich dagegen bestätigt, was zu vermuten war. Schon die runden statt der üblichen kantigen Balken zeigen, daß unbehauene Stämme angedeutet werden sollen. Die Erhöhungen daran sind oben völlig flach, danach sind zweifelsfrei Stümpfe abgesägter Äste gemeint. Beides ist aber nicht naturalistisch dargestellt (wie im 19. Jahrhundert), sondern ganz schematisch. Auch Zender spricht vom „Kreuz, dessen Schäfte als Baumstämme mit Astknoten gearbeitet sind: die Astknoten gelten dem Volk als Geschwüre" (Gestalt und Wandel, S. 265). Bekanntlich sind derartige Umdeutungen unverstandener Phänomene nicht selten.

[61] Zu den Votivgängen vgl. bes. Kyll (a. a. O. in VI, Anm. 146). Vor das Kreuz oder in dessen Nische wurden dabei oft Votivgaben gelegt, nach den Volkserzählungen sowie auch nach anderen Berichten (in Pickließem nach Kyll bis um 1930).

[62] Vgl. auch oben zum *Gang* der Fußfälle („Sieben Kreuze *gehen*" u. ä.), bes. Anm. 23 am Anfang. — Wenn auch heute viele Teilnehmer in Bussen oder mit dem eigenen Wagen zum Kultort kommen, so zeigt sich bei den Pilgergruppen, die die vielfach weiten Wege noch immer zu Fuß zurücklegen, nicht nur ein Festhalten an der Tradition, sondern auch das Bewußtsein, daß dieser Gang wesentlich zum Besuch des Kultortes gehört. Von daher ist weiter zu verstehen, daß viele nur einen Teil der Strecke fahren, dann aber noch das letzte Stück des Weges pilgern.

[63] Eine namhafte Zahl von Wegkreuzen steht noch heute in diesem Brauch; Anwohner sowie die Pilger selbst wissen davon zu berichten (vgl. auch I, bei Anm. 50, zum „Afelskreuz"; II, Anm. 64, zu dem Basaltlavakreuz am Weg nach Kevelaer). Oft war oder ist ein Kreuz am Ortsrand auch Sammelpunkt und Ort, wo der Pilgerzug nach einem Gebet abgeht (an einem Kreuz bei Kruft z. B. gehen jährlich die Wallfahrten ab nach *Maria Hilf* in Koblenz, Bornhofen am Rhein und *Not Gottes* im Rheingau). Gelegentlich wird noch heute ein Pilgerrastkreuz errichtet, so ein hohes Sandsteinkreuz an der Straße Mayen — Kürrenberg, „GESTIFTET VON DER MARIA-HILF-PROZESSSION HILLESHEIM, AD 1964"; die Pilger aus Hillesheim, bei Gerolstein in der Eifel, ziehen jedes Jahr die dreitägige Wegstrecke nach Koblenz (vgl. Anm. 69) und machen an dem von ihnen aufgestellten Kreuz Station. Zur Eigenart rheinischen Wallfahrtswesens und Pilgerbrauchs verweise ich auf die wichtigen Ausführungen von Zender, Gestalt und Wandel. Neben Pilgerzügen mit zahlreichen Teilnehmern sind Bittgänge einzelner Personen und kleiner Gruppen, vielfach unabhängig von bestimmten Terminen, hier charakteristisch. — Das Rasten oder Sitzen am Kreuz ist auch abgesehen vom Pilgergang ein zwar unauffälliger, doch in diesem Zusammenhang bemerkenswerter Brauch. Hierbei hat früher zweifellos das Seelengebet am Kreuz eine Rolle gespielt (Kapitel VII), möglicherweise auch, wie Röder annimmt, alter Totenglaube (Rechtsdenkmäler, S. 184 ff.). Durchaus im Sinne der alten Gepflogenheit ist es anzusehen, daß man noch heute gern eine Ruhebank am Wegkreuz aufstellt. Eine Bank steht zum Beispiel auch am bisherigen Standort des „Golokreuzes" von 1472, und häufig saßen dort vor allem ältere Leute aus den benachbarten Dörfern.

[64] Vgl. V, bei Anm. 15, 19 f.; zur Rast am Sakramentsmal bei der Prozession Anm. 14, bei Anm. 30 f.; zur Fraukirch (Abb. 213) als Kultort vgl. IV, Anm. 18, und viele weitere Erwähnungen. Zur sakramentalen Prozession der Mayener dorthin am Ostermontag, mit Gepränge und Kampfspiel auf dem Hinweg, vgl. Brink/Hilger, S. 196—198; Caspar, S. 102—106. — Alte Nischenmäler am direkten Weg zur Fraukirch zeigen etwa Abb. 15—17, 149 f., 211; aber noch viele weitere abgebildete Denkmäler standen in Verbindung mit Sakramentsprozessionen dorthin.

[65] Die Wallfahrt nach St. Jost (vgl. Abb. 214), einer Kapelle im unwegsamen Nitztal, bei Langenfeld in der Eifel gelegen, ist bisher nur in einigen lokalen Beiträgen beschrieben worden (vgl. bes. Caspar, S. 106—108; zum Kult allgemein vgl. Jost Trier, Der heilige Jodocus, sein Leben und seine Verehrung, Breslau 1924, Germanistische Abhandlungen, Heft 56). Diese Wallfahrt, jährlich an mehreren Sonntagen Anfang Oktober, verdient aber besonderes Interesse; das weite und relativ dicht belegte Einzugsgebiet ist ebenso bemerkenswert für diesen unscheinbaren und oft nur den Pilgern bekannten Kultort wie das Fortleben der Gänge und des begleitenden Brauchtums in den Orten zwischen Rhein und Mosel bis auf den heutigen Tag (zu einem besonderen Brauch vgl. unten, bei Anm. 71 ff.). — „In der barocken Zeit", meint Caspar, „hielten auch die Mayener eine sakramentale Prozession nach St. Jost"

(a. a. O.). Caspar beruft sich auf Schippers, wo es heißt: „Feierliche Wallfahrten, z. B. zur Frauenkirch in der Pellenz, nach St. Jost, gingen gewöhnlich mit dem Allerheiligsten." Offenkundig hat Schippers von den ihm bekannten sakramentalen Gängen zur Fraukirch ohne Bedenken auf gleiche Verhältnisse in St. Jost geschlossen. In Wirklichkeit gibt es nicht den geringsten Hinweis, daß der Kultort im Nitztal zu irgendeiner Zeit theophorische Prozessionen gekannt hätte (auch das Kreuz Abb. 441, mit Monstranzkonsole, kann allein nicht als Hinweis angesehen werden).

[66] „1684 DEN 21. MAI IST HVBERTVS HEINZEN VON ARWEILER, PILGRAM, ALHIR IN DEN H(errn) ENTSCHLAFEN, GGDS (Gott gnade der Seele)" — niedriges Totenkreuz mit Hausmarke, Basaltlava, am Gillenfelder Maar (nach Meyer, Trier; Band Kreis Daun); seit Straßenbau vor einigen Jahren wird das Kreuz vermißt. Es wurde, weit vom Heimatort entfernt, zweifellos für einen aufgestellt, der auf der Wallfahrt nach Trier an dieser Stelle verstorben war.

[67] Auch in größerer Entfernung vom Kultort wählte man zur Aufstellung gewiß gern den Weg, auf dem man dorthin zog, doch ist der Bezug in diesen Fällen meist nicht erkennbar. — Zu den zahlreichen Kreuzen nahe der Fraukirch vgl. etwa Abb. 70, 300; Abb. 213 zeigt im Hintergrund des Votivkreuzes die Fraukirch (romanischer Bau, dessen Seitenschiffe im 19. Jahrhundert niedergelegt worden waren; im Bild sind die Obergadenfenster zu erkennen); Abb. 212 ein ehemaliges Grabkreuz am Pilgerweg (vgl. Anm. 50; wenn es ein Totenkreuz wäre, fände sich beim Inschrifttext „STARB" die Angabe „allhier" o. ä.). Eine Reihe von Kreuzen findet man jetzt direkt bei der Kirche (Abb. 59; Aussparung im Mühlsteinsockel vielleicht vom Schaft eines Sakramentstisches), darunter übrigens fünf aus der Werkstatt E (Abb. 360; dazu kommt ein sechstes von 1639 in Mendig, Sammlung Michels, das früher ebenfalls nahe der Fraukirch stand). Diese Kreuze sind größtenteils von den nahen Wegen bei der ringsum erfolgten Bimsausbeute hierher versetzt worden. Bekannt wegen der großen Zahl von Kreuzen war besonders der Pilgerweg Hausen — Fraukirch (den auch die Mayener gingen), doch ist der Bestand inzwischen dezimiert. — Von den Votivkreuzen oder -bildstöcken im Mayener Hinterwald am Weg nach St. Jost (Kürrenberg — St. Jost) konnten vier beachtenswerte Stücke des 17. Jahrhunderts aufgrund der Hausmarken und Initialen als Stiftungen angesehener Mayener Bürger und Zunftmeister erkannt werden (Abb. 215, 231 f., 234; vgl. Kapitel X). Sie stammen vorwiegend aus der Werkstatt M (215, 231, wohl auch 234; aus derselben Werkstatt dann noch ein weiteres Kreuz an diesem Weg, „Görgens Kreuz" genannt). — Es wären noch andere Kultorte mit vielen Kreuzen an den umliegenden Wegen zu nennen, etwa die alte Schwanenkirche bei Roes (jetzt Neubau nach Zerstörung), doch müssen die vorstehenden Angaben hier genügen.

[68] Ein Bildstock unweit vom sog. Golokreuz ist 1628 dem Gedächtnis des Kreuzes (der Erlösung), zugleich aber „IN SANT GENOVE(ve)N EHR" gestiftet worden — wahrscheinlich der dem Volk heiligen Pfalzgräfin, deren Kult zur Zeit der Kreuzstiftung in der Fraukirch blühte (Is. 117; vgl. IV, Anm. 18). — Ein 1623 „IN S(ankt) MATHIS EHR" gestiftetes Mal, am Weg, auf dem man einst nach Trier zog, stand im Votivgedanken zweifellos mit dieser Wallfahrt in Verbindung (Is. 116; Abb. 437). Den gleichen Bezug zeigt das Kreuz am Steinerberg mit der Darstellung des hl. Matthias (Abb. 426). Am Weg von Rech an der Ahr zu diesem Kreuz hin — dem Weg, den die Pilger nach Trier gingen — stehen zwei weitere Basaltlavakreuze; auf dem ersten liest man die Inschrift: „1781, FER(di)NANT WOLFF V(nd) SHF (seine Hausfrau) MARGARETHA SCHVLTES HABEN D(ies) CREVTZ AVFF GR (gericht) Z(u) EHREN G(ottes) V(nd) D(es) H(eiligen) AP(ostels) MATHIAS" (die genannte Stifterin ist vielleicht verwandt mit der CATARIN SCHVLDIS VON RECH, deren Name auf dem Kreuz Abb. 426 steht). Auf dem zweiten, weit älteren Kreuz lautet die Inschrift: „ZV EHREN IESVS, MARIA, MITT MATTHIA. ANNO 1696 HABEN AN DIESEM ORTH VNSER PILGER DIE BRVDERSCHAFT DES H(eiligen) APOS(tels) MATHIAE ANGEFANGEN, I.H.A.K." (die beiden Inschriften entnehme ich dem Material, das mir Herr Ignaz Görtz, Altenahr, freundlich zur Verfügung gestellt hat; vgl. II, Anm. 59).

[69] Nach KD Cochem findet sich auf dem Friedhof von Forst bei Karden „ein Grabstein mit einer Nachbildung des Gnadenbildes der Schwanenkirche" (I, S. 386); gemeint ist das Grabkreuz unserer Abb. 324. Die Zuordnung scheint mir zweifelhaft, denn das Bild am Steinkreuz gleicht dem der Schwanenkirche (Abb. a. a. O., II, S. 714) nicht mehr als andere Vesperbilder auf Kreuzen, wesentliche Merkmale sind sogar verschieden. — Dagegen zeigen Abb. 216—219 in der Gegenüberstellung von Bild und Nachbild einen derartigen Befund; eine Beschreibung erübrigt sich. Zum Gnadenbild auf dem Kreuz vgl. zunächst VI, Anm. 90. — Das Bild aus der Weinfelder Kirche ist mehrfach in Stein dargestellt worden, und zwar von der Werkstatt A (neben Abb. 219 — dasselbe Kreuz Wrede, Nr. 45 — vgl. Abb. 408 f.; ein weiteres Kreuz steht in Bodenbach, vgl. I, Anm. 68; Datierungen Kelberg 1747, Bodenbach 1748). Aus jüngerer Zeit findet man das Gnadenbild auch auf einem Sandstein-Grabkreuz des Kirchhofes am Totenmaar. Nach KD Daun stammt die Weinfelder Skulptur der „ 'mater dolorosa' mit der seit dem 16. Jh. verwendeten Symbolik der sieben Schwerter"

aus dem Anfang des 18. Jahrhunderts, „offenbar nach einem älteren Vorbild" (S. 260); nach Diebstahl und Rückkehr wurde sie nicht mehr in der einsamen Kirche aufgestellt. Eine Untersuchung über Bittgänge zur Mater Dolorosa von Weinfeld ist mir nicht bekannt; die genannten Darstellungen sind indessen eindeutige Zeugnisse für einen Kult. Sie finden sich in einer Flucht vom Kultort bis zur oberen Ahr. Belege, die einen Zusammenhang mit der Muttergottes vom Totenmaar zeigen, wurden aber auch in anderen Richtungen festgestellt, einige auf verwitterten Bildstöcken aus rotem Sandstein. Der Sitz der Werkstatt A ist bisher nicht bekannt; die Weinfeld-Bilder lassen an einen Ort im Verbreitungsgebiet des Kultes denken, obwohl das verarbeitete Material, vielleicht in Form von Kreuzrohlingen, aus dem Bruchgebiet Mayen-Mendig stammen dürfte (vgl. II, bei Anm. 9—13). — Das Kreuz von Polch mit der derben und doch eindeutigen Darstellung des Mariahilf-Bildes bezieht sich ohne Zweifel auf die Kultstätte am linken Moselufer von Koblenz (Lützel/Neuendorf). „Die Verehrung des Cranachgemäldes als Mariahilf-Bild ging von Passau aus" (Mindera, S. 12; vgl. S. 11—34 sowie Abbildungen zur Entwicklung des Kultes, zu den ungezählten Kopien der Cranach-Darstellung und zu den Belegorten im deutschen und benachbarten Raum). Für die Gnadenstätte von Koblenz findet sich die erste Erwähnung 1759, wo „das Heiligenhäuschen ‚Maria-Hilf' ein neues Dach" erhielt, „da viele Leute aus Koblenz und aus der Nachbarschaft ihre Zuflucht dahin nähmen" (Die Gnadenkapelle Mariahilf bei Lützelkoblenz, in: Alt-Koblenz, hgg. von Hans Bellinghausen, Bd. 2, Koblenz 1932, S. 167—175). Das Polcher Kreuz bezeugt die Verehrung eines entsprechenden Bildes schon siebzig Jahre früher. Das heutige Gnadenbild, eine Skulptur aus Holz, früher in einer Kapelle in Koblenz-Lützel und jetzt in der Pfarrkirche Koblenz-Neuendorf, ist eine Arbeit des 18. Jahrhunderts (KD Koblenz Kirchen, S. 322, Abb. S. 308) und daher jünger als der ursprüngliche Kult. Zum Pilgergang nach Koblenz vgl. auch Anm. 63. Für freundliche Angaben danke ich den Herren Pfarrer Künster, Maria-Hilf in Lützel, und Pfarrer i. R. Mechelen, Niederbreisig, früher in Neuendorf.

70 Vgl. Kapitel VI im ganzen. Die Worte „MARIA HVELF" am Votivkreuz von Polch sind nicht zur Erläuterung des Bildes eingehauen, sondern ohne Zweifel als Bittruf in dem Anliegen der Stiftung. Die Worte galten seit dem 17. Jahrhundert als „Stoßseufzer" mit kraftvoller helfender und schützener Wirkung (vgl. Kriss-Rettenbeck, Bilder und Zeichen, S. 24 f.). Am Steinkreuz wird die vom Bild ausgehende Kraft — nicht anders als auf Schutzblättern — durch das Wort verstärkt. Auch die Worte „MATER DOLOROSA" beim Bild der Schmerzensmutter sind so zu verstehen, und gewiß mit Bedacht sind sie auf dem Schild eingehauen, wo sonst der heils- und schutzkräftige Titulus INRI steht (vgl. VI, Anm. 81; Abb. 219, 408). Beachtenswert ist weiter eine andere Darstellung der MATER DOLOROSA aus der Werkstatt A (Abb. 407, 410 f.), wobei es sich möglicherweise ebenfalls um die Nachbildung einer bestimmten Figur mit dem Ruf eines Gnadenbildes handelt.

71 Es ist eines der in Anm. 67 erwähnten Mäler im Mayener Wald am Weg nach St. Jost, die von Bürgern der Stadt gestiftet wurden. Der Bildstock von 1645 (Abb. 215), gearbeitet in der Werkstatt M, stammt von HANS NEIZER und seiner Frau ANA BELGES. Der Stifter wird wiederholt im Zunftbuch der „Hämmerer" und im Kirchenbuch erwähnt (so wird etwa am 26. 5. 1646 eine Tochter des „Joannis Neitzer Senatoris" getauft; vgl. auch Kapitel X).

72 Zu dem Brauch zunächst die Angaben von Frau Paula Mauer in Pommern/Mosel, die schon fünfundzwanzigmal am Pilgergang nach St. Jost teilgenommen hat (früher ging man nachts um 2 Uhr in Pommern ab, von St. Jost am gleichen Tag wieder zurück bis Weiler, wo man übernachtete). An einer bestimmten Stelle, etwa eine halbe Stunde vor dem betreffenden „Kreuz" (es ist das letzte vor einem steilen Abstieg ins Tal) beginnt man zu beten, wobei die Worte „Heiliger Jodokus, zu dir kommen wir, deine Hilfe erflehen wir" oft wiederholt werden. Zugleich beginnen die Männer, mit dem mitgebrachten Taschenmesser Zweige abzuschneiden — der Weg führt stets durch Wald — und daraus im Gehen kleine Holzkreuzchen zu fertigen, für sich selbst sowie für die Frauen und Kinder der Pilgergruppe. Teils wird ein Zweig gespalten und der andere hindurchgesteckt, teils werden die beiden Hölzchen mit Halmen oder einem Stück Rinde in Kreuzform zusammengebunden. Es wird als ungebräuchlich empfunden, wenn einer ein schon zu Hause gefertigtes und vielleicht sogar mit Namen und Datum versehenes Kreuzchen mitbringt. Hat man das betreffende Mal erreicht, hält man an und betet das Gesetz des „Schmerzhaften Rosenkranzes" mit den Worten „der für uns das schwere Kreuz getragen hat" (auf dem Mal ist die Kreuzschlepper-Szene dargestellt; Frau Mauer sieht aber auch einen Zusammenhang zwischen dem Gebet und dem Kreuzchenlegen). Währenddessen legt jeder persönlich sein Kreuzchen am Fuß des Mals nieder. Danach beginnt man den Abstieg zur Jodokuskapelle im Tal, indem man weiter den Rosenkranz mit dem genannten Einschub und endlich, der Kultstätte sich nähernd, wieder den Ruf zu Jodokus betet. — Zur Motivation wird heute am häufigsten gesagt, man lege die Kreuzchen nieder, „um auf dem abschüssigen Bergpfad ohne Schaden . . . hinabzugelangen" (Caspar, S. 108; so allgemein in Mayen und Umgebung; es heißt auch „damit man gut wieder heimkommt"

usw.). Nach Frau Mauer, Pommern, legt aber jeder mit diesem Zeichen „sein persönliches Kreuz", das heißt sein Leid und seine Anliegen, dem Heiland zu Füßen, damit die diesbezüglichen Wallfahrtsbitten erhört werden (vgl. Anm. 75). Die schlichte Votivgabe steht danach in Beziehung zu dem Votum des Pilgerganges — vermutlich die ältere, auf dem Dorf noch erhaltene Intention. — Im Brauch zeigen sich Varianten. So werden bei den Pilgergruppen mancher Orte Kreuzchen nur von denen gelegt, die zum erstenmal teilnehmen. Auch kommt es vor, daß einige ein Kreuzchen legen, andere nicht. In Berresheim ist ein Mann im Dorf zuständig für die Anfertigung der Kreuzchen für alle Teilnehmer; er macht sie am Vortag (wenn aber die Zahl nicht reicht, auch noch unterwegs). Endlich gibt es Gruppen, in denen die einen schon ein Kreuzchen mitbringen, während andere es erst unterwegs aus abgeschnittenen Zweigen anfertigen. — Bei den Pilgergruppen, die die Kapelle aus anderen Richtungen erreichen, ist ein entsprechender Brauch nicht bekannt. Dagegen wurden früher allgemein Votivgaben aus Wachs in der Kapelle geopfert, besonders Arme und Beine (Gicht und alle Gebrechen der Glieder stehen hier vornehmlich unter dem Patronat des Heiligen). Ein Sohn von Frau Mauer hatte den Fuß zerschmettert, wurde aber völlig geheilt; man dankt dies der Fürbitte des hl. Jodokus, und der Junge geht darum auch jedes Jahr mit nach St. Jost.

73 Vor allem die Untersuchungen von Kriss-Rettenbeck zeigen die zeitliche und räumliche Ausdehnung, aber auch die Variationsbreite entsprechenden Brauchtums (Bilder und Zeichen, S. 111 f. mit Anm. 192, weiter Anm. 87; „Kreuzchenstecken" und „Kreuzchenlegen"; Ex Voto, S. 36—40).

74 Auf einem von Kriss-Rettenbeck abgebildeten und beschriebenen Gemälde des Jahres 1514 sieht man eine Menge kleiner Kreuzchen abgelegt am Fuß eines hohen Mals in der Form des Thau-Kreuzes (vgl. VI, Anm. 69). Riten dieser Art sollen „mindestens seit dem 14. Jahrhundert brauchtümlich sein" („Kreuzchenstecken", S. 217).

75 Kriss-Rettenbeck a. a. O.; dort werden auch Belege aus Flandern und aus Irland genannt.

76 Neben einfachen Kreuzen aus Eisen, gelegentlich Wachs, werden vornehmlich, wie bei St. Jost, kunstlos gefertigte Holzkreuzchen abgelegt oder gesteckt, und zwar an Kultstätten, aber auch an Kreuzen, Bildstöcken oder Betsäulen, weiter an magischen Kultorten des Volkes wie Bäumen, Steinen, Wegekreuzungen und besonders häufig an Quellen und Brunnen (ohne entscheiden zu können, ob möglicherweise an einen Zusammenhang in älterer Zeit zu denken ist, sei erwähnt, daß auch nahe bei der Jodokuskapelle in der Eifel eine gefaßte Quelle, deren Wasser als heilkräftig gilt, von den Pilgern besucht wird). Das Legen oder Stecken erfolgt allgemein im Verlauf einer Begehung des Ortes. Aus einem Katalog von Belegen („Kreuzchenstecken", S. 214—217) einige Auszüge: „Schlichte aus Zweigen zusammengesteckte Kreuzchen waren um das Bründl abgelegt" (Nr. 1); „um ein Wegkreuz sind kleine Kreuzchen eingesteckt" (Nr. 5); „aus dem nahen Gebüsch werden Stäbchen geschnitten, die kreuzförmig zusammengesteckt und dann bei der Quelle in den Boden gerammt werden" (Nr. 10); „durch diese Schlucht führt ein Pfad zu einer kleinen Kapelle . . .; auf den herumliegenden (Stein-) Blöcken sind in die darauf wachsenden Moospolster kleine Kreuzchen gesteckt", die „aus Spänen mit Zwirn oder Schnüren zusammengebunden" waren (Nr. 23). — Nach Kriss-Rettenbeck „ist nicht ausgeschlossen, daß ursprünglich mit dem Kreuzchen die opfernde Person in ihrer Bereitschaft, sich ganz dem Willen Gottes zu unterstellen, bedeutet ist", und zwar angesichts der Symbolik, die mit dem Wort *Kreuz* „das in Leiden vollzogene irdische Leben" meint (Bilder und Zeichen, S. 111); auch ein einzelnes Leid wird ja so bezeichnet. Das Erlebnis einer solchen Bedeutung zeigt sich in den Äußerungen der befragten Pilgerin aus Pommern an der Mosel (vgl. Anm. 72).

77 Außer historischen Zeugnissen legt Kriss-Rettenbeck vor allem Belege aus dem süddeutschen und österreichischen Raum vor, doch wird die Liste (vgl. vor. Anm.) als beiläufig und noch ergänzbar angesehen. Es scheint dennoch, daß das Kreuzchenlegen in vielen Landschaften heute kaum noch bekannt ist. Aus dem westdeutschen Gebiet zeigt sich neben St. Jost in der Eifel, wo der Brauch noch ganz lebendig ist, vorerst nur ein Beleg aus dem Saarland, wo er im Anfang dieses Jahrhunderts noch geübt wurde. Ausführende waren Mädchen beim Gang zu den Kreuzwegstationen: „Nach jedem der vierzehn Gebete legt die Beterin ein Kreuzchen aus dürren Holzstücken auf den Pfad oder in das Moos. Das Kreuzchenlegen war eine Zeitlang auch Sitte bei den jungen Burschen; . . . heute wird diese seltsame Übung weniger gepflegt" (Nikolaus Fox, Saarländische Volkskunde, Bonn 1927, S. 262).

IX. INSCHRIFTEN

Wesentlicher und integrierender Bestandteil der Steinkreuze und ähnlicher Male sind deren Inschriften.

132 1. M(atribus) DO(mesticis) CASSIVS FORT(unatus) V(otum) S(olvit) L(ibens) M(erito). *Den heimischen Matronen* (Muttergottheiten) *löst Cassius Fortunatus sein Gelübde bereitwillig und gebührend ein.*

Indem er diesen Stein stiftet, können wir ergänzen. Der römische Stein, der diese Inschrift trägt – gefunden im Matronenheiligtum unmittelbar bei den Mayener Brüchen –, wäre, wenn nicht vorchristlich, das älteste vorhandene Votiv-„Kreuz" aus Basaltlava. Die Kultstiftung eines Steinmals als Ex Voto für die Gottheit, in bezug auf ein bestimmtes Anliegen des Stifters: Die Intention ist im Grunde die gleiche wie über ein Jahrtausend später bei der Stiftung vieler Kreuze. Vergleichbar ist auch die brauchtümliche Beliebtheit solcher Votivstein-Stiftungen in römischer Zeit; die zahlreichen Stücke unserer Museen beweisen es. Die Inschriften verraten stets – und häufig wie hier mit der Formel *votum solvit libens merito* – den Votivcharakter der Stiftung, verschweigen aber den individuellen Anlaß.[1]

Die nie fehlende Angabe, welcher Gottheit die Stiftung gilt, findet auf den Kreuzen ihre Entsprechung in Texten wie *zur Ehre Gottes* (zuweilen Mariens und anderer Heiliger). Auch die Inschrift auf einem in Mayen gefundenen römischen Grabmal, ebenfalls Basaltlava,

2. D(is) M(anibus). AMMINIO ADNAMATO DEF(uncto) RESTIA CONIVX F(aciendum) C(uravit). *Den göttlichen Manen (Totengottheiten). Für den Verstorbenen Amminius Adnamatus hat Restia, seine Frau, (das Grabmal) machen lassen.* 133

beginnt mit der Anheimstellung an göttliche Macht und weist damit den Grabstein als Kultmal aus. Eben dies ist von Anfang an auch das christliche Grabkreuz. Die römische Anrufung der Totengötter kann durchaus verglichen werden mit dem Anruf dort, Gott möge der Seele gnädig sein. Eine Parallele zu den Steinkreuzinschriften allgemein ist neben der namentlichen Angabe der Stifterin die ausdrückliche Mitteilung, daß diese das Mal machen und errichten ließ.

In beiden Inschriften sind stehende Formeln verwendet, deren Abkürzung, weil allgemein gebräuchlich, jeder verstand. Vor allem, wie schon hervorgehoben, die Votivformel *V S L M* und weiter die Schlußformel der Grabinschrift *F C* finden sich auf vielen römischen Steinen.[2] Ebenso gebräuchlich, und darum den Menschen der Zeit ohne weiteres verständlich, waren später bestimmte Abkürzungen auf den Steinkreuzen.

Die ältesten inschriftlichen Zeugnisse auf Basaltlava-Kreuzen oder Nischensteinen christlicher Zeit finden sich 1461 bis 1473 auf den vier Mälern des Stifters *Clais*
142–153 *Beligen* (u. ä.), denen ein besonderes Kapitel gewidmet ist. Zur Wiedergabe der Inschriften in gotischer Minuskel[3] ist anzumerken, daß auch hier – und zwar zugunsten eines besseren Lesebildes – ausgelassene Buchstaben, für deren Auslassung ein betreffendes Zeichen steht, ohne Kennzeichnung eingesetzt werden; einen Vergleich mit der Originalinschrift erlauben ja weitgehend die Abbildungen. Es sei aber betont, daß an manchen Stellen, besonders bei den Inschriften 3 und 5, die wiedergegebene Lesung noch Versuch ist.[4] Eine philologische Untersuchung dieser Inschriften liegt noch nicht vor[5], möchte allerdings durch diese Publikation angeregt werden. Beachtenswert wäre dabei auch die Frage nach den Texttraditionen und dem Einfluß der landschaftlichen Sprache auf die Schreibung.

In der folgenden Inschrift werden, um den Vergleich mit der Abbildung zu erleichtern, ausnahmsweise die Zeilen gekennzeichnet.

142–145 3. DIR SPRICHT G/OT DER HERE, O SUN/DER SICH AN DI WON/DEN MIN, WANNE SI DI / PORTEN DES HEMELS. — MCCCCLXI *(1461). Auf der rechten Seite* CLAIS BEILGEN.[6]

Vielleicht, ja mit einiger Wahrscheinlichkeit, war, wie bei den drei anderen Stücken, auch der Rand um die Nische beschriftet. Während diese Inschrift noch vertieft eingehauen ist, sind die weiteren drei dieser Gruppe, die folgende schon ein Jahr später, erhaben herausgearbeitet; eine Ausnahme bildet nur die Nischenumschrift im nächsten Text, mit vertiefter Umrandung der Buchstaben.

4. IHESUS *(um die Nische).* — MCCCCLXII *(1462).* 146–148
O SUNDICHER MENSCH SICH AN, WAT HAIT IHESU GELEDEN IND SIN MODER MARIA. — CLAIS BELIGEN. — *Auf den Seiten, rechts* S. GENOFEUA, *links* S. LAURENC(i)US.[7]

Ein Jahrzehnt später finden wir eine der bemerkenswertesten Kreuz- oder Bildstockinschriften überhaupt. Sie enthält das deutsche *SALVE REGINA.* Der Gebetstext steht auf dem etwa dreiviertelrunden Schaft angeordnet in zwei Spalten, getrennt mit durchlaufendem Strich, und ist weitergeführt auf den drei vorderen, trapezförmigen, Flächen des Sockels, wo die Zeilen über die Kanten hinweg durchlaufen. Die Schrift war einmal farbig gefaßt (Kapitel I). Der Name des Stifters steht auf der abgeflachten Rückseite des Säulenschaftes.

5. DATUM ANNO DOMINI MCCCCLXXII *(1472)* IM 149–152
AUSTMANOT *(August).* — GEGROCET SISTU MARIA, KOENIGINE DER BARMHERCZCIET; LEUEN IND SOSSICHET *(Süßigkeit)* IND VNS HOFFEN, GEGROCZT SISTU. ZO DIR ROFFEN MIR, ELLENDICH EVEN KINTDER, ZO DIR SVFCZCEN MIR, SCHRIEN VND WEINEN IN DISME DAL DER TRENEN. OCH DAR VMB, DU VNS VURSPRECHERINEN, KERE DIN BARMHERCZCIE AUGEN ZO VNS, VND NACH DIESME ELLEND BEWIS *(weise)* VNS IHESUM CHRISTUM, DIE GEBENEDIDE FRVCHT DYNS LICHAMS, O
BARMHERCZCIE MARIA. — *Auf der Rückseite* 266
CLAIS BELIEN.[8]

Das lateinische *SALVE REGINA* erfuhr seit dem 15. Jahrhundert zahlreiche Übertragungen ins Deutsche, aber vorwiegend in Form eines Kirchenliedes. Gegenüber diesen oft sehr freien Fassungen beziehungsweise Nachdichtungen[9] hält sich unsere Inschrift an den lateinischen Originaltext, außer der Einfügung des Namens *maria* am Anfang und einer Kürzung am Ende.[10] Beachtenswert ist an einigen Stellen der offensichtlich mundartliche Einfluß.[11]

Nach diesem am Weg zur Fraukirch stehenden Mal finden wir das letzte Stück dieser Reihe, noch nicht ein Jahr jünger, wieder in Obermendig selbst. Von ihm kann nur noch die Frontseite des Nischenkopfes mit den Worten

153 6. I H E S U S. — *Rechts* O S.MARIA, *links* S.ANTONIU(s). — DATUM ANNO DOMINI M⁰CCCC⁰LXXIII *(1473)* IN DEM MEIE.[12]

untersucht werden, während die anderen Seiten — und wahrscheinlich auch der gesamte Schaft — eingemauert sind.[13]

Wie die Beligen-Mäler selbst, so stehen auch deren Inschriften nicht am Anfang einer von da an kontinuierlichen Reihe. Über die wenigen zwischenzeitlich erschei-
194 nenden Beschriftungen[14] hinaus finden wir erst seit
206 1590[15] — von da an aber ohne Bruch bis in die Gegenwart, wenn auch nicht gleichbleibend zahlreich — einen breiten Bestand tradierter Inschriftformen (und Formeln), von denen anschließend eine meist repräsentative Auswahl mitgeteilt wird. Wir gliedern sie nach ihrem Inhalt und nach den Intentionen der Aussage, innerhalb von Gruppen gleicher Art jedoch möglichst chronologisch. Mit den Spruch-Inschriften beginnend, knüpfen wir an die Kreuze des Clais Beligen an.

Anrufungen wie auf einem Virneburger Schöpflöffel

7. GOT BIS VNS SVNDER GNEDIG. 1594. IOHAN BECHER VON WEILER, ENGEL(bert) ESION VON WELER. *(Virneburg — Kreuznick).*[16]

sind, wenn wir von dem unablässigen Ruf *Gott gnade der Seele* auf den Kreuzen für Verstorbene absehen, seltene Ausnahmen. Vielmehr wenden sich die Spruch-Inschriften mahnend an den M e n s c h e n.

8. 16. O MENS(ch) BEDENCK DAS ENT, VON GOT 176
DEIN HERT NIT WENT.[17]

Meist ist die Mahnung auf die Passion Christi bezogen — wie bereits vorgezeichnet in den frühen Inschriften von Obermendig, 1461 und 1462.

9. O MENSCH GEDENCK, DAS ICH MEIN PLOT FVER DICH VERGOSSEN HAP. *(Klotten; o. Jahrz., 17. Jh; 1974 nur noch Schaft vorhanden).*

10. AO 1663. O HOFFIRDIGER *(hoffährtiger)* MENSCH, LEIGNIR *(verleugne)* DEIN STVLSES HERZ, AVF DAS ES DIR NIT BRINCK EIN SCHMERTZ, V(nd) BEDENCK, WAS ICH V(ür) DICH GELIEDE HAN EINE SCHMEHLICHEN DOT. CORNELIVS LANENBAN. *(Rieden).*[18]

11. 1725. BEDENCK O MENSCH, WAS ICH FVR DICH GELITEN HAB. *(Düngenheim).*

12. 1759. O MENSCH BETRACHT, WARZV DEIN IESVS IST GEBRACHT. *(Kehrig).*

13. 1835. O CHRIST BETRACHT, WIE JESUS IST VERACHT. DIE LIEBE ZU UNS HAT IHN AN DAS KREUZ GEBRACHT. GEBR(üder) ACHT, PETER ACKERMANN UND SEINE EFRAU JKR. *(Kehrig).*

Die Konzeption dieser Mahn-Inschriften ist vom 15. bis zum 19. Jahrhundert im Grunde unverändert geblieben. Auch den Modus, daß Christus in der Ich-Form zum
144 Menschen spricht (Is. 9–11), fanden wir ja schon 1461 *(sieh an die Wunden mein).*

Für die vorstehenden Inschriften konnte eine direkte Textvorlage im liturgischen Wort oder in der sonstigen Gebets- und Liedtradition, ausgenommen das *SALVE REGINA,* nicht gefunden werden. Es bleibt aber die Verwendung von Vorlagen zu vermuten, und hier und da dürfte ein Nachweis vielleicht noch gelingen.[19]

Zumindest den Anklang an einen liturgischen Text, nämlich die Karfreitagsantiphon zur Enthüllung des Kreuzes *Ecce lignum crucis,* zeigt die Inschrift

14. 1624. SCHAVET DAS CREUTZ DAS H. HOLZ, AN WELCHE(m) DAS HERTZ CHRISTI VOR LIEBE ZEHRSHMOLTZ. IOHAN PETER HALBACH. *(Burgbrohl).*[20]

während eine spätere, spürbar im Geschmack der Zeit abgefaßt und unter den Inschriften dieser Landschaft nicht typisch,

15. JESUS MEIN GLAUBE, JESUS MEIN HOFFNUNG, JESUS MEINE LIEBE. ANDENKEN VON FRANZ JOSEPH [. . .]MAN U. SEINER EHEFRAU EVA GEB. MÜNCH. 1851. *(Forst).*

einen sehr bekannten Text verwendet. Über der Inschrift befinden sich die dazu passenden Embleme Kreuz, Anker und Herz.[21]

Endlich treffen wir dann auf eine auch in anderen Landschaften[22] beliebte Textvorlage, den alttestamentlichen Vers aus den Klageliedern des Jeremias 1,12, der hier auf die Passion Christi, liturgisch aber auch auf Maria[23] bezogen wird.

16. AO 1663. O MENSCH, SIG AN MEIN SCHMERTZ, VF *(ob)* EIN SCHMERTZ G(leich) SEY. CARNILLIS LANGENBAN. *(Ettringen).*[24]
17. 1754. O IHR ALLE, DIE IHR AVF DEM WEEG FVRVEBER GEHET, BETRACHTET DOCH VND SEHET, OB EIN SCHMERTZEN SEI, DER MEINEM SCHMERTZEN GLEICHE. *(Dünfus).*
18. DIE DEN WEG VORBEI GEHN, SEHET UND MERCKET DOCH, OB AVCH EIN SCHMERTZ SEY, DER MEINEM SCHMERTZ EIN GLEICH(er) WAER. *(Mayen – Monreal).*
19. 1814. [O IHR AL]LE DIE IHR VORUBERGEHET, SEHET OB AUCH EIN SCHMERZ MEINEM GLEICH SEY. *(Thür).*[25]

Die folgende, in einem weiteren Zusammenhang wichtige Inschrift findet sich nicht auf einem Basaltlavakreuz, sondern auf einem „Segenstein" mit Sakramentsnische aus Tuff – allerdings im Kerngebiet unserer Basaltkreuze. Sie zeigt, gewissermaßen im Überblick, unter welchen Aspekten die Zeitgenossen und Kreuzstifter selbst das Mal sehen. (Die Numerierung entspricht den drei voneinander getrennten Inschriftfeldern).

20. 1699, 24. MEI. – (1.) O MENSCH GEDENCK AN 181
GOT, DER FVR DICH GELITEN HAT. (2.) DER HER (hier) FVR VBER GEIET, VND HER FVR NIDER KNIT, VND HER FVR TRIT: FVR DIE ABGESTORBEN BIT. (3.) DAS CREVX HAT DIE GEMEIN GESTELET ALEIN. O MENSCH HALT DICH REIN.[26]

Das Kreuz ist zum ersten, so dürfen wir die Inschrift verstehen, Mahn- und Gedenkzeichen für die Lebenden (wie bei den vorstehenden Inschriften ab Nr. 3). In diesen Zusammenhang gehört auch der Schlußsatz im dritten Feld. Es ist zweitens Anlaß und Ort, für die *Armen Seelen* der Verstorbenen zu beten (vgl. unten und Kap. VII). Drittens ist die Stiftung des Kreuzes ein wichtiger (religiöser) Akt und fordert Erwähnung in der Inschrift (auch dazu vgl. unten). Eine Besonderheit ist hier die inschriftliche Erwähnung einer Gemeinschaft als Stifter.[27]

Nicht erwähnt wird in der Inschrift die Funktion als „Segenstein" bei Prozessionen mit dem Sakrament und – natürlich nicht – die Bedeutung als Schutzmal. Zu beiden Aspekten die folgenden Inschriften, über deren Aussage in den Kapiteln V und VI gehandelt wird.

169 21. 1822. DIE ANSCHAUUNG DEINER HERRLICHKEIT WIRD MICH SAETTIGEN. PS(alm) 16,17. MARIA GERTRUDIS SACHELS. *Rückseite:* ERNEUERT 1933.

168 22. 1804. TESE BLATZ WIRD AVFBEHALDEN FÜR DAS HEILIGEN HAVS.[28]

23. A.1674. A FULGERE ET TEMPESTATE LIBERA NOS DOMINE. *Vor Blitz und Sturm bewahre uns, o Herr. (Orsberg – Bruchhausen).*[29]

Unter den Inschriften auf Grabkreuzen ist die frühe, in erhabenen Minuskeln,

88 f. 24. SLIGIN FEINE, DER GOT GNADE. *Rückseite* 1497.[30]

ungewöhnlich; es handelt sich offensichtlich um das Kreuz einer höhergestellten und wohlhabenden Familie.[31]

Die Regel ist auch in der ersten Hälfte des 16. Jahrhunderts noch das Grabkreuz, das nur die Hausmarke zeigt.[32] Fast schlagartig, und anscheinend jetzt ausschließlich, setzen um 1550 die Datierungen ein – zunächst allein neben der Hausmarke[33], dann mit Initialen[34] oder Namen.

25. 1580. P. H. 229

26. GRET. 1584. 240

27. MARGRETA KEIFENEM. 1567. 227

Die Erweiterung der Grabkreuzinschrift erfolgt allmählich, beginnend noch im 16. Jahrhundert. Doch noch lange finden sich die verschiedenen Inschrifttypen nebeneinander; der Umfang der Inschrift war natürlich auch eine Kostenfrage.

28. ANNO 1601 DIE *(am Tag)* 29. NOVE(mber), OBIIT *(starb)* SIMON LAVFEN, BV. *(Bürger).* [D]SGGA *(Der Seele Gott gnad, Amen).* RIP. *(Requiescat in pace)* AMEN. – *Rückseite (Zweitverwendung)* 1635. MAGRETA.[35] 92

29. 1612. PHI(lippu)S VON COLN. DEN 14. IAN(u)A(r).

Die in den weiteren Inschriften immer wiederkehrenden Abkürzungen DSGG *(Der Seele Gott gnad')* und SHF 250
(seine Hausfrau) bleiben unaufgelöst und werden immer 321 f.
gleichbleibend wiedergegeben (im Original manchmal mit Punkt nach jedem Buchstaben). Unberücksichtigt blei- 64
ben ferner die häufigen „Ligaturen", Verbindungen von 392
Buchstaben wie HF und ähnlichen; das sparte Platz, aber auch Mühe und Kosten.

30. 1626 D(en) 21. FEB(ruar) STARB BERNHART KEIPS DOCHTER KAHTREINA. DSGG. 340

31. 1626 D(en) 4. OCTOB(er) STARB D(er) EHRNHAFT IOHANES NAS VON LINTZ, SPEICHER MEISTER ZVM LACH, DSGG. *(auf Grabplatte).* 341

32. 1629 DEN X. IVNY STARB PETER WELLING.[36] 212

Aus dem entfernteren Verbreitungsgebiet folgen zwei

Inschriften, die in das aus Mayen/Mendig gelieferte Grabkreuz aus Basaltlava erst am Ort der Verwendung eingemeißelt wurden.[37]

33. AD 1613 DEN 12. OCTOBER STARB CRISTINA STALL. DER SELEN GOTT GNADT. *(Büsdorf, Erftkreis).*

34. AD 1636 DEN 14. AUGUSTUS IST IN GOTT ENTSCHLAFEN ADAM SCHÄFER, DERO SELEN GOTT GNEDIG SEYE. *(Merten, Rhein-Sieg-Kreis).*

Und weiter aus dem Basaltlavagebiet

250 35. 1644. MARIA ROSENBAVM. DSGG.

36. 1645 DIE *(am Tag)* 19 FE[B]RVARY IST DIE EHR VN TVGENSAME EVA HEIN[Z]EN IN GOTT ENTSCHALAFEN *(sic).* DSGG. *(Bad Hönningen).*

37. 1666. DOENS STEINHEWER VON MEIEN. DSGG. *(Düngenheim).*

121 38. ANO 1702 DEN 20. NOVEMBER STARB HENRICH .LMAN, GERICHTSCHEFFEN IN ISENBVRG. G(ott) S(ei) D(er) SILLEN G(nädig) A(men).

386 39. GODEFRIDVS SCHMITS, IVENGLING, GESTORBEN IM IAHR 1710 DEN 8. FEBRVARII.

98 40. ANNO 1711 DEN 15 TEN TAG IVLYS IST IOHANNES KVTSCHER, GEWESENER SIENDSCHEFFEN, IM HEREN ENDSCHLAFFE. GDSG *(Gott der Seele gnad).*

326 41. ANNO 1756 ANNA ADAMS IST GESTORBEN DEN 27 DEN IVNIVS.

335 42. ANO 1795 IST DER GUNGESEL *(Junggesell)* ANDONI(us) SCHMISZ ALS SCHEFER DEM HERN ENDSCHLAFEN.

43. 1818 D(en) 25. DEC(em)B(er) STARB HERR STEPHAN VAN HAUTH, ST(adt)RATH, ALT 69 JAHR. *(Mayen, Museum)*

44. 1821 DEN 7. IUUNI STARB APOLLINARIS MÜLLER IM ALTER VON 57 IAHR, IM 28. IAHRE SEINES EHSTANDES. *(Andernach, Museum).*

45. DER VATTER JOHAN WECKBECKER STARB D(en) 30. DEZ(ember), DIE MUTTER D(en) 10. OCTOBER, BEDE AUS NAUNHEIM. 1822. *(Naunheim; Kr. in Form eines Wegkreuzes, m. Korp. und Konsole).*

In den meisten Fällen wird nicht nur das Jahr, sondern auch der Sterbetag angegeben: Das Datum war wichtig für die Jahrgedächtnisse, und diese Angabe darf auch verstanden werden als Erinnerung und Bitte zur Teilnahme (wie heute oft durch Anzeige in der Tageszeitung).

Die Inschrift auf einem jüdischen Basaltlava-Grabmal des 18. Jahrhunderts in Mayen lautet in Übersetzung

46. Rav. Baruch ben Aharon wurde begraben am Dienstag, am 1. Tammus 500 *(26. 6. 1740) – oder* 530 *(24. 6. 1770).* Seine Seele sei eingebunden in das Bündel des Lebens *(1. Sam 25,29).*[38] 102

Nicht nur auf dem Friedhof stehen Steinkreuze für Verstorbene. Von den an anderen Orten aufgestellten und in den Zusammenhang *Tod und Seelgerät* (Kapitel VII) gehörenden Malen folgen zunächst die Inschriften auf Kreuzen für Ermordete.

47. 1552 SANDER KREM(e)R ZV MERSIG ERMORT. 190

48. AN 1612 DEN 27. OCTOBER IST IOHANNIS HUMPHEN ALHEI IAMMERLICH MIT EINEM MESSER 191

ERSTOCHEN *(worden).* G(ott) G(nad) D(er) SELEN. B. A. H, WILCHEN GEM(ein)ICHEN MORT BEGANGEN HAT PETRVS LENTZEN.[39]

62 49. AO 1633 DEN 6. MEV *(Mai)* IST DER ERSAM MEISTER NICOLAVS SCHMIZ VON CLOTEN ALHER ERSCHOSSEN WORDEN. DSGG.[40]

50. 1637 DEN 11. IVNY IST ERSCHOS(sen) WORDE(n) NICOLAS FRENSCH(s) HVSFRAVW CATHRIN. DSGG. *(Klotten).*

51. AO 1660 FRIDERICH SCHMIED VON WELCHERD DURCH SEINEN SCHWAGER ERSTOCHEN WORDEN. DSGG. *(Klotten).*[41]

52. ANNO 1678 AVF S. TOHMASTAG IST ERSCHOSS(e)N WORDEN VON DEN FRANSOSEN DER ERSAMEN LENS CLAS, SEND– VND WELTLICHEN SCHEFEN IN DER HERSCHAFT KEMPENIG. GOT TROST DIE SEL IN AL EWIGKEIT AMEN. *(Kempenich – Engeln).*

53. 1814 DEN 15. AUGUST DES ABENS UM 9 UHR WURDE HIER DER EHR UND TUGENDSAME IUNGESEL IOSEPH BRACHTENDORF, ALT 22 IAHR, VOM KERGESHOF, VON SEINEM BESTEN FREUND, DEN ER NOCH EINIGE MINUTEN ZUVOR KÜSTE, IAEMERLICH ERMORDET. BETTET FÜR IHN. RIP. *(Lehmen – Moselsürsch).*[42]

Neben die Inschriften für Ermorderte stellen wir noch die Inschrift eines Kreuzes, das für die Errettung aus Mörderhand gestiftet und am Ort der Tat aufgestellt wurde.

189 54. P. SCHNEIDT D(en) 3. IVNI 1603 VNDER D(ie) MOERDER G(efallen) VND ERET(et). GOT LOB. I(n) CO[C]HEM.[43]

Entscheidender Umstand bei der Kreuzsetzung für den Ermordeten ist – im Blick auf sein „Seelgerät" –, daß er plötzlich und unvorbereitet aus dem Leben geschieden war. Dasselbe gilt für den tödlich Verunglückten, und so wird auch ihm ein Kreuz gesetzt.
Nicht selten ist die Art des Unfalles inschriftlich vermerkt. Im Bereich Wagen und Verkehr finden wir das älteste und auch das jüngste Mal: Bezeugungen für den Brauch des Unglückskreuzes über ein halbes Jahrtausend hinweg; mit Sicherheit bestand er aber auch schon in der inschriftlosen Zeit der Steinkreuze.

55. 1501 DEN 23. NO(vem)B(e)R. IOHAN DORFER IST BLIEUEN *(blieben)* VNDER EINEM WAGENLAUFS. DER SELEN GOT GNAD. 194

56. 1821 D(en) 9. OCTOBER BLEB ALLHER PETER SCHLAER V(on) POMERN D(urch) E(inen) WAGEN TOD. A(lt) 73 JAHR. *(Pommern).*

57. LEO SEUL DURCH TRAGISCHEN VERKEHRSUNFALL VERSTORBEN *(am)* 23. 2. 1976. *(Brohl b. Karden – Forst).*[44]

Weiter Inschriftbeispiele zum Tod in den Basaltlava-Steinbrüchen, durch Blitzschlag, durch Unfall auf der Jagd:

58. ANNO 1814 DEN 15. IULI BLIB IOHAN MANNEBACH, *(wohnhaft)* IN K. H. *(Kottenheim),* IN DER LEI DOT. ALT 44 IAHR. 109

59. 1801 D(en) 3. FEBB(ruar) *(blieben)* CHRISTOPF WELER, UND D(en) 16. JEN(er) 1818 S(ein) SOHN PETRUS, I(n) DEN LEIEN TOD. *(Kottenheim).*[45]

60. 1822 DEN 23. JUNI BLIEB CORNELIUS BELL AUS COTTENHEIM VOM DEM DONNERSCHLAG TODT. *(Kottenheim).*

61. IO(hann)ES EMM(erich) CASPAR BOVRSCHEID, CANON(icus) QONDAM MOGVNTINVS, HOC IN LOCO IN VENATIONE PER ICTUM INFELICEM MISERE OCCVBVIT DIE 18. IVNII 1676. — . . . *(von) B., gewesener Mainzer Kanoniker, ist an dieser Stelle auf der Jagd durch einen unglücklichen Schuß bedauerlicherweise am 18. Juni 1676 ums Leben gekommen. (Burgbrohl).*[46]

452 f. 62. AM 16TEN FEMB(ru)W(ar) 1827 IST PETER DEGEN V(on) WEHR IST *(sic)* IN DIESER GEGEN(d) AUF DER JAGT DURCH EIN UNGLÜCKSFALL DOTD GEBLEBEN.

197 Kreuze für Ertrunkene säumen in großer Zahl die Ufer von Rhein und Mosel, stehen aber auch an kleineren Gewässern.

63. ALHIR IST DER ERSAM IACOB HIERONIMI ERDRUNCKE(n) DEN 26. IVNY AO 1646. DSGG. *(Klotten).*[47]

196 64. IHS. MRA. IHP. *(Jesus, Maria, Joseph).* [AO 1710, 8.] SEPTEMB(er) SEINT ALHIE DIESE ERTRVNCKEN, AVS KELL: ANNA NACHTSHEIMS, ELISABETA NACHTSHEIMS, ANNA RÖRIG, ELISABETA THEOBALDS, CATARINA FRANCK, APPOLONIA ENGELS, IO(hann)ES SCHMIT, ANNAMARIA SCHEFFERS, GERTRVDT SCHOSTERS, CATARINA BRAENCK, ANNAMARIA KACHS. DSGG, A(men).[48]

295 65. 1774 D(en) 1. IVLY IST HIER ERDRVNCKEN D(er) SCHIFFER N(i)COLAVS KLOTZ, S(ein) SOHN IOHANES KLOTZ AVS KOBL(e)NZ.

66. 1782 D(en) 10. IAENER I(st) PETER ULRICH ALHIR ERDRUNCKEN. BETE EIN V(ater) UNSER. *(Altenahr).*

67. 1802 D(en) 12. FEB(ruar) IST SCHEFFER *(Schiffer)* 198
HENRICH DAUZENBERGER U(on) TRIER HIER ERTRUNCKEN.

Oft wird aber die Art des tödlichen Unfalles nicht näher bezeichnet.

68. 1613 DEN 11. IANVARII IST KOL IOHAN ALHEI IAMERLICH GESTORBEN. DER SELEN GOT GNAT. *(Hatzenport).*[49]

69. ANNO 1674 DEN 13. IVLIY IST ANDRIS THVM SEIN 195
SOHN BALDES ALHIE TOD PLIBEN. D(er) S(eele) G(ott) G(nädig) S(ei).

70. ANNO 1715 IST *(dem)* DANIELL MOHR, BORGER AVS LEVDESTORFF, SHF GERDREVDT ALLHIER DOT [BLIEBEN]. *(Leutesdorf — Oberhammerstein).*[50]

71. HIER VERUNGLÜCKTE JOHANNES SCHNEIDERS 202
AUS POMMERN AM 1. 11. 1944 TÖDLICH IM ALTER V(on) 61 JAHREN. BETE EIN VATERUNSER.

In manchen Fällen geht aus der Inschrift nicht hervor, ob es sich um einen Unfalltod gehandelt hat oder vielleicht um einen sonstigen jähen Tod (etwa durch Herzschlag) — und zwar unterwegs, denn immer heißt es
hier, allhier, hic. Das Kreuz wird an der Stelle errichtet, 200
wo die plötzliche Heimsuchung durch den Tod erfolgt ist. Als Anlaß der Kreuzstiftung im Sinnkomplex „Seelgerät" sind beide Todesarten völlig gleichbedeutend.

72. A 1669 IST IVSTEN NICOLAS ARTZFELTS TOCHTER ANNA VON OCHTENTVNG ALHIE IM H(errn) VERSCHEIDEN *(verschieden).* DSGG. (Ochtendung).

73. AO 1675 DEN 16. FEB(ruar) OBYT HIC *(ist hier gestorben)* PHILIPPVS WALDORF, PAVLINER HOFMAN. *(Polch).*[51]

74. 1789 *(Anno)* D(omini) C(hristi), 24. OCTOBER, IST IOSEPH KERN VON MOENZTER*(-maifeld)* IN DIESER KIRCH DOT B(lieben). *(Moselkern.)*

201 75. 1807 TEN 16. TECEMBER. BALTES SCHWARTZ, IVNGESEL VON HAVSEN, IST HIR GESTORBEN.[52]

199 76. DEN 27., 1814, IVLI IST IOHANES BLVOM VON NIDERMENDIG ALHIR DEM HEREN ENDSCHLAF(en). IESVS MARIA IOSEPH.

Wie die Kreuze für jäh aus dem Leben Geschiedene den Vorübergehenden zum Gebet für die Seele des Betreffenden auffordern sollen, so stehen auch andere Kreuze – und im gewissen Sinne die Wegkreuze überhaupt[53] – in diesem Zusammenhang der Sorge um das Seelenheil. Dies wird besonders deutlich in den Inschriften, die ausdrücklich zum Gebet für die Armen Seelen mahnen, teils ganz allgemein, teils auch auf die Kreuzstifter bezogen und auch da, wo die Stifter inschriftlich bekunden, daß die Kreuzerrichtung „zum Troste ihrer Seelen" erfolgt. Solche Inschriftzeugnisse erscheinen erst relativ spät: Zuvor war, so scheint es, die gedankliche Verbindung *Kreuz – Seelgerät* so selbstverständlich, daß sie einer Erwähnung in der Inschrift nicht bedurfte.

107 77. ANNO 1743. BETET VOR DE ARME SELEN.

193 78. 1749. BETTET FVR DIE ARME SELEN IHM FEGFEV(er) VND FVR I.R.AMRS.

79. 1763. BETTE VOR DIE SEELE IM FEGFEVR. *(Düngenheim).*

192 80. 1778. ALLES GOTT ZV EHREN VNDEN ARMEN SEHLEN ZVM DROST. PETER FRONERT, SHF MARGRETA FRONERTS, VON BEL.

81. BETET ALLE FÜR DIE RUHE *(für)* DIE VERSTORBENEN *(des)* IOH. BRAUN, 1853, VON NAUNHEIM UND ZUR BEKEHRUNG D(er) SÜNDER. *(Naunheim – Pillig).*

82. ZUM ANDENKEN AN STEPHEN GROS UND ANNA BELL ZUM TROST DER ARMEN SEELEN IM FEGFEUER. 1857. *(Mimbach).*

83. NICOLAS HÜRTER VNd SEINE ERSTE EHEFRAV ANNAMARIA VON LEhMEN HAbEN dIESES KREVZ ZVR EhRE GOTTES VNd ZVM TROSTE IHRER SEELEN LASSEN AVF [RICHTEN]. *(Lehmen).*[54]

84. BETE EIN VATERUNSER FÜR UNSERE IM WELT- 79
KRIEG GEFALLENEN UND FÜR ALLE ARMEN SEELEN IM FEGEFEUER.

Einen Teil der Kreuze mit diesen Inschriften dürfen wir schon zu den V o t i v k r e u z e n zählen, denen der folgende Teil der Inschriftsammlung gilt. Ihr auffälliges Merkmal ist die nie fehlende inschriftliche Bezeugung der Stifter. (Wie jetzt durch die Namen, erfolgte sie zu-
vor – im gleichen Sinne – schon durch eingehauene 224–263
Hausmarken.) Oft stehen die Namen der Stifter als einzige Beschriftung auf dem Kreuz. Vielfach findet sich aber auch der Zusatz, daß diese das Kreuz haben machen oder aufstellen lassen – ein betonter Hinweis auf den Stiftungsakt.

Die eingehauenen Stifternamen, die vordergründig gesehen nicht allzu wichtig erscheinen (ja sogar an eine gewisse Renommiersucht der Stifter denken lassen),
sind in Wirklichkeit ein wesentlicher Bestandteil des 142, 146
Stiftungsmals. Bei dem intim religiösen Akt der Kreuz- 266
stiftung knüpft der Mensch – ähnlich wie beim Gebet, doch viel dauerhafter – eine Beziehung zwischen sich

und der überirdischen Macht (Gottes oder auch eines Heiligen). Das gestiftete Mal ist hierbei das Medium, und mit ihm muß der Name des Stifters unlöslich verbunden sein – ja im Grunde dieser selbst, denn hier ist die volksgläubige Vorstellung einzubeziehen, daß eine Identität des Namens mit dem Benannten besteht.

Ganz selbstverständlich steht auch die Votivkreuz-Stiftung unter dem Gedanken an das Seelgerät des Stifters. Das Mal überdauert diesen, und so wirkt es, den in Stein gehauenen Namen tragend, über den Tod hinaus für sein Ewiges Leben.[55]

Daß aber auch der im Volksreligösen stets lebendige Gedanke des „*Do ut des*" bei der Kreuzstiftung hineinspielen kann, verrät die erste der folgenden Inschriften.

130 85. GERHARD SCHINK, IOANNES MOLANVS GEBEN DIESES KREVTZ. – GEBT, SO WIRDT EUCH GEGEBEN. LVC(as), 6.[56]

34, 223 f. 86. 1504. *Rückseite* ADAM KOLF.

87. 1606. FEIT SCHOGMACER. *(Kehrig).*[57]

358 88. AO 1639. WELLEM ROESER, SEIN HAVSFRAW ANGNEIS, ZV POLCH.

360 89. AO 1644 HAT PETTER NEL V(on) IHNNIG V(nd) SEIN HAVSF(rau) MARRY DIZ CREVTZ L(assen) M(achen).

209 90. AO 1647. THEIS SCEFER VND SEIN SOHN PETER HABEN DIS CREVTZ IN G(ottes) EHR L(assen) MACHEN.

361 91. AO. 1658. MOREITZ MEVRER, SEBELA S(eine) HAVS F(rau), V(nd) SEIN TOCHTER KETTREIN.

357 92. AO 1661. PETER LENTZEN VON RODER, HOFMANN ZV NEDER Z(issen).

93. 1698. PETTER LIN VON ANDERNACH, SHF ANNA BARBARA LININ GENANT REVTGER, EHELEVD. 462 ff.

94. IOHANNES LVXEM, H(ofmann) V(on) B(ahnen), SHF CHRISTINA, 1703. *Zugefügt* IOH(ann) NIKOL(aus) LUXEM V(on) BAHNEN U(nd) S(eine) EHEFRAU GERTRUD, 1912; *dazu oben* ERNEUERT 1912. *(Kruft, Bahnerhof).*

95. VALENTENNES LENTZ, CHRISTINA KUHLWETER, BEIDE EHLUTH, HABEN DIESES BILD ZUR DER EHR GOTTES AUFGERICHT IM IAHR 1793. *(Niederzissen; Bildstock).*

96. Zum Andenk(en) a(n) d(ie) Eheleute Anton Schmitt und M. Gertrud geb. Wagner in Mimbach. 1889. 78

Nicht selten finden wir von Personen oder Ehepaaren auch mehrere Kreuzstiftungen.[58]

97. AO 1646 DEN 9. TAG *(des)* IVLY HAT CLAS KNOLLEN V(nd) SEIN H(aus)FRAW KETTREIN, EHEL(eut), WONHAFT ZV KEL, DIS CREVTZ IN EHR GOTES LASEN MACHEN. 365

98. 1679. NICKLAS KNOL VND SEINE HAVSFRAW CATRINA ZVR EHREN GOTTES. 369

99. AO 1679 HAT NICKLAS KNOL VND SEINE EHELICHE HAUS FRAW CATREINA DIS † GESETZ IN DIE EHR GOTTES VND ALLEN HEILIGEN. *(Kell).*

Auch Verstorbene werden in die Stifterinschrift mit einbezogen, ausdrücklich oder stillschweigend – wenn etwa die erste (verstorbene) Ehefrau als Mitstifterin erscheint.[59]

100. 1612. CORNELIVS HANTRIESCHER, EINSPENR *(Junggeselle?),* GOT ZV EREN, MEINE(m) BRODER ZV(m) GEDECHT(nis). – 1595 DEN 7. ABRIL [. . .] DIEDERIG HAN(triescher). DSGG. 252

70 101. AO 1648. MECHEL BROL VO(n) PLEIT SEL(ig), PETER BRENER.

161 102. W(ilhelm) O(ster), SHF APOLONIA. – ANNO 1696, WILLEM OSTER VND SEINE HF CATRINA WALDORFF.

103. IOST PALM STARB IM JAHR 1698 DEN 29. IVLI, SEIN HAVSFRAW CATARINA PALMS HAT DIS CREVTZ LASEN MACHEN IM IAHR 1710. *(Bell).*

104. 1776. HENRICUS SCHLIEBER V(nd) S(eine) BEYDE EHEFRAUEN MARIA ELESAPETA V(nd) ANGNITA REUTER V(on) WESTUMB HABEN D(ies) CREUTZ Z(u) E(hren) GOTTES V(nd) D(es) H(eiligen) A(postels) MATHIAS AUFF G(e)R(ichtet). *(Spessart, an der Kohlstraße).*

105. 1804. . . . [VN]D SEINE BEITE WEIBER MARIA VND MARIA MACHDELENA. *(Thür; . . . durch Bruchstelle verloren).*

106. DIESES KREUZ RUHRT HER VON MICHEL NACHTSHEIM, UND DESSEN ERBEN HABEN ES HER GESTELLT. *(Kell; Bildstock, wohl um 1900).*

Enthält die Kreuzinschrift neben dem Text mit den Stifternamen noch eine Widmung, so gilt diese in aller Regel *Gott allein.* Außer den Beispielen, die sich schon in den vorstehenden Inschriften fanden, seien noch die folgenden mitgeteilt.

37 107. TE[L]EN TERNIS VND SEIN HAVSFRAV GRED HABEN DIS CREVTZ LASEN MACHEN ZV GOTTES EHR ANNO 1608. *Links* 1602.[60]

108. 1616. DIE IHR SEI GOT ALEIN. ANTHONIVS LEISEN, SHF ELTZEN. *(Cond; Nischenstock m. Kreuz).*

109. 1617. GOT IST DIE IHR. ANTONIVS RATZ, SEIN HAVSZFRAV. *(Mayen; Nischenstock m. Kreuz).*

110. IESVS *(in der Nische).* 1624 IACOB ALLOF, BVRGER ZV OBERMENTIG, HAT DIS CREVTZ IN GOTTES EHR GEBEN. 160

111. 1624. ALLEIN SEI GOT DIE IHR. EE, GS, CD *(jeweils mit Hausmarke).* 60

112. 1631. DIS CREVTZ HAT NICLAS SPE[.]LEN IN DIE EHR G(ottes) LASEN MACHEN. 72

113. 1672 HAT PETER KONSEN V(nd) SEIN HAVSFRAW MARGRETA VON KEIFENHEIM LASEN DIES CREVTZ ZV EHREN GOTTES AVFRICHDEN. 296

114. *(Jahreszahl).* ADEM EMERICH. GOT ALEIN DIE EHR VND NIMAND MEHR. ANNO. 222

115. ZUR EHREN GOTTES GEWIDMET VON JUNGFER M. JERTRUT SACHELS, AO 1820. *(St. Johann).*[61]

Wenngleich viel seltener, finden sich aber auch Widmungen anderer Art.

116. 1623. LAVXEN VEITEN, SOHN ADAM, VO(n) KERICH. IN S(ankt) M(a)THIS EHR.[62] 437

117. ANO 1628 HAT DER ERSAMER MEIS(ter) MEVRER, BVRGER ZV OBERMENDIG, VN(d) SEIN HAVSFRAW FINA DEIS CREVTZ IN SANT GENOVE(ve)N EHR V(nd) DES HOHEN CREVTZ(es) ZV(m) GEDECHNES LASEN MACHEN.[63] 228

118. ANO 1666. P. I. VON BROL, GIRT SHF, IN NAMEN DER H(eiligen) D(rei) E(inigkeit) A(men). 45

119. ANNO 1669. DIS CREVTZ STEHET IN DIE EHR DER MVTTER GOTTES. 373

120. AO 1680. MATTEIS WEINGER V(nd) SHF CATREINA, ZVR EHREN GOTTES VND MARIA. 368

301 121. 1690. IN HONOREM IESV CHRIST[I], MARIA, IOSEPH VND S(ankt) ANTHONI DE PADVA. CHRISTIAN I(n) BORGBROLL.

122. 1711 *(haben)* ANTONIVS MVLER V(nd) SHF MARIA DIS CREVZ AVF GERICHT IN DIE EHR IESV, MAR(ia), IOSEPH. (Rieden).

123. SANCT HUBERDUS. 1776. *(Adenau — Wimbach; Kr. ohne Korp.).*

124. 1817. D(ies) CRE(uz) IST ZU EHRE(n) D(er) LEIDEN J(esu) CHRISTI HER GESTELT VON JOSEPH D(i)WALT. *(Kehrig).*

Als einen der Kreuzstiftung ähnlichen Akt — und darum einer Inschrift wert — verstand man oft auch die Wiedererrichtung eines älteren Kreuzes [64] oder etwa seine Neuverwendung als Missionskreuz.

125. PETER SCHMIT V(on) WEHR, 1659. *Zugefügt* HANC CRVCEM DE NOVO EREXIT PAROCHVS SCHILZ 1870. *Dieses Kreuz hat neu errichtet Pfarrer Schilz 1870. (Rieden).*

345 126. ANNO 1639, 4. IVN(i). *Zugefügt* CRUX SANCTAE MISSIONIS, D(en) 2 TEN MARTY 1733.

Nur selten enthält im Basaltlavagebiet die Inschrift den näheren Anlaß einer Kreuzstiftung. Wenige Ausnahmen bestätigen die Regel.

127. 1726, 4. MAY. [AN DIESEM] BLATZ HAB(en) GEFUNDEN DEN GESTOHLEN(en) MAYENER KIRCHENSCHATZ MARTIN STURM, A. ST(urm), ANDON TRIACA. *(Mayen — Monreal).*[65]

128. ZUM ANDENKEN DER ABREISSE N(ach) AMERIKA. (Gestiftet) V(on) DEN EHLEUTE(n) JOSEPH WILBERT U(nd) MAGDALENA KRAMER, U(nd) GEBRÜDER KRAMER. 1840. *(Kruft, Korretsberg).*[66]

Über die Angabe des Stiftungsanlasses hinaus sind die Texte auch dieser Inschriften noch karg und zurückhaltend, besonders was den Votivgedanken betrifft. Im ersten Fall ist die Stiftung gewiß zum Dank erfolgt — er wird inschriftlich nicht ausgedrückt. Ebenso sucht man in der Kreuzinschrift der Amerika-Auswanderer vergebens nach der Fürbitte um Segen für die ungewisse Zukunft — obwohl unter anderem diese Intention, wahrscheinlich sogar vorrangig, ein Anliegen der Kreuzstiftung war.

Wieviel anders erscheint hiergegen die wortreiche Votivinschrift

129. DEO GLORIA ET LAVS ANGELO MEO — 1650 — DVM *(statt CVM)* HIC, FACTO NAVFRAGIO AQVIS IMMERSA ET SVPRA ASSEREM HINC FLVCTVANS INFERIVS, E MEDIO RHENO XVII. OCTOBRIS SALVARER. ANNA CATHERINA DE MEVSERE GENANDT FLICKIN. *Gott Preis und Lob meinem Schutzengel — 1650 — da ich an dieser Stelle, nach einem Schiffbruch ins Wasser getaucht und von hier aus auf einer Planke abwärts treibend, mitten aus dem Rheine am 17. Oktober gerettet wurde. Anna . . (Kaltenengers — Urmitz, am Rheinufer).*[67]

Hier ist der Einfluß einer anderen, wohl süddeutschen Landschaft offensichtlich — vermutlich aus der Heimat der Stifterin. [68] Die ausgesprochen bildhafte Schilderung gleicht der transponierten Darstellung einer gemalten Ex-Voto-Tafel, wie sie unsere Landschaft nicht kennt.[69]

Eine Votivinschrift unseres Gebietes dürfte allerdings nach ihrem ungewöhnlichen Umfang selbst weit außerhalb nicht viele Entsprechungen finden. Sie ist eingemeißelt in ein Basaltlavakreuz im Kerngebiet, gestiftet von einem Einheimischen im Heimatdorf.

220 130. MAR(ia), IHS, I(ose)PH, GOT VATER, SOHN VND H.GEIST WOLLE(n) MIHR, IACOB PLASWEILER, GNATIG SEIN. THOMAS PLASWEILER VNDT GRETA BIM: GOTT WOLLE DIESEN MEINEN ELTEREN GNADIG SEIN. AHN GOTES SEGEN IST ALLES GELEGEN. – VON DER ABNVTZVNG *(Nutzung)* DIESER PLATZEN *(wo das Kreuz steht)* SOLLEN DAS ERSTE IAHR MESSEN GEHALTEN WERTE(n), DAS ZWETTE IAHR SOLLE ZVR EHREN GOTTES DAVON ZVE OBERDVRRENBACH IN DIE CABEL *(Kapelle)* WAX GEBRANT WERTEN, DAS TRITTE IAHR SALLE DIE ABNVTZVNG VMB GOTTES WILLEN DEN ARMEN LEVTEN ANGEWENT WERTEN; DAS VIERTE IAHR WIETER MESSEN VNT ALSO FORT WIE OBEN GEMELT. – *Rückseite* 1677 DEN 8. IANV(ar) BIS AN DAS ENT DER WELT. DIESE GEM[ELT]E PLATZ HABE ICH, IACOB, GEKAVFT, VON ALLEN BESCHWERNVS FREY, VON MEINEM PATTEN IACOB SCHOMACHER VOR 24 REICHST(aler). DESE PLATZ LIGT VBER DEM BACKES-BVNGERT, GEHET FORT BIS AN DEN GEMEINEN WEG. WER DIESE PLATZ BRAVCHT, SOL IAHRLICH DAVON GEBEN WAS BILLIG IST. *Schmalseiten, rundum* S. IACOBVS, S. CASBER, S. BALTASAR, S. MELGERT *(Melchior),* S. IOHANNES BAPTISTA.[70]

Die Inschrift enthält nicht, wie oft behauptet wird, ein Testament, sondern die näheren Angaben und Verfügungen zu einer frommen Stiftung. Auf sinnvolle Weise wird diese mit einer Kreuzstiftung kombiniert, durch den dort eingehauenen Text wie auch durch die Aufstellung des Kreuzes auf dem gestifteten Grundstück, dessen Pachtzins kirchlichen und wohltätigen Zwecken dienen soll.

Die Anrufungen um Gnade lassen erkennen, daß es sich – wie ja auch sonst bei vielen Kreuzsetzungen – um eine Seelgerät-Stiftung handelt. Sie soll dereinst, auch dies ist vermerkt, dem Stifter selbst und seinen Eltern zugute kommen – und zwar ewig, *bis an das Ent der Welt.* Neben den göttlichen Personen wird eine Reihe von beliebten Helferheiligen angerufen.

Ein Dokument in Stein, aber nicht mehr in einem Votivsinn, ist auch die folgende Kreuzinschrift. Die Kreuzstiftung erfolgt – durch einen Steinmetzen – als materielle Leistung zur Erlangung des Bürgerrechts für seine Frau. Doch finden wir auch hier eine religiöse Weiheformel.

131. ANNO CHRISTI 1735 HAT ANTONIUS SCHMITZ VOR (für) SEINE HAVSFRAUW MARIA MAGDALENA DIESES CREUTZ VOR DAS BVRGERGELT GEMACHT VND AVFGERICHT. GOTT ZV EHREN VND DER HOCHLOEBELICHE BURGERSCHAFT ZU NIEDERMENDIG LEIBS VND DER SELEN HEYL, AMEN. (Niedermendig).[71]

Eine kleine Gruppe von Inschriften unseres Gebietes ist im Zusammenhang mit der reformatorischen Kritik an der katholischen Bilderverehrung zu sehen. Diese Kritik richtete sich auch gegen Wegkreuze und Bildstöcke.

132. O GOT BIS VNS SVNDER GE[NA]DIECH. 1590. 206
NIET BIEDT AIN *(bet an)* DIESEN STHEIN, GIEB GOT DIEE IERR ALLEIN.[72]

133. EFFIGIEM CHRISTI CVM TRANSIS PRONVS HONORA; NON TAMEN EFFIGIEM SED QVEM DESIGNAT ADORA. 1629. *Das Bildzeichen Christi,*

wenn du (hier) vorüberkommst, demütig ehre; aber nicht das Bildzeichen, sondern den es bezeichnet, bete an. (Sehl, Kloster Ebernach; Nischenstock m. Kreuz).[73]

134. 1662. O MENSCH SC(h)AVE AN DIESEN STEIN VND GEBE GOT DIE EHR ALLEIN. *(Hausen; Nischenstock m. Kreuz).*[74]

135. 1689. DIS BILT WIRD NICHT WIE GOT VEREHRET, WIE MANGER KETZER FALSCH LERT. ZEIGT VNS IESVM DEN GEKREVZIGDEN AN, WAS ER FVR VNS HAT GEDAHN, WAS ER *(getan)* AVS GNATDEN MILD. DEN V(er)EREN WIR, NICHT DAS BILD. *(Niedermendig; Kreuz m. Korp.).*

Drei dieser Inschriften wenden sich nicht, wie die letzte, rechtfertigend an den Kritiker, sondern sprechen fordernd die eigenen Gläubigen an. Diese Texte erscheinen als besonders bemerkenswerte Quellen zur Volksfrömmigkeit in bezug auf die Wegmale (Kapitel VI, VIII).

Nach den Studien zu Aussage und Sinngehalt der Inschriften sind noch ein paar weitere Komplexe ins Licht zu rücken. Dabei werden auch Sprachform und Schreibweise von Interesse sein.

Oft wurde die volkstümliche Benennung der Kreuze angeregt durch die Inschrift, zumeist durch die inschriftlichen Stifternamen. Darüber hinaus kann die Inschrift – manchmal die falsch verstandene – Anlaß zur Entstehung von Sagen oder Volkserzählungen sein.

Auf dem Grubenfeld bei Mayen stand das sogenannte *Siegeskreuz.* Sein Name verleitete zur Geschichte von einer handgreiflichen Fehde unter den Leyern (Steinbrucharbeitern); die Sieger hätten zum Dank dieses Kreuz errichtet. Es handelt sich bei näherem Hinsehen um ein von Eheleuten gestiftetes Kreuz mit Korpus:

136. 1634. ANDONIVS SEHEN, ELSE SEINE HAVSFRAW. *Oben* 1907.[75]

Nach den Stiftern wurde es *Sehens-Kreuz* genannt. In mündlicher Überlieferung und, weil nicht mehr verstanden, volksetymologisch umgedeutet, wurde aus dem Kreuznamen (etwa über mundartlich *Seens-, Seejens-, Seejeskreuz)* schließlich hochdeutsch *Siegeskreuz.*
Auf einem Kreuz mit Nische bei Gondorf las man *NICKL ASWALDO.* Möglicherweise angeregt durch den fremd klingenden Namen, entstand eine phantasievolle, auch in moselländische Sagensammlungen eingegangene[76] Volkserzählung, nach der *Aswaldo* das Opfer eines habgierigen Müllers wurde, der bei seiner bösen Tat auch selbst ums Leben kam; für den Ermordeten habe man dieses Kreuz gesetzt. Die Beschriftung lautet, mit Trennungen (/), richtig

137. NICKL/AS W/ALDO/RF.

Man hatte den Text nach den Trennungen gelesen und die (etwas verloren) am Ende stehenden Buchstaben R F nicht beachtet.
Weiter gilt ein kleines Kreuz mit der Inschrift

138. 1632. MARIA FVRSTERIN. DSGG. *(darunter zwei bäuerliche Geräte),*

an einem Feldrand in der Gemarkung Gevenich, als „Sühnekreuz".[77] Das Mal erschien rätselhaft, weil Form und Beschriftung gar nicht zu den sonst bekannten Flurkreuzen paßten; auch die Geräte, wohl Rechen und Heugabel, wußte man nicht zu erklären. So entstand die Geschichte, hier habe eine Bäuerin eine andere, die *Maria Fursterin,* im Streit erschlagen und darum dieses Sühne-

kreuz aufstellen müssen; die dargestellten Geräte seien die Mordwaffen.[78] Es handelt sich indessen um ein Grabkreuz sehr geläufiger Form, das nach seiner Verwendung auf dem Friedhof irgendwann, wie es häufig ge-
204, 212 schah, durch Aufstellen in der Flur seine Zweitverwendung fand.[79] Natürlich sind die Geräte wie auch sonst als Hausmarke zu sehen.[80]

Besondere Beachtung verdienen die Inschriften auch als Sprachdokument ihrer Zeit und der Landschaft. Für eine eingehende Untersuchung ist hier allerdings nicht der Ort. Zum Einschlag der landschaftlichen Mundart, die oft schon beim Lesen der Inschriften ohne weiteres auffällt, mußten wenige Hinweise genügen.[81] Eine Erläuterung soll aber noch einigen alten Sprachformen gewidmet werden.

Bei den Beligen-Mälern des 15. Jahrhunderts finden
146, 153 wir (Is. 4–6) mehrfach den Jesus-Namen als *IHESUS*. Diese uns eigenartig erscheinende Form findet sich in Handschriften seit dem 6. Jahrhundert und wurde bis zum 15. Jahrhundert nicht selten, später noch vereinzelt, neben *IESUS* verwendet.[82]

Die Form ist entstanden aus dem schon frühchristlichen Namensmonogramm *IHS* für *Jesus,* das seinerseits auf den griechisch geschriebenen Jesusnamen zurückgeht. Die an sich falsche Herübernahme des *H* (griechisches Schriftzeichen für *E*) in die lateinische Schreibung des Monogramms wurde schließlich auch in dem ausgeschriebenen Jesusnamen beibehalten.[83]

58 Das Monogramm *IHS* selbst ist aber seit dem Spätmittel-
316 ff. alter zu einem der beliebtesten christlichen Zeichen geworden und findet sich auch auf den Steinkreuzen unseres Gebietes in großer Zahl. Trotz zahlreicher, vor allem durch das nicht mehr verstandene *H* veranlaßter Neudeutungen – schon seit früher Zeit *(In Hoc Signo)* bis zur Gegenwart *(Jesus Heiland Seligmacher)* – zeigen doch einige unserer Inschriften das Bewußtsein der alten
Bedeutung als Jesusname, wenn zum Beispiel *IHS* bei 196, 220
den Namen *Maria* und *Joseph* steht.[84]

Ältere Sprachformen werden zuweilen bei Monatsnamen [85] verwandt. So findet sich *Jaener* (Januar) und, abgesehen von der oft lateinischen Form auch anderer Monatsnamen, *Marty* (Genetiv zu *Martius,* März). Selten und bemerkenswert ist aber der – aus der frühmittelalterlichen Bezeichnung *spurcalia* für ein heidnisches Fruchtbarkeitsfest in dieser Jahreszeit abgeleitete – Monatsname in der Inschrift

139. 1566 DEN 10. SPVRCKEL *(Februar)* STARB MILT- 263
DEN THONES, DEM GOT GNAD, AMEN.[86]

Beachtenswert sind in den Inschriften sicher auch die zeitgenössisch gebräuchlichen Vornamen, deren Vorkommen nicht zuletzt in Beziehung zu der bevorzugten Verehrung bestimmter Heiliger steht. Die aus heutiger Sicht geringe Auswahl der Namen mag den Volkskundler nicht überraschen.

Zur Schriftart von Wort und Zahl müssen wenige Anmerkungen genügen. Das Wesentliche ist den Abbildungen zu entnehmen. Aus dem verständlichen Bestreben, die einzuhauenden Zeichen zu vermindern, finden wir nicht nur Ligaturen und Wortabkürzungen, sondern zum Beispiel auch ein † für *‚Kreuz‘* (Is. 99), *„3 FALTIGKEIT“* oder Kürzungen wie

140. IOHAN IACOB 7BACH *(Siebenbach),* 1778. *(Ettringen – Obermendig; 1975 verloren).*

141. 1792 *(den)* 3 TEN XBRIS *(Decem-bris)* OBIIT IO-(hann)ES STURM, B(ürger) V(on) ADENAW. *(Adenau).*[87]

Oft ist zu bemerken, daß die Schrifthauer nicht oder nur wenig schriftkundig waren und einfach nach Schablonen arbeiteten. So sind häufig Buchstaben in Spiegelschrift gehauen (einmal sogar INRI als Ganzes in Spiegelschrift; Oberzissen) oder auch vertauscht (IRNI; Kehrig – Allenz).

Doch wäre nichts verfehlter, als orthographische Maßstäbe – zumal heutige – anzulegen. Statt Regeln gab es allenfalls Schriftgewohnheiten. Sie entsprachen nicht unbedingt heutiger Auffassung. So war es beispielsweise oft nicht Versehen, sondern durchaus beliebte Gepflogenheit, in einem Text das gleiche Wort in variierter Schreibung wiederzugeben.

Im 16. Jahrhundert finden wir vereinzelt eine Vermischung von Buchstaben, die noch der Minuskel entnommen sind, mit den Zeichen der sich nun durchsetzenden römischen Kapitalschrift (1566, Museum
68 Mayen; 1570, Gering; 1595, Abb. 68).

Bei der eingehauenen Jahreszahl zeigen sich – neben
57, 243 unkorrekten Formen[88] – in der älteren Zeit manche
223 Ziffern von der heutigen Schriftform abweichend.[89]

Im Chronogramm endlich finden wir Worttext und Jahreszahl miteinander verwoben. Die im Text verschlüsselte Zahl ergibt sich, wenn man die durch Größerschreibung gekennzeichneten Buchstaben als römische Ziffern liest und deren Zahlwerte addiert.

Auf einem Kreuz aus der Werkstatt E findet sich, was sonst nicht üblich war, vor dem Chronogramm[90] noch eine arabische Jahreszahl. Sie ist mit der im Text versteckten Zahl nicht identisch: Verschlüsselung und beigegebener „Klartext" wären ein Widerspruch in sich.[91]

142. AO 165[8]. DIeterICh Von han, eLIsabeth hanseLIn, 221
seIn haVsfraVV, haben DIs CrV CIfIXIbILtnVs *(Bild des Gekreuzigten)* zV eeren gottes hiehin eInsteLLen Lasen. *(Chronogramm: 1656).*[92]

Während die arabische Jahreszahl die Errichtung des Kreuzes betrifft, bezieht sich die verschlüsselte Zeitangabe – vielleicht als die wichtigere Aussage – gewiß auf ein Ereignis, das die Kreuzstiftung veranlaßt hat.

ANMERKUNGEN

IX. INSCHRIFTEN

1 Vgl. Römerillustrierte, S. 31 (B. und H. Galsterer).

2 Vgl. z. B. die Stücke im Römisch-Germanischen Museum Köln (Römerillustrierte, bes. S. 202 ff.). Für *F(aciendum) C(uravit)* zuweilen *FECIT*. Stehende Formeln sind auch *M DO* in Is. 1 und *D M* als Einleitung einer Grabinschrift (Is. 2; so z. B. auch a. a. O. S. 206, Nr. 1).

3 Zur Schriftform vgl. Ehmke, bes. S. 79. Es ist zeitgenössisches Merkmal der Schrift, daß zahlreiche Buchstaben nur schwer voneinander zu unterscheiden sind. Zeitgenössisch beliebt ist auch die Schreibung der römischen Ziffern in Minuskelbuchstaben, wie hier in allen Jahreszahlen. Die Minuskel kann aus drucktechnischen Gründen nicht originalgetreu wiedergegeben werden. Wir verwenden stattdessen eine Schrift, die sich von den übrigen Inschriften in Großantiqua abhebt (so auch weiter für die Minuskelinschriften 24, 55, 86 und die Frakturinschriften 33, 34).

4 Nach der ersten Publikation der Inschriften 4 und 5, 1878 durch J. Freudenberg, hat Fridolin Hörter sen. sich eingehend mit den Beligen-Inschriften befaßt (Wegekreuze; Vier Bildstöcke) und Freudenberg z. T. korrigiert. Zu Is. 5 hat dann Herr Fridolin Hörter jr., Mayen, durch die graphische Aufnahme der Originalschrift (Abb. 152) Wesentliches für die Lesung beigetragen. Ihm bin ich dankbar für persönliche Erläuterungen dazu und gemeinsame Studien am

Objekt. Zur Lesung der Inschriften 3 und 5 (insbesondere dazu, welche Buchstaben bei der Auflösung der Abbreviaturen vermutlich zu ergänzen sind), erhielt ich wertvolle Hinweise von Herrn Archivdirektor Dr. Heyen, Koblenz, und seinen Mitarbeitern Frau Dr. Zimmer und Herrn Dr. Brommer, denen ich herzlich danke.

[5] Philologische Bemerkungen zu Is. 5 bei Freudenberg, z. T. aber von einer falschen Lesung ausgehend; Freudenberg kannte die Inschrift nur aus Mitteilungen.

[6] Ältere Versuche einer Lesung a) in den Druckfahnen zum unveröffentlichten Band KD Mayen II „SPRICHT GOT DER HERE O SVNDER SIEH AN DI WAS . . . GELEDEN HAIN, MCCCCLXI" (Blatt 446) und b) bei Hörter, sprachlich übertragen „Dies hier ist Gott der Herr, o Sünder sieh an die Wunden mein, wende sie als die Pforte der Himmel, 1461" (in Vier Bildstöcke; „Dies hier ist..." im Blick auf eine Figur in der Nische). Zu der hier vorgelegten Lesung ist anzumerken, daß *wanne* (wann) mittelhochdeutsch eins ist mit *wenne* (wenn); vgl. Kluge zu beiden Wörtern. In *spr icht* ist ein Raum zur Verankerung des Nischengitters ausgespart.

[7] In der älteren Abb. 146 ist wohl durch geschickte Retusche die Inschrift (und anderes) herausgehoben worden; Farbspuren sind am Original in der Inschrift nicht zu erkennen. — Zu der alten Schriftform *Ihesus* vgl. unten. — Auch in dieser Inschrift wurde durch den Schrifthauer vorsorglich Platz zur Befestigung eines Gitters gelassen, vor allem in der Jahreszahl deutlich.

[8] Der Monatsname im Original austmat. Aus lat. *Augustus* für den 8. Monat wird nach Kluge „mhd. *ougest(e)*, was mundartl. in au(g)st ‚Ernte' fortlebt". *Monat* nach demselben mhd. *manot(d)*, wobei in unserem Fall aber auch eine mundartlich gefärbte Form *maant* in Frage käme. sistu *(seist du)* als Zusammenziehung zeitgenössisch (und auch später noch) üblich, wie auch *bistu, warstu, hastu, sagstu* u. ä. — *Leichnam* (mhd. *licham)* ist bekannte Altform für *Leib* (vgl. *Fronleichnam)*. — Abgesehen von der schon begründeten Auflösung der (bezeichneten!) Abbreviaturen ohne weitere Kennzeichnung wird die Schreibung originalgetreu wiedergegeben. So wird bewußt verzichtet auf eine Korrektur von v für u (vns) oder umgekehrt (leuen für leven, *Leben)*; sie würde zum Verständnis nichts beitragen, zumal der Gebetstext bekannt ist.

[9] Vgl. Wackernagel, Bd. 2, S. 322—1139, für 15. und Anf. 16. Jh.

[10] Einfügung von *Maria* am Anfang, was sich sonst n i c h t findet, wahrscheinlich unter Einfluß des *AVE MARIA*. — In den alten Texten häufig, aber nicht immer, *Salve regina m a t e r misericordiae;* hier statt dessen *Salve maria regina misericordiae* übersetzt. — Am Ende steht anstelle der Übertragung für die drei Anrufungen o *clemens,* o *pia,* o *dulcis maria* in der Inschrift nur *o barmherzige maria.* — Die Kürzungen waren bei der bildhauerischen Arbeit wahrscheinlich durch Platzmangel bedingt.

[11] So, wie schon Freudenthal angemerkt hat, mir statt wir, och statt ach, vns *(uns)* statt vnser und vnsere.

[12] Die Arbeit des Schrifthauers ist rechts und links unten nicht ganz fertiggestellt worden: Das o vor *s. maria* ist halbfertig, das s am Ende von *Antonius* fehlt noch ganz. — In der Jahreszahl nach m und nach cccc ein kleines hochgeschriebenes o (millesimo, centesimo).

[13] Vgl. Kapitel IV. — Die Wahrscheinlichkeit für eine Inschrift auch auf dem Schaft ist groß. Ebenso wird sich an irgendeiner Stelle wieder der Name des Stifters Clais Beligen finden.

[14] 1497 auf einem Grabkreuz (Is. 24); 1501 auf einem Unfallkreuz (Is. 55); 1504 der Stiftername auf einem „Schöpflöffel" (Is. 86); 1552 auf einem Mordkreuz (Is. 47).

[15] Siehe Is. 130. — Vgl. hier auch Abb. 30; die (Stifter-) Inschrift wird nicht wiedergegeben, weil unklar.

[16] Blumenrather Heide, neben Kapelle. Auf der Rückwand der Nische schwach erhabenes Kreuz; die Anrufung um Gnade für die Sünder ist auf dem vorderen Rand um die Nische herumgeführt: Diese beiden Merkmale vgl. auch Abb. 206 und Is. 132 mit Anm. 72 (Erläuterungen dazu).

[17] Das eindringliche *Memento mori* des Spätmittelalters (vgl. bes. Huizinga, Kap. 11) klang noch lange nach. Bildhaft geworden ist die unablässig wiederholte Mahnung, des Todes zu gedenken, vor allem in der Darstellung des Totentanzes. Einen rheinischen Totentanz finden wir, nicht weit entfernt, in Bruchhauen bei Linz.

[18] Gemarkung „In der Suhr", Kr. m. Korp. und 3 Engeln, Werkstatt E. Vom gleichen Stifter ist das Kreuz Is. 16 (vgl. Anm. 24). — In dieser Inschrift wird, wie auch sonst häufig (und besonders kennzeichnend bei der Werkstatt E), statt AO ein Ao mit Auslassungsstrich über dem o geschrieben (vgl. die Abbildungen). Aus Gründen der Einheitlichkeit wird auch in diesen Fällen AO wiedergegeben (im Gegensatz zum ausgeschriebenen ANNO).

[19] Ein Text mit dem mahnenden Hinweis auf die Passion findet sich z. B. schon in der lat. Bildunterschrift eines Missale von 1436, übersetzt *Schau, o Mensch, und betrachte die Leiden des Herrn* (Richstätter, S. 310). — Zur Beratung in Fragen alter Texttraditionen sowie in vielen weiteren Fragen zu dieser Arbeit danke ich an dieser Stelle meinem Freund Emil Donckel in Junglinster (Luxemburg) besonders herzlich.

20 Bei Nonnsmühle. Hoher Nischenstock mit Kreuzabschluß; ungewöhnliche Form, mit Ornamenten aus der Renaissancearchitektur.

21 Entsprechend sind diese Embleme auch die Attribute der Volksheiligen *Fides, Spes* und *Caritas* (z. B. an den Figuren in der Kirche Weilerswist).

22 Vgl. Dünninger/Schemmel S. 56; Mehl S. 70.

23 In der Messe sowie im Officium des Festes der Sieben Schmerzen Mariä (Freitag nach Passionssonntag).

24 Roderhöfe. Kr. m. Korp., aus Werkstatt E (doch ohne Kelchengel). Cornelius Langenban, wohl aus Rieden, hat im gleichen Jahr das dortige Kreuz Is. 10 gestiftet. Es ist aus derselben Werkstatt und vermutlich das spätere, weil dort der Vorname (auf Reklamation hin?) korrekt geschrieben ist. Das Ettringer Kreuz steht am Pilgerweg Rieden — Fraukirch.

25 Kreuz m. Korp. Der Anfang [ ] fehlt heute (ergänzt nach älterer Zeichnung). — Eine weitere Inschrift nach Klageld. 1,12 in Kottenheim 1756 (Detail Abb. 115), im Wortlaut ähnlich Is. 17.

26 Zwischen den Großbuchstaben sind einzelne Kleinbuchstaben eingestreut, die in der Wiedergabe nicht berücksichtigt werden. Die Inschrift ist keine Steinmetzarbeit, sondern wurde von einem „Laien" in den (relativ weichen) Tuff eingeritzt. Weitere, z. T. unkenntliche, Ritzungen in den freien Feldern und zwischen den Zeilen (hier z. B. „IHS"). Inschriftfläche ist die linke Seite des Nischenkopfes. Von der gegenüberliegenden Seite zeigt Abb. 181 ein Detail mit eingeritzten Abwehrzeichen (vgl. Kapitel VI.).

27 „DIE GEMEIN ... ALEIN" kann nur so verstanden werden, daß die kleine Filialgemeinde Niederdürenbach den für die Sakramentsprozessionen der gesamten Pfarrei bestimmten Nischenstock allein, ohne Mittel aus der übrigen Pfarrgemeinschaft, erstellt hat.

28 Die Inschrift auf der linken Seite in Höhe der Tabernakelnische (vgl. Abb.). Rechts an gleicher Stelle die Stifter Anton Milles und seine Frau Elisabeta.

29 Inschrift nach: Rh. Friedhöfe 3, Spalte 26. Der Wettersegen (statt *fulgere* richtig *fulgure)* steht auf dem Querbalken des Kreuzes; auf dem Schaft noch das Stifterehepaar. Kreuz aus Drachenfels-Trachyt, mit dreipaßartigem Abschluß der Kreuzbalken.

30 Die Lesung des Namens danke ich Herrn Archivdirektor Dr. Heyen, Koblenz. In *Sligin* sehe ich den Familiennamen *Slig* mit weibl. Suffix *-in* (vgl. auch die folgende Anm.), wobei bemerkt werden darf, daß heute der Name *Schlich* in der Gegend verbreitet ist; *feine* gewiß für nhd. *Fine.*

31 Abgesehen von dem Kreuz selbst, deutet dies wohl auch die Form des Familiennamens an: Die Anfügung des *-in* scheint gebräuchlich bei Ehefrauen von Personen gehobenen Standes (zumindest in unserer Landschaft; den gleichen Gebrauch fand ich im Taufbuch von Mayen, 17. Jh.). Vgl. das Suffix *-in* für Ehefrauen auch in den Inschriften 93, 129, 138, 142.

32 Unter den wenigen Ausnahmen z. B. ein Grabkreuz mit der Jahreszahl 1539 in Wassenach; vgl. auch Abb. 179, rechts.

33 Z. B. Abb. 238, 244. Eine frühe Ausnahme 1502, Abb. 246.

34 Auch viel später noch finden sich häufig nur die Initialen der Namen — aufgrund der beigefügten Hausmarke für die einheimischen Zeitgenossen erklärbar.

35 Die später so beliebte Formel *R.I.P.* erscheint auf Basaltlava-Grabkreuzen selten; *DSGG* bleibt zum Teil bis ins 19. Jahrhundert hinein üblich und findet sich in der Regel auch auf den Grabplatten.

36 Ein *Peter Welling* (wohl derselbe) war 1615 Zunftmeister der Hämmerer in Mayen. — Der Standort des Kreuzes (in der Flur) steht der Annahme, daß es ursprünglich ein Grabkreuz war, nicht entgegen; vgl. Kapitel VIII.

37 Während die Steinhauer im Basaltlavazentrum bei der Kreuzbeschriftung schon im 16. Jahrhundert zu der römischen Kapitalschrift übergegangen waren, gewiß aus technischen Gründen und auch zugunsten der Lesbarkeit, zeigen im Bonner und Kölner Raum oft auch jüngere Basaltlava-Grabkreuze noch Frakturschrift (Abb. 128, Mitte). So gehauen sind auch die mitgeteilten Beispiele Nr. 33 und 34; ergänzend hier die Verteilung der Großbuchstaben: AO 1613 den 12. october Starb Cristina Stall, der selen gott gnadt. AO 1636 den 14. Augustus Ist in Gott entschlafen Adam Schäfer, dero Selen Gott Gnedig seye.

38 Für die Lesung und Übersetzung der hebräischen Inschrift danke ich herzlich Herrn Prof. Dr. Günther Mayer, 501 Zornheim (Lesung des Namens durch seinen Kollegen Prof. Dr. Eugen L. Rapp). Herrn Archivdir. Dr. Heyen, Koblenz, danke ich für die Vermittlung. — Zur inschriftlichen Datierung merkt Prof. Mayer an: Liest man bei den Zahlzeichen (zweitletzte Zeile im Original) das L als zur Zahl gehörig, ergibt sich 530 (1. Tammus 530 = 24. 6. 1770), deutet man es als Abkürzung für den Ausdruck, der die Weglassung der Tausender bezeichnet, ergibt sich 500 (1. Tammus 500 = 26. 6. 1740). — Die Anrufung nach Samuel entspricht (und ist sinnverwandt) dem *DSGG* auf Grabkreuzen.

39 Die Lesung *GEM(ein)ICHEN* vielleicht begründet durch einen Querstrich (als Auslassungszeichen) an der Stelle der Ergänzung.

Es hat viel für sich, *B.A.H* als *Bah!* (Ausruf des Abscheus) zu interpretieren. Zwar sprechen die Punkte (sonst als Trennung zwischen Wörtern) scheinbar dagegen, doch gerade diese Punkte scheinen eine gesperrte Schrift (und damit die Betonung des Wortes) andeuten zu wollen, zumal hinter dem *H* der Punkt fehlt. Eine weitere Betonung scheint angedeutet durch Strich über dem A (= AA). Das alles paßt zum ganzen Stil der Inschrift, die nicht nur sachlich berichtet, sondern auch wertet *(jämmerlich, welchen gemeinen Mord).* Bemerkenswert ist auch die sonst nicht übliche namentliche Nennung des Mörders: Das in Ortsmitte eingemauerte Kreuz wurde so zu einer im Stein verewigten Anprangerung des Täters.

40 Auf dem Sockel *N. S.* (der erschossene Nikolaus Schmiz) und *I. S.* (zweifellos der Stifter des Kreuzes), jeweils mit einer Marke.

41 Inschrift nach einer Zeichnung von Meyer, Trier.

42 Nach der Überlieferung (erfahren auf Kergeshof b. Löf, von dem der Ermordete stammte) waren die beiden jungen Männer auf dem Weg nach Lehmen zu einem Mädchen, bei dem sie Rivalen waren.

43 Das Kreuz galt eh und je als Mordkreuz. „Man erzählt, daß hier ein Mann, der in Cochem Weingeld eingenommen hatte, überfallen und erschlagen wurde" (Meyer, Trier). Die Erzählung ist verständlich, denn auf dem Kreuz erkannte man eindeutig das Wort *MOERDER.* Beim Versuch aber, die Inschrift als Ganzes zu lesen, ließ sich für ein Mordkreuz beim besten Willen kein Sinn finden. Dagegen wird ein solcher erst erkennbar, wenn man von der (dem Samaritergleichnis entlehnten) Redewendung *„unter die Räuber gefallen"* ausgeht. In der Inschrift wird *Räuber* durch *Mörder* ersetzt; gleichwohl kann die anschließende Abkürzung *G.* aufgrund der bekannten Redewendung vom Leser als *gefallen* aufgelöst werden. Hiernach bereitet auch der weitere Text *VND ERET* (Ligatur am Ende hier für *ET,* sonst gewöhnlich für *TE)* keine Schwierigkeit mehr, und *GOT LOB* fügt sich sehr sinnvoll an (sonst müßte *DSGG* stehen). *I. COCHEM* bezeichnet ohne Zweifel den Wohnort des geretteten P. Schneidt. — So ist das vermeintliche Mordkreuz in Wirklichkeit ein Votivkreuz — Gott zu „Lob" und Dank für Errettung aus Todesgefahr. — Unter der Inschrift auf dem Schaft, jeweils mit Hausmarke, die Initialen des geretteten *P. S.* und eines Mitstifters *A. P.*

44 Kreuz an Feldweg, unweit der Straße, aus schwarzem Marmor. Inschrift auf dem Sockel.

45 Inschrift auf der Frontfläche eines gemauerten Nischenstocks; Kottenheimer Wald.

46 Distrikt „Auf dem Lummersfeld". Hohes Kreuz mit (beschädigtem) Korpus, aus der Werkstatt F. Auf dem Schaft das Wappen der von Bourscheidt (ehem. Burginhaber am Ort).

47 Hohes Kreuz mit Korpus, aus der Werkstatt M. – Ein ebensolches Kreuz für einen Ertrunkenen, zusätzlich mit der Figur eines Heiligen auf dem Schaft, aus derselben Werkstatt, steht bei Cond; es trägt die Jahreszahlen 1666 (nach dem Werkstatt-Typus das Jahr der Herstellung) und unten 1641 (vielleicht das Jahr des Unglücks; danach wäre die Kreuzstiftung erst 25 Jahre später erfolgt). — Weiter sei noch das Kreuz von 1678 bei Ellenz für einen in der Mosel Ertrunkenen genannt (XII, Anm. 1, unter Werkstatt F), auch dies eines der nicht sehr zahlreichen Unglückskreuze mit Korpus.

48 Der Text [ ] ist erneuert. — In der Inschrift fällt auf, daß bei sieben weiblichen Personen der Familienname eine S-Endung hat — vielleicht um kenntlich zu machen, daß es Verheiratete waren (vgl. etwa Is. 80 und 103). Nur ein Mann befand sich unter den Ertrunkenen aus Kell. Wie das dortige Kirchenbuch berichtet, waren sie Teilnehmer einer Wallfahrt nach Bornhofen a. Rh. zum Feste Mariä Geburt. Die Toten wurden heimgeholt, doch das Kreuz stellte man altem Brauch gemäß (Kapitel VII) dort auf, wo sie plötzlich verschieden waren. Es steht heute zwischen Pfaffendorf und Horchheim am Leinpfad.

49 Inschrift auf dem Schaft eines Nischenstocks; heute eingemauert in eine Hauswand im Ortskern (ursprüngl. Standort?). Die Volkserzählung berichtet von einem Mordfall, bei dem sich der Verletzte noch bis an diese Stelle geschleppt habe und hier verstorben sei. Am Tatort habe man ein kleines Kreuz aufgestellt. Bei diesem, an der Straße nach Metternich, passen aber Name und Jahreszahl nicht zu unserer Inschrift. Auch hiervon abgesehen, kann die Erzählung — wie so oft — nicht den historischen Fakten entsprechen, denn nach allen Erfahrungen wäre eine Mordtat in der Inschrift nicht unerwähnt geblieben. Es muß sich um den Tod eines Verunglückten handeln, laut Inschrift vielleicht um ein besonders „jämmerliches" Sterben.

50 Erschlossener Text [ ] in der Erde. — Hohes Kreuz mit Korpus und darunter Vase mit Dreisproß, aus der Werkstatt R.

51 Hohes Kreuz mit Korpus und drei Kelchengeln, das nach jetzigem Stand späteste Kreuz aus der Werkstatt E.

52 Bei der Schreibung *IVNG-ESEL (G* am Ende einer Zeile) lag gewiß nicht — wie bei dieser Inschrift gern geäußert wird — eine scherzhaft-spöttische Absicht vor. Die Schreibung mit nur einem *G* ist zeitüblich (Is. 42 und 53), und die vorgenommene Worttrennung kam am Zeilenende rein zufällig so aus. Wir finden die

gleiche Trennung auch auf einem Grabkreuz von 1777 in Volkesfeld.

[53] Vgl. Is. 20 und den dortigen Text.

[54] Erschlossener Text [ ] im Sockel verdeckt; dort vermutlich auch eine Jahreszahl (wohl 19. Jh.).

[55] Diese Vorstellung wird inschriftlich ausgedrückt Is. 130: „Bis an das Ende der Welt“ soll die Stiftung bestehen (und für die Stifter wirken). Der Gedanke an das Überdauern des Mals mag mitbestimmend dafür gewesen sein, daß Basaltlava bevorzugter Werkstoff wurde.

[56] Die (Expositions-) Konsole ist nachträglich zu einem Opferstock umgearbeitet worden, und man könnte den Lukasvers inhaltlich auch hierauf beziehen. Aber Stifterinschrift und Bibelwort sind von gleicher Hand gehauen, also früher als der Opferstock. Darum darf man eine Sinnbeziehung sehen zwischen ... *geben dieses Kreuz* und *Gebt, so wird euch gegeben.*

[57] Am Weg nach Mädburg. Nischenstock m. Kreuz.

[58] Vgl. weiter z. B. Is. 10 und 16; Is. 21 und 115.

[59] Vgl. dazu auch oben Is. 83.

[60] Weitere Beschriftung, z. T. unklar, vorn (anschl. an den wiedergegebenen Text) und auf der linken Schaftseite; dort noch die Jahreszahl 1602.

[61] Am alten Weg nach Mayen. Kreuz mit Altartisch, auf dessen Frontplatte die Inschrift. Von derselben Stifterin auch das Kreuz Abb. 169/Is. 21.

[62] Bei der Kreuzstiftung zu Ehren des hl. Matthias (vgl. auch Is. 104 und Abb. 426) sind die jährlichen Wallfahrten nach Trier zum Grab des Apostels zu erwähnen. Der Stifter aus Kehrig hat das Kreuz am Pilgerweg nach Trier aufgestellt. So ist es als Votivkreuz in diesem Zusammenhang anzusehen.

[63] Sankt Genovefa (von Paris) ist Pfarrpatronin von Obermendig. Eher ist von den Kreuzstiftern aber die Volksheilige (nicht kanonisierte) Genovefa der Fraukirch gemeint (die Pfalzgräfin), deren Kult in der Zeit der Kreuzstiftung blühte — wenn überhaupt diese Unterscheidung in der Volksfrömmigkeit relevant war; das Kreuz steht am Weg zur Fraukirch. — Zur Anrufung von Heiligen auf Wegmälern des Untersuchungsraumes vgl. auch VI, Anm. 90. Nicht nur durch Widmungs- oder Bittinschriften („HEILIGER S. NICKLAS, BIT GOTT FVR VNS ON VNDERLAS“, a.a.O.) sucht man ihren Schutz, sondern auch durch das Einhauen ihrer Namen, Monogramme und Symbole (Abb. 186) sowie durch ihre Abbildung am Votivmal.

[64] Vgl. auch Is. 94. Bei der Renovierung wird, wenn nicht auch der Urheber verzeichnet ist, wenigstens das Jahr der Erneuerung angegeben; Is. 21.

[65] Erschlossener Text [ ] an der Nahtstelle zwischen den zwei Teilen des Kreuzes; hier wurde wohl der Schaft wegen Beschädigung etwas verkürzt. — Dem Kreuz (m. Korpus) hat F. Hörter sen. (in Rhein-Zeitung, Koblenz, 11. 4. 1963) eine kleine Untersuchung gewidmet: Er fand in einer Trierer Chronik den Vermerk, daß „den 22. August 1731 ein Mann von Mayen wegen verübter vielfältiger Kirchenräubereien“ hingerichtet worden ist. Das Kreuz wird „Schlössers Kreuz“ genannt (so auch in Tranchot-Karte 146, um 1810). Da die Bezeichnung nicht aus der Inschrift hergeleitet werden kann, bezieht sie sich vermutlich auf den Namen des Kirchenräubers.

[66] Auf dem Gipfel des Berges. An gleicher Stelle stand schon ein älteres Kreuz (Tranchot-Karte 134, 1809), das wohl durch das Auswandererkreuz ersetzt wurde.

[67] KD Koblenz Landkreis, S. 161 (Kaltenengers), Foto Abb. 46; Reif (Urmitz) S. 36—38, m. Zeichnung. — Bildstock mit dem Relief eines Engels; das Mal ist verloren. Nach Reif stand es bis 1945, etwa an den Gemarkungsgrenzen in Ufernähe. Über der Bildnische war ursprünglich vielleicht noch ein bekrönendes Kreuz (nach der im Foto erkennbaren Bruchstelle oben). Über die Art des Steins finden sich keine Angaben. — Der Name nach KD *MEUSERE,* nach Reif *MENSERE.*

[68] Vgl. hier bes. Is. 54 (wo es sich ebenfalls um die Errettung aus Lebensgefahr handelt) als Beispiel für den Inschriftentypus im Basaltlavagebiet. Umfänglicher oder präziser sind hier nur vereinzelte wie Is. 53, bes. aber die folgende Is. 130. Zu den meist ausführlicheren Inschriften in anderen Landschaften vgl. z. B. für Franken die umfangreiche Sammlung von Texten bei Dünninger/Schemmel.

[69] Statt dessen finden wir hier an Gnadenorten schlichte Täfelchen etwa mit dem Text *Maria hat geholfen.* Solche vergleichsweise nüchternen Bezeugungen der Votivmeinung passen zu der größeren Zahl unserer Kreuzinschriften — wie die gemalten Tafeln (vgl. bes. Kriss-Rettenbeck, Ex Voto) auch zu den reicheren Bildstockinschriften ihres Verbreitungsgebietes passen.

[70] Unsere Abbildung zeigt die Vorderseite. Die Beschriftung auf den Schmalseiten ringsum ist nach dieser Seite ausgerichtet. Die Jahreszahl rückwärts groß; in Kreuzmitte und umgeben von der Inschrift ein erhabener Stern (wohl als Marke, vielleicht aber auch in einem Bezug auf die angerufenen Hl. Drei Könige). — *Backes* rheinisch f. *Backhaus, Bungert* urspr. *Baumgarten.* Auch sonst zeigt die Inschrift öfter mundartlichen Einschlag.

[71] Inschrift auf der Rückseite des hohen Friedhofskreuzes, mit Tabernakelnische und m. Korpus. Rückwärts auf den Kreuzbalken *MATER DOLOROSA* und *S. BARBARA* mit den entsprechenden halbplastischen Figuren (Maria mit den 7 Schwertern, Barbara mit Turm).

[72] Eine Umschrift um die Nische mit demselben Text finden wir 1594, vgl. Is. 7. Bemerkenswert im Zusammenhang mit dem Text ist in beiden Fällen auch das leicht erhabene Kreuz auf der Rückwand der Nische, wodurch diese sich als Sakramentsnische erweist (Kap. V). So ist die Gnadenbitte, die die Nische umrahmt, als Gebet zu verstehen, das insbesondere an Christus in dem hier bei Prozessionen ausgesetzten Allerheiligsten gerichtet ist.

[73] Es ist m. E. davon auszugehen, daß die drei Inschriften 132—134 dasselbe sagen wollen. Danach ist aber hier mit *effigiem Christi* nicht etwa eine Figur Christi (in der Nische) gemeint, sondern das Kreuz als Bildzeichen Christi — nämlich dieses Wegkreuz, das die Inschrift trägt. Es war alter und allgemeiner Brauch, das Wegkreuz, weil es — auch ohne Korpus — Christus bezeichnet *(designat),* im Vorübergehen *(cum transis)* zu ehren *(honora),* etwa durch Ziehen der Kopfbedeckung. Die Inschrift bezieht sich eindeutig auf diesen Brauch und meint mit *effigiem Christi* dasselbe wie die anderen mit *diesen Stein* (vgl. VI, Anm. 148, 150).

[74] *Schaue an* meint *schaue ehrfürchtig an,* etwa gleichbedeutend mit *honora* in der vorigen Inschrift.

[75] Unter der Inschrift *IHS* und erhaben das Herz Jesu mit drei Kreuznägeln. Das Steinkreuz (gegenwärtig zerbrochen und von einer Hecke überwachsen) ist eines der frühen Stücke mit Korpus aus der Werkstatt M. Der obere Kreuzbalken mit der Jz. 1907 ist erneuert (jedoch schlecht proportioniert).

[76] Z. B. K. Kessel, Sagen und Geschichten des Moselthals, Kreuznach 1896, S. 155 f.; Angabe nach Heinz Müller S. 76 f., dem auch der Bericht über die Sage und die Lesung *NICKL ASWALDO* entnommen wird. Das Kreuz wurde 1975 von mir untersucht.

[77] So u. a. in Eifelkalender 1944, Kalendarium August, mit Abbildung. — Zu *Sühnekreuze* vgl. Kapitel VII.

[78] Eine andere Version der Sage berichtet, daß sich zwei Bäuerinnen gegenseitig erschlugen (so auch bei Meyer, Trier). Das Sagenmotiv vom gegenseitigen Töten findet man über weite Räume verbreitet (vgl. Mößinger S. 97 f.), es ist offensichtlich alt. Auch hier ist diese Version wohl die ältere, sie nimmt auf die Inschrift noch keine Rücksicht. Die Erzählung, daß nur e i n e Frau getötet wurde, erscheint von daher als im Blick auf die Inschrift korrigiert (sozusagen eine „gelehrte" Redaktion der ursprünglichen Sage).

[79] Das Kreuz wurde eingehend untersucht und mit anderen Stücken verglichen; für eine andere Deutung denn als Grabkreuz findet sich kein Anhaltspunkt. Zur Aufstellung von Grabkreuzen in der Flur vgl. Kapitel VIII (Abb. 204, 212).

[80] Nicht selten sieht die Volkserzählung in den auf Grabkreuzen dargestellten Berufswerkzeugen oder -geräten Mordwerkzeuge. Den historischen Fakten entspricht diese Deutung im Basaltlava-Kreuzgebiet nicht (vgl. VII, Anm. 4 und 33; X, Anm. 22).

[81] Erwähnt sei nur noch die typische Form *bis* für *sei,* Is. 7 und 132 (wie etwa in rheinischer Diktion *„Bis mal still!").*

[82] Vgl. hier und zu dem Monogramm *IHS* bes. Dombart. Die bei ihm angeführten Belege für *IHESUS* ließen sich auch in unserem Raum nicht nur durch die Beligen-Kreuze vermehren; als Beispiel sei nur genannt eine Kasel in Ediger, um 1500 (KD Cochem I, S. 272).

[83] Der natürlich komplexe und sich über lange Zeit hinziehende Vorgang kann hier nur vereinfacht wiedergegeben werden; eine detaillierte Darstellung vgl. bei Dombart.

[84] Vgl. Is. 64, 130.

[85] Vgl. hier auch die Monatsnamen Is. 5 und 6 (1472/1473).

[86] Zur Herkunft des Monatsnamens und zu urkundl. sowie volkssprachl. Belegen vgl. Kluge s. v. *Sporkel;* Rh. Wörterbuch, 8, s. v. *Spürkel* III. – Urkdl. z. B. Düren 1463 *in dem Maende Februario genant Spurkell.* — Lat. *spurcalia* (zu *spurcus ‚unflätig')* im 7.—9. Jh. priesterliches Scheltwort für ausgelassene Festbräuche im Februar in bezug auf Frauenfruchtbarkeit. — Im Rheinischen lebt das Wort noch fort als weibliche Personifikation des Monats, z. B. *Die al Spirkelich kemmt* (kommt) *durch et Land* (Düngenheim); *Die Spörkels schütt ihr siwwe Röck aus* (Neuwied); vgl. auch Wrede S. 249. — Ein weiterer inschriftlicher Beleg auf einer Grabplatte 1539 in Neustadt/Westerwald (Rh. Friedhöfe 3, Spalte 97).

87 In der Flur aufgestelltes Grabkreuz. — Diese Monatsangabe noch öfter auf Grabplatten; sie ist auch in anderen Landschaften verbreitet. Statt *XBRIS* findet sich auch *XBER* oder die Zusammensetzung mit arabischer Ziffer (wie *7BRIS* auf einer Grabplatte 1664 in Mayen).

88 160II (1602; Plaidt), 174 (1704; Niederlahnstein), 170I2 (1712; Abb. 243), 170 II (1702; Abb. 57). Zuweilen finden wir keine Angabe des Jahrhunderts (Abb. 237, 259).

89 Die Ziffer 1 erscheint als Tausender in verschiedenen Formen, sonst aber nur als senkrechter Strich (manchmal mit Punkt darüber); ist ein Aufstrich vorhanden, so ist 7 zu lesen (die zuweilen der heutigen 1 gleicht; Abb. 259, 377). Für Ziffer 2 eine alte Form Abb. 246; dann finden wir bis ins 18. Jh. hinein 2 als Z, doch taucht im 17. Jh. auch schon die oben runde Form auf (Abb. 296, 350, 437). Zur alten Schreibung der Ziffer 4 vgl. Abb. 89, 163, 330; manchmal unten angehängter „Schnörkel“ (Abb. 223; auch auf dem Kreuz Abb. 286 nötigt die leichte S-Biegung des auffällig nach links gezogenen Unterstrichs zur Lesung 4 statt 9). Alte Formen der Ziffer 5 vgl. in Abb. 223, 237, 246.

90 Zwei weitere Chronogramme auf Basaltlavakreuzen enthalten, in lateinischen Inschriften verschlüsselt, die Jahreszahlen 1655 (Mayen, i. Besitz der Fa. Weig; Grabkreuz für Theodorus Coster, Magister d. Philosophie) und 1811 (Lehmen; Kreuz m. Tabernakelnische).

91 Dagegen vgl. KD Koblenz Landkreis S. 347 f. und Reif S. 33, wo auch die beiden I in *HIEHIN* als größer geschrieben angesehen werden, wohl in dem Bestreben, auf den Wert der arabischen Jahreszahl zu kommen. Vgl. auch Schug Bd. 7, S. 574 (mit zahlr. Fehlern).

92 Lesung KD und Reif a. a. O. am Ende der Inschrift *HIE HINEINSTELLEN* (bzw. *HIE HINEIN STELLEN) LASEN;* doch abgesehen von dem deutlichen Abstand zwischen *HIN* und *EIN* und einem (nicht ausgemalten) Punkt ergäbe *HINEIN* auch einen kaum wahrscheinlichen Sinn. Es ist zu lesen *HIEHIN EINSTELLEN.*

X. HAUSMARKEN

Nicht viele Landschaften kennen eine so reiche Zahl von
224–263 Marken auf dem Weg- und Grabmal wie das Gebiet der
Basaltlavakreuze am Mittelrhein. Diese Eigenart zeichnet
sich schon ab im Vergleich mit den nahen Kreuzlandschaften des Trierer und Bonner Raumes.[1]

Auf die allgemeinen Fragen zur „Hausmirk“ in ihrer vielfältigen Verwendung, etwa als Kenn- und Eigentumszeichen im Wirtschaftsleben oder als Unterschrift, kann nicht ausführlich eingegangen werden.[2] Hier ist ihr Erscheinungsbild und ihre Bedeutung am religiösen Mal zu behandeln.

Die Marke, Identitätszeichen[3] des Hauses oder Hofes,
der Familie und der Sippe, aber auch der einzelnen
44, 205 Person, ist auf dem Votivmal angebracht als Zeichen des
84–88 Stifters, auf dem Totenkreuz in der Landschaft wie auf
190 dem Grabkreuz als Zeichen des Toten.[4] Hier wie da ist
die Marke im Zusammenhang mit der Kultfunktion des Mals zu sehen, ist sie im tieferen Sinne Kennzeichen des Stifters oder des Toten für das ihm zukommende Seelgerät. Zeichen der Repräsentation ist sie erst in zweiter Linie.[5]

60, 230 Hat die Marke am Kreuz im ganzen dieselbe Bedeutung
240, 253 wie Name oder Namensinitiale – mit denen sie oft zu-
386, 451 sammensteht –[6], so gilt dies auch im Blick auf die
schon öfter genannte Vorstellung von einer geheimnisvollen Verbindung zwischen dem Namen einer Person und dieser selbst.[7] Am Sakramentsmal wurden mitunter
Hausmarken ebenso wie Namenszeichen nachträglich
eingeritzt; man glaubte an eine magische Übertragung 206
der von diesem ausgehenden Heils- oder sogar Heilkräfte auf den Träger des Zeichens.[8]

Ihrer Bedeutung entsprechend, ist die Stifter- oder To- 36, 63, 68
tenmarke in der Regel auffällig hervorgehoben. Oft steht 160, 243
sie in einem Wappenschild, gelegentlich in einer Kar- 249, 421
tusche oder am Grabkreuz im Totenkranz. Manchmal
wurde sie aber auch auf der Rückseite des Mals ein- 100, 224
gehauen, wenn eine religiöse Darstellung die vordere 228
Fläche einnimmt.[9]

Vom abstrakten, in der Grundform runenartigen Zeichen, 226–230
das unbegrenzt abgewandelt und – von Brüdern bei-
spielsweise oder von nachgeborenen Kindern – mit wei-
teren Beistrichen versehen werden kann[10], reicht die 232
Skala der Hausmarkenformen über Symbolzeichen, oft 180 f., 215
aus dem religiösen oder gar magischen Bereich[11], bis 248 f., 466
hin zu mehr oder weniger naturgetreuen Darstellungen 237–263
von Dingen. Kombinationen jeder Art sind möglich und
finden sich, doch zeigt sich andererseits eine Vorliebe 69, 88
für das einfache, ja knappe Zeichen, das eher dem prak- 224 ff.
tischen Gebrauch der Marke entsprach.

Unter den Bildern und Dingsymbolen ist die große Zahl 237–263
der Berufszeichen bemerkenswert. Eine Auswahl wurde 120, 124
im Bildteil zusammengestellt – Zeichen für Ackerer[12] 139, 264

382, 427 und Schmied [13], Schumacher [14] und Bäcker [15], Zimmer-
mann [16] und Schneider [17], Müller [18], Lederer [19], Schif-
1, 36, 87 fer [20] und Fischer [21]. Berufsgerät auf dem Kreuz ist ge-
101, 194 legentlich irrtümlich als Mordwerkzeug angesehen wor-
den.[22]

„Aus diesen bildhaften Darstellungen" – möchte man
meinen – „erkennen wir den Beruf des Verstorbenen" [23]
oder des Stifters. Diese Annahme ist aber zumindest
einzuschränken, vielleicht trifft sie nicht einmal die Re-
gel. Merkwürdig oft nämlich zeigt sich eine Übereinstim-
mung der Hausmarke mit dem Zunamen.[24]

251 Da hat IACOB ZIMERMAN den Winkel als Marke [25],
255 THEIS SCHERER, aber auch ALEF SCHNEITER die
300 Schere[26], PETER SCHMET Hammer und Zange [27], AN-
50 TONIVS SCHMIT Hammer und Hufeisen [28], NICOLAS
234 SCHMIT das Hufeisen allein [29] und WOLF SCHMIT den
Schmiedehammer [30]; THEIS MÜLLER und PETER MIL-
LER haben den Mühlanker [31], FRANCISCVS WECK-
BECKER hat einen Weck [32], HERMEN SCHEFFER die
1, 165 Schippe des Schäfers [33] und MATTHIAS POST ein
424 Horn [34]. Auf einem Schöpflöffel des Maifeldes ist neben
der Marke des Ehemannes als Zeichen seiner Frau
MARIA WEIDEN ein Blätterzweig eingehauen.[35] Im Raum
224 f. von Mendig findet sich beim Namen KOLB ein liegendes
Kreuz, das mehrfach in der Form von gekreuzten Kolben
erscheint.[36]

Gehörte der Zuname zur Gruppe der Berufsnamen, so bot sich die Verwendung des betreffenden Zeichens als Hausmarke geradezu an [37] – falls diese nicht ohnehin auf den Vorfahr zurückging, dessen Berufsbezeichnung zum Familiennamen wurde. Auch wenn es sich um andere Zunamen handelt, wird das Berufssymbol als Hausmarke auf eine entsprechende Tätigkeit zurückgehen,
möglicherweise auf eine noch ausgeübte, häufiger aber
wahrscheinlich auf die Tätigkeit eines Früheren, da
die Hauszeichen über Generationen beibehalten wurden.
So ergibt sich keineswegs notwendig, daß ein Berufs- 95, 115
zeichen als Hausmarke den derzeit ausgeübten Beruf 198, 295
angibt.[38]

Hausmarken am Kreuz sind wichtige Objekte der Orts-
und Familienforschung.[39] In Verbindung damit gewinnen 188, 203
die Marken aber auch für die Steinkreuzforschung eine Bedeutung, die über die allgemeine der Stifter- und Totenzeichen hinausgeht. Hier ist vornehmlich lokale Forschung zuständig. Als Beispiel aus dem Raum Mayen sei ein beachtenswerter Zusammenhang umrissen; der bis jetzt erkennbare Befund bedarf noch weiterer Klärung.

Eine Hausmarke im Zunftbuch der Hämmerer [40] in der 233
Stadt, gezeichnet über dem Eintrag vom Barbaratag des
Jahres 1625, fand sich weiter auf einer Reihe von Weg- 231
mälern, an einem von 1617, am Weg zur Kultkapelle 234–236
St. Jost, als oberste Stiftermarke mit den Initialen „N.S.". 232
Im Hämmerer-Protokoll des genannten Tages werden außer dem Zunftmeister *Johannes Salten* (der eine andere Marke führt) die Meister *Peter Schmiedt* und *Johannes Scheuren* genannt [41]; beide Zunamen haben die Initiale S, aber keiner der Vornamen die Initiale N. Ist die Marke im Zunftbuch das Zeichen von *Schmiedt* oder das von *Scheuren,* könnte der Stifter *N. S.* aus der Familie stammen und dasselbe Zeichen führen.

Möglicherweise hat aber auch der Protokollführer seine Hausmarke über den von ihm gefertigten Text gesetzt [42], und vielleicht war es in der Tat der Kreuzstifter *N. S.* Dann kämen, den Initialen entsprechend, in Frage die Zunftmeister *Nicklas Steinheuer* (1622 und 1646) oder

Nicklas Straßburgh (1637)[43], vielleicht das Zunftmitglied
Niclas Seibert[44], endlich wohl auch ein *Clas* (Nikolaus)
Schmit, 1631 Mitstifter eines Kreuzes („VON MEIEN"),
236 an dem dieselbe Marke klein und vermutlich als Stein-
hauerzeichen eingehauen ist.[45]

Um die im Grunde gleiche Marke – ohne einen der Bei-
striche rechts[46] – handelt es sich am Mal von 1617 bei
232 dem unteren Stifterzeichen mit den Initialen „C. F.". Dies
ist die Hausmarke des *Claß* (auch *Nicolas) Faller,* der
212 am Barbaratag 1615 zusammen mit *Peter Welling*[47]
Zunftmeister der Hämmerer war und die entsprechende
Niederschrift mit seinem Zeichen beglaubigt hat.[48] Auf-
grund ihrer Marken dürften *Claß Faller* und der noch
nicht bekannte *N. S.* Angehörige derselben Familie oder
wenigstens Sippe sein.[49]

Es ist hier von Interesse, daß die Mäler an diesem Weg
nach St. Jost, der durch städtischen Wald führt, offen-
sichtlich überhaupt von Mayenern stammen, und zwar
von solchen aus der angesehenen und bemittelten Bür-
gerschicht und vornehmlich aus der Zunft. Dazu gehören
der schon genannte Zunftmeister *Johannes Salten*, Stif-
231 ter von 1631 mit Wolfsangel und Brezel als Marke – die-
ses Zeichen, mit Namensinschrift und der Jahreszahl
1659, ist auch erhalten an einem Fachwerkhaus in
Mayen –[50], und weiter der Zunftmeister *Hans Neizer,*
231 f. der, mit Hammer und Zange als Hausmarke, 1617 und
1631 Kreuzstifter war und zudem 1645 mit seiner Ehe-
215 frau den Bildstock gestiftet hat[51], an dem die Jost-Pilger
noch heute Votivkreuzchen niederlegen.[52]

Am häufigsten erscheint auf Steinkreuzen die eingangs
233 genannte Marke aus dem Zunftbuch, doch nur 1617 ein-
232 deutig als Stifterzeichen und mit Initialen, sonst dagegen
kleiner und eher an unscheinbarer Stelle.[53] Möglicher-
weise ist sie hier kein Stifter-, sondern ein Steinmetz- 231
zeichen[54], vielleicht die Hausmarke der Steinhauer- 234–236
familie, aus deren Werkstatt die Stücke stammen.[55] Aller-
dings sind darüber hinaus Steinmetzzeichen in der 295
Kreuzproduktion dieses Raumes nicht üblich.[56]

Eine nähere Untersuchung der betreffenden Mäler zeigt
teils in allen, teils wenigstens in einzelnen typischen
Merkmalen in der Tat einen bestimmten Zusammen-
hang – und zwar mit der Werkstatt M.[57] So ist man mit 342–356
der Marke wahrscheinlich einem Steinhauer aus dieser
Fertigung auf der Spur, vielleicht sogar dem Meister
selbst, durch dessen Hand die Erzeugnisse der Werk-
statt[58] über vier Jahrzehnte hin so unverkennbar gewor-
den sind.

ANMERKUNGEN

X. HAUSMARKEN

[1] Auch G. J. Meyer, Trier, der durch seine jahrzehntelange Forschertätigkeit einen guten Überblick hatte (vgl. die Bände „Hausmarken Trier-Koblenz"; II, Anm. 66, Nr. 5, c), bestätigt diesen Befund (Hausmarken, S. 8). Vgl. weiter die Abbildungen etwa in Meyer, Wegkreuze (für den Trierer Raum), und bei Bücher (für Bonn-Beuel). Auch das Inventar „Rheinische Friedhöfe, 3" zeigt die reichste Zahl an Hausmarken in den Orten mit vorwiegendem Bestand an Basaltlavakreuzen (mit schönen graphischen Zusammenstellungen der Marken, z. B. Spalte 75 f. für Linz/Rhein, 150 für Unkel). — Weiter sei an dieser Stelle hingewiesen auf das Deutsche Hausmarkenarchiv in der Stadtbibliothek Trier mit 23 000 Marken, darunter 8000 aus dem weiteren Raum Trier (Meyer, Hausmarken a. a. O.) und auf die mittelrheinische Sammlung von Gies (vgl. II, Anm. 66, Nr. 6); Dr. P. Gies hat außerdem „Steinmetzzeichen, insbesondere aus dem Rheinland" in einem ungedruckten Band zusammengestellt, von dem eine Kopie sich ebenfalls beim Amt für rheinische Landeskunde, Bonn (Landschaftsverband Rheinland), im Hause des

Instituts für geschichtliche Landeskunde, befindet. Für das Gebiet von Münstermaifeld nenne ich noch die Aufsätze von J. Dünchem (die Tafel mit 62 Zeichen aus „Haus- und Hofmarken" auch im Münstermaifelder Heimatbuch, S. 46). — Ebenso zahlreich wie auf Steinkreuzen finden sich Hausmarken auf bürgerlichen Grabplatten aus der Basaltlavaproduktion (z. B. in Karden, Stiftskirche; Mayen, Pfarrkirche St. Clemens; vgl. auch Abb. 341).

[2] Allgemein vgl. HDA, III, Spalte 1573 f., mit weiterer Literatur (unter dieser wird noch heute vorrangig genannt C. G. Homeyer, Die Haus- und Hofmarken, 1870 und Nachträge 1890). — Zum Vorkommen und Gebrauch im Raum Trier-Koblenz vgl. Meyer, Hausmarken. Hier müssen einige Hinweise genügen. So sei die Verwendung als Loszeichen genannt, wobei jede Hofmarke einer Gemeinde in einen durchbohrten Holzwürfel geritzt war; zur Aufbewahrung wurden die Würfel auf eine Schnur gereiht, was zusammengebunden einem Rosenkranz glich („Gemeinderosenkranz"; a. a. O. S. 14 f., 19; Abb. „Der Niedermenniger Rosenkranz" S. 23). Mit der Hausmarke (auch „Mirk, Mirc" u. ä.) wird oft unterzeichnet, gewöhnlich mit Hinweis auf das Zeichen; so findet man etwa im Protokollbuch der Hämmererzunft in Mayen (vgl. unten) 1722 für Caspar Busch den Vermerk „seinen hauß Mirck, xy" oder 1747 den Eintrag „Jacob Müller als Lehrmeister mit gemachter Hauß -xy- mark" (xy jeweils für das betreffende Zeichen); vgl. weiter die Eintragung im Zunftbuch 1625 (Anm. 48) sowie den Gebrauch in einem Ort im Trierischen (Anm. 31). Gies hat aus dem Schöffenbuch von Monreal 217 Hausmarken, „mit der Feder gezogen", aus den Jahren 1615 bis 1690 wiedergegeben (Nr. 691—907). Zur Kennzeichnung des Eigentums wurde die Marke dem Vieh aufgemalt, wurde angebracht auf Acker-, Handwerks- und Hausgeräten, auf Säcken, die zum Müller kamen, auf Leintüchern bei der Gemeindebleiche, auf Broten im Dorfbackhaus. Auf dem Nachtwächterstab konnten Hofmarken die Wachverpflichtungen und wohl auch deren Reihenfolge angeben.

[3] Die Zeichen „bezwecken die Kennzeichnung einer rechtlichen Beziehung zwischen dem gemerkten Gegenstand . . . und dem Besitzer der an Haus und Hof haftenden Marke" (HDA a. a. O.). Die praktische Verwendung war zweifellos im bäuerlichen Gemeinwesen in mancher Hinsicht verschieden von der bei städtischen Handwerkern und Bürgern (vgl. bei Anm. 40 ff.), wenn auch kein grundsätzlicher Unterschied bestand.

[4] Zum Votivmal (Stiftermal) vgl. Kapitel VIII, zum Totenkreuz (am Ort, wo einer umgekommen war) und zum Grabkreuz Kapitel VII. — Belege für Hausmarken im gesamten Bildteil; in den Marginalien am Textrand kann oft nur auf einzelne Beispiele verwiesen werden.

[5] Das gestiftete Mal „wird im Himmel sein", wenn der Herr richtet, sagt eine Inschrift (VIII, bei Anm. 11) — genau darum war die Marke an ihm so wichtig. Ebenso bedeutungsvoll war sie am Grab- und am Totenkreuz, dem Zeichen des Seelgeräts für den Verstorbenen — für den, dessen Marke eingehauen war. Es trifft daher gewiß nicht den ursprünglichen und tieferen Sinn, wenn es heißt: „Man setzte auf den Grabstein die Marke, um der Nachwelt den Namen des hier Ruhenden zu künden" (Meyer, Hausmarken, S. 17). Schon an anderer Stelle wurde dargelegt, daß die Annahme, Kreuze seien, mehr oder weniger, Erinnerungsmale gewesen, abwegig erscheint und das Wesen der alten Intentionen verkennt (vgl. VII, bei Anm. 72—75). Selbstverständlich wird man nicht bezweifeln, daß bei der Hausmarke am Mal nebenher und gewiß zunehmend auch Repräsentation eine Rolle gespielt hat.

[6] Während die Hausmarke ursprünglich allein steht, werden dann zur näheren Bezeichnung der Person Initialen oder Namen hinzugesetzt; manchmal findet sich nur der Vorname, da ja die Familie schon durch die Marke bezeichnet wird, so 1584 „GRET" (Abb. 240), auf einem undatierten Kreuz „JODOCVS" (Abb. 253; in verkürzter Schreibung mit Überstrich). Initialen können auch in die Marke einbezogen werden (Abb. 230; vgl. Anm. 10). Gelegentlich stehen sie ornamental zu beiden Seiten der Marke, obwohl auch die Inschrift den Namen enthält (Abb. 386; Is. 39 auf der Rückseite). Endlich kommt es vor, daß bei der Inschrift, die den Stiftungsakt bezeugt — mit dem Namen des Stifters als wichtigstem Bestandteil —, die Hausmarke nur hinzugesetzt wird (Abb. 69).

[7] Vgl. etwa VI, bei Anm. 80 und 138; VIII, bei Anm. 14; IX, bei Is. 84 f. — Die magische Verbindung zwischen der Hausmarke und ihrem Träger kam auf der Halbinsel Hela noch um 1904 zum Ausdruck, wenn das Zeichen mit dem Tod seines Besitzers erlosch (HDA, III, Spalte 1573 f.). „Von solcher scheuen Achtung des Symbols abgesehen, findet sich kein abergläubischer Zug an dieses Rechtsaltertum (Hausmarke) geknüpft", bemerkt Müller-Bergström (a. a. O.), doch zeigt allein die Bedeutung der Marken am religiösen Mal (und zumal der nachträglich eingeritzten), wie beachtenswert Vorstellungen dieser Art sind.

[8] Vgl. VI, bei Anm. 130—138.

[9] Abb. 99 f. (Vorder- und Rückseite); 228 (auf der Vorderseite Kruzifixdarstellung in Nische). Schon auf dem Sakramentsmal von 1504 finden sich Stiftername und -zeichen auf der Rückseite des

Nischenkopfes (224), während vorn unter der Nische auf einem Schild Kreuz und Geißel aus der Arma-Darstellung ausgehauen sind (223; vgl. VI, Anm. 83). Auch bei den frühen Stationsmälern des Stifters Clais Beligen (Kapitel IV) ist dessen Name nur 1462 auf der Vorderseite angebracht (146), dagegen 1461 seitlich (142; vorn die Fünf-Wunden-Inschrift) und 1472 auf der rückwärtigen Fläche des Schaftes (266; auf dem vorderen runden Teil das Salve Regina, vgl. 149—152); der Befund am Mal von 1473 (153) ist noch nicht bekannt, da zum Teil eingemauert.

[10] An einem Mal von 1617 (Abb. 232) zeigt sich die obere Hausmarke als Weiterbildung der untersten, durch Beifügung eines Striches am oberen Querbalken. Nach den Initialen kann es sich allerdings nicht um einen Sohn handeln (vgl. hier auch bei Anm. 40—58). Wenn aber die Marke Haus- oder Sippenzeichen ist, so wird ja auch der Einheiratende sie übernehmen beziehungsweise abwandeln. Auch Symbol- oder Bildzeichen wurden oft entsprechend variiert, so etwa am Zeichen der Pflugschar (Anm. 12) durch Beistriche am Stiel (Abb. 350, 448). Möglichkeiten der Abwandlung oder Differenzierung bot weiter die Einbeziehung von Initialen (Abb. 230; vgl. auch Anm. 6); vor allem auf diese Weise wurde die Haus-, Hof- oder Familienmarke zum persönlichen Zeichen. Endlich konnte die Marke variiert werden durch die Verbindung verschiedener Zeichen, möglicherweise der Marken beider Eltern oder etwa der ererbten Hausmarke mit einem Berufszeichen; vgl. hier z. B. die Kombination von Wolfsangel und Brezel (Abb. 231, Mitte) oder von Pfeil (Harpune, Angelhaken?) und Fisch (Abb. 263).

[11] Als Hausmarke finden sich, allein oder als Bestandteil, aus dem religiösen Bereich vor allem das Herz (Herz Jesu; vgl. Abb. 215), das H mit Kreuz auf dem Querbalken (Kürzel für das Jesusmonogramm IHS; vgl. VI, bei Anm. 79) und das T (Thau-Zeichen; vgl. VI, bei Anm. 69) — abgesehen von dem Kreuz, das einerseits eine geometrische Grundfigur darstellt, andererseits in der Hausmarke aber auch die Bedeutung des christlichen Symbols haben kann. Aus dem magisch-apotropäischen Bereich kommen vor das Pentagramm (Abb. 248 f.; vgl. auch Anm. 15, 24) sowie als vermutliche Kürzel desselben das A mit nach unten geknicktem Querbalken, oft auch mit einem stark betonten Überbalken (Abb. 180), ein nach unten geöffneter Winkel mit Überbalken (Abb. 179, Kreuz von 1567) oder zwei verschachtelte Winkel, die nach oben (wie ein W) oder nach unten (einem M ähnlich) geöffnet sein können (Abb. 466, in beiden Formen); zum Pentagramm und den mutmaßlichen Kürzelzeichen vgl. VI, bei Anm. 108 — 116. — Nicht immer ist am Steinkreuz eindeutig zu entscheiden, ob es sich um Hausmarken handelt, die aus solchen Symbolen abgeleitet sind, oder um die Symbole im Sinne von Schutzzeichen. Es ist nicht ausgeschlossen, daß ein zum Beispiel über der Haustür angebrachtes Abwehrzeichen schließlich zum Kennzeichen für die dort wohnende Familie wurde. Andererseits erscheint es als sicher, daß bestimmte Zeichen zumindest in älterer Zeit oft in bewußter gedanklicher Verbindung Haus- und Schutzmarke zugleich waren (vgl. hier auch HDA, III, Spalte 1574, Anm. 5).

[12] Abb. 237—240; vgl. weiter 139, 286, 337. Das in unserem Raum ungewöhnlich häufige Dreieck mit Stiel stellt nach allgemeiner Annahme eine Pflugschar dar; auf einem Grabkreuz in Polch findet sich das Zeichen auch zusammen mit einem Pflug (Abb. 238). Zur Abwandlung der Marke werden am Stiel gelegentlich weitere Striche angefügt (vgl. Anm. 10).

[13] Abb. 241—244; vgl. weiter 50, 172, 300, 382 sowie die Hausmarke des Hans Neizer 215, 231 f. (vgl. bei Anm. 51). Man sieht Hammer und Zange, Hammer und Hufeisen, ein von der Zange gehaltenes Hufeisen wie auch das Hufeisen allein.

[14] Abb. 245 f. Bei dem undatierten Grabkreuz in Andernach wäre die Zeitstellung wahrscheinlich aufgrund der Schuhform zu ermitteln (Schnabelschuh des Spätmittelalters).

[15] Abb. 247—250; vgl. weiter 120, 231, 349. Es erscheinen Brezel oder Weck, in einem Fall beide zusammen (letzteres auch auf einem beschädigten Grabkreuz im Museum Mayen). Wahrscheinlich war aber auch das Pentagramm als Hausmarke ein ursprüngliches Bäkkerzeichen (vgl. VI, bei Anm. 111—114); bei dem Pentagramm bzw. Drudenfuß auf einem alten Schöpflöffel (Abb. 182) dürfte es sich nicht um eine Hausmarke, sondern um das Schutzsymbol handeln, das über einem Kreuz als Schutzzeichen steht. — Der Weck ist auf dem Maifeld bekannt als Hausmarke einer Familie Weckbecker, mit zahlreichen Belegen auf Steinkreuzen (vgl. Dünchem, Entwicklung). Im Koblenzer Stadtwald findet sich ein Weck unter den Hausmarken auf dem als „Eiserne Hand" bezeichneten Kreuz von 1677 (vgl. zu diesem II, Anm. 54; IV, bei Anm. 42 f.) und auf dem „Bäkkerkreuzchen" (vermutlich ein in der Flur aufgestelltes ursprüngliches Grabkreuz; eine Zeichnung beider Stücke in KD Koblenz profan, S. 367). Auf einem Grabkreuz in Alken wird eine Brezel von zwei stehenden Löwen gehalten (Abb. 95), eine bekannte Form für das Berufszeichen des Bäckers, doch im hiesigen Raum nicht als Hausmarke üblich (vgl. Anm. 38; zu dem Kreuz sei noch bemerkt, daß man bei einer neuen Verwendung versucht hat, die Buchstaben in den vier Ecken des Querbalkens zu löschen, wahrscheinlich zusammen mit der Abänderung der Jahreszahl).

[16] Abb. 251 (das Kreuz, dessen Inschrift der Abbildung zu entnehmen ist, zeigt auf der Rückseite in Zweitverwendung von 1657 eine flache Symbolnische und die Inschrift „IN DIE EHR GOTTES. IOHANNES SEBENBACH, BERENDT SEBENBACH, BERENDT SEBENBACH DER IVNGER", dabei eine Hausmarke mit der Grundfigur der Marke Abb. 233; vgl. Anm. 49). — Der Winkel, hier beim Familiennamen ZIMERMAN, kann auch andere Handwerksberufe bezeichnen. In Abb. 115 sehen wir ihn unter den Werkzeugen des Steinhauers. Überhaupt erscheint er am Basaltlavakreuz häufig; vgl. auch Abb. 235 (dazu Anm. 53); Abb. 437 (Winkelzeichen im Fünfwundenherz); XII, Anm. 20 (auf Schaft 1585).

[17] Abb. 252—256; vgl. weiter 8, 84, 213. Zur Schere als Handwerkszeichen auf Kreuzen vgl. Azzola. Sie ist in der Regel ein Schneider-Zeichen (vgl. aber auch das Vorkommen beim Namen „Scherer", bei Anm. 26). Oft werden Mäler mit dieser Darstellung als „Schneiderkreuz" bezeichnet, so auch das der Abb. 252 (mit entsprechender Ortssage; vgl. Philipp Lamby, Das Schneiderkreuz bei Galenberg, in Die Eifel, Ztschr. Eifelverein, 3/1954; entgegen der Sage ist das Nischenmal laut Inschrift kein „Totenkreuz", sondern Votivmal für einen Stifter und dessen verstorbenen Bruder). Neben dem Grabkreuz Abb. 255 der Eheleute „ALEF SCHNEITER, GERTGEN VALLENTINS" findet man auf demselben Friedhof ein wahrscheinlich älteres mit gleichartiger Darstellung der Schere (Abb. 254; „A. S." vielleicht der Vater des Vorgenannten).

[18] Abb. 257 f.; vgl. weiter 44, 231, 264. Das gebräuchlichste Zeichen für den Müller ist der auf diesen Mälern dargestellte Mühlanker (auch Mühleisen), der in den Mühlstein zur Verankerung und Führung eingelassen war. An dem alten Nischenmal bei Rieden (264) ist außer dem Mühleisen auch ein Mühlstein ausgehauen. Zeigt sich ein solcher allein (Abb. 29), so ist freilich fraglich, ob er ein Müllerzeichen sein soll oder vielleicht einen Beruf aus der Mühlsteinproduktion bezeichnet. An zwei Mälern des Clais Beligen finden sich, zweifellos als Zeichen des Stifters, Mühlstein und Rad (Abb. 146, 153), in einem Fall jeweils mit dem zugehörigen Bearbeitungswerkzeug (vgl. IV, bei Anm. 5 f.). Bei den kreisförmigen Scheiben auf den alten Mälern Abb. 174, 267 handelt es sich zweifellos nicht um Mühlsteindarstellungen, sondern um religiöse Symbole (vgl. VI, Anm. 65).

[19] Abb. 259 zeigt nicht ein Beil, sondern ein altes Werkzeug, das alle lederverarbeitenden Handwerker benutzten. Es bestand aus einer gebogenen Klinge (vielfach halbmondförmig) sowie einem Dorn und einem Griff. Bei Grenser findet sich das Werkzeug in verschiedener Form unter den Zeichen der Schuhmacher (Tafel XXI f.). Im Nürnberger Hausbuch der Mendelschen Zwölfbrüderstiftung (Publ. München 1965) ist ein Riemenschneider bei der Arbeit mit ihm darstellt. — Auf dem abgebildeten Grabkreuz steht die Darstellung zweifellos im Bezug zu dem eingehauenen „SCHOMECHERS". Das Werkzeug findet sich weiter an einem Sakramentsmal von 1606 bei Kehrig mit dem Stifternamen „FEIT SCHOGMACER" (Is. 87); hier sind, wie in der Regel nach alten Bildern, Dorn und Griff von der Klinge aus schräg nach oben gerichtet. Auf zwei Grabkreuzen des 17. Jahrhunderts in Kobern, Mosel, findet sich das Gerät zusammen mit einer Schuhsohle. — Für wichtige Hinweise zu diesem Werkzeug und auch zur Deutung der Darstellung in Abb. 259 danke ich Herrn Professor Dr. Azzola, Trebur, der auch eine spezielle Untersuchung zur Abbildung auf alten Steindenkmälern vorbereitet (in Beiträge zur Erforschung des Odenwalds).

[20] Abb. 260 f.; vgl. weiter 87, 124, 198, 295. Bei Abb. 261 ist nicht ganz sicher, ob es sich um ein Ruder handelt; es ist aber wahrscheinlich, weil St. Sebastian, wo das Kreuz in die Friedhofsmauer eingelassen ist, unmittelbar am Rheinufer liegt. Wie erwartet, finden sich ja auch sonst Zeichen des Schiffers vorwiegend an Rhein und Mosel. Eine Ausnahme ist das alte Grabkreuz von Obermendig (Abb. 87), doch ist die einen Beruf bezeichnende Hausmarke nicht notwendig Zeichen des noch ausgeübten Berufes (vgl. bei Anm. 23—38). In diesem Fall ist aber auch nicht auszuschließen, daß man den Anker als religiöses Symbol anzusehen hat, denn das geläufige Zeichen der Hoffnung (vgl. IX, bei Is. 15) ist auf einem Grabkreuz durchaus denkbar.

[21] Abb. 262 f.; vgl. weiter 427. Wie die vorgenannten Schifferzeichen finden sich auch die Berufssymbole des Fischers in den Orten am Flußufer. — Noch andere Berufszeichen zeigen folgende Mäler: Abb. 1 bzw. 165 (Schäferschippe; das Mal wird „Schäferkreuz" genannt), 36 (Schaufel?), 115 (Werkzeuge des Steinhauers und auch des „Kreuzemachers"), 179 (Kreuz rechts; wohl Steinhauerhammer, vgl. Hörter/Michels/Röder, II, Abb. 11), 194 (Brotschieber?), 424 (Posthorn). Auf einem Riedener Grabkreuz für einen, der „als Schäfer dem Herrn entschlafen", ist St. Wendelin als Schäfer dargestellt, Berufspatron und Berufszeichen zugleich (Abb. 335). Auf Grabkreuzen des Klerikers wird als Zeichen des Standes und der Priesterwürde ein Kelch mit Hostie abgebildet (Abb. 101; vgl. I, bei Anm. 64); manchmal erscheint die Hausmarke noch zusätzlich (vgi. Anm. 31 zu einem Priesterkreuz mit Mühleisen). — Allgemein zu

älteren Handwerkerzeichen ist die Publikation von Grenser, 1889, mit Beschreibungen und zahlreichen Abbildungen, beachtenswert.

[22] Vgl. bes. VII, Anm. 33. Sogar Zeichen wie der oben genannte Anker auf dem Kreuz von Obermendig (Abb. 87) werden — ohne den geringsten Anhaltspunkt — als „Mordwaffen" bezeichnet (VII, Anm. 4; übrigens zeigt die Ortsverwechslung, daß der Vf. des Aufsatzes das Kreuz nur aus der Abb. KD Mayen I, S. 57, gekannt hat). Nach Forschungen an spätmittelalterlichen Steinkreuzen im Odenwald sind auch die dort dargestellten Zeichen Dolch, Schwert und Spieß vermutlich Standeszeichen und nicht Mordwaffen von Totenkreuzen (Azzola/Bormuth/Schäfer).

[23] Meyer, Hausmarken, S. 9.

[24] Auf diesen Zusammenhang wurde schon hingewiesen; es fiel auf, daß sich der Drudenfuß öfter beim Familiennamen Bäcker findet und daher wohl einmal entsprechende Berufsmarke war (VI, Anm. 113). „In jüngerer Entwicklung", so Beitl, „deutet die Form der Hausmarken zuweilen auf den Namen" (S. 304); dagegen erscheinen in unserem Raum die Beispiele seit dem Beginn des 17. Jahrhunderts, seit sich überhaupt Marken und Namen öfter nebeneinander finden (vermutlich wird ein schon älteres Faktum hierdurch erst faßbar).

[25] Abb. 251.

[26] Theis Scherer: Gies, Nr. 2172; Grabkreuz von 1652 in Rübenach, mit flach erhabener Darstellung der Schere. — Alef Schneiter: Abb. 255; vgl. Anm. 17.

[27] Abb. 300.

[28] Abb. 50. — Das gleiche Zeichen auch bei Düngenheim an einem Kreuz des Jahres 1613, ohne Korpus, von dem Stifter NICLAVS SCHMIT.

[29] Abb. 243.

[30] Rheinische Friedhöfe, 3, Spalte 77, Nr. 29; Basaltlavakreuz mit Dreipaßenden der Arme, Linz/Rhein, 1603, Hausmarke „Schmiedehammer"; der auf dem Kreuz verzeichnete Wolf Kortnag Schmit ist „wahrscheinlich der 1600 ... genannte Wolf Nagelschmied" (Pfarrchronik).

[31] Theis Müller: Gies, Nr. 908; Votivkreuz von 1628 bei Monreal/Weiler. — Peter Miller: Edgar Schneider, Kinderbeuren-Hetzhofer Hausmarken, in Landeskundliche Vierteljahrsblätter, Trier, 1976, S. 56; aus Gemeindeordnung von 1748, welche die Ratsmitglieder mit ihrem „Hantzeigen" oder „dem Haußmarck" unterzeichneten. — Vgl. weiter das an anderer Stelle genannte Priestergrabkreuz bei Mayen, an der Straße nach Hausen, mit Kelch, Mühleisen-Marke und den Initialen P. M. (I, Anm. 64); nach der Überlieferung hieß der Verstorbene „Molitor" (lat. für „Müller"), wonach ebenfalls Name und Hausmarke zueinander passen (das Kreuz, wohl 19. Jahrhundert, stammt wahrscheinlich vom „Alten Friedhof", heute St.-Veit-Park). — Auf einem Weihwasserbecken des Jahres 1689 aus Basaltlava in der Dorfkapelle von Betzing ist bei dem Mühlanker als Hausmarke der Stiftername „Johannes Franziskus Moeller" eingehauen (Gies, Nr. 1048). Weiter findet sich der Mühlanker auf dem Riedener Kreuz von 1711, aus der Werkstatt 0, von dem Stifter „Antonivs Mvler" (Is. 122).

[32] Dünchem, Entwicklung (Hauszeichen Weckbecker), Zeichnung Nr. 6 und Foto; Grabkreuz von 1632 in Münstermaifeld. In diesem Aufsatz weitere Beispiele für den Weck als Marke der „Weckbeckers" vom Maifeld (vgl. Anm. 15).

[33] Abb. 1 bzw. 165 (vgl. Anm. 21).

[34] Abb. 424. — Fast beliebig lassen sich die Beispiele vermehren. Hier sei noch auf die bereits erwähnten Denkmäler (Anm. 19) verwiesen, wo sich ein Schusterwerkzeug in Verbindung mit „SCHOMECHERS" (Abb. 259) und mit „SCHOGMACER" (Is. 87) findet.

[35] Marke des Mannes ist das Pflugschar-Zeichen (vgl. Anm. 18); undatiertes hohes Mal der älteren Form, in einem großen Mühlstein als Sockel, an der Kreuzung der Wege Münstermaifeld — Lehmen und Kalt — Mörz.

[36] Die Hausmarke auf einem Nischenmal von 1685, eingelassen in die Pfarrgartenmauer von Obermendig, mit den Initialen „I. K." (Abb. 225), zeigt sich, erhaben auf einem Schild, auch an einem Kreuz am Weg Obermendig — Maria Laach, gestiftet 1653 von „GOTART KOLB (und) S. HAVS F(rau) GEN(ov)EVA" (Kreuz aus der Werkstatt E, mit Korpus und drei Kelchengeln). Gies bemerkt zu der Hausmarke des Gotart Kolb (Nr. 1127): „Ursprünglich sollen es zwei gekreuzte Kolben gewesen sein" (nach der Angabe Einheimischer, wie die Witwe, Frau Cilly Gies, sich erinnert). Weiter ist die Marke in gleicher Form ausgehauen im Wappenschild auf einer Basaltlava-Grabplatte an der Nordwand der Kirche von Oberbreisig, für die 1623 verstorbene „CATRINA KOLBEN", Kellerin zu Rheineck (KD Ahrweiler, S. 475). Man wird nicht zweifeln, daß auch die Initiale „K." in Obermendig (Abb. 225) den Familiennamen „Kolb" bezeichnet. Ebenso wahrscheinlich ist, daß das Diagonalkreuz unter dem Stifternamen „Adam Kolf" auf der Rückseite des Sakramentsmals von 1504 (Abb. 224) als eine frühe Form dieses Sippenzeichens anzusehen ist (obwohl sich das Zeichen nicht auf der Grabplatte des 1517 verstorbenen „ADA(M) KOLF VA(N) WASSENACH", in der Pfarrkirche dort, findet; KD Mayen I, S. 444 f., mit

Abb.); übrigens wird derselbe 1500 im Vertrag für die Leyer genannt (der Name als „Kolve"; vgl. VI, Anm. 83). Es ist möglich, daß die zwei gekreuzten Balken, als ursprüngliches Zeichen, erst später im Anklang an den Namen zu „Kolben" mit verdickten Enden wurden. In der gleichen Art gekreuzt, erscheinen in diesem Raum auch zwei Pfeile als Marke (Abb. 211; dieselbe Darstellung, auch mit Engel als Schildhalter, weiter auf einem Eckstein am Turm der Kirche von Trimbs), doch ist vorerst nicht zu sagen, ob es sich um eine Variante der Kolbschen Marke handelt (an dem genannten Kreuz des Gotart Kolb haben die Balkenenden eine Form, die auch als Pfeilspitze angesehen werden könnte, allerdings sind die Balken leicht gebogen).

[37] Die häufige Übereinstimmung von Name und Marke läßt vermuten, daß wenigstens in manchen Fällen die Hausmarke allein aufgrund der Namensbedeutung gewählt wurde; vgl. „Weiden" und „Kolb(en)" (Anm. 35 f.) oder etwa die folgenden Beispiele aus dem Trierer Land. Der Bauer („Sator") Johann Georg Axt unterzeichnet im Kirchenbuch mit dem stilisierten Bild einer Axt; entsprechend signiert Adam Schue 1771 in der Kornliste mit einem gemalten Schuh (Tafel „Seltsame Marken als Unterschriftszeichen" in einem der Bände „Hausmarken" von Meyer, Trier; vgl. II, Anm. 66, Nr. 5). Vgl. hier weiter a. a. O. die drei Tafeln „Bäcker-", „Schneider-", „Müllermarke" mit zahlreichen Beispielen für die Entsprechung des Zeichens und dem Namen des jeweiligen Markeninhabers.

[38] Wenn das Mühleisen auf dem Grabkreuz eines Priesters erscheint (Anm. 31) oder der Weck auf der Grabplatte eines Kanonikers (Münstermaifeld, 1601; vgl. Dünchem, Entwicklung), so ist eindeutig, daß diese Berufszeichen nicht den ausgeübten Beruf angeben. Dagegen gibt es selbstverständlich auch Belege für die Übereinstimmung von Zeichen und derzeitigem Beruf, so für den des Schiffers auf den Kreuzen für den ertrunkenen „Scheffer Heinrich Dauzenberger" (Abb. 198; Schiffergeräte erhaben ausgehauen) und den ebenfalls in der Mosel mit Sohn ertrunkenen „Schiffer Nikolaus Klotz" (Abb. 295; nur das Ankerzeichen eingehauen). Das Zeichen des gegenwärtigen Berufes kann zugleich ererbte Hausmarke sein, zumal in einer Zeit, wo der Beruf oft oder sogar in der Regel vom Vater auf den Sohn ging. Die Werkzeuge des ausgeübten Berufes, und zwar des Steinhauers, sind auch zweifellos auf dem Kreuz des Stifters P. L. vom Jahre 1756 in Kottenheim dargestellt (Abb. 115); es ist anzunehmen, daß dieser das gestiftete Kreuz selbst gehauen hat; sinnvoll sind Initialen und Berufszeichen kombiniert und, in einem Rahmen zusammengefaßt, als Merkmale des Stifters zu Füßen des Gekreuzigten gesetzt. Weiter ist das Bäckerzeichen auf einem Grabkreuz in Alken wahrscheinlich nicht Hausmarke, sondern Zeichen für den Beruf des Verstorbenen (Abb. 95; vgl. Anm. 15).

[39] Vgl. etwa Rheinische Friedhöfe, 3 (hgg. von der Westdeutschen Gesellschaft für Familienkunde). Zu der Wassenacher Hausmarke einer Familie Hilt bzw. Hilten an mehreren Mälern des frühen 17. Jahrhunderts (Abb. 162) vgl. V, Anm. 41. — Der bäuerlichen oder bürgerlichen Hausmarke entspricht das Adelswappen. Auch dieses findet sich, wenn auch nicht oft, an Steinkreuzen unseres Raumes, so schon 1380 das Wappen des erschlagenen Dietrich von Staffel (VII, bei Anm. 11—24), weiter etwa das von Breidbach-Bürresheim (VIII, Anm. 11), von Bourscheidt (IX, Anm. 46), von Virneburg (die sieben Rauten erhaben, doch ohne Schild, auf dem Schaft des Kreuzes von 1777 vor der Burgkapelle; ferner fanden sich diese Rauten an einem jetzt verlorenen kleinen, früher angeblich 1,80 Meter hohen Kreuz mit Nische von 1611 in einem Wappenschild unter der Nische, vor dem Ort an der Straße nach Mayen).

[40] Unter den Zunftakten, die sich alle in Mayen befinden (vgl. II, Anm. 40), ist das genannte Protokollbuch das älteste Stück (ab 1614), wie ja auch die Sammelzunft der Hämmerer („die Erbare Hammer Zunfft" u. ä.) die älteste bisher bekannte Zunftorganisation in Mayen ist (vgl. II, bei Anm. 33 ff.). Von dieser Zunft seien hier weiter noch das sogenannte Jungenbuch (ab 1666) und das Mitgliederbuch genannt (ab 1657; in diesem Jahr beginnend, hat man aufgrund eines älteren Verzeichnisses „dieses Register Erneweren lassen", und man darf annehmen, daß auch Mitglieder aufgeführt sind, die jetzt bereits verstorben waren; das Register, mit Nennung der Ehefrauen, diente wohl vornehmlich dem Meßgedächtnis für Lebende und Tote aus der Zunft, deren Bruderschaftscharakter unverkennbar ist). — Zur Personenforschung (vgl. unten) wird noch auf die erhaltenen Kirchenbücher hingewiesen (Taufbuch ab 1643; alle deponiert im Landeshauptarchiv Koblenz, Fotokopien davon im Besitz des Geschichts- und Altertumsvereins Mayen). — Vgl. an dieser Stelle auch Caspar, der zu unserer Abb. 233 den weiteren Text auf der Seite im Zunftbuch zeigt (S. 73, irrtümlich als „Jungenbuch" bezeichnet) und der schon auf den Zusammenhang der Marken dort und auf dem Mal von 1617 hingewiesen hat (S. 145, Anm. 515).

[41] Jeweils am Barbaratag im Dezember wurden in der Regel zwei Zunftmeister für ein Jahr gewählt. Nach dem Protokoll von 1625 waren Schmiedt und Salten die bisherigen Meister, derselbe Salten sowie Scheuren die neuen Meister.

[42] Hausmarke und anschließender Text mit gleicher Tinte, zweifellos gleichzeitig eingetragen. Es fehlen aber noch weitere Untersuchungen (Schriftvergleiche u. ä.).

[43] In Klammer jeweils das Jahr der Wahl zum Zunftmeister (Protokollbuch ab 1614; vgl. Brock, S. 58, Liste der Zunftmeister, der aber 1622 statt „Steinheuer" „Stein" angibt).

[44] Auf der siebten Seite des Mitgliederbuches. Das Register von 1657 (vgl. Anm. 40) gibt nicht an, seit wann die Aufgeführten Zunftmitglieder sind. Vermutlich berücksichtigt aber die Reihenfolge der Eintragungen, wenigstens in etwa, das Mitglieds- und wohl auch das Lebensalter; die folgenden Angaben für die in unserem Zusammenhang genannten Personen dürften daher von Interesse sein: 3. (an dritter Stelle) Peter Welling (auf der achten Seite „P. W. der Jünger"); 5. Hans Nei(t)zer; 6. Johannes Salten; 13. Johannes Scheuren „der Ellter" (42. „der Jünger"); 17. Niklas (Clas) Faller; 27. Niklas Steinheuer; 35. Niklas Straßburg (10. aber schon ein Hans St.); 44. Niklas Seibert; nicht im Verzeichnis gefunden wurde Peter Schmiedt, der Zunftmeister von 1625 (inzwischen ausgetreten oder verzogen? — dagegen 11. Wilhelm Schmid, 46. Emmerich Schmidt). Übrigens erscheint erst auf der zehnten Seite Johannes Schamroth, der als einer der Zunftmeister von 1657 das Mitgliederverzeichnis neu angelegt hat, so daß dieses mindestens bis zu dieser Stelle den alten und noch gegenwärtigen Mitgliederbestand zeigen dürfte (vielleicht geht dieser Bestand sogar bis zur zwölften Seite unten, wo erst die einheitliche Schrift vom Beginn der Eintragungen an endet). — Zu bemerken ist hier noch, daß nach 1657, wo das neue Mitgliederregister angelegt wurde, sich die Steinhauer, mit zwei anderen Gruppen, aus der alten Sammelzunft der Hämmerer lösen und eine eigene gründen (vgl. II, bei Anm. 34).

[45] In Acht, an der Dorfkapelle. Inschrift „1631, VON MEIEN. LENHARTh MILTEBVRG, ANNA SEIN HAVSFRAW (hier die Marke, vgl. Abb. 236), CLAS MICHEL THOLI, CLAS SCHMIT". Zur mutmaßlichen Art der Marke vgl. bei Anm. 53—55.

[46] Heraldisch rechts (für den Betrachter links); so auch immer die Seitenangaben zu den Mälern.

[47] Ein am Pilgerweg von Mayen (über Hausen) zur Fraukirch aufgestelltes ursprüngliches Grabkreuz von 1629 (Abb. 212) ist wahrscheinlich das des Zunftmeisters von 1615 (vgl. VIII, Anm. 50, 67; IX, Anm. 36). Merkwürdig und bisher nicht erklärbar ist an dem Kreuz das Nebeneinander von zwei identischen Hausmarken auf zwei Schilden.

[48] „Bekennen ich petter welling vnd (ich) nicolas Faller, Beide Zunfftmeister, war sein, wie oben steit; nicolas Faller mith Zaigen (Zeichen) . . ." (es folgt die Hausmarke wie auf dem Mal von 1617, unten; der gebogene Beistrich ist hier, mit sichtbar angesetztem Federstrich, nach unten gezogen). Der Vorname desselben Faller erscheint im vorangehenden wie im nachfolgenden Text der Protokolle auch oft als „Claß", so daß die Identität mit dem Stifter „C. F." von 1617 nicht zu bezweifeln ist.

[49] Von dieser Hausmarke zeigen sich Varianten, so etwa in Obermendig ein schon genanntes Zeichen (1657 beim Namen „Sebenbach"; vgl. Anm. 16) und weiter die Marke an einem Kreuz mit Kruzifixus aus demselben Jahr (ein typisches Stück aus der Werkstatt M, mit den Stifter-Initialen „G. K." und „I. K."; Standort bei der Pfarrkirche). In Mayen findet sich eine Variante an einem Türsturz aus Basaltlava, und zwar auf Wappenschild zusammen mit den gekreuzten Werkzeugen Hammer und Zange (Museum Mayen, Wehrgang; ohne Jahreszahl, Namen oder Initialen).

[50] „Das 1659 erbaute, jetzt in seiner ursprünglichen Gestalt wieder hergestellte Schaafsche Haus, Keutelstraße Nr. 37" (bei Haus Schreder, Brückenstraße). „Der Erbauer des Hauses, Bäckermeister Johann Salten, war 1636 Schöffenbürgermeister zu Mayen" (Brink/Hilger, S. 132; Angabe „Bäckermeister" nur aufgrund das Hausmarke, was nicht sicher ist, oder nach Quellen?). Vgl. auch Druckfahnen zu KD Mayen II. — Nach Gies findet sich das Zeichen der Brezel (ohne Wolfsangel) zusammen mit dem ausgeschriebenen Namen „Johannes Salten" auch auf einem Türsturz von 1659 in Mayen (Nr. 918; vielleicht in diesem Haus). Weiter ist die Marke ausgehauen auf einem Pfeiler aus Basaltlava mit Wulst-Abschluß (vermutlich Treppenpfosten); sie zeigt sich dort wie auf dem Mal von 1631 erhaben im Wappenschild und flankiert von den Initialen I. S., darüber die Jahreszahl 1624 (Museum Mayen, im Wehrgang). Alles deutet auf einen wohlhabenden Bürger der Stadt — wie ja überhaupt die Stifter von Steinkreuzen vornehmlich begüterte Personen gewesen sein müssen (vgl. I, Anm. 63; VIII, Anm. 14). Zu den Kreuzstiftungen von Mayener Bürgern am Pilgerweg nach St. Jost vergl. auch VIII, Anm. 67.

[51] An dem letztgenannten Bildstock (Abb. 215), mit den Stifternamen „HANS NEIZER, ANA BELGES", findet sich auf dem rechten Schild nur der Hammer; man wird aber nicht bezweifeln, daß es sich bei dem Stifter „H. N." mit dem Zeichen Hammer und Zange auf den beiden anderen Mälern ebenfalls um Hans Neizer handelt (daß die Zeichen variiert wurden, zeigt sich auch bei Salten; vgl. vor. Anm.). An dem Mal von 1645 ist ungewöhnlich, daß auch für die Ehefrau

ein Schild mit Marke erscheint und daß auch deren Mädchenzuname genannt ist. In beidem darf man ein Merkmal sehen, das nicht ohne Bedeutung ist. Eine Entsprechung zeigt sich in den Akten. So lautet die Eintragung im Mitgliederbuch der Zunft „Hanß Neitzer vnd Anna Bältges, Eheleuth", während sonst nur der Vorname der Frau genannt wird (z. B. „Conrad Adenaw und Anna, Eheleuth", der Eintrag davor). Daß diese Form der Eintragung nicht unbeabsichtigt war, bestätigt eine weitere, die von der Norm abweicht, „Johannes Gödderts vnd Margarethe Neitzers, Eheleuth" (neunte Seite des Registers). Der Grund kann nur ein besonderes Ansehen der Personen gewesen sein. Das zeigt sich auch im Taufbuch, wo zum Namen des Johannes Neitzer „Senator" beigefügt ist, etwa am 6. 9. 1643 und ebenso 1646 (vgl. VIII, Anm. 71). Ab 1632 war Neitzer zwei Jahre Zunftmeister der Hämmerer (vgl. Brock, S. 58).

52 Vgl. VIII, bei Anm. 71—77.

53 An dem Kreuz Abb. 231 erscheinen zwischen den drei Schilden mit aufwendig gearbeiteten Stifterzeichen (Neizer und Salten; der Stifter auf dem unteren Schild noch nicht bekannt) zwei Marken, die nur eingehauen und sichtlich untergeordnet sind, auch ohne Initialen; außer dem fraglichen Zeichen ein Mühleisen. — Das Mal, von dem Abb. 234 den Sockel zeigt, ist ein undatiertes Kreuz (wohl um 1630) mit hohem Schaft und Kruzifixus darüber (das Mal zeigt mehrere Bruchstellen, ist aber im ganzen erhalten). Auf dem Schaft übereinander fünf Schilde mit Hausmarken, dabei jeweils Initialen (vermutlich waren auch diese Stifter Mayener Bürger, ebenso wie die der anderen Mäler an jenem Waldweg nach St. Jost; die Reihenfolge von Mayen-Kürrenberg aus: „Görgens Kreuz", vgl. VIII, Anm. 67; Abb. 232; Abb. 234; Abb. 231; Abb. 215). Offensichtlich bewußt unterschieden von diesen Stiftermarken (denn auf dem unteren Teil des Schaftes wäre noch Platz für eine weitere gewesen), ist die hier besprochene Marke auf einem von zwei Engeln gehaltenen Schild am Sockel eingehauen, relativ unscheinbar und wohl deshalb auch bisher nicht beachtet (Gies, Nr. 962—966 ohne diese Marke; auch in der sonst exakten Zeichnung des Kreuzes durch Meyer, Trier, fehlt die in unserem Foto gezeigte Darstellung auf dem Sockel). — Bei dem ebenfalls nicht datierten Mal in Thür sitzt auf dem Schaft (Abb. 235, oberer Teil) ein Kreuz aus späterer Zeit (zur Anpassung wurde der Schaft oben verjüngt, so daß jetzt ein zu großer Abstand den Kelchengel vom Korpus trennt; das aufgesetzte Kreuz hinten überstehend, vgl. Müller-Veltin, Kreuze, S. 115, Nr. 32). Auf dem Schaft drei Stifternamen und die Initialen einer weiteren Person; ein Schild im unteren Teil, mit einem Winkel als Marke, ist nur eingerillt und tritt hinter dem oberen, erhaben gearbeiteten Schild mit dem Thau-Kreuz (wohl keine Stifter-Marke) zurück. Die Marke neben dem Relief des kelchhaltenden Engels steht in keinem erkennbaren Zusammenhang zu einem der Stifternamen. Gies schreibt: „Neben einer Engelsfigur ein Steinmetzzeichen" (Nr. 1110 f.). — Zum Kreuz in Acht (Detail Abb. 236) vgl. auch Anm. 45. Der Schaft ist ornamentiert durch eine Fläche, die oben und unten den gleichen Abschluß zeigt (dieser ein Kennzeichen der Werkstatt M; vgl. Anm. 57); auf dem unteren Abschluß die Marke (Abb.), wohl nur zufällig unter den Namen des Stifterehepaares MILTEBVRG; die weiteren Namen unmittelbar anschließend. Die Marke ist nur grob eingehauen, doch wird man sie nach ihren Merkmalen dem hier besprochenen Zeichen zuzählen. — Endlich hat Gies, den hier gezeigten Befund bestätigend, die gleiche Marke zusammen mit der Jahreszahl 1638 in Niedermendig gefunden, „auf einem Steinblock (Basalt), dünn eingeritzt, an unscheinbarer Stelle" (in der Sammlung „Steinmetzzeichen"; vgl. oben Anm. 1).

54 Das Zeichen des Steinmetzen macht seine Werkarbeit kenntlich. Im Gegensatz zu Stiftermarken am Steinkreuz stehen Steinmetzzeichen „nicht gerade an bevorzugter Stelle, sind klein gehalten und immer nur eingeritzt; sie sind keinmal in einem Wappenschild stehend angebracht und nie plastisch hervortretend" (Meyer, Hausmarken, S. 11); weiter sind dem Steinmetzzeichen in keinem Fall Initialen oder gar Namen beigegeben. In den angeführten Beispielen (vor. Anm.) trifft dies alles zu. — An dieser Stelle sei auf die fast hundert eingehauenen Steinmetzzeichen hingewiesen, die sich in Andernach bei dem 1554 erbauten Kran am Rheinufer („Alter Krahnen") finden, wo die Mühlsteine aus Mayen/Mendig vor dem Verladen handelsfertig zugehauen wurden (vgl. Hörter/Michels/Röder, II, S. 29; Gies, Nr. 1526—1624; die meisten Zeichen an dem 1604 gebauten Wellenbrecher).

55 Die beiden Zeichen an dem Kreuz Abb. 231 sind gegebenenfalls erklärbar durch den Umstand, daß zwei Personen an dem Werkstück gearbeitet haben (z. B. Christusdarstellung und Hausmarkenschilde möglicherweise von verschiedener Hand). Bei den Kreuzmacherwerkstätten hat man wohl vornehmlich an Familienbetriebe zu denken, in denen — fremde Kräfte nicht ausgeschlossen — auch Sohn oder Schwiegersohn, vielleicht Bruder, Schwager, Onkel und so fort mitarbeiteten (vgl. auch II, Anm. 38).

56 Vgl. II, bei Anm. 44. — Nach KD Cochem auf einem Kreuz in Forst von 1598 unter den beiden Hausmarken ein „Steinmetzzeichen und 14. MÄRTZ" (I, S. 386). Nach einer Untersuchung erscheint die Lesung der Datierung nicht ausgeschlossen (undeutlich gehauen),

doch ist unter den weiteren Ritzungen ein Steinmetzzeichen nicht erkennbar. Um ein solches handelt es sich aber wohl — eine seltene Ausnahme — bei der Marke, die am Unglückskreuz von St. Aldegund (Abb. 295) unten links außerhalb der Inschriftumrandung klein eingehauen ist.

57 Zur Werkstatt M vgl. Kapitel XII, mit Abb. 342—356 sowie den weiteren dort genannten Stücken. — An dem Mal Abb. 231 ist die Kreuzschlepper-Darstellung unverkennbar von der Hand des Meisters dieser Werkstatt (vgl. Detail Abb. 353). Weiter ist die Form der Hausmarkenschilde zu beachten. Ein Merkmal der Schilde aus der Werkstatt ist der mehr oder weniger flachbogige obere Abschluß sowie unvermittelt darunter der eckige Einschnitt beiderseits (so daß der Abschlußbogen in scharfen Spitzen endet); vgl. außer diesem Mal Abb. 235, 344, 347, 349, 350, weiter auch die folg. Anm. zum Kreuz des Antonius Steinheuer. — An dem Kreuz Abb. 234 (Sockel; zum Mal im ganzen vgl. Anm. 53) sind die Schilde zwar anders gearbeitet, doch wird man den Korpus dem Werkstattmeister M zuschreiben; die Darstellung gehört in die frühe Zeit dieser Hand, um 1630, zu der auch der Kruzifixus am Kreuz des Peter Welling (Abb. 212) zu zählen ist. Ein nach bisheriger Kenntnis exklusives Merkmal dieser Werkstatt, besonders wieder in der frühen Periode, sind weiter die ‚gotikisierenden' Ornamente in den Winkeln der Kreuzbalken (zum vermutlichen Ursprung vgl. VIII, Anm. 59), die das abschließende Kreuz an diesem Mal ebenso zeigt wie das genannte Mal für den Zunftmeister Welling. Bestätigt wird dies durch die gleichen Ornamente an einem niedrigen Kreuz (wohl Oberteil eines zerstörten höheren) bei der St. Joster Mühle, dessen Kruzifixus eindeutig dem Meister M zuzuschreiben ist (mit Kelchengel unten; Datierung verloren, aber fraglos aus der genannten frühen Zeit der Werkstatt). Endlich zeigt das Kreuz in Acht von 1631 (Detail Abb. 236) diese Gestaltung. Eine Andeutung des Ornaments findet sich sogar noch 1660 an einem Kreuz aus der Werkstatt (Abb. 355; die Aussparungen nur geritzt). — Am Kreuzschaft von Thür, Abb. 235, weist wieder die typische Form der Schilde (mit dem T-Zeichen sowie des geritzten Schildes mit dem Winkel, Anm. 53) auf die Werkstatt M. Auch der Engel mit Kelch, bei dem die fragliche Marke eingehauen ist, dürfte aus dieser Werkstatt stammen — man vergleiche dazu Abb. 343, 346, 350, ferner die kelchtragenden Engel zu Füßen des Kruzifixus an den Kreuzen in Kelberg 1660 (Im Fronfeld, jetzt bei der Pfarrkirche aufgestellt; KD Mayen I, S. 244, irrtümlich 1666), in Wirfus 1660 (Ortsmitte) und in Gierschnach 1666 (Friedhof; hier ist der Korpus von fremder Hand gearbeitet, doch zeigen Titulus-Schild und die Ornamente am Kreuzschaft eindeutig die Herkunft aus der Werkstatt M). — Einen Korpus von anderer Hand, übrigens eine unbeholfene Darstellung, findet sich auch an dem Kreuz in Acht; dieses selbst zeigt aber wie schon gesagt, in den Winkeln der Kreuzbalken jenes Ornament, das als eines der Kennzeichen für die Werkstatt M anzusehen ist (dabei die Aussparungen nur vertieft ausgehauen). Auch Ornamente auf dem Schaft, die kennzeichnend für diese Werkstatt sind, wurden schon erwähnt (Anm. 53); Abb. 236 zeigt das untere davon, ein gleiches als Abschluß der Inschriftfläche oben. Das Ornament in Varianten vgl. Abb. 212 und 348 (mit Ring in der Halbkreisfläche), 215 (die Fläche mit spitzem Abschluß); typisch zeigt es sich auch etwa am Kreuz des Stifters Sehen („Siegeskreuz") von 1634 (vgl. IX, Anm. 75); auf späteren Stücken der Werkstatt noch anklingende Formen als Ritzung (351 f.). — Es wurde schon angemerkt, daß fast alle Mäler am Weg der Mayener nach St. Jost, vom „Görgens Kreuz" bis zum Mal der Eheleute Neizer (die Reihenfolge Anm. 53), aus der Werkstatt M stammen (VIII, Anm. 67); hinzu kommt noch das Kreuz bei der St. Joster Mühle (vgl. oben). Nicht weit von St. Jost liegt auch das Dorf Acht, wo das von Mayenern gestiftete Kreuz steht, das der Werkstatt M zuzuschreiben ist. Nur das Mal von 1617 (Abb. 232) zeigt kein Merkmal der Werkstatt — selbstverständlich, denn deren früheste Produkte werden ja erst um 1630 erkennbar. Gerade an diesem Mal erscheint aber das mutmaßliche Steinmetzzeichen als Marke eines Stifters.

58 Nach allen bisher aufgezeigten Zusammenhängen ist nicht zu bezweifeln, daß es sich um eine Mayener Werkstatt handelt. Auch das vom Meister M gehauene Kreuz in Mörz wurde von einem Mayener gestiftet (Abb. 352; vgl. II, Anm. 38). Das Grabkreuz des Antonius Steinheuer aus Mayen (Is. 37), im Wald bei Düngenheim aufgestellt, zeigt auf der Rückseite in Umrißritzung den oben genannten typischen Schild der Werkstatt M — jedoch mit leerer Fläche, und man hat den Eindruck, als sei der Schild selbst in dieser unverkennbaren Form als Hinweiszeichen eingehauen worden (ein Nicklas Steinheuer war zweimal Zunftmeister der Hämmerer; vgl. bei Anm. 43). Das aus der Werkstatt stammende sogenannte Siegeskreuz (vor. Anm.) steht auf dem Feld der Basaltlavabrüche bei Mayen. Ein Kreuz aus der Werkstatt M, das „NICOLAVS EIFFELER, ANNA SEIN HAVSFRAW" 1653 gestiftet haben, steht im Bereich der Mayener Burg (ursprünglicher Standort nicht mehr bekannt; das Mal mit seitlichen Konsolen für jetzt verlorene Assistenzfiguren); der Stifter wird oft im Mayener Taufbuch genannt (bes. 1649—56), und die Stifterin Anna erscheint dort als Frau des „Civis Meyensis" Nikolaus Eiffeler (14. 1. 1657).

XI. IKONOGRAPHIE

Art und Bedeutung von Darstellungen am religiösen Mal
180–187 — Zeichen, Symbol und Bild — waren schon in fast allen
vorausgehenden Kapiteln Gegenstand der Erwähnung
oder der ausführlicheren Erörterung. Das zeigt bereits,
daß hier die Ikonographie unter zahlreichen Aspekten zu
berücksichtigen ist. Ohnehin wird man nicht erwarten,
96 daß wir Symbole und Bilder nur als „Schmuckwerk“ an-
sehen. Auf Fragen des Stils und der künstlerischen Ge-
staltung kann nicht im einzelnen eingegangen werden;
zusammenfassend müssen einige Bemerkungen ge-
nügen.

Vergleicht man den Bestand mit dem anderer Landschaften, so wird man dort häufig kunstvollere Darstellungen am Kreuz und am Bildstock finden. Indessen kann man sich beim Mal aus Basaltlava nicht dem Reiz seiner herben Ikonographie verschließen, die im ganzen sicher eigenwillig ist, in mancher Hinsicht gewiß originell; oft zwar eher „hausgemacht“ und zuweilen derb wie dieser grobporige Stein; weithin aber — so auch vielfach der spontane Eindruck fremder Betrachter — von einer so urwüchsigen Ausdruckskraft, daß sich der Vergleich mit früher Monumentalkunst aufdrängt. Volkskunst einer Landschaft aus einem halben Jahrtausend — in ihrer Eigenart ist sie noch wenig bekannt und beachtet.[1]

1–466 Die Dokumentation im Bild macht Beschreibungen weit-
gehend entbehrlich. Im Bildteil dieses Kapitels sind Bei-
spiele aus dem ikonographischen Bestand zusammen- 264–336
gestellt, innerhalb der Motivgruppen die Varianten der
Gestaltung. Der Text ist im wesentlichen nur Aufriß, und
zur Problematik wird oft auf die schon behandelten Zu-
sammenhänge verwiesen.[2]

Vieldiskutiert, doch im einzelnen noch umstritten, ist der
Bildbefund am ältesten Mal aus Basaltlava, dem fränki-
schen Kreuzstein von Moselkern. Hier wurde die Inter- 134–137
pretation von Viktor H. Elbern zusammenfassend wieder-
gegeben[3], aber auch der Versuch unternommen, den
apotropäischen Charakter dieses bedeutenden früh-
christlichen Monuments aufzuzeigen.[4]

Viele Jahrhunderte trennen diesen Kreuzstein vom Ba-
saltlavamal des Spätmittelalters. Alte Kreuzformen an
diesem zeigen dennoch Verbindungen in Ikonographie
und Sinngehalt. Hier ist das Kreuz mit den konischen 11, 146
Balken zu nennen, weiter das Kreuz über der Scheibe 174, 178 f.
und mit Wurzeln, zweifellos als Arbor-Vitae-Symbol, end- 264–269
lich das Stabkreuz als verbreitetes Zeichen für das Kreuz
als Baum des Lebens.[5]

Zu erwähnen ist ferner das alte Heilszeichen Thau 187, 235
(T-Kreuz) und das ihm verwandte Antoniuskreuz; das 153
vier Thau-Zeichen enthaltende Krückenkreuz und weiter 3 f.
das Wiederkreuz, mit dem vervielfachten Zeichen des 9
Kreuzes; an den Beligen-Mälern endlich erhabene 145, 147 f.
Kreuze mit Rautenblättern an den Balkenenden, die 149

ebenfalls in Kreuzform angeordnet sind, aber auch an
„Dreiblatt“ oder „Lilie“ erinnern, die im Mittelalter be-
deutungsvolle Zeichen waren. Überhaupt ist es, beim
Kreuz und bei anderen Symbolen, die bestimmte, oft aus
früher Zeit tradierte Gestalt, an die sich die Vorstellung
besonderer und vornehmlich apotropäischer Kräfte
knüpft.[6]

Das vegetabile Stabkreuz erscheint auf Sandstein-Grab-
270 f. kreuzen des Trierer Raumes noch im frühen 19. Jahrhun-
dert. In offensichtlich gleicher Bedeutung — und somit
den ikonographischen Zusammenhang zeigend — ist an
diesen Mälern aber auch der kreuzförmige Dreisproß
beziehungsweise der Dreiblütensproß dargestellt, ein
176 Symbol, das sich am Sakramentsmal von Hain schon um
327 1600 findet und dann am Basaltlavakreuz ein charakte-
ristisches Motiv wird.

Es zeigt sich hier — anders übrigens als das in der
Volkskunst eher als Ornament bekannte Zeichen — ein-
deutig im christlichen Sinne und bezogen auf Passion und
Erlösung. Nicht nur aus ästhetischen Gründen fügt sich
274–279 die Dreiblume in die Kreuzform der Balken, und wo sie,
387, 389 statt aus der Vase aufsteigend, aus einem Herzen
413 f. wächst, ist dieses das Herz Jesu mit der Lanzenwunde.
Einmal steht eine Pflanze mit drei Blüten auf dem Kreuz-
273 hügelzeichen über dem Schädel Adams, darüber das
Herz und die Sieben Schwerter; einmal sieht man Herz
272 und Dornenkrone als Blüte eines sprießenden Stengels.[7]

Die Idee des Kreuzes als Baum kommt andeutungsweise
auch zum Ausdruck in der Gestaltung der Kreuzbalken
87, 212 als gewachsene und unbehauene Stämme mit Astansät-
zen, am Steinkreuz stilisiert im späten und im Nachmit-
telalter, das Motiv dann in jüngerer Zeit noch einmal auf- 280 f.
gegriffen in naturalistischer Ausführung.[8]

Das Bild Christi erscheint am Flurmal unserer Landschaft
seit der Mitte des 16. Jahrhunderts. Es mag mit der Be- 286 f
deutung der Sieben Fußfälle im Rheinland [9] zusammen-
hängen, daß sich neben dem Kruzifixus von Anfang an [10]
die Darstellung des kreuztragenden Christus [11] zeigt und 282–286
auch weiterhin beliebt bleibt. Dominierend war aller-
dings in allen Jahrhunderten das Mal mit dem Gekreu- 287–291
zigten. Auf einigen Denkmälern sieht man ihn noch mit
Merkmalen älterer Ikonographie, etwa das Haupt ohne 286–288
Dornenkrone oder mit Nimbus.[12] 291, 377

Das Kreuz von Sabershausen, Hunsrück, mit den aus
einem Stein gehauenen Kruzifixen auf beiden Seiten — 290
aus der Werkstatt T und das einzige Stück dieser Art
aus Basaltlava — war einmal Friedhofskreuz und ist
wahrscheinlich für diese Funktion so geschaffen worden.
Auch an dem hohen Friedhofskreuz von Müden an der
Mosel befanden sich früher zwei gleiche Korpi. Ur-
sprünglich mag die Vorstellung einer Abwehr nach allen 176
Seiten maßgeblich gewesen sein.[13]

Seit dem 17. Jahrhundert erscheinen am Steinkreuz mit 107
Kruzifixus öfter die Assistenzfiguren Maria und Johan- 292–296
nes [14], vereinzelt auch mit Maria Magdalena.[15] Eine reiz- 351
volle Komposition ist die von Kaifenheim. Mit Recht fin- 296
det auch die Johannesfigur von Hatzenport besondere 294
Beachtung, die farbig gefaßt war und zu einem noch
erhaltenen hohen Friedhofskreuz aus Basaltlava gehör-
te, an dem sich ursprünglich ein Kruzifixus aus Holz mit
Farbfassung befunden haben muß.[16]

Mit der Symbolik und Verehrung des Erlöserblutes Chri-
sti hängt die Darstellung der Engel zusammen, die beim 297–299

357–361 Gekreuzigten, zu Füßen und oft auch unter den Wund-
64 malen der Hände, das Blut im Kelch [17] auffangen. Das
vor allem aus der Malerei bekannte Motiv [18] findet sich
235, 370 in der Volkskunst seltener als erwartet; auch am Flurmal
375, 393 sieht man es im ganzen nur gelegentlich. Basaltlava-
418, 425 werkstätten haben es im 17. Jahrhundert aufgegriffen
und, geschickt gestaltet, zum Bild am Steinkreuz ge-
257–267 macht; führend war dabei die Werkstatt E.[19] Kelchengel
wurden eine charakteristische Darstellung am Kreuz der
Landschaft. Die Variationsbreite der Motivgestaltung zei-
297 f. gen etwa die Stücke von Plaidt und Waldesch.[20]

In der Passion, [21] als dem Werk der Erlösung, stehen
Kreuzigung und Gekreuzigter im Vordergrund, doch ge-
430 hören zu ihr noch viele weitere Bilder und Symbole [22],
und sie alle waren nicht nur Heilszeichen, sondern — das zeigen etwa die verbreiteten Schutzblätter — für das Volk auch apotropäische Zeichen von ungewöhnlicher Kraft. Man wird sie auch am Steinkreuz oder am Bildstock nicht zuletzt in dieser Schutzbedeutung zu sehen haben (Kapitel VI).[23]

231, 383 Als Szenenbilder der Passion wurden schon die Darstel-
lungen Christi als Kreuzschlepper genannt.[24] Mehrfach
73 f., 395 f. begegnet auch das Ölberg-Motiv [25], einmal das des
Schmerzensmannes.[26] An einem Mal bei Kehrig sieht
437 man Christus, die Wunden der Hände zeigend, darunter
eingeritzt das Herz und die Fußwunden.[27]

Dazu, und gedanklich auch verbunden mit dem Bild der
Engel, die das Erlöserblut auffangen, gehört dann die
303–305 Darstellung der Fünf Wunden mit dem Herzen und den
416 abgetrennten Händen und Füßen.[28] Auf dem Kreuz in
301 Burgbrohl fließt aus jeder Wunde der Blutstrahl in ein
Gefäß. Das Symbol des Herzens Jesu soll aus dem Fünf-Wunden-Bild abgeleitet sein.[29] Weiter gehören, ebenso
verehrt und nach dem Volksglauben erfüllt mit geheim- 69 f., 272 ff.
nisvoller Kraft, dazu die drei Kreuznägel und die Dor- 300–302
nenkrone [30], das Antlitz Christi auf dem Schweißtuch der 316 ff., 355
legendären Veronika wie auch allgemein das „Herrgotts- 412–416
haupt".[31]

Im Bild der „Arma Christi", der „Leidenswerkzeuge", 312–315
vereinigen sich die Symbolzeichen und Gegenstände der 223
gesamten Passion. Die Vielzahl entspricht der volkstüm- 409, 415
lichen Vorstellung, daß sich mit ihr die Kraft verstärkt, und auch die Bezeichnung „Waffen" — ursprünglich „Wappen", und man denkt an „gewappnet" — weist auf die Schutzbedeutung dieser Zeichen.[32] Auf dem Kreuz
in Mayschoß, mit dem Kruzifixus inmitten der Arma und 315
dem siegverheißenden Kreuztitel [33], finden sich noch Sonne und Mond aus den frühen Bildern der Kreuzigung.[34]

Häufig sieht man am Mal aus Basaltlava das ebenfalls
aus der Kreuzigungsdarstellung stammende Zeichen des 306–308
Schädels mit den gekreuzten Knochen [35]; es zeigt sich
jedoch nicht nur unter dem Kruzifixus, sondern noch 386, 453
öfter als selbständiges Bild und auch am Nischenmal. Es 220, 252
sind die Gebeine Adams, „der nach einer alten Legende 317
an der Stelle begraben war, an der das Kreuz Christi auf Golgatha errichtet wurde".[36]

Teils in Unkenntnis der ursprünglichen Bedeutung, teils vielleicht auch in bewußter Umdeutung, wird das Zeichen angesehen als Symbol des Sieges Christi am Kreuz über den Tod [37] oder beim Volk noch eher als „Emblem des Todes", das „an das Schicksal alles Irdischen erinnert".[38] Im Einzelfall muß die Art des Verständnisses bei den Steinmetzen und ihren Zeitgenossen offenbleiben.
Das häufige Vorkommen am Grab- und am Unglücks- 197 f., 320
kreuz sowie auch die Verbindung des Zeichens mit dem

306–308 auf diesem Mal oft dargestellten „Totenkranz“ [39] läßt
443 vermuten, daß tatsächlich nicht selten die Vorstellung
vom Todessymbol bestimmend war.[40]

In Verbindung mit dem Schädel zu Füßen des Gekreu-
400 f. zigten erscheint zuweilen eine Schlange, manchmal mit
Menschen- beziehungsweise Teufelskopf — also als Paradiesschlange.[41] Die dem Mittelalter so geläufigen symbolischen Verbindungen zwischen dem Paradies und dem Kreuz, an dem Christus als „der neue Adam“ die Erlösung vollzogen hat, finden in der Ikonographie vielfältigen Ausdruck; auch das Kreuz als Baum des Lebens gehört dazu.

Hier ist weiter der ungewöhnliche, in einzelnen Darstellungen noch rätselhafte Basaltlava-Sockel des alten
309 f. Friedhofskreuzes in Niedermendig zu nennen; entspre-
311 chende Stücke finden sich in Bruchhausen und in
Oberwesel.[42] Die Form dieses Kalvarienberges (Golgatha)[43] und die Darstellung als Fels[44] zeigen offensichtlich den Gedanken an den in der Grabeskirche zu Jerusalem als Kreuzigungsstätte verehrten, „von Konstantin zubehauenen Felswürfel“.[45]

Auf der Rückseite sind die drei Kreuznägel ausgehauen.[46] In der Mitte der vorderen Fläche sieht man ein
310 f. Gebilde in Palmblattform, vielleicht der „stilisierte Baum
des Paradieses“[47], bekrönt von drei Stengeln mit vegetabilem Abschluß — sicher nicht den Kreuznägeln, wie man angenommen hat[48]; übrigens findet sich ein Stengel gleicher Art, aus vier kleinen Blättern hervortretend, zusätzlich auf der Rückseite.[49] Ein Tier an der rechten vorderen Ecke im unteren Teil des Sockels, zum Teil verdeckt, in geduckter Haltung und mit einem Gegenstand im Maul, erscheint wie eine Löwin mit Drachenflügeln.[50]

Weiter zeigen sich auf den Ecken vier Totenschädel[51], an den Seiten wie auf der oberen Fläche Gebein und etwa ein Schulterblatt, endlich Kröten, Echsen und Gewürm[52], das sich um die Knochen windet, Getier aber auch an jedem der vier Schädel — darunter herkriechend, mit Kopf und Krallenfüßen daraus hervorschauend oder in den Mund eindringend. Die Zeichen des Todes und der Verwesung am Sockel eines Friedhofskreuzes[53] lassen daran denken, daß auch die Darstellungen des „Danse macabre“ zunächst vornehmlich Friedhofsbilder waren.[54]

Ein verbreitetes und ikonographisch zu beachtendes Zei- 58, 104
chen auf dem Basaltlavakreuz ist das Jesusmonogramm 271, 275
IHS, das erstmals schon 1554 erscheint. Ihm wurde eine 316–318
unübertreffliche Schutzkraft zugeschrieben.[55] Es gehört nicht mehr zu den sonst vorherrschenden Bildern und Symbolen aus der Passion, doch sind solche oft in Verbindung mit ihm dargestellt; zudem ist es wie diese ein christologisches Zeichen.

Weiter hat aber auch das Bild der Gottesmutter einen 319–329
bedeutenden Rang in der Ikonographie des Basaltlavakreuzes. Es erscheint relativ spät und zunächst nur ver-
einzelt, ab 1700 jedoch in beachtlicher Zahl.[56] Bemer- 217
kenswert ist, daß sich die Darstellung stets am Kreuz
findet, nicht an dem zum Bildstock gewordenen Ni- 166, 395 ff.
schenmal der älteren Form — ein Befund, der mit der ursprünglichen christologisch-sakramentalen Funktion dieses Mals zusammenhängen muß.[57] Es ist darum auch unwahrscheinlich, daß, wie man annahm, das alte Ni-
schenmal geschaffen wurde, um hölzerne Muttergottes- 149 ff.
bilder aufzunehmen.[58]

106, 321 f. Vorherrschend in der Mariendarstellung am Steinkreuz
324–329 der Landschaft ist das Bild der Pieta, auch „Schmerzens-
mutter" oder volkstümlich „Schmerzhafte Muttergottes"
genannt. Wieder zeigt sich der Passionszusammenhang,
der auch sonst die Ikonographie bestimmt.[59] Beliebt ist
273, 412 die Darstellung mit den Sieben Schwertern[60], beim Ves-
219, 408 f. perbild — das sich mehrfach als Gnadenbild vom Toten-
323 maar zeigt[61] — wie auch bei der stehenden Gottesmut-
407, 410 f. ter ohne Kind, die dann in bezug auf die Sieben Schmer-
zen ebenfalls als „Mater dolorosa" bezeichnet wird.[62]

320 Im einzelnen bemerkenswert sind die Rosenkranz-
madonna[63] auf einem Kreuz in Nickenich und die Mut-
319 tergottes in monstranzartiger Fassung[64], die sich in Vol-
kesfeld findet. Die sonst so geläufige Mariendarstellung
217 mit dem Jesuskind auf dem Arm — wie in diesen beiden
105 Bildern — zeigt sich merkwürdig selten am Basaltlava-
kreuz.[65] Als Szenenbilder sind hier noch zu erwähnen
74 die Flucht nach Ägypten, am Bildstock unter dem Ölberg-
336 Relief, und die Heilige Familie in volkstümlich bekannter
Gruppierung, am Schaft eines Wegkreuzes unter dem
Kruzifixus.[66]

330 An einem niedrigen Kreuz von 1540 findet sich eine fast
vollplastische weibliche Figur mit langem Haar, die in
Orantenhaltung auf einer Konsole steht. Es ist zu fragen,
ob es sich vielleicht um eine Darstellung Mariens handelt. Dagegen spricht freilich viel, doch zeigt sich andererseits weder ein Attribut, wie man es sonst bei einer Heiligen erwarten könnte, noch eine Hausmarke oder ein entsprechendes Zeichen, das an eine Stifterfigur oder an die Darstellung einer Verstorbenen denken ließe.[67]
Die frühe figürliche Darstellung, älter noch als die ersten
286 f. datierten Bilder Christi, ist in der Ikonographie unseres
Denkmalbestandes bisher nicht einzuordnen.

Nicht eben zahlreich sind am Basaltlavakreuz Bilder oder 331–335
Symbole weiterer Heiliger. Hervorzuheben sind lokale
Patrone mit ihrer besonderen Schutzbedeutung, Heilige, 153, 186
denen außergewöhnliche Abwehrkräfte zugeschrieben 393 f.
werden[68], endlich die Darstellung des heiligen Matthias 426
in Verbindung mit der jährlichen Pilgerfahrt zum Apostel-
grab nach Trier.[69]

Bildmotive mit nur schmückendem Charakter, wie der 70, 101
geflügelte Engelskopf[70] oder, ganz selten einmal, Füll- 419–424
horn, Blumen- oder Fruchtgehänge und dergleichen[71], 96 f., 400
spielen in der Ikonographie des Basaltlavamals eine ge-
ringe Rolle. Das Relief eines Engels mit weisendem
Handgestus, exponiert dargestellt in der Bildnische eines 232
Stiftermals von 1617, ist dagegen sicher als frühes
Schutzengel-Bild anzusehen.[72]

Vereinzelt, doch ebenfalls beachtenswert, zeigen sich
Beispiele einer nicht christlichen, sondern dem magi-
schen Bereich zugehörigen Ikonographie. Hier sind
außer dem Drudenfuß und seinen Andeutungen[73] oder 180–182
dem Sechsstern im Kreis[74] vor allem die Eckfiguren an 181
einem Nischenmal in Kollig zu nennen, rechts der Kopf
als ein auch sonst geläufiges Abwehrbild, links die hok-
kende Figur, die das Gesäß entblößt, eine zwar unge- 83 f.
wöhnliche, doch im Abwehr- und besonders im Wetter-
zauber keineswegs unbekannte Gestalt.[75] 185

ANMERKUNGEN

XI. IKONOGRAPHIE

[1] „Die meist in ländlich derber Arbeit ausgeführten" Steinkreuze „sind beachtenswerte Denkmäler einheimischer Volkskunst" (Druckfahnen zu KD Mayen II, zu den Stücken im Fraukirchgebiet). Einige

Bemerkungen zur Charakteristik (für einen Teil des Bestandes) vgl. auch in Müller-Veltin, Kreuze.

2 In den Anmerkungen der Stellen, auf die verwiesen wird, oft weitere, in den Marginalien nicht genannte Bildbeispiele.

3 Vgl. III, bei Anm. 28 ff.

4 Vgl. VI, bei Anm. 53—60.

5 Vgl. VI, bei Anm. 61—66; zum vermutlichen Paradiesbaum-Symbol am Golgatha-Felsen von Niedermendig und Bruchhausen vgl. unten bei Anm. 47—49.

6 Vgl. VI, bei Anm. 67—74. Im apotropäischen Zusammenhang sind auch ganz allgemein die Kreuze zu nennen, die sich am Nischenmal auf allen Seiten finden, weiter das vollplastische bekrönende Kreuz über dem Nischenkopf (ebd., bei Anm. 47—51).

7 Vgl. VI, bei Anm. 123—128. — Die Darstellung auf der Rückseite des Mals von Hain (Abb. 176) entspricht der von Gondorf (327), mit dem Herzen Jesu in der Kreuzmitte. In Gondorf ist die Symbolik zusätzlich verdeutlicht durch das kleine Kreuz unter diesem Herzen. Die Enden des vollplastischen Kreuzes zeigen die Form des Dreiblatts (vgl. oben). Es ist nicht ausgeschlossen, daß das Mäanderband unter dem Vesperbild, als Ornament immerhin ungewöhnlich, die Paradiesschlange andeuten soll (vgl. bei Anm. 41). — Die Darstellung in Niedermendig und Bruchhausen, mit drei Stengeln am vermutlichen Paradiesbaum (Lebensbaum) älterer Form (310 f.), ist vielleicht als ikonographische Verbindung von diesem zu der späteren Dreiblume am Basaltlavamal anzusehen (Anm. 48).

8 Vgl. VIII, bei Anm. 59; weiter X, Anm. 57 (zu gotikisierenden Ornamenten, die wohl auf das Motiv des lebenden Kreuzholzes zurückgehen). — Bauerreiß schreibt zur Herkunft aus der alten Lebensbaumdarstellung: „Im Abendland wurde das jerusalemitische Palmkreuz alsbald verdrängt durch die einheimische Baumwelt. Schon ein um 850 geschnitztes Elfenbein zeigt ein Kreuz mit dem einheimischen Astansatz. Das vegetabile Baumkreuz war so eingeführt und sollte bis in den Barock herauf nicht mehr verschwinden" (S. 12).

9 Vgl. Zender, Fußfälle. — Damit hängt ein bemerkenswerter rheinischer Sterbebrauch zusammen, der in manchen Orten bis in jüngste Zeit geübt wurde und dessen Erinnerung noch heute an vielen Steinkreuzen unseres Raumes haftet (vgl. VIII, bei Anm. 22—31).

10 Hier ist vorausgesetzt, daß die Jahreszahl auf dem Kreuz Abb. 286 als 1548 zu lesen ist, was ich annehme (vgl. die zeitübliche 4 in Abb. 223; für 48 statt 98 sprechen wohl auch die Schriftform oben mit Reminiszenzen an die Minuskel, das nimbierte Christushaupt, die abgefasten Kanten des Kreuzschaftes). Eine absolut sichere Aussage zum frühesten Auftreten des Bildes Christi als Kruzifixus oder als Kreuzträger ist im Blick auf den verlorenen und den undatierten Bestand (z. B. Abb. 288) nicht möglich.

11 Vgl. außer den Bildern in diesem Kapitel weiter Abb. 215 (Detail 356), 231 (Detail 353) und 383.

12 Auffällig ist der erhabene Nimbus am Kreuz von Kaifenheim (Abb. 287; der Kruzifixus ist der älteste datierte); aber auch am Kreuzschlepperbild von Metternich ist das Haupt nimbiert (286). Bemerkenswert sind auch die folgenden Darstellungen des Gekreuzigten ohne Dornenkrone. Abb. 288 wird das Haupt wie von einer Kappe umrahmt, aufgrund der Kreisform ist vielleicht auch hier an den Nimbus zu denken; auf der Kreuzfläche ist noch einmal ein Kreuz herausgearbeitet, darüber die Tafel für den Titulus (nicht fertiggestellt oder auch bewußt nur angedeutet); auf beiden Abschlußflächen des Querbalkens erhabene Zeichen, rechts ein Kreuz (das Mal stammt nach Angabe des verst. Bildhauers Udo Weingart, bei dem es aufgenommen wurde, vom Friedhof eines Dorfes im hiesigen Raum). Abb. 291 zeigt Christus am Kreuz auf dem Schaft eines Sakramentsmals (mit weiteren Kreuzen, vgl. VI, Anm. 49); die halbkreisförmige Umrahmung des Hauptes, mit stilisiertem Haar, bildet zugleich den oberen Abschluß des Kreuzes, dessen Fuß als Felsenhügel erscheint (vgl. bei Anm. 43—45). — Auch der Kruzifixus Abb. 377, auf einem Fußbrett stehend und ohne Dornenkrone, ist hier zu erwähnen. Es ist möglich, daß die volkstümliche Bezeichnung „Kümmerniskreuz" („das sog. hl. Bekümmerniskreuz", früher am Weg nach Thür; Druckfahnen zu KD Mayen II) mit der ungewöhnlichen Darstellung zusammenhängt, obwohl es sich im ganzen nicht um das Bild jener rätselhaften und umstrittenen Volksheiligen handelt, die, bärtig, im langen Gewand und eine Krone auf dem Kopf, mit den Händen ans Kreuz genagelt ist, mit den beschuhten Füßen aber auf einer Konsole steht (vgl. HDA, V, Spalte 807—810, mit weiterer Literatur). Die Darstellung der legendären hl. Kümmernis soll auf das nicht mehr verstandene Bild Christi am Kreuz in der Tunika und mit Krone zurückgehen (vgl. auch Künstle, Christl. Kunst, S. 474 ff.). Mittelrheinische Kümmernisbilder in Kirmutscheid (KD Ahrweiler, S. 352 u. Abb. 314; Tischkreuz, wohl aus dem Filialort Wirft, wo im Jahr 1800 ein „Kümmernis-Fußfällchen" errichtet wurde) und im Kloster Engelport (großes hängendes Kreuz; in KD Cochem nicht erwähnt). Im Blick auf den Namen des Steinkreuzes von Obermendig wäre zu untersuchen, ob es noch weitere Anhaltspunkte für einen ehemaligen örtlichen Kümmerniskult gibt. — Zum Kruzifixus am Basaltlavakreuz vgl. weiter den gesamten Bildteil.

[13] Vgl. VI, Anm. 88. — Auf die im gleichen Zusammenhang der allseitigen Abwehr zu verstehenden Kreuzdarstellungen am Nischenmal wurde schon oben hingewiesen (Anm. 6). Auch an dem frühen Kreuz von Thür, einem der ältesten im Bestandsgebiet (Abb. 3 f.), findet sich die gleiche Kreuzritzung auf beiden Seiten. Eindrucksvoll zeigt sich der Gedanke weiter an den Mälern von Oberzissen und Hain, wo bekrönende Kreuze, ineinander verschachtelt, nach den vier Himmelsrichtungen stehen (Abb. 175 f.; vgl. auch 177).

[14] Vgl. außer Abb. 292—296 weiter 107, 122, 351, 381, 397, 419, 425. Oft stehen die Figuren, vollplastisch gearbeitet, auf seitlich ausladenden Konsolen, aufgesetzt oder zuweilen auch mit diesen oder sogar dem gesamten oberen Kreuzteil aus einem Stein gehauen. An nicht wenigen Denkmälern sind sie verloren, und nur noch der Aufbau zeigt, daß ursprünglich eine Kreuzigungsgruppe mit Maria und Johannes vorhanden war. Ganz anders die ansprechende Gestaltung als Relief auf dem Kreuz für einen Ertrunkenen (295). — Ein kleines Relief mit Kruzifixus und Assistenzfiguren schmückt die Nischenrückwand am sogenannten Hillscheider Stock (122); es ist flach gehalten, weil die Nische zum Einstellen der Pyxis mit dem Sanktissimum diente; es heißt, früher hätten noch drei weitere Nischenmäler im Umkreis gestanden (freundliche Mitteilung von Herrn Pfarrer Franz Retterath, Diözesanarchiv Trier), was den Befund bestätigt (die Sakramentsprozession hatte vier Stationen). Zu dem Mal vgl. auch II, Anm. 57.

[15] In Alken klein und als Nebenfigur (Abb. 107), in Kelberg dagegen als größte Gestalt in der Dreiergruppe zu Füßen des Gekreuzigten (351, aus der Werkstatt M; aus dieser noch weitere Kreuze mit klein ausgehauenen Assistenzfiguren, ohne Maria Magdalena, eins von 1655 an der Pfarrkirche in Wanderath, ein undatiertes bei Gierschnach).

[16] Vgl. I, Anm. 34. Das Hatzenporter Kreuz gleicht auffallend dem etwa gleichaltrigen von Barweiler aus der Werkstatt F (Abb. 381), und die gleiche Herkunft steht außer Zweifel; demnach dürfte auch die Johannesfigur von dem Meister dieser Werkstatt stammen; das Gegenstück der hl. Maria wird in Hatzenport aufbewahrt. Übrigens hat dieser Meister sieben Jahre früher auch das genannte Kreuz von Kaifenheim mit den Begleitfiguren geschaffen (296).

[17] Im gleichen Sinne auf einem Kreuz von 1700 nur die drei Kelche unter den Wundmalen (Abb. 64), an einem Altarkreuz für die Sakramentsprozession ein Blutkelch zu Füßen (169).

[18] Wie auch sonst, kann auf das Motiv in der Kunst hier nicht eingegangen werden; zu einigen Hinweisen wie auch Belegen aus dem rheinischen Raum vgl. Müller-Veltin a. a. O. (das dort beigegebene vorläufige Verzeichnis zu dem Motiv auf Wegkreuzen der Osteifel kann nach derzeitiger Kenntnis nicht nur erweitert, sondern vervielfacht werden). — Kriss-Rettenbeck erwähnt Fegfeuer-Bilder, auf denen Engel das Blut aus den Wunden Christi in Kelchen auffangen und — angesichts seiner besonderen Hilfskraft für die Armen Seelen — ins lodernde Feuer gießen (Bilder und Zeichen, S. 51, 54). Hier zeigt sich möglicherweise eine gedankliche Verbindung zur Darstellung der blutauffangenden Engel am Basaltlavakreuz: Dieses spielte, wie an anderer Stelle bemerkt (vgl. VII, bei Anm. 43), ganz allgemein eine Rolle in der Seelenfürsorge, und zwar im Blick auf die Verstorbenen wie auch im Blick der Stifter auf ihr eigenes dereinstiges Seelenheil (z. B. Is. 83).

[19] Von dem bedeutenden Bestand aus der Werkstatt E (Abb. 357—367, weiter 209, 221, 444) zeigen nur wenige Kreuze nicht die Darstellung von Kelchengeln. Die Reihe beginnt 1638 (Abb. 359) und 1639 (358; ein weiteres Kreuz von 1639, früher am Weg zur Fraukirch, in der Sammlung Michels, vgl. VIII, Anm. 67). Vgl. auch die folg. Anm. im letzten Teil.

[20] Vgl. abgesehen von den genannten Stücken aus der Werkstatt E im ganzen Abb. 67, 235, 297—299, 343, 346, 350, 370, 373, 375 f., 379 f., 393 f., 418, 425 (aus den Werkstätten M, N, B, F, S, O und P; im Zeitraum 1664—1757). Die unter allen hervortretende Darstellung von Waldesch (298, auch 1 und 165) ist wieder vom Meister der Werkstatt F gearbeitet (vgl. Anm. 16); zum Motiv ist bemerkenswert, daß der rechte Engel zugleich das Blut aus der Seitenwunde auffängt, der linke eines der wichtigsten Leidenssymbole, die Dornenkrone, zeigt (zu dieser vgl. bei Anm. 30 und z. B. Abb. 272). Zu erwähnen ist auch noch das hohe Tuffsteinkreuz in Walporzheim von 1701, das in Reliefarbeit zwei Kelchengel unter den Handwunden des Gekreuzigten, weiter Maria und Johannes sowie oben Gott Vater und die Taube zeigt (Abb. in KD Ahrweiler, S. 46; die Darstellungen inzwischen erheblich beschädigt, vor allem wohl durch seinerzeit aufgebrachten Ölfarbenanstrich, der beim Tuff die obere Schicht löst und beim Abblättern mitzieht). — Bereits ein Vierteljahrhundert vor den übrigen hat die Werkstatt E Kelchengel unter den Wundmalen des Kruzifixus in großer Zahl geschaffen, und man wird nicht bezweifeln, daß durch sie das Motiv am Wegkreuz der Landschaft volkstümlich und beliebt wurde. Auch einzelne möglicherweise frühere Beispiele einer anderen Provenienz werden diesen Befund im ganzen nicht korrigieren (z. B. stammt ein nicht datiertes Kreuz mit einem Kelchengel, bei St. Jost, vermutlich aus der frühen Zeit der Werkstatt M; vgl. X, Anm. 57).

[21] Es wurde schon an anderer Stelle angemerkt, daß dort, wo die ursprünglich leere, weil sakramentale Nische am Mal der alten Form gelegentlich zur Bildnische wurde, eine christologische Dar-

stellung im Zusammenhang der Passion erscheint (und sei es nur, statt eines Bildreliefs, das Wundenherz Jesu mit den Kreuznägeln, 1629); bedingt ist dies zweifellos durch die alte Funktion dieses Mals und seiner Nische (vgl. V, bei Anm. 28, mit Zusammenstellung von Belegen; zu der schon dort genannten Ausnahme Abb. 232 vgl. auch unten Anm. 70). Das Bild der Gottesmutter erscheint am Kreuz (vgl. bei Anm. 57).

[22] Auf einem Grabkreuz des 18. Jahrhunderts ist unter dem Gekreuzigten als Symbol des Opfertodes das Osterlamm mit Kreuzstab und Fahne ausgehauen (Abb. 430).

[23] Vgl. VI, bei Anm. 75—77. Dieser Charakter der christlichen Symbole im volksgläubigen — wenn man will, abergläubischen — Gebrauch zeigt sich am auffälligsten, wo man sie zusammen mit magischen Zeichen, etwa dem Drudenfuß, findet (VI, Anm. 76 und 77).

[24] Vgl. oben bei Anm. 11.

[25] Abb. 73 f. am Bildstock, das Mal von 1649 in der typischen alten Form. Abb. 395 f. am Kreuz, jeweils über einem Bild der Pieta in Muschelnische (beide Kreuze aus der Werkstatt S); auf dem linken Kreuzbalken jedesmal ein sich nähernder Häscher mit Schwert, auf dem rechten Balken 1703 Christus (der Engel in der Mitte, mit Kelch und Kreuz), 1705 der Engel mit Kelch (Christus größer in der Mitte, auf einer Kugel).

[26] Vgl. V, Anm. 28.

[27] Vgl. VI, Anm. 87. Das jetzt verlorene Mal (Abb. 437) ist in der Ikonographie der Basaltlavakreuze ohne Parallele. Die „naive" Darstellung darf nicht den Blick dafür verstellen, daß sie im ganzen durchaus sinnvoll ist. Das Christusbild ist in dieser Gestalt auch sonst bekannt: „Als recht knappe Form einer allegorischen Darstellung der Transsubstantiation" — vgl. in diesem Bezug auch den Kelch im Arma-Bild, Anm. 34 — „findet sich ein stehender Schmerzensmann mit erhobenen Händen" (Molsdorf, S. 209). Am Kehriger Mal sind die Hände übergroß, als eindringlicher Hinweis auf die Wundmale daran. Zusammen mit dem Herzen unter der Nische vervollständigen die beiden ovalen Ritzungen (die auf den ersten Blick wie nichtssagender Zierat erscheinen) das Fünf-Wunden-Bild.

[28] Vgl. VI, Anm. 82.

[29] Vgl. VI, Anm. 85. — Hier ist noch zu bemerken, daß das Herz, wie auch andere christliche Symbole und weiter bestimmte magische Zeichen (sie alle real gebrauchte Marken des Schutzes und der Abwehr), nicht selten als Hausmarken verwendet oder in solche einbezogen wurden (vgl. X, Anm. 11).

[30] Zu den Kreuznägeln und der Dornenkrone vgl. wieder VI, Anm. 85.

[31] Vgl. VI, Anm. 86. — Die genannten Symbole erscheinen am Basaltlavakreuz in vielfachen Kombinationen (auch mit dem Jesusmonogramm IHS, vgl. dazu unten; das Herz Jesu selten ohne die Kreuznägel; mehrfach wächst die Dreiblume aus dem Herzen, vgl. oben). Im ganzen vgl. die Abb. 69 f., 104, 270, 272—275, 300—305, 312—314, 316—318, 355, 398, 409, 412—416.

[32] Vgl. VI, Anm. 83 f. Zu den Arma-Zeichen gehören selbstverständlich Nägel und Dornenkrone; öfter findet man dabei das Herz, nicht selten das Veronikatuch; gelegentlich sind die Arma und das Fünf-Wunden-Bild miteinander verbunden (so etwa auf Holzkreuzen des Hunsrücks; vgl. Anm. 34).

[33] Vgl. VI, Anm. 81; weiter auch unten Anm. 55.

[34] Sonne und Mond durch das Antlitz personifiziert (Abb. 315). Im alten Kreuzigungsbild erscheinen ebenso „Terra" und „Oceanus". „Um der weltgeschichtlichen" — bzw. kosmischen — „Bedeutung des Kreuzestodes Christi auch im Bilde einen erhöhten Ausdruck zu verleihen, sind häufig als Zeugen des Vorganges Sonne und Mond sowie Erde und Meer herangezogen" (Molsdorf, S. 65). Sonne und Mond sieht man zusammen mit den Arma und den Fünf Wunden auch auf Hunsrücker Holzkreuzen von 1814 und 1824 (KD Simmern I, S. 422, Abb. 346, und S. 681, in Kappel und Mörz; vgl. VI, Anm. 52). — Die Darstellung auf dem Basaltlava-Grabkreuz in Mayschoß, übrigens aus der Werkstatt A, ist noch in manch weiterer Hinsicht bemerkenswert; hier sei nur noch der Kelch mit der Hostie erwähnt, der auch Symbol des beim Leiden vergossenen heiligen Blutes ist und aus dem schließlich die Gnadenkräfte der Passion durch die Eucharistie — in Form der Hostie — den Menschen zuteil werden.

[35] Eine Übersicht zu den Abbildungen Anm. 40. — Gelegentlich ist die Darstellung variiert; vgl. Abb. 72, 306, 312, 375.

[36] Künstle, Christliche Kunst, S. 280. Das ältere Kreuzigungsbild zeigt Adam unter dem Kreuz stehend oder schwebend, manchmal im Kelch das Blut auffangend, im Grab liegend oder sich aus diesem erhebend (eine gebräuchliche alte Kreuzinschrift: „Ecce resurgit Adam, cui dat deus in cruce vitam"; a. a. O.). Auf einem Fresko des frühen 13. Jahrhunderts in Andernach, Liebfrauen, sieht man den Kopf Adams, der aus dem Grab zu dem Gekreuzigten emporschaut (KD Mayen I, S. 109, Abb. 93). „Mit dem 13. Jh. ist die Wiedergabe der Person Adams durch die Anbringung seines Schädels verdrängt" (Molsdorf, S. 64).

[37] Künstle, a. a. O.

[38] Philipp Lamby zu Schädel und Knochen am Mal von Hain (Abb. 176); in Die Eifel, Ztschr. Eifelverein, 3/1953, S. 42. Vgl. hier auch den vielleicht möglichen Zusammenhang mit der Inschrift (Anm. 40).

[39] Abb. 101, 104, 197, 243, 247, 249, 305—308, 443. Der Kranz erscheint seit dem 18. Jahrhundert häufig am Grabkreuz aus Basaltlava, mehrfach auch am Kreuz für tödlich Verunglückte (197; 247 in offener Form), gewöhnlich aber nicht an einem anderen Mal (zu seltenen Ausnahmen vgl. unten); die Bezeichnung „Totenkranz" ist daher, zunächst abgesehen von seiner möglichen Bedeutung, gerechtfertigt. Das nicht datierte Priestergrabkreuz von Ochtendung, wo der Kranz an einer Schleife hängt (101), dürfte noch dem 17. Jahrhundert angehören (vgl. I, Anm. 64). — Heinz-Mohr nennt den Kranz unter den zahlreichen Zeichen „typisch christlicher Grabsymbolik" (S. 292), doch ist dabei mehr an jüngere und jüngste Zeugnisse zu denken. Wie durchweg angenommen wird, hat der Totenkranz auch im Brauchtum „in Deutschland keine alte Tradition" (dagegen war er in der alten Welt bei Griechen und Römern bekannt; HDA, V, Spalte 418). Es ist zu berücksichtigen, daß „Kranz" und „Krone" (beide lat. „corona") im Glauben und Brauch unter den gleichen Gesichtspunkten zu sehen sind (vgl. a. a. O. im ganzen s. v. Kranz, Spalte 381—428; zum Totenkranz 417—424). So ist hier auch an die „Totenkrone" für ledige Verstorbene zu denken; die Verbindung zeigt sich, wenn auch allgemein gebräuchliche Kränze toten Kindern viel reichlicher gespendet wurden (a. a. O. 419). Indessen findet sich beim Basaltlavakreuz kein Hinweis dafür, daß nur oder vorwiegend Unverheiratete das Zeichen erhielten (vgl. Abb. 307). Für den allgemeinen Totenkranz fehlen ältere Zeugnisse nicht ganz. „Den Brauch, den Sarg mit Blumen oder Kränzen zu schmücken", findet Derwein „im 16. Jahrhundert belegt"; es seien aber, meint er, „wenn Verordnungen des 18. Jahrhunderts oft die Verwendung von ‚Kränzen' einzudämmen suchen", eher „die ‚Totenkronen' gemeint" (S. 127). Eine anonyme Göttinger Schrift suchte 1787 „den Gebrauch der Blumen und Blumenkränze" im Totenbrauch zu rechtfertigen (a. a. O.). In Köln wandte sich 1597 eine städtische Verordnung gegen die bei Beerdigungen gebräuchlichen „Blumen und seidenen Kränze" auf dem Grab (Vogts, Spalte 9). — Eine gedankliche Verbindung von solchen im Totenbrauch üblichen Kränzen zu den Darstellungen auf unseren Grabkreuzen wird man nicht von der Hand weisen. Andererseits ist kaum anzunehmen, daß diese Darstellungen nichts weiter sind als die Abbildungen eines Brauchgegenstandes. Ohne Zweifel ist an ein christliches Symbol zu denken (wie auch die Dreiblume, sonst häufig nur ein Schmuckmotiv, am Kreuz dieser Landschaft in religiöser Symbolik erscheint). Im älteren Brauch scheinen nach den Zeugnissen Blumenkränze vorzuherrschen, am Grabkreuz wird dagegen ein Blätterkranz (vielleicht „Lorbeerkranz") dargestellt — die Vorbilder sind in der Kunst zu suchen. — „Nach Grimm ist mit dem Totenkranz ursprünglich ‚Krone des ewigen Lebens' gemeint" (HDA a. a. O., Spalte 423), und es ist an das Schriftwort zu denken: „Sei getreu bis in den Tod, so werde ich dir die Krone (den Kranz) des Lebens geben" (Offenb. 2, 10). Bei dieser Deutung muß als bewußte sinnvolle Komposition am Grabkreuz angesehen werden, wenn der „Kranz des ewigen Lebens" zusammensteht mit dem Totengebein als Zeichen der Vergänglichkeit des Leibes (statt als Zeichen Adams), aber auch mit dem Jesusmonogramm oder dem Wundenbild, endlich manchmal mit der Hausmarke als Zeichen dessen, dem der Kranz zugedacht ist (vgl. die eingangs genannten Abbildungen). — Ganz selten erscheint der Kranz einmal nicht am Totenmal, so etwa an einem Kreuz in Spessart bei Kempenich, von 1753, mit großer vorkragender Mittelnische (je ein Kranz auf den Querbalken beiderseits der Nische); da die Nische christologisches Symbol ist (Kapitel V und öfter), beziehen sich die Kränze zweifellos auf den, der am Kreuz den Tod überwunden hat. Noch deutlicher zeigt sich dies an einem hohen Kreuz von 1739 im Schrumpfbachtal bei Metternich; hier steht der Kranz groß in der Kreuzmitte und umgibt das Jesusmonogramm mit den Kreuznägeln, darunter die Worte „EX AMORE MORTVVS": Im Tod aus Liebe wurde der Kranz des Lebens errungen.

[40] Neben der Darstellung von Schädel und Knochen zu Füßen des Kruzifixus (Abb. 72, 99, 116 f., 345, 375, 386, 400 f., 403 f., 406, 425, 453) zeigt sich am Mal aus Basaltlava das Motiv häufig als selbständiges Bild ohne den Gekreuzigten, so am Fuß des Nischenmals (176, 252; 75 am Mal mit bekrönendem Kruzifix), am Kreuz ohne Korpus (220), auf dem Grab- oder Unglückskreuz (198, 273, 276, 312, 320, 325), hier manchmal auffällig groß (204, 317) und öfter unter dem Totenkranz oder von diesem umrahmt (197, 306—308, 443; vgl. vor. Anm.). Auf einem der Grabkreuze mit Korpus steht auf dem Schädel ein Stundenglas (116). Bei dem Sakramentsmal von Hain, einem der vier Zissener „Segensteine" (176), kann man möglicherweise das Motiv am Sockel auf die Inschrift „O Mensch, bedenk das End . . ." (Is. 8) beziehen; weiter ist beim Nischenmal von Galenberg (252) vielleicht zu berücksichtigen, daß dieses außer zu Gottes Ehr auch einem Toten „zum Gedächtnis" gestiftet wurde (Is. 100).

[41] Beide Kreuze aus der Werkstatt L (Abb. 400 f.). Die Schlange ist in der christlichen Kunst eines der geläufigen Teufelssymbole (Künstle a. a. O., S. 254 f.), erscheint „menschenköpfig" (S. 259) und wird „am Fuße des Kreuzes" dargestellt (S. 453). — Ein Schädel mit gekreuzten Knochen und einer Schlange findet sich auch an einem Mal von 1662 bei Nickenich (an der Straße Kruft — Ander-

nach), jedoch nicht zu Füßen des Kruzifixus, sondern am Kreuzschaft unmittelbar über dem Sockel. Anders als an den zuvor genannten Kreuzen ringelt sich das Tier durch den Schädel hindurch. Hier handelt es sich nicht um die Paradiesschlange; Schädel und Schlange sind ein Zeichen der Vergänglichkeit des Leibes, der Verwesung (vgl. die folg. Anm. und bei Anm. 51—54). Das nicht mehr verstandene Bild hat die Phantasie der Einheimischen beschäftigt; man spricht vom „Schlangenkreuz", und es wird zur Erklärung erzählt, an dieser Stelle habe man einen Toten gefunden, dem eine Schlange am Ohr ein- und am Auge herausgekrochen sei.

42 In Niedermendig mit Kruzifixus wohl des 16. Jahrhunderts (Druckfahnen zu KD Mayen II) an erneuertem Kreuz (Abb. 309); aus dieser Zeit dürfte auch der Sockel stammen (310). Die Sockel in Bruchhausen (311) und Oberwesel (dieser einfacher gearbeitet, vor allem fehlen das Tier auf der Ecke und das Symbol auf der Frontseite) jeweils mit neuen Kreuzen; zweifellos stammen beide ebenfalls aus Mendig, und vermutlich sind es Nachbildungen des dortigen, auf den sich die weitere Beschreibung bezieht. — Eine Untersuchung zu einem der Denkmäler liegt nicht vor; zum Teil werden diese nicht einmal genannt (Niedermendig bei Schug; Bruchhausen in KD Neuwied). Zu den wenigen kurzen Beschreibungen vgl. die Erwähnungen in den folg. Anmerkungen. — Eine ikonographische Parallele, jedoch in Größe und einheitlicher Gestaltung nicht mit den genannten Stücken vergleichbar, findet sich am Sockel eines Wegkreuzes von 1636 bei Unkel, der „eine felsenartig behauene Oberfläche hat und an den Ecken Totenköpfe aufweist, ähnlich dem Bruchhausener Friedhofskreuz" (Rheinische Friedhöfe, 3, Spalte 176; „Schröterkreuz"). Ein dem Unkeler vergleichbares Stück ist weiter der Sockel des Kreuzes in der Kapelle auf dem Friedhof der ehem. Klosterkirche von Sayn (für freundlichen Hinweis danke ich Herrn F. H. Kemp, Unkel). Schädel oder Knochen mit Getier, meist schlangenförmig, zeigen sich gelegentlich auch sonst am Sockel eines Mals, so bei Nickenich (vgl. vor. Anm.) oder an einem schon öfter genannten Nischenmal bei Klotten (Detail Abb. 186), wo man nach KD Cochem „auf dem Felssockel Knochen Adams von der Schlange umwunden" sieht (II, S. 546).

43 „Calvaria" und „Golgatha" bedeutet „Schädelstätte"; zwar heißt es, „der Name rührt von dem schädelförmigen Felsen her, nicht von herumliegenden Schädeln Hingerichteter" (LThK, V, Spalte 759), doch herrschte über Jahrhunderte hin wohl allgemein die Vorstellung vom Ort der Schädel und Gebeine, wozu auch die Adamslegende paßt.

44 Die dargestellten Felswände gleichen übrigens sichtlich denen im heimischen Basaltlava-Steinbruch mit den anstehenden und durch Querspaltung „geköpften" Schienen.

45 LThK a. a. O.; die dort angegebene Größe des Orginals von „5 cbm" entspricht ungefähr auch der Größe der drei genannten Felsquader aus Basaltlava.

46 Die Nägel keilförmig ohne Kopf (wie z. B. Abb. 304), stark erhaben gearbeitet; sie stehen mit der Spitze nach unten, jedoch nicht in der sonst üblichen konischen Anordnung, sondern senkrecht.

47 So Druckfahnen a. a. O. zur Darstellung in Niedermendig. Außer dem gleichen Bild am Sockel von Bruchhausen ist mir eine Parallele dieser Form nicht bekannt. Man wird der angegebenen Deutung aber im Blick darauf zustimmen können, daß gerade die Palme bei der stilisierten Darstellung des Paradiesbaumes — in der Gedankenverbindung zum Kreuz Christi — eine bedeutende Rolle gespielt hat (vgl. Bauerreiß, S. 7 ff.).

48 „Darüber die drei Nägel Christi" (Druckfahnen a. a. O.); „ein dreizehnzackiges palmartiges Blatt mit drei Nägeln oder nelkenähnlichen Früchten" (Rh. Friedhöfe, 3, Spalte 26; zur Darstellung in Bruchhausen). — Der Abschluß der Stengel erscheint wie ein Fruchtknoten mit herabhängenden Kelchblättern; jedenfalls scheint der vegatabile Charakter eindeutig und ein Nagel mit so gestaltetem Kopf nicht denkbar. Zudem finden sich die Kreuznägel, wie gesagt, bereits auf der Rückseite. Man muß annehmen, daß die Stengel zu dem Blattgebilde gehören, aus ihm hervorwachsen. Es ist an die übliche dreiteilige Gestalt des Paradies- oder Lebensbaumsymbols zu denken, wo sich drei Blätter („Lilie"), aber gelegentlich auch Rispen oder Stengel finden (vgl. Bauerreiß — der auch von der „Lebensblume" spricht —, Abbildungen S. 47 und andere). Nicht abwegig ist aber auch ein Vergleich mit der Dreiblume, die am späteren Basaltlavakreuz als Symbol im Zusammenhang von Passion und Kreuz erscheint (vgl. bei Anm. 7), ja vielleicht zeigt sich hier das bisher noch fehlende Zwischenglied — die drei Blütenstengel, die später aus dem Herzen Jesu hervorwachsen oder endlich aus der Vase aufsteigen, noch an einem Paradiesbaumbild früher Gestalt.

49 Möglicherweise als „Kürzel", pars pro toto der die Vorderseite beherrschenden Darstellung, und dann wohl bewußt den Kreuznägeln gegenübergestellt im gedanklichen Zusammenhang des Paradiesbaumes mit dem Symbol des Kreuzes.

50 Der „geflügelte Löwe" ist bekanntes Symbol des Evangelisten Markus. Daran zu denken, verbietet aber schon die Art der Darstellung, abgesehen davon, daß es sich hier um Drachenflügel handelt. Dagegen ist zu berücksichtigen, daß sowohl Löwe wie

auch Drache (vgl. VI, Anm. 92) geläufige Teufelssymbole sind (vgl. Künstle a. a. O., S. 126 ff., 255); beide werden in einem christologisch interpretierten Psalm sogar nebeneinander genannt („Auf Löwen und Drachen wirst du treten"; Ps. 91,13). Vielleicht sind am Kreuzsockel Merkmale beider Symboltiere in einer Gestalt zusammengefaßt. Auf die Darstellung des Bösen weist noch ein weiteres Merkmal unserer Figur: Nach den Bibelstellen Ps. 22, 21 („Errette mich aus dem Rachen des Löwen") und 1. Petr. 5, 8 („ . . . geht umher wie ein brüllender Löwe und sucht, wen er verschlinge") erscheint der Löwe an Kirchenportalen „mit einem geraubten kleineren Tier oder mit einem überwältigten Menschen im Rachen" (Heinz-Mohr, S. 192). Auch am Basaltlava-Kreuzsockel hat das Tier eine Beute im Maul, und geduckt hinter einer Deckung herschleichend scheint es auf weitere Opfer zu lauern. Auch P. Frowin Oslender OSB, Maria Laach, erfahren durch Forschungen zur mittelalterlichen Buchmalerei, spricht von „Symbolen des Bösen und des Todes" am Kreuzsockel von Niedermendig (Schrift „St. Cyriakus, Mendig", o. Ort u. Jahr, S. 54); mit dem ersten kann nur die Tiergestalt gemeint sein, die aber weder hier (vgl. auch S. 2 der Schrift) noch in den Druckfahnen a. a. O. genannt wird.

51 Hier ist selbstverständlich nicht an den Schädel Adams zu denken; abgesehen von der mehrfachen Darstellung zeigt dies auch der Zusammenhang mit dem übrigen Gebein und mit dem Getier.

52 Keine Schlangen, wie man zunächst annehmen möchte; es ist kein Kopf zu erkennen (besonders deutlich bei dem sich schlängelnden Tier auf der oberen Fläche mit zwei spitzen Enden).

53 Eindeutig Friedhofsmäler in Niedermendig und in Bruchhausen; in Oberwesel ist mir der ursprüngliche Standort nicht bekannt. Als *Memento mori* kann das Motiv gelegentlich am Wegkreuz erscheinen (Anm. 42), in Sayn jedoch wieder auf dem Friedhof, in Klotten am Mal vor einer Pestkapelle (vgl. VIII, Anm. 55).

54 „Ursprünglich war der Totentanz nicht Tanz des Todes, sondern Tanz der Toten. Und er hat nicht nur öfter den Friedhof geschmückt, seine Keimzelle ist der Friedhof selbst", und dahinter steht „der wohl uralte Glaube . . . , daß nachts die Toten aus dem Grabe steigen und auf dem Friedhof einen Reigen aufführen, daß sie versuchen, die Lebenden in ihren Tanz hineinzuziehen" (Derwein, S. 48 f., mit zahlreichen Beispielen für Totentanzbilder „an Friedhofsmauern, an Beinhäusern, in Friedhofskapellen"). Am Friedhofs-Kreuzsockel von Niedermendig verbindet sich die Darstellung der „Schädelstätte" unter dem Kreuz Christi (vgl. Anm. 43) mit dem im Spät- und Nachmittelalter so intensiv und realistisch erlebten Gedanken an die Hinfälligkeit des Leibes (vgl. Huizinga, S. 190—208), der im Grab ein Fraß der Würmer wird (a. a. O. S. 193) und „aus dem etwa Schlangen, Kröten und anderes Getier kriechen — in ihrem brutalen Naturalismus eine wahrhaft schaurige Verkörperung des Todesgedankens" (Derwein a. a. O.). Mit dem Wort *makaber,* das erst aus „la danse macabre" als Adjektiv abstrahiert wurde, kann man „geradezu die gesamte spätmittelalterliche Vision des Todes bezeichnen" (Huizinga, S. 199). Volkstümliche Darstellungen (vgl. Kriss-Rettenbeck, Bilder und Zeichen, S. 49 ff.) zeigen den Gedanken noch bis zum Ende des 19. Jahrhunderts; bekannt sind etwa die Faltbilder mit einem Paar in blühendem Alter und aufwendiger Kleidung; aufgeklappt sieht man die unteren Körperhälften als Gerippe zwischen Gräbern und liest etwa: „Hier siehst du, was du bist — nichts als der Würmer Speise." Genau das ist auch am Friedhofsmal von Mendig ausgedrückt. Und wie auf dem Faltblatt, um angesichts des Todes vor dem Teufel zu warnen, weiter ein Höllenbild erscheint, so in Mendig das lauernde Tier mit der Beute im Maul.

55 Vgl. VI, bei Anm. 78—80. Das Vertrauen von Menschen in Not und Hilfsbedürftigkeit gerade zu diesem Zeichen zeigt sich eindrucksvoll zum Beispiel im Verlies der Mayener Burg, wo es von Gefangenen immer wieder in den Putz gekratzt worden ist, mehrfach auch in der Kurzform als H mit Kreuz; weiter findet sich wiederholt der Titulus INRI (eingeritzte Jahreszahlen 1627, 1689).

56 Bei der eigenartigen Figur von 1540 (Abb. 330; vgl. bei Anm. 67) ist fraglich, ob an eine marianische Darstellung zu denken ist. Es zeigt sich keine Verbindung von ihr zu dem erst über hundert Jahre später zunächst sporadisch auftretenden Bild Mariens am Basaltlavakreuz. Als Beispiel sei zunächst ein Mal von 1688 bei Niederlützingen genannt, das BERNAD NONN und S. HF. CATRINA gestiftet haben; am Schaft unter dem hohen Kreuzteil (mit kleinem Korpus aus Gußeisen, vielleicht ursprünglich mit größerem aus Holz) eine plastisch stark hervortretende Pieta und darüber ein ebensoweit vorstehendes halbrundes Schutzdach — das Ganze aus dem Stein des Schaftes herausgehauen, aber es wirkt wie die Nachbildung einer separat angebrachten Figur mit Wetterdach. Aus dem 17. Jahrhundert wurden weiter bereits zwei Grabkreuze mit Muttergottes und Kind genannt, aus gleicher Werkstatt, doch das eine davon im Kölner Raum (vgl. II, Anm. 63). Zu den relativ frühen Stücken gehört auch das Kreuz von 1689 mit der Darstellung des Koblenzer Gnadenbildes Mariahilf (Abb. 217; vgl. VIII, Anm. 69). Ab 1700 etwa beginnt die starke Verbreitung des Marienbildes am Basaltlavakreuz. Vgl. im ganzen Abb. 105 f., 166, 217, 219, 319—329, 395 f., 407—411.

[57] Vgl. Anm. 21, mit Verweisung. Am hohen Kreuz zeigt sich das Bild oft in einer rund abgeschlossenen Nische im Schnittpunkt der Kreuzbalken (Abb. 106, 321 f., 328 f.), und zwar — durchaus bemerkenswert — stets als Pieta, deren Darstellung zum Zyklus der Kreuzabnahme gehört (Vesperbilder); vor allem deshalb ist der Platz in der Kreuzmitte gerechtfertigt (nur beim niedrigen Grabkreuz finden sich auch andere Marienbilder in der Mitte; 320 u. a.). Wie beim Kreuz mit Korpus ohnehin gegeben, rückt das Marienbild auch bei einer anderen christologischen Darstellung (Ölberg) an die untere Stelle (166, 395 f.; Detail 323 am Schaft eines Kreuzes mit Kruzifixus). Die durchweg übliche Beachtung der theologisch begründeten „Rangordnung" gilt selbstverständlich auch für die Bilder anderer Heiliger (vgl. Anm. 68).

[58] Vgl. V, bei Anm. 1—8. Selbst bei dem Mal mit dem am Schaft ausgehauenen *Salve Regina,* dem sogenannten Golokreuz von 1472 (Abb. 149 ff.), ist dies nicht anzunehmen; es hat „seine Entstehung den ehedem bedeutsamen Wallfahrten nach Frauenkirch zu danken" (Druckfahnen zu KD Mayen II), die nachweislich sakramentale Prozessionen waren (vgl. Kapitel IV und V).

[59] Vgl. auch Anm. 57. — Es ist anzumerken, daß auch allgemein die Darstellung der Schmerzensmutter als Skulptur außerordentlich verbreitet und beim Volk beliebt ist.

[60] Künstle meint: „Das Bild der Schmerzhaften Mutter hat künstlerisch nicht gewonnen dadurch, daß man etwa seit 1450 begann, ihre Brust von sieben Schwertern durchbohren zu lassen", dem Symbol der Sieben Schmerzen; „. . . sieben große, häßliche Schwerter in das Herz der Gottesmutter zu stecken, war und ist eine Geschmacklosigkeit" (S. 642 f.). Das Volk will aber und braucht den drastischen Hinweis; wie bei den Kreuznägeln ist die Empfindung bei der Vorstellung des Durchbohrens zu berücksichtigen (vgl. VI, Anm. 85). Übrigens sind die mehr zeichenhaften als realistischen Darstellungen aus den Basaltlavawerkstätten (Abb. 219, 323, 407—411) in keinem Fall geschmacklos. Auf Grabkreuzen aus der Werkstatt A finden sich die Schmerzensschwerter Mariens auch als selbständiges Symbol, und zwar über dem Herzen Jesu mit der Lanzenwunde (Abb. 237, 412).

[61] Vgl. VIII, Anm. 69.

[62] Die eingehauenen Worte MATER DOLOROSA (Abb. 219, 407 f., 410 f.) sind als Anruf zu verstehen; es ist nicht ohne Bedeutung, daß sie, bei der Werkstatt A, auf dem Kreuztitel-Schild stehen (vgl. VIII, Anm. 70). — An dem hohen Kreuz auf dem Friedhof von Niedermendig, mit Kruzifixus auf der Vorderseite, ist rückwärts auf den Kreuzbalken außer St. Barbara die Madonna mit den Sieben Schwertern und den Worten MATER DOLOROSA ausgehauen (vgl. IX, Anm. 71 zu Is. 131).

[63] Maria und das Kind mit Krone; den Abschluß des Rosenkranzes bildet unten statt des Kreuzes der Schädel Adams mit den beiden Knochen (Abb. 320). — Ein im Prinzip gleiches, aber in der Darstellung reicheres Bild findet sich auf einem Steinkreuz bei Ringen mit den Jahreszahlen 1725 und 1728 (KD Ahrweiler, S. 583; nicht Basalt, wie dort angegeben, sondern wohl Trachyt); Maria und Kind, vom Strahlenkranz umgeben, mit Krone; Maria mit Zepter, das Kind mit Weltkugel und großem abgeschlagenem Türkenkopf, den es mit der äußeren Hand am Haarschopf hält; Maria steht auf dem am Boden liegenden Türken ohne Kopf (zu den letztgenannten Darstellungen vgl. z. B. Georg Schreiber, Das Türkenmotiv . . ., in: Volk und Volkstum, Bd. 3, München 1938, S. 9—54); das genannte Motiv war volkstümlich vielfach mit dem Rosenkranzmotiv verbunden, denn die siegreiche Abwehr der Türken wurde entscheidend der Hilfe der Muttergottes aufgrund des Rosenkranzgebetes zugeschrieben.

[64] Auch hier (Abb. 319) Maria mit Zepter, das groß dargestellte Kind mit Weltkugel; möglicherweise ist das Oval um das Figurenbild ebenfalls als Andeutung des Rosenkranzes anzusehen (vgl. entsprechende Darstellungen in der kirchlichen Kunst); darunter Ständer mit Knauf und Fuß (eine Säule unter dem eingefaßten Marienbild auch auf dem Kreuz Abb. 325).

[65] Außer den vorigen (Abb. 319 f.) wurden Anm. 56 als Kreuze mit dieser Darstellung schon genannt das Mariahilf-Kreuz von 1689 (217) sowie zwei weitere Stücke des 17. Jahrhunderts aus einer Werkstatt (Grabkreuze in Hürth/Köln 1666 und in Kell 1688; von dieser Werkstatt übrigens auch das Grabkreuz mit Kruzifixus Abb. 94, ebenfalls in Kell und von 1688). Zuletzt sei noch ein Kreuz in Ochtendung vom Jahre 1722 mit dieser Mariendarstellung erwähnt, auch hier Maria mit Krone und Zepter, das Kind mit der Kugel (1975 war das Kreuz in der Nähe der Pfarrkirche abgestellt). Auf einem Grabkreuz von 1792 in Kelberg Maria ohne Kind (Immakulata-Typ, Abb. 105; mit Farbfassung).

[66] Nicht zufällig (Anm. 57, 68) ist das Bild der Flucht die untere und kleinere Darstellung gegenüber der Ölbergszene, die zur Passion gehört (Abb. 74). — Die Heilige Familie wird volkstümlich gern dargestellt wie hier (336) oder auch am Tisch sitzend (so in Kolverath bei Kelberg, gemalt im Antependium). Beide Bilder wirken wie eine Idylle, doch steht mehr dahinter; „entsprechend dem festen Glauben, daß der täglich andächtig ausgestoßene Stoßseufzer ‚Jesus, Maria und Joseph' einen seligen Tod wahrscheinlich macht, erscheinen auch Darstellungen der heiligen Familie mit dem

jugendlichen Jesusknaben auf Gebetszetteln" (Kriss-Rettenbeck, Bilder und Zeichen, S. 56; vgl. oben VI, Anm. 90). Die Figuren am Wegkreuz von Wehr sind eine in Stein gehauene Anrufung des Stifters und erinnern zugleich die Vorübergehenden an das Stoßgebet.

[67] Nach KD Mayen I „Grabkreuz aus Basalt mit Relief einer betenden Frau über gotischer Konsole" (S. 445). Aufgrund dieser Konsole möchte man glauben, daß es sich um die Kopie einer bestimmten Figur aus einer Kirche handelt.

[68] Vgl. VI, bei Anm. 90—92 (auch zur Schutz- und Bannkraft des Heiligen- und überhaupt des religiösen Bildes, weiter der diesbezüglichen Symbole, Monogramme, Anrufungen, Gebets- und Segenformeln). Dieselbe mächtige Schutzwirkung wie ein Bild des hl. Antonius des Eremiten — etwa auf den verbreiteten Pestblättern — hat auch sein Attribut und Symbol, der T-Kreuzstab (Abb. 153, als Bekrönung eines Sakramentsmals von 1473; das Zeichen ist auch in Verbindung mit dem Thau-Kreuz zu sehen, vgl. im ganzen VI, bei Anm. 67—69, weiter VIII, Anm. 56). An einem anderen Sakramentsmal steht statt einer Darstellung der hl. Margareta das Symbol des Drachen-Attributs (186). Das Bild des hl. Antonius von Padua (331, 393 f.; jeweils mit dem Jesusknaben und Lilie, merkwürdig in einem Fall auch mit Krone) hat besondere Kraft in Verbindung mit dem ihm zugeschriebenen Segen (die dämonenschrekkenden Worte „Ecce crucem Domini, fugite partes adversae" aus dem Antoniussegen standen auf einem jetzt verlorenen Steinkreuz in Remagen a. Rh.; vgl. VI, Anm. 24). Als Patrone naher Kirchen sind der hl. Johannes der Täufer (im Symbol des Hauptes auf der Schale) und St. Georg dargestellt (332 f.). Der besondere Bezug eines Bildes vom hl. Andreas (334), am Schaft eines Kreuzes mit kleiner Mittelnische, ist nicht bekannt. Auf dem Grabkreuz für einen Schäfer findet man den Berufspatron St. Wendelin mit Schaf und Schippe (335); gelegentlich dürfte wohl auch der Namenspatron eines Stifters erscheinen. — Das Heiligenbild ist beim hohen Kreuz in der Regel am Schaft angebracht (426 u. a.). Eine „Rangordnung" zeigt sich wieder (vgl. Anm. 57, 66), wenn dies wie in Polch (333) selbst am Kreuz ohne Korpus der Fall ist: Obwohl die Nische leer ist, nimmt sie den bedeutenderen Platz ein — als christologisches Symbol aufgrund ihrer alten sakramentalen Funktion. Am niedrigen Grabkreuz kann das Heiligenbild in der Mitte stehen (335), ohnehin ist es dort selten. Zuweilen findet man auch beim hohen Stifterkreuz die Regel durchbrochen, so an dem Mal von 1790 bei Mertloch/Einig mit „WENDELENVS" am Schaft und dem Relief dieses Heiligen in einer Nische im Mittelpunkt der Kreuzbalken (wo sich sonst das Verperbild findet).

[69] Abb. 426. — Vgl. VIII, Anm. 68.

[70] Abb. 70, 72, 76 f., 101; 116 f. (über dem Auge Gottes in einer Wolke); 334, 375, 400, 402, 408; 419—424 und 441 (als beliebtes Motiv der Werkstatt O). Gelegentlich sieht man einen Engel oder ein Engelpaar als Schildhalter für die Hausmarke (211, 234, 340 f.); hier dürfte durchaus die Idee des Schutzengels zugrunde liegen (vgl. bei Anm. 72).

[71] Abb. 96 f. (ein bemerkenswertes Einzelstück) und 400. Dagegen ist etwa die Traube unter der Expositionsnische für das Allerheiligste, wenn auch ornamental gestaltet, ein eucharistisches Symbol (75). Für das Motiv des Blütensprosses, auch in der Vase (272—279, 413 f. u. a.), konnte am Basaltlavamal die Bedeutung als christologisches Symbol nachgewiesen werden (387, 389, 390 unter dem Kruzifixus). Das schließt eine mehr oder weniger ornamentale Verwendung nicht aus, doch zeigt sich diese ja auch bei anderen Symbolen. Selbst wo nicht mehr die Dreiblume, sondern das „Bouquet" in der Vase erscheint (423, an einem Friedhofskreuz), ist der Symbolbezug noch durch das IHS darüber angedeutet.

[72] Vgl. VI, Anm. 90, am Ende. Das Motiv (Abb. 232) erscheint merkwürdig, weil in der Nische des vom alten Schöpflöffel hergeleiteten Mals sonst nur eine christologische Darstellung üblich ist (vgl. oben). Offensichtlich wurde das Bild angeregt durch die aufblühende Schutzengelverehrung der Zeit und die kirchliche Einführung des entsprechenden Festes wenige Jahre zuvor.

[73] Vgl. VI, bei Anm. 108—116. Der Drudenfuß erscheint auch als Hausmarke (Abb. 248 f.), ebenso die auf ihn zurückgehenden Zeichen wie etwa das A mit nach unten geknicktem Querbalken und auffällig großem Überstrich (180).

[74] Vgl. VI, bei Anm. 117—122. Nicht selten erscheinen Drudenfuß und Sechsstern als Schutzzeichen zusammen mit christlichen Symbolen wie Kreuz (Abb. 182), IHS, Herz Jesu und Kreuznägeln, in unserem Raum auch als Ritzungen an Mälern aus dem weicheren Tuffstein (vgl. 181).

[75] Abb. 183 ff. — Vgl. VI, bei Anm. 97—107.

XII. WERKSTÄTTEN UND MEISTER

Schon die Bedeutung der Steinkreuze als Denkmäler landschaftlicher Volkskunst ist Anlaß genug für die Frage nach ihrer Entstehung und ihren Schöpfern, womöglich nach dem Gesamtwerk der Meister. Die Untersuchungen im Basaltlavaraum ergaben, daß Kreuze in einem nicht vermuteten Ausmaß – und auch häufiger als gewöhnlich in Kreuz- oder Bildstocklandschaften – bestimmten Werkstätten zugeordnet werden können.
337–436 Eine Übersicht im Bildteil zeigt zusammengehörige
Werkstücke im Vergleich – aufgeschlüsselt in einem
Verzeichnis, das auch noch weitere Stücke enthält; für
342–367 zwei Werkstätten, mit jeweils über fünfzig Kreuzen, ist
ein chronologischer Katalog zusammengestellt.[1]
Außer diesen aufgeführten Mälern, im ganzen 291 aus
94, 116 f. sechzehn Werkstätten, wurden nicht wenige weitere fest-
142–153 gestellt, die hier oder auch in andere Zusammenhänge
einzuordnen sind.[2]

Auf die Ähnlichkeit mancher Kreuze hat man gelegentlich hingewiesen, doch gibt es bisher keine systematische Vorarbeit zu einer Werkstattforschung.[3] Freilich konnte erst die Untersuchung und fotografische Erfassung ungezählter Denkmäler im gesamten Verbreitungsgebiet einen Befund ans Licht bringen, wie er hier vorgelegt wird.[4] Er ist ein Anfang und notwendig unvollkommen, er mag aber Anregung und Grundlage für eine weitere Erforschung sein.

Die jeweils zusammengestellten Kreuze sind Stücke gemeinsamer Herkunft, man darf von einer „Werkstatt" sprechen. Namentlich ist diese bisher in keinem Fall bekannt.[5] Da wir die Werkstätten aber bezeichnen müssen, versehen wir sie mit einem vorläufigen Etikett; hierzu wurden Buchstaben ohne bestimmte Bedeutung und absichtlich in beliebiger Reihenfolge gewählt.[6]

Zweifellos sind die Kreuze einer Werkstatt in der Regel
auch Stücke aus derselben Hand, Stücke also eines be-
stimmten „Meisters". Der Zeitraum, in dem sie erschei-
nen, überschreitet nicht die Schaffenszeit eines Men-
schenalters.[7] Meist ist die „Handschrift" erkennbar, auf 69–72
den ersten Blick oder doch beim näheren Studium. 106, 215
Manchmal weisen aber auch scheinbar unbedeutende 228, 231
Merkmale, die sich erst im subtilen Vergleich erschlie- 234–236
ßen, auf die Zugehörigkeit, selbst dann, wenn etwa der 276 f., 301
Korpus von einer anderen Hand stammt.[8]

Ursprünglich – und zum Teil noch bis ins frühe 17.
Jahrhundert – waren Nischenmäler und Kreuze nicht
vornehmlich Produkte von Spezialwerkstätten, sondern
eher gelegentliche Fertigungen neben einer Produktion
anderer Art. Hierzu, wie überhaupt zur Arbeit im Bruch-
gebiet, zu den „Steinhauern", aber auch den „Kreuz-
machern", ihren Erzeugnissen und deren Verbreitung, 108–130
wurde schon an anderer Stelle gehandelt.[9]

337–339 Auch die drei Kreuze von H, in der Zeitstellung um 1603
noch isoliert, sind offensichtlich Arbeiten eines Stein-
hauers, die nebenher entstanden. Weiter ist das Grab-
kreuz der Werkstatt G sicher als Einzelstück seiner Art
340 neben der Fertigung von Grabplatten und wohl auch
341 anderer Werkstücke anzusehen. Die nur gelegentliche
Herstellung von Steinkreuzen findet sich, wie es scheint,
aber auch weiterhin zu jeder Zeit neben der Produktion
in speziellen Kreuzwerkstätten; ein Beispiel dürften die
377 f. beiden Belege von K [10] sein.[11]

Andererseits haben zweifellos auch die eigentlichen
Kreuzmacher Aufträge abweichender Art gern angenom-
409 men; im Bild zeigen wir eine Reliefplatte vom Meister
420 der Werkstatt A, einen Portalsturz, der vom Meister O
stammt. In der Werkstatt von M sind, nachweisbar an
typischen Ornamenten, bürgerliche Grabplatten gehauen
worden, die sich etwa in Monreal finden.[12]

83, 102 Vielfach werden Grabkreuze wichtige oder sogar vor-
rangige Produkte gewesen sein. Für sie gab es – ein-
127–129 deutig über Zwischenhandel – auch einen beachtlichen
Absatz im Kölner Raum.[13] Beim Grabkreuz ist die Hand
95, 99 f. eines bestimmten Meisters nur im Einzelfall ohne weite-
276 f., 385 f. res erkennbar.[14] Wir bilden unter anderem Stücke aus
429 f., 436 den Werkstätten R, P und T ab.[15] Dagegen ist A eine
spezielle Grabkreuzwerkstatt, von der keine hohen
403–416 Kreuze bekannt sind.

Die große Zeit der Kreuzwerkstätten, nicht mehr unter-
brochen bis zum 19. Jahrhundert, beginnt fast schlag-
artig um 1630 mit den Werkstätten M und E, die gleich-
342–356 zeitig tätig sind, beide länger als vier Jahrzehnte. M
muß als Mayener Werkstatt angesehen werden [16], die
357–367 Werkstatt E hat mit großer Wahrscheinlichkeit in Mendig
gewirkt.[17] Von beiden zusammen wurden über hundert
Denkmäler entdeckt.

Ab 1663 und 1664, während diese Werkstätten noch pro- 368–372
duzieren, erscheinen drei weitere, N, B und F. So arbei- 373–376
ten für einige Jahre fünf charakteristische Kreuzwerk- 379–384
stätten nebeneinander.[18] Aus der Hand von F stammen 294
unter anderem die bemerkenswerten Stücke von Hatzen- 296, 298
port/Mayen, Kaifenheim und Waldesch.[19]

Noch neben N und F hat dann die Werkstatt S [20] die 390–396
Steinkreuzfertigung aufgenommen, und bald danach wir-
ken gleichzeitig mit dieser wieder drei weitere, die Werk- 385–389
statt R, von der ein Kreuz im Niederrheinischen steht [21] 130
und die eine Reihe unverkennbarer Grabkreuze geschaf- 277
fen hat [22], die Werkstatt D, in der auch das Bonner Kreuz 397–399
gehauen wurde [23], und die Werkstatt O mit einer reichen, 462 ff.
mehr als vierzig Jahre währenden Produktion.[24] 417–424

Entgegen dem sonst durchgängigen Befund, daß die
Standorte der Werkstattkreuze in etwa konzentrisch um
Mayen/Mendig liegen, was auf den – ohnehin wahr-
scheinlichen – Sitz der Fertigungsstätten im Bruchge-
biet schließen läßt, finden sich die Kreuze der Werk-
stätten L und A, aus der ersten Hälfte des 18. Jahrhun- 400–416
derts, nur in einem gewissen Abstand westlich bis nord-
westlich davon, vor allem im Raum obere Ahr – Adenau
– Kelberg. Der bearbeitete Stein stammt aber wohl aus
den Basaltlavabrüchen von Mayen/Mendig, so daß die
Frage nach dem Sitz dieser Werkstätten problematisch
und noch ungeklärt ist.[25] L hat vornehmlich hohe Pro- 400–402
zessionskreuze mit Tabernakelnische für die Monstranz 77
geschaffen.[26] Die Grabkreuze von A, immer mit Beschrif- 403–416
tung auf der Rückseite [27], treten durch eine bemerkens- 272 ff.
werte Ikonographie hervor. 315

425–430 In der zweiten Hälfte des 17. Jahrhunderts zeigt die Werkstatt P über einen Zeitraum von fünfzig Jahren ein ent-
426 sprechend umfangreiches Werk [28], mit Stücken im Ahr-
427, 430 gebiet ebenso wie etwa im Maifeld- und Moselraum.[29]
Abschließend ist die Werkstatt T dargestellt, die um 1800
431–436 gearbeitet und unter anderem das Kreuz mit den zwei
290 Kruzifixi geschaffen hat, das in Sabershausen auf dem Hunsrück steht.[30]

Auch während des 19. Jahrhunderts und darüber hinaus erscheinen noch manche Denkmäler, die erkennbar aus bestimmten Werkstätten stammen. Auf die Bearbeitung
80 dieser Zeit mußte hier verzichtet werden. Die weitere Werkstattforschung sollte die jüngsten Zeugnisse aber nicht vernachlässigen, wenn man auch oft jene Originalität vermißt, die die Stücke der älteren Kreuzmachermeister ausgezeichnet hat.

ANMERKUNGEN

XII. WERKSTÄTTEN UND MEISTER

1 Übersicht über die Stücke der aufgeführten Werkstätten:

WERKSTATT H: Abb. 337—339. — 1603.

WERKSTATT G: Abb. 340, 341. Weitere Grabplatten Andernach 1615 (Museum), Kloster Maria Laach 1638. — 1615—1638.

WERKSTATT M: Abb. 342—356; ferner 212, 215, 231, 234—236. — Katalog: Hausen-Fraukirch 1629 (Abb. 212), Mayen-St.Jost 1631 (Abb. 231/353), Acht 1631 (Abb. 236; X, Anm. 45, 53, 57), Treis 1632, Mayen 1634 (Is. 136), Wanderath 1637, Wanderath 1638 (Abb. 348), Quiddelbach 1638 (Nürburgring; VIII, Anm. 41), Müden 1638 (Weinberge), Nürburg 1639 Abb. 345), Mayen-St.Jost 1645 (Abb. 215/356), Klotten 1646 (Is. 63), Miesenheim 1646, Miesenheim 1647, Saffig 1648, Miesenheim 164 ., Miesenheim 1650, Münstermaifeld 1651 (Abb. 342), Mörsdorf 1652 (Abb. 344), Kaisersesch 1652 (Abb. 354), Mayen 1653 (X, Anm. 58), Lehmen 1653, Kaifenheim 1654 (Abb. 347), Metternich 1657 (Abb. 349), Obermendig 1657 (X, Anm. 49), Klotten 1657, Auderath 1657, Klotten-Landkern 1658, Kelberg 1660 (Abb. 351), Niederelz 1660 (Abb. 355), Kelberg 1660 (X, Anm. 57), Wirfus 1660 (X, Anm. 57), Gierschnach 1663, Mörz 1664 (Abb. 352), Wanderath 1665 (XI, Anm. 15), Löf 1665/66, Cond 1666 (IX, Anm. 47), Gierschnach 1666 (X, Anm. 57), Düngenheim 1666 (Grabkreuz; Is. 37; X, Anm. 58), Münstermaifeld-Metternich 1667 (Oberteil gestohlen um 1974), Metternich 1668 (Abb. 343), Kapellen b. Koblenz 1668, Gering 1672 (Abb. 350), nicht datiert Mayen-St.Jost (Abb. 234; X, Anm. 53, 57), St.Jost (Mühlbach; X, Anm. 57), Thür (Abb. 235; X, Anm. 53, 57), Mayen-St.Jost („Görgens Kreuz" b. Kürrenberg; VII, Anm. 67), Bad Niederbreisig (Abb. 346), Gierschnach (XI, Anm. 15), Gierschnach (Brücke), Thür (Landstraße), Rengen (Kapelle), Karden (Garten Stiftskirche), Pommern (Moselstraße). — 54 Denkmäler 1629—1672.

WERKSTATT E: Abb. 357—367; ferner 69 f., 72, 209, 221, 228, 444. — Katalog: Niedermendig 1628 (Abb. 228), Bell 1631 (Abb. 72), Bell 1631, Kell 1637 (Abb. 69), Niedermendig 1638 (Abb. 359), Polch 1639 (Abb. 358), Niedermendig 1639 (Sammlung Michels; VII, Anm. 67), Fraukirch 1644 (Abb. 360/363), Eich 1646 (Abb. 365), Königsfeld 1646, Wassenach-Eich 1647 (Abb. 209), Waldorf 1647, Kruft 1647 (Privatbesitz F. Kopp), Kruft-Fraukirch 1648 (Abb. 70), Fraukirch 1648, Plaidt 1648, Kell 1649, Kretz 1650, Niedermendig 1651, Schloß Bürresheim 1652 (II, Anm. 58), Wierschem 1653 (Abb. 366), Obermendig 1653 (X, Anm. 36), Polch 1654 (I, Anm. 75), Rheinbreitbach 1654 (II, Anm. 58), Nickenich 1654, Trimbs 1655 (Abb. 364), Nickenich 1656 (Abb. 444), Obermendig 1658 (Abb. 361), Urmitz 1658 (Abb. 221), Bell 1658, Rieden 1659 (Is. 125; Kreuzteil um 1978/79 gestohlen), Königsfeld-Dedenbach 1659, Kruft-Fraukirch 1659, Fraukirch 1660, Morswiesen 1660, Niederzissen 1660, Niederzissen 1661 (Abb. 357), Fraukirch 1661, Plaidt 1662 (Abb. 367), Kruft 1662, Rieden 1663 (Is. 10), Ettringen 1663 (Is. 16), Glees 1664, Pillig 1665 (Abb. 362), Fraukirch 1665, Plaidt 1669, Obermendig 1669, Polch 1675 (Is. 73), nicht datiert Plaidt (Spritzenhaus), Burgbrohl (auf Schaft von 1747), Kloster Martental b. Kaisersesch, (Jz. erneuert 16„62"), Miesenheim (Burgerberg), Kretz (Hauswand), Wassenach (Kirche). — 54 Denkmäler 1628—1675.

WERKSTATT N: Abb. 368—372; ferner 454—457. Weitere Stücke Wassenach-Eich 1663 (gestohlen 1973; ähnlich Abb. 370), Horhausen 1690 (II, Anm. 57), Niedermendig 1692 (Kirche). — 1663—1692.

WERKSTATT B: Abb. 373—376. — 1663—1671.

WERKSTATT K: Abb. 377, 378. — 1669—1670.

WERKSTATT F: Abb. 379—384; ferner 1/165/298, 284, 294, 296. Weitere Stücke Burgbrohl 1676 (Is. 61), Moselweiß 1678, Ellenz 1678 („HIR IM WASSER VMBKOMEN"), Hatzenport 1679 (XI, bei

Anm. 16; Kreuz zu Abb. 294), Hambuch-Binningen 1681 (Assistenzfiguren um 1975 abgeschlagen und gestohlen), Breidscheid 1683 (83 später in „97" geändert). — 1664—1686.

WERKSTATT R: Abb. 385—389; ferner 99 f., 130, 161, 167, 276 f., 304. Weitere Stücke (G = Grabkreuz mit Dreiblume) Obermendig 1703, Roes 1705, Dreckenach 1706, Wehr-Glees 1709, Polch-Kaan 1712, Rieden 1712 (G), Rieden 1713 (G), Unkel 1714, Leutesdorf-Oberhammerstein 1715 (Is. 70), nicht datiert Burgbrohl (G; Rückseite 1670), Obermendig (G), Ochtendung (G; Rückseite 1667), Rieden (drei G). — 1696—1728.

WERKSTATT D: Abb. 397—399; ferner 462—464, 465. Weitere Stücke Wassenach 1684, Obermendig 168[6], Wassenach 1687, Volkesfeld 1690, Ochtendung 1699 (Waldorferhof), Niederoberweiler 1706, nicht datiert Rüber (im Ort), Thür-Fraukirch (am Bach). — 1682—1706.

WERKSTATT D: Abb. 397—399; ferner 462—464, 465. Weitere Stücke Dreckenach 1699, Andernach 1701 (Museum), Ochtendung 1701, Niederlützingen 1702. — 1696—1703.

WERKSTATT L: Abb. 400—402; ferner 77. Weitere Stücke Kesseling 1708, Honerath 1718, Kaltenborn 1720 (II, Anm. 10), Dümpelfeld 1721, Hönningen/Ahr 1722, Ahrbrück 1727, nicht datiert Walporzheim (im Ort). — 1708—1727.

WERKSTATT A: Abb. 403—416; ferner 219, 272—274, 315, 460. Weitere Grabkreuze in größerer Zahl Dümpelfeld, Reifferscheid, Schuld, vereinzelt Adenau (Kirche), Barweiler, Bodenbach (I, Anm. 68). — 1722—1748.

WERKSTATT O: Abb. 417—424; ferner 106, 293, 329, 441 (von 1696; im Bildteil ohne Jz.), 442. Weitere Stücke Kehrig 1690, Welcherath 1694 (KD Mayen I, Abb 57), Hausen 1699 (Kirche), Müden 1708, Kirchesch 1710, Rieden 1711 (Is. 122), Mertloch 1712, Mayen 1713 (Bachstraße; 1976 entfernt), Polch 1716, Düngenheim 1725 (Is. 11), Brück b. Welcherath 1733, nicht datiert Hambuch (Hauswand), Roes (Schwanenkirche), Welling (Kapelle). — 1690—1733.

WERKSTATT P: Abb. 425—430; ferner 95, 110 (II, Anm. 16). Weitere Stücke (G = Grabkreuz) Kerben 1745, Polch 1749, Dünfus 1754 (Is. 17), Gappenach 1754, Ramersbach 1754, Moselkern 1762 (Elztal), Klotten 1763 (G), Greimersburg 1766, Blasweiler 1772, Dümpelfeld 1774 (G), Münstermaifeld 1776 (G; Privatbesitz Maur), Virneburg 1777 (X, Anm. 39), Wiesemscheid 1788, nicht datiert Ernst (Kirche), Herschwiesen b. Buchholz, Nickenich (auf Schaft von 1664), Rodder, Valwig-Cond (mit Ritzung 1808), Weis-Sayn (G). — 1745—1796.

WERKSTATT T: Abb. 431—436; ferner 65, 290. Weitere Stücke Polch 1809 („Wetterkreuz"; VI, Anm. 13; um 1978/79 gestohlen), Klotten 1809. — 1784—1809.

2 Vgl. etwa Abb. 116 f. (dazu II, Anm. 53). Zu dem Grabkreuz Abb. 94 sind aus gleicher Werkstatt zwei weitere bekannt (vgl. II, Anm. 63 am Ende; XI, Anm. 65). Auch die vier Beligen-Mäler stammen wohl aus derselben Werkstatt (Kapital IV). Zugehörigkeiten ähnlicher Art fanden sich noch öfter. In der Aufstellung zu den Werkstätten sind namentlich die Listen zu O und P nur als exemplarisch anzusehen (vgl. unten); zu A sind keine weiteren Einzelstücke, sondern nur deren Belegorte genannt. — Nicht alle in das Werkstattverzeichnis aufgenommenen Kreuze sind vollständig erhalten oder unbeschädigt. Öfter fehlt der untere Teil des Schaftes (z. B. von M in Thür, Karden, Pommern und viele andere; manchmal vielleicht Grabkreuz, vgl. Anm. 15). Gelegentlich sitzt das Kreuz auf einem fremden Schaft (E Burgbrohl, P Nickenich, S Langenfeld Abb. 395) oder ein fremdes Kreuz auf einem Schaft aus der Werkstatt (M Thür Abb. 235). Bei den als „nicht datiert" bezeichneten Stücken geht das Fehlen der Jahreszahl oft auf die Beschädigung zurück.

3 Von den Ausführungen des Vf. zum Befund der Werkstatt E (Müller-Veltin, Kreuze, 1972) ist abzusehen, da sie mit den hier vorgelegten Untersuchungen in Verbindung stehen. — In einem ungedruckten Text „Zwei ausgeprägte Wegkreuzformen im Mayener Raum" hat kürzlich Meyer, Trier, auf die Kreuztypen von M und E aufmerksam gemacht, jedoch ohne eine Zusammenstellung von Stücken (Wegkreuze und Bildstöcke, Kreis Mayen, Bd. 1; datiert 1964, ausgeliefert ab Januar 1974). Beim Typ M spricht Meyer vom „Mayener Corpus", in Bd. 4 aber auch vom „Münstermaifelder Corpus"; im vorher zusammengestellten Teil „Kreis Cochem", in der gleichen Reihe, erwähnt Meyer zum Typ von M „die Kreuze mit dem seltsamen Corpus, die sowohl in Mörsdorf, in Cochem, Clotten u. Cond festgestellt werden; man könnte sie die Münstermaifelder Kreuze nennen" (Bd. 1). — Weiter hat Meyer a.a.O. auf fünf untereinander sehr ähnliche Kreuze aus Basaltlava in Mörsdorf hingewiesen (mit Korpus, Dreipaßenden, Konsole; drei datiert 1760, 1766); „weil nirgends in der Umgebung solche Kreuzformen festgestellt werden können, kann mit großer Sicherheit gesagt werden, daß diese Kreuze im Ort selbst gefertigt wurden" (?).

4 Die Fotografie war hier Voraussetzung und wichtigstes Hilfsmittel. Sie ist dies aber auch überhaupt bei der Erforschung der Kleindenkmale (nicht nur weil die Standorte weit zerstreut und die

Stücke vielfach schwer aufzufinden sind). Die in unserem Raum noch anstehende Inventarisation ist nicht ohne das Foto denkbar; vgl. auch XIII, Denkmalpflege.

[5] Vgl. jedoch unten zu der Mayener Werkstatt M; auch von E sowie von O ist zu vermuten, wo sie ihren Sitz hatten. — Als Bildhauer bestimmter Kreuze kennt man mit Namen 1735 Antonius Schmitz aus Niedermendig, der ein hohes und kunstreich gearbeitetes Prozessionskreuz „für das Bürgergeld" hergestellt und errichtet hat (II, Anm. 43; Is. 131), und 1827 den Steinhauermeister Peter Wolf aus Obermendig, der das Kreuz Abb. 452 f. gehauen und aufgestellt hat (II, bei Anm. 46). Von beiden sind aber weitere Stücke bisher nicht bekannt.

[6] Es soll weder ein bestimmtes Merkmal angedeutet, noch eine Rangordnung oder eine bestimmte Folge zum Ausdruck gebracht werden. Weiter entdeckte Werkstätten lassen sich zwanglos beifügen. Übrigens waren diese Buchstaben bereits bei den Erkundungen Arbeitsbezeichnungen für die nach und nach gefundenen Zusammenhänge. An dieser Stelle wird noch einmal auf die systematische Übersicht Anm. 1 verwiesen.

[7] Vgl. die Zeitraumangaben zu jeder Werkstatt (Anm. 1; es sind vorläufige, nach dem jetzigen Stand). Die längsten Zeiträume sind 44 (M, O), 48 (E) und 52 Jahre (P). Der Maximalfall entspricht einer Schaffenszeit z. B. vom zwanzigsten bis zum einundsiebzigsten Lebensjahr (vgl. zu O auch Anm. 28). Die Zeugnisse sind relativ gleichmäßig und lückenlos über die Zeiträume verteilt (vgl. etwa den Katalog zu M und zu E), und die immer weiter entdeckten Stücke paßten jeweils in den zeitlichen Rahmen (zwei Ausnahmen bei der Werkstatt R; sie sind noch nicht erklärt, aber doch wohl erklärbar, und stellen den Befund nicht in Frage; vgl. Anm. 22). Zu den Zeiträumen der Werkstätten vgl. auch Anm. 18. Nicht selten finden sich von einer Werkstatt mehrere Kreuze aus dem gleichen Jahr (bis zu vier; so von M 1657 und 1660). — Einige technische Bemerkungen dürften nicht ohne Interesse sein. Nach Schätzung des Bildhauers benötigte der zeitgenössische Steinmetz zur Herstellung eines hohen Kreuzes mit Korpus und vielleicht weiteren Darstellungen, wie Kelchengel, ohne fremde Hilfe ungefähr sechs bis acht Wochen (freundliche Angabe von Herrn Hans-Walter Simon, Ettringen). Zum Auftrag für ein Kreuz gehörte zweifellos auch die fachgerechte Aufstellung, wie es noch heute beim Grabmal üblich ist und wie auch die Quellen zeigen (vgl. Anm. 5; sogar inschriftlich heißt es „GEMACHT VND AVFGERICHT", Is. 131). Meist besteht das hohe Kreuz aus zwei Werkstücken, die bei der Errichtung vom Meister fachgerecht verklammert wurden (in der Regel zwei Eisenklammern rechts und links am Schaft, oft eingelassen und mit der Oberfläche bündig; die Klammerenden wurden „verbleit"; ein Bindemittel zwischen den Steinen wurde nicht verwandt). Auch bei dem zehn Fuß hohen, mehrteiligen Sühnekreuz bei Sayn aus dem Jahre 1380 zeigten sich bei einer Instandsetzung 1684 Reste einer Eisenklammer („clavis ferrei reliquiae", Reiffenberg S. 32; vgl. VII, Anm. 24), möglicherweise noch aus der Entstehungszeit 300 Jahre zuvor. Dagegen waren beim „Golokreuz" von 1472 die vier Einzelteile, einschließlich Mühlstein (in der Konzeption unterirdisch), ineinander verzapft (vgl. IV, bei Anm. 53—56). Eingezapft sind, wenn aus zwei Teilen bestehend, auch die Sakramentstische (Abb. 160—166 u. ö.); der viereckige Zapfen befindet sich am Schaft, die Aussparung unter der Tischplatte.

[8] Es muß darauf verzichtet werden, das Werk der einzelnen Meister zu charakterisieren; die Abbildungen — 100 in diesem Kapitel sowie 48 im übrigen Bildteil — machen dies auch entbehrlich (vgl. aber Bemerkungen in anderem Zusammenhang, zum Beispiel X, Anm. 57, zu charakteristischen Merkmalen der Werkstatt M und zu Kreuzen dieser Werkstatt in Acht und Gierschnach, an denen sich ein von fremder Hand gearbeiteter Korpus findet).

[9] Vgl. II, bei Anm. 27—44, und das Kapitel im ganzen.

[10] Zu dem kleinen Kreuz Abb. 377 von K, das früher als „Kümmerniskreuz" bezeichnet wurde, vgl. XI, Anm. 12.

[11] Dagegen zeigen sich die Kreuze von B (Abb. 373—376) als Stücke eines „Kreuzemachers", wenn wir auch bislang nur wenige Arbeiten von ihm kennen.

[12] An der Pfarrkirche (Straßenseite) sowie an der Friedhofskapelle von Monreal; sie zeigen unverkennbare ornamentale Merkmale der Werkstatt M (und stammen selbstverständlich aus deren Zeit).

[13] Vgl. II, bei Anm. 61—63. — Vermutlich war bei vielen Kreuzmachern die Grabkreuzproduktion die — relativ stabile — Existenzgrundlage, denn hier konnten Aufträge niemals ganz ausbleiben. Angesichts der Versorgung des gesamten Raumes zwischen Mosel, Rhein und Ahr und darüber hinaus, weiter auch der erheblichen Lieferungen nach Köln, ist mit Sicherheit an eine Fertigung auf Vorrat zu denken (vgl. I, bei Anm. 58 f.; II, Anm. 53 und 63; auch 59 zur Lieferung ganzer Fuhren nach Adenau). Das gilt vornehmlich für die zahlreichen schlichten Grabkreuze ohne Reliefbild, teils aber auch für solche mit Darstellungen und wahrscheinlich sogar für hohe Kreuze mit Korpus. Die Inschrift war nach dem Kauf in einigen Tagen gehauen (nach Köln gingen sie unbeschrif-

tet; vgl. IX, bei Anm. 37). Wir kennen eine Reihe von Grabkreuzen mit halbfertiger Jahreszahl "17.." (Abb. 249, 320, 411; vgl. auch Anm. 22 zu Abb. 278, Anm. 27 zu Abb. 219); für die restlichen Ziffern ist Platz gelassen, doch wurden sie zu gegebener Zeit aus irgendeinem Grund nicht mehr nachgetragen. Man darf hier einen Hinweis auf die Vorratsfertigung sehen, wenn auch im Einzelfall möglich ist, daß das Grabkreuz schon zu Lebzeiten bestellt war (wie wohl bei Abb. 249 mit erhabener Hausmarke im Totenkranz).

[14] Ansatzpunkt für das Erkennen einer Werkstatt war fast immer die Gestaltung des Kruzifixus (nicht bei G und nur bedingt bei A); weitere Merkmale, bis hin zur Form der gehauenen Schrift oder Jahreszahl, wurden sekundär erkannt. Das Grabkreuz mit Korpus findet sich aber nicht allzu häufig. So ist damit zu rechnen, daß eine unbestimmte Zahl der Grabkreuze, die noch nicht zugeschrieben werden können, auch aus den schon bis jetzt bekannten Werkstätten stammt.

[15] Außer den Abbildungen vgl. das Verzeichnis. Zusammenstellung: Von M 1666; von R Abb. 99 f., 276 f., 385 f., weiter 1712, 1713, Burgbrohl, Obermendig, Ochtendung, Rieden (3); von P Abb. 95, 429 f., weiter 1763, 1774, 1776, Weis-Sayn; von T Abb. 436. Zu G und A vgl. an anderer Stelle. Möglicherweise sind einige weitere Stücke, die das Verzeichnis nennt, Grabkreuze, da nicht immer zu sagen ist, ob es sich um ein solches oder vielleicht um den oberen Teil eines ursprünglich hohen Kreuzes handelt (z. T. beschädigt, eingemauert; vgl. Anm. 2).

[16] Zur Werkstatt M vgl. bes. X, bei Anm. 57 f., mit Hinweisen auf weitere Stellen; in diesem Kapitel noch bei Anm. 12. An einigen Stücken aus der Werkstatt findet sich eine bestimmte Hausmarke wiederholt in der Art eines Steinmetzzeichens; diese Marke erscheint aber auch schon 1617 als Stifterzeichen, und zwar neben zwei anderen von Angehörigen der Mayener Hämmerzunft; zudem steht sie 1626 im Zunftbuch der Hämmerer. Vielleicht werden diese Zusammenhänge einmal zur Identifizierung des Meisters M beitragen (vgl. X, bei Anm. 40 ff.; Abb. 231—236). An zwei Kreuzen aus der Werkstatt M ist der Korpus nicht vom Meister selbst gehauen (vgl. Anm. 8). In den ersten Jahren des Schaffens hat sich der von ihm gearbeitete Kruzifixus stark gewandelt; man zögert zunächst, den von 1629 (Abb. 212) zur Werkstatt zu zählen, doch geben Zwischenglieder Gewißheit, neben Treis 1632 besonders auch die undatierten Stücke Mayen-St. Jost (Detail Abb. 234) und St. Jost (Mühlbach). Denselben Befund einer in der Anfangszeit auffälligen Wandlung und Entwicklung zeigt das Werk von E (vgl. folg. Anm.). — Möglicherweise gehört noch ein Kreuz in Cochem, eingemauert am Aufgang von der Mosel zur Burg, zu der Werkstatt M; Hände und Lendentuch z. B. wären einzuordnen, doch stammen wohl weder der Kopf des Korpus noch der des Kelchengels zu Füßen von der Hand des Meisters. Mit mehr Wahrscheinlichkeit war vom Meister M ein Kreuzschlepper-Relief des Jahres 1658, das sich bis zur Zerstörung im letzten Krieg in Mayen am Hause Rüber in der Brückenstraße befand (Abb. bei Caspar, S. 96); der Kopf des kreuztragenden Christus ähnelt dem des Kruzifixus Abb. 351 von 1660; zudem paßte die Zuschreibung in den nicht zweifelhaften Befund, daß M in Mayen gewirkt hat (vgl. X, Anm. 58; weiter die folg. Anm.).

[17] Die Werkstatt E hat das Motiv der Engel, die das Blut aus den Wunden des Gekreuzigten auffangen, seit 1638 überwiegend verwendet und im Basaltlavaraum heimisch gemacht; fast alle weiteren Werkstätten haben das Motiv gelegentlich oder öfter übernommen (vgl. XI, bei Anm. 18—20). — Wieder weichen die Stücke der ersten Zeit von den späteren erheblich ab. Wie auch bei M, zeigt sich darin wahrscheinlich noch eine Abhängigkeit von Lehrmeistern, wenn nicht sogar noch deren Mitwirken, bis die unverkennbare persönliche Gestaltung gefunden und sichtlich auch Routine im Spiel ist. Zuerst erscheinen drei Bildstöcke mit Kreuzigung 1628 und 1631 (das zweite Stück von 1631 in Bell ist mit dem in Abb. 72 nahezu identisch, erhalten ist der obere Teil bis zur zweiten Inschriftzeile; das Mal von 1628 — Abb. 228 mit Rückseite — zeigt ebenfalls die gleiche Darstellung in der flachen Bildnische), weiter 1637 das Kreuz mit Antlitz Christi. Anschließend folgen die für E typischen Kreuze mit Kruzifixus und meist Kelchengeln, aber auch da zeigt sich über Jahre hin beim Korpus noch eine Entwicklung. Stücke anderer Art finden sich nach bisheriger Kenntnis nur noch 1648 (Abb. 70) und Obermendig 1669 (Aktienweg; Kreuz mit leerer Fläche, ggf. für Korpus aus anderem Material vorgesehen; oben erhabenes Kreuzschild in der typischen Form von E, am Schaft geflügelter Engelkopf wie Abb. 70, 228 u. ö.). — Daß man den Sitz der Werkstatt E sicher in Nieder- oder Obermendig zu suchen hat, ergibt sich vor allem aus der Verbreitung des jeweiligen Bestandes von E und M im Vergleich. Beide haben verschiedene Räume beliefert, mit nur vereinzelten Überschneidungen. Der Bestand von E findet sich in ungewöhnlicher Konzentration in der Pellenz und dem Laacher-See-Gebiet (allein siebzehn Stücke Bell—Mendig—Fraukirch), nördlich über das Brohltal hinaus bis Waldorf und Königsfeld. Die südliche Grenze ist, eigenartig exakt, der Nettebach, der von Kempenich in einem nach Norden offenen Bogen über Mayen und Ochtendung zum Rhein fließt (Belege Morswiesen, Rieden, Bürresheim,

Trimbs, Plaidt). Nur in einer Linie Polch, Pillig, Wierschem wird die Nette nach Süden überschritten (die Mosel aber nicht erreicht). Entfernte Belege noch in Rheinbreitbach (vgl. II, Anm. 58) und in Martental, in Urmitz nicht weit entfernt von der Pellenz. Im Verbreitungsraum der Werkstatt E ist nun M so gut wie nicht vertreten; die drei Einzelbelege Thür-Obermendig gehen vielleicht auf persönliche Beziehungen zurück (im Mayener Taufbuch erscheinen in dieser Zeit häufig Personen „ex Obermendig"); die Stücke von Miesenheim-Saffig stehen schon außerhalb des geschlossenen Gebietes von E, wenn auch noch an der Peripherie. Im Absatzgebiet der Mayener Werkstatt M zeigt sich offenbar der Einzugsbereich des Marktortes, die Bedeutung dieser Landstadt für ein weites Gebiet der Eifel wie auch für den Maifeld- und Moselraum. Nach Westen und Süden wird die Eifel bis etwa zur Linie Adenau, Kelberg, Daun, Ulmen, Cochem mit Kreuzen beliefert (Belege Wanderath, Quiddelbach, Nürburg, Kelberg, Rengen, Auderath). Daran schließt sich das Maifeld als Absatzgebiet, mit einer Ballung um Münstermaifeld (mit Gierschnach, Metternich, Mörz; neun Belege). Zehn Kreuze von M stehen entlang der Mosel (Cond, Klotten, Pommern, Karden, Müden, Löf, Lehmen), dagegen kein einziges Kreuz von E. Weit über die Mosel hinaus, am Weg nach Kastellaun, findet sich ein Kreuz des Meisters M in Mörsdorf (auch beträchtliche Teile des Hunsrücks gehörten noch zum Einzugsgebiet etwa des Mayener Lukasmarktes); weiter abgelegen vom übrigen Bestand auch die Zeugnisse in Bad Niederbreisig und Kapellen-Stolzenfels. Das frühestbekannte Stück, ursprünglich Grabkreuz eines Zunftmeisters, steht am Pilgerweg der Mayener zur Fraukirch. An ihrem Pilgerweg (durch Mayener Stadtwald) nach St. Jost und daselbst stehen fünf Mäler von M; Acht mit einem und Wanderath mit drei Zeugnissen aus der Werkstatt sind nicht weit von St. Jost entfernt. — Mein Dank für wichtige Hinweise zum Bestand aus der Werkstatt M gebührt den Herren Friedel Gebert, Mayen, und Georg Jakob Meyer †, Trier, aus der Werkstatt E Herrn und Frau Rolf und Marlene Keßler, Duisburg, sowie den Herren Johann Hauröder, Miesenheim, Dr. Franz Xaver Michels †, Niedermendig, Wilfried Mohr, Rübenach, Dr. E. Nellesen, Bad Honnef, Karl von Werner †, Bürresheim.

[18] Die Zeiträume, in denen jeweils die Stücke aus einer Werkstatt erscheinen, sind ausgesprochen unterschiedlich, doch sind neben den wenigen kurzen (D 8, B 9 Jahre; vgl. zu B auch Anm. 11) und den langen über 40 Jahre (vgl. Anm. 7) die mittleren Zeitspannen vorherrschend (L 20, F 23, S 25, T 26, A 27, N 30, R 33 Jahre); H, G und K sind hier nicht zu berücksichtigen (vgl. oben). Oft mag auch bei den kürzeren Schaffenszeiten der Tod dem Wirken ein Ende gesetzt haben. Zweifellos werden noch Neuentdeckungen den derzeitigen Befund korrigieren; die Belege zeigen sich aber jeweils so geschlossen, daß dieser Befund schon jetzt einen gewissen Aussagewert hat.

[19] Vgl. XI, bei Anm. 16 und die Anm. 20.

[20] Abb. 391: Im Hintergrund Burg Wernerseck (Teleaufnahme). Abb. 395: Kreuzteil der Werkstatt ist aufgesetzt auf Schaft von 1585 mit Winkel-Hausmarke in Schild. Abb. 71/396: Kreuzoberteil jetzt gestohlen (vgl Kapitel XIII.)

[21] Zu dem Kreuz von Leuth (im neuen Ortsverband Nettetal), unweit der niederländischen Grenze bei Venlo, vgl. II, Anm. 64; IX, Anm. 56 zu Is. 85; Abb. 130. Das Kreuz ist nicht datiert. Nach dem Vergleich mit anderen Stücken scheint nicht ausgeschlossen, daß die Schrift in der Werkstatt R gehauen wurde. Da bei den Namen der Stifter kein Herkunftsort genannt ist, wird vermutet, daß sie Einheimische waren. — Wie dieses Kreuz eher zufällig in einer weit entfernten Landschaft als Mal aus der Osteifel entdeckt wurde (durch Herrn Fridolin Hörter, Mayen), so gibt es wahrscheinlich weitere, noch nicht bekannte Beispiele.

[22] Mit der Dreiblume in der Vase, wie Grabkreuz Abb. 277, und wie sie sich auch auf dem hohen Kreuz Abb. 387 findet (charakteristisch ist der Bogen beim mittleren Stengel; so alle im Verzeichnis mit G bezeichneten Stücke). Dasselbe Bild der Dreiblume zeigt auch das Kreuz in Unkel (in konischem Sockel mit der Inschrift „14 NOTHELFERS CLOSTER 1714"; vgl. dazu Rheinische Friedhöfe 3, Spalte 178). Gelegentlich weicht die Darstellung aber auch davon ab, wie in Abb. 276, 389 oder auf dem abschließenden Kreuz des Mals in Kirchesch (Detail Abb. 167), wo die drei Blütenstiele von dem Monogramm IHS über der Vase ausgehen. Diese Gestaltungen stammen aus den Jahren 1703—1708, während die zuvor genannten Kreuze mit der gleichbleibenden Form der Dreiblume in den Jahren 1712—1715 gearbeitet wurden. 1715 erscheint dagegen noch einmal eine abweichende Form, nämlich unter dem Kruzifixus an dem hohen Kreuz bei Leutesdorf (Is. 70). — Vielleicht ist auch das Grabkreuz von Wehr Abb. 278 ein Produkt der Werkstatt R (die eingehauene „17" ist statt [17]17 möglicherweise als 17.. zu lesen, vgl. Anm. 13 am Ende; auch auf einem der Riedener Grabkreuze von R steht „17" in den oberen Ecken). — Rätselhaft sind die Jahreszahlen 1670 und 1667 rückseitig auf den Grabkreuzen von Burgbrohl und Ochtendung. Sie können nicht als Datierungen für die Bildhauerarbeit auf der Vorderseite angesehen werden, die in beiden Fällen mit Sicherheit von der Hand des Meisters R stammt, wie ein eingehender Vergleich ergab.

Möglicherweise wurden ältere Grabkreuze von ihm umgearbeitet. — R hat weiter auch Grabkreuze mit Kruzifixus geschaffen, Abb. 99 f., 385 f. (vgl. die Ornamente in den Kreuzwinkeln hier und Abb. 277 mit Dreiblume).

[23] Abb. 462—464; von einem Stifter aus Andernach (wo sich ein anderes Stück aus der Werkstatt findet). — Abb. 465 zeigt den oberen Teil eines Wegkreuzes, das unweit vom Aufgang zur Filialkirche stand. Der hohe Schaft war bei Bauarbeiten zerbrochen. Man wird das Kreuz nicht auf den ersten Blick der Werkstatt D zuordnen, doch brachte eine vergleichende Untersuchung hierfür Sicherheit. Es ist zu berücksichtigen, daß das Teil vor Verwendung in der Kirche restauriert und möglicherweise geringfügig verändert wurde (nach einer Zeichnung von Meyer, Trier, war unten bei der Tausenderziffer ein Stück ausgebrochen, diese war ähnlich der von Abb. 399; weiter ist der Zeichnung zu entnehmen, daß der Schaft, mit der Inschrift „CATARINA HIRTEN VON GELES", wahrscheinlich nicht ursprünglich zu dem erhaltenen Kreuzteil gehörte). — Vgl. zu beiden Mälern auch Kapitel XIII.

[24] Es gibt Anzeichen dafür, daß sich die Aufstellung zur Werkstatt O noch nennenswert wird erweitern lassen. — Nach den Merkmalen des Verbreitungsgebietes (vgl. Anm. 17 zu den Verbreitungsräumen von M und E) ist zu vermuten, daß die Werkstatt ihren Sitz in Mayen hatte wie die Werkstatt M, von der knapp zwanzig Jahre früher das letzte Kreuz gefertigt worden war. — Vermutlich stammt auch ein „1898" datiertes Kreuz an der alten Straße Mayen - Polch, auf der Höhe des Plunser Berges, aus der Werkstatt O (vielleicht Jahreszahl am ursprünglich undatierten Kreuz später eingehauen).

[25] Vgl. II, bei Anm. 9—13. — Vereinzelte Kreuze finden sich zwar nicht weit vom Zentrum Mayen/Mendig (so von L in Oberlützingen und in Wehr, von A in Langenfeld und in Weiler bei Mayen; Abb. 77, 272, 274, 402), doch hat sich bisher kein Beleg in entgegengesetzter Richtung gezeigt, im Pellenz-, Maifeld- oder Moselraum. Weiter ist möglicherweise als Hinweis auf den Sitz der Werkstatt A zu berücksichtigen, daß von ihr mehrfach das Gnadenbild vom Totenmaar dargestellt wurde (vgl. III, Anm. 69; 1747 auch als Relief für einen Stifter aus „PROCHHAVSEN", Bruchhausen bei Kelberg, Abb. 409). Endlich ist vielleicht bemerkenswert, daß sich auf Kreuzen beider Werkstätten niemals Stifter-Hausmarken finden, wie sie im Zentrum Mayen/Mendig auch im 18. Jahrhundert nicht ungebräuchlich waren. — An anderer Stelle wurde noch auf einen weiteren Typ von Kreuzen, mit vorkragender Rundnische im Schnittpunkt der Arme, hingewiesen, der sich ebenfalls nicht überall im Gebiet der Basaltlavakreuze findet (vgl. II, bei Anm. 6).

[26] Abb. 77, 400, 402; weiter Kaltenborn, Dümpelfeld, Hönningen/Ahr, Ahrbrück. Das Gehäuse für die rundbogig, teils mit Muschel abgeschlossene Nische sowie die Konsole darunter sitzen tief am Schaft und ragen weit vor. Ein Kreuztyp dieser Art ist aber überhaupt charakteristisch für das genannte Gebiet (vgl. auch V, Anm. 42); hier ist noch zu klären, inwieweit weitere Stücke des Typs aus der Werkstatt L stammen und ob noch eine andere, in dieser Hinsicht exklusive Fertigung erkennbar wird. Die gleichen Fragen stellen sich aber auch für den erwähnten Maltyp mit der Nische im Kreuz (vor. Anm., am Ende). — Das Motiv der Paradiesschlange beim Schädel Adams (vgl. XI, bei Anm. 41) findet sich an Kreuzen der Werkstatt L außer Abb. 400 und 401 („Müllerskreuz", am Weg nach Kaltenborn; Teil des Schaftes verloren) noch in Kaltenborn und Hönningen/Ahr.

[27] Daher Datierung bei den in Mauerwerk eingelassenen Kreuzen nicht mehr erkennbar (bei einigen dicht vor einer Mauer stehenden Stücken war die Lesung der Jahreszahl noch mit Hilfe eines Spiegels möglich). Der Zeitraumangabe 1722—1748 liegen die ermittelten Jahreszahlen aller untersuchten Kreuze von A zugrunde, nicht nur der abgebildeten (die weiteren bis jetzt bekannten Stücke im Verzeichnis nicht einzeln genannt, jedoch die Orte; der größte Bestand findet sich in Dümpelfeld). Eine frühe Jahreszahl vielleicht noch 1715 (ohne Sicherheit). Darstellungen der Pieta vom Totenmaar sind datiert 1747 (Abb. 409) und 1748 (Bodenbach; vgl. I, Anm. 68), daher Angabe „um 1750" zu Abb. 219 (auf der Rückseite „17.."; vgl. Anm. 13). Zu dem Kreuz Abb. 273 wird hier noch die ermittelte Jahreszahl 1723 nachgetragen.

[28] Wie bei der Werkstatt O (vgl. Anm. 24), doch eher noch in stärkerem Maße, gewinnt man bei P den Eindruck, daß die Bestandsliste erheblich zu erweitern ist. Übrigens war diese Werkstatt, soweit bisher erkennbar, in der längsten Zeit ihres Wirkens ohne nennenswerte Konkurrenz, während sonst immer mehrere Werkstätten gleichzeitig arbeiteten, bis zu vier (um 1700) oder sogar fünf (um 1670, ohne K). — Bei den Werkstücken von P findet man in der Gestaltung des Lendentuches voneinander abweichende Typen, so daß man zunächst geneigt ist, an verschiedene Werkstätten zu denken. Indessen zeigen sich beim Studium des gesamten bislang vorliegenden Bildmaterials Varianten dieser Typen und gewisse Übergangsformen, darüber hinaus eine Reihe anderer verbindender Merkmale. Die Zusammengehörigkeit ist danach nicht

in Frage zu stellen. Allgemein ist mit der Möglichkeit zu rechnen, daß an manchen Stücken verschiedene Personen gearbeitet haben, auch wenn man durchweg die Meisterhand erkennt (vgl. bei Anm. 7) und man vermutlich überhaupt an den kleinen Familienbetrieb zu denken hat (vgl. X, Anm. 55).

[29] Vgl. für den Ahrraum die Standorte Rodder, Ramersbach, Blasweiler, Rech (Steinerberg), Dümpelfeld, Wiesemscheid, Hoffeld (in Dümpelfeld ist das Grabkreuz von P neben den zahlreichen von A das einzige aus einer anderen Werkstatt). Die weiteren Belegorte finden sich rings um das Steinzentrum und auch noch jenseits von Rhein und Mosel (Herschwiesen, Weis-Sayn).

[30] Vgl. XI, bei Anm. 13. — Auf dem Hunsrück weiter das Kreuz mit Altartisch Abb. 434, das früher sakramentale Segenstation an Fronleichnam war (vgl. V, Anm. 43).

XIII. DENKMALPFLEGE

Jahrhundertelang war das Steinkreuz am Weg kein „Denkmal“. Vielmehr stand es ganz real im Bezug von Glaube, Brauch und Ritus. Und selbstverständlich war es unantastbar — ein *Sacrum,* das zu beschädigen oder gar zu entfernen höchster Frevel war und sich, so glaubte man, noch im Leben rächte.[1] Dies alles war ein natürlicher Schutz für das Kreuz.

Vereinzelt und eher unterschwellig findet sich die Scheu, ein religiöses Wegmal zu versetzen, noch heute. Bei einem nicht geringen Teil der Bevölkerung steht die Achtung vor diesen Malen aufgrund der christlichen Überzeugung im Vordergrund. Neben dieser Einstellung und neben dem zunehmenden Bewußtsein, daß es sich um Kulturdenkmale[2] von Rang und hoher Schutzwürdigkeit handelt, zeigt sich aber auch ein breites Feld von mangelnder oder beschränkter Einsicht in diese Bedeutung, Ahnungs- und Achtlosigkeit, ja Ignoranz einerseits, von wachsender Skrupellosigkeit bei Zerstörung und Diebstahl andererseits.

Beim Steinkreuz ist der Diebstahl gegenwärtig das primäre Problem der Denkmalpflege. Die Bilanz der jüngsten Vergangenheit ist bestürzend. Der noch bis zur Mitte des Jahrhunderts bekannte Bestand ist schon erheblich gelichtet. Die Verluste nehmen noch immer zu, und dabei handelt es sich — das ist bezeichnend — überwiegend um besondere oder gar einmalige Stücke. Selbst ein nicht unbedeutender Teil der für diese Arbeit in den Jahren 1972 bis 1976 untersuchten und aufgenommenen Mäler ist schon verloren, bevor die Publikation erscheint.

1977 wurde das unter allen hervorragende Denkmal, das
spätmittelalterliche „Golokreuz“, ein Opfer von Dieben. 149 ff.
Der Nischenkopf, mit der Jahreszahl 1472 und dem Relief
eines Stabkreuzes auf der Rückseite, wurde entwendet; 266
der geplante Abtransport der übrigen Teile ist nur durch
Zufall mißlungen.[3] Gestohlen wurde auch der Kopf am
Sakramentsmal von Sevenich, das ebenfalls aus dem 440
späten Mittelalter stammt und an dem einmal das alte
Bannzeichen einer Hand angebracht war.[4] Über Nacht
verschwunden ist das Kehriger Kreuz mit dem Wunden- 437
christus, ikonographisch einmalig im Bestand.[5]

Nach dem Ausbau der Straße Polch—Trimbs wurde das bekannte „Herrgottshaupt“ von 1625 vermißt, ein Mal von ungewöhnlicher Form, das das Antlitz Christi im Veronikatuch zeigte.[6] Weiter zählt ein Nischenkreuz von 1611 mit dem Virneburger Rautenwappen zu den ungeklärt verlorenen Stücken.[7] Am Weg Monreal—Müsch wurde ein niedriges undatiertes Kreuz mit gefasten Kanten und erhabenem Schild im Kreuzpunkt der Balken gestohlen, auch dies ein noch mittelalterliches Denkmal.[8] Ein seit Jahren verschwundenes Totenkreuz aus Basaltlava von 1684, das am Gillenfelder Maar stand, war ebenfalls kulturgeschichtlich bemerkenswert; es ist für einen Pilger aus Ahrweiler an der Stelle aufgestellt worden, wo er — zweifellos auf der Matthiaswallfahrt nach Trier — gestorben war.[9]

Gravierende Verluste sind auch die entwendeten oder zerstörten Denkmäler, die aus bestimmten charakteristischen Werkstätten des Kreuzmacherzentrums stammen — so das Kreuz von 1667 bei Münstermaifeld aus der Werkstatt M[10], das von 1663 am Weg von Wassenach nach Eich aus der Werkstatt N[11], von 1659 bei Rieden
71, 396 aus der Werkstatt E[12], von 1705 bei Bell aus der Werkstatt S[13], von 1809 bei Polch aus der Werkstatt T, als „Wetterkreuz" bekannt.[14] Nur noch Fragment ist das Kreuz von 1681 bei Hambuch-Binningen aus der Werkstatt F, an dem die Assistenzfiguren mit einem Teil der
282 Konsolen roh abgeschlagen und entwendet wurden.[15]

Die Beispiele, bedrückend genug, zeigen doch nur die Spitze des Eisbergs. Für die Eskalation der Delikte sind Tendenzen der Zeit ausschlaggebend. Antiquitäten im weitesten Sinne des Wortes sind im Zug der „nostalgischen Welle" begehrte Objekte und gelegentlich Renommierstücke immer breiterer Schichten und auch des kleinen Mannes geworden. Zugleich wurde „bäuerliche Kunst" immer populärer.

Steigende Nachfrage in einem Bereich, wo sie nicht durch Produktion zu decken ist, fördert zwangsläufig die einschlägige Kriminalität. Achtung vor religiösem Gut ist in diesem Fall nicht zu erwarten. Unter den Kreuzdieben finden sich skrupellose „Sammler" wahrscheinlich ebenso wie Geschäftemacher, die nur den Handelswert im Auge haben. Das Diebesgut steht einsam irgendwo am Wegesrand.

Die Situation ist alarmierend. Und es ist nicht abzusehen, daß sie sich ändern könnte. Der Gegenwart erwächst aber die Verpflichtung, den jetzt noch erhaltenen Bestand zu retten — und zwar mit schnellen und wirksamen Maßnahmen, buchstäblich im Wettlauf mit den Dieben. Die Zukunft wird darüber urteilen, ob das heute Notwendige getan oder versäumt wird. Über die Schutzmaßnahmen ist noch zu sprechen.

Anzumerken ist aber auch, daß durch mangelhafte Betreuung den Diebereien Vorschub geleistet wird. Wenn ein Steinkreuz jahrelang am Boden liegt, manchmal von Unkraut überwuchert[16], entsteht der Eindruck, daß es sich um herrenloses Gut handelt, auf das keiner mehr Wert legt. Auch wenn etwa die alten Grabkreuze eines Dorfes lange Zeit unbeachtet auf Stapel stehen[17], wird 438
der Dieb, der sich eines Nachts bedient, noch sagen können, er nehme sich vernachlässigter Denkmäler an.

Immerhin sind solche Stapel manchmal in der Tat auf die Müllkippe gekommen.[18] Auch sonst sind öfter Kreuze, nicht zuletzt frühe Stücke von derber Bearbeitung, die man für unbedeutend hielt, vor allem durch Unachtsamkeit in Verlust geraten.[19]

Nach dem Ausbau einer Straße wurde ein altes grobes Kreuz vermißt, das an ihrem Rand gestanden hatte; es war in der Gegend als „das Nonnenkreuz" bekannt. Wiederholte Nachfragen bei den Einwohnern ergaben nur, das Kreuz sei seitdem verschwunden. Als der ehemalige Standort in Erfahrung gebracht war, fand es sich bald, und zwar nicht weit davon entfernt unterhalb der 439
Böschung im Gras. Niemandem war es eingefallen, nach dem vermißten alten Denkmal zu suchen.[20]

Freilich, wo Steinkreuze so zahlreich[21] und daher „gewöhnlich" sind, kommt es vor, daß ein zerbrochenes Mal am Feldrand nicht mehr Beachtung findet als beispielsweise der schadhafte Weidezaun. In der Tat zeigt sich ein Unterschied im Vergleich zu Gegenden, wo das Wegmal seltener ist; da wird es durchweg eher beachtet und sorgsamer betreut.

Hier sei das Basaltlavakreuz aus der Werkstatt D genannt [22], das zwischen Bonn und Bad Godesberg an
462 einem Feldweg stand, der zum Rheinufer führte [23]; der Weg kreuzte an dieser Stelle den Verlauf der römischen Rheinstraße.[24] Die Landschaft wurde durch Bebauung völlig verändert. Nur geringfügig verschoben vom alten
463 f. Standort, fand das Kreuz anschließend eine in jeder Hinsicht gute Aufstellung an der neuen Pfarrkirche St .Winfried.[25]

Aber auch im Kerngebiet der Basaltlavakreuze mit seinem reichen Bestand gibt es, neben den Zeugnissen für Vernachlässigung der Denkmale, beachtenswerte Beispiele für ihre Pflege.

Da ist etwa die Dorfgemeinde, die, nicht ohne Aufwand für ihren Etat, ein Kreuz nach dem andern vom Bildhauer
451 restaurieren und neu aufstellen läßt.[26] Da ist mancher Pfarrer, der sich der Wegkreuze und auch der alten Grabkreuze an der Kirche annimmt. Da sorgen bei Veränderungen im Gelände auch etwa Vermessungsleute für die gute Neuaufstellung am geschützten Platz. Da kümmern sich Revierförster um die Denkmäler in ihrem Gebiet, achten auf entstandene Schäden, beheben sie
215, 441 zuweilen selbst und richten ein umgestürztes Mal wieder auf.[27]

Da werden selbstverständlich die Heimatmuseen tätig, bei denen Schadens- oder Verlustmeldungen meist aus erster Hand eingehen; hier kann man vielfach eine Situation klären, auch auf Gefährdung hinweisen, Schutzmaßnahmen vorschlagen, Personen beraten.[28] Da widmen Straßenmeister oder Wegewärter, Gemeindediener, Jagdaufseher und so fort den Kreuzdenkmälern häufig ihre besondere Sorgfalt.[29] Auch beim Fernstraßenbau wird auf Weisung der Verantwortlichen etwa ein Stein-
kreuz vor Beginn der Erdarbeiten abgebaut und später 452 f.
im Bezug zum alten Standort wieder aufgestellt.[30]

Das gleiche — und vieles Weitere zur Erhaltung der Denkmäler — tun ganz privat nicht selten heimatverbundene Einheimische, die diesbezüglich weder Zeit und Mühe noch gegebenenfalls Kosten scheuen.[31] In manchen Dörfern läßt sich ein Junggesellenverein oder ein anderer Kreis Gleichgesinnter die Pflege der Wegkreuze angelegen sein.[32] In Nickenich kommt ein solcher Kreis schon seit Jahren regelmäßig am Morgen des Kar-
freitag zusammen, um Arbeiten zur Betreuung der hei- 454–458
mischen Kreuze gemeinsam auszuführen; das ist sozusagen schon zum lokalen Brauch geworden.[33]

Hier zeigt sich im Termin die religiöse Motivation. Diese steht bei der Pflege der heimischen Kreuze aber auch sonst weithin an erster Stelle — entsprechend der schon eingangs erwähnten christlichen Einstellung zum Wegkreuz überhaupt, wie sie für einen beachtlichen Teil der Bevölkerung kennzeichnend ist. Verbunden mit dem religiösen Gedanken, spielt auch Heimatbewußtsein eine beachtliche Rolle, wenn Bewohner die Kreuze ihres Raumes betreuen.

Dagegen findet sich hierbei das Motiv der Denkmalpflege im eigentlichen Sinne — ausschließlich im Blick auf den kulturhistorischen Wert der Male — nicht immer oder doch nur in sehr unterschiedlichem Maße. Das ist im Einzelfall auch abhängig von dem Grad der Einsicht in die Denkmalbedeutung.

Zusammenfassend ist zu sagen — und die Beispiele haben dies deutlich gemacht —, daß aktive Denkmalpflege am Steinkreuz im ganzen eher dem Zufall überlassen ist. Während im einen Fall Beachtliches geleistet wird, weil sich bestimmte Personen für die Denkmäler einsetzen, sind im andern Fall irreparable Schäden oder Verluste zu verzeichnen, weil sich niemand angemessen um sie kümmert.

Das wird sich wahrscheinlich nicht ändern lassen ohne die Initiative einer überregionalen Stelle und ihre Einflußnahme vor allem auf die kommunalen Behörden; gerade diese können in einem noch gut überschaubaren Bereich praktisch tätig werden, sie sind daher prädestiniert für die Pflege dieser Denkmalart.[34]

Empfehlungen, Richtlinien und Anordnungen seitens übergeordneter Stellen werden notwendig sein. Doch reicht das allein nicht aus.[35] Wünschenswert wäre ein Obmann, etwa ein Beauftragter des Landes[36], der im persönlichen Kontakt — mit den Kommunen, aber auch etwa mit den in Beispielen genannten Personen — weit effektiver wirken könnte.[37]

Nach bisheriger Übung sind Fachkräfte — etwa Denk-
malpfleger, Kunsthistoriker, Volkskundler — kaum be-
teiligt bei Pflegemaßnahmen. Allerdings werden oft
451 Steinbildhauer oder „Grabsteinmacher" mit den tech-
nischen Arbeiten betraut. Neben einwandfreien Lösun-
235 gen gibt es solche, die dem Denkmal nicht gerecht wer-
395, 442 den, fehlerhaft sind, nicht in jeder Hinsicht befriedigen.
447–451 Die Beratung durch einen Fachmann und Kenner der
454–457 Denkmale hätte zu besseren Lösungen geführt.[38]

Beliebt und verbreitet ist das Einmauern, vor allem von
12, 36 Grabkreuzen — übrigens schon in historischer Zeit und
90, 121 fort bis in unsere Tage.[39] In der Vergangenheit war
weniger das Bestreben maßgebend, Kulturdenkmäler zu 153, 178
erhalten; vielmehr wurde das Kreuz, oder manchmal nur 182, 191
ein erhaltener Teil desselben, eher als Kultmal in die 295, 315
Mauer eingefügt, als *Sacrum* und als Zeichen wirksamer 335, 442 f.
Schutzkraft.[40] Die häufige Anbringung am Sakralbau[41] 392, 443
oder an der Mauer des Kirchhofes[42] entspricht diesem 459–461
Kultcharakter des Kreuzes.

Das Einmauern bietet einerseits eine hohe Sicherheit für
das Denkmal, dessen Schauseite zugänglich bleibt. Es
ist daher eine beachtenswerte Maßnahme zur Erhaltung.
Andererseits sind die übrigen Flächen, besonders die 37, 88 f.
rückwärtige, die nicht selten beschriftet ist[43], der Be- 96–100
trachtung oder Untersuchung ganz entzogen. Enthalten 149, 156
diese Teile eine Inschrift oder andere wichtige Zeichen 224, 266
— dazu gehören auch spätere Ritzungen[44] —, so ist das 288, 302
Einsetzen in eine Mauer kaum zu vertreten. Sollten trif- 440, 449 f.
tige Gründe vorliegen, sich dennoch dazu zu entschlie-
ßen, sind zuvor einwandfreie fotografische Aufnahmen 90, 121
zu erstellen, die für Inventarisation und Forschung zur 245, 250
Verfügung stehen.[45] 276, 415

Das Problem der Verwitterung, in vielen Kreuzlandschaf-
ten akute Sorge der Denkmalpflege, stellt sich beim Mal
aus Basaltlava nicht; in dieser Hinsicht ist es nahezu 113 f.
unverwüstlich.[46] Dagegen machen Brüche und Risse zu 181, 449 f.
schaffen, die irgendwann durch Schlag oder Stoß ent-
standen sind, manchmal feine, kaum sichtbare Haarrisse;
hier können eindringendes Wasser und Frost den Stein
zunehmend angreifen. Es gibt nicht wenige Denkmäler 211, 228
mit Schäden dieser Art[47]; ohne baldige fachgerechte 56
Restaurierung[48] werden manche davon schon in abseh- 115, 377
barer Zeit zu den Stücken zählen, die man abschreiben
muß.[49]

394 Nicht selten ist figürliches Bildwerk am Kreuz lädiert,
sind freistehende Teile, besonders Kopf oder Beine vom
Korpus, abgeschlagen.[50] Eine Ergänzung, wie sie mit-
unter gewünscht wird, ist nicht völlig auszuschließen [51],
doch sind erhebliche Vorbehalte am Platz. Die Forde-
rung nach weitmöglicher Originaltreue erscheint uner-
läßlich — eben diese Forderung ist aber, falls es nicht
Abbildungen vom alten Zustand gibt, kaum zu erfüllen.
Günstigere Bedingungen liegen allerdings vor, wenn es
337–436 sich um ein typisches Stück aus einer der erkannten
Werkstätten handelt (Kapitel XII). In diesem Fall könnte
444 ein sorgfältiges Studium an weiteren Kreuzen der Werk-
357–367 statt eine denkmalgerechte Restaurierung und Ergän-
zung durchaus ermöglichen.[52]

143, 149 f. Die Verfälschung eines Denkmals kann nicht hingenom-
209, 211 men werden, und man wird, falls sie nicht auszuschließen
266, 365 ist, dem originalen Torso den Vorzug geben.[53] Übrigens
stehen viele Kreuze seit Jahrhunderten beschädigt —
215 und doch vom Volk uneingeschränkt als Kultmale ge-
achtet [54] — in der Flur und im Dorf.

Bemerkenswert sind Beispiele, wo das alte Denkmal
eine neue sakrale oder volksreligiöse Bestimmung erhal-
ten hat. In der Filialkirche zu Glees beispielsweise wurde
der obere Teil eines Wegkreuzes, dessen Schaft zerstört
465 war, frontal im Chor als Altarkreuz angebracht.[55]

In Obermendig ist 1977 eines der vier sakramentalen
Prozessionsmäler des Stifters Beligen, das „Genovefa-
146–148 kreuz“ aus dem Jahre 1462 [56], in der Pfarrkirche als
Reliquienmal aufgestellt worden; in der neu vergitterten
Sakramentsnische wird fortan der Reliquienschrein der
Pfarrpatronin St. Genovefa von Paris verwahrt, deren
147 Name ja auch an dem Mal, auf der rechten Seite unter
der Fläche mit Kreuz und Friedenshand, ausgehauen
ist.[57] Das Denkmal steht hier würdig und bemerkens-
wert eindrucksvoll, aber auch optimal geschützt: ohne
Zweifel eine überzeugende Lösung und — die Alter-
native zum „Golokreuz“ vom gleichen Stifter, das, 149 ff.
schutzlos in der Landschaft, zur gleichen Zeit von Dieben 266
heimgesucht und des Nischenteils beraubt wurde.[58]

Wie noch in jüngerer Zeit in Kottenheim bei einem Mal 466
von 1600 [59], so hat man schon früher einzelne der alten
„Schöpflöffel“ oder „Löffelkreuze“ mit ihren leeren 18, 24, 27
Nischen — das bot sich an — als Bildstock verwendet.[60] 51, 154
Auch hier handelt es sich um eine religiöse Neuverwen- 177, 183
dung, nachdem schon seit dem Mitführen der größeren
Monstranz der ursprüngliche Gebrauch beim sakramen- 160–166
talen Umgang als Segensmal, wo die Pyxis mit der Hostie
eingestellt wurde, erloschen war.[61] Viele Nischen, ja die
meisten, sind aber wohl immer leer geblieben und sind 13–52
es heute noch.

Für das Weg- und Flurkreuz ergeben sich in der Gegen-
wart Gefährdungen und Schutzprobleme, die vergangene
Zeiten nicht kannten. Da ist noch eines der geringen
Übel, wenn beispielsweise der alte Nischenstock von
Berresheim — früher ein markantes Denkmal auf freiem 445
Feld, wie gewachsen an einer Wegkreuzung, urtümlich
auch in seiner Schrägstellung, der man die Nische an-
gepaßt hat — heute, etwa am gleichen Platz, kaum wie- 446
derzuerkennen ist: am Vorgarten eines Hauses im Neu-
baugebiet; ohne Rücksicht auf seine Eigenart exakt ver-
tikal gestellt; das erhabene Kreuz am Schaft, aus älte- 134–137
ster Formtradition [62], mit weißer Ölfarbe gestrichen. Im- 264–267
merhin ist das Mal erhalten geblieben.

Industrieansiedlung, Flurumlegung, Straßenbau und wei-
tere Veränderungen großer Bodenflächen zwingen dazu,
die alten Standorte aufzugeben, die Steinkreuze und 452–458

Nischenmale abzuräumen. Nicht immer sind zuvor Verfügungsrecht und Zuständigkeiten geklärt; manchmal
439 kümmert sich keiner um das Kreuz, das irgendwo fort
muß — am Ende ist es oft verloren.[63]

211 In der Pellenz und auch rechts des Rheines hatte — und
378, 444 hat — der großflächige Abbau der vulkanischen Bimssande erhebliche Verluste und Zerstörungen zur Folge [64], abgesehen von den notwendigen Versetzungen.[65]

Zu erwähnen ist weiter, daß durch den Gebrauch großer und sperriger Maschinen in der Landwirtschaft das Stein-
213 kreuz am Feldrand [66] mehr gefährdet ist als im Zeitalter
der Sense. Es ist bei der Arbeit auch weit hinderlicher,
15, 71 zum Teil zusätzlich durch die großen Mühlsteinsockel.
Dennoch läßt der Landwirt in der Regel, altem Herkommen und überlieferter Vorstellung gemäß [67], selbst heute noch den ursprünglichen Standort der Kreuze oder Schöpflöffel an oder sogar in seinem Acker unangetastet.[68]

71, 396 Besondere Überlegungen erfordert das eingangs um-
149 f., 266 rissene Problem der immer zahlreicher werdenden Dieb-
282, 437 stähle, die den Bestand dezimieren und, wenn ihnen
440 nicht Einhalt geboten wird, den Denkmalraum endgültig
verarmen lassen. Zu zahlreich sind bereits die Opfer, und was heute nicht geschützt und gesichert wird, kann morgen unwiederbringlich verloren sein.[69]

Entscheidend für die Diebstahlgefährdung ist der einsame Standort vieler Denkmäler. Die lapidare Konsequenz allerdings, sie hier wegzuholen, begegnet sehr verständlichen Emotionen, ist für Freunde der heimischen Landschaft schier undenkbar, ist daher in der Diskussion noch umstritten. Oft wird die Notwendigkeit einer solchen Maßnahme schlicht verdrängt; „diesem Kreuz wird schon nichts passieren".

Freilich gehört das Flurkreuz in die Landschaft. Es wur- 1, 13 f.
de dafür geschaffen. Es bereichert diese Landschaft und 110, 140
ist nicht selten ein charakteristischer Akzent in dersel- 193, 213
ben. Das Mal gehört an seinen alten Standort, der mit 391, 462
der Stiftung und mit dem Kult von Jahrhunderten zusammenhängt. Auch der Landbewohner, noch religiös verbunden mit dem Kreuz in der Heimatflur, will, daß es da bleibt, wo es immer gestanden hat.

Die Argumente sind alle einleuchtend — bis die Diebe kommen. Danach sind sie gegenstandslos, und dann ist nicht nur der Standort hinfällig, sondern zugleich das Denkmal verloren. Auch den Mahnungen, das „Golo-
kreuz" von seinem zweifellos bedeutsamen Standort 149 f.
fortzuholen, hat man immer solche Argumente entgegen- 266
gesetzt. Sein Beispiel [70] hat dann eindrucksvoller als
andere gezeigt, wie unrealistisch es ist, noch heute [71] der 146
Versetzung von Denkmälern aus der Flur grundsätzlich zu widersprechen. Die gegenwärtige Situation zwingt einfach zu Kompromissen [72] — und niemand bezweifelt ja, daß diese zu bedauern sind. Zuvor hat man schon die alten Figuren aus den Wegkapellen holen müssen. Jetzt geht es um die Steinkreuze am Weg.

Aus der einsamen freien Landschaft — das haben die Diebe in klassischen Lehrbeispielen gezeigt — werden diese Denkmäler so oder so verschwinden. Das ist nur noch eine Frage der Zeit. Und es kommt darauf an, *wer* sie aus der Flur holt, oder wer zuerst. Im einen Fall sind sie für immer verloren; im anderen stehen sie, statt draußen am Weg nach X-hausen, demnächst auf dem Dorfplatz, bei der Kirche oder vielleicht am letzten Haus, wo es nach X-hausen geht.

Hier haben die Diebe nicht mehr das leichte Spiel wie am einsamen Standort. Hier bellt in der Nacht ein Hund

und werden Schläfer wach, wenn ein Auto hält und man
266, 282 etwa versucht, das Oberteil [73] eines Mals abzubauen, das
396, 440 bequem in den Kofferraum geht. Und hier kann ein
schneller Anruf bei der Polizei oder schon die Notiz der
Autonummer den Verlust vereiteln und möglicherweise
beitragen, die Diebe zu fassen.[74]

Wo man anzufangen hat mit den Schutzmaßnahmen
durch Versetzen, zeigt das Studium der Diebstahlsfälle.[75]
Die Beute fand sich nicht nur immer an entlegenen Orten,
sondern zugleich an Straßen und befahrbaren Wegen.
Meist fielen die Kreuze auf, standen zum Beispiel gegen
den Himmel, und auch der Ortsfremde, der zufällig vor-
71, 440 beifuhr, mußte sie bemerken. Das war gewiß oft ein An-
reiz. Diebe griffen aber nicht wahllos zu; sie suchten
Stücke in gutem Zustand, ohne Beschädigung oder
Bruch. Auch sonst zeigt sich, daß sie wohl „Kenner"
waren, denn ausgewählt wurde durchaus, was besonders
282 bemerkenswert war — durch Alter, Schönheit der Dar-
396, 437 stellung, Originalität, volkstümliche Ikonographie.

Wo Denkmäler im wesentlichen die genannten Merkmale
zeigen [76], ist keine Zeit zu verlieren. Noch immer zögern
aber zuständige Stellen, entsprechend zu handeln. Es ist
erlaubt und geboten zu fragen, ob sie es verantworten
können, eine derart drohende Gefahr nicht abzuwenden
und den Verlust unersetzlichen Kulturgutes zu riskie-
ren.[77]

Bevor ein Kreuz am alten Standort abgebaut wird — das
gilt selbstverständlich auch für die Versetzung etwa bei
Straßenbau, Besiedlung, Flurbereinigung —, müssen
3, 28 Dokumentarfotos gemacht werden, die später dem For-
33, 146 scher zugänglich sind. Auch die Topographie des Stand-
445, 462 ortes ist dokumentarisch festzuhalten. Beides kann ein-
mal von jetzt noch nicht zu ermessendem Wert sein, für
die historische Forschung im Heimatraum ebenso wie
für die spezielle Denkmalforschung.[78]

Neben den Erwägungen des optimalen Schutzes werden
bei der Wahl des neuen Standortes optisch-ästhetische
Gesichtspunkte mitsprechen. Da ist zum Beispiel die
Mauer von gleicher Farbe dicht im Rücken des Kreuzes [79]
nicht empfehlenswert, auch nicht das Gebüsch, das bald
das Mal überwuchern wird. Da sollte man weiter soweit
wie möglich den Sonnenstand berücksichtigen: Das
graue, aber plastische Denkmal „lebt" vom Licht. Um-
gekehrt ist das örtliche Gesamtbild zu beachten, ist das
aus der Flur hereingeholte alte Mal, vielleicht als beson-
derer Akzent, in dieses einzugliedern.

Eine nicht geringe Zahl von Denkmälern ist zusätzlich
gefährdet, weil man sie mühelos aus dem Boden ziehen 437
oder umlegen kann.[80] Auf eine gründliche, weitgehend
diebessichere Verankerung im Boden [81] kann daher nicht
verzichtet werden, weder bei den versetzten Stücken
noch bei denen am alten Standort. Es ist notwendig, den
gesamten Bestand daraufhin zu überprüfen.[82]

Darüber hinaus müssen alle zusammengefügten oder 441
vielleicht gebrochenen Teile hinreichend befestigt sein;
es scheint müßig, dies zu sagen, doch hat sich ja gezeigt,
daß nicht selten Frakturen über Jahre oder Jahrzehnte
hin unbeachtet blieben und daß lose Teile schließlich
entwendet wurden.[83]

In richtiger Erkenntnis der Gefährdung haben gelegent-
lich Feldanlieger oder Heimatfreunde ein umgefahrenes
Kreuz hereingeholt, ein loses Oberteil sichergestellt und 212, 300
für die Restaurierung aufbewahrt. Unerläßlich ist freilich,
daß dann entsprechende Stellen unverzüglich informiert
werden. Es kam vor, daß ein Diebstahl bereits als wahr-
scheinlich galt und erst umständliche Ermittlungen den

tatsächlichen Sachverhalt aufdeckten.[84] Es kam aber
auch vor — und das ist weitaus bedenklicher —, daß
71, 396 selbst ein auffälliger Verlust über Monate hin unbeachtet
blieb, weil man hatte glauben können, irgendjemand
habe das Stück doch wohl zwecks Ausbesserung, Reinigung oder wozu auch immer zu sich genommen.[85]

Hier zeigen sich Mängel der Organisation. Den Einwohnern müßten bestimmte, über den Kreuzbestand eines Bezirks informierte Meldestellen (Obmänner) bekannt sein; der Hinweis auf den Ortsbürgermeister genügt nicht, schon weil im Gelände die Zugehörigkeit der Denkmäler oft unklar ist. Die Bevölkerung ist immer wieder aufzufordern, aufmerksam zu sein und zweckdienliche Beobachtungen ohne Verzug zu melden. Das muß notfalls auch am Wochenende und nach Feierabend möglich sein.[86]

In manchen Fällen — etwa bei der Feststellung verdächtiger Manipulationen an einem Denkmal, zumal bei Nacht — ist ohne Zögern die Polizei zu verständigen. Es muß kaum betont werden, wie wichtig dann die Notiz des Autokennzeichens ist; auch die vorsorgliche Notierung bei nur unbestimmtem Verdacht kann im nachhinein bei der Aufklärung eines Falles nützlich sein.[87]

Von Bedeutung ist weiter die Fahndung nach dem gestohlenen Denkmalgut. Hier zeichnet sich eine erfreulich zunehmende Aktivität der Kriminalpolizei ab.[88] Nach einer Reihe entwendeter Stücke wird bereits jetzt nicht nur regional, sondern auch bundesweit mit Bildern gefahndet – und das soll künftig die Regel sein. Selbstverständlich werden auch die älteren ungeklärten Verluste in die Fahndungslisten aufgenommen.[89] Ausdrücklich ergeht die Aufforderung, bei vermutlichem Diebstahl ohne Ausnahme Anzeige zu erstatten. Jeder, sollte man wissen, ist dazu berechtigt.

Kreuzdiebstahl wird fortan gefährlicher, und er wird
zweifellos auch weniger lohnend. Es mag in Zukunft zu
riskant sein, ein Basaltlavakreuz unsicherer Herkunft zu
besitzen[90] oder es zu verhandeln.[91] Es gibt Fotos vom 71
Diebesgut, und die Kriminalpolizei hat sie in der Hand. 149 f., 266
Darüber hinaus wird es auch ein Anliegen der Denkmal- 282, 396
pflege sein, diese Bilder wiederholt zu veröffentlichen 437, 440
und so einem breiten Publikum zu zeigen, in jedem Fall
mit dem Hinweis auf die Eigenschaft als Diebesgut, nach
dem gefahndet wird.[92]

Die Sicherung des Kreuzbestandes, die Bekämpfung der Diebstähle und die Fahndung nach dem entwendeten Gut im einzelnen müssen aber getragen werden von allgemeinen Maßnahmen der Denkmalpflege und der Denkmalforschung. Dazu gehört die Anlage eines lükkenlosen und wissenschaftlich fundierten Inventars, zu dem es bisher nur Ansätze gibt.[93] Ebenso notwendig — ja in der gegenwärtigen Situation noch vordringlicher — ist ein zentrales Verlustarchiv; auch dieses ist für die Fahndung und die mögliche Wiederbeschaffung so wichtig wie für die Forschung.[94] Von Bedeutung ist weiter das Problem, Steinkreuze (vielleicht *die* Steinkreuze) unter gesetzlichen Denkmalschutz zu stellen.[95]

Entscheidend ist endlich die Einstellung der Öffentlich-
keit, zumal der einheimischen Bevölkerung, zum Denk-
malgut dieser Art. Achtlosigkeit, Vernachlässigung, ja 438 f.
Geringschätzung sind noch verbreitet und ohne Zweifel
mitbestimmend bei den Verlusten.[96]

Da gilt es — und viel wird eben davon abhängen —, in
Wort, Schrift und Bild[97] für die Wertschätzung der Stein- 1–466
kreuze zu werben, bewußt zu machen und das Bewußt-

sein zu vertiefen, daß es sich hier um bedeutendes, in seiner Art einmaliges und deshalb in hohem Grade schutzwürdiges Denkmalgut im Heimatraum handelt, um Monumente einer ungemein charakteristischen Volkskunst der mittelrheinischen Landschaft, aus einem halben Jahrtausend ihrer Geschichte und ihres christlichen Volkstums — um einen Reichtum dieser Landschaft, der nicht verlorengehen darf.
Wer das erkennt, wird bereit sein, für den Schutz der Kreuzdenkmale einzutreten. Einen Beitrag zu dieser Erkenntnis zu leisten, war das Anliegen des Herausgebers, als er dieses Buch plante, das Anliegen des Autors, als er forschte, fotografierte und schrieb.

ANMERKUNGEN

XIII. DENKMALPFLEGE

[1] Vgl. bes. VIII, bei Anm. 32—39. — Verunehrung des Flurkreuzes galt weithin als schwerste Blasphemie; eben deshalb war sie nach den Aussagen in Hexenprozessen nicht selten das äußere Zeichen für das Abschwören Gottes (VIII, bei Anm. 43 f.).

[2] Die wohl erste Würdigung eines Basaltlavakreuzes als Kulturdenkmal — und zwar des Mals von 1472, später „Golokreuz" genannt — erschien am 22. Oktober 1876 im Mayener Sonntagsblatt, anonym veröffentlicht vom Niedermendiger Pfarrer, „welcher die Entdeckung machte, daß die Inschrift eine Übersetzung des bekannten alten lateinischen Gebetes Salve regina sei" (Freudenberg, S. 179). Jetzt war dieses Denkmal ins Blickfeld der „Altertumsforschung" gelangt, und Freudenberg selbst hat 1878, mit exakter Erwähnung weiterer Gewährsleute, ausführlicher in den Bonner Jahrbüchern über „das sog. Höhtges-Kreuz" gehandelt, das außer der Inschrift auch „durch seine eigenthümliche Form . . . unser Interesse in Anspruch nimmt" (a. a. O.). Im gleichen Aufsatz finden sich weiter Ausführungen „über ein ganz ähnliches, noch älteres Kreuz von demselben Meister" (S. 181 f.; das Beligen-Mal von 1462). Allgemein war aber ländliches Kulturgut wie Wegkreuze noch von geringem Denkmalinteresse; Lehfeldt hat 1886 das eine Stück immerhin erwähnt: „Hütgeskreuz . . . von 1472, Säule auf breitem Schaft, kunstlos, mit einer Inschrift (Uebersetzung des Salve Regina) und Nische" (S. 432). — Jahrzehnte später, 1921/22, hat Hörter seinen Aufsatz über Basaltlavadenkmäler aus der Umgebung von Mayen veröffentlicht, wo erstmalig der Bestand dieses Raumes in typischen Beispielen vorgestellt und Wesentliches zur Bedeutung der Male ausgesagt wird. Seit dieser noch heute wichtigen Publikation, und zweifellos auch durch sie angeregt, fanden Eifeler Wegkreuze als Denkmäler zunehmend Beachtung. 1930 und 1944 ist ihnen das Kalendarium des Eifelkalenders gewidmet (Graf Wolff Metternich; Nick / Pieroth). Der Wandel in der Einstellung zum Denkmal dieser Art zeigt sich auch im Rheinischen Inventar der Kunstdenkmäler (zit. KD); während etwa noch im Band Daun 1928 Steinkreuze kaum Erwähnung finden, werden sie bereits wenig später und forthin weitgehend aufgeführt und beschrieben; in der Einleitung erscheinen exemplarische Abbildungen (1938 Ahrweiler S. 46; 1941 Mayen I S. 54—58, 11 Abb.; 1944 Koblenz Land S. 47; 1959 Cochem I S. 36). Seit dem Ersten Weltkrieg bis in die sechziger Jahre haben in Mayen und im Umkreis Fridolin Hörter (sen.) und Heinrich Pieroth sich durch Erfassung und Forschung, Publikation und Lichtbildvortrag verdienstvoll bemüht, der Bevölkerung die Bedeutung der alten Steinkreuze bewußt zu machen; mit dem Interesse für diese Male weckten sie auch die Bereitschaft zur Erhaltung und Pflege. In den zwanziger Jahren hat Carl Burger aufgerufen, beschädigte Kreuze zu melden, damit sie in der von ihm geleiteten Steinmetzfachschule in Mayen kostenlos restauriert würden (vgl. I, Anm. 41). In den Jahrzehnten nach dem Zweiten Weltkrieg hat Georg Jakob Meyer, Trier, mit einem ungewöhnlichen Eifer und Arbeitsaufwand für die Beachtung der Wegkreuze und Bildstöcke als wichtige Denkmäler gewirkt. Sein Inventar mit Zeichnungen und Beschreibungen (vgl. II, Anm. 66, Nr. 5) wird als umfassendes Nachschlagewerk stets nützlich bleiben (obwohl es Lücken enthält und die Zeichnungen nicht immer zuverlässig sind). Nach dem Regierungsbezirk Trier hat Meyer einen Teil des Bezirks Koblenz mit Basaltlavabestand bearbeitet, zuletzt die alten Kreise Cochem (3) und Mayen (5 Bände); der Kreis Ahrweiler war in Arbeit, als er starb (1 Band). Bemerkenswert ist auch die umfangreiche Veröffentlichung von 1957 zu den Kreuzen im Trierer Land, in der die im Umkreis von Mayen/Mendig (nach Meyer „im Maifeld") nicht unberücksichtigt blieben. Weitere Forschungen galten den gerade im Basaltlavabestand so zahlreichen Hausmarken. Zu diesen hat Meyer auch ungezählte Grabkreuze zeichnerisch aufgenommen, eine Denkmalart, die gegenüber den Wegkreuzen durchaus zu Unrecht häufig

vernachlässigt wird. Daß beide Arten nicht nur in vieler Hinsicht zusammengehören, sondern auch gleich bedeutsam sind, zeigt nicht zuletzt die hier vorgelegte Untersuchung zum Steinkreuz als Denkmal.

3 Vgl. auch IV, bei Anm. 52. — Die Rettung von Schaft und Sockel, mit der Inschrift des mittelhochdeutschen Salve Regina, ist vor allem der Wachsamkeit von Herrn Leo Waldorf, Thür, zu verdanken. Er hat am 29. April 1977 zunächst das Fehlen des Nischenkopfes bemerkt und gemeldet; es wurde Anzeige bei der Kriminalpolizei erstattet. Der Kopf (Abb. 266 zeigt die Rückseite) war mittels Steinzapfen im Schaft verankert gewesen, Meißelspuren zeigten die „fachmännische" Arbeit der Diebe beim Herauslösen (zu erwähnen ist das zeitliche Zusammentreffen mit einem „Internationalen Trödelmarkt", der an den beiden folgenden Tagen in Mayen stattfand, doch ist ein Zusammenhang nicht sicher). Wenige Tage später, am 5. Mai, wurde plötzlich festgestellt, daß Schaft und Sockel behutsam aus dem Mühlstein gehoben und so hinter den Stamm des nahen Baumes (Abb. 149 f.) gelegt worden waren, daß sie von der Straße aus nicht gesehen werden konnten. Jetzt stand fest, daß auch deren Abtransport geplant war — nur irgendeiner Panne ist wahrscheinlich zu verdanken, daß die Teile noch hier lagen. Die Situation bot die Chance, die Kreuzdiebe zu stellen; allerdings war dann der Platz ununterbrochen zu beobachten, denn das Risiko des Verlustes durfte keinesfalls eingegangen werden. Die Polizei, mit der ich verhandelte, konnte aber den Schutz nicht voll garantieren (Personalmangel). So wurden Schaft, Sockel und Mühlstein noch am gleichen Tag in Sicherheit gebracht.

4 Abb. 440. — Vgl. IV, Anm. 39 (mit Verweisung auf III, 61).

5 Abb. 437. — Vgl. zur Ikonographie VI, Anm. 87; XI, bei Anm. 27; zur Inschrift (116) auch VIII, Anm. 68; IX, Anm. 62.

6 Auf kompaktem Sockel mit geflügeltem Engelkopf und Jahreszahl sitzt direkt, ohne den sonst üblichen Schaft, der Kopf mit giebelförmig geschlossener Bildnische, bekrönt von einem Kreuz mit Titulus. Am Reliefbild fällt die Darstellung des Tuches mit Falten und zwei Knoten auf. Die Gestalt des Mals ist im Vergleich zum weiteren Bestand so merkwürdig, daß man sich fragen muß, ob sie die ursprüngliche ist. Es scheint nicht ausgeschlossen, daß einmal ein Schaft vorhanden war und man erst nach dessen Zerstörung den Bildnischenkopf auf diesen Sockel gesetzt hat (der vielleicht anderer Herkunft ist; das Kopfstück mit Kreuz könnte im übrigen ein frühes Werk des Meisters M sein). Vor dem Verlust, wohl um 1973/74, hatte der obere Stein mehrfach neben dem Sockel gelegen; eines Tages war er verschwunden. Der Sockel ist noch vorhanden. — Vom vermißten „Herrgottshaupt" bei Trimbs-Polch gibt es gute ältere Fotos. Aber auch sonst sind von fast allen verlorenen Denkmälern fotografische Aufnahmen vorhanden. Wertvolles älteres Bildmaterial enthalten für das Kerngebiet der Basaltlavakreuze die vom Fotografen Heinrich Pieroth hergestellten Diareihen und Bildmappen oder Alben (auch in Privatbesitz; mir sind in Mayen vier private Bildsammlungen dieser Art bekannt, eine fünfte im Archiv Dr. F. X. Michels † in Mendig). Zur Dokumentation eines älteren Zustandes oder Standortes wurden aus diesem Material auch Fotos in unseren Bildteil aufgenommen (vgl. Abbildungsnachweise). Es ist zu erwähnen, daß ein Teil der Aufnahmen in den genannten Dia- oder Bildsammlungen von Fridolin Hörter stammt, der, eng mit Pieroth zusammenarbeitend, seine Platten und Filme selbstverständlich in dessen Labor gab und ihm meist die weitere Auswertung überließ (vgl. etwa Bildpublikationen in: Hörter, Bildstöcke und Wegekreuze; ders., Vier Bildstöcke; Nick/Pieroth in Eifelkalender 1944; Wrede, Eifeler Volkskunde, Abb. 24, 45).

7 Vgl. X, Anm. 39. Der untere Teil des Schaftes war schon früher verloren. Über dem Wappenschild, in der Kreuzmitte, Nische mit spitzem Abschluß, der Nischenrand vorstehend, an der Rückwand ein flach erhabenes Kreuz ausgehauen; es handelt sich zweifellos um ein Sakramentsmal der alten eucharistischen Flurprozession (übrigens zeigen zwei Ankerlöcher auf dem rechten Nischenrand, daß einmal ein Gittertürchen angebracht war).

8 Standort unweit der Elzbrücke auf halbem Weg zwischen Müsch und Schnürenhof bei Monreal. Der relativ einsame Weg wird doch vor allem in der wärmeren Jahreszeit viel befahren (einzige Zufahrt nach Müsch). Im Sommer 1974 wurde das Kreuz vermißt. Beim Absuchen des Standortes zeigte die noch frische Erdvertiefung im hohen Gras, daß der Diebstahl nicht weit zurücklag und daß das Kreuz exakt herausgehoben worden war.

9 Vgl. VIII, Anm. 66. Vermißt 1974, nach dem Ausbau der Straße. — Zu weiteren Steinkreuzen, die in einem Bezug zu der früher bedeutenden jährlichen Fahrt nach Trier standen, vgl. ebd. Anm. 68.

10 Am alten Verlauf der Straße nach Metternich (entlang an Gärten). Das gestohlene obere Kreuz mit stark erhabenem INRI-Schild, dem typischen Korpus dieser Werkstatt und einem Kelchengel zu Füßen; über dem Engel Profilleiste, die von den Beinen des Gekreuzigten überschnitten wird. Auf dem erhaltenen Schaft „IWB" (I. Weckbecker) und Weck als Hausmarke. Weil das Kreuz sich gelöst hatte und ein Herabstürzen zu befürchten war, hatte der Besitzer des angrenzenden Gartens es heruntergenommen und an den Schaft gelehnt — in der Meinung, daß das Kreuz für den Vorübergehenden sichtbar bleiben sollte; eine Restaurierung war vorgesehen. An die Möglichkeit eines Diebstahls hatte man nicht

gedacht. — Hier sowie bei den weiter genannten Stücken aus Werkstätten vgl. jeweils die Übersicht in XII, Anm. 1, bei der betreffenden Werkstatt (z. T. mit ungefähren Zeitangaben des Verlustes); ggf. vgl. auch die weiteren Ausführungen im Werkstatt-Kapitel.

[11] Gemarkung Kell; Standort ca. 200 Meter entfernt von der Kreuzung des Feldweges Wassenach-Eich mit der Straße Kell-Laach, in Richtung Eich. Kreuzteil auf einem breiteren Schaftteil; am Kreuz INRI-Schild (schrägstehendes Parallelogramm), Kruzifixus und drei Kelchengel. Die Darstellung gleicht der vom Steinbergerhof (Abb. 370; vom gleichen Meister ein Jahr später), doch ohne das kastenartige Profil am unteren Engel und mit senkrechtem, nicht geneigtem Christushaupt; auffällig sind lange Haarsträhnen beiderseits bis über die Arme (nach einem alten Foto). Nach Meyer, Trier, auf dem Schaft die Inschrift „ANNO 1663, IOH(a)NNES GIRVS VND SEINE HAVSZFRAW MATLENA", darunter Wolfsangel als Marke; im Volksmund „Lilianskreuz"; Höhe 1,73 Meter; im Boden „schlecht verankert". Zur Zeit des Verlustes wurde in der Nähe Bims abgebaut; das Kreuz stand an der Zufahrt zu den Baustellen.

[12] An der Straße nach Wehr, kurz bevor sie die Höhe („Stumpisch Kreuz") erreicht. Kreuz mit Kruzifixus, jedoch ohne die bei der Werkstatt E oft üblichen Kelchengel. Das von einem Bürger aus Wehr gestiftete Mal war laut Inschrift 1870 von einem Pfarrer neu aufgestellt worden (Is. 125). Nach dem Verlust, im Winter 1978/79, stand noch der untere Teil des Schaftes mit unregelmäßiger Bruchstelle.

[13] Abb. 71 (ganz), 396 (gestohlener Teil mit Ölbergszene und Pieta; vgl. XI, Anm. 25). Am alten Weg Bell—Obermendig, auf der Höhe (etwas abseits der befahrenen Straße und von dieser gut sichtbar). Wie die meisten Verluststücke, gehört das erst kürzlich, noch Anfang 1979, zerstörte und beraubte Kreuz zu den besonders bemerkenswerten Stücken des mittelrheinischen Bestandes. Wie die Untersuchung des Schaftes ergab, ist der obere Teil abmontiert worden; die Verklammerung war vorher nicht defekt.

[14] Vgl. VI, Anm. 13, und den ganzen Zusammenhang zu Wetter- und Hagelkreuzen. Das ebenfalls noch Anfang 1979 gestohlene Kreuz, mit Korpus von dem genannten Meister, war von der Autobahn aus zu sehen und stand nahe bei einem Rastplatz („Kuckucksweide"). Als man den Verlust entdeckte, fand man das Erdloch, aus dem es herausgehoben worden war, mit Steinen verfüllt und unauffällig abgedeckt.

[15] An der Straße nach Karden, unweit Dünfus (neben einer Kapelle). Kreuzoberteil mit Kruzifixus und den beiden Figuren auf seitlich ausladenden Konsolen aus einem Stück gehauen. Rechts ist noch der Ansatz der Konsole vorhanden, links die Konsole mit einem Teil vom Gewand und den Füßen der Johannesfigur (der Bruch verläuft vom Kreuzbalken aus schräg nach unten). Vom gleichen Meister stammen so bemerkenswerte Stücke wie die Figur des Johannes aus Hatzenport (Abb. 294). Wie diese, so waren auch Korpus und Begleitfiguren an dem demolierten Kreuz ursprünglich farbig gefaßt (zur Polychromie an Basaltlavakreuzen vgl. I, bei Anm. 66—83). — Nicht ohne Absicht wurden die vermißten Stücke, soweit nicht abgebildet, näher beschrieben; aufgrund der Hinweise könnte das eine oder andere einmal irgendwo erkannt werden. — Zu zwei weiteren Verlusten aus jüngster Zeit, darunter dem des Kehriger Mals Abb. 282, vgl. unten Anm. 69.

[16] Nicht wenige Beispiele sind dem Vf. bekannt. Erwähnt sei nur etwa das „Siegeskreuz" von 1634 aus der Mayener Werkstatt M (vgl. IX, Is. 136 u. Anm. 75). Ohne Zweifel hing der Diebstahl des Kreuzoberteils bei Münstermaifeld, von einem Denkmal aus derselben Werkstatt, mit der Beschädigung zu diesem Zeitpunkt zusammen (vgl. Anm. 10).

[17] Zu Abb. 438 wird der Ort aus Gründen des Schutzes nicht genannt. Unter den abgestellten Grabdenkmälern finden sich zahlreiche alte Stücke und solche mit bemerkenswerten Hausmarken. Auch bei einer größeren Zahl wie hier ist jedes einzelne Stück ein unersetzliches Monument, nicht zuletzt für die Heimat-, Dorf- und Familienforschung. Gleich wichtig ist der Bestand im ganzen, der lokalgeschichtliche Fakten dokumentieren kann (so beispielsweise, wenn sich in dem kleinen Moselort Klotten zwölf Grabkreuze allein aus dem Jahre 1597 finden).

[18] Vgl. II, Anm. 69.

[19] Vgl. I, bei Anm. 9.

[20] Abb. 439, Foto nach Auffindung. Es wäre empfehlenswert gewesen, das Kreuz bereits vor Beginn der Bauarbeiten sicherzustellen (mit fotografischen Aufnahmen am Standort und der genauen Dokumentierung desselben). Aus Schutzgründen (vgl. Anm. 17) wird auch hier auf die Ortsangabe verzichtet.

[21] Vgl. II, bei Anm. 47—50 und bei Anm. 67.

[22] Abb. 462—464; datiert „1698" (im Bildteil versehentlich 1689). Das Kreuz ist in dieser Gegend ein Einzelstück und unter den etwa 400 Wegkreuzen im Raum Bonn das einzige aus Basaltlava (freundliche Angaben von Herrn Zuppke; vgl. Anm. 25).

[23] Arenzprofferweg (im Distrikt Gronau); Abb. 462, mit Fuhrwerk.

[24] Sträßchensweg (etwa der Standpunkt des Fotografen zu Abb. 462). An dieser Wegkreuzung stand einmal eine Windmühle (1658 wird noch ein „Wintmüllen Stumpff" erwähnt), und hier verlief die südliche Banngrenze der alten Stadt Bonn.

[25] Ich danke an dieser Stelle Herrn Emil Zuppke, Bad Godesberg, der mich auf das Basaltlavakreuz aufmerksam gemacht hat, und Herrn Müller-Hengstenberg, Bonn-Röttgen, von dem ich die topographischen und historischen Angaben erhielt. Herr Fridolin Hörter, Mayen, verwies mich auf das in den „Blauen Büchern" veröffentlichte, schon historische Foto mit dem Kreuz in der Rheinlandschaft (Abb. 462); der Bildautor, Herr Dr. Paul Nathrath, sowie der Langewiesche Verlag gaben die freundliche Erlaubnis zum Abdruck.

[26] Hier sei etwa die Moselgemeinde Lehmen genannt; zu den restaurierten Denkmälern gehören das Nischenmal Abb. 451 (vgl. Anm. 38) und das Kreuz von 1653 aus der Werkstatt M (XII, Anm. 1). — In Naunheim wurde ein Kreuz (IX, Is. 45; vor einer Kapelle am Ortsausgang nach Mertloch) zweimal durch ein von der Straße abgekommenes Fahrzeug zerstört; beide Male hat die Gemeinde eine Koblenzer Fachwerkstatt mit der Instandsetzung und zum Teil notwendigen Ergänzung betraut und die Übernahme der nicht unerheblichen Kosten durch die jeweilige Haftpflichtversicherung durchgesetzt. — In diesen Fällen wie auch bei allen weiteren Angaben von Orts- und Personennamen handelt es sich nur um Beispiele aus einer meist größeren Zahl ähnlicher, die dem Vf. bekanntgeworden sind.

[27] Das noch im schadhaften Zustand aufgenommene Kreuz Abb. 441 (von 1696; XII, Anm. 1, Werkstatt O) war bald danach von dem zuständigen Förster, Herrn Walter Schlich, Kürrenberg, wieder aufgerichtet und befestigt worden; zur gleichen Zeit hat er das Mal Abb. 215 neu aufgestellt (Werkstatt M; das Foto zeigt den Zustand nach der Restaurierung, vorher lag das Mal in drei Teilen am Boden) und das „Görgens Kreuz" (Werkstatt M) sowie weitere Denkmäler instandgesetzt.

[28] Im Museum Mayen (Eifeler Landschaftsmuseum) hat sich beispielsweise Herr Peter Scherf über Jahrzehnte hin bei zahllosen Anlässen um die Erhaltung und den Schutz der Steinkreuze bemüht.

[29] Fast von Ort zu Ort ließen sich Beispiele anführen; auch manche Lehrer wären zu nennen, einzelne Bildhauer. In der Regel sind die betreffenden Personen gute Kenner des gesamten heimischen Bestandes, und vielen bin ich zu Dank verpflichtet für ihre bereitwillige Unterstützung bei den Forschungen im jeweiligen Gebiet; es ist nicht möglich, alle zu nennen.

[30] Bildbeispiel Abb. 452/453 bei und nach den Erdarbeiten zur Zubringerstraße der linksrheinischen Autobahn, Abfahrt Wehr in Richtung Kempenich. — Zu dem Kreuz, mit schwer lesbarer Inschrift (62), vgl. II, bei Anm. 46; VII, bei Anm. 48; XII,Anm. 5.

[31] So etwa Herr Nikolaus Auer in Nickenich, Herr Robert Gail in Polch, Herr Johann Hauröder in Miesenheim — wieder nur Beispiele. Auch ihnen bzw. solchen Personen verdanke ich viele wichtige Hinweise und örtliche Erkenntnisse. In der Bevölkerung finden sie nicht immer Verständnis und Rückhalt für ihre Bemühungen um Erhaltung und Pflege der heimischen Mäler. Die Fälle, wo Grabkreuze oder Teile von Wegkreuzen auf die Müllkippe kamen und von ihnen dort wieder gesucht und ausgegraben wurden, sind Exempel für diese Situation.

[32] Der Junggesellenverein von Obermendig sei hier als Beispiel für aktiven Einsatz zur Instandsetzung von Steinkreuzen genannt. In anderen Orten hat etwa ein Fotoclub die Denkmäler des Heimatraumes aufgenommen und sich zugleich um ihre Pflege bemüht. Da finden sich von Ort zu Ort andere Verhältnisse, von Achtlosigkeit bis zur Sorge unter beachtlichen persönlichen Opfern. Lokale Initiativen durch Vereine und Gruppen, aber auch durch Einzelpersonen, sollten seitens der Verwaltung gefördert und gegebenenfalls finanziell unterstützt werden.

[33] Eine Bildreportage erschien in diesem Zusammenhang von Interesse (Abb. 454—458; Herrn Nikolaus Auer, Nickenich, verdanke ich den Hinweis auf das Vorhaben am Karfreitag 1975). Das wiederaufgestellte Kreuz ist ein Stück aus der Werkstatt N. Selbstverständlich erschöpfen sich die Bemühungen um die zahlreichen Denkmäler im Gebiet der Gemeinde nicht in den Arbeiten dieses Tages. Die Mitglieder des relativ kleinen Kreises bestreiten die Kosten, die bei den Renovierungs-, Schutz- und Pflegearbeiten entstehen, im allgemeinen aus eigener Tasche; seit einigen Jahren gewährt die Gemeinde von Zeit zu Zeit Zuschüsse. Dem Nickenicher Förderkreis für Wegkreuze ist auch die Errichtung des Schutzbaues für das Sakramentsmal bei Wassenach zu verdanken (Abb. 449 f.; vgl. Anm. 38).

[34] Allerdings gehören die kommunalen Verwaltungen nicht zu den gesetzlich berufenen Denkmalschutzbehörden. Hier ist vom Land Rheinland-Pfalz zu sprechen, in dem sich der Basaltlava-Kreuzbestand fast ausschließlich befindet (ein weiterer sporadischer Bestand, vornehmlich an Grabkreuzen, in Nordrhein-Westfalen; zur Verbreitung im ganzen vgl. II, bei Anm. 47—65). Denkmalschutzbehörden sind außer dem Kultusministerium die Bezirksregierungen und die Kreisverwaltungen; Denkmalfachbehörde ist das Landesamt für Denkmalpflege, Mainz (Landesgesetz zum Schutz und zur Pflege der Kulturdenkmäler, vom 23. März 1978, §§ 24, 25). Es müßten im Blick auf die besonderen Gegebenheiten beim Schutz und bei der Pflege der Kleindenkmale — Bildstöcke, Weg- und Grabkreuze — Lösungen gefunden werden, die Kommunalverwaltungen zu beteiligen und mit bestimmten Aufgaben zu betrauen. Das von der unteren Denkmalschutzbehörde, der Kreisverwaltung,

betreute Gebiet ist bei dieser Denkmalart zu groß, der Bestand in den Hauptzonen der Verbreitung zu zahlreich; die praktische Schutztätigkeit im Einzelfall setzt den Einblick in detaillierte örtliche Belange (Flur, Grundbesitz, Betreuer u. ä.) voraus. — Als zentrale Stelle ist 1972 in Rheinland-Pfalz auch das Ministerium des Innern zur Erhaltung von Bildstöcken und Wegekreuzen tätig geworden und hat über die Bezirksregierungen und Kreisverwaltungen auf die Kommunalbehörden eingewirkt mit dem Ersuchen, dem Schutz dieser Denkmale besondere Aufmerksamkeit zu widmen, gegebenenfalls gefährdete Objekte in die Obhut der Gemeindeverwaltungen zu nehmen und als Grundlage für wirksame Schutzbemühungen eine Erfassung durchzuführen (vgl. II, Anm. 66, Nr. 7); das Unterlagenmaterial der Bestandsaufnahme sollte auch dem Landesamt für Denkmalpflege zugeleitet werden, „damit es für denkmalpflegerische Maßnahmen oder volkskundliche Forschungszwecke ausgewertet werden kann". — Ich danke dem Innenministerium für die freundliche umfassende Information über die damalige Maßnahme. Sie war angeregt worden durch den Landtagsabgeordneten Paul Knüpper, Mayen, der darauf hingewiesen hatte, daß immer häufiger Wegekreuze zum Verkauf angeboten würden.

35 Hier ist wohl bemerkenswert, wie sich die Initiative der Landesregierung Rheinland-Pfalz (vgl. vor. Anm.) „an der Basis" ausgewirkt hat (dazu erhielt der Vf. bei seinen Erkundungen für diese Arbeit in manchen Fällen Einblick). Zweifellos war zum Beispiel die Sorgfalt bei der Erfassung weitgehend abhängig von dem Interesse und dem Denkmalbewußtsein der jeweiligen Verwaltung (wo beides vermißt wird, dürfte auch der empfohlene aktive Schutz im argen liegen); neben den Kommunen mit exakten und sichtlich von engagierten Personen gefertigten Bestandsaufnahmen gab es auch etwa den Bürgermeister, der meinte: „Für sowas haben wir kein Personal", oder die Gemeinde, die schlichtweg „Fehlanzeige" erstattet hat, obwohl sich eine Reihe bemerkenswerter Denkmäler in der Gemarkung findet.

36 In dem genannten Denkmalschutzgesetz des Landes Rheinland-Pfalz (vgl. Anm. 34) ist die Möglichkeit, ehrenamtliche Denkmalpfleger zu berufen, und zwar auch „zur Wahrnehmung bestimmter Aufgaben", wie es hier der Fall wäre, ausdrücklich vorgesehen (§ 27).

37 Immer wieder hat sich gezeigt, daß im persönlichen Gespräch viel zu erreichen ist. In zahlreichen Fällen ist die Tätigkeit „vor Ort" unentbehrlich. Verwaltungen (oder wer immer einschlägige Maßnahmen durchführt) brauchen fachliche Beratung, auch und vor allem im Einzelfall. Die pflegerische Arbeit eines Beauftragten sollte eng verbunden sein mit den Arbeiten zu einem wissenschaftlichen Inventar und mit denen des zentralen Verlustarchivs (vgl. unten), wenn nicht überhaupt diese Aufgabenbereiche zusammengefaßt werden. Jeder Bereich erfordert den auch historisch-volkskundlich bewanderten Fachmann, seinen steten Kontakt mit zuständigen Stellen und Anwohnern sowie immer wieder auch spezielle Feldforschung. — Naturgemäß spielt bei behördlichen Maßnahmen das Problem des finanziellen Aufwandes eine entscheidende Rolle. Dieser erscheint (angenommen etwa, ein Pfleger betreut einen ganzen Regierungsbezirk) relativ gering — im Verhältnis nämlich zum Denkmalbestand und seiner Bedeutung, im Verhältnis aber auch zum Effekt. Hier ist die Frage erlaubt: Was sind dem Land — dem Bezirk, dem Kreis, der Gemeinde — die alten Steinkreuze wert?

38 Gelegentlich sieht man primitive und lieblos erscheinende Notlösungen (wobei aber wenigstens die Teile für eine spätere fachgerechte, zum Teil kostenaufwendige Renovierung erhalten werden). Da sind etwa Bruchstellen mit groben Bandeisen zusammengehalten, Kreuzteile mit Draht aneinandergebunden oder gegen Herabstürzen auf gleiche Weise an der Mauer dahinter befestigt. Da ist, Abb. 442, ein Kreuz in die Trockenmauer an der Dorfstraße eingefügt, aber der untere Schaftteil mit der großen Monstranzkonsole auf den Kopf gestellt — diese ist an der Stelle beschädigt und ausgebrochen, wo der obere Teil aufsitzen müßte (Kreuz aus der Werkstatt O; in der Abb. daneben, 441, ein sehr ähnliches Stück von 1698 aus derselben Werkstatt). — Nicht selten hat man Teile verschiedener Herkunft und aus verschiedener Zeit zusammengebaut, so etwa bei Kreuzen in Langenfeld (Kreuzteil von 1705 aus der Werkstatt S, Abb. 395, auf Schaft von 1585), Burgbrohl (Kreuzteil aus der Werkstatt E auf Schaft von 1747), Nickenich (Kreuzteil aus der Werkstatt P auf Schaft von 1664), Thür (jüngerer Kreuzteil mit Korpus auf Schaft aus der Werkstatt M, Abb. 235; vgl. X, Anm. 53), Gillenbeuren (Abb. 283) und bei St. Jost (Abb. 284); zu einem Mal bei Polch mit Sockel von 1624 vgl. oben Anm. 6. Das Zusammenbauen ist zwar nicht unbedingt denkmalgerecht, und für den Forscher ist Aufmerksamkeit geboten, doch muß man solche Lösungen akzeptieren. Sie sind zum Teil auch bereits „historisch", und die Anwohner wissen meistens gar nicht, daß es sich um zusammengesetzte Stücke handelt. Weist man darauf hin, findet dieser Umstand gewöhnlich auch wenig Interesse — für sie ist es ein Kreuz wie jedes andere. — Während Kombinationen dieser Art oft als stilistisch gelungen bezeichnet werden müssen, gibt es andere, die nicht mehr akzeptabel erscheinen. Als Beispiel wird der alte Schaft von Allenz gezeigt, der später eine unpassende „Bekrönung" erhalten hat (Abb. 447/448;

das Mal 1598 gestiftet von „SEBASTIAN MERTEN VON SPORZEM" — „Spurzem" hieß eine untergegangene Siedlung bei Allenz). Ursprünglicher Abschluß war vermutlich ein Gehäuse mit Sakramentsnische. Der erhaltene Schaft, mit erhabener Kruzifix-Darstellung, ist allein ein eindrucksvolles Denkmal — die Zutat hat es verfälscht. — Keine gute Lösung ist auch etwa die Verwendung des neuen Sockels (wohl von einem abgeräumten Grabmal) bei der Wiederrichtung des Kreuzes von 1680 bei Nickenich (Abb. 454 ff.; vgl. bei Anm. 33). — Das Mal aus Tuffstein bei Wassenach erhielt als Wetterschutz einen Überbau aus Beton (Abb. 449/450). Es ist das älteste erhaltene Stück aus diesem Material und ein typisches Sakramentsmal des späten Mittelalters. Auf einem achtkantigen Schaft ruht das Nischengehäuse, mit Dachüberstand an den Traufen (wie in Obermendig 1462 und in Kollig, vgl. Abb. 146 ff., 183) und am Giebel der Frontseite (Profil mit Hohlkehle). Die Nische sowie der umlaufende Falz für eine Gittertür sind in spitzem Kielbogen (sog. Eselsrücken) geschlossen. Auf der vorderen Fläche des Nischenkopfes finden sich Reste von alter ziegelroter Farbe. Für die Forschung bemerkenswert sind auch die zahlreichen Ritzungen an dem Mal, denen eine kultisch-magische Bedeutung zuzuschreiben ist (vgl. VI, Anm. 70, 76 am Ende, bei Anm. 119, 130, 142 f.). Der Überbau war eine notwendige und sinnvolle denkmalpflegerische Maßnahme, und der Aufwand zeigt, daß man sich den Schutz des alten Mals etwas kosten ließ. Die Initiative dazu ging in Nickenich (in dessen Gemarkung das Denkmal steht) von dem schon genannten Kreis zur Pflege der heimischen Kreuze aus (vgl. bei Anm. 33); weitere Bürger des Ortes halfen ohne Kostenanspruch (ein Zimmermann erstellte die Schalung, ein Bauunternehmer machte den Betonguß). „Die starke und fortschreitende Verwitterung", schreibt ein Angehöriger des erwähnten Pflegekreises, „war Veranlassung, dem Kreuz eine Betonummantelung zu geben, die dem Zeitalter entsprechend 1974 in Raketenform errichtet wurde" (Johannes Andernach, Nickenich in Bildern und Zeichnungen, hgg. 1978 von der Ortsgemeinde, S. 48). Allgemein bezeichnen die Einheimischen den Schutzbau auch als „die Rakete", die Gestaltung findet Befürworter und Kritiker. Abgesehen davon wird mit Recht bedauert, daß ein so wichtiges Denkmal fortan nicht mehr von allen Seiten zugänglich und zu besichtigen ist (die genannten Ritzungen finden sich auch seitlich und rückwärts). Übrigens sollte noch ein anderer Schutz erwogen werden, der gegen Diebstahl. Man könnte eine verschließbare Gittertür anbringen. In der gegenwärtigen Situation erscheint diese Sicherung so wichtig wie der Wetterschutz. — Als weiteres Beispiel sei das in der Steinmetzwerkstatt restaurierte Nischenmal in Lehmen genannt (Abb. 451; vgl. Anm. 26), wo zugleich, durchaus denkmalgerecht, eingehauene Marken, Schrift- und Symbolzeichen farbig hervorgehoben wurden. Der Bearbeiter hat indessen nicht beachtet, daß das Kreuzchen im oberen Abschluß des Mals auf dem Querbalken eines H steht; vielleicht wurde diese Ritzung übergangen, weil sie ohne Sinn erschien. Ein Fachberater hätte darauf hinweisen können, daß es sich bei dem H mit Kreuz um die beliebte Kurzform für das im Kult des Volkes und auch unter den Symbolen dieser Denkmäler so bedeutsame Jesusmonogramm IHS handelt (vgl. VI, bei Anm. 79). Beiläufig wird noch bemerkt, daß auch bei der Zehnerziffer in der Jahreszahl die farbig markierte Form nicht der des Originals entsprechen kann; vermutlich ist „5" zu lesen (so auch Meyer, Trier, nach dem Befund vor der Restaurierung). — Vgl. im Zusammenhang dieser Ausführungen weiter Anm. 52 (zu Abb. 444) und bei Anm. 62 (zu Abb. 445 f.).

39 Eingelassen in Mauern sind neben Grabkreuzen (vgl. Anm. 42) Mordkreuze (Abb. 191), Kreuze für tödlich Verunglückte, oft für Ertrunkene (198, 247, 295), Votivkreuze mit Korpus (342 f., 392) sowie gelegentlich alte Nischenmäler (36, 153, 182); weitere Zeugnisse im gesamten Bildteil.

40 Zu den volkstümlichen Vorstellungen von der „Heiligkeit", aber auch der Schutzkraft des Steinkreuzes und des Nischenmals vgl. bes. Kapitel VI und VIII; zum Einmauern von Stücken aufgrund dieser Vorstellungen vgl. VIII, Anm. 32.

41 Abb. 459—461 zeigen Beispiele aus verschiedenen Zeiten (und verschiedener Intention). An der Pfarrkirche von Wanderath sind außer dem Kreuz mit Korpus (459) einige Grabkreuze eingefügt. Über dem Eingang der Kapelle in Wimbach (460) ist ein Grabkreuz aus der Werkstatt A eingelassen (vgl. dazu bes. Abb. 403—406, mit Kruzifixi); in KD Ahrweiler ist zu der Kapelle irrtümlich angegeben „wurde 1926 abgebrochen" (S. 677; mit Hinweis auf Abb. in Eifelkalender 1939, aus der die Identität der Kapelle hervorgeht). In Niederzissen (Pfarrkirche; 461) wurde der Gedanke der Erhaltung alter Grabkreuze (sie standen, Überbleibsel vom ehemaligen Kirchhof, an der romanischen Kirche) verbunden mit architektonischer Gestaltung; die Kreuze sind eingelassen in die Wandfläche des Verbindungstrakts, über dem Eingang. Die auf den ersten Blick „elegante" Lösung hat die Denkmäler allerdings ihrer Eigenständigkeit beraubt, sie sind im Grunde nur noch Ornament; die Bossen, die in der Erde saßen, sind abgeschlagen; die Seiten- und Rückflächen sind nicht mehr sichtbar (vgl. unten); selbst die noch sichtbaren Frontflächen sind über dem Vordach des Einganges so hoch angebracht, daß eine nähere Untersuchung nicht mehr möglich ist — es sei denn mit einem komplizierten Gerüst (die Kala-

mität zeigte sich beispielsweise, als in der Frage nach möglichen Kreuzwerkstätten außerhalb vom Zentrum Mayen/Mendig das Material der Zissener Grabkreuze zu untersuchen war; vgl. II, Anm. 14). — Nicht selten findet man alte Steinkreuze als Giebelbekrönung an Wegkapellen (Abb. 178; am Weg von Niederzissen nach Galenberg und Brenk; Kreuz am rückwärtigen Giebel). An der Pfarrkirche in Hausen ist ein Kreuz mit Korpus aus der Werkstatt O eingemauert (XII, Anm. 1), ferner ein Grabkreuz (mit nicht zugehörigem Bruchstück von 1614). In Rieden findet sich eine ganze Reihe von Grabkreuzen in der Außenmauer der Kirche, darunter die Stücke Abb. 277 (aus der Werkstatt R) und 335. Erwähnenswert ist weiter das eingelassene Doppelkreuz an der Pfarrkirche von Ediger (vgl., auch zum besonderen Schutzcharakter der Kreuze mit zwei Balken, VI, bei Anm. 38—41). — Es kam auch vor, daß Teile von Grabkreuzen lediglich als (schon zugehauene) Bausteine dienten (so mehrfach in Wassenach am Kirchenbau des Jahres 1851). In Königsfeld war „die Friedhofsmauer ... mit verstümmelten Grabkreuzen (meist um 1780) abgedeckt" (KD Ahrweiler, S. 361); dazu gehörten wahrscheinlich die jetzt neben der Kirche aufgestellten Stücke mit abgeschlagenen Querbalken (Abb. 443), deren Erhaltung auch in dieser Form durchaus angebracht ist.

[42] Abb. 12, 90, 121, 250, 315 und viele weitere. Als Beispiel sei etwa der Friedhof von Mülheim bei Koblenz genannt, wo die alten Grabdenkmäler Stück für Stück innen in die ältere Umfassungsmauer eingefügt sind (Abb. 85). Vgl. hier auch den kürzlich entdeckten Befund an der (durch Ausschachtungsarbeiten freigelegten) Außenmauer des Alten Friedhofes in Bonn (II, Anm. 61; Kreuze von den seinerzeit geschlossenen Kirchhöfen der Innenstadt).

[43] Besonders beim Grabkreuz findet sich die Zweiseitigkeit häufig, erklärbar im Blick auf die ältere Form der Friedhofsanlage (vgl. I, Anm. 61). Neben dem Schema Bildseite / Schriftseite (Abb. 98—100; bei den Grabkreuzen der Werkstatt A ausnahmslos, vgl. XII, bei Anm. 27) gibt es auch andere Lösungen (Abb. 88 f., 96 f.). Am Kreuz in Kobern mit den Arma Christi (Abb. 312) ist auf der Gegenseite noch ein Kruzifixus ausgehauen (vgl. I, Anm. 60). An Mälern jeder Art zeigen mitunter auch die seitlichen Flächen Ornamente (Abb. 302 u. a.), Symbole (Abb. 288) oder Inschrift (Abb. 220, Is. 130; Abb. 37, Is. 107). Am Nischenmal finden sich häufig plastische oder geritzte Darstellungen des Kreuzes rückwärts sowie auf den Seiten (Abb. 142, 145, 147—149, 156, 160, 266, 440; vgl. VI, bei Anm. 48 f.).

[44] Vgl. etwa Anm. 38 zu dem Mal bei Wassenach (Abb. 449 f.). Zu den verschiedenartigen Ritzungen dort und an weiteren Denkmälern sowie zur Bedeutung derselben vgl. VI, bei Anm. 108—122, 130—144. — Auf den ersten Blick erscheinen solche Ritzungen oft ohne Sinn und Bedeutung; die Ausführungen a. a. O. zeigen aber, welchen Aussagewert sie für die Forschung haben können. In jedem Fall sollte ein Fachmann konsultiert werden. Abgesehen vom Vermauern wird beispielsweise auf die Platte des Sakramentstisches von Polch (Abb. 166) verwiesen, von der man, falls das überhaupt zur Kenntnis genommen wird, zunächst nur sagen wird, daß sie „verkratzt" ist; erst der Forscher erkennt, daß an dieser Stelle wohl nicht zufällig gekratzt wurde (vgl. VI, Anm. 116).

[45] Bei der fotografischen Dokumentation sind vielfach Detail- und Gesamtaufnahmen erforderlich. — Wird ein Kreuz in eine Mauer eingefügt, sollte denkmalgerecht der Bossenteil, der in der Erde gesessen hatte (Abb. 276), erhalten und sichtbar bleiben (Abb. 90, 121, 245, 250, 415).

[46] Vgl. hier auch II, bei Anm. 26. — Neben dem verbreiteten Werkstoff Basaltlava findet sich in einigen Fällen der weichere Tuffstein (Abb. 181, 449 f.; vgl. VI, bei Anm. 108—122, 130—144). Zur Verwitterung am alten Mal bei Wassenach, 449 f., vgl. oben Anm. 38. Weiter vgl. XI, Anm. 20, zu Schäden am Tuffkreuz in Walporzheim durch Ölfarbe. Dagegen hat alte, zweifellos werk- und materialgerechte Farbe dem Tuffdenkmal nicht geschadet; Reste von einem Ziegelrot — eher Färbung als deckende Bemalung — finden sich auf gut erhaltenen Flächen sowohl am Mal von Niederdürenbach (neben der hellen Farbe, die man im Detailbild 181 erkennt) wie am Mal von Wassenach.

[47] Genannt sei etwa der Bildstock bei Niedermendig unweit vom Judenfriedhof (Detail Abb. 228), der von zahlreichen Rissen und Bruchstellen durchzogen ist. — An dem undatierten Nischenmal unweit der Fraukirch, an der Gabelung der Wege nach Hausen und nach Trimbs (Abb. 211), geht, verbunden mit dem Loch in der Rückwand, das durch Beschuß entstand (VIII, Anm. 40), ein Bruch quer durch das Nischengehäuse, so daß man den oberen Teil abheben kann; das hier gezeigte Stück ist ein Überrest des noch von Hörter abgebildeten Mals mit hohem Schaft und Mühlsteinsockel — Mühlstein und unterer Teil des Schaftes sind beim Bimsabbau verschwunden, ohne daß sich jemand darum gekümmert hat.

[48] In Abb. 115 erkennt man die Zusammenfügung eines zerbrochenen Schaftes (unter der Stiftermarke) und die Ergänzung eines ausgebrochenen Stückes mit Schrift (die Buchstaben etwas zu groß, vgl. das N von DEN; die Inschrift gehört zu der Gruppe nach Klageld. 1,12 vgl. IX, Is. 16—19). — Weiter vgl. Abb. 377, wo man am Kopf des Kruzifixus eine Ergänzung durch Einsetzen eines Stückes (und Bearbeitung desselben in geschickter Anpassung an die Darstellung) erkennt (zu dem Kreuz vgl. XI, Anm. 12). — In

einigen Fällen ist bei einem zersplitterten Bruch das Mal um ein Zwischenstück verkürzt worden (vgl. Abb. 56); solche Lösungen sind in der Regel nicht akzeptabel, weil eine werkgerechte Ergänzung unproblematisch ist.

[49] Zu warnen ist vor laienhaften Instandsetzungen, zumal bei komplizierteren Schäden. Eine unsachgemäße „Flickarbeit" wird im ganzen mehr verderben als nützen und häufig auch Folgeschäden verursachen.

[50] Solche Beschädigungen sind manchmal Anlaß zu Kreuzfrevel-Sagen (vgl. VII, bei Anm. 37—42).

[51] Eine Ergänzung von plastischen Bildteilen zeigt etwa das sogenannte Schlangenkreuz (vgl. XI, Anm. 41) bei Nickenich. Vielleicht ist am Kruzifixus die ausgebesserte Nase etwas zu groß oder sind die (vollständig ergänzten) Beine zu wohlgeformt — im ganzen muß die Restaurierung als gelungen bezeichnet werden. Dennoch ist — und das zeigt die Problematik — der Charakter der Kruzifixdarstellung verändert worden, wie ein altes Foto erkennen läßt. — Vgl. hier auch Anm. 55 zu dem Kreuz Abb. 465.

[52] Ein wieder zusammengefügtes und teilweise ergänztes Kreuz aus der Werkstatt E wird in Abb. 444 vorgestellt (der Befund tritt durch Rauhreifbildung besonders hervor). Für sich gesehen, ist etwa der Kopf des Kruzifixus nicht mißlungen. Vergleicht man aber weitere Denkmäler aus dieser Werkstatt (Abb. 357—367; bes. 364 mit Kopf im Detail), zeigt sich, wie unpassend die Gestaltung ist, und wird auch erkennbar, welch ausgezeichnete Vorlagen zur Verfügung gestanden hätten (in diesem Umfang freilich erst bereitgestellt durch die Werkstattforschung, doch sind Kreuze vom gleichen Typ auch im nächsten Umkreis zu finden). Der Kopf des linken Engels hätte schon nach dem Vorbild des rechten an die richtige Stelle gesetzt werden können. — An einen Bildhauer werden beim Auftrag zu einer denkmalgerechten Ergänzung plastischer Darstellungen besondere Anforderungen gestellt. Man wird auf die Qualifikation des Auftragnehmers zu achten haben, von ihm aber auch die notwendigen vorbereitenden Studien am Denkmalbestand fordern müssen. Andererseits wird man ihm Hinweise geben und sachdienliche Unterlagen bereitstellen (nur am Rande sei bemerkt, daß auch die vorliegende Publikation gegebenenfalls dienlich sein wird). Wünschenswert wäre ein Bildhauer, der sich in solchen Arbeiten spezialisiert und seine zunehmende Kenntnis und Erfahrung in immer weitere Restaurierungsarbeiten am Steinkreuz einbringt. — Der alte Zustand sollte fotografisch festgehalten werden. Empfehlenswert ist dann auch anschließend die Dokumentation vorbildlicher Restaurierungen und — in Verbindung mit den Bildern vom alten Zustand und von originalen Vergleichsstücken — deren Publikation als Anregung und Maßstab für ähnliche Arbeiten.

[53] Solche Fragen stellen sich in jedem Einzelfall anders, aufgrund jeweils anderer Bedingungen. — Beim „Golokreuz", dem 1472 von Beligen gestifteten Sakramentsmal (Abb. 149—152 und 266), wird eine — möglichst bildhauerische — Rekonstruktion des verlorenen Kopfes erwogen, und hier scheint die annähernd originalgetreue Ergänzung auch realisierbar. Im Blick auf die Bedeutung dieses Denkmals möchte man empfehlen, eines der großen Museen, das über entsprechende Fachkräfte und -einrichtungen verfügt, mit der Arbeit zu betrauen (zugleich wären dort die erhaltenen Teile wissenschaftlich zu untersuchen, nicht zuletzt wohl auch im Blick auf die alten Farbspuren daran; vgl. I, bei Anm. 81). — Eine Erwähnung verdient an dieser Stelle weiter das älteste der vier Beligen-Mäler, aus dem Jahre 1461 und nur in Teilen erhalten (Abb. 142 bis 145), das als Denkmal nicht minder bedeutsam und durchaus zu Unrecht bislang kaum beachtet worden ist (vgl. Anm. 76). Hier wäre eine wissenschaftlich erarbeitete Rekonstruktion ebenfalls angebracht, wahrscheinlich im Sinne von Fridolin Hörter † (Abb. 143), wobei die ergänzten Teile allerdings als solche erkennbar bleiben und abstrahiert dargestellt werden sollten. — Endlich sei als Beispiel noch der oben erwähnte Teil eines alten, ehemals hohen Nischenmals bei der Fraukirch genannt (Abb. 211; vgl. Anm. 47); dort wäre ohne weiteres, nach Hörters Foto, der untere Schaftteil wieder zu ergänzen und das Mal in einen der noch zahlreich vorhandenen alten Mühlsteine zu setzen, selbstverständlich in Verbindung mit der Restaurierung und Sicherung des gebrochenen Nischenkopfes. — Gelegentlich wird man Schäden — wie etwa die Einschüsse von wahrscheinlich alten Handfeuerwaffen an den Kreuzen Abb. 209 und 365 (vgl. VIII, Anm. 40) — als historisch und volkskundlich bedeutsam ansehen (vgl. auch oben Anm. 50); es ist keine Frage, daß man einen solchen Zustand unberührt läßt.

[54] Vgl. hier bes. VIII, bei Anm. 34. — Eindrucksvoll zeigte sich der Befund an dem Bildstock von 1645 bei St. Jost (Abb. 215), als dieser jahrelang zerbrochen am Boden lag (vgl. Anm. 27); der alte Pilgerbrauch an diesem Mal (VII, bei Anm. 71 ff.) wurde nicht beeinträchtigt, die Holzkreuzchen der Pilger fand man in dieser Zeit auf und neben den Trümmern so zahlreich wie in den Jahren zuvor. — Vgl. hier auch Anm. 68 zu dem Kreuz ohne Oberbalken bei Polch und dem Schaft von 1649 in der Gemarkung Welling, beide mitten in bebauten Feldern. Ein ähnlicher Schaft von 1653 steht an der Straße Mayen—St. Johann.

[55] Vgl. XII, Anm. 23. — Das Kreuz stammt aus der Werkstatt D, doch ist man, wie schon bemerkt, beim Vergleich irritiert. Nach genauerer Untersuchung vermute ich, daß der beim Kruzifixus dieser Werkstatt so typische starke Wulst des Oberlippenbartes (Abb. 397 bis 399, 464) teils entfernt (so in der Mitte; die vorspringende Oberlippe ist wohl noch ein Relikt), teils verkleinert wurde (zu zwei schmalen seitlichen Wülsten, die von den Nasenflügeln ausgehen); es bleibt abzuwarten, ob noch ältere Fotos auftauchen und Klarheit bringen. Das Beispiel zeigt die schon erwähnte Notwendigkeit einer Bilddokumentation vor der Restaurierung (Anm. 52), aber auch die Problematik selbst geringfügiger Veränderungen für die Denkmalforschung (hier insbesondere für die Werkstattforschung).

[56] Vgl. IV, bei Anm. 28—48.

[57] Vgl. IV, Anm. 11, auch zur apotropäischen Bedeutung der Namen der Ortspatrone.

[58] Vgl. bei Anm. 3.

[59] Vgl. zu dem Kottenheimer Nischenmal (Abb. 466) auch VI, Anm. 116 (Ritzungen auf und unter dem Schild, mit vermutlich kultischem Sinn).

[60] Vgl. V, bei Anm. 1—8. In Nickenich und Gemarkung hat man in jüngerer Zeit in den leeren Nischen Eisenkreuze mit Kruzifixus angebracht (Abb. 32, 35; weiter am Sakramentsmal aus Tuff bei Wassenach, Abb. 449 f., das auf Nickenicher Gebiet steht). Neben so schlichten Gestaltungen, die ein Gespür für die Eigenart des alten Denkmals zeigt, finden sich unangemessene, ja geschmacklose Ausgestaltungen von Nischen — wie beispielsweise an einem Schöpflöffel derber Form mit Mühlsteinsockel bei Maria Laach an der Straße nach Bell, wo ein Relief aus hellem Material aus der Nische des groben grauen Basaltmals sozusagen hervorquillt (man vergleiche gegenüber solchen Beispielen das Formempfinden, das sich in der Gestaltung des historischen Bildstocks der Landschaft zeigt; Abb. 72—74, 215, 232, 282, 437 u. a.). Nicht selten verraten auch die neuen Gitter an den Nischen alter Denkmäler mangelndes Empfinden für eine angemessene Gestaltung (vgl. Abb. 13 f., 24, das Plastikfenster 27, das Holzgitter 183).

[61] Vgl. V, bei Anm. 31—41. Die jetzt aufkommenden Sakramentstische und Konsolen für die Monstranz (Abb. 160—166) machen diese Entwicklung anschaulich. — Daß das Mal mit leerer Nische nicht vom Ursprung her und grundsätzlich ein Bildstock war, zeigen nicht zuletzt die Stücke mit einer flach gehaltenen Darstellung des Kreuzes an der Rückwand der tiefen Nische (Abb. 122, 160, 206), häufig auch nur schlicht als Ritzung (48, 50, 52; 172 in Flachnische); hier war eindeutig das Einstellen einer Figur nicht vorgesehen. Eine erwähnenswerte Parallele ist die Nische, die man in den aus vorchristlichem Kult stammenden „Gollenstein" bei Blieskastel eingehauen hat; an ihrer Rückwand sind — Hinweis auf die Eucharistie — Kreuz und Jesusmonogramm eingeritzt (vgl. III, bei Anm. 18 f.).

[62] Vgl. III, Anm. 35 (mit Abbildungsbeispielen); VI, bei Anm. 61—63 (zur Herkunft und Bedeutung). Frühchristliche Beispiele der Kreuzform mit den konischen Balken vgl. in Abb. 134—137 und 265.

[63] Vgl. bei Anm. 20 zum Kreuz Abb. 439, auf das beim Straßenbau niemand geachtet hat und nach dem selbst nach Bemerken des Verlustes nicht einmal geforscht wurde. Im Zusammenhang mit Straßenbauarbeiten gerieten auch das Mal von 1625 bei Polch (vgl. bei Anm. 6) und das Pilgertotenkreuz von 1684 (vgl. Anm. 9) in Verlust. — Es wurden auch Beispiele für die vorsorgliche Sicherstellung und spätere Wiedererrichtung genannt (vgl. oben), doch mußte bemerkt werden, daß solche Beispiele eher zufällig sind und daß ein genereller Schutz nur durch die kommunalen Verwaltungen gewährleistet sein wird, und zwar wenn diese hierzu ausdrücklich in die Verantwortung genommen und entsprechend beraten werden (vgl. bei Anm. 34—37). — Ein weiterer Fall ist hier zu erwähnen. Es kommt vor, daß Kommunen Land z. B. an Industriefirmen veräußern oder vermitteln, ohne den dort gegebenenfalls vorhandenen Kreuzbestand sicherzustellen, der dann stillschweigend in Privatbesitz übergeht. Als glücklicher Umstand ist dann noch zu bezeichnen, wenn die Firmen sich der Denkmäler sorglich annehmen (so etwa die Firma Moritz Weig in Mayen bei dem bemerkenswerten kleinen Kreuz mit Chronogramm „1655" für den Magister der Philosophie Theodorus Coster; vgl. IX, Anm. 90). Das ist aber nicht immer gewährleistet, und selbst eine spätere Entfernung aus der angestammten Landschaft — und damit der Verlust — sind nicht ausgeschlossen. Es ist daher geboten, solche Denkmäler rechtzeitig in kommunale Obhut zu nehmen, statt dem schließlich ungewissen Schicksal in Privathand zu überlassen.

[64] Vgl. z. B. I, Anm. 9 (zum Verlust eines vermutlich sehr alten groben Steinkreuzes); ferner oben, Anm. 47 (zu dem Nischenmal Abb. 211, dessen untere Teile beim Abbau in Verlust gerieten). — Der früher genannten Heimatschrift über Nickenich (vgl. Anm. 38) entnehme ich: „Infolge Bimsausbeute . . . teilweise zerstört" (S. 53; zum Kreuz Abb. 378; vgl. im Bild die Kapelle auf einem Hügel, er ist eine beim Abbau ausgesparte Insel); „Das Kreuz . . . wurde ebenfalls durch die Bimsausbeute total zerstört" (S. 55; zum Mal Abb. 444, vgl. Anm. 52); „nach seiner Zerstörung durch die Bimsausbeute" (S. 58; zum „Schlangenkreuz", vgl. Anm. 51); „eine der Kreuzwegstationen, die durch die Bimsausbeute und Straßenbau zerstört

wurden" (S. 63). — Die Beispiele lassen sich in den betreffenden Gegenden fast beliebig vermehren.

65 Vgl. VIII, Anm. 67, für das Fraukirchgebiet. Ohne die rechtzeitige Versetzung wäre wahrscheinlich heute ein Teil dieses Bestandes verloren oder beschädigt. Allerdings gibt es meines Wissens weder Unterlagen über die genauen ursprünglichen Standorte noch Fotos von den Kreuzen am alten Platz — letzteres mit Ausnahme der Mäler Abb. 211, 213, 360, von denen Hörter den Zustand um 1920 zeigt (Bildstöcke und Wegekreuze, Abb. 35, 39 f.; diese Stücke noch jetzt ungefähr am gleichen Platz, jedoch in veränderter Stellung).

66 Die am Straßenrand stehenden Kreuze sind zunehmend auch durch den allgemeinen Kraftfahrzeugverkehr gefährdet (vgl. Anm. 26 zu dem Kreuz in Naunheim). Nicht selten findet man Steinkreuze eines Tages zerbrochen am Straßenrand, die mutmaßlich „umgefahren" worden sind (so noch kürzlich das Stück Abb. 213, an einer Wegegabelung unweit vom Reginarisbrunnen). Gefährdungen durch den Straßenverkehr sind nicht nur bei ohnehin geplanten Neuaufstellungen zu berücksichtigen, sondern werden in manchen Fällen auch Hauptgrund für eine Versetzung sein.

67 Vgl. VIII, bei Anm. 34—36.

68 Vgl. z. B. das alte Nischenmal Abb. 15, dessen Mühlsteinsockel zwar nahe am Weg, doch vollkommen in der Ackerfläche liegt. Ähnlich das Kreuz Abb. 71 (jetzt Oberteil gestohlen) und viele andere. Einige Denkmäler stehen — wahrscheinlich infolge einer alten Änderung des Wegeverlaufs — mitten im bebauten Feld, so zum Beispiel ein Kreuz mit Kruzifixus zwischen Polch und Ruitsch (der obere Kreuzbalken ist schon seit Menschengedenken verloren, das Mal erscheint dadurch als T-Kreuz und wird „Stumpisch Kreuz" genannt — vgl. dazu VI, Anm. 67) oder weiter der noch allein erhaltene Schaft eines Kreuzes mit der Jahreszahl 1649 in einem Feld am alten Weg Hausen—Fraukirch (Gemarkung Welling; man erinnert sich noch an den oberen Teil mit Korpus, er war aber seit Jahrzehnten zerbrochen und ist jetzt verloren). Gespräche mit den einheimischen Landwirten zeigten in der Regel, daß man den gegebenen Zustand nicht zu verändern gedenkt und die Behinderung bei der Arbeit in Kauf nimmt.

69 Die Verlustmeldungen gehen mit erschreckender Regelmäßigkeit ein. Die neueste entnehme ich noch der Tageszeitung: „Abmontiert und gestohlen wurde das Oberteil des Wegekreuzes an der L 82 zwischen Kollig" (genauer: Mertloch) „und Naunheim. Übriggeblieben ist der Schaft mit der Inschrift." Das Mal stammt aus dem Jahre 1844; der Kruzifixus an dem gestohlenen Kreuzteil ist ein typisches Werk der heimischen Basaltlava-Volkskunst und ein Beispiel für deren ungebrochene Tradition noch im 19. Jahrhundert. — Nur durch Zufall erfuhr ich fast gleichzeitig, daß auch der originelle Bildstock, den Abb. 282 zeigt, verschwunden und zweifellos gestohlen ist. Der Kopf mit der Bildnische und abschließendem Kreuz saß unmittelbar in einem Sockel, den man noch vorfand (ohne Zweifel war ursprünglich ein höherer Schaft vorhanden, das zeigt auch das überleitende Profil). In der Jahreszahl ist die Zehnerziffer „4" nicht völlig eindeutig. Die Bildnische zeigt in naiver Darstellung den Kreuzschlepper aus der Passion (die Kreuzbalken nicht rechtwinklig, sondern in Perspektive, vgl. Abb. 286; vor der schreitenden Figur der Golgatha-Felsen). Anders als die meisten Diebstahlsopfer stand das Mal relativ unzugänglich und schwer zu finden in einem Wald abseits vom Weg (Distrikt „Geringer Berg" im Grenzbereich der Gemarkung Kehrig). Unwillkürlich zeigt sich eine Parallele zum Diebstahl des Mals Abb. 437: in der gleichen Gemarkung, dieses ebenfalls unauffällig an seinem Standort und fast nur den Einheimischen bekannt, endlich mit gleich naiver, aber gerade darum reizvoller Darstellung. Handelt es sich vielleicht um den gleichen Dieb und, gegebenenfalls, um den gleichen Auftraggeber?

70 Vgl. bei Anm. 3. Zur Bedeutung dieses Denkmals (und auch seines Standortes) vgl. Kapitel IV.

71 Noch 1961 schrieb Hörter: „. . . wurde in jüngerer Zeit vom Pastor an die Pfarrkirche versetzt" (das Mal von 1462, Abb. 146 noch am alten Standort; Hörter versehentlich „1463"); „ob es richtig war, darüber kann man geteilter Meinung sein. Grundsätzlich soll man diese alten Denkmäler an ihrem ursprünglichen Ort stehen lassen. Wenn sie durch den modernen Verkehr zu stark gefährdet sind, genügt meist eine kleine Verschiebung, die hier möglich gewesen wäre" (Vier Bildstöcke). Diebstahl war noch nicht erwähnenswert. Inzwischen hat sich die Situation entscheidend geändert. Sechzehn Jahre nach Hörters Plädoyer für die alten Standorte war das „Golokreuz" umgestoßen.

72 Kompromisse werden aus anderen Gründen (schon bei der Anlage eines Sportplatzes) in der Regel ohne viele Bedenken hingenommen. Es wird aber nicht verkannt, daß sich Eingesessene nur schwer damit abfinden können, den Standort eines Kreuzes aufzugeben, das ihnen seit der Kindheit am alten Platz vertraut ist und von dem es vielleicht Überlieferungen oder Sagen gibt, die mit dem Ort zusammenhängen. — Hier ist an die Möglichkeit zu denken, am Standort eine Kopie des Denkmals aufzustellen. Das ist zwar kostenaufwendig, doch wird man im einen oder anderen Fall diesen Aufwand im Blick auf die Bedeutung des Mals und auf die schmerzliche Lücke am Standort für angemessen halten. Im Bereich

des Schlosses Hamm bei Bitburg wurden vor Jahren mehrere bemerkenswerte Sandsteinkreuze aus Schutzgründen „hereingeholt" und an ihrer Stelle („die Bewohner wollen auf ihre alten Kreuze nicht verzichten") Kopien aufgestellt, die das Landesmuseum Trier angefertigt hatte und deren Originaltreue überraschte (bei einer Besichtigung hielt ich sie für echte Stücke und ließ mich erst überzeugen, als ich die Originale im Schloß sah; ich danke Herrn Otto Graf Westerholt, Schloß Hamm, für das freundliche Entgegenkommen bei der Untersuchung; den Hinweis auf den Befund verdanke ich Herrn Karl von Werner †, Bürresheim). — Weiter ist — wenngleich die Kopie vorzuziehen ist — zu erwägen, am überlieferten Standort ein modernes Kreuz zu errichten, möglicherweise mit inschriftlichem Hinweis auf das alte. Solche Kreuze finden sich bereits mehrfach an der Stelle verlorener, die noch in volkstümlicher Erinnerung sind (z. B. ein sehr schlichtes in Bad Neuenahr mit der Inschrift „1638. Servatiuskreuz. Erinnerung an die Pestzeit. Erneuert 1959"; nach Foto von Herrn Ignaz Görtz, Altenahr).

73 Zur Entwendung von Oberteilen vgl. Anm. (bzw. bei Anm.) 3, 4, 6, 10, 12, 13, 69 (bei Anm. 15 zum Diebstahl der Assistenzfiguren). Die Beispiele zeigen, daß es oft nicht um das Mal als solches geht, sondern um irgendein „antikes" Stück, das beim „Sammler", Auftraggeber oder Kunden vielleicht der Gartenterrasse oder dem Partykeller „die besondere Note" geben soll. Beim Diebstahl solcher Teile spielt auch der leichtere Abtransport eine Rolle. Die Denkmäler werden hierbei entscheidend oder fast vollständig entwertet.

74 Es ist wichtig und zu fordern, daß das Denkmal von einem bewohnten Gebäude aus einzusehen ist. Die Anwohner wird man in jedem einzelnen Fall um ihre besondere Aufmerksamkeit bitten und auch mit ihnen besprechen, was im gegebenen Verdachtsfall zu tun ist. Darüber hinaus ist aber ganz allgemein die Bevölkerung („ich kann mir nicht vorstellen, daß einer sowas stiehlt") auf die akute Gefährdung hinzuweisen und ihre Wachsamkeit anzuregen (es ist kaum zu fassen, aber es wird z. B. berichtet, daß nach dem Diebstahl am „Golokreuz", und nachdem der Schaft desselben in Sicherheit gebracht war, ein fremdes Auto in Thür hielt und die Insassen sich nach dem Verbleib des vom Standort verschwundenen Restes erkundigten — ohne daß irgendjemand wenigstens die Autonummer notiert hat).

75 Vgl. bei Anm. 3—15, Anm. 69. Die dortigen Angaben sind aufschlußreich in bezug auf die Merkmale, die im folgenden kurz umrissen werden. Das Merkmal des einsamen Standortes war in allen Fällen gegeben.

76 Manche Kriterien, die vorrangig einen besonderen Schutz bedingen, sind nur durch einen Sachkundigen zu beurteilen. Er kann beispielsweise sagen, ob es sich bei irgendeinem Denkmal in der Gemarkung möglicherweise um ein wichtiges, seltenes oder einmaliges Stück handelt, dessen Schutz viel dringlicher ist, als „landläufig" angenommen wird. Als Beispiel nenne ich das in wesentlichen Teilen erhaltene Mal von 1461 (Abb. 142—145), das älteste datierte Stück aus dem Basaltlavabestand überhaupt; es ist zudem der erste der vier Sakramentsstöcke, die Clais Beligen gestiftet hat, elf Jahre älter als das bekannte „Golokreuz"; die Inschrift ist ein frühes und wichtiges Zeugnis für eine alte, zumal im Rheinischen lebendige Glaubensvorstellung in bezug auf die Verehrung des Leidens Christi (vgl. IV). Das Denkmal in den Grünanlagen vor der Kirche blieb bis heute unbeachtet (abgesehen von Mittler 1940 — vgl. IV, Anm. 24 — und von Hörter 1961 in Vier Bildstöcke). Jahrelang lag der Schaftteil neben dem Sockel und war überwachsen; für die fotografischen Aufnahmen wurde er freigeschnitten und aufgerichtet. Selbst bei Kennern des dortigen Bestandes gilt als das früheste datierte Denkmal noch heute das erst danach entstandene „Genovefakreuz" (Abb. 146 ff.), das dementsprechend auch in der Lokalpresse als „das älteste Kreuz dieser Art in der Diözese Trier" bezeichnet wird (Rhein-Zeitung, Koblenz, 20. 5. 1977). Es gibt nicht wenige weitere Beispiele dafür, daß die Bedeutung mancher Denkmäler im Raum ihres Standortes noch nicht voll erkannt wurde. Übrigens sind bei der Beurteilung der Schutzwürdigkeit nunmehr auch die Ergebnisse der Werkstattforschung (vgl. XII) zu berücksichtigen. Auf die Beratung durch den Fachmann sollte daher bereits bei der Planung von Schutzmaßnahmen nicht verzichtet werden.

77 Kulturdenkmäler zu erhalten und zu pflegen, ist nicht nur moralische, sondern auch *gesetzliche Pflicht* (Denkmalschutzgesetz — vgl. Anm. 34 —, § 2); dazu gehört ausdrücklich auch, „Gefahren von ihnen abzuwenden" (§ 1). — Die Reihenfolge der Maßnahmen ist nach dem Grad der Dringlichkeit zu bestimmen, wobei Standortgefährdung sowie Bedeutung und Zustand des Mals gleichermaßen zu beachten sind. Eine begrenzte Zahl von Fällen — die hier nicht genannt werden können — ist aufgrund bisheriger Erfahrungen zum Kreuzdiebstahl der höchsten Dringlichkeitsstufe zuzurechnen: Es wäre eine Sofortmaßnahme geboten, nämlich die unverzügliche Wegnahme vom Standort auch unabhängig von der Frage der zukünftigen Neuaufstellung. — Im Blick auf den gesamten Bestand bedarf der Umfang der Sicherstellungen durch Versetzen freilich weiterer Überlegungen. Die Lösungen, die jeweils im lokalen Bereich entschieden werden müssen, liegen zwischen den

extremen Maximen „Restloses Ausräumen der Flur" einerseits und „Nur die kostbaren Stücke versetzen, den Rest notfalls preisgeben" andererseits. Was allerdings zählt man zu diesem „Rest"? — Es ist übrigens ratsam, Planungen zur Schutzversetzung von diebstahlgefährdeten Denkmälern nicht vorzeitig an die Öffentlichkeit zu bringen, weil nicht ausgeschlossen werden kann, daß dann Diebe oder deren Mittelsmänner „Wind bekommen" und noch schnell handeln, bevor es schwierig oder unmöglich wird.

[78] Auf die Notwendigkeit der fotografischen Dokumentation wurde bereits im Zusammenhang mit dem Einmauern von Kreuzen verwiesen (vgl. bei Anm. 45). Grundsätzlich sollte jeder alte Befund, der auf andere Weise später nicht mehr erkennbar ist, festgehalten werden, außer im Bild auch durch Zeichnung und Beschreibung (Zeitpunkt der Veränderung usf.). Bei den Fotos am alten Standort sind Umgebung und Landschaft mit darzustellen und ist nicht zuletzt der Verlauf der Wege zu zeigen (häufig Kreuzung oder Gabelung). Wichtig sind gegebenenfalls auch Aufzeichnungen zum Brauchtum, das mit dem Standort zusammenhing — etwa das Fußfallgebet für Sterbende, wenn das Mal eines der „Sieben Kreuze" war (vgl. VIII, bei Anm. 22—31), der Stationsbrauch bei örtlichen Prozessionen („hier wurde früher der Segen gegeben"; „hierhin ging die Bittprozession") und zum Zug auswärtiger Pilger („hier hielten jedes Jahr die Wallfahrer aus Hillesheim und beteten" — so an dem Kreuz von 1660 aus der Werkstatt M bei Kelberg, Im Fronfeld, das um 1975 an die Pfarrkirche versetzt wurde). Weiter sind Überlieferungen und Sagen zu notieren, die bei der Aufgabe des alten Standortes in Vergessenheit geraten.

[79] Hier ist, abgesehen von ästhetischen Belangen, die Forderung berechtigt, daß die Rückseite des Denkmals der Untersuchung zugänglich bleiben sollte (vgl. z. B. XII, Anm. 27, zur provisorischen Untersuchung mit Spiegel; oben Anm. 38, zum hinderlichen Schutzbau für das Mal Abb. 449 f.).

[80] Alte Kreuze sitzen oft lediglich mit ihrem Schaft im Erdreich, und nicht immer findet sich an diesem der Bossen (vgl. Anm. 45 mit Bildbeispielen), der einen besseren Halt bezweckte. Zeigt der Schaft am untersten Ende eine Verjüngung, war vermutlich ein Mühlsteinsockel vorgesehen oder ursprünglich vorhanden. Zu entsprechenden Diebstahlbefunden vgl. Anm. 8, 11, 14; ein gleicher Befund im Fall bei Anm. 5.

[81] Hier ist an ein genügend großes und schweres, selbstverständlich unterirdisches, Betonfundament zu denken, in dem das Mal so befestigt ist, daß es nicht herausgehoben werden kann. Niemand wird behaupten, daß dies ein absoluter Schutz ist; man weiß aber auch, daß Diebe wie Einbrecher da zugreifen, wo die Hindernisse am geringsten sind.

[82] Auch die Denkmäler im Ortsbereich sind auf diese Weise zu sichern, an erster Stelle die von geringerer Größe. Hier muß vornehmlich an die alten Grabkreuze erinnert werden, die, mitunter in großer Zahl, unzulänglich gesichert auf den Dorffriedhöfen stehen.

[83] Vgl. z. B. Anm. 6 und 10. Die Notwendigkeit solcher Maßnahmen kann nicht bestritten werden mit dem Hinweis darauf, daß — am einsamen Standort — auch befestigte Oberteile abmontiert (vgl. bei Anm. 3, 4, 13, 69) oder Teile sogar abgebrochen wurden (Anm. 12, 15).

[84] So war das Kreuz Abb. 212, wie ich eines Tages erfuhr, vom Standort verschwunden. Befragte Landwirte wußten nichts Näheres, außer daß es vor einiger Zeit noch da gelegen habe. Dagegen erfuhr ich beiläufig von einem Kreuz an einem Aussiedlerhof in der Gegend — es war das gesuchte. Der Landwirt hatte es vom Standort — auf eigenem Feld — geholt, weil es umgefahren worden war und auch weiterhin gefährdet erschien; er betonte, keinen Besitzanspruch zu erheben, und er hatte es so aufgestellt, daß man es betrachten und (was öfter geschehe) fotografieren kann. — Bei den Nachforschungen im Umkreis des alten Standortes wurde weiter festgestellt, daß bei dem Mal Abb. 300 der obere Teil, von der Bruchstelle ab, fehlte. Eine Zeitlang, so hieß es, war das abgebrochene Stück an die Rückseite des Schaftes gelehnt; dann war es plötzlich verschwunden. Über den Verbleib war keinem der Landwirte in der Umgegend etwas bekannt, auch keiner Behörde und nicht dem Museum in Mayen. Freilich sind auch die Zuständigkeiten unklar; das Mal steht unweit der Wellinger Flur im Grenzbereich der Gemarkung Hausen, jetzt zur Stadt Mayen gehörig, auf einem Grundbesitz der Kirche Monreal, den ein Landwirt aus Thür in Pacht bewirtschaftet. An einem Diebstahl war jedoch kaum noch zu zweifeln — als endlich das genannte Museum den Fall aufklären konnte; ein Einwohner aus Mayen, der den Flurbezirk oft begeht, hatte angesichts der akuten Gefährdung das bemerkenswerte Stück in Sicherheit gebracht.

[85] So bei dem oberen Kreuzteil Abb. 396 (vgl. bei Anm. 13; Gesamtansicht Abb. 71), wie Nachfragen lange nach dem Verlust ergaben. Man erkundigte sich jetzt, ob jemand das Stück in pflegerischer Absicht zu sich genommen habe — ohne Erfolg. Bis zu diesem Zeitpunkt (etwa zwei Monate, nachdem ich den Verlust erstmals en passant bemerkt hatte; wahrscheinlich lag er weiter zurück) war weder bei der Kommunalbehörde in Mendig noch beim Pfarramt eine Meldung zu dem Schaden eingegangen. — Übrigens war

auch von dem Kreuzmal Abb. 300 an keiner Stelle gemeldet worden, daß das Oberteil vermißt wird (vgl. vor. Anm.).

[86] Hier ist etwa an Personen zu denken, die ehrenamtlich den Denkmalbestand eines nicht zu kleinen, jedoch noch überschaubaren Gebietes überwachen (nicht identisch mit dem Beauftragten, wie er als fachmännischer Pflege-Berater für einen größeren Raum vorgeschlagen wurde; vgl. bei Anm. 37 f.). Im Lokalteil der Tageszeitung sollte wiederholt auf die für die Steinkreuze der Gegend zuständige Stelle hingewiesen werden, und zwar in Verbindung mit kleinen Reportagen über deren Tätigkeit oder über einen besonderen Fall, möglichst mit einem Bild und nicht zuletzt mit der Bitte um sachdienliche Mitteilungen im gegebenen Fall (Telefonnummer). Hier darf erwähnt werden, daß die am Mittelrhein verbreitete „Rhein-Zeitung", Koblenz, schon bisher immer wieder in Beiträgen für den Schutz und die Erhaltung der Wegkreuze eingetreten ist.

[87] Beispielsweise wenn man, nachdem ein Kreuz über Nacht verschwunden ist, noch das Autokennzeichen dessen im Notizbuch hat, der kürzlich so eingehend die Denkmäler der Gegend inspiziert hat. Freilich kann sein Interesse andere Gründe gehabt haben, und es soll hier nicht einem übertriebenen Mißtrauen gegenüber jedem, der ein Kreuz betrachtet, das Wort geredet werden; doch ist ein Verdacht, der sich als unbegründet erweist, ja kein Unglück (meine Autonummer ist verständlicherweise mehrfach auf diese Art polizeibekannt geworden, das war mir ein erfreulicher Beweis für die Wachsamkeit der Bevölkerung). — Vgl. auch bei Anm. 74 und diese Anm. am Ende.

[88] Dem Vf. ist dies aus speziellen Rücksprachen mit der Kriminalpolizei im Bestandsgebiet bekannt. Die alarmierende Situation der Kreuzdiebstähle wurde erkannt, und es wird entsprechend reagiert. Über die Art der Initiativen ist hier nicht zu berichten. Erwähnt sei jedoch die Maßnahme, nach der Feststellung eines Verlustes möglichst kurzfristig auch in der Lokalpresse ein Fahndungsbild mit entsprechendem Text zu veröffentlichen. Das gilt nach allgemeiner Ansicht als geboten und zweckmäßig; es ist nicht ausgeschlossen, daß Hinweise aus der Bevölkerung weiterhelfen können. Dagegen ist aber auch geäußert worden, man mache mit solchen Veröffentlichungen überhaupt zu sehr auf die Steinkreuze als „interessante" Objekte aufmerksam. Das ist durchaus zu bedenken. Indessen scheint Gewichtigeres für die Pressemeldung zu sprechen, die überdies den Einheimischen die akute Gefährdung dieser Denkmäler eindringlich vor Augen führt und zweifellos beiträgt, ihre Wachsamkeit zu erhöhen. Unterbleibt eine Meldung, muß bei den Tätern sogar der Eindruck entstehen, daß man Diebstähle dieser Art gar nicht zur Notiz nimmt. Endlich wird der Beweis, daß man in jedem Fall über Fotos vom gestohlenen Gut und damit über Fahndungsbilder verfügt, abschreckend wirken.

[89] Auch von älteren Verluststücken ist vielfach gutes oder doch brauchbares Bildmaterial vorhanden (vgl. Anm. 6). Abgesehen von den aktuellen Fahndungen ist eine kriminalpolizeiliche Sonderpublikation mit Bildern des überhaupt, früher oder später, verschwundenen Denkmalgutes dieser Art vorgesehen (vgl. auch bei Anm. 92). — Daß im Falle eines plötzlichen Verlustes sofort das entsprechende Fahndungsbild zur Hand sein muß, hat nicht wenige Kommunalverwaltungen neuerdings dazu veranlaßt, den gesamten Bestand ihres Gebietes fotografisch zu erfassen und die Bilder zu archivieren. Das ist nicht nur zweckmäßig, sondern unerläßlich, und alle Verwaltungen sollten nachdrücklich dazu aufgefordert werden (die bloße Erfassung, ohne Fotos, ist unzureichend; übrigens sind die Objekte von verschiedenen Seiten aufzunehmen, vgl. hier Anm. 43). Einzuschließen sind selbstverständlich die alten Grabkreuze. — In der Vergangenheit sind mehrfach Diebstähle in der Tagespresse gemeldet worden, ohne daß man ein Foto vom verschwundenen Objekt zeigen konnte — so beim Riedener Kreuz aus der Werkstatt E (vgl. Anm. 12; die Zeitung brachte ein Bild vom übriggebliebenen Stumpf) oder beim Kreuz an der Straße Mertloch—Naunheim (vgl. Anm. 69; gezeigt wurde ebenfalls ein Foto vom Stumpf und zwei Tage später die Zeichnung von Meyer, Trier, im zweiten Band für den Kreis Mayen, die als Fahndungsbild ungeeignet ist). Die Wiederbeschaffung ohne Foto dürfte kaum noch möglich sein. Darüber hinaus ist das endgültige Fehlen einer Abbildung ein empfindlicher Verlust für die Heimat- und für die Denkmalforschung.

[90] Selbstverständlich gibt es den rechtmäßigen Kreuzbesitz in Privathand. In solchen Fällen wird der Besitzer das Kreuz nicht verstecken und bereitwillig Angaben zur Herkunft machen (beim Erwerb durch Kauf wird er im eigenen Interesse, zur Legitimation, die Unterlagen aufbewahrt haben). Es versteht sich von selbst, daß die privateigenen Stücke ohne Ausnahme in das Gesamtinventar (vgl. bei Anm. 93) aufzunehmen sind, und zwar mit den Daten der Besitzverhältnisse, des ursprünglichen bzw. vorherigen Standortes, des Zeitpunktes der Versetzung und des Anlasses der Veränderung. Es ist durchweg üblich und anerkennenswert, daß private Kreuzbesitzer das Mal so aufstellen, daß es der Öffentlichkeit zugänglich ist. Das ist in jedem Fall anzustreben — wenn Besitz verpflichtet, so Denkmalbesitz im besonderen.

[91] Der seriöse Antiquitätenhändler und auch der seriöse Käufer werden sich vergewissern, ob ein fragliches Stück nicht etwa Diebesgut ist. Freilich ist dies zur Zeit noch schwierig, doch wird gerade

die Einrichtung eines zentralen Verlustarchivs, wie es als erforderlich vorgeschlagen wird (vgl. bei Anm. 94), in diesem Fall dienlich und dem korrekten Handel auch willkommen sein (da ist nur ein Foto einzusenden, und umgehend kann Auskunft erteilt werden, ob es sich vielleicht um ein Stück handelt, das irgendwo auf ungeklärte und bedenkliche Weise abhanden kam). Ohne Zweifel werden die Fahndungsbehörden angesichts der zunehmenden Denkmaldiebstähle auch den Handel — und nicht zuletzt den privaten Anzeigenhandel — überwachen müssen. Schon 1972 wurde festgestellt, „daß gerade in letzter Zeit in Zeitungsanzeigen auffallend häufig Bildstöcke und Wegekreuze zum Verkauf angeboten werden"(Ministerium des Innern, Rheinland-Pfalz, Az. 322—36; vgl. Anm. 34). Peter Josef Weiß erwähnt eine Zeitungsanzeige „Sammler sucht Wegekreuze oder Bildstöcke zu kaufen"; eine solche kann auch bei seriöser Absicht des Inserenten eine Anregung zum Diebstahl sein (Gefahr für Wegekreuze und Bildstöcke, in Die Eifel, Ztschr. Eifelverein, 1/1973, S. 26). Außerhalb des Bestandsraumes herrscht, wohl aufgrund des reichen Vorkommens, gelegentlich überhaupt die Vorstellung, Basaltlavakreuze seien wohlfeil; auch der Vf. ist mehrfach von durchaus achtbaren Personen angesprochen worden, die ein Steinkreuz dieses Raumes erwerben wollten. In jedem Fall hat die Erhaltung des Denkmalgutes in der Landschaft ihres Ursprungs oder ihrer ursprünglichen Verbreitung absoluten Vorrang. Bei der Veräußerung in Privathand wäre ein Stück für die Landschaft wie auch für die Forschung praktisch verloren. Andererseits wäre durchaus akzeptabel und begrüßenswert, wenn ein für diesen Raum typisches Denkmal zum Beispiel im Eifeldorf des Rheinischen Freilichtmuseums Kommern aufgestellt werden könnte.

[92] Bildpublikationen dieser Art erscheinen wichtig, weil die kriminalpolizeilichen Fahndungsbilder in der Regel nicht veröffentlicht werden; vgl. jedoch Anm. 88 zum aktuellen Fall. Das zentrale Verlustarchiv als Institution der Denkmalpflege (vgl. bei Anm. 94) könnte nicht nur das Bildmaterial und weitere zweckdienliche Angaben aus erster Hand liefern, sondern überhaupt Veröffentlichungen dieser Art in die Wege leiten.

[93] Vgl. II, Anm. 66, mit Aufstellung bisher verfügbarer gedruckter und ungedruckter Unterlagen (zur Ziffer 7 der Aufstellung vgl. auch oben Anm. 34). Es bedarf keiner Frage, daß das Inventar in erster Linie eine fotografische Dokumentation sein muß; die Bedeutung des Fotos für Inventarisation, Forschung und Fahndung kam auch schon an anderen Stellen zur Sprache (vgl. bei Anm. 45, 78, 88—92; XII, Anm. 4). In der Regel wird das Schwarz-Weiß-Bild ausreichen. Das Farbbild ist aber erforderlich beim Befund einer alten Polychromie am Denkmal (vgl. I, bei Anm. 66—83). Hier können auch geringe Spuren, etwa von Rot an den Wundmalen des Korpus, von Bedeutung sein; Nahaufnahmen sollten solche Merkmale dokumentieren (die Fotos müssen farbrichtig sein; häufig findet man schon das charakteristische Grau des Basaltlavasteins durch Braunstich verfälscht). Zu den weiter zu erfassenden Befunden vgl. etwa Anm. 78 (bei der Aufgabe des alten Standortes), doch sind das keine erschöpfenden Angaben für die wissenschaftliche Inventarisation. Zu bemerken ist noch, daß auch die Zugehörigkeit zu Werkstätten zu berücksichtigen ist (Kapitel XII). Manche Befunde am Denkmal erscheinen unauffällig und von fragwürdiger Bedeutung (z. B. Wetzrillen oder Ritzungen von Initialen, Hausmarken, apotropäischen Zeichen; vgl. Kapitel VI); auf die exakte Erfassung ist Wert zu legen (Detailfoto) — was zunächst nebensächlich erscheint, kann für den Forscher eminent wichtig sein. — Auch nach dem Denkmalschutzgesetz (vgl. Anm. 34) gehört zur Aufgabe von Schutz und Pflege, „die Kulturdenkmäler wissenschaftlich zu erforschen" (§ 1, Abs. 2); das Gesamtinventar ist hierzu ein notwendiges Hilfsmittel. Es ist darüber hinaus im Blick auf die laufenden Verluste unabdingbar und übrigens zeitdringlich. An eine Publikation des Inventars ist wohl schon wegen der ungewöhnlichen Zahl der Objekte (vgl. II, bei Anm. 67) nicht zu denken; die Veröffentlichung, mit den genauen Standorten, wäre auch gar nicht opportun, und für den Forscher ist das Inventar ohnehin zugänglich. — Die zentrale Inventarisierung macht das kommunale Fotoarchiv vom eigenen Bestand, aus dem schnell das Fahndungsbild verfügbar ist (vgl. Anm. 89), nicht überflüssig. Eine Zusammenarbeit zwischen den Gemeinden und der Inventarstelle ergibt sich bei den erforderlichen Recherchen von selbst. Daß auch das privateigene Denkmalgut in das Inventar aufzunehmen ist, wurde bereits erwähnt (Anm. 90).

[94] Vgl. Anm. 89, 91, 92. Zum einen ist der gesamte bisher verlorene Denkmalbestand zu erfassen, von dem es Abbildungen oder doch wenigstens Beschreibungen und Nachrichten gibt (vgl. z. B. I, Anm. 9). Historische Quellen sollten einbezogen werden (vgl. III, bei Anm. 48—55, und z. B. VI, bei Anm. 41). Bei diesen Stücken älteren und zum Teil unbekannten Verlustdatums handelt es sich vornehmlich um eine Erfassung für die Forschung (dennoch ist keineswegs ausgeschlossen, daß etwa ein Stück wie das I, Anm. 9, erwähnte eines Tages wieder ans Licht kommt und dann als das Mal von diesem Standort erkannt wird). Zum anderen sind laufend die neuen Verluste aufzunehmen, und zwar umgehend, denn kurz nach dem Abgang sind die erforderlichen Unterlagen leichter zu beschaffen und sind auch die mündlichen Angaben, auf die man

angewiesen ist, zuverlässiger. Was allgemein zu erfassen ist, entspricht den Aufnahmen für das Inventar (vor. Anm.); ist das Stück bereits im Inventar erfaßt, können die Unterlagen von dort übernommen werden, und im Inventar erfolgt ein Vermerk über den Verlust. Inventar und Verlustarchiv sind daher nach Möglichkeit zusammenzufassen. Speziell zu erfassen sind beim Verluststück Zeitpunkt und Umstände des Abgangs; auch wird man das ggf. zurückgelassene Teilstück fotografieren und so fort (Dokumentationen, die für Fahndung und Wiederbeschaffung von Wert sein können). Die Zusammenarbeit mit der Fahndungsbehörde betrifft ältere, noch faßbare Verluste sowie laufend die neuesten. — Man wird die örtlichen Stellen (Gemeinden, Heimatforscher) auffordern, alte und neue Verluste für die zentrale Erfassung zu melden. Aufgrund der Meldung ist häufig auch seitens des Archivs noch aktiv zu recherchieren. Es ist ratsam und zweckmäßig, die Öffentlichkeit immer wieder auf das Verlustarchiv, wo alle Daten zum Denkmal und zu seinem Verschwinden endgültig gespeichert sind, aufmerksam zu machen. An der abschreckenden Wirkung einer solchen Institution im Blick auf Diebstahl, dubiosen Handel und illegalen Besitz ist nicht zu zweifeln.

[95] „Kulturdenkmäler werden durch Verwaltungsakt unter Schutz gestellt", heißt es lapidar im Denkmalschutzgesetz (§ 8; zum Gesetz vgl. Anm. 34). Die so geschützten Objekte werden in das „Denkmalbuch" eingetragen (§ 10). Daß alte Steinkreuze unter den definierten „Begriff des Kulturdenkmals" fallen, ist nicht zweifelhaft, denn Kulturdenkmäler sind nach dem Gesetz „Gegenstände aus vergangener Zeit, die Zeugnisse insbesondere des geistigen oder künstlerischen Schaffens oder des handwerklichen ... Wirkens ... sind und an deren Erhaltung und Pflege aus wissenschaftlichen ... Gründen, zur Förderung des geschichtlichen Bewußtseins oder der Heimatverbundenheit oder zur Belebung ... der Umwelt ein öffentliches Interesse besteht" (§ 3; ausgelassen sind Stellen, die das Steinkreuz nicht betreffen). Die gesetzliche Unterschutzstellung irgendeines Denkmals dieser Gattung ist, jedenfalls im Gebiet des bedeutendsten Basaltlavabestandes, bisher nicht erfolgt (Auskunft der unteren Schutzbehörde, die das Denkmalbuch führt; das Gesetz ist jung, und andere Objekte seien noch vordringlicher). Freilich wird man eines Tages einzelne Stücke wie etwa das „Golokreuz" (den noch erhaltenen Teil) durch Verwaltungsakt unter Schutz stellen und in das Denkmalbuch eintragen, doch sind damit die speziellen Probleme — der Kreuzdiebstahl ist nur eines davon — nicht gelöst. Hier geht es auch nicht um einzelne Stücke, sondern um die Erhaltung des gesamten Bestandes, und es erscheint ja ausgeschlossen, daß die Tausende von Kleindenkmälern, Grabkreuze eingeschlossen, durch ebenso viele Verwaltungsakte einzeln erfaßt und anschließend verwaltungstechnisch überwacht werden. Der wie auch immer geartete spezielle Schutz für eine Denkmalgattung ist gesetzlich nicht vorgesehen — gerade ein solcher wäre beim Steinkreuz wünschenswert. Das genannte Gesetz ist allerdings auch für diese Denkmalgruppe von grundsätzlicher Bedeutung, denn es gebietet Schutz und Pflege für das Kulturdenkmal ganz allgemein. Insofern sind die Stücke im Denkmalbuch nur eine Sondergruppe („Zweiter Unterabschnitt: Geschützte Kulturdenkmäler"). Auch die dem Eigentümer oder Verfügungsberechtigten ausdrücklich auferlegte „Pflicht zur Erhaltung und Pflege" (§ 2) betrifft nicht nur die durch Verwaltungsakt geschützten und eingetragenen Denkmäler. Indessen, wer ist beim Steinkreuz oder Bildstock am Weg und beim alten Grabkreuz als „verfügungsberechtigt" anzusehen? Dies wenigstens grundsätzlich zu klären, ist notwendige Voraussetzung für Schutz und Pflege. Die „Obhut" seitens der Kommunen (vgl. bei Anm. 34) sollte eine eindeutige Rechtsgrundlage erhalten. — Die Denkmalfachbehörde des Landes schenkt der akuten Gefährdung dieser Denkmalart Beachtung und erörtert mögliche Schutzmaßnahmen zur Zeit aufs neue (Schriftwechsel mit dem Vf.).

[96] Vgl. bei Anm. 16—21 und z. B. Anm. 65, 74 am Ende, 85.

[97] Vgl. etwa Anm. 2 zu den Bemühungen von Fridolin Hörter und Heinrich Pieroth, Mayen (dazu auch Anm. 6, zweiter Teil), sowie Georg Jakob Meyer, Trier. Mit dem Interesse für die Denkmäler weckten sie wie gesagt auch die Bereitschaft zur Erhaltung und Pflege. Herr Pieroth selbst, der seine Lichtbildvorträge über Wegekreuze der Heimat auch gern auf dem Lande hielt, berichtete mir seinerzeit, daß Zuhörer anschließend oft spontan bekundeten, jetzt sähen sie die Kreuze mit ganz anderen Augen. — Ständig zunehmend erscheinen Publikationen über Steinkreuze und Bildstöcke im deutschen und außerdeutschen Raum. Herausgeber sind eigene Arbeitskreise, aber auch Vereine der Landschaft, Organisationen für Volkskunde oder für Denkmalpflege, Institute der Universitäten, Verwaltungsbehörden und so fort. Das Denkmalschutzgesetz des Landes Rheinland-Pfalz (vgl. Anm. 34) bezeichnet als Aufgabe des Denkmalschutzes und der Denkmalpflege unter anderem nicht nur, „die Kulturdenkmäler wissenschaftlich zu erforschen", sondern auch, „die Ergebnisse der Öffentlichkeit, insbesondere für Zwecke der Bildung und Erziehung, zugänglich zu machen" (§1, Abs. 2). — Zugänglich allerdings, das ist nicht zu vermeiden, sind Publikationen auch Kunsträubern und Antiquitätendieben. Beim Kleindenkmal in der Landschaft ist das ein ernstzunehmendes Problem.

Es wurde auch bei der Planung dieses Buches erwogen und war Anlaß, auf detaillierte Angaben zu den Standorten zu verzichten. Andererseits war man überzeugt, daß eine Dokumentation dieser Art auch Schutz für die Denkmäler bedeutet: Was hier abgebildet ist, wird beim Dieb, im Handel oder beim Erwerber als gestohlenes Gut erkannt, das Fahndungsbild ist bereits veröffentlicht.

BILDTEIL

ORTSANGABEN

Wie im Text werden die historischen Ortsnamen verwendet. Beim Denkmal in der Flur wird der Ort in der Nähe genannt; die Gemarkungsgrenzen sind nicht unbedingt berücksichtigt.

JAHRESZAHLEN

Nachträge und Berichtigungen

Abb. 154:	**1586** (statt 1580)
Abb. 210:	**1591** (statt 1597)
Abb. 273:	**1723**
Abb. 441:	**1696**
Abb. 447:	**1598**
Abb. 462 ff.:	**1698** (statt 1689)

AUFNAHMEN

Die Fotos entstanden in den Jahren 1972—1976, die meisten ab 1974. Bei älteren Bildern und in einigen anderen Fällen ist der Zeitpunkt der Aufnahme kursiv angegeben.

LEGENDE

☆	bedeutet: gleiches Denkmal wie Abbildung zuvor
vgl.	verweist auf eine weitere Abbildung des Denkmals
Is.	verweist auf die Inschrift im Kapitel IX

1. Basaltlavakreuz in der Eifellandschaft

2. Düngenheim

3. Thür — Fraukirch (gehoben, *um 1930/40)*

4. ☆ *(um 1920)*

5. Nachtsheim

6. Andernach, Museum

7. Kruft

8. Mayen, Museum

9. Kirchesch

10. Altenahr – Dernau

11. Blasweiler

12. St. Sebastian

13. Bell

14. Ettringen

15. Hausen — Fraukirch

16. Kruft, Bahnerhof

17. ☆ Rückseite

18. Einig

19. Kreuznick

20. Ochtendung

21. Düngenheim – Mädburg b. Kehrig

22. Nickenich

23. Trimbs

24. Maria Laach

25. Nickenich

26. Mayen

27. Moselsürch

28. ☆ *(um 1920)*

29. Niedermendig

30. Berresheim, 1590

31. Ruitsch

32. Nickenich

33. Allenz *(um 1920)*

34. Eich, 1504 (vgl. 223 f., Is.86)

35. Nickenich

36. Niederzissen

37. Luxem, 1602/1608 (Is.107)

38. Kell

39. Hannebach

40. Kruft

41. Kell

42. Spessart

43. Luxem

44. Kehrig, 1601

45. Brohl b. Karden, 1666 (Is.118)

46. Mörz, 1606

47. Trimbs, 1659

48. Trimbs, 1658

49. Niederzissen, 1619

50. Kaifenheim, 1646

51. Lay, 1610

52. Greimersburg, 1650

53. Maria Laach

54. Naunheim, 1682

55. Büchel, 1703

56. Niedermendig, 1633

57. Kempenich, 1702

58. Miesenheim, 1554

59. Fraukirch, 1620

60. St. Johann, 1624 (Is.111)

61. Obermendig, 1624

62. Roes, 1633 (Is.49)

63. Burgbrohl, 1625

64. Waldesch, 1700

65. Boos, 1806

66. Kruft, 1825

67. Niederlützingen, 1729 und 1680

68. Münstermaifeld, 1595

69. Kell, 1637

70. Fraukirch, 1648 (Is.101)

71. Bell, 1705 (vgl. 396)

72. Bell, 1631 (Is.112)

73. Rübenach, 1649

74. Weiler, 1755

75. Hannebach, 1765

76. Wehr, 1743

77. Wehr, 1714

78. Mimbach, 1889 (Is. 96)

79. Niedergondershausen, ca. 1930 (Is. 84)

80. Brück, 1919

81. Hilgerath. „Afelskreuz“ (erneuert 1931)

82. Weiler, 1652

83. Blasweiler

84. Wassenach

85. Mühlheim

86. Niedermendig, Sammlung Michels

87. Obermendig

88. Niedermendig, Sammlung Michels, 1497 (Is. 24)

89. ☆ Rückseite

90. Nickenich, 1570

104. Kelberg, 1737

105. Kelberg, 1792

106. Lasserg, 1701

107. Alken, 1743 (Is. 77)

108. Niedermendig. Untertagebau (Stich 1802, Ausschnitt)

109. Mayen, 1814 („Blib in der Lei dot“, Is. 58)

110./111. Mayen. Kraterberge und angeschnittener Schachtbau

112. Mayen. Angeschnittener Untertagebau

113. Niederoberweiler, 1718

114. ☆ Profil

115. Kottenheim, 1756 (Steinhauer-Werkzeug)

116. Mesenich

117. Mayen, Museum

118. Bernkastel, 1585

119. Mörsdorf, 1815

120. Bad Salzig, 1672

121. Isenburg, 1702 (Is. 38)

122. Hillscheid, 1589

123. Bad Honnef, 1683

124. Linz, 1633

125. Sierscheid

126. Gelsdorf

127. Paffrath (Bergisch Gladbach)

128. Paffrath (Bergisch Gladbach)

129. Bocklemünd (Köln), 1751

130. Leuth (Nettetal, Niederrhein), (Is. 85)

131. Ferschweiler. Kreuz aus vorgeschichtlichem Kultstein

132. Mayen, Museum. Röm. Votivstein (Is. 1)

133. Mayen, Museum. Röm. Grabstein (Is. 2)

134. Moselkern (Landesmuseum Bonn), um 700; Basaltlava

135.—137. ☆ Rückseite und Schmalseiten

„Kreuzstein in durchbrochener Arbeit, mit Darstellung des am Kreuz stehenden (lebenden) Christus, in geometrisierender Umgestaltung; eine der frühesten monumentalen Darstellungen des gekreuzigten Christus auf dem Kontinent nördlich der Alpen.“ (Elbern, Abendland).

138. Nickenich

139. Allenz

140. Engeln — Hannebach

141. Maria Laach. Kreuz mit Grenzmarke

142. Obermendig, 1461 (Is. 3)

143. ☆ Rekonstruktion nach F. Hörter sen.

144. ☆ Detail vorn

145. ☆ Detail links

146. Obermendig, 1462 (Is. 4), *(um 1920)*

147. ☆ Rechte und Rückseite

148. ☆ Linke Seite

149./150. Thür — Fraukirch, 1472 (sog. Golokreuz), (vgl. 266, ls. 5)

151. ☆ Detail rechts

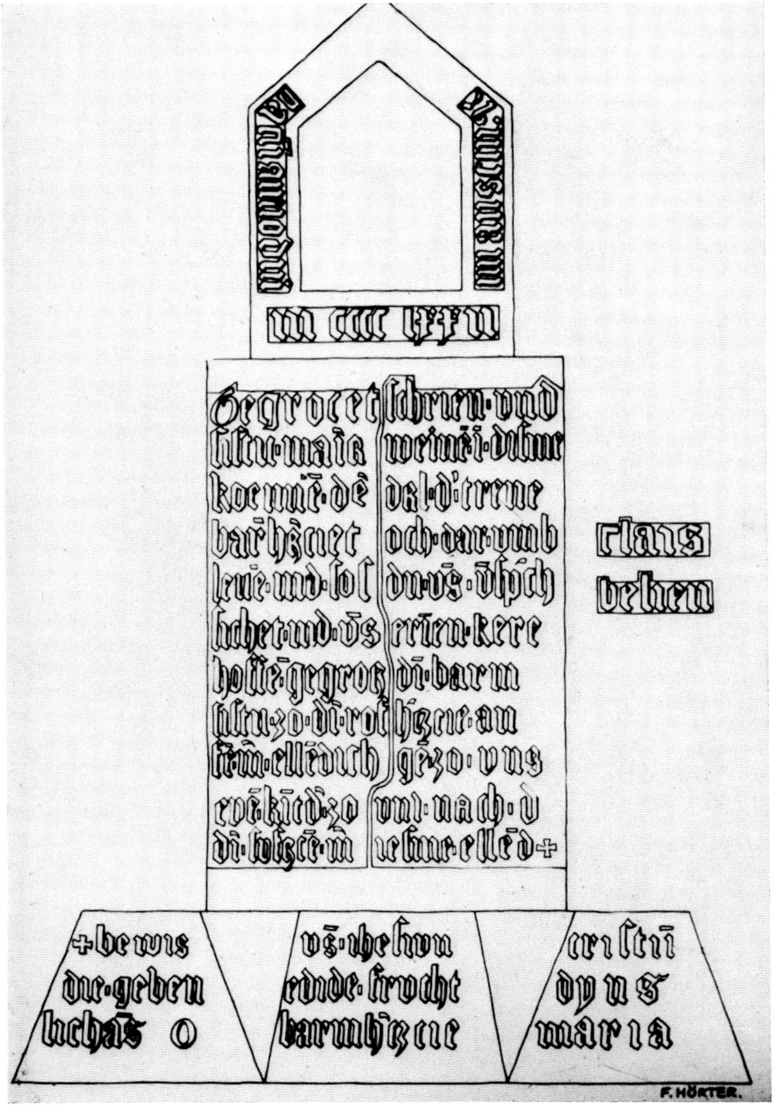

152. ☆ Inschrift nach F. Hörter jr.

153. Obermendig, 1473 (is. 6)

154. Heimbach, Kloster Rommersdorf, 1580

155. Küttig

156. Klotten, 1597 (vgl. 291)

157. Glees. Sakramentsnische in Filialkirche

158. Mertloch

159. Hausen, 1585

160. Rieden – Ettringen, 1624 (Is. 110)

161. Gappenach, 1696 (Is. 102)

162. Wassenach, 1616

163. Trimbs — Fraukirch, 1504

164. Polch

165. Waldesch, 1664 (vgl. 298)

166. Polch, 1785

167. Kirchesch, 1703

168. Kottenheim, 1804 (Is. 22), *(Fronleichnam 1974)*

169. St. Johann, 1822 (Is. 21)

170. Bell, 1666

171. Kempenich — Hannebach

172. Mertloch, 1634

173. Kottenheim, 1582. „Hagelkreuz"

174. Schelborn (vgl. 269)

175. Oberzissen, 1599

176. Hain, 16[00] oder [16]16 (Is. 8)

177. Spessart (Privatbesitz Mayen), 1600

178. Niederzissen

179. Thür, Grabkreuze *(um 1920)*

180. Burgen, 1604

181. Niederdürenbach, 1699 (Is. 20)

182. Gering, 1623

184. ☆ Detail links

185. Holzschnitt 1532 (Detail)

183. Kollig

186. Klotten, um 1600. Detail auf Kreuz-Schaft

187. Lederbach

188. Bendorf — Heimbach. Karte 1684 (Detail) mit „Staffeler Creutz"
(Sühnekreuz aus dem Jahre 1380 für den erschlagenen Dietrich von Staffel)

189. Sehl — Eller, 1603 (Is. 54)

190. Bernkastel, 1552 (Is. 47)

191. Valwig, 1612 (Is. 48)

192. Bell, 1778 (Is. 80)

193. Lonnig, 1749 (Is. 78)

194. Obermendig – Maria Laach, 1501 (Is. 55)

195. Bürresheim, 1674 (Is. 69)

196. Koblenz-Pfaffendorf, 1710 (Is. 64)

197. Pommern, 1758

198. Moselkern, 1802 (Is. 67)

199. Maria Laach, 1814

200. Münstermaifeld, 1816

201. Ettringen, Kreuz 1807 (Is. 75)

202. Pommern, 1944 (Is. 71)

203. Bürresheim, 1. Hälfte 18. Jahrhundert

204. Kempenich, 1812

205. Pillig — Kollig, 1654

206. Nickenich — Eich, 1590

207. Oberlützingen, 1945

208. Rieden

209. Wassenach — Eich, 1647 (Is. 90)

210. Monreal, 1597

211. Fraukirch

212. Hausen — Fraukirch, 1629 (Is. 32)

213. Fraukirch, 1624

214. Langenfeld – St. Jost *(Wallfahrt 1968)*

215. St. Jost, 1645 (vgl. 356), mit Pilgerkreuzen

216. „Mariahilf-Bild" von Lucas Cranach d. Ä., Innsbruck, um 1500/1510

217. Polch, 1689

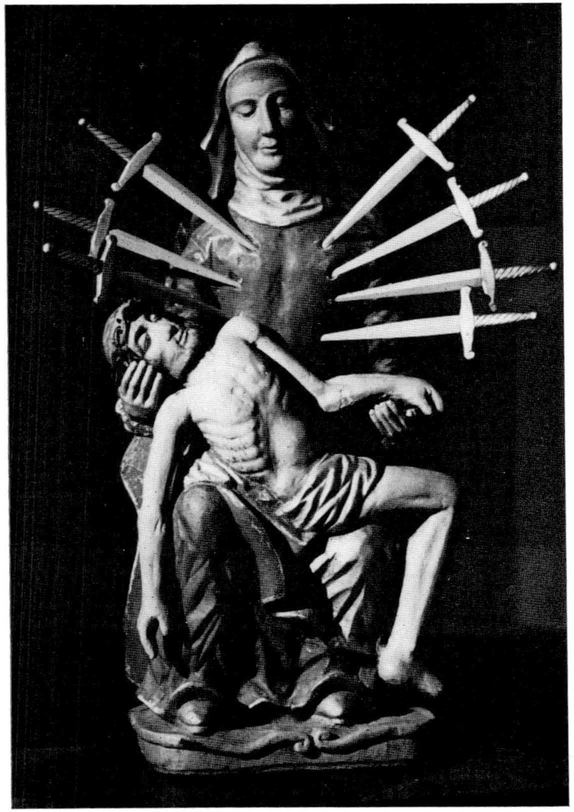

218. „Mater Dolorosa", ehem. Weinfeld am Totenmaar, um 1720

219. Dümpelfeld, um 1750

220. Kell, 1677 (Is. 130)

221. Urmitz, 165[8] (Is. 142)

222. Gamlen (Is. 114)

223. Eich, 1504 (vgl. 34, Is. 86)

224. ☆ Detail Rückseite (Nischenkopf)

225. Obermendig, 1685

226. Ochtendung

227. Pommern, 1567 (Is. 27)

228. Niedermendig, 1628 (Is. 117), Rückseite

229. Moselweiß, 1580 (Is. 25)

230. Moselweiß, 1667

231. St. Jost, 1631 (vgl. 353)

232. St. Jost, 1617 *(Aufnahme nach Schneewehen)*

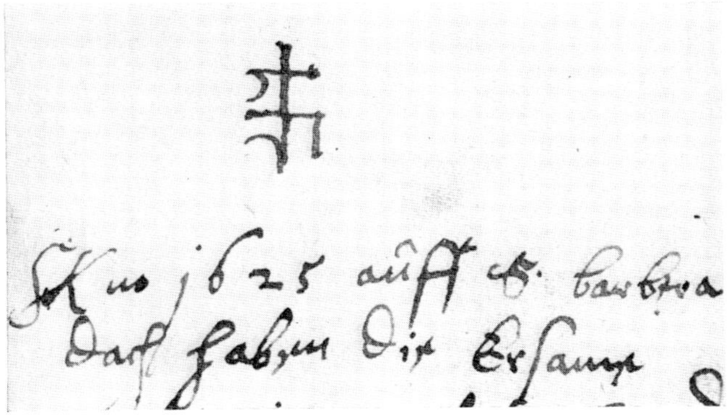

233. Mayen. Protokollbuch der Hämmerzunft, 1625

234. St. Jost. Kreuzsockel

235. Thür

236. Acht, 1631

237. Mayen, [15]54

238. Polch, 1569

239. Polch

240. Gierschnach, 1584 (Is. 26)

241. Andernach, Museum

242. Oberzissen, 1705

243. Wanderath, 1712

244. Mayen, 1580

245. Andernach, Museum

246. Oberbreisig, 1502

247. Klotten, 1815

248. Dieblich, 1736

249. Ellenz, 17 . .

250. Moselkern, 1644

251. Obermendig, 1642

252. Galenberg, 1595/1612 (Is. 100)

253. Ettringen

254. Unkel

255. Unkel, 1616

256. Welling

257. Polch

258. Ochtendung

259. Mayen, [15]74

260. Linz, 1629

261. St. Sebastian, 1578

262. Oberbreisig

263. Moselweiß, 1566 (Is. 139)

264. Rieden

265. Bonn, Landesmuseum. Fränkische Grabplatte

266. Thür—Fraukirch, 1472 (vgl. 149 ff., Is. 5)

267. Hannebach

268. Wassenach

269. Schelborn (vgl. 174)

270. Idesheim, 1814

271. Idesheim, um 1820

272. Langenfeld, um 1730

273. Dümpelfeld, um 1730

274. Weiler, um 1730

275. Langenfeld, 1767

276. Mayen, Museum, 1704

277. Rieden, um 1715

278. Wehr, 17[00] oder [17]17

279. Dernau, 1705

280. Ochtendung

281. Hilgerath

282. Kehrig, 1646

283. Gillenbeuren

284. Langenfeld — St. Jost

285. Mertloch

286. Metternich, 1548

287. Kaifenheim, 1551

288. Mayen

289. Moselsürch, 1715

290. Sabershausen, 1790 (vgl. 433)

291. Klotten, 1597 (vgl. 156)

292. Waldorf, 1705

293. Forst, 1702

294. Hatzenport (Museum Mayen), 1679

295. St. Aldegund, 1774 (Is. 65)

296. Kaifenheim, 1672 (Is. 113)

297. Plaidt

298. Waldesch, 1664 (vgl. 165)

299. Metternich, 1751

300. Hausen — Fraukirch, 1625

301. Burgbrohl, 1690 (Is. 121)

302. Cond, 1624

303. Blasweiler, 1747

304. Polch, 1724

305. Ettringen, 1764

306. Weiler, 1773

307. Karweiler, 1741

308. Kempenich, 1810

309. Niedermendig. Friedhofskreuz

310. ☆ Sockel des Friedhofskreuzes

311. Bruchhausen. Sockel des Friedhofskreuzes

312. Kobern, 1763

313. Obermendig, [17]12

314. Wassenach

315. Mayschoß, um 1730

316. Niedermendig, 1720

317. Dernau

318. Mörz, 1716

319. Volkesfeld, 1710

320. Nickenich, 17 . .

321. Mertloch, 1756

322. Einig, 1706

323. Moselkern, 1766

324. Forst, 1738

325. Obermendig, 1717

326. Mayen, Museum, 1756 (Is. 41)

327. Gondorf, 1759

328. Kruft

329. Burg Eltz, 1701

330. Wassenach, 1540

331. Langenfeld, 1702 (vgl. 393)

332. Hambuch, 1724

333. Polch

334. Ahrweiler, 1703

335. Rieden, 1765 (Is. 42)

336. Wehr, 1776

337. Löf, 1603

338. Pillig, 1603

339. Kerben, 160 .

340. Niedermendig, Sammlung Michels, 1626 (Is. 30)

341. Maria Laach, 1626 (Is. 31)

342. Münstermaifeld, 1651

343. Metternich, 1668

344. Mörsdorf, 1652

345. Nürburg, 1639 (Is. 126)

346. Bad Niederbreisig

347. Kaifenheim, 1654

348. Wanderath, 1638

349. Metternich, 1657

350. Gering, 1672

351. Kelberg, 1660

352. Mörz, 1664

354. Kaisersesch, 1652

353. St. Jost, 1631 (vgl. 231)

355. Niederelz, 1666

356. St. Jost, 1545 (vgl. 215)

357. Niederzissen, 1661 (Is. 92)

358. Polch, 1639 (Is. 88)

359. Niedermendig, 1638

360. Fraukirch, 1644 (vgl. 363, Is. 89)

361. Obermendig, 1658 (Is. 91)

362. Pillig, 1665

363. Fraukirch, 1644 (vgl. 360, Is. 89)

364. Trimbs, 1655

365. Eich, 1646 (Is. 97)

366. Wierschem, 1653

367. Plaidt, 1662

368. Brohl a. Rhein, 1680 (Is. 120)

369. Kell, 1679 (Is. 98)

370. Wehr, Steinbergerhof, 1664

371. Niederlützingen, 1680

372. Ochtendung, Waldorferhof, 1681

373. Ochtendung, 1669 (Is. 119)

374. Ochtendung, 1671

375. Andernach, 1663/66

376. Andernach — Miesenheim

377. Obermendig, 1670

378. Nickenich, 1669

379. Ettringen, 1669

380. Metternich, 1682

381. Barweiler, 1680

382. Schönbach, 1678

383. Landkern, 1678

384. Düngenheim, 1686

385. Oberbreisig, 1703

386. Mayen, Museum, 1710

387. Mörz, 1714

388. Waldesch, 1728

389. Kattenes, 1708

390. Eich, 1682

391. Plaidt, 1684

392. Wassenach, 1696

393. Langenfeld, 1702 (vgl. 331)

394. Kirchesch, 1705

395. Langenfeld, 1703

396. Bell, 1705 (vgl. 71)

397. Bell, 1703

398. Niedermendig, 1697

399. Brenk, 1700

400. Niederadenau, 1721

401. Adenau, 1712

402. Oberlützingen, 1717

403. Schuld

404. Mayschoß

405. Dümpelfeld, 1732

406. Dümpelfeld, 1724

407. Dümpelfeld

408. Adenau

409. Kelberg, 1747

410. Schuld

411. Dümpelfeld, 17 . .

412. Dümpelfeld

413. Dümpelfeld

414. Dümpelfeld, 1728

415. Mayschoß

416. Dümpelfeld, 1737

417. Roes, 1697

418. Münstermaifeld, 1728

419. Kehrig, 1700

420. Kürrenberg, 1711. Portalsturz

421. Detail von Abb. 422

422. Müden, 1699

423. Kirchesch, 1704

424. Monreal, 1716

425. Kruft, 1757

426. Rech, Steinerberg, 1761

427. Ernst, 1777

428. Hoffeld, 1777

429. Mayen

430. Münstermaifeld, 1762

431. Langenfeld, 1784

432. Kelberg, 1785

433. Sabershausen, 1790 (vgl. 290)

434. Niedergondershausen, 1785

435. Müllenbach, 1793

436. Moselkern, 1804

438. Aufgestapelt seit Jahren

437. Kehrig, 1623 (Is. 116). Gestohlen 1975

439. Vergessen nach Straßenbau

440. Sevenich. Zerstört 1975

441. St. Jost

442. Düngenheim, 1694

443. Königsfeld, 1751

444. Nickenich, 1656

445. Berresheim *(um 1920)*

446. ☆ *(1975)*

447. Allenz *(um 1920)*

448. ☆ *(1975)*

449. Wassenach. Schutzbau eingeschalt *(1974)*

450. ☆ Nach Fertigstellung

451. Lehmen, 17[5]0

452. Wehr, 1827 (Is. 62), bei Straßenbau *(1973)*

453. ✡ Neu errichtet

454.—458. Nickenich, 1680. Wiedererrichtung Karfreitag 1975 nach Autobahnbau (die Pflege der Wegkreuze ist hier Karfreitagsbrauch)

459. Wanderath. (Erweiterungsbau 1896)

460. Wimbach. (Kapelle 1819)

461. Niederzissen. (Erweiterungsbau 1965)

462.—464. Bonn — Bad Godesberg, 1689 (Is. 93). — Aufnahmen 1949 (mit Siebengebirge) und 1975 (in der Nähe des alten Standortes)

465. Glees, 1696, im Chor der Filialkirche *(angebracht 1975)*

466. Kottenheim, 1600 *(Vesperbild eingefügt um 1933)*

ABBILDUNGSNACHWEIS

Fotos: Kurt Müller-Veltin, Mayen

außer folgenden Abbildungen:

3, 28, 447: Heinrich Pieroth, Mayen (nach Aufnahmen in Privatbesitz). — 179: ders. (nach Wrede, Eifeler Volkskunde, 1960, Verlag Ludwig Röhrscheid, Bonn, Bild 24).

4, 33, 146, 445: Fridolin Hörter sen., Mayen (nach Aufnahmen in Privatbesitz).

108: Amt für rheinische Landeskunde, Bonn (Landschaftsverband Rheinland).

134—137: Rheinisches Landesmuseum Bonn. — (265: Kurt Müller-Veltin mit freundlicher Genehmigung des Rheinischen Landesmuseums Bonn).

143: Zeichnung Fridolin Hörter sen., Mayen (nach Hörter, Die vier ältesten Bildstöcke, 1961).

152: Zeichnung Fridolin Hörter jr., Mayen (Erstveröffentlichung).

185: Nach Gaerte, Wetterzauber (Rheinisches Jahrbuch für Volkskunde, 3. Jahrgang, 1952, Ferdinand Dümmlers Verlag, Bonn), Bild S. 254, Ausschnitt.

188: Landeshauptarchiv Koblenz; Abteilung 162, Nr. 1179.

216: Dr. Johannes Steiner, München.

462: Dr. Paul Nathrath, Ersdorf (nach: Die schöne Heimat, 1953, Verlag Robert Langewiesche, Königstein i. Taunus, Bild S. 23, Ausschnitt).

LITERATUR

Die mit ◯ bezeichneten Schriften konnten für die Abhandlung nicht mehr benutzt werden.

AZZOLA, Friedrich Karl, Die Schere als Handwerkszeichen auf Grabsteinen und Steinkreuzen in Hessen. In: Archiv für hessische Geschichte und Altertumskunde, Neue Folge, Jahrgang 30, Heft 1/2, Darmstadt 1967/68, S. 160–168.

AZZOLA, Friedrich Karl und Juliane, Mittelalterliche Scheibenkreuz-Grabsteine in Hessen, Kassel 1972. (Hessische Forschungen, 10.)

AZZOLA, Friedrich Karl, Heinz BORMUTH und Fritz SCHÄFER, Dolch, Schwert und Spieß als Steinkreuzzeichen im hinteren Odenwald. In: Zu Kultur und Geschichte des Odenwaldes (Festgabe Güterbock), Breuberg-Neustadt 1976, S. 55–62.

BECKER, Albert, Der Gollenstein bei Blieskastel. In: Rheinische Vierteljahrsblätter, Jahrgang 2, Bonn 1932, S. 207 bis 215.

BEITL, Richard (Bearb.), Wörterbuch der deutschen Volkskunde, 2. Auflage, Stuttgart 1955.

BORNHEIM GEN. SCHILLING, Werner, Rheinische Höhenburgen, 3 Bände, Neuss 1964. (Jahrbuch des Rheinischen Vereins für Denkmalpflege und Heimatschutz 1961–1963.)

BOUDRIOT, Wilhelm, Die altgermanische Religion in der amtlichen kirchlichen Literatur vom 5. bis 11. Jahrhundert, Bonn 1928.

BRINK, L. und Joseph HILGER, Geschichte von Mayen, Mayen 1910.

BROCK, Diethelm, Geschichte der Zünfte in Mayen (Examensarbeit Trier, Priesterseminar, 1965; vervielfältigt).

BROCKPÄHLER, Wilhelm, Steinkreuze in Westfalen, Münster 1963.

BROWE, Peter, Die eucharistischen Flurprozessionen und Wettersegen. In: Theologie und Glaube, Jahrgang 21, Paderborn 1929, S. 742–755.

DERS., Die Entstehung der Sakramentsprozessionen. In: Bonner Zeitschrift für Theologie und Seelsorge, Jahrgang 8, Düsseldorf 1931, S. 97–117.

BÜCHER, Johannes, Wegekreuze und Bildstöcke im Gebiet der Stadt Beuel, Beuel 1968. (Studien zur Heimatgeschichte der Stadt Beuel am Rhein, 10.)

BURGSTALLER, Ernst, Eine Türhüterfigur und andere Ritzzeichnungen an Getreidekasten und Tennen in Mondseer Rauchhäusern. In: Oberösterreichische Heimatblätter, Jahrgang 1953, Heft 2/3, S. 1–7.

CASPAR, Benedikt, Rund um den schiefen Turm; Ein quellengeschichtlicher Beitrag zur Volkstumskunde des Mayengaues, Saarbrücken 1939.

DERWEIN, Herbert, Geschichte des christlichen Friedhofs in Deutschland, Frankfurt am Main 1931.

DITTMAIER, Heinrich (Bearb.), Rheinische Flurnamen, Bonn 1963.

DOMBART, Theodor, Der Name Jesus. In: Die christliche Kunst, Jahrgang 10/11, München 1914/15, S. 257–269.

DERS., Das Kreuz mit den zwei und drei Querbalken. In: Bayerische Hefte für Volkskunde, Jahrgang 2, München 1915, S. 157–171.

DRhld = Die Denkmäler des Rheinlandes. Hrsg. von Rudolf Wesenberg und Albert Verbeek, Düsseldorf 1964 ff. – Band 8: Duisburg, bearb. von Egon Verheyen, 1966. – Band 15–17: Kreis Bergheim, bearb. von Annaliese Ohm und Albert Verbeek, 1970/71. – Band 18–20: Rheinisch-Bergischer Kreis, bearb. von Gerda Panofsky-Soergel, 1972–1974.

DÜNCHEM, J., Haus- und Hofmarken im Raum von Münstermaifeld. In: Die Eifel, Zeitschrift des Eifelvereins, 1952, S. 178 ff.
DERS., Entwicklung einer Maifelder Hausmarke, aufgezeigt an dem Hauszeichen der Familie Weckbecker. In: Die Eifel, Zeitschrift des Eifelvereins, 1953, S. 149 ff.
DÜNNINGER, Josef und Bernhard SCHEMMEL, Bildstöcke und Martern in Franken, Würzburg 1970.
EHMCKE, F. H., Die historische Entwicklung der abendländischen Schriftformen, Ravensburg 1927.
ELBERN, Viktor H., Die Stele von Moselkern und die Ikonographie des frühen Mittelalters. In: Bonner Jahrbücher, Band Nr. 155/156, Bonn 1955/56, S. 184—214 und Tafeln 29—36.
DERS., Katalogtext Nr. 199 zur Stele von Moselkern. In: Werdendes Abendland an Rhein und Ruhr (Ausstellung Villa Hügel), Essen 1956.
FABRICIUS, Wilhelm, Die Herrschaften des Mayengaues, Bonn und Leipzig 1923. (Erläuterungen zum geschichtlichen Atlas der Rheinprovinz, Band 7, 1. Teil, Die kurtrierischen Oberämter Mayen und Münstermaifeld.)
FISCHER, Karlheinz, Die alten steinernen Grabkreuze im Kölner Raum; Eine Typenuntersuchung, Dissertation, Darmstadt 1956.
FRANZ, Adolph, Die Messe im deutschen Mittelalter; Beiträge zur Geschichte der Liturgie und des religiösen Volkslebens, Freiburg im Breisgau 1902.
DERS., Die kirchlichen Benediktionen im Mittelalter, 3 Bände, Freiburg im Breisgau 1909. Unveränderter Nachdruck Graz 1960.
FRAUENSTÄDT, Paul, Blutrache und Todtschlagsühne im deutschen Mittelalter, Leipzig 1881.
FRECHEN, Josef, Michael HOPMANN und Georg KNETSCH, Die vulkanische Eifel, 4. Auflage, Bonn o. J.
FREUDENBERG, J., Das sog. Höhtgeskreuz (Miscellen, 11. Niedermendig). In: Bonner Jahrbücher, Band 62, Bonn 1878, S. 179—184.
FUNK, Wilhelm, Alte deutsche Rechtsmale, Bremen 1940.
GAERTE, Wilhelm, Wetterzauber im späten Mittelalter nach gleichzeitigen bildlichen Darstellungen. In: Rheinisches Jahrbuch für Volkskunde, 3. Jahrgang, Bonn 1952, S. 226—273.
DERS., Beschriftete Thau-Amulette aus dem Mittelalter. In: Rheinisches Jahrbuch für Volkskunde, 6. Jahrgang, Bonn 1955, S. 225—234.
GIES, Paul, Mittelrheinische Hausmarken (Manuskript 1940/41; vgl. II, Anm. 66, Nr. 6).
GRENSER, Alfred, Zunft-Wappen und Handwerker-Insignien, o. Ort 1889. Unveränderter Nachdruck Niederwalluf 1971.
HAGEN, Joseph, Römerstraßen der Rheinprovinz, 2. Auflage, Bonn 1931. (Erläuterungen zum geschichtlichen Atlas der Rheinprovinz, Band 8.)
HAMPER, Klaus, Ein Schutzblattsegen mit den fünf Wunden. In: Landeskundliche Vierteljahrsblätter, 8. Jahrgang, Trier 1962, S. 63—66.
HAY, Wilhelm, Volkstümliche Heiligentage, 2. Auflage, Trier 1960.
HDA = Handwörterbuch des deutschen Aberglaubens, 10 Bände, hrsg. und bearb. von Hanns Bächtold-Stäubli und E. Hoffmann-Krayer, Berlin und Leipzig bzw. Berlin 1927 bis 1942.
HEIMBERGER, Heiner, Das gefeite Dorf; Wegkreuze im Gebiet zwischen Neckar und Main. In: Mainfränkisches Jahrbuch, Band 4, Würzburg 1952, S. 263—307.
HEINZ-MOHR, Gerd, Lexikon der Symbole; Bilder und Zeichen der christlichen Kunst, 2. Auflage, Düsseldorf und Köln 1972.
HELLMICH, Max, Der Ursprung der mittelalterlichen Steinkreuze. In: Mitteilungen der schlesischen Gesellschaft für Volkskunde, Jahrgang 34, Breslau 1934, S. 139—153.
HOPF, Herbert, Studien zu den Bildstöcken in Franken, o. Ort 1970. (Mainfränkische Hefte, Würzburg, 54.)
HÖRTER, Fridolin, Bildstöcke und Wegekreuze aus der Umgebung von Mayen. In: Mayen und das Maifeld, Düsseldorf 1922, S. 52—62 (benutzt). Auch in: Zeitschrift des Rheinischen Vereins für Denkmalpflege und Heimatschutz, 15. Jahrgang, Düsseldorf 1921, S. 76—86.
DERS., Die vier ältesten datierten Bildstöcke des Kreises Mayen. In: Rhein-Zeitung, Beilage Heimat zwischen Hunsrück und Eifel, Nr. 5, Koblenz 1961.
HÖRTER, Fridolin, Franz-Xaver MICHELS und Josef RÖDER, Die Geschichte der Basaltlava-Industrie von Mayen und Nie-

dermendig. In: Jahrbuch für Geschichte und Kultur (bzw. Kunst) des Mittelrheins und seiner Nachbargebiete. 1. Teil, Vor- und Frühgeschichte, Heft 2/3, Neuwied 1951, S. 1–32 und Tafeln; 2. Teil, Mittelalter und Neuzeit, Heft 6/7, Neuwied 1955, S. 7–32 und Schaubilder.

HUIZINGA, Johan, Herbst des Mittelalters, 8. deutsche Auflage, Stuttgart 1961.

HULA, Franz, Mittelalterliche Kultmale; Die Totenleuchten Europas, Karner, Schalenstein und Friedhofsoculus, Wien 1970.

JEUCKENS, Robert, Die alten Steinkreuze im Aachener Grenzland, Aachen 1938.

○ JÜNEMANN, Joachim, Rillen und Näpfchen auf sakralen Denkmalen (1); Steinpulver als Arzneimittel. In: Beiträge zur Geschichte der Pharmazie (Beilage der Deutschen Apotheker Zeitung), 29, Stuttgart 1977, S. 25–31.

JÜRGENS, Antonius, Zweitverwendung barocker Grabkreuze am Alten Friedhof in Bonn. In: Rheinische Ausgrabungen '75, Bonn 1976, S. 91 f. (Das Rheinische Landesmuseum Bonn, Sonderheft Januar 1976.)

KD (1) = Die Kunstdenkmäler der Rheinprovinz, hrsg. von Paul Clemen, Düsseldorf 1891 ff.: – Die Kunstdenkmäler des Kreises Daun, bearb. von Ernst Wackenroder, 1928 (zitiert KD Daun). – Die Kunstdenkmäler der Stadt Koblenz; I. Die kirchlichen Denkmäler, bearb. von Fritz Michel, 1937 (KD Koblenz Kirchen). – Die Kunstdenkmäler des Kreises Ahrweiler, bearb. von Joachim Gerhardt, Heinrich Neu, Edmund Renard und Albert Verbeek, 1938 (KD Ahrweiler). – Die Kunstdenkmäler des Kreises Zell an der Mosel, bearb. von Hans Vogts, 1938 (KD Zell). – Die Kunstdenkmäler des Kreises Neuwied, bearb. von Heinrich Neu und Hans Weigert, 1940 (KD Neuwied). – Die Kunstdenkmäler des Kreises Mayen, Band 1, bearb. von Josef Busley und Heinrich Neu, 1941 (KD Mayen I). Band 2 des Kreises Mayen nicht mehr erschienen; Fahnenexemplar beim Landesamt für Denkmalpflege Rheinland-Pfalz in Mainz, etwa 1944 (Druckfahnen zu KD Mayen II). – Die Kunstdenkmäler des Landkreises Koblenz, bearb. von Erich Kubach, Fritz Michel und Hermann Schnitzler, 1944 (KD Koblenz Land).

KD (2) = Die Kunstdenkmäler des Landes Rheinland-Pfalz, hrsg. von Werner Bornheim gen. Schilling, o. Ort (München) 1954 ff.: – Die Kunstdenkmäler der Stadt Koblenz; Die profanen Denkmäler und die Vororte, bearb. von Fritz Michel, 1954 (KD Koblenz profan). – Die Kunstdenkmäler des Landkreises Cochem, 2 Bände, bearb. von Ernst Wackenroder, 1959 (KD Cochem). – Die Kunstdenkmäler des Rhein-Hunsrück-Kreises, Teil 1, Ehemaliger Kreis Simmern, 2 Bände, bearb. von Magnus Backes, Hans Caspary und Norbert Müller-Dietrich, 1977 (KD Simmern).

KLUGE, Friedrich, Etymologisches Wörterbuch der deutschen Sprache, 17. Auflage, bearb. von Walter Mitzka, Berlin 1957.

KOPPELT, Hans und Friedrich GROSCH, Bildstöcke und Steinkreuze im Landkreis Schweinfurt; 1. Teil: Raum Gerolzhofen, Gerolzhofen 1975. (Deutsche Steinkreuzforschung, Heft 3/1975.)

KRÄMER, Wolfgang, Kurtrierische Hexenprozesse im 16. und 17. Jahrhundert, vornehmlich an der unteren Mosel, München 1959.

KRISS-RETTENBECK, Lenz, „Kreuzchenstecken“ und „Kreuzchenlegen“. In: Bayerische Vorgeschichtsblätter, 29. Jahrgang, Heft 1/2, München 1964, S. 206–219. (Hermann Dannheimer und Lenz Kriss-Rettenbeck, Die Eininger Eisenkreuze, ihre Bedeutung und Datierung; Teil 2.)

DERS., Bilder und Zeichen religiösen Volksglaubens, 2. Auflage, München 1971.

DERS., Ex Voto; Zeichen, Bild und Abbild im christlichen Votivbrauchtum, Zürich und Freiburg im Breisgau 1972.

KRÖMLER, Hans, Der Kult der Eucharistie in Sprache und Volkstum in der deutschen Schweiz, Basel 1949. (Schriften der schweizerischen Gesellschaft für Volkskunde, 33.)

KUHFAHL, Gustav Adolf, Die alten Steinkreuze in Sachsen, Dresden 1928 und Nachträge 1936.

KÜNSTLE, Karl, Ikonographie der Heiligen, Freiburg im Breisgau 1926.

DERS., Ikonographie der christlichen Kunst (I. Prinzipienlehre, Hilfsmotive, Offenbarungstatsachen), Freiburg im Breisgau 1928.

KYLL, Nikolaus und Josef RÖDER, Die Fraukirch in der Pellenz im Rheinlande und die Genovefalegende. In: Rheinisches

Jahrbuch für Volkskunde, 2. Jahrgang, Bonn 1951, S. 81–101.
KYLL, Nikolaus, Die Glocke im Wetterglauben und Wetterbrauch des Trierer Landes. In: Rheinisches Jahrbuch für Volkskunde, 9. Jahrgang, Bonn 1958, S. 130–179.

DERS., Volkskanonisation im Raum des alten Trierer Bistums. In: Rheinisches Jahrbuch für Volkskunde, 11. Jahrgang, Bonn 1960, S. 7–61.

DERS., „Daß Glückseelig Hauß Creutz"; Ein Haussegen in der Trierer Volksfrömmigkeit des 18. Jahrhunderts. In: Trierisches Jahrbuch, Trier 1960, S. 42–64 und Tafel VII f.

DERS., Zur Entstehung der Bittprozessionen besonders im Trierer Bistum. In: Landeskundliche Vierteljahrsblätter, 7. Jahrgang, Trier 1961, S. 60–66.

DERS., Hagel-, Wetter- und Prozessionskreuze im Trierer Lande. In: Landeskundliche Vierteljahrsblätter, 7. Jahrgang, Trier 1961, S. 159–168.

DERS., Die Hagelfeier im alten Erzbistum Trier und seinen Randgebieten. In: Rheinisches Jahrbuch für Volkskunde, 13./14. Jahrgang, Bonn 1962/63, S. 113–171.

DERS., Die „Christliche Zuchtschul" des Nikolaus Cusanus S. J. als volkskundliche Quelle des westtrierischen Raumes. In: Rheinische Vierteljahrsblätter, Band 29, Bonn 1964, S. 223 bis 274.

DERS., Tod, Grab, Begräbnisplatz, Totenfeier, Bonn 1972. (Rheinisches Archiv, 81.)

LAMBY, Philipp, „Auf der Jacht todt geblieben". In: Die Eifel, Zeitschrift des Eifelvereins, 1954, S. 59.

LAUFS, Manfred, Das historische Ortslexikon von Rheinland-Pfalz; Konzeption und Beispiele (Bell, Obermendig). In: Geschichtliche Landeskunde, 7. Jahrgang, Wiesbaden 1971, S. 1–33.

LEHFELDT, Paul, Die Bau- und Kunstdenkmäler des Regierungsbezirkes Koblenz, Düsseldorf 1886.

LEISS, Die Segenssteine im Zissener Land. In: Eifelvereinsblatt, Jahrgang 28, 1927, S. 7 ff.

LEWALD, Ursula, Über Schutzamulette. In: Studien zur Volkskultur, Sprache und Landesgeschichte; Festschrift Matthias Zender, Bonn 1972, S. 412–434 und Tafeln.

○ LIESSEM, Udo, Zur Frage der Wetzrillen an Sakral- und Profanbauten. In: Pfälzer Heimat, Jahrgang 29, Speyer 1978, S. 67–69.

GRAF VON LOOZ-CORSWAREM, Otto, Heimatchronik des Landkreises Mayen, Köln 1954.

LOSCH, Bernhard, Steinkreuze in Südwestdeutschland, Magstadt 1968. (Volksleben, Band 19; Tübingen.)

LThK = Lexikon für Theologie und Kirche, 10 Bände. Benutzt 1. Auflage, Freiburg im Breisgau 1930–1938.

LUNG, Walter, Kottenheim; Ein Dorf und seine Landschaft, Mayen 1962.

MARX, Jakob, Geschichte der Pfarreien der Diözese Trier, Band 1, Trier 1923.

MEHL, Heinrich, Bildstöcke im nördlichen Unterfranken, Dissertation, Würzburg 1969.

MEISEN, Karl, Der böse Blick und anderer Schadenzauber im Glauben und Brauch der alten Völker und in frühchristlicher Zeit: In: Rheinisches Jahrbuch für Volkskunde, 1. Jahrgang, Bonn 1950, S. 144–177.

DERS., Der böse Blick, das böse Wort und der Schadenzauber durch Berührung im Mittelalter und in neuerer Zeit. In: Rheinisches Jahrbuch für Volkskunde, 3. Jahrgang, Bonn 1952, S. 169–225.

DERS., Probleme der religiösen Volkskunde im Rheinlande. In: Rheinisch-westfälische Zeitschrift für Volkskunde, 1. Jahrgang, Bonn und Münster 1954, S. 193–220.

MEYER, Georg Jakob, Wegkreuze und Bildstöcke im Trierer Land. In: Rheinisches Jahrbuch für Volkskunde, 8. Jahrgang, Bonn 1957, S. 227–263.

DERS., Hausmarken und Hausmarkenbrauchtum im Trier-Koblenzer Raum. In: Rheinisches Jahrbuch für Volkskunde, 9. Jahrgang, Bonn 1958, S. 7–27.

DERS., Wegkreuze und Bildstöcke; Grabkreuze; Hausmarken im Raum Trier-Koblenz (zahlreiche ungedruckte Bände mit Zeichnungen, z. T. mit Beschreibungen und Lageskizzen; ca. 1950–1974; vgl. II, Anm. 66, Nr. 5).

○ MEYER, Georg Jakob und Klaus FRECKMANN, Wegekreuze und Bildstöcke in der Eifel, an der Mosel und im

Hunsrück. In: Rheinisch-westfälische Zeitschrift für Volkskunde, 23. Jahrgang, Bonn und Münster 1977, S. 226–278.

MEYER, Wilhelm, Erläuterungen zu einem geologischen Blockbild der Umgebung von Mayen (Eifel). In: Der Aufschluß, 16. Jahrgang, Heidelberg 1975, S. 282–288.

MINDERA, Karl, Maria Hilf; Ein Beitrag zur religiösen Volkskunde, München 1961.

MOGK, Eugen, Der Ursprung der mittelalterlichen Sühnekreuze. In: Berichte über die Verhandlungen der Sächsischen Akademie der Wissenschaften, Band 81, Leipzig 1929, S. 3 bis 28.

MÖSSINGER, Friedrich, Steinkreuze zwischen Rhein, Main und Neckar. In: Archiv für hessische Geschichte und Altertumskunde, Neue Folge, Heft 19, Darmstadt 1935, S. 49–98 und Tafeln.

MOLSDORF, Wilhelm, Christliche Symbolik der mittelalterlichen Kunst, Leipzig 1926.

MÜLLER, Heinz, Volkskundliche Wüstungsforschung im Kreise Mayen/Rheinland. In: Rheinisches Jahrbuch für Volkskunde, 3. Jahrgang, Bonn 1952, S. 41–80.

MÜLLER, Rudolf, Geschichte und Bedeutung der ehemaligen Besitzungen in der Pfarrei Obermendig. In: Johann Becker, Goldenes Jubiläum der Pfarrkirche Obermendig, Trier 1939, S. 19–64.

MÜLLER(-Veltin), Kurt E., Nikolaus Cusanus S. J. (1574–1636) und seine „Christliche Zuchtschule". In: Mitteilungen zur Landesgeschichte und Volkskunde in den Regierungsbezirken Trier und Koblenz, Jahrgang 4, Trier 1959, S. 17–25.

MÜLLER-VELTIN, Kurt, Eifelheilige im Volksmund. In: Eifeljahrbuch, Bonn 1971, S. 43–52.

DERS., Die Kreuze mit den Engeln. In: Eifeljahrbuch, Bonn 1972, S. 110–115.

MÜNSTERER, Hanns O., Die süddeutschen Segens- und Heiligenkreuze. In: Bayerisches Jahrbuch für Volkskunde, Regensburg 1954, S. 90–122 und Tafeln Abb. 33–40.

Münstermaifelder Heimatbuch, hrsg. von H. Gappenach, Münstermaifeld 1960.

NAEGELE, Anton, Fragen und Ergebnisse der Steinkreuzforschung. In: Zeitschrift des Vereins für Volkskunde, 22. Jahrgang, Berlin 1912, I S. 253–277, II S. 375–398.

NICK, Ernst und Heinrich PIEROTH, Wegekreuze und Bildstöcke als Denkmäler der Volkskunst. In: Eifelkalender, Aachen 1944, Kalendarium S. 5–16.

PAUL, Ada, Steinkreuze und Kreuzsteine in Österreich, Horn (Niederösterreich) 1975.

REIF, Hans, Steinmale in Urmitz am Rhein, Boppard 1972. (Veröffentlichung der landeskundlichen Arbeitsgemeinschaft Koblenz, 10.)

DE REIFFENBERG, Johann Philipp, Antiquitates Saynenses, 1684. Im Urtext mit Anmerkungen hrsg. Aachen und Leipzig 1830.

Rheinischer Antiquarius: Siehe von Stramberg.

Rheinische Friedhöfe, 3: KEMP, Franz Hermann, Josef SCHÄFER und Hans VOGTS, Die Inschriften der alten Grabdenkmäler und Wegekreuze der ehemaligen kurkölnischen Ämter Linz/Altenwied, Köln 1966. (Rheinische Friedhöfe, Heft 3, hrsg. von der Westdeutschen Gesellschaft für Familienkunde e. V.)

Rheinisches Wörterbuch, bearbeitet von Josef MÜLLER und Heinrich DITTMAIER, 9 Bände, Bonn (1) und Berlin (2–9) 1928–1971.

RICHSTÄTTER, Karl, Deutsche Herz-Jesu-Gebete des 14. und 15. Jahrhunderts aus mittelhochdeutschen und mittelniederdeutschen Handschriften, 4. Auflage, München 1926.

RICHTER, Erwin, Der Drudenfuß als Krankheitssignum auf einer seltenen oberösterreichischen Votivtafel von 1765. In: Mitteilungen der anthropologischen Gesellschaft in Wien, Jahrgang 88/89, Wien 1959, S. 116–124.

○ RIEBELING, Heinrich, Steinkreuze und Kreuzsteine in Hessen, Dossenheim/Heidelberg 1977.

RIEDER, Otto, Totschlagsühnen im Hochstift Eichstätt nach Beispielen aus dem 15. und 16. Jahrhundert. In: Sammelblatt des Historischen Vereins Eichstätt; I: 6, 1891, S. 1–58; II: 7, 1892, S. 1–37; Nachträge: 8, 1893, S. 1–30.

RÖDER, Josef, Rechts- und volkskundliche Denkmäler aus dem Neuwieder Becken. In: Rheinische Vierteljahrsblätter, Jahrgang 13, Bonn 1948, S. 160–192.

DERS., Pfahl und Menhir, Neuwied 1949. (Studien zur westeuropäischen Altertumskunde, 1.)

DERS., Antike Steingewinnung im Kreis Mayen. In: Der Landkreis Mayen, hrsg. vom Landratsamt Mayen zum 150jährigen Bestehen, Mayen 1966, S. 45–52.

DERS., Die Mühlsteinbrüche von Mayen; Geländedenkmäler einer vor- und frühgeschichtlichen Großindustrie. In: Bonner Universitätsblätter, Bonn 1972, S. 35–46 (benutzt). Auch in: Eifeljahrbuch, Bonn 1975, S. 35–49.

Römerillustrierte, hrsg. vom Römisch-Germanischen Museum der Stadt Köln, Heft 1, Köln 1974.

RULAND, Josef, Nachbarschaft und Gemeinschaft in Dorf und Stadt; Formen auf dem Vorderhunsrück, auf dem Maifeld und in der Stadt Andernach, Düsseldorf 1963. (Werken und Wohnen, Volkskundliche Untersuchungen im Rheinland, 5.)

RUNKEL, Otto, Aus dem Sagenschatz der Heimat; Westerwaldsagen, Berlin und Leipzig 1929.

SAUERBORN, Heinrich, Geschichte der Pfalzgräfin Genovefa und der Kapelle Frauenkirchen, Regensburg 1856.

SPAMER, Adolf, Die deutsche Volkskunde, 2 Bände, 2. Auflage, Leipzig 1934/35.

SCHEMMEL, Bernhard, Der fränkische Bildstock; Geschichtliche Aspekte. In: Volkskultur und Geschichte, Festgabe Josef Dünninger, Berlin 1970, S. 309–329.

SCHIPPERS, Adalbert, Bildstock und Sakramentsnische. In: Andernacher Volkszeitung/Mayener Tageblatt vom 22. Oktober 1932.

SCHMELZER, J., Feld- und Wegekreuze im Moselland. In: Paulinus-Kalender, Trier 1931, S. 113 ff.

SCHNABEL, Berthold, Die alten Steinkreuze im Kreis Alzey-Worms. In: Pfälzer Heimat, Jahrgang 25, Speyer 1974, S. 41 bis 49.

SCHNETZER, Hans, Vom Steinkreuz zum Marterl. In: Bayerische Hefte für Volkskunde, Jahrgang 1, München 1914, I S. 26–28, II S. 124–138.

SCHÜLER, Heinz, Kreuze im Koblenzer Stadtwald. In: Rheinische Heimatpflege, Neue Folge, 12. Jahrgang, Köln 1975, S. 280–284.

○ DERS., Wegekreuze und Heiligenhäuschen im Stadtkreis Koblenz, Koblenz 1977.

SCHUG, Peter, Geschichte der Pfarreien des Bistums Trier (begründet von Jakob Marx d. J.), Trier 1923 ff. – Band V: Geschichte der zum ehemaligen kölnischen Eifeldekanat gehörenden Pfarreien der Dekanate Adenau, Daun, Gerolstein, Hillesheim und Kelberg, 1956. – Band VI: Geschichte der Dekanate Mayen und Burgbrohl und einzelner Pfarreien der Dekanate Daun, Gerolstein, Kelberg und Remagen, 1961. – Band VII: Geschichte der Dekanate Bassenheim, Kaisersesch, Kobern und Münstermaifeld, 1966. – Band IX: Geschichte der Dekanate Andernach, Gondershausen und St. Goar, 1970.

STEINHAUSEN, Josef, Ortskunde Trier-Mettendorf, Bonn 1932. (Archäologische Karte der Rheinprovinz, I, 1. In: Geschichtlicher Atlas der Rheinprovinz, III. Abt.)

VON STRAMBERG, Christian, Denkwürdiger und nützlicher Rheinischer Antiquarius, welcher die wichtigsten und angenehmsten geographischen, historischen und politischen Merkwürdigkeiten des ganzen Rheinstroms von seinem Ausflusse in das Meer bis zu seinem Ursprunge darstellt. Von einem Nachforscher in historischen Dingen, 39 Bände, Koblenz 1845–1871.

THEISEN, Sigrid, Der Eifeler Eisenkunstguß im 15. und 16. Jahrhundert, Düsseldorf 1962. (Werken und Wohnen, Volkskundliche Untersuchungen im Rheinland, 4.)

VEIT, Ludwig Andreas, Volksfrommes Brauchtum und Kirche im deutschen Mittelalter, Freiburg im Breisgau 1936.

VEIT, Ludwig Andreas und Ludwig LENHART, Kirche und Volksfrömmigkeit im Zeitalter des Barock, Freiburg im Breisgau 1956.

VOGTS, Hans, Die alten Kölner Friedhöfe, Köln 1932. (Rheinische Friedhöfe, Heft 1, hrsg. von der Westdeutschen Gesellschaft für Familienkunde e. V.)

VOLK, Heinrich, Herrschaft Olbrück und Pfarrei Niederzissen (Manuskript 1921; Pfarrarchiv Niederzissen).

WACKERNAGEL, Karl Eduard Philipp, Das deutsche Kirchenlied von der ältesten Zeit bis zu Anfang des 17. Jahrhunderts, 5 Bände, Leipzig 1864–1877.

WAGNER, Georg, Volksfromme Kreuzverehrung in Westfalen, von den Anfängen bis zum Bruch der mittelalterlichen Glaubenseinheit, Münster in Westfalen 1960.

WAGNER, Herbert, Hagelprozessionen früherer Zeit im Dekanat Hillesheim/Eifel. In: Landeskundliche Vierteljahrsblätter, Jahrgang 19, Trier 1973, S. 28–33.

WAGNER, J., Zur Geschichte des eucharistischen Kultus im kurtrierischen Unterstift seit Ausgang des Mittelalters. In: Pastor bonus, Trier 1928, I S. 7–18, II S. 101–109.

WALTER, Max, Vom Steinkreuz zum Bildstock; Ein Beitrag zur badischen Steinkreuzforschung, Karlsruhe 1923. (Vom Bodensee zum Main, 25.)

WEINMANN, Fred, Steinkreuze in der Pfalz, o. Ort 1973. (Deutsche Steinkreuzforschung, 29. Jahrgang, Heft 1.)

WILLEMSEN, Ernst, Katalogtext zur Sonderausstellung. In: Farbige Bildwerke des Mittelalters im Rheinland, Düsseldorf 1967, S. 7–9. (Das Rheinische Landesmuseum Bonn, 12.)

GRAF WOLFF METTERNICH, Franz, Eifeler Wegekreuze. In: Eifelkalender 1930, Bonn 1929, Kalendarium S. 5—16.

WREDE, Adam, Rheinische Volkskunde, 2. Auflage, Leipzig 1922.

DERS., Eifeler Volkskunde, 3. Auflage, Bonn 1960. (Volkskunde rheinischer Landschaften, 1.)

WUTTKE, Adolf, Der deutsche Volksaberglaube der Gegenwart, o. Ort 1860. 4. Auflage, bearb. von Elard Hugo Meyer, Leipzig 1925.

ZENDER, Matthias, Spätmittelalterliche Frömmigkeit und Volksbrauch; Das Beten der sieben Fußfälle im Rheinland. In: Festschrift Josef Quint, Bonn 1964, S. 291–301. Auch in: Matthias Zender, Gestalt und Wandel. Aufsätze zur rheinisch-westfälischen Volkskunde und Naturraumforschung, Bonn 1977, S. 247–257 (danach zitiert).

DERS., Sagen und Geschichten aus der Westeifel, Bonn 1966 (erweiterte Ausgabe von Volkssagen der Westeifel, 1935).

DERS., Gestalt und Wandel von Heiligenverehrung und Wallfahrt an Main und Rhein. In: Volkskultur und Geschichte, Festgabe Josef Dünninger, Berlin 1970, S. 425–439. Auch in: Matthias Zender, Gestalt und Wandel. Aufsätze zur rheinisch-westfälischen Volkskunde und Naturraumforschung, Bonn 1977, S. 258–269 (danach zitiert).

DERS., Volkserzählungen als Quelle für Lebensverhältnisse vergangener Zeiten. In: Rheinisches Jahrbuch für Volkskunde, 21. Jahrgang, Bonn 1973, S. 114–169 (danach zitiert). Auch in: Matthias Zender, Gestalt und Wandel. Aufsätze zur rheinisch-westfälischen Volkskunde und Naturraumforschung, Bonn 1977, S. 414–454.

ORTSNAMENREGISTER

1. Textteil

Zur leichteren Identifizierung der kleineren Orte sind die derzeit gültigen Kreisangaben beigegeben oder die Städte, in die sie inzwischen eingemeindet worden sind.

2. Bildteil

Die Ziffern beziehen sich auf die Abbildungsnummern.